VIRUS

VIRUS

Beiträge zur Sozialgeschichte der Medizin

14

Schwerpunkt: Gesellschaft und Psychiatrie in
Österreich 1945 bis ca. 1970

Herausgegeben von Eberhard Gabriel, Elisabeth Dietrich-Daum,
Elisabeth Lobenwein und Carlos Watzka für den
Verein für Sozialgeschichte der Medizin

Leipziger Universitätsverlag 2016

Virus – Beiträge zur Sozialgeschichte der Medizin

Die vom Verein für Sozialgeschichte der Medizin herausgegebene Zeitschrift versteht sich als Forum für wissenschaftliche Publikationen mit empirischem Gehalt auf dem Gebiet der Sozial- und Kulturgeschichte der Medizin, der Geschichte von Gesundheit und Krankheit sowie angrenzender Gebiete, vornehmlich solcher mit räumlichem Bezug zur Republik Österreich, ihren Nachbarregionen sowie den Ländern der ehemaligen Habsburgermonarchie. Zudem informiert sie über die Vereinstätigkeit. Die Zeitschrift wurde 1999 begründet und erscheint jährlich. Der Virus ist eine peer-reviewte Zeitschrift und steht Wissenschaftlerinnen und Wissenschaftlern aus allen Disziplinen offen. Einreichungen für Beiträge im engeren Sinn müssen bis 31. Oktober, solche für alle anderen Rubriken (Projektvorstellungen, Veranstaltungs- und Ausstellungsberichte, Rezensionen) bis 31. Dezember eines Jahres als elektronische Dateien in der Redaktion einlangen, um für die Begutachtung und gegebenenfalls Publikation im darauffolgenden Jahr berücksichtigt werden zu können. Nähere Informationen zur Abfassung von Beiträgen sowie aktuelle Informationen über die Vereinsaktivitäten finden Sie auf der Homepage des Vereins (www.sozialgeschichte-medizin.org). Gerne können Sie Ihre Anfragen per Mail an uns richten: verein@sozialgeschichte-medizin.org

Bibliografische Information der Deutschen Nationalbibliothek
Die Deutsche Nationalbibliothek verzeichnet diese Publikation in der Deutschen Nationalbibliografie; detaillierte bibliografische Daten sind im Internet über http://dnb.d-nb.de abrufbar. Das Werk einschließlich aller seiner Teile ist urheberrechtlich geschützt. Jede Verwertung außerhalb der engen Grenzen des Urheberrechtsgesetzes ist ohne Zustimmung des Verlages unzulässig und strafbar. Das gilt insbesondere für Vervielfältigungen, Übersetzungen, Mikroverfilmungen und die Einspeicherung und Verarbeitung in elektronischen Systemen.

Umschlagabbildung: Otto Schnopfhagen, Die psychiatrische Versorgung der Bevölkerung von Oberösterreich unter besonderer Berücksichtigung der Verhältnisse in Niedernhart, unveröffentlichtes Memorandum (1959), Foto Schlafsaal. Dauerausstellung in der Landesnervenklinik Wagner-Jauregg, seit 1. Jänner 2016 Teil des Kepler Universitätsklinikums.

Impressum
© Leipziger Universitätsverlag GmbH 2016
Herausgeber: Verein für Sozialgeschichte der Medizin, Georgistraße 37, 1210 Wien, Österreich
Redaktion: Dr. Elisabeth Lobenwein, PD Dr. Carlos Watzka, Prof. Dr. Elisabeth Dietrich-Daum

Gedruckt mit freundlicher Unterstützung der Medizinischen Universität Wien, der Österreichischen Ärztekammer, der Universität Innsbruck, der Universität Graz sowie der Österreichischen Gesellschaft für Psychiatrie und Psychotherapie.

ISBN 978-3-96023-018-2
ISSN 1605-7066

Inhaltsverzeichnis

**Eberhard Gabriel / Elisabeth Dietrich-Daum / Elisabeth Lobenwein /
Carlos Watzka (Hg.)**
Editorial 9

Beiträge – Schwerpunkt:
Gesellschaft und Psychiatrie in Österreich 1945 bis ca. 1970

Gerhard Baader
Der gesellschaftliche Hintergrund der Psychiatrie in den westlichen Besatzungszonen
Deutschlands (ab 1949 Bundesrepublik Deutschland) 1945–1970 15

Eberhard Gabriel
Zum Wiederaufbau des akademischen Lehrkörpers in der Psychiatrie in
Wien nach 1945 35

Hartmann Hinterhuber
Zum Wiederaufbau eines akademischen Lehrkörpers in der Psychiatrie in
Innsbruck nach 1945. Die Lehrstühle und Klinikleitungen, die Habilitationen und
die Lehrveranstaltungen an der Psychiatrisch-Neurologischen Klinik Innsbruck 79

Carlos Watzka
Die „Fälle" Wolfgang Holzer und Hans Bertha sowie andere „Personalia".
Kontinuitäten und Diskontinuitäten in der Grazer Psychiatrie 1945–1970 103

Hartmann Hinterhuber
Kontinuitäten und Diskontinuitäten in der Psychiatrie Tirols nach 1945 139

Hans Rittmannsberger
Psychiatrie in Oberösterreich nach 1945 und der Neubau des
psychiatrischen Krankenhauses 165

Ingrid Arias
Hans Hoff (1897–1969) – Remigrant und Reformer?
Neue Impulse oder Kontinuität in der Psychiatrie nach 1945? 177

Marianne Springer-Kremser
Die Neukonstituierung der Psychotherapeutischen Schulen und
der Beginn der Akademisierung der Psychotherapie 191

Samy Teicher / Elisabeth Brainin
Psychoanalyse nach der Nazizeit. Die Wiener Psychoanalytische Vereinigung und
ihr Umgang mit dem Nationalsozialismus nach 1945 207

Alfred Springer
Psychopharmakologische Forschung und Behandlung an der
Wiener Psychiatrischen Universitätsklinik und die Frühphase des
Collegium Internationale Neuro-Psychopharmacologicum (CINP) 221

Ernst Berger
Die Kinderpsychiatrie in Österreich 1945–1975 – Entwicklungen zwischen
historischer Hypothek und sozialpsychiatrischem Anspruch 239

Elisabeth Dietrich-Daum
Kinder und Jugendliche aus Südtirol auf der Kinderbeobachtungsstation von
Maria Nowak-Vogl in Innsbruck (1954–1987) – ein Projektbericht 249

Ina Friedmann
„Es handelte sich um einen sonderlinghaften, triebhaft veranlagten Knaben."
Beispiele heilpädagogischer Gutachten für das Wiener Jugendgericht während
der Jahre 1920 bis 1970 267

Wolfgang Stangl
„Wir können mit Verbrechern Mitleid haben, aber schwach werden dürfen
wir ihnen gegenüber nicht." Psychiatrische Diskurse zwischen 1945 und den
1970er Jahren zum Maßnahmenvollzug in Österreich 285

Heiner Fangerau
„Gesellschaft und Psychiatrie in Österreich 1945 bis ca. 1970."
Kommentar zur Jahrestagung 2014 „Geschichte(n) von Gesundheit und
Krankheit" des Vereins für Sozialgeschichte der Medizin 301

Beiträge – Offener Teil

Elke Hammer-Luza
„Hier wird mir wirklich schon die Zeit lang" – Alltagsleben im steirischen Kurbad der Biedermeierzeit 309

Projektvorstellungen

Gustav Schäfer
Finanzströme spiegeln die Gesellschaft wider – finanzielle und personelle Ressourcen der Psychiatrie in Wien zwischen 1945 und 1970 335

Carlos Watzka
Infektionskrankheiten und Öffentliches Gesundheitswesen in Südosteuropa – ein FWF-finanziertes medizinhistorisches Forschungsprojekt an der Universität Graz, 2014–2016 343

Rezensionen

Monika ANKELE / Eva BRINKSCHULTE, Hg., Arbeitsrhythmus und Anstaltsalltag. Arbeit in der Psychiatrie vom frühen 19. Jahrhundert bis in die NS-Zeit (Stuttgart 2015) (*Jens Gründler*) 352

Daniel HORNUFF, Schwangerschaft. Eine Kulturgeschichte (Paderborn 2014) (*Marina Hilber*) 354

Ulrike HEIDER, Vögeln ist schön. Die Sexrevolte von 1968 und was von ihr bleibt (Berlin 2014) (*Niklaus Ingold*) 357

Marius TURDA, Eugenics and Nation in Early 20th Century Hungary (Basingstoke 2014) (*Christian Promitzer*) 360

Vereinsinformationen 362

Editorial

Liebe Leserinnen und Leser des „Virus",

im Fokus des vorliegenden, umfangreichen Virus-Bandes Nr. 14 steht das Thema „Gesellschaft und Psychiatrie in Österreich 1945 bis ca. 1970", dem die Jahrestagung 2014 des Vereins für Sozialgeschichte der Medizin gewidmet war. Die Veranstaltung fand vom 19. bis 21. Juni 2014 in Krems an der Donau in Kooperation mit der Sektion Ethik und Geschichte der Österreichischen Gesellschaft für Psychiatrie und Psychotherapie (ÖGPP) und der Karl Landsteiner-Privatuniversität für Gesundheitswissenschaften in Räumen der IMC Fachhochschule Krems statt. Bei der Themenwahl, Programmgestaltung und Durchführung der Tagung fand zwischen HistorikerInnen und an der Geschichte ihres Faches methodisch interessierten PsychiaterInnen ein enger Austausch statt.

Das Hauptanliegen der Veranstalter war es, nach der vielfach erfolgten Bearbeitung und Thematisierung der NS-Verbrechen in der Psychiatrie und ihrer Nachwirkungen, das Augenmerk auf die Zeit danach zu richten. Dabei waren verschiedene Gesichtspunkte zu berücksichtigen. Die 25 betrachteten Jahre gliederten sich in zwei sich deutlich unterscheidende Teilzeiträume: 1945–1950 einerseits, 1955–1970 andererseits, die jeweils von gesamtgesellschaftlichen Entwicklungen maßgeblich beeinflusst waren.

Die unmittelbare Nachkriegszeit war von teilweiser gesellschaftlicher und beruflicher Ausschließung belasteter ehemaliger Nationalsozialisten, strafrechtlichen Verfolgungen, dem Beginn der Wiederherstellung bzw. Aufrechterhaltung der Strukturen und dem Bezug psychiatrischer, psychotherapeutischer und psychohygienischer Thematisierungen zur gesellschaftlichen Situation in der zweiten Hälfte der 1940er Jahre gekennzeichnet. In den Anstalten wie in den Universitätskliniken kam es zum Austausch der Direktoren (mit nur einer Ausnahme). So wurden einerseits 1938/39 aus politischen Gründen entfernte Leiter wiedereingesetzt,[1] andererseits rückten überwiegend konservative Personen – nur Männer – aus der zweiten Leitungsebene der Häuser nach.[2] Um 1950 erfolgte dann unter stabilisierteren gesellschaftlichen Bedingungen die Reintegration ehemaliger Nationalsozialisten („Nachlass von den Sühnefolgen") und ein langsamer Wiederaufbau psychiatrischer akademischer Lehrkörper in den Medizinischen Fakultäten in Wien, Graz und Innsbruck. In Wien kam es nach dem frühen Tod von

---

1   Josef Böhm (1881–1952) in Linz Niedernhart; Gebhard Ritter (1899–1991) in Rankweil Valduna.
2   Leopold Pawlicki (1881–1951) in Wien Steinhof; Karl Omann (1901–1954) in Klosterneuburg Gugging; Hans Gföllner (1899–1946) in Salzburg Lehen; Peter Korp (1898–1954) in Graz Feldhof.

Otto Kauders 1949 zur Berufung Hans Hoffs, einer der wenigen Remigranten nach der Vertreibung 1938. In Graz und Innsbruck kam es ab etwa 1950 zu langen Interregna, wobei schließlich in der Zwischenzeit rehabilitierte ehemalige Nationalsozialisten als Ordinarien zum Zug kamen.[3]

Seit Mitte der 1950er Jahre veränderte sich durch die schrittweise Einführung der modernen Psychopharmaka auch das Spektrum der therapeutischen Möglichkeiten, wobei der Wiener Klinik in diesem Bereich (deren Vorstand eine expansive Politik betrieb, die nicht nur, aber auch stark Klinikpolitik war) eine besondere Bedeutung zukam. Wenngleich es in den 1960er Jahren in den Anstalten zur Anbahnung struktureller Differenzierungen kam (Krankenhausstatus der früheren Anstalten, „Kopfkliniken" in Salzburg und Linz, Etablierung der Diplomausbildung in der psychiatrischen Krankenpflege), so blieb die Vernachlässigung der Anstalten durch die Träger weitgehend bestehen.[4]

Der professionellen Vergesellschaftung diente vor allem die 1950 gegründete neue Gesellschaft Österreichischer Nervenärzte und Psychiater und auch die schon seit 1948 erschienene neue „Wiener Zeitschrift für Nervenheilkunde und deren Grenzgebiete". Internationale Kontakte wurden früh (wieder-)angeknüpft, wobei der Teilnahme an der Psychohygienebewegung[5] und den Kongressen des Weltverbandes für Psychiatrie[6] und des Collegium Internationale Neuropsychopharmacologicum[7] ebenso Bedeutung zugekommen ist wie den Gründungen der Donausymposien für Psychiatrie (von Wien aus) und der Neuropsychiatrischen Symposien in Pula (von Graz aus).[8]

Die bei der Jahrestagung gehaltenen Vorträge – ein Großteil davon hat in Form von ausgearbeiteten Beiträgen ihren Eingang in diese Zeitschrift gefunden[9] – betrafen unter anderem
- differenzierende Entwicklungen des Faches Psychiatrie (Psychotherapie, Kinder- und Jugendpsychiatrie) und ihrer Konzepte

---

3 Das alles wird in folgenden Beiträgen des vorliegenden Bandes ausführlich dargestellt: Eberhard GABRIEL, Zum Wiederaufbau des akademischen Lehrkörpers in der Psychiatrie in Wien nach 1945; Hartmann HINTERHUBER, Zum Wiederaufbau eines akademischen Lehrkörpers in der Psychiatrie in Innsbruck nach 1945. Die Lehrstühle und Klinikleitungen, die Habilitationen und die Lehrveranstaltungen an der Psychiatrisch-Neurologischen Klinik Innsbruck; Hartmann HINTERHUBER, Kontinuitäten und Diskontinuitäten in der Psychiatrie Tirols nach 1945; Carlos WATZKA, Die „Fälle" Wolfgang Holzer und Hans Bertha sowie andere „Personalia". Kontinuitäten und Diskontinuitäten in der Grazer Psychiatrie 1945–1970.

4 Vgl. dazu folgende Beiträge in diesem Band: Hans RITTMANNSBERGER, Psychiatrie in Oberösterreich nach 1945 und der Neubau des psychiatrischen Krankenhauses; Gustav SCHÄFER, Finanzströme spiegeln die Gesellschaft wider – finanzielle und personelle Ressourcen der Psychiatrie in Wien zwischen 1946 und 1970.

5 Seit deren ersten Weltkongress nach dem Zweiten Weltkrieg 1948 in London.

6 Der nach dem Zweiten Weltkrieg gegründete Weltverband für Psychiatrie ist eine Dachorganisation nationaler Gesellschaften und veranstaltete seinen ersten Kongress 1950 in Paris.

7 Vgl. dazu folgenden Beitrag im Band: Alfred SPRINGER, Psychopharmakologische Forschung und Behandlung an der Wiener Psychiatrischen Universitätsklinik und die Frühphase des Collegium Internationale Neuro-Psychopharmacologicum (CINP).

8 Internationale Verknüpfungen spiegeln auch die Publikationen von Vorträgen ausländischer Psychiater in der Wiener Zeitschrift für Nervenheilkunde wider, die Manfred BLEULER aus Zürich nach einem Vortrag in Wien im Juni 1947 angeführt hat: Forschungen zur Schizophreniefrage, in: Wiener Zeitschrift für Nervenheilkunde und deren Grenzgebiete 1 (1948), 129–148.

9 Es fehlt leider die Publikation des detailreichen Vortrages von Michael Hubensdorf über „Der politisch-weltanschauliche Hintergrund der österreichischen Psychiater nach 1945" und damit ein Thema, dem im Hinblick auf den Tagungstitel besondere Bedeutung zugekommen ist.

- psychiatrische Universitätskliniken, die in ihnen lehrenden Personen und deren politisch-weltanschaulichen Positionen und Hintergründe
- psychiatrische und heilpädagogische Beiträge zur Kinder- und Jugendfürsorge
- die Diskussion des Maßnahmenvollzuges im Vorfeld der österreichischen Strafrechtsreform von 1975
- und schließlich ein Beitrag zur finanziellen Minderausstattung psychiatrischer Anstalten im Vergleich mit allgemeinen Krankenanstalten durch die Träger.

Insgesamt wurde also ein breites Themenspektrum behandelt; dennoch war es im Rahmen der Tagung selbstverständlich nicht möglich, alle verschiedenen psychiatrischen Szenen im Österreich der Nachkriegszeit mit Vorträgen abzudecken: So konnte der damals institutionell wenig entwickelte extramurale Bereich nur andeutungsweise berührt werden; auch die zehn psychiatrischen Heil- und Pflegeanstalten der Bundesländer – die alle sowohl als Standorte wie auch in ihrem institutionellen Gefüge auf die Zeit vor und um 1900 zurückgehen, 1945 unverändert weiterbestehen blieben und sich erst seit den 1960er Jahren strukturell verändert haben[10] – konnten nur selektiv erörtert werden; zumindest zwei dieser Institutionen werden unter verschiedenen Gesichtspunkten in Beiträgen behandelt.[11] Bis auf die beiden Artikel über Kinder und Jugendliche fehlten Ausführungen zu spezifischen „Klientelen"[12]. Dies spiegelt den gegenwärtigen Stand der Forschung und somit auch die Forschungsdesiderate wider. Trotz dieser offenbleibenden Desiderata enthalten die Beiträge dieses Bandes viele neue Forschungsergebnisse bereit, die weitere Fragen aufwerfen und Anregungen für künftige Untersuchungen geben.

Es liegt an den bei der Tagung kooperierenden veranstaltenden Vereinen, dass unter den Autorinnen und Autoren nicht nur HistorikerInnen und SoziologInnen, sondern auch sieben Psychiater, darunter zwei Frauen, zu finden sind, die fast alle, inzwischen emeritiert bzw. in Pension, leitende Positionen in universitären oder Einrichtungen der psychiatrischen Versorgung eingenommen haben und als Psychiater habilitiert bzw. hauptamtliche Professoren waren.[13] Fünf davon haben um die Mitte der 1960er Jahre psychiatrisch zu arbeiten begonnen und die bearbeitete Zeit zum Teil als Studierende ab den späteren 1950er Jahren und später als Ärzte auch als Zeitzeugen erlebt. Teilweise sind ausgewählte Aspekte davon in ihre Beiträge

---

10 Wien: Am Steinhof, ab 1963 Psychiatrisches Krankenhaus Baumgartner Höhe, Ybbs a. d. Donau; Niederösterreich: Klosterneuburg-Gugging, Mauer-Öhling; Oberösterreich: Linz-Niedernhart; Salzburg: Salzburg-Lehen; Tirol: Hall; Vorarlberg: Rankweil/Valduna; Kärnten: Klagenfurt; Steiermark: Graz-Feldhof. Vgl. dazu Eberhard GABRIEL / Martina GAMPER, Hg., Psychiatrische Institutionen in Österreich um 1900 (Wien 2009).
11 Vgl. dazu RITTMANNSBERGER, Psychiatrie, wie Anm. 4; SCHÄFER, Finanzströme, wie Anm. 4.
12 Angeschnitten wurde die psychiatrische Klientel der damaligen Psychiatrisch-Neurologischen Universitätsklinik in Wien in dem während der Tagung von Gernot Heiss vorgetragenen Zwischenbericht über „Diagnosen und Therapien an der ‚Klinik Hoff' Ende der 50er Jahre".
13 In alphabetischer Reihenfolge: Ernst Berger, Elisabeth Brainin, Eberhard Gabriel, Hartmann Hinterhuber, Hans Rittmannsberger, Marianne Springer-Kremser, Alfred Springer.

miteingeflossen. Diese AutorInnen gehören einer anderen, älteren akademischen Generation an[14] als die meisten anderen.

Abschließend ist es uns ein Anliegen, den Sponsoren, die die Drucklegung dieses Virus-Bandes großzügig finanziell unterstützt haben, herzlich zu danken: der Medizinischen Universität Wien, der Österreichischen Ärztekammer, den Universitäten Innsbruck und Graz sowie der Österreichischen Gesellschaft für Psychiatrie und Psychotherapie.

Wir wünschen Ihnen eine interessante Lektüre!

Die HerausgeberInnen
Eberhard Gabriel / Elisabeth Dietrich-Daum / Elisabeth Lobenwein / Carlos Watzka
Jänner 2016

---

14 Und realisieren die Pointe eines alten Medizinerwitzes: Was macht ein pensionierter Arzt? Er beschäftigt sich mit der Geschichte und den ethischen Problemen seines Faches. Im Ernst: Medizingeschichte kommt in Österreich in den Curricula der Medizinstudierenden und der Postgraduate-Weiterbildungen so gut wie nicht vor; es gibt im ganzen Land nur einen Professor der Medizingeschichte; und vor allem: Neben den anderen Aufgaben eines Arztes in Versorgung, Organisation, Forschung und Lehre finden selbst Interessierte kaum Zeit und Muße zu systematischer historischer Arbeit. Insofern entspricht diese AutorInnengruppe einer Realität. In der psychiatrischen Fachgesellschaft (ÖGPP) besteht allerdings in den letzten Jahren ein zunehmendes Interesse an historischen Themen, was auch darin zum Ausdruck kommt, dass die ÖGPP sowohl für das Symposion als auch für die vorliegende Publikation als Sponsor fungiert. Die als Mitveranstalter auftretenden Arbeitsgemeinschaften Geschichte und Ethik der ÖGPP bestehen seit der Gründung dieser Gesellschaft (nach Trennung der Psychiatrie und Neurologie, die beide in der Vorgängergesellschaft repräsentiert waren) im Jahr 2000.

Beiträge
Schwerpunkt: Gesellschaft und Psychiatrie in Österreich 1945 bis ca. 1970

Gerhard Baader

Der gesellschaftliche Hintergrund der Psychiatrie in den westlichen Besatzungszonen Deutschlands (ab 1949 Bundesrepublik Deutschland) 1945–1970

English Title

Psychiatry and Society in the Western Occupation Zones of Germany (from 1949 Federal Republic of Germany) from 1945 to 1970

Summary

Although psychiatry in Germany was devastated after 1945 by the involvement of many German psychiatrists in Nazi-"euthanasia", the continuities in the hospitalization of patients and of therapy still existed. Change took place not only through the influence of the social psychiatry emerging in Great Britain and the USA, but through the critical debate on Nazi-crimes that started in the German society after World War II and especially following the students' movement after 1968. Young psychiatrists then did not only condemn these crimes, but also excoriated the deplorable situation in the asylums and became forerunners of changes in the asylums themselves and in the therapy applied. All this led to the psychiatry-Enquete that was issued by the parliament in 1975 and is still the basis of every reform in psychiatry.

Keywords

Nazi-"euthanasia", the Nuremberg-trials against doctors, "euthanasia"-trials, electro-shock therapy, occupational therapy, psychiatry-Enquete, psychotherapy, suppression of Nazi crimes, social psychiatry, involvement of psychiatry in Nazi-crimes

Einleitung

1945 bedeutete weder für die deutsche Gesellschaft noch für die Psychiatrie in Deutschland eine Stunde Null.[1] Das gilt ebenso für die Psychiatrie in den westlichen Besatzungszonen Deutschlands, bevor sie ab 1949 als Bundesrepublik Deutschland ihre Autonomie erhielten, wie für die Psychiatrie in der Sowjetischen Besatzungszone (ab 1949 DDR). Doch ist die Entwicklung der gesellschaftlichen Verhältnisse in beiden deutschen Staaten von so tiefgreifenden Unterschieden gekennzeichnet, dass ich mich in diesem Beitrag weitgehend auf die Entwicklung der Psychiatrie in den westlichen Besatzungszonen und der Bundesrepublik Deutschland beschränken werde. Daraus ergibt sich auch zwangsläufig die Begrenzung der Aussage meiner Untersuchung. Zum Verständnis der gesellschaftlichen Bedingungen in der Bundesrepublik Deutschland selbst soll der Blick auf die Kulturrevolution forschungsleitend sein, die – verbunden mit einer neuerlichen Auseinandersetzung mit dem Nationalsozialismus im Gefolge der Studentenrevolution von 1968 – die innere Struktur des Landes tiefgreifend verändern sollte. Für die Psychiatrie bedeutete dies, so Hans-Ludwig Siemen, im Zusammenhang mit einer neuerlich einsetzenden Auseinandersetzung mit den „Euthanasie"-Verbrechen im Nationalsozialismus, dass sich „der öffentliche Druck, die Psychiatrie grundlegend zu reformieren, im Zuge der Studentenbewegung deutlich erhöht hatte".[2] Mit Recht bezeichnet Franz-Werner Kersting diese Psychiatriereform, die in die Psychiatrieenquete von 1973 mündete, deshalb als Gesellschaftsreform. Doch der Weg dazu war nicht einfach und es sind dabei eine Vielzahl von Faktoren in Betracht zu ziehen.

Die Beteiligung deutscher Psychiater an NS-Verbrechen

Festzuhalten ist, dass 1933 die Mehrzahl der deutschen Psychiater von eugenischem Gedankengut „durchtränkt" war. Sie waren darüber hinaus als Täter bzw. Mitwisser, durch ihre schweigende Tatenlosigkeit oder aktiv, etwa als Richter an Erb- oder Erbgesundheitsobergerichten in die Zwangssterilisation und ab 1939 in die „Euthanasie" Verstrickte. Einzig der Direktor der Göttinger Universitätsklinik Gottfried Ewald weigerte sich nicht nur „T4-Gutachter" zu werden, sondern wandte sich in einer Denkschrift an den Reichsärzteführer Leonardo Conti ebenso wie an den Landeshauptmann von Hannover, allerdings ohne Erfolg.[3] Letzteres gilt auch für die Denkschrift des Leiters der Hoffnungstaler Anstalten in Lobetal, Pfarrer Paul

---

[1] Hans-Walter SCHMUHL, Einführung, in: Franz-Werner Kersting, Hg., Psychiatriereform als Gesellschaftsreform. Die Hypothek des Nationalsozialismus und der Aufbruch der sechziger Jahre (= Forschungen zur Regionalgeschichte 46, Paderborn u. a. 2003), 15–19, hier 16.

[2] Hans-Ludwig SIEMEN, Die chronisch psychisch Kranken „im Abseits der Psychiatriereform". Das Beispiel Bayern, in: Franz-Werner Kersting, Hg., Psychiatriereform als Gesellschaftsreform. Die Hypothek des Nationalsozialismus und der Aufbruch der sechziger Jahre (= Forschungen zur Regionalgeschichte 46, Paderborn u. a. 2003), 273–286, hier 279.

[3] Frank SCHNEIDER / Petra LUTZ, Erfasst, verfolgt, vernichtet. Kranke und behinderte Menschen im Nationalsozialismus (Heidelberg 2014), 73–75; Ingo HARMS, Die Meldebogen und ihre Gutachter, in: Maike Rotzoll u. a., Hg., Die nationalsozialistische „Euthanasie"-Aktion „T4" und ihre Opfer. Geschichte und ethische Konsequenzen für die Gegenwart (Paderborn u. a. 2010), 259–271, hier 270.

Gerhard Braune.[4] Erst der mutige offene Protest des Bischofs von Münster, Clemens August Graf von Galen,[5] führte zum einstweiligen Stopp der „Aktion T4" auf Weisung Hitlers vom 24. August 1941[6]. 70.273 Opfer waren bis dahin zu beklagen.[7] Und das bedeutete keineswegs ein Ende des Mordens.[8] Denn in der zweiten Phase der „Euthanasie", in der mehr als 150.000 Patientinnen und Patienten allein im Reichsgebiet zu Tode kamen,[9] trat der eugenische Gesichtspunkt immer mehr in den Hintergrund. Es wurden jetzt vorwiegend nicht nur unruhige, chronische und nicht arbeitsfähige Patientinnen und Patienten in den Tod „selektiert" bzw. vor Ort durch Injektionen getötet, sondern es wurde darüber hinaus das systematische Hungersterben und Tod durch Vernachlässigung in den Anstalten zur Methode.[10] Hungersterben und Vernachlässigung fanden zunächst auch nach 1945 nicht ihr Ende.[11]

Denn mit Ausnahme von wenigen schwerst an den Verbrechen Beteiligten blieb das Personal sowohl im ärztlichen wie im pflegerischen Bereich häufig in seiner Stellung.[12] Selbst wenn man die insgesamt schlechte Versorgungslage in Rechnung stellt, blieb die Sterbequote in den Anstalten überdurchschnittlich hoch und ging erst 1948 wieder auf das „übliche" Maß zurück. Wenn sich auch in den frühen 1950er Jahren in den Anstalten die Verhältnisse langsam zu normalisieren begannen, war Personalmangel allenthalben zu konstatieren und die Anstalten, deren Bausubstanz zumeist überaltert war, waren oft überbelegt.[13] Zusätzlich war die Psychiatrie selbst durch die Erbschaft der NS-„Euthanasie" in eine schwere Krise gekommen; ihre Reputation in der Bevölkerung hatte schweren Schaden genommen.[14]

---

4 SCHNEIDER / LUTZ, Erfasst, verfolgt, vernichtet, wie Anm. 3, 106; Theodor STROHM, Bestandsaufnahme. Die Haltung der Kirchen zu den NS-„Euthanasie"-Verbrechen, in: Maike Rotzoll u. a., Hg., Die nationalsozialistische „Euthanasie"-Aktion „T4" und ihre Opfer. Geschichte und ethische Konsequenzen für die Gegenwart (Paderborn u. a. 2010), 125–133, hier 127–128.

5 SCHNEIDER / LUTZ, Erfasst, verfolgt, vernichtet, wie Anm. 3, 112–117; STROHM, Bestandsaufnahme, wie Anm. 4, 132–133; Götz ALY, Hg., Aktion T 4. 1939–1945. Die „Euthanasie"-Zentrale in der Tiergartenstrasse 4 (= Stätten der Geschichte Berlins 26, Berlin 1989), 117–119.

6 STROHM, Bestandsaufnahme, wie Anm. 4, 133; Heinz FAULSTICH, Hungersterben in der Psychiatrie 1914–1949. Mit einer Topographie der NS-Psychiatrie (Freiburg im Breisgau 1998), 271–288; Winfried SÜSS, Der „Volkskörper" im Krieg. Gesundheitspolitik, Gesundheitsverhältnisse und Krankenmord im nationalsozialistischen Deutschland 1939–1945 (= Studien zur Zeitgeschichte 65, München 2003), 127–151; Maike ROTZOLL / Gerrit HOHENDORF / Petra FUCHS, Die nationalsozialistische „Euthanasie"-Aktion T 4 und ihre Opfer. Von den historischen Bedingungen bis zu den Konsequenzen für die Ethik in der Gegenwart. Eine Einführung, in: Maike Rotzoll u. a., Hg., Die nationalsozialistische „Euthanasie"-Aktion „T4" und ihre Opfer. Geschichte und ethische Konsequenzen für die Gegenwart (Paderborn u. a. 2010), 13–24, hier 14.

7 ROTZOLL / HOHENDORF / FUCHS, „Euthanasie"-Aktion T 4, wie Anm. 6, 14.

8 SCHNEIDER / LUTZ, Erfasst, verfolgt, vernichtet, wie Anm. 3, 142; Hans-Walter SCHMUHL, Die Patientenmorde, in: Angelika Ebbinghaus / Klaus Dörner, Hg., Vernichten und Heilen. Der Nürnberger Ärzteprozeß und seine Folgen (Berlin 2001), 295–328, hier 312–315.

9 Heinz FAULSTICH, Die Zahl der „Euthanasie"-Opfer, in: Andreas Frewer / Clemens Eickhoff, Hg., „Euthanasie" und die aktuelle Sterbehilfe-Debatte. Die historischen Hintergründe medizinischer Ethik (Frankfurt am Main–New York 2000), 218–234.

10 FAULSTICH, Hungersterben, wie Anm. 6, 657–660.

11 Ebd., 712–717; Heinz FAULSTICH, Die Anstaltspsychiatrie unter den Bedingungen der „Zusammenbruchgesellschaft", in: Franz-Werner Kersting, Hg., Psychiatriereform als Gesellschaftsreform. Die Hypothek des Nationalsozialismus und der Aufbruch der sechziger Jahre (= Forschungen zur Regionalgeschichte 46, Paderborn u. a. 2003), 21–30, hier 26–27.

12 Ernst KLEE, Was sie taten, was sie wurden. Ärzte, Juristen und andere Beteiligte am Kranken- oder Judenmord (= Fischer-Taschenbuch 4364, Frankfurt am Main 1986), 13–14.

13 SCHMUHL, Einführung, wie Anm. 1, 17.

14 Ebd., 17–18.

Die Verteidigungsstrategie der Psychiatrie dagegen wurde bereits in einer Denkschrift „Gedanken und Anregungen betreffend die künftige Entwicklung der Psychiatrie" von 1943 deutlich.[15] Es ging nicht mehr um juristische Fragen, wie im Entwurf zu einem Euthanasiegesetz, wie er im Sommer 1940 von 30 Personen diskutiert wurde,[16] unter denen sich Reformpsychiater der Weimarer Republik, wie der zum Mörder mutierte Direktor von Kaufbeuren, Valentin Faltlhauser[17], befanden; dieser Entwurf wurde im Herbst 1940 Hitler vorgelegt, jedoch nie unterzeichnet.[18] Die Denkschrift von 1943 ging aber weit darüber hinaus und die dort niedergelegten Überlegungen stammten von Männern, die Haupttäter beim Patientenmord waren bzw. wie Werner Heyde[19] dem zentralen Planungsstab von „T4" angehörten. Neben Heyde waren dies Maximinian de Crinis, Ernst Rüdin, Hans Heinze, Paul Nitsche und Carl Schneider – und damit die prominentesten Vertreter der Psychiatrie in Deutschland in dieser Zeit.

Maximian de Crinis, der Berliner Fachvertreter der Psychiatrie,[20] hatte ebenso wie Heyde bereits an der zentralen Planung der „Euthanasie" und 1940 an den Beratungen über das Euthanasiegesetz teilgenommen; er beging am 2. Mai 1945 Selbstmord.[21] Ernst Rüdin, der Kommentator des Gesetzes zur Verhütung erbkranken Nachwuchses, spielte als Direktor der Deutschen Forschungsanstalt in München eine zentrale Rolle für die nationalsozialistische Erbgesundheitspolitik.[22] Der frühere Reformpsychiater der Weimarer Republik Carl Schneider, Professor für Psychiatrie in Heidelberg, war nicht nur „T4-Gutachter" und an den Beratungen zum Euthanasiegesetz beteiligt,[23] sondern auch Leiter einer Forschungsabteilung in Wiesloch und später in Heidelberg, in der Gehirne von vorher selektierten und ermordeten

---

15 Volker ROELCKE, Psychiatrische Wissenschaft im Kontext nationalsozialistischer Politik und „Euthanasie". Zur Rolle von Ernst Rüdin und der Deutschen Forschungsanstalt für Psychiatrie/Kaiser-Wilhelm-Institut, in: Doris Kaufmann, Hg., Geschichte der Kaiser Wilhelm-Gesellschaft im Nationalsozialismus. Bestandsaufnahme und Perspektiven der Forschung (= Geschichte der Kaiser-Wilhelm-Gesellschaft im Nationalsozialismus 1, Göttingen 2000), 112–150, hier 144–145; Gerhard BAADER, Vom Patientenmord zum Genozid. Forschungsansätze und aktuelle Fragestellungen, in: Eberhard Gabriel / Wolfgang Neugebauer, Hg., Von der Zwangssterilisierung zur Ermordung (= Zur Geschichte der NS-Euthanasie in Wien 2, Wien–Köln–Weimar 2002), 189–236, hier 209–210.
16 Karl Heinz ROTH / Götz ALY, Das „Gesetz über die Sterbehilfe bei unheilbar Kranken". Protokolle der Diskussion über die Legalisierung der nationalsozialistischen Anstaltsmorde in den Jahren 1938–1941, in: Karl Heinz Roth, Hg., Erfassung zur Vernichtung. Von der Sozialhygiene zum „Gesetz über Sterbehilfe" (Berlin 1984), 101–179, hier 114–115.
17 Ebd., 173; Ulrich PÖTZL, Sozialpsychiatrie, Erbbiologie und Lebensvernichtung. Valentin Faltlhauser, Direktor der Heil- und Pflegeanstalt Kaufbeuren-Irrsee in der Zeit des Nationalsozialismus (= Abhandlungen zur Geschichte der Medizin und der Naturwissenschaften 75, Husum 1995); SCHNEIDER / LUTZ, Erfasst, verfolgt, vernichtet, wie Anm. 3, 150–152; Michael v. CRANACH, Mitwissen und Kooperation. Die Haltung der Anstaltspsychiatrie, in: Maike Rotzoll u. a., Hg., Die nationalsozialistische „Euthanasie"-Aktion „T4" und ihre Opfer. Geschichte und ethische Konsequenzen für die Gegenwart (Paderborn u. a. 2010), 83–96, hier 84–86.
18 ROTH / ALY, „Gesetz über die Sterbehilfe bei unheilbar Kranken", wie Anm. 16, 116.
19 Ingo HARMS, Die Gutachter der Meldebogen. Kurzbiografien, in: Maike Rotzoll u. a., Hg., Die nationalsozialistische „Euthanasie"-Aktion „T4" und ihre Opfer. Geschichte und ethische Konsequenzen für die Gegenwart (Paderborn u. a. 2010), 405–420 hier, 405–406.
20 Vgl. Hinrich JASPER, Maximinian De Crinis (1889–1945). Eine Studie zur Psychiatrie im Nationalsozialismus (= Abhandlungen zur Geschichte der Medizin und der Naturwissenschaften 63, Husum 1991).
21 ROTH / ALY, „Gesetz über die Sterbehilfe bei unheilbar Kranken", wie Anm. 16, 173.
22 ROELCKE, Psychiatrische Wissenschaft, wie Anm. 15.
23 ROTH / ALY, „Gesetz über die Sterbehilfe bei unheilbar Kranken", wie Anm. 16, 174.

Kindern untersucht wurden.[24] Er beging am 11. Dezember 1946 in der Untersuchungshaft Selbstmord. Hans Heinze, Direktor der Landesnervenklinik Brandenburg/Görden und außerplanmäßiger Professor an der Berliner Universität, hatte an dieser Klinik nicht nur eine „Kinderfachabteilung" errichtet und sie zur Reichsschulstation ausgebaut, sondern gehörte von Anfang an zum Planungsstab der „Euthanasie"; er wurde am 15. Oktober 1945 in das Speziallager Nr. 7 in Sachsenhausen eingeliefert. Am 16. Mai 1946 wurde er wegen Verbrechen gegen die Menschlichkeit in einem von der sowjetischen Besatzungsmacht durchgeführten Militärtribunal zu sieben Jahren Haft verurteilt. Nach voller Verbüßung der Haftstrafe wurde er am 14. Oktober 1952 in die Bundesrepublik Deutschland entlassen.[25] Anschließend wurde er im März 1953 Assistenzarzt an der Landesheilanstalt Mariental bei Münster in Westfalen; im April 1954 war er bereits wieder in leitender Position tätig, jetzt als Leiter der jugendpsychiatrischen Klinik beim Niedersächsischen Landeskrankenhaus Wunstorf. Als gegen ihn wegen seiner vom sowjetischen Militärtribunal nicht angeklagten Beteiligung an der Kinder-„Euthanasie" eine staatsanwaltliche Voruntersuchung am 18. Januar 1962 eröffnet wurde, wurde er mehrfach – zuletzt am 28. April 1964 – für verhandlungsunfähig erklärt und am 4. März 1964 vom Landgericht Hannover außer Strafverfolgung gesetzt. Paul Nitsche, Direktor der Gasanstalt Pirna-Sonnenstein, war ab 1941 in der Nachfolge Heydes medizinischer Leiter der „Aktion T4"; er wurde am 7. Juli 1947 vom Oberlandesgericht Dresden zum Tode verurteilt und am 25. März 1948 hingerichtet.[26]

Doch zurück zum Memorandum von 1943. Selbstverständlich steht in ihm die „planmäßige Erfassung und Erforschung des Erbgesundheitszustandes des deutschen Volkes, sowie […] der Verhütung von Erbkrankheiten"[27] an der Spitze der Maßnahmen, an denen „die Psychiatrie aktiv mitzuwirken" hat und die in Sterilisation und „Euthanasie" ihre letzte Verwirklichung erfährt, wenn auch die Autoren zugeben müssen, dass diese „Maßnahmen noch auf Unverständnis und Abneigung in den breiten Massen stoßen".[28] Doch es werde auch die Akzeptanz der Bevölkerung für die erbbiologischen Maßnahmen zunehmen, wenn sie erkennt, dass der „Ärztestand gleichzeitig Heil- und Vorbeugungsarbeit im Großen leistet, […] um die Kranken zu heilen oder doch soweit zu bessern, dass sie wieder zu volkswirtschaftlich wertvoller Betätigung zugeführt werden können".[29] Das soll durch eine „Hinwendung zu zielbewusster Psychagogik und aktiver Psychotherapie"[30] geschehen. „Hinzutraten nach und nach andere neue

---

24 Christoph MUNDT / Gerrit HOHENDORF, Hg., Psychiatrische Forschung und NS-„Euthanasie". Beiträge zu einer Gedenkveranstaltung an der Psychiatrischen Universitätsklinik Heidelberg (Heidelberg 2001), 42–62; HARMS, Gutachter, wie Anm. 19, 416–417; Thomas BEDDIES, „Aktivere Krankenbehandlung" und „Arbeitstherapie". Anwendungsformen und Begründungszusammenhänge bei Hermann Simon und Carl Schneider, in: Hans-Walter Schmuhl / Volker Roelcke, Hg., „Heroische Therapien." Die deutsche Psychiatrie im internationalen Vergleich (Göttingen 2013), 268–286, hier 275–279.
25 KLEE, Was sie taten, wie Anm. 12, 136–139; HARMS, Gutachter, wie Anm. 19, 409–410.
26 Joachim S. HOHMANN, Der „Euthanasie"-Prozeß Dresden 1947. Eine zeitgeschichtliche Dokumentation (Frankfurt am Main u. a. 1993), 425; Ernst KLEE, Das Personenlexikon zum Dritten Reich. Wer war was vor und nach 1945 (Frankfurt am Main 2003), 437.
27 Gedanken und Anregungen betreffend die künftige Entwicklung der Psychiatrie: Götz ALY, Der saubere und der schmutzige Fortschritt, in: Götz Aly u. a., Hg., Reform und Gewissen-„Euthanasie" im Dienst des Fortschritts (= Beiträge zur nationalsozialistischen Gesundheits- und Sozialpolitik 2, Berlin 1985), 9–78, hier 43.
28 Ebd., 44.
29 Ebd., 45.
30 Ebd., 42.

Behandlungsmethoden, insbesondere die Insulin-, Krampf-, Hormon- und diätetische Therapie."[31] In diesem Memorandum werden somit nicht nur 17 Punkte zur Verbesserung der Anstalten und des psychiatrischen Standes insgesamt entwickelt, sondern eine Kombination von unterschiedlichen Therapiekonzepten zwischen Reformpsychiatrie, Eugenik und „Euthanasie" im Rahmen des Grundkonzepts von Medizin im Nationalsozialismus insgesamt – nämlich Heilen und Vernichten – gefordert. Die bestmögliche Therapie für den erbgesunden Volksgenossen unter Einschluss sozialpsychiatrischer Elemente ist das Ziel. Zieht man davon die erbbiologische Komponente ab, so kann man dies auch als Programm für die erste Nachkriegszeit lesen, besonders da es in den Anstalten nach 1945 eine weitgehende Kontinuität bei den Ärzten und Pflegern gab.

Die Rolle der Berufsvereinigung der deutschen Psychiater und Neurologen

Die deutschen Psychiater hatten sich seit Mitte des 19. Jahrhunderts in einer eigenen Gesellschaft organisiert.[32] Doch schon 1933 wurde der bereits erwähnte Kommentator des Gesetzes zur Verhütung erbkranken Nachwuchses, Ernst Rüdin, als stellvertretender Vorsitzender in den Vorstand dieses Deutschen Vereins für Psychiatrie kooptiert, 1935 wurde er als Nachfolger von Karl Bonhoeffer Präsident der in „Gesellschaft deutscher Neurologen und Psychiatrie" umbenannten Fachgesellschaft, was er bis 1945 blieb.[33] Er stand in enger Beziehung zu direkten Tätern wie Paul Nitsche, dem Direktor der Tötungsanstalt Pirna-Sonnenstein sowie ärztlichen Leiter der „T4-Zentrale" und 1934–1939 Schriftführer der jetzt von Rüdin repräsentierten Gesellschaft. Zu den Mitgliedern des Beirats der Gesellschaft gehörten weitere Psychiater, die in der „Aktion T4" eine wichtige Rolle spielen sollten, wie Werner Heyde, Maximinian de Crinis, Carl Schneider, Paul Nitsche, Walter Creutz und Kurt Pohlisch. Die Gesellschaft deutscher Neurologen und Psychiater diente – so hat es Henry Friedlander ausgedrückt – „als Sammelbecken für Talente und Ideen für das Euthanasie-Mordprogramm". „T4" unterstützte die Gesellschaft finanziell, während diese ihrerseits versicherte, dass sie „auch fernerhin alles tun wird, was zur Förderung der auch im Interesse von Partei und Staat liegenden Arbeiten dienlich ist".[34] Kritische Stellungnahmen zu Zwangssterilisation und „Euthanasie" waren unter dieser Besetzung nicht zu erwarten. Dieses Schweigen interpretierte der Direktor der Anstalt in Hildesheim, Hermann Grimme – die im Februar 1941 von den „Verlegungsmaßnahmen" betroffen war –, als von ihm der Mitgliedsbeitrag eingefordert wurde, mit der Vermutung, dass es sie nicht mehr gäbe, und trat schließlich aus ihr aus.[35] Denn auch die geplante Jahres-

---

31 Ebd., 42–43.
32 Thomas-Peter SCHINDLER, Psychiatrie im Wilhelminischen Deutschland im Spiegel der Verhandlungen des „Vereins der deutschen Irrenärzte" (ab 1903: „Deutscher Verein für Psychiatrie") von 1891–1914, unveröffentlichte med. Dissertation (Freie Universität Berlin 1990), 10–14.
33 Helmut E. EHRHARDT, 130 Jahre Deutsche Gesellschaft für Psychiatrie und Nervenheilkunde (Wiesbaden 1972), 13, 52.
34 Ebd., 14; Henry FRIEDLANDER, Der Weg zum NS-Genozid. Von der Euthanasie zur Endlösung (Berlin 1997), 256.
35 SCHNEIDER / LUTZ, Erfasst, verfolgt, vernichtet, wie Anm. 3, 76–77.

versammlung 1941 war ausgefallen.³⁶ Doch selbst Grimme war, wie die meisten seiner Kollegen, ein Rädchen im Mordapparat geworden.

Als 1947 die Gesellschaft deutscher Neurologen und Psychiater wieder ins Leben gerufen wurde, geschah dies unter dem Notvorstand Ernst Kretschmer, der selbst seinerzeit nicht zur Sitzung zur Bestellung neuer „T4-Gutachter" eingeladen worden war, da seine kritische Position zur „Euthanasie"³⁷ – nicht aber zur Zwangssterilisation – bekannt war.³⁸ Er blieb Präsident der Gesellschaft bis 1951; ihm folgte 1952 Werner Villinger nach und der war früher „T4-Gutachter" gewesen, nicht anders als der Präsident von 1957, Friedrich Mauz, und jener von 1965, Friedrich Panse.³⁹ Dem Beirat der Gesellschaft gehörte u. a. der Bonner Psychiater Kurt Pohlisch an, der ebenfalls „T4-Gutachter" gewesen war. Somit waren die Mehrzahl der Leitungsfunktionen in dieser Gesellschaft in den 1950er Jahren mit Psychiatern besetzt, die selbst an der NS-„Euthanasie" beteiligt gewesen waren; dass für diese die Auseinandersetzung mit derselben nun kein Thema war, versteht sich von selbst.

Juristische Auseinandersetzung mit den NS-Verbrechen an psychisch Kranken nach 1945 und Nachkriegskarrieren involvierter Psychiater

Als die „Euthanasie"-Verbrechen nach 1945 in die Wahrnehmung der amerikanischen Militärjustiz gerieten, war diese zunächst nicht darauf vorbereitet; denn sie fielen nicht unter die Kategorie „Verbrechen gegen das Kriegsrecht" oder „gegen das Völkerrecht". Jedoch wurden in dem vom 8. bis 15. Oktober 1945 vor einem amerikanischen Militärgericht in Wiesbaden durchgeführten, 1. Hadamar-Prozess entsprechend dem Völkerrecht wegen der Ermordung von mehr als 600 tuberkulosekranken russischen und polnischen Zwangsarbeiterinnen und Zwangsarbeiten in dieser „Mordinstitution" für psychisch Kranke drei der Hauptangeklagten zum Tode verurteilt; das Urteil wurde am 14. März 1946 in Bruchsal vollstreckt.

Erst das Kontrollratsgesetz Nr. 10 vom 20. Dezember 1945 führte in die Rechtsordnung für Deutschland den in das vom Londoner Statut zur Durchführung der Prozesse gegen die Hauptkriegsverbrecher vom 8. August 1945 aufgenommenen Straftatbestand des „Verbrechens gegen die Menschlichkeit" ein. Ebenso wurde darin die Übertragung der Gerichtsbarkeit von Verbrechen von Deutschen gegen Deutsche auf die deutsche Gerichtsbarkeit festgelegt. Zwar wurden mit Karl Brandt und Viktor Brack zwei der Hauptverantwortlichen für die „Euthanasie"-Maßnahmen wegen dieser und anderer Verbrechen durch den 1. Amerikanischen Militärgerichtshof im Nürnberger Ärzteprozess am 20. August 1947 zum Tod durch den Strang verurteilt. Doch war zu dieser Zeit die strafrechtliche Ahndung der „Euthanasie"-Verbrechen bereits auf deutsche Gerichte übergegangen. Mehrere Hauptverantwortliche für die „Euthanasie", wie Maximinian de Crinis und Carl Schneider, hatten sich durch Selbstmord der Strafverfolgung entzogen; andere, wie Werner Heyde, waren 1947 aus der Untersuchungshaft ent-

---

36 EHRHARDT, 130 Jahre, wie Anm. 33, 14–15.
37 Mündlicher Hinweis von Bernhard Matz.
38 Bernhard MATZ, Die Konstitutionstypologie von Ernst Kretschmer. Ein Beitrag zur Geschichte von Psychiatrie und Psychologie des Zwanzigsten Jahrhunderts, unveröffentlichte med. Dissertation (Freie Universität Berlin 2000), 422–423.
39 EHRHARDT, 130 Jahre, wie Anm. 33, 52.

flohen. Trotzdem endeten die ersten Prozesse vor einem deutschen Gericht, nämlich vor der 4. Strafkammer des Landgerichts Frankfurt im Eichbergprozess (21. Dezember 1946), im Kalmenhofprozess (30. Januar 1947) und im neuerlichen Hadamarprozess (21. März 1947) in „angemessener" Form mit Todesurteilen, die allerdings später in lebenslange Freiheitsstrafen umgewandelt wurden; zusätzlich wurden die Verurteilten später meist vorzeitig aus der Haft entlassen.[40]

Das änderte sich schon im Prozess vor dem Landgericht Augsburg gegen den Direktor von Kaufbeuren, Valentin Faltlhauser (30. Juli 1947), im Grafeneckprozess (5. Juli 1949) und im Prozess gegen den Direktor von Eglfing-Haar, Hermann Pfannmüller (15. März 1951). Der für schwerwiegende Verbrechen verantwortliche Faltlhauser wurde unter Ausschluss einer direkten Verantwortlichkeit für die in Kaufbeuren begangenen Verbrechen nur wegen Anstiftung zur Beihilfe zum Totschlag in mindestens 300 Fällen zu drei Jahren Haft verurteilt. Pfannmüller wurde wegen der in Eglfing-Haar begangenen „Euthanasie"-Verbrechen im November 1949 wegen Totschlags beziehungsweise Beihilfe zum Totschlag zunächst zu sechs Jahren Haft verurteilt. Obzwar Pfannmüller mit seinem Revisionsantrag beim Bayerischen Obersten Landesgericht erfolgreich war, verurteilte ihn das Schwurgericht am 15. März 1951 endgültig wegen Totschlags und Beihilfe zum Totschlag, diesmal zu fünf Jahren. Es verneinte die zur Verurteilung wegen Mords notwendige „Heimtücke" und sah als strafmildernd an, Pfannmüller habe als Anhänger des „Euthanasie"-Gedankens der Überzeugung sein können, die Tötung der Kranken sei eine dem natürlichen Ausleseprozess gleichkommende Maßnahme und eine Erlösung für diese.[41] Die im Grafeneckprozess angeklagten drei Ärzte, die aus Zwiefalten Patientinnen und Patienten nach Grafeneck selektierten, wurden vom Landgericht Tübingen am 5. Juli 1949 ebenfalls wegen Totschlags zu nur geringen Haftstrafen zwischen einem und fünf Jahren verurteilt oder überhaupt freigesprochen, wenngleich zwei für vergleichbare Verlegungen nach Grafeneck verantwortliche Ärzte durch das Landgericht Freiburg am 16. November 1948 wegen Beihilfe zum Mord noch zu lebenslanger Haft verurteilt worden waren.

Doch die milden Urteile von Augsburg, München und Tübingen wiesen bereits alle Elemente auf, die für alle späteren, unbefriedigenden Urteile gegen „Euthanasie"-Täter kennzeichnend werden sollten. Denn die Angeklagten wurden, auch wenn sie des Verbrechens gegen die Menschlichkeit angeklagt wurden, trotz dieses Tatbestandes nicht mehr wegen Mords, sondern wegen Totschlags oder Beihilfe zum Totschlag verurteilt. Ihnen wurde zusätzlich Nötigungsnotstand als Rechtfertigungs- oder zumindest als Entschuldigungsgrund für ihre Taten zugutegehalten, ebenso wie ein Fehlen des Bewusstseins von der Rechtswidrigkeit ihrer Taten. Besonders Beschuldigten, die sich in Leitungsfunktionen befunden hatten – und darunter verstanden die Gerichte auch die Krankenhausdirektoren von Zwischenanstalten und die „T4-Gutachter" – wurde Verbotsirrtum oder Pflichtenkollision zugutegehalten. Daraus resultierten letztlich Entscheidungen, wie die des Landgerichts Düsseldorf vom 24. November

---

[40] Willi Dressen, NS „Euthanasie"-Prozesse in der Bundesrepublik Deutschland im Wandel der Zeit, in: Hanno Loewy / Bettina Winter, Hg., NS-„Euthanasie" vor Gericht. Fritz Bauer und die Grenzen juristischer Bewältigung (= Wissenschaftliche Reihe des Fritz Bauer Instituts 1, Frankfurt am Main–New York 1996), 35–58, hier 38.
[41] Ebd., 43–46.

1948. In seinem Urteil gegen den Psychiatriedezernenten der Provinzialverwaltung der Rheinprovinz, Walter Creutz,[42] gegen die bereits erwähnten Bonner Psychiater Kurt Pohlisch und Friedrich Panse, die alle drei auch „T4-Gutachter" gewesen waren, sowie gegen die beiden Ärzte der Zwischenanstalt Galkhausen, Felix Weissenfeld und Max Rohde, plädierte es auf Freispruch. Man stellte zwar fest, dass die Angeklagten Mord in Tateinheit mit Verbrechen gegen die Menschlichkeit begangen hätten, billigten ihnen jedoch zu, dass sie sich auf einen übergesetzlichen Notstand berufen könnten und sprach sie frei. Das Gericht machte sich die Einlassung der Angeklagten zu eigen, sie hätten sich der Teilnahme an den Selektionsprozessen nur deshalb nicht verweigert, um Schlimmeres zu verhindern. Nur dadurch wäre es ihnen gelungen, einzelne Patientinnen und Patienten zu retten. Auch im Revisionsverfahren vom 27. Januar 1949 wurde der Freispruch bestätigt. Damit sind schon alle Argumente deutlich, die in den späteren Urteilen über „Euthanasie"-Täter zu finden sind. Denn die Angeklagten wurden, auch wenn sie des Verbrechens gegen die Menschlichkeit angeklagt waren, trotz dieses Tatbestandes nicht mehr wegen Mordes, sondern wegen Totschlags oder Beihilfe zum Totschlag verurteilt – und diese waren später, ab 1960, überhaupt verjährt.

Die 1950er Jahre waren zudem eine Zeit, in der Forderungen nach Beendigung der Strafverfolgung von NS-Tätern immer lauter wurden. Verbunden war dies mit einer Neujustierung des Justizapparats. Sie erfolgte in erster Linie mit der Wiedereingliederung der nach 1945 entlassenen Richtern und Staatsanwälten, soweit sie nicht als Hauptschuldige oder Belastete in den Entnazifizierungsverfahren eingestuft worden waren, aufgrund des Gesetzes zur Regelung der Rechtsverhältnisse der unter Artikel 131 des Grundgesetzes fallenden Personen vom 11. Mai 1951. Dies alles war für eine neuerliche Aufnahme von „Euthanasie"-Prozessen und schon gar für angemessene Urteile wenig förderlich und so ist es nicht verwunderlich, dass die letzten Urteile gegen „Euthanasie"-Ärzte – Aquilin Ullrich, Klaus Bunke, Klaus Endruweit und Kurt Borm – mit einer Einstellung der Verfahren gegen die ersten drei wegen Verhandlungsunfähigkeit und mit dem Freispruch von Borm am 6. Juni 1972 endeten.

Den Nachkriegskarrieren dieser „Euthanasie"-Ärzte stand in all diesen Jahren nichts im Wege. Das sei hier an den „T4-Gutachtern" verdeutlicht, die nun als Repräsentanten der Psychiatrie in der Bundesrepublik Deutschland fungierten: Der „T4-Gutachter" Friedrich Panse[43] war noch im Oktober 1942 zum außerplanmäßigen Professor für Psychiatrie, Neurologie und Nervenheilkunde in Bonn ernannt worden. Kurt Pohlisch, seit 1934 Lehrstuhlinhaber für Psychiatrie und Neurologie in Bonn, war nicht nur Gutachter im Rahmen der Erbgerichtsbarkeit gewesen, er arbeitete 1940 auch an der Vorbereitung eines Euthanasiegesetzes mit.[44] Sein Oberarzt Hans-Alois Schmitz war, genauso wie er, „T4-Gutachter" gewesen und „gutachtete" zusätzlich für die Kinderfachabteilung Waldniel. Nach seiner kurzfristigen Diensterhebung 1946 arbeitete er zunächst im Landeskrankenhaus für Kinder- und Jugendpsychiatrie in Bonn weiter, bevor er 1949 außerplanmäßiger Professor in Bonn, wieder unter Pohlisch, wurde.[45]

---

42 Hans-Walter Schmuhl, Walter Creutz und die NS-„Euthanasie". Kritik und kritische Antikritik, in: Arbeitskreis zur Erforschung der Nationalsozialistischen Euthanasie und Zwangssterilisation, Hg., Schatten und Schattierungen – Perspektiven der Psychiatriegeschichte im Rheinland (= Berichte des Arbeitskreises / Arbeitskreis zur Erforschung der Nationalsozialistischen „Euthanasie" und Zwangssterilisation 9, Münster 2013), 23–56.
43 Harms, Gutachter, wie Anm. 19, 412–413; Klee, Personenlexikon, wie Anm. 26, 449.
44 Harms, Gutachter, wie Anm. 19, 413–414; Klee, Personenlexikon, wie Anm. 26, 467–468.
45 Harms, Gutachter, wie Anm. 19, 416; Klee, Personenlexikon, wie Anm. 26, 550.

Pohlisch selbst leitete ab Mai 1936 das Provinzial-Institut für psychiatrisch-neurologische Erforschung zur Erfassung sogenannter „Minderwertiger", dessen ärztlicher Leiter Friedrich Panse wurde. Nach dem Freispruch kehrte Pohlisch auf seinen Bonner Lehrstuhl zurück. Panse wurde ab 1950 Direktor der Anstalt Düsseldorf-Grafenberg, der Universitätsnervenklinik Düsseldorf und Mitglied im Ärztlichen Sachverständigenrat für Fragen der Kriegsopfer.[46] Rentenneurosen waren für ihn noch 1960 Wunsch- und Zweckreaktionen und keine zu entschädigenden Kriegsfolgen.[47] Nicht anders urteilte der frühere Direktor der Heil- und Pflegeanstalt Marsberg bzw. der Heil- und Pflegeanstalt Ellen in Bremen, der frühere „T4-Gutachter" Walter Kaldewey,[48] der als Gutachter in Renten- und Entschädigungsfragen den antragsstellenden NS-Opfern meist die Gewährung von Renten oder Entschädigungen unter der Begründung verwehrte, dass bei den Begutachteten „seelische Bereicherungen" (!) durch die KZ Haft oder Rentenneurosen vorliegen würden, und daher eine Entschädigung nicht angebracht sei.[49] Er wurde 1948 als minderbelastet entnazifiziert und arbeitete anschließend als niedergelassener Psychiater in Bremen.

Werner Villinger, der Nestor der Kinder- und Jugendpsychiatrie,[50] war ein vehementer Anhänger der Zwangssterilisation; ab 1937 gehörte er dem Erbgesundheitsobergericht Hamm und ab 1940 als Ordinarius für Psychiatrie dem in Breslau an. Seine Nachkriegskarriere begann schon 1945 mit einem Ordinariat in Tübingen und ab 1946 in Marburg. Dem Wiedergutmachungsausschuss des Deutschen Bundestages 1961 gehörte er ebenso wie der Genetiker Hans Nachtsheim und der Oberarzt und spätere Professor für Sozialpsychiatrie in Marburg Helmut H. Ehrhardt – Ehrhardt war seit 1937 Gutachter am Erbgesundheitsgericht gewesen – als Gutachter an. Alle drei sahen im Erbgesundheitsgesetz kein NS-Unrecht und lehnten eine Wiedergutmachung für Zwangssterilisierte ab. Denn wir würden bei einer Entschädigung der Zwangssterilisierten Gefahr laufen – so Villinger –, „dass eine gewisse Neurotisierung dieser Sterilisierten stattfindet. Diskutiert man die Dinge in der Öffentlichkeit sehr eingehend, so läuft man Gefahr, dass wiederum eine Welle von Neurosen erzeugt wird".[51] Für Ehrhardt schließlich würde „eine Entschädigungsregelung für die Sterilisierten […] in vielen Fällen zu einer […] Verhöhnung des echten Gedankens der Wiedergutmachung"[52] führen. So sorgten zwei Erbgesundheitsrichter und ein Genetiker dafür, dass die Zwangssterilisierten für Jahre nicht als Opfer des NS-Unrechts anerkannt wurden.[53] Als Villinger selbst Ende Juli 1961 wegen seiner Rolle als „T4-Gutachter" erneut gerichtlich vernommen wurde, stritt er zunächst kategorisch ab, dass er je Gutachten erstellt hätte. Dies stellte sich bei einer neuerlichen Einvernahme als unwahr heraus; allerdings scheint er fast ausschließlich negative Gutachten erstellt zu haben.

---

46 HARMS, Gutachter, wie Anm. 19, 412–413; KLEE, Personenlexikon, wie Anm. 26, 449.
47 Christian PROSS, Wiedergutmachung. Der Kleinkrieg gegen die Opfer (Frankfurt am Main 1988), 152–153.
48 HARMS, Gutachter, wie Anm. 19, 410; KLEE, Personenlexikon, wie Anm. 26, 296.
49 Franz-Werner KERSTING, Psychiatrie in Westfalen zwischen NS-Euthanasie und Reform, in: Martin Köster, Hg., Lebensunwert – Paul Brune. NS-Psychiatrie und ihre Folgen (Münster 2005), 11–26, hier 16–17.
50 HARMS, Gutachter, wie Anm. 19; KLEE, Personenlexikon, wie Anm. 26, 641; Martin HOLTKAMP, Werner Villinger (1887–1961). Die Kontinuität des Minderwertigkeitsgedankens in der Jugend- und Sozialpsychiatrie (= Abhandlungen zur Geschichte der Medizin und der Naturwissenschaften 97, Husum 2002), 11–41.
51 Zit. nach SCHNEIDER / LUTZ, Erfasst, verfolgt, vernichtet, wie Anm. 3, 182.
52 Zit. nach KLEE, Personenlexikon, wie Anm. 26, 127.
53 Vgl. Thomas GERST, Gesetz zur Verhütung erbkranken Nachwuchses. Ächtung nach 74 Jahren, in: Deutsches Ärzteblatt 104/1–2 (2007), 14.

Als in einem Spiegel-Artikel die Vorwürfe gegen ihn wiederholt wurden, „geriet seine bürgerliche Existenz" – so Martin Holtkamp – „völlig ins Wanken".[54] Ob sein kurz darauf erfolgter Absturz bei einer Bergtour bei Innsbruck ein Suizid gewesen ist, darüber „kann […] nur spekuliert werden".[55]

Friedrich Mauz,[56] der sich 1928 in Marburg habilitiert hatte, wurde 1934 dort zum außerordentlichen Professor und 1939 auf ein Ordinariat nach Königsberg berufen. Er gehörte dem Erbgesundheitsobergericht in Kassel an, arbeitete an dem Euthanasiegesetz mit und war – wie aus einem im Auftrag der Deutschen Gesellschaft für Psychiatrie und Nervenkrankheiten erstellten Gutachten hervorgeht – als „T4-Gutachter" zumindest in 25 Fällen direkt am Patientenmord beteiligt.[57] Das behinderte allerdings nicht seine Nachkriegskarriere. Er wurde zunächst Direktor des Psychiatrischen Krankenhauses Ochsenzoll in Hamburg-Langenhorn und, nach Einstellung eines Ermittlungsverfahrens gegen ihn 1951, im Jahr 1953 Direktor der Universitätsnervenklinik in Münster. Mauz, aber auch Panse wurden im Jahr 2011 ihre von der Deutschen Gesellschaft für Psychiatrie und Nervenkrankheiten verliehenen Ehrenmitgliedschaften aufgrund der oben geschilderten Tatsachen wieder aberkannt.[58]

Die bisherigen Ausführungen zeigen nichts anderes, als dass in den ersten Nachkriegsjahren und lange danach – das gilt nicht nur für die Bundesrepublik Deutschland, sondern, wenn auch etwas differenzierter, auch für die DDR – der deutschen Psychiatrie die Verdrängung ihrer fast uneingeschränkten Beteiligung an den Verbrechen in der Psychiatrie zu gelingen schien. „Die Auseinandersetzung mit der eigenen Geschichte in der Zeit des Nationalsozialismus" – so 2014 Frank Schneider, der Vorsitzende der Deutschen Gesellschaft für Psychiatrie und Psychotherapie, Psychosomatik und Nervenheilkunde (DGPPN), wie die führende Fachgesellschaft heute heißt – „stand lange nicht auf der Agenda der psychiatrischen Fachgesellschaft in Deutschland".[59] Im Gegensatz dazu hatte Helmuth Ehrhardt 1972 noch in der Gedenkschrift zu „130 Jahre Deutsche Gesellschaft für Psychiatrie und Nervenheilkunde" behauptet, „dass die damalige Vertretung der Psychiatrie, trotz ihrer scheinbar weitreichenden Befugnisse, ex officio niemals Aktionen wie die ‚Euthanasie' gedeckt, befürwortet oder gefördert hat. Auch deswegen sind die wiederholten Versuche, das Fehlverhalten oder Verbrechen einzelner Psychiater dieser Zeit ‚der deutschen Psychiatrie' anzulasten, als objektiv unbegründet zurückzuweisen."[60] Dies ist, wie die Forschungen seit den 1980er Jahren gezeigt haben, als apologetisch und falsch zurückzuweisen. In ihrer Gedenkveranstaltung 2010 hat sich auch die DGPPN in einer an die Opfer gerichteten Entschuldigung im Namen der deutschen Psychiatrie insgesamt zu ihrer Verantwortung für die an psychiatrischen Patientinnen und Patienten verübten Verbrechen sowie „für das viel zu lange Schweigen, Verharmlosen und Verdrängen der deutschen Psychiatrie in der Zeit danach" bekannt.[61] Mit diesem Diskurs gehörte sie damals

---

54 HOLTKAMP, Werner Villinger, wie Anm. 50, 39.
55 Ebd., 41.
56 HARMS, Gutachter, wie Anm. 19, 411–412; KLEE, Personenlexikon, wie Anm. 26, 396.
57 Vgl. den Beschluss zur Aberkennung der Ehrenmitgliedschaften vom 24. November 2011 im Rahmen der DGPPN-Mitgliederversammlung.
58 SCHNEIDER / LUTZ, Erfasst, verfolgt, vernichtet, wie Anm. 3, 209–210.
59 Ebd., 203.
60 EHRHARDT, 130 Jahre, wie Anm. 33, 15.
61 SCHNEIDER / LUTZ, Erfasst, verfolgt, vernichtet, wie Anm. 3, 209.

jedoch insgesamt zu nichts anderem als zum überwiegenden Teil der deutschen Nachkriegsgesellschaft. Die „Schlussstrichdebatte" war symptomatisch für diese Zeit, die ihren beredten Ausdruck in der ungenügenden Entschädigung der Opfer von Zwangssterilisation und „Euthanasie" bzw. deren Angehörigen fand.[62]

Psychiatrische Behandlungsmethoden in Deutschland während und nach der NS-Herrschaft

Es ist auffällig, dass im Memorandum von 1943 unter den neuen Behandlungsmethoden, die ausdrücklich hervorgehoben werden, die Insulin- und die Elektrokrampftherapie gehören. Damit steht Deutschland in der Überwindung des therapeutischen Nihilismus bei der Therapie der psychischen Krankheiten durch invasive Somatotherapien im internationalen Trend. Ein frühes Beispiel dafür war schon die Malariatherapie von Julius Wagner-Jauregg an der Psychiatrisch-Neurologischen Universitätsklinik in Wien gewesen.[63] Während des Ersten Weltkrieges war es der Einsatz von kräftigen Wechselströmen in drei- bis fünfminütigen Intervallen in einer nach dem Mannheimer Psychiater Fritz Kaufmann bezeichneten Kurmethode, mit der in Deutschland die „Kriegszitterer" einer aus Stromstößen bestehenden Therapie unterzogen wurden, um sie wieder frontfähig zu machen.[64] Im Zweiten Weltkrieg war es dann Friedrich Panse gewesen, der als beratender Militärpsychiater im Wehrkreis VI Köln im Reservelazarett Ensen bei Köln eine Therapie mit hochdosierten galvanischen Strömen gegen sogenannte „Kriegsneurotiker" einsetzte, die als „pansen" von da an allgemein verwendet wurde.[65] Zu Kaufmann ist allerdings festzuhalten, dass er sich zur suggestiven Begleitung seiner Therapie sich zusätzlich, wenn auch nur in untergeordneter Position, der Hypnose bediente.[66]

---

62 Rolf Surmann, Rehabilitation and Indemnification for the Victims of Forced Sterilization and "Euthanasia". The West German Policies of "Compensation" („Wiedergutmachung"), in: Volker Roelcke / Sascha Topp / Etienne Lepicard, Hg., Silence, Scapegoats, Self-reflection. The Shadow of Nazi Medical Crimes on Medicine and Bioethics (= Formen der Erinnerung 59, Göttingen 2014), 113–127.
63 Vgl. Jesper Vasczy Kragh, "Fumbling in the dark". Malaria, Sulfosin and Metallosal in the Treatment of Mental Disorder in Denmark, 1917–1937, in: Hans-Walter Schmuhl / Volker Roelcke, Hg., Heroische Therapien. Die deutsche Psychiatrie im internationalen Vergleich 1918–1945 (Göttingen), 100–113, hier 100–102.
64 Vgl. Wolfgang U. Eckart, Medizin und Krieg. Deutschland 1914–1924 (Paderborn 2014), 149–153; Philipp Rauh, Die militärpsychiatrischen Therapiemethoden im Ersten Weltkrieg – Diskurs und Praxis, in: Hans-Walter Schmuhl / Volker Roelcke, Hg., Heroische Therapien. Die deutsche Psychiatrie im internationalen Vergleich 1918–1945 (Göttingen), 29–47, hier 36–37.
65 Vgl. Babette Quinkert / Philipp Rauh / Ulrike Winkler, Einleitung, in: Babette Quinkert / Philipp Rauh / Ulrike Winkler, Hg., Krieg und Psychiatrie 1914–1950 (= Beiträge zur Geschichte des Nationalsozialismus 26, Göttingen 2010), 9–28, hier 22; Henning Tümmers, Fern der Berliner Zentrale. Tübinger Ärzte und ihre Handlungsspielräume im Umgang mit „Psychopathen", in: Babette Quinkert / Philipp Rauh / Ulrike Winkler, Hg., Krieg und Psychiatrie 1914–1950 (= Beiträge zur Geschichte des Nationalsozialismus 26, Göttingen 2010), 104–128, hier 115.
66 Eckart, Medizin und Krieg, wie Anm. 64, 153.

Auch in der Zwischenkriegszeit blieb das therapeutische Eingreifen an einem pragmatischen Eklektizismus ausgerichtet, der neuartige Somatotherapien mit traditionellen Behandlungsformen verband.[67] Das gilt auch beim Aufkommen der Schockbehandlungen ab 1933. Bald sind Schocktherapien durch elektrische Stromstöße, zunächst mit zusätzlicher Gabe von Cardiazol oder Insulin, weitverbreitete Realität, wenn sie auch – wie beispielsweise bei der Gabe von Cardiazol – mit Todesangst oder – bei der Gabe von Insulin – mit einem hypoglykämischen Koma verbunden waren. Zwischenfälle wurden bei diesen riskanten Behandlungen in Kauf genommen; eine „erfolgreiche" Insulinkur solle den Patienten nahe am Tod vorbeiführen, denn – so hat es der Göttinger Psychiater Gottfried Ewald 1937 ausgedrückt – „wo es um die geistige Gesundheit geht, lohnt sich schon einmal der Einsatz des Lebens";[68] eine Sterberate von 1 bis 2 % fiele dabei nicht ins Gewicht.[69] Insgesamt würden diese Therapien – so Ernst Rüdin – „schon heute wesentlich zur Abkürzung der Anstaltsbehandlung und damit zur Entlastung der Anstalten bei[tragen]".[70] Trotzdem: Die jüdische Herkunft des Pioniers dieser Insulinkomatherapie Manfred Sakel führte dazu, dass sich das nationalsozialistische Deutschland nur zögerlich dieser neuen Therapieformen bediente,[71] noch dazu, da Ende 1941 eine kriegsbedingte Insulinverknappung hinzukam.[72]

Im Gegensatz dazu wurde die Elektrokrampftherapie sofort rezipiert; bei ihrer Umsetzung hatte das nationalsozialistische Deutschland bald eine führende Position.[73] Denn diese therapeutischen Maßnahmen waren nicht nur mit den „Euthanasie"-Maßnahmen zu vereinbaren.[74] Vielmehr implizierte die Maxime „Heilen und Vernichten" als Grundlage der gesamten Gesundheitspolitik im Nationalsozialismus geradezu die Förderung moderner Therapieverfahren wie die der Elektrokrampftherapie durch die Medizinische Abteilung[75] bei der zentralen Planungsbehörde der „Euthanasie" als nötige Vorbereitung für die Aussonderung der als unheilbar geisteskrank bezeichneten Personen, wobei im Zeitverlauf in immer stärkerem Maße die Arbeitsfähigkeit neben die erbliche Minderwertigkeit als Kriterium für die Vernichtung trat.[76] Andererseits wurde auf diesen Therapien sich verweigernden Patientinnen und Patienten ein Therapiedruck ausgeübt, was dazu beitrug, Maßnahmen gegen die Therapie- und Leistungs-

---

67 Hans-Walter Schmuhl / Volker Roelcke, Einleitung, in: Hans-Walter Schmuhl / Volker Roelcke, Hg., Heroische Therapien. Die deutsche Psychiatrie im internationalen Vergleich 1918–1945 (Göttingen 2013), 9–28, hier 19–20.
68 Zit. nach Christian Borck, Die Internationale der invasiven Therapien und die Diskussion in Deutschland, in: Hans-Walter Schmuhl / Volker Roelcke, Hg., Heroische Therapien. Die deutsche Psychiatrie im internationalen Vergleich 1918–1945 (Göttingen 2013), 131–148, hier 144.
69 Zit. nach Christof Beyer, Die Einführung der „heroischen Therapien" in den Heil- und Pflegeanstalten der Provinz Hannover 1936–1939, in: Hans-Walter Schmuhl / Volker Roelcke, Hg., Heroische Therapien. Die deutsche Psychiatrie im internationalen Vergleich 1918–1945 (Göttingen 2013), 233–250, hier 240.
70 Zit. nach Schmuhl / Roelcke, Einleitung, wie Anm. 67, 15.
71 Borck, Therapien, wie Anm. 68, 143.
72 Gerrit Hohendorf, Therapieunfähigkeit als Selektionskriterium. Die „Schocktherapieverfahren" und die Organisationszentrale der nationalsozialistischen „Euthanasie" in der Berliner Tiergartenstrasse 4, 1939–1945, in: Hans-Walter Schmuhl / Volker Roelcke, Hg., Heroische Therapien. Die deutsche Psychiatrie im internationalen Vergleich 1918–1945 (Göttingen 2013), 287–307, hier 302–303.
73 Borck, Therapien, wie Anm. 68, 146–147.
74 Hohendorf, Therapieunfähigkeit, wie Anm. 72, 296–299.
75 Ebd., 305.
76 Ebd., 292.

unwilligen zu rechtfertigen, denn wenn diese Personen einfach verschwänden, gewönne man mehr Zeit für die Therapiewilligen und -fähigen. Denn nur wer produktive Arbeit erbringe, verdiene es zu überleben.[77]

Diese Ansätze wurden bei Hermann Simon in Gütersloh nicht nur mit eugenischen, sondern auch mit sozialpsychiatrischen und psychologischen Ansätzen kombiniert. Denn er hatte den gezielten Arbeitseinsatz der Patientinnen und Patienten im Rahmen eines streng geregelten Arbeitsalltags als aktivere Heilbehandlung zum therapeutischen Prinzip erhoben und damit in eine sich am Wert des Einzelnen für die Gemeinschaft orientierende Psychiatrie integriert. Eine solche Bewährung unter Anstaltsbedingungen wäre für ihn die Voraussetzung für eine Frühentlassung.[78] Der Heidelberger Universitätspsychiater Carl Schneider hatte diese Ansätze Hermann Simons weiterentwickelt. Für ihn ging es um den Umbau der Psychiatrie zu einer exakten Naturwissenschaft,[79] wie sie durch die Errungenschaften der Erbbiologie und der Konstitutionsforschung befördert worden sei. Dabei sei die Arbeitstherapie – hier über Simon hinausgehend – Grundstock allen therapeutischen Tuns in der Psychiatrie, um als psychagogische Heilweise das Gesunde im Kranken hervorzuholen; durch besondere Maßnahmen – hier nannte er neben der Krampftherapie Medikamente, Diät, Hormone, physikalische Behandlung, aber auch die Psychotherapie – solle es zur biologischen Umstimmung beim Kranken kommen. Mit diesem therapeutischen und rehabilitativen Anspruch der Arbeitstherapie, neben den seit 1937 schocktherapeutische Maßnahmen traten, verband Schneider einen Zwang zu einem Gemeinschaftsleben, das auf Arbeit und produktive Leistung hin orientiert war. Das alles geschah in einer Universitätsklinik mit ihrem Übergewicht an akuten Fällen und hatte die ausdrückliche Zielsetzung der Heilung bzw. der Entlassung der Patientinnen und Patienten. Somit verband Carl Schneider den resozialisierenden Einfluss der Arbeitstherapie mit einer biologischen „Gesamtschau". Ziel müsse die unbedingte Eingliederung in die Volksgemeinschaft sein, wobei Arbeitsfähigkeit und Produktivität bis hin zum Willen zur innerbetrieblichen Leistungssteigerung die entscheidenden Kriterien der Wertbestimmung für den Einzelnen sein müssen. Im Umkehrschluss bedeutet das, dass Arbeitsfähigkeit bei Carl Schneider zum entscheidenden Kriterium über Leben und Tod des Einzelnen wird.[80]

Insgesamt hat das Vordringen der Psychopharmaka, besonders des Chlorpromazin, seit den 1950er Jahren die Somatotherapien und somit auch die Elektrokrampftherapie in den Hintergrund treten lassen. Ganz verschwunden ist eine neurochirurgische Operation, die Lobotomie, mit ihren gravierenden persönlichkeitsverändernden Auswirkungen auf die psychische Existenz des Individuums.[81] Sie wurde seit den 1970er Jahren in Deutschland nicht mehr vorge-

---

77 Gerrit HOHENDORF, Die Selektion der Opfer zwischen rassenhygienischer „Ausmerze", ökonomischer Brauchbarkeit und medizinischem Erlösungsideal, in: Maike Rotzoll u. a., Hg., Die nationalsozialistische „Euthanasie"-Aktion „T4" und ihre Opfer. Geschichte und ethische Konsequenzen für die Gegenwart (Paderborn u. a. 2010), 310–324.
78 Thomas BEDDIES, „Aktivere Krankenbehandlung" und „Arbeitstherapie". Anwendungsformen und Begründungszusammenhänge bei Hermann Simon und Carl Schneider, in: Hans-Walter Schmuhl / Volker Roelcke, Hg., Heroische Therapien. Die deutsche Psychiatrie im internationalen Vergleich 1918–1945 (Göttingen 2013), 268–286, hier 271–273.
79 Ebd., 274–275.
80 Ebd., 281–286.
81 Peter Roger BREGGIN, Elektroschock ist keine Therapie (= U & S Psychologie, München–Wien–Baltimore 1980), 175.

nommen. Verbunden ist dies alles zunehmend mit einem erneuten Vordringen von psychotherapeutischen Verfahren, besonders der Psychoanalyse, in den 1950er Jahren. Das ist das therapeutische Instrumentar, wie es sich in einer Mischung aus Kontinuität und externen – vor allem amerikanischen – Einflüssen der moralisch verwüsteten Szene der deutschen Psychiatrie nun darbot.

Die Verdrängung psychiatrischer NS-Verbrechen nach 1945 und die Rolle ihrer öffentlichen Thematisierung für die entstehenden Bewegungen der Psychiatriereform

Diese Veränderungen im therapeutischen Ansatz boten die Möglichkeit, dass sich der Blick auf die Rechte der psychisch Kranken und Behinderten entsprechend der Menschenrechtsdeklaration der Vereinten Nationen von 1948 zu schärfen begann. Besonders in Großbritannien und den Vereinigten Staaten wurden seit 1954 Reformen, verbunden mit einem radikalen Bettenabbau, durchgeführt, ausgelöst von der Wahrnehmung der humanitär unhaltbaren Zustände innerhalb der Mauern der psychiatrischen Anstalten. In Deutschland setzte diese Wende in der psychiatrischen Versorgung mit Ziel der „Enthospitalisierung" mit 15-jähriger Verspätung ein. Zwar wurde auch im Grundgesetz der Bundesrepublik das Recht auf Freiheit und körperliche Unversehrtheit festgeschrieben und es wurde zum Schutz der Freiheitsrechte psychisch Kranker in Ländergesetzen umgesetzt. Doch eine der Voraussetzungen für eine gelingende Psychiatriereform in Deutschland war die Aufarbeitung der Verstrickung der Psychiatrie in die Verbrechen während der Zeit des Nationalsozialismus. Erst in der Folge war an eine tiefgreifende Psychiatriereform zu denken. Einer der Gründe für diese Verspätung lag in der Verdrängung oder sogar Verleugnung der Massentötung psychisch Kranker, in der unzureichenden rechtlichen Auseinandersetzung mit den Tätern und der weitgehenden Solidarität mit ihnen.[82]

Der medizinische Leiter der „Euthanasie"-Zentrale, Werner Heyde, ist nur eines, wenn auch eines der markantesten Beispiele dafür. Er floh 1947 aus der Untersuchungshaft und arbeitete ab 1950 unter dem Namen Fritz Sawade als Sportarzt in Schleswig-Holstein. In Flensburg war er zusätzlich Gutachter für Landesversicherungsanstalten, für das Landesentschädigungsamt und die Justizbehörden. Er wurde bis 1959 von den medizinischen und politischen Eliten gedeckt, bevor seine wahre Identität offenbar wurde; zu einem Prozess kam es nicht, da er am 13. Juni 1964 in der Haft Selbstmord beging.[83] Das alles entsprach der Atmosphäre in den ersten Nachkriegsjahren der frühen Bundesrepublik mit ihrer Verjährungs- und Schlussstrichdebatte.

Verschweigen und Verdrängen waren nicht nur in der Psychiatrie angesagt. Als Gerhard Schmidt als kommissarischer Leiter der Anstalt Eglfing-Haar bei München einen Bericht über das „Euthanasie"-Geschehen in der Anstalt mit dem Titel „Selektion in der Heilanstalt" verfasst hatte, fand er keinen Verleger dafür – das Buch erschien erst 1965. Weder Karl Jaspers,

---

82 Heinz HÄFNER, Die Inquisition der psychisch Kranken geht ihrem Ende entgegen. Die Geschichte der Psychiatrie-Enquete und Psychiatriereform in Deutschland, in: Franz-Werner Kersting, Hg., Psychiatriereform als Gesellschaftsreform. Die Hypothek des Nationalsozialismus und der Aufbruch der sechziger Jahre (= Forschungen zur Regionalgeschichte 46, Paderborn u. a. 2003), 113–140, hier 122–123.

83 KLEE, Was sie taten, wie Anm. 12, 19–29, 45–50; HARMS, Gutachter, wie Anm. 19, 405–406.

der 1965 ein Geleitwort zu seiner Veröffentlichung schrieb, noch der Heidelberger Psychiater Kurt Schneider, hatten sich unmittelbar nach Kriegsende in der Lage gesehen, seine Veröffentlichung zu befürworten.[84] Zwar fanden seit 1946 „Euthanasie"-Prozesse statt, jedoch meist – wie gezeigt werden konnte – mit unbefriedigenden Urteilen. Hauptverantwortliche für die Organisation der „Euthanasie" waren zwar im Nürnberger Ärzteprozess 1946/47 zur Verantwortung gezogen worden, doch die direkten Täter selbst blieben damals und lange danach unsichtbar. Als der Neurologe Alexander Mitscherlich, der Leiter der Ärztekommission, die von den damals bereits bestehenden Landesärztekammern als Beobachter zum Nürnberger Prozess entsandt wurde, bereits zur Zeit der Anklageerhebung gewissermaßen als Lesehilfe zur Anklageschrift sein „Diktat der Menschenverachtung" verfasste, erhob sich ein Sturm des Protestes gegen ihn. Mitscherlichs endgültige Dokumentation „Wissenschaft ohne Menschlichkeit" erschien 1949 in 10.000 Exemplaren, die an die deutschen Ärzte verteilt werden sollten. Ob und wie dies stattfand, ist umstritten; sicher ist nur, dass das dem Weltärztebund vorgelegte Exemplar die Voraussetzung zur Aufnahme Deutschlands in den Weltärztebund diente und ansonsten blieb – wie auch Mitscherlich selbst bemängelte – jede Resonanz aus.[85] Denn eine qualitativ neue Auseinandersetzung mit den Verbrechen des Nationalsozialismus, den Medizinverbrechen insgesamt und besonders mit den Psychiatrieverbrechen fand vor 1958 nicht statt und damit unterschied sich die Psychiatrie nicht von der Gesamtgesellschaft. Erst damals forderte eine neue Generation eine Änderung in der Auseinandersetzung mit dem Nationalsozialismus ein. Ausgelöst wurde der gesamtgesellschaftliche Diskurs vor allem als Antwort auf eine im Winter kulminierende Welle antisemitischer Vorfälle[86] sowie den Ulmer Einsatzgruppenprozess von 1958, der den Befehlsnotstand in Frage stellte. Dies führte zur Einrichtung der Ludwigsburger „Zentralen Stelle der Landesjustizverwaltungen zur Aufklärung von nationalsozialistischen Verbrechen".[87] Doch erst mit Skandalen wie den um Heyde/Sawade kehrten die Psychiatrieverbrechen im Nationalsozialismus in das Bewusstsein der Bundesrepublik zurück, wenn sich auch dies auf die Rechtsprechung in den noch anstehenden „Euthanasie"-Prozessen meist noch nicht auswirkte.

Doch es waren bald reformorientierte Psychiater, die in der Auseinandersetzung mit den Psychiatrieverbrechen im Nationalsozialismus eine der wichtigsten Voraussetzungen für eine Psychiatriereform erblickten. 1957 hielt der Münsteraner Psychiater Manfred in der Beeck, der Schüler von Gerhard Schmidt gewesen war, in seiner „Praktischen Psychiatrie" nicht nur ein Plädoyer gegen das Vergessen einer Zeit, in der die psychisch Kranken „nur verwaltet, dann sterilisiert und schließlich vergast wurden", sondern forderte diese Verbrechen „als Stachel

---

84 Franz-Werner KERSTING, Vor Ernst Klee. Die Hypothek der NS-Medizinverbrechen als Reformimpuls, in: Franz-Werner Kersting, Hg., Psychiatriereform als Gesellschaftsreform. Die Hypothek des Nationalsozialismus und der Aufbruch der sechziger Jahre (= Forschungen zur Regionalgeschichte 46, Paderborn u. a. 2003), 63–80, hier 68.
85 Jürgen PETER, Unmittelbare Reaktionen auf den Prozeß, in: Angelika Ebbinghaus / Klaus Dörner, Hg., Vernichten und Heilen. Der Nürnberger Ärzteprozeß und seine Folgen (Berlin 2001), 452–488, hier 452–461; BAADER, Patientenmord, wie Anm. 15, 189–192.
86 Michael BRENNER / Norbert FREI, Zweiter Teil: 1950–1967. Konsolidierung, in: Michael Brenner, Hg., Geschichte der Juden in Deutschland. Von 1945 bis zur Gegenwart. Politik, Kultur und Gesellschaft (München 2012), 153–293, hier 274–276.
87 KERSTING, Vor Ernst Klee, wie Anm. 84, 70.

und Korrektiv der eigenen Berufsauffassung und des Verhältnisses von Krankheit und Gesellschaft insgesamt anzunehmen".[88] Leitmotiv für eine Humanisierung des Umgangs von Medizin und Gesellschaft mit den psychisch Kranken ist für ihn dabei das arbeitstherapeutische Reformkonzept von Hermann Simon, ohne allerdings seine Bedeutung im Umfeld der „Euthanasie" zu erkennen. Manfred in der Beeck war in den aufflammenden Diskussionen um eine Psychiatriereform kein Unbekannter. Er hatte schon 1950 auch an den seit 1948 bestehenden Ärztlichen Fortbildungskursen für „Anstaltsärzte Westfalens" – ab Mitte der 1950er Jahre unter dem Namen Gütersloher Fortbildungswochen benannt – teilgenommen und in deren Rahmen mit steter Reflexion auf die nationalsozialistischen Medizinverbrechen an der Rezeption psychotherapeutischer Verfahren durch die Anstaltspsychiatrie mitdiskutiert.[89] Doch auch in dieser frühen Verbindung der Auseinandersetzung mit den Medizinverbrechen im Nationalsozialismus in der Psychiatrie mit der Notwendigkeit von Reformen angesichts der immer noch katastrophalen Situation der psychisch Kranken stand Manfred in der Beeck keineswegs allein. 1957 erhob der Zweite Direktor des Landeswohlfahrtsverbandes Hessen, Friedrich Stöffler, anlässlich der Anbringung einer Gedenktafel an den Patientenmord in der Gasanstalt Hadamar seine Stimme gegen die fortdauernde Benachteiligung und Diskriminierung der psychisch Kranken. Sollten aus diesen frühen Stimmen jedoch Veränderungen im großen Maße hervorgehen, musste sich zunächst das gesamtgesellschaftliche Klima ändern. Dies geschah im Rahmen einer Kulturrevolution, die von der Studentenrevolte von 1968 ausgelöst wurde. Ihre Protagonisten richteten ihre Angriffe gegen Angehörige der Generation, der auch die „Euthanasie"-Täter angehörten.[90] Im Rahmen dieses Protestes gegen den aus ihrer Sicht bisher unbefriedigenden Umgang der Gesellschaft mit dem Nationalsozialismus forderten die Studierenden eine kritische Auseinandersetzung mit dieser Zeit, und zwar an ihren eigenen Fakultäten, ein. Ringvorlesungen waren die Antwort darauf. In Tübingen sprach der Tübinger Psychiater Walter Schulte im Wintersemester 1964/65 in einer auf Betreiben der Studierenden zustande gekommenen Ringvorlesung „Deutsches Geistesleben im Nationalsozialismus" über „Euthanasie und Sterilisation im Dritten Reich". Während der Universitätstage 1966 sprach an der Freien Universität Berlin der Heidelberger Psychiater Walter von Baeyer zum Thema „Die Bestätigung der NS-Ideologie in der Medizin unter besonderer Berücksichtigung der Euthanasie".[91] Walter von Baeyers Vortrag war vor allem eine professionsbezogene Selbstkritik, die den Zusammenhang zwischen Nazi-„Euthanasie" und bundesdeutscher Psychiatrie nicht aussparte. „Gegenüber den meisten zivilisierten Ländern besteht" als Nachwirkung der Psychiatrieverbrechen „bei uns ein bedauerlicher Rückstand gerade im Gebiete der mit sozialtherapeutischen Methoden arbeitenden, der sozialen, beruflichen, familiären Rehabilitation dienenden Psychiatrie".[92] Walter Schulte ging noch darüber hinaus. Er wies über die verbrecherische Schuld einzelner hinaus auf den noch entscheidenderen Tatbestand „der noch

---

88 Zit. nach ebd., 66–67.
89 Alexander VELTIN, Praktische Reformansätze in den 60er Jahren. Therapeutische Gruppenarbeit im psychiatrischen Krankenhaus, in: Franz-Werner Kersting, Hg., Psychiatriereform als Gesellschaftsreform. Die Hypothek des Nationalsozialismus und der Aufbruch der sechziger Jahre (= Forschungen zur Regionalgeschichte 46, Paderborn u. a. 2003), 101–112, hier 101–102.
90 HÄFNER, Inquisition, wie Anm. 82, 125.
91 KERSTING, Vor Ernst Klee, wie Anm. 84, 74.
92 Zit. nach ebd., 77.

bedeutsameren Unterlassungsschuld vieler" hin. „Wir […] müssen […] uns doch darüber im klaren sein, dass […] wenn die damals maßgebenden Instanzen und auch wir aus der jüngeren Generation wacher, hellhöriger, mutiger und konsequenter gewesen wären, doch mehr hätte aufgebracht werden können, um dieser furchtbaren Aktion früher in den Arm zu fallen oder sie gar zu verhindern."[93] Deshalb müsse das Vertrauen in die Psychiatrie wiedergewonnen werden; dazu würden die ersten in der Nachkriegssituation erreichten Verbesserungen im Umgang mit den psychisch Kranken nicht ausreichen. Was notwendig wäre, um die Lage der psychisch Kranken zu verbessern, fasste Schulte in sechs Punkten zusammen:

1. „Senkung der Missbildungsquote und Erforschung ihrer Ursachen.
2. Lebenshilfe für das geistig behinderte Kind sowie Heime für missgebildete Kinder.
3. Ausbau der psychiatrischen Behandlungsstätten, der Kliniken und Landeskrankenhäuser, Hebung des Milieus, Belebung der Atmosphäre, Verbesserung der baulichen und personellen Verhältnisse, Werbung von Mitarbeitern.
4. Mehr Arbeits- und Beschäftigungstherapie, Somato- und Psychotherapie unter Berücksichtigung der psychodynamischen Zusammenhänge.
5. Schaffung neuer Organisationsformen für die psychiatrischen Institutionen, Öffnung der Behandlungsfelder, Übergangsheime für teilsozialisierte Kranke, Tag- und Nachtkliniken.
6. Wiedereingliederung in Beruf und Familie, auf seiten der Gesellschaft größere Bereitschaft für eine Zeit anfällig, auffällig oder hinfällig gewordene Menschen zu behalten oder wieder anzunehmem, sie zu fördern und nicht einfach nur auszuklammern."[94]

Dieser Katalog deckte sich weitgehend mit den Forderungen, die 1965 der Nachfolger Kurt Schneiders an der Heidelberger Universitätsklinik, der bereits erwähnte Walter von Baeyer und seine Oberärzte Heinz Häfner und Karl Peter Kisker in ihrer Denkschrift „Dringliche Reformen in der psychiatrischen Krankenversorgung der Bundesrepublik. Über die Notwendigkeit des Aufbaus sozialpsychiatrischer Einrichtungen (psychiatrischer Gemeindezentren)" erhoben und die sich auch in der Psychiatrieenquete des Deutschen Bundestages von 1975 wiederfinden.[95] Von Baeyer, Häfner und Kisker bezeichnen hier zu Recht den damaligen Zustand der Psychiatrie in Deutschland als „nationalen Notstand".[96] Doch die ersten Schritte zu diesem Gutachten lagen früher. Häfner, der von sich selbst sagt, er habe sich nach seinem Studium Ende der 1940er Jahre „aus dem Wiedergutmachungsbedürfnis" eines Angehörigen der „Nachkriegsgeneration […] für den Beruf des Psychiaters […] entschieden"[97] und zusammen mit Karl Peter Kisker, dem Frankfurter Oberarzt Caspar Kulenkampff und anderen jungen „Oberärzten psychiatrischer Kliniken in Heidelberg, Frankfurt, Freiburg und Straßburg" einem schon 1958 gegründeten informellen Zusammenschluss, nämlich dem „Rhein-Main-Kreis" angehört, wo sie wichtige Teilschritte des späteren Enqueteprogramms vorwegnahmen. Daneben standen praktische Maßnahmen. Caspar Kulenkampff gründete in Frankfurt das erste Übergangsheim für chronisch psychisch Kranke und bald darauf die erste Tagesklinik sowie

---

93 Zit. nach ebd., 76.
94 Zit. nach ebd., 77.
95 Zit. nach ebd., 71–72.
96 Zit. nach ebd., 73.
97 Zit. nach ebd., 72.

Laienaktivitäten und Patientenclubs zur Nachsorge. 1962 gründete der Kreis einen Weiterbildungskurs in Sozialpsychiatrie für Krankenpflegepersonal. Wichtig ist auch, dass Walter von Baeyer, Heinz Häfner und Karl Peter Kisker als Gutachter in Wiedergutmachungsfragen Anträge auf Entschädigung positiv begutachteten, während Männer wie der frühere „T4-Gutachter" Walter Kaldewey im Gegensatz dazu den antragstellenden NS-Opfern größtenteils die Gewährung von Renten und Entschädigungen mit der Begründung versagte, dass bei den Begutachteten „seelische Bereicherungen durch KZ-Haft" oder „Rentenneurosen" vorliegen würden. Aus der Gutachterpraxis von Baeyers, Häfners und Kiskers entstand dagegen 1964 ihr bis heute maßgebendes Werk „Psychiatrie der Verfolgten. Psychopathologische und gutachtliche Erfahrungen an Opfern nationalsozialistischer Verfolgung und vergleichbarer Extrembelastungen".[98]

Walter von Baeyer blieb der Motor der weiteren Entwicklung hin zur Psychiatriereform. Es gelang ihm, den „Deutschen Verein für öffentliche und private Fürsorge" 1959 zur Gründung eines „Aktionsausschusses zur Verbesserung der Hilfe für psychisch Kranke" zu veranlassen, dessen stellvertretender Vorsitzender, später, 1962, erster Vorsitzender er selbst wurde. 1964 verabschiedete dieser Ausschuss eine „Empfehlung zur zeitgemäßen Gestaltung psychiatrisch-neurologischer Einrichtungen" mit der zentralen Forderung einer neuen inneren Gliederung und Spezialisierung der psychiatrischen Großkrankenhäusern sowie der Einrichtung von Abteilungen an Allgemeinkrankenhäusern in Großstädten, wie sie später Teil der Reform wurden. 1966 tagte der Aktionsausschuss auf dem Deutschen Fürsorgetag in Kiel zum Thema „Die Verantwortung der Gesellschaft für ihre psychisch Kranken". Von Baeyer, Häfner und Kulenkampff vertraten dort vehement ihre Thesen vor einer breiteren Öffentlichkeit. Doch schon 1963 hatte Walter von Baeyer der Gesundheitsministerin Elisabeth Schwarzkopf ein Aide-memoire vorgelegt, in dem unter Verwendung der wesentlichen Daten der Denkschrift von Heinz Häfner – über die Erarbeitung von Reformvorschlägen aufgrund einer Analyse der aktuellen psychiatrischen Versorgung hinaus – die Schaffung von Ausbildungsstätten für Sozialpsychiatrie sowie der Aufbau eines Modellinstituts für sozialpsychiatrische Forschung und Therapie gefordert wurde. Im Juni 1966 erging der formelle Bescheid, dass das Bundesgesundheitsministerium ein Zentralinstitut für seelische Gesundheit in Mannheim als überregionale Modelleinrichtung fördern werde. Eine Analyse der psychiatrischen Versorgung wäre Aufgabe des Bundestags. Caspar Kulenkampff gelang es durch persönliche Beziehungen, den CDU-Bundestagsabgeordneten Walter Picard für diese seine Forderungen zu gewinnen. Picard konnte die CDU-Fraktion dazu bewegen, einen von Caspar Kulenkampff und Heinz Häfner vorformulierten Antrag einzubringen, über den am 17. April 1970 das erste Mal beraten wurde. Am 23. Juni 1970 beschloss der Deutsche Bundestag, die Bundesregierung mit der Durchführung einer Enquete über die Lage der Psychiatrie in der Bundesrepublik zu beauftragen. Diese Initiative rief eine Anzahl von parallelen Initiativen hervor. Der Deutsche Ärztetag beschäftigte sich zum ersten Mal mit der Reform der psychiatrischen Versorgung. Die Deutsche Gesellschaft für Psychiatrie und Nervenheilkunde unter ihrem Präsidenten Helmut Ehrhardt berief eine Kommission ein, die eine Übereinstimmung zur Reform herstellen sollte und diese mit ihrem Rahmenplan zur Versorgung psychisch Kranker vorwegnahm. Eine auf einer Tagung an der Evangelischen Akademie in Loccum vom 10. Oktober 1970 verabschiedete

---

98   Vgl. ebd., 72–73.

Resolution stellte eine breitere Öffentlichkeit her und beeinflusste damit die Beratungen im Bundestag positiv.[99] Die Reform selbst wurde durch die Gründung einer gesellschaftskritischen, aber psychiatrienahen Organisation begleitet, dem „Mannheimer Kreis", der 1970 in Hamburg gegründet wurde. Die Organisation umschloss alle in der Psychiatrie tätigen Berufe und sah von jeder Hierarchie ab. Aus ihr ging später die „Deutsche Gesellschaft für Soziale Psychiatrie" hervor.[100] Am wichtigsten wurde jedoch die Gründung einer Aktion „Psychisch Kranke", dem unter dem Vorsitz von Walter Picard Abgeordnete aller Fraktionen des Bundestags und reformorientierte Psychiater wie Heinz Häfner und Caspar Kulenkampff angehörten. Sie übernahm auch die Verwaltung aller nationalen Kommissionen auf dem Gebiete der Psychiatriereform. An dieser Stelle sei vor allem auf die Sachverständigenkommission zur Erarbeitung eines Berichts über die Lage der Psychiatrie in der Bundesrepublik Deutschland unter Federführung von Caspar Kulenkampff und Heinz Häfner verwiesen, die 1973 einen Zwischenbericht und bald darauf ihren Abschlussbericht und damit auch den Abschlussbericht der Psychiatrieenquete selbst vorlegte.[101]

Dieser gab den entscheidenden Anstoß zu einer tiefgreifenden Wende in Struktur und Funktion der psychiatrischen Versorgung in der Bundesrepublik. Auf die Fortführung der Psychiatriereform hat die bereits erwähnte Deutsche Gesellschaft für Psychiatrie einen maßgeblichen Einfluss ausgeübt. Dies sieht auf den ersten Blick wie eine große Erfolgsgeschichte aus. Doch es sollten bald ökonomische „Zwänge" sein, die allen hochfliegenden Plänen ihre Grenzen setzten.[102] Und in diesem Spannungsfeld zwischen Zweckrationalität und Reformplänen bewegt sich jede weitere Psychiatriereform bis heute.

Informationen zum Autor

Prof. Dr. Gerhard Baader, Charité-Universitätsmedizin Berlin, Institut für Geschichte der Medizin, Thielalle 71, D-14195 Berlin, E-Mail: gerhard.baader@charite.de

Forschungsschwerpunkte: Sozialgeschichte der Medizin, Geschichte der Psychiatrie, Medizin im Nationalsozialismus

---

99 Vgl. Häfner, Inquisition, wie Anm. 82, 128–132.
100 Vgl. Manfred Bauer, Reform als soziale Bewegung. Der „Mannheimer Kreis" und die Gründung der „Deutschen Gesellschaft für Soziale Psychiatrie", in: Franz-Werner Kersting, Hg., Psychiatriereform als Gesellschaftsreform. Die Hypothek des Nationalsozialismus und der Aufbruch der sechziger Jahre (= Forschungen zur Regionalgeschichte 46, Paderborn u. a. 2003), 155–179.
101 Vgl. Häfner, Inquisition, wie Anm. 82, 132–137.
102 Petra Bühring, Psychiatrie-Reform. Auf halben Weg stecken geblieben, in: Deutsches Ärzteblatt 98/6 (2001), 301–306.

Eberhard Gabriel

Zum Wiederaufbau des akademischen Lehrkörpers in der Psychiatrie in Wien nach 1945

English Title

The Reestablishment of the Academic Teaching Staff in Psychiatry in Vienna after 1945

Summary

The paper deals with the reestablishment of the academic teaching staff in psychiatry (and neurology, given the fact that psychiatry and neurology formed one academic and practical medical discipline) in Vienna after 1945; its almost total destruction beginning in 1938 by expulsion of Jews and political opponents and, continuing for the remaining few, in 1945 for their national socialistic involvements. The paper starts with an overview of the teachers, full professors and associates, in 1937 (before the serious events of 1938), continues with the efforts to guarantee the academic teaching in psychiatry and neurology between 1938 and 1945 and then focuses on the step by step reestablishment of an appropriate academic teaching staff in 1945 and the following 25 years under the direction of Otto Kauders (1893–1949), appointed in 1945, and his sucessor Hans Hoff (1897–1969) who remigrated from the United States in 1949, both confessed students of Julius Wagner-Jauregg (1857–1940). The incoming teachers are described with short biographies, their main scientific topic when qualifying for lecturing and their further role in the field. Markers of their general background are raised. At the end of the period a teaching staff was reestablished that quantitatively resembled the one destroyed in 1938 and was fit to fulfill their individual and societal tasks in the years to come.

Keywords

Vienna, psychiatry, University Department of Psychiatry and Neurology in Vienna, academic teachers in psychiatry and neurology Vienna 1938–1969, Otto Pötzl, Otto Kauders, Hans Hoff, Otto Marburg, Oskar Gagel, Franz Seitelberger

Einleitung

Die politischen Einbrüche in Österreich, zu ihrer Zeit häufig als „Umbrüche" bezeichnet, von 1934, 1938 und 1945 (hier war auch von „Zusammenbruch" die Rede, nämlich des nationalsozialistischen Regimes in Verbindung mit der Niederlage Deutschlands, und damit der „Ostmark", aus der wiederum Österreich wurde) haben – wie das gesellschaftliche Leben überhaupt – auch Einfluss auf die akademischen Lehrkörper gehabt, 1934 am wenigsten, 1938 und 1945 massiv, wenn auch mit unterschiedlicher Nachhaltigkeit. Es soll daher im Folgenden versucht werden, den Wiederaufbau des akademischen Lehrkörpers der Psychiatrie in der Medizinischen Fakultät in Wien nach 1945 bis Ende der 1960er Jahre, das ist bis zum Ende der Ära des die Wiener, wenn nicht die österreichische psychiatrische Szene dominierenden Vorstandes der Wiener Psychiatrisch-Neurologischen Universitätsklinik von 1950 bis 1969, Hans Hoff, im Licht ihrer Veränderungen davor darzustellen. Ein Vergleich mit den entsprechenden Entwicklungen in den beiden anderen österreichischen Psychiatrisch-Neurologischen Universitätskliniken in Graz und Innsbruck kann aufgrund der entsprechenden Bearbeitungen von Hartmann Hinterhuber für Innsbruck[1] und Carlos Watzka für Graz[2] dann angestellt werden. Als Quellen sollen in erster Linie die Vorlesungsverzeichnisse und die universitären Personalakten der in ihnen vorkommenden Lehrenden herangezogen werden. Da Psychiatrie und Neurologie damals zwar verschiedene medizinische Disziplinen, aber noch auf Jahrzehnte ein akademisches und berufsständisches Fach dargestellt haben,[3] und die Lehrenden zu einem Teil Themen aus beiden Disziplinen bearbeitet und vorgetragen haben, müssen – freilich unter Angabe der Schwerpunkte – sowohl die „Psychiater" als auch die „Neurologen" berücksichtigt werden.

Dieses Thema ist bisher aus verschiedenen Anlässen berührt, aber nie in ähnlicher Weise systematisch bearbeitet worden. Was Wien betrifft, hat Michael Hubenstorf das Thema seit 1988[4] verschiedentlich, vor allem im Zusammenhang mit der Kritik am Umgang mit nationalsozialistischer Korrumpierung angesprochen und 2002 als Anhang zu seiner Studie über die „intellektuellen Netzwerke der NS-Patientenmordaktion in Österreich" eine sehr nützliche tabellarische Darstellung der „Österreichische(n) Schulen der Psychiatrie und Neurologie"

---

1   Vgl. dazu die Beiträge von Hartmann Hinterhuber in diesem Band mit den Titeln „Kontinuitäten und Diskontinuitäten in der Psychiatrie Tirols nach 1945" und „Zum Wiederaufbau eines akademischen Lehrkörpers in der Psychiatrie in Innsbruck nach 1945. Die Lehrstühle und Klinikleitungen, die Habilitationen und die Lehrveranstaltungen an der Psychiatrisch-Neurologischen Klinik Innsbruck".
2   Vgl. dazu den Beitrag von Carlos Watzka in diesem Band mit dem Titel „Die ‚Fälle' Wolfgang Holzer und Hans Bertha sowie andere ‚Personalia'. Kontinuitäten und Diskontinuitäten in der Grazer Psychiatrie 1945–1970".
3   Die institutionelle Trennung der beiden Disziplinen ist in Österreich in einem langen Prozess asynchron verlaufen. Was die universitären Institutionen betrifft, ist zuerst 1971 die Wiener Klinik für Psychiatrie und Neurologie in zwei selbständige Kliniken mit jeweils einem Lehrstuhl getrennt worden, die Grazer Klinik erst zwei Jahrzehnte später; die Trennung in Innsbruck unterlag besonderen Bedingungen. Die fachärztliche Qualifikation wurde auch erst in den 1990er Jahren getrennt.
4   Michael Hubenstorf, Kontinuität und Bruch in der Medizingeschichte. Medizin in Österreich 1938 bis 1955, in: Friedrich Stadler, Hg., Kontinuität und Bruch 1938 – 1945 – 1955. Beiträge zur österreichischen Kultur- und Wissenschaftsgeschichte (Wien–München 1988), 299–332.

geliefert.⁵ Ingrid Arias schließlich hat in einem Sammelbandbeitrag unter dem Titel „Zukunft mit Altlasten. Die Universität Wien 1945 bis 1955"⁶ über die Medizinische Fakultät, die Entnazifizierung des Lehrkörpers nach 1945 und die Reintegration nationalsozialistisch belasteter Dozenten gearbeitet und dabei auch die Psychiatrie (und Neurologie) berührt.⁷ Seit Kurzem liegt die Zusammenstellung von Helmut Gröger über die Berufungen und Habilitationen sowie die Reetablierung des traditionsreichen Vereines für Psychiatrie und Neurologie in Wien 1946 und einer Zeitschrift als Nachfolgerin der mit dem Jahrgang 54 (1937) eingestellten Jahrbücher für Psychiatrie und Neurologie, der Wiener Zeitschrift für Nervenheilkunde und deren Grenzgebiete, zunächst nach deren Muster, Band 1 (1948) vor.⁸

Ich beziehe mich zunächst auf die Lehrstühle und Klinikleitungen, wobei in Wien neben der Psychiatrisch-Neurologischen Universitätsklinik auch das Neurologische Institut, zu der Zeit ein ausschließlich neuropathologisches Institut, berücksichtigt werden muss, und danach auf die Habilitationen in diesen Institutionen. Ich beleuchte dabei die Situation 1937 vor dem sogenannten „Anschluss Österreichs" an das Deutsche Reich im März 1938, und bespreche deren Veränderung in der Folge des „Anschlusses". Sodann die Berufungen und Habilitationen zwischen 1938 und 1945 (die nach einer früh erlassenen Bestimmung der Zweiten Republik ihre Gültigkeit verloren haben) und schließe die Berufungen und Habilitationen nach dem Ende des nationalsozialistischen Regimes unter besonderer Berücksichtigung von Fortsetzungen von Vorkriegskarrieren an.

Die Lehrstühle und Klinikleitungen

Die Wiener Klinik stand seit 1928 in der Nachfolge von Julius Wagner-Jauregg (1857–1940) unter der Leitung von Otto Pötzl (1877–1962), der aus der Wiener Klinik hervorgegangen war und 1928 aus Prag, wo er seit 1922 die Psychiatrisch-Neurologische Klinik der deutschen Karls-Universität als Nachfolger von Arnold Pick (1851–1924) geleitet hatte, nach Wien zurückberufen wurde. Er hat vor dem Krieg jeweils im Wintersemester (WS) das fünfstündige

---

5   Michael Hubenstorf, Tote und/oder lebendige Wissenschaft. Die intellektuellen Netzwerke der NS-Patientenmordaktion in Österreich, in: Eberhard Gabriel / Wolfgang Neugebauer, Hg., Von der Zwangssterilisierung zur Ermordung (= Zur Geschichte der NS-Euthanasie in Wien, 2 Wien–Köln–Weimar 2002), 237–420, hier 405–418.

6   Ingrid Arias, Die medizinische Fakultät von 1945 bis 1955. Provinzialisierung oder Anschluss an die westliche Wissenschaft?, in: Margarete Grandner / Gernot Heiss / Oliver Rathkolb, Hg., Zukunft mit Altlasten. Die Universität Wien 1945 bis 1955 (= Querschnitte 19, Innsbruck u. a. 2005), 68–88. Inzwischen hat Frau Arias auch ihre Dissertation abgeschlossen, vgl. Ingrid Arias, Die Wiener Medizinische Fakultät von 1945 bis 1955. Entnazifizierung, Personalpolitik und Wissenschaftsentwicklung, unveröffentlichte phil. Dissertation (Universität Wien 2014).

7   Dabei hat Ingrid Arias immer wieder Hans Hoff als Psychiater bezeichnet und ist darüber hinweggegangen, dass dieser zur Zeit seiner Rückkehr aus den USA überwiegend als Neurologe galt, aus einer neurologischen Position in New York gekommen ist und auch als Primarius einer neurologischen Abteilung in der damaligen Nervenheilanstalt Rosenhügel und dann zuerst als Professor für Neurologie und Vorstand des Neurologischen Institutes berufen wurde.

8   Helmut Gröger, Die Wiener Psychiatrisch-Neurologische Universitätsklinik, ihr Lehrkörper der unmittelbaren Nachkriegszeit und die Neuformierung der Wiener Psychiatrisch-Neurologischen Schule nach 1945, in: Schriftenreihe der Deutschen Gesellschaft für Nervenheilkunde 20 (2014), 317–338. Zum Teil leider ungenau und unvollständig.

Hauptkolleg über Psychiatrie[9] gelesen und das damit verbundene zweistündige Praktikum geleitet, und sich im Sommersemester (SS) analog der „Klinik der Nervenkrankheiten" gewidmet, während der jeweilige Erste Assistent das andere Teilgebiet in einem dreistündigen Kolleg behandelte.[10] Auf diese Weise hat im SS 1937 Hans Hoff Psychiatrie gelesen. Pötzl stand 1938 am Beginn seines siebenten Lebensjahrzehnts und, als Nachfolger von Wagner-Jauregg und Vorstand der Wiener Klinik, auf dem Höhepunkt seiner akademischen Karriere, dessen vor allem der Großhirnpathologie gewidmetes – heute vermutlich überwiegend neuropsychologisch zu nennendes – Werk 1937 schon 111 Titel, darunter drei Monografien, umfasst hat.[11]

Pötzl stammte aus einer bürgerlichen Wiener Familie und hatte seine Jugend (Matura in dem traditionsreichen Schottengymnasium) und Studienzeit in Wien verbracht. Nach seiner Promotion 1901 arbeitete er ab 1902 in psychiatrischen Institutionen, ab 1905 bis zu seiner Berufung nach Prag 1922 in der von Wagner-Jauregg geleiteten Klinik, in der er sich 1911 habilitierte und 1919 den Titel eines außerordentlichen Universitätsprofessors (tit. ao. Prof.) erhielt. Politisch wohl, was man „großdeutsch" nannte, war er 1932 bis 1934 (Verbot der nationalsozialistischen Partei in Österreich) und dann wieder seit 1938/41 Mitglied der NSDAP.[12] Sein spätes akademisches „Schicksal" 1938–1945 war bewegt: Einerseits wurde er auf Antrag des NS-Dozentenbundes am 11. April 1938 durch den Dekan beurlaubt und daraufhin Alfred Auersperg (1899–1968) beauftragt, für „Ordnung und Aufrechterhaltung des Betriebes der Klinik" zu sorgen – was wohl vor allem bedeutet hat, die jüdischen Mitarbeiter zu „eliminieren" – und mit der Hauptvorlesung betraut; im Personalakt von Pötzl findet sich ein Aktenvermerk vom 21. April 1938: Die Beurlaubung sei gegenstandslos, weil der „Sachwalter des NS-Dozentenbundes" die Enthebung „rückgängig gemacht" habe. Pötzl hat die Klinik dann bis zu seiner Enthebung am 5. August 1945 (und seiner Pensionierung unter vorübergehender Kürzung seiner Bezüge 1946) geleitet[13] und auch noch in dem verspätet nach der Befreiung begonnenen SS 1945 die „Klinik der Nervenkrankheiten" und das neurologische Praktikum angekündigt – als einziger über den Umbruch hinweg Lehrender und schon neben dem als Jude diskrimi-

---

9 Mein Vater Dr. Ernst G. (1899–1978) hat mir wiederholt erzählt, dass Pötzl sich den Gegenstand einer psychiatrischen Vorlesung jeweils im Lehrbuch seines Altersgenossen Oswald Bumke (1877–1950), zur Zeit Klinikvorstand in München, vergegenwärtigt hat. Dies mag wohl ein Hinweis darauf sein, dass die klinische Psychiatrie nicht sein Hauptgebiet war. Auch Harrer und Urban verweisen darauf, dass Pötzl die Darstellung der Psychopathologie auf seine Vorlesungen „eingeengt" hätte. Vgl. dazu Gerhart HARRER / Hubert URBAN, Zum 70. Geburtstag Otto Pötzls (Persönlichkeit und Lebenswerk), in: Hubert Urban, Hg., Festschrift zum 70. Geburtstag von Prof. Dr. Otto Pötzl (Innsbruck 1949), 20–32, hier 22. Was Pötzls klinisch psychiatrische Erfahrung betrifft, muss allerdings darauf hingewiesen werden, dass er von 1913 bis 1922 Leiter der der Klinik eingegliederten „Beobachtungsstation" des Allgemeinen Krankenhauses, einer zentralen Aufnahme- und Verteilerstation für psychisch Kranke, war. Diese Funktion hat bis zur Übersiedlung der seit 1971 ausschließlich Psychiatrischen Klinik und deren Umstrukturierung 1974 Bestand gehabt.

10 Diese Gepflogenheit musste im Verlauf des Krieges aufgegeben werden, wurde aber mit dem SS 1951 wieder aufgenommen, allerdings mit Herbert Reisner, der die Klinik schon verlassen hatte, als Vortragendem der zur jeweiligen Hauptvorlesung komplementären Vorlesung.

11 HARRER / URBAN, Geburtstag, wie Anm. 9.

12 Vgl. HUBENSTORF, Wissenschaft, wie Anm. 5. Dass er kein Anhänger des österreichischen „Ständestaates" war, geht aus der von Hoff erzählten, mir von Peter Berner (1924–2012) weitererzählten Anekdote hervor, dass Pötzl Hoff nach dem „Anschluss" emphatisch begrüßt hätte: „Hoff, wir sind befreit." Hoff hätte das als politisch naiv kommentiert. Pötzl selbst hat sich auf dem durch seine Unterschrift als wahrheitsgemäß bestätigten „Personalblatt" am 16. Mai 1945 als „Parteianwärter 1938 bis 1945" bezeichnet: Beispiel der Widersprüchlichkeit von Archivalien, die vermutlich nicht nur im Zeichen von defensiven Lügen zu interpretieren ist.

13 Universitätsarchiv Wien (= UAW), MED PA 658/ 79.

nierten, nun rehabilitierten Erwin Stransky (1877–1962), der wie vor 1938 wieder ein zweistündiges Praktikum der Psychiatrie angeboten hat. Während des Krieges war er ein oft herangezogener Gutachter im Erbgesundheits- bzw. Erbgesundheitsobergericht; eugenisch begründete Sterilisierungen hat er auch publikatorisch vertreten.[14] In die NS-„Euthanasie" war er offenbar nicht involviert und scheint vielmehr versucht zu haben, Kranke der Klinik davor zu bewahren.[15] In der Klinik war er nach dem „Anschluss" bzw. während des Krieges mit mehr minder engagierten jungen Nationalsozialisten, welche die durch die Vertreibung der Juden frei gewordenen Stellen besetzten, und, was die Assistenten betrifft, bis auf drei von sieben bei der SS und fünf von sieben, schließlich sechs eingerückt waren (wie aus den in den Vorlesungsverzeichnissen publizierten Personalständen hervorgeht) – also auch mit einem beträchtlichen Personalmangel konfrontiert.[16] Obwohl enthoben und dann pensioniert, blieb er bis zu seinem Tod – und seine Witwe darüber hinaus – in der Direktorswohnung im ersten Stock der Klinik wohnen, „tief gekränkt, […] dass Kauders ihn verdrängt hat".[17]

Pötzls 70. Geburtstag 1947 hat Hubert Urban (1904–1997) in Innsbruck zur Herausgabe einer „Festschrift" (1949) veranlasst, an deren 37 Beiträgen sowohl 1938 zur Emigration gezwungene wie auch 1945 als Nationalsozialisten korrumpierte ehemalige Mitarbeiter mitgewirkt haben, aus Wien aber nicht die ihm im Rang am nächsten stehenden Otto Kauders und Erwin Stransky.[18] Kauders schrieb an den noch in den USA arbeitenden, aber seine Rückkehr planenden Hans Hoff am 13. Dezember 1948: „Eine Bemerkung wegen der Mitwirkung von Dir und anderen nach den Staaten übersiedelten [sic] Kollegen an der P. [sic] Festschrift wirst Du mir noch gestatten. Ich werde es nie verstehen, dass Du und die Kollegen, vor allem meine

---

14 Vgl. Claudia Andrea Spring, Zwischen Krieg und Euthanasie. Zwangssterilisierungen in Wien 1940–1945 (Wien–Köln–Weimar 2009).

15 Mein Vater, der zu Pötzl nicht in einem besonderen Naheverhältnis stand: Angehöriger einer anderen Generation, kein „Kliniker" sondern Primarius in der psychiatrischen Anstalt, zum Zeitpunkt der Geschichte seit dem August 1939 bei der Wehrmacht eingezogen, Parteimitglied, erzählte mir wiederholt, dass Pötzl ihm in einem Gespräch zur Zeit der Deportationen gesagt hätte, dass er das Parteiabzeichen nicht mehr trüge, seit er von der Euthanasie wisse. Das ist übrigens auch ein Hinweis darauf, dass er sich durch das Tragen des Parteiabzeichens zur Partei bekannt hatte. Auch Hubenstorf, Wissenschaft, wie Anm. 5, 389, Anmerkung 521, belegt die Vermeidung der potentiell tödlichen Schizophreniediagnose und ihren Ersatz durch „Schizoidie" oder Ähnliches.

16 Ottokar H. Arnold (1917–2008) hat mir in einem Interview am 19. Dezember 2002 erzählt, dass er als Mitglied einer Studentenkompagnie im Studienjahr 1940/41 an der Wiener Klinik hospitiert und von Jänner bis Oktober 1941 unter dem damals noch nicht eingerückten Assistenten Herbert Reisner (1912–1982) als einzigem Arzt auf der drei Stationen mit über 100 Betten umfassenden psychiatrischen Männerabteilung gearbeitet hat. In gleicher Weise beschreibt Wolfgang Holzer (1906–1980) in einem Brief an den Wiener Dekan vom 17. Juni 1946 seine Tätigkeit an der Klinik: „ […] [ich habe] in den letzten Jahren, als einziger klinischer Assistent, nur unterstützt von einer Ärztin, alle Agenden der Klinik […] unermüdlich geführt. Ich hatte durch Jahre eine Station für Psychiatrie (90 Betten) [Gemeint ist eine Abteilung mit drei Stationen. Anm. d. Autors] und eine Station für Neurologie (40 Betten) zu führen […]." UAW, Med.Dek. 1945/ 46, GZ 115. Diese Beschreibungen lassen die Schwierigkeiten des Wiederaufbaus des klinischen Betriebes, über die Otto Kauders in einem Brief an Hans Hoff vom 14. Februar 1947 geklagt hat, erahnen. Medizinische Universität Wien (= MUW), Institut für Geschichte der Medizin, Archivaliensammlung, MUW-AS-006005-8.

17 Dies hat mir Raoul Schindler (1923–2014) in einem Interview am 11. Februar 2003 geschildert. Er berichtete weiter: „ […] ich hab' aber bei beiden verkehrt, […] ich hab' ihn eben schon von dieser studentischen Zeit her oft angesprochen für Literaturhinweise und überhaupt sein Verhältnis zur Psychoanalyse, und das habe ich auch fortgesetzt, aber Kauders hätte das nicht gern gesehen. Man musste aber immer an den Zimmern von Kauders vorbeigehen, um in die Wohnung von Pötzl zu kommen, […] [das] hatte einen gewissen Reiz [lacht]."

18 Urban hat Pötzl auch im Mai 1948 zu einem Gastvortrag in Innsbruck über „Vergleichspunkte zwischen Film und Traum" eingeladen. „Sein Geist sprühte wie immer." MUW, Urban an Hoff, 5. Juli 1948, MUW-AS-006005-8.

sehr verehrte Ali Adler daran Teil genommen habt. Nicht wegen P. allein, sondern wegen der Umgebung, in der Ihr Euch dabei befindet, […]."[19] Nicht nur wegen Pötzl allein – aber eben doch auch deshalb. Es ist im Einzelnen nicht untersucht, wie und wann dieses Zerwürfnis zwischen Pötzl und Kauders entstanden ist. Immerhin war ja Kauders von der Übernahme der Wiener Klinik durch Pötzl 1928 bis zu seiner Berufung an die Wiener Poliklinik 1934 Mitarbeiter von Pötzl und wurde 1932 von ihm habilitiert, dabei aber von dem jüngeren Hoff überholt. – Pötzls Situation in Wien hat sich nach dem Tod von Kauders 1949 und der Berufung von Hans Hoff (1897–1969) zum Klinikvorstand 1950 konsolidiert:[20] Hoff hätte Pötzl angeblich „hofiert"[21]; anlässlich des 75. Geburtstages von Pötzl hat Hoff 1952 in der Wiener Medizinischen Wochenschrift eine „kleine Festschrift, […] obwohl keineswegs seiner würdig" und darin seine Laudatio publiziert, in der er Pötzl für seine Förderung des Verständnisses der Funktionen des menschlichen Gehirnes, als „Vorläufer der modernen Psychochirurgie" und für seine Förderung der Sakelschen Insulintherapie der Schizophrenie (deren Erprobung er in der Wiener Klinik ermöglicht hat) gepriesen, nicht ohne anzumerken: „Viele Bitternisse störten den Lebensabend dieses großen Mannes."[22] Auch Viktor Emil Frankl (1905–1997), der 1945 aus Konzentrationslagern zurückgekehrt und 1946 Vorstand der Neurologischen Abteilung der Wiener Poliklinik geworden war, hat Pötzl durch einen Beitrag in der erwähnten Festschrift geehrt und ihn schon in der ersten Sitzung der von ihm gegründeten „Allgemeinen ärztlichen Gesellschaft für Psychotherapie" 1950 eingeladen, „einleitende Worte [zu] sprechen".[23]

In der Reihe der Herausgeber der „Wiener Zeitschrift für Nervenheilkunde und deren Grenzgebiete" scheint Pötzl – ebenso wie Erwin Stransky – erst nach dem Tod von Kauders ab dem 3. Band (1951) auf. Er ist noch bis in sein hohes Alter als wissenschaftlicher Autor aktiv geblieben, auch wieder – wie vor dessen Emigration – gemeinsam mit Hoff. Als akademischer Lehrer hat er zu diesem Zeitpunkt keine Rolle mehr gespielt. Hubenstorf hat Pötzl als „ein[en] sicher außerordentlich begabten Vertreter der Biologischen Psychiatrie" charakterisiert, „der es allen divergierenden Ansprüchen und Machthabern so lange recht zu machen und sich mit diesen zu arrangieren versuchte, bis ihn mit seiner Entlassung 1945 die nun nicht mehr aufzulösenden Widersprüche schließlich einholten".[24] Unerörtert bleibt bei dieser Einschätzung die Rolle von Kauders in seinem Verhältnis zu Pötzl und deren Geschichte, die doch bedeutsam zu sein scheint und soweit möglich weiterer Aufklärung bedarf.

In unmittelbarem zeitlichen Zusammenhang mit der Amtsenthebung von Pötzl wurde Otto Kauders (1893–1949 gestorben in Zell am See während seines Urlaubs) am 9. August 1945 mit der supplierenden Leitung der Wiener Klinik und der Wahrnehmung der professoralen Pflichten betraut. Er war erst im Juli in seine entsprechenden Grazer Positionen zurückgekehrt, aus denen er im April 1938 entlassen worden war, und hatte davor – nach einem vielmonatigen

---

19 MUW, Nachlass Hans Hoff, MUW-AS-006005-8.
20 An dieser war Pötzl vermutlich indirekt beteiligt: Der Dekan, der Internist Ernst Lauda (1892–1963), hatte den Chirurgen Leopold Schönbauer (1888–1963) beauftragt, Pötzl bezüglich möglicher Kandidaten für die Nachfolge von Kauders „auszufragen", was Pötzl sehr freimütig beantwortete; dabei hat er Hoff sehr eindeutig unter verschiedenen Gesichtspunkten an die erste Stelle gesetzt. UAW, Med. Dek. aus 1949/50, GZ 82.
21 Dies wurde mir von Peter Berner in einem Interview am 29. April 2001 berichtet.
22 Hans Hoff, Professor Dr. Otto Pötzl – 75 Jahre, in: Wiener Medizinische Wochenschrift 102 (1952), 971–972.
23 Otto Pötzl, Über einige Grenzfragen der Tiefenpsychologie, in: Wiener Archiv für Psychologie, Psychiatrie und Neurologie 1 (1951), 135–149, hier 135.
24 Hubenstorf, Wissenschaft, wie Anm. 5, 295.

Aufenthalt in Washington DC 1939 und seiner Rückkehr mit Kriegsbeginn – die Zeit der politischen Diskriminierung als niedergelassener Nervenarzt überdauert. In Wien als Sohn eines Arztes geboren und ausgebildet, hatte er am Ersten Weltkrieg teilgenommen und danach 1920 sein Medizinstudium in Wien beendet. Unmittelbar danach ist er in die Psychiatrisch-Neurologische Universitätsklinik unter Wagner-Jauregg eingetreten, in der er bis zur Ernennung zum Vorstand der Neurologischen Abteilung der Wiener Poliklinik 1934 und bald darauf der Neurologischen Abteilung des Versorgungsheimes in Wien-Lainz geblieben ist.[25] Ein erster Habilitationsversuch scheiterte 1929 trotz des positiven Gutachtens von Pötzl im „Ständigen Ausschuss", weil die eingereichte Habilitationsschrift als „Sammelreferat" qualifiziert wurde, „das zu wenig reife eigene Ergebnisse enthält und daher nicht genügt". Der zweite Anlauf 1931/32 gelang; Pötzl hob in seinem sehr positiven Gutachten hervor, dass sich Kauders besonders mit psychiatrischen, psychologischen und pathophysiologischen Aspekten des Faches beschäftigte.[26] Ausdruck davon war nicht nur seine Vorlesung über „Neurosenlehre und psychiatrische Grenzzustände" (in seiner Lainzer Zeit ergänzt durch eine Lehrveranstaltung dort über „Diagnostik und Therapie der Nervenkrankheiten"), sondern auch sein frühes Engagement für die psychische Hygiene, das 1930 zu seiner Teilnahme am ersten Weltkongress dieser Bewegung in Washington DC geführt hat. 1935 war er nach Graz berufen worden, wohl „reif" für eine solche Position, aber auch unter dem Einfluss seiner katholischen Orientierung, die dem Ständestaat entsprach.[27] Eben deshalb verlor er seine Position nach dem „Anschluss", 1939 wurde ihm auch die Pension aberkannt. Die Wiederaufnahme seiner Tätigkeit in Graz im Juli 1945 konnte kaum wirksam werden, wohl aber die faktische Übernahme der Wiener Klinik ein Monat später im August 1945. Seine endgültige Berufung erfolgte 1946 aufgrund eines primo et unico loco-Vorschlages der Fakultät.

Kauders hat sich weit mehr als seine beiden Kollegen in Graz und Innsbruck von Beginn an auch publikatorisch mit der Situation nach dem Ende der „Barbarei" und des „Terrors" – Begriffe, die er immer wieder verwendet hat – und den seelischen Folgen des Terrors auseinandergesetzt, vermutlich zuerst in einem Vortrag zum Thema „Vegetatives Nervensystem und Seele", den er schon am 23. Juli 1945 im Rahmen eines „Klinischen Abends" in der Wiener Klinik hielt. 1946 erfolgte die Publikation, die 1947 eine dritte unveränderte Auflage erlebte.[28] Die Schrift endet mit einem Aufruf „zum Kampfe gegen die seelischen Notstände, […] zum Kampfe gegen die durch Krieg und politischen Druck bedingte, schwere seelische Verelendung unserer Bevölkerung!"[29] Diesem Vortrag hat er im Oktober 1945 eine kleine Schrift „Zur Psychologie der Terrorwirkung" folgen lassen.[30] Im Hinblick auf den Gegenstand der vorliegenden Studie ist bedeutsam, dass er darauf auch – nach seiner förmlichen Bestellung zum

---

25 In der Poliklinik folgte er Johann Paul Karplus (1866–1936) nach, im Versorgungsheim Lainz Martin Pappenheim (1881–1943), der als Sozialdemokrat aus politischen Gründen entfernt worden war und nach Palästina emigrierte. Zu Karplus vgl.: Karl Heinz TRAGL, Chronik der Wiener Krankenanstalten (Wien–Köln–Weimar 2007), 317–318. Zu Pappenheim vgl.: Michael HUBENSTORF, Lainz, die ÄrztInnen und die Republik, in: Ingrid Arias / Sonia Horn / Michael Hubenstorf, Hg., „In der Versorgung". Vom Versorgungshaus Lainz zum Geriatriezentrum „Am Wienerwald" (Wien 2005), 255–282, hier 263–266.
26 UAW, MED PA 251/ 31, darin auch die Unterlagen über den ersten Habilitationsversuch.
27 Vgl. HUBENSTORF, Wissenschaft, wie Anm. 5, 351.
28 Otto KAUDERS, Vegetatives Nervensystem und Seele (Wien 1946).
29 Ebd., 20.
30 Otto KAUDERS, Zur Psychologie der Terrorwirkung, in: Der Turm 1 (1945), 51–53.

ordentlichen Professor und Klinikvorstand – in seiner Antrittsvorlesung 1946 unter dem Titel „Der psychiatrische Unterricht innerhalb des medizinischen Bildungsganges"[31] Bezug genommen hat, indem er Besonderheiten des psychiatrischen Unterrichtes gegenüber dem in anderen klinischen Fächern hervorhob: „[Der Studierende] stößt auf die Welt der Seele"; er muss auf die Zusammenhänge mit den Geisteswissenschaften hingewiesen werden; und er wird „mit der besonderen Lage, in die sich heute hier die Psychiatrie gestellt sieht" konfrontiert.

> „Keine andere Disziplin der Medizin hatte doch unter dem Zugriff des Ungeistes, der in einer vorher nie gekannten Weise der freien Entwicklung der Wissenschaft abhold war, zu leiden. [...] Diese Zeit ist nun überwunden. Nicht aber überwunden sind die schweren Irrungen, in die sie die Psychiatrie hineinführte, und nicht vergessen sind die schaudervollen Konsequenzen, zu denen sie gelangte. Eine erneuerte, eine freie, eine von falschen Thesen gereinigte Psychiatrie Ihnen hier vorzutragen, ist daher meine Aufgabe."[32]

Ein Mittel dazu sei die „Verknüpfung des klinischen Unterrichtes mit den Lehren der medizinischen Psychologie", die er breit verstanden hat, einschließlich des „Problemkreis[es] der psychophysischen Wechselwirkung". Durch deren Berücksichtigung würde der psychiatrische Unterricht zu einer

> „Propädeutik des jungen Mediziners zur Lehre des kranken Menschen. [...] die Frage geht nach dem geisteskranken Menschen als einer Abart des Menschseins überhaupt [...]. Eine solche Betrachtungsweise lässt aber auch an den Mediziner, der Psychiatrie studiert, eine wichtige Lehre ergehen, dass nämlich eine Seele auch in der schwersten Geisteskrankheit nur verschüttet werden kann, nur zu verblassen, aber nicht gänzlich zugrunde zu gehen vermag, und dass sie selbst in ihrer schwersten Entstellung ihre menschlichen Werte und damit ihre menschliche Würde beibehält."[33]

Die Umsetzung dieses Programms hat er in seiner eigenen Lehrtätigkeit offenbar sehr ernst genommen. Nachdem er im WS 1946/47 auch eine forensisch-psychiatrische Vorlesung angekündigt hatte, begann er ab dem SS 1947 neben der jeweiligen Hauptvorlesung und der Leitung des dazugehörigen Praktikums eine Vorlesung über „Ausgewählte Kapitel der medizinischen Psychologie" zu halten, die im Studienjahr 1948/49 von praktischen Übungen aus medizinischer Psychologie und Psychotherapie (gemeinsam mit Assistenten) begleitet wurde. Herbert Reisner hat dieses Programm nach Kauders Tod als Supplent im Studienjahr 1949/50 und sein Nachfolger Hans Hoff bis zum WS 1955/56 fortgesetzt. Im WS 1948/49 hat Kauders zudem über „Ärztliche Ethik" gelesen. Wie die Vorlesung von Pötzl (von der allerdings vermutet worden ist, dass sie Studenten überfordert hätte[34]) scheint auch die Vorlesung von Kauders eine viel besuchte Attraktion gewesen zu sein (wenn auch ihre Beurteilung, freilich in

---

31 Otto KAUDERS, Der psychiatrische Unterricht innerhalb des medizinischen Bildungsganges, in: Wiener Klinische Wochenschrift 58 (1946), 709–714.
32 Ebd., 711.
33 Ebd., 714.
34 HARRER / URBAN, Geburtstag, wie Anm. 9, 33.

Erinnerungen damaliger Studenten Jahrzehnte später, zwischen „sehr eindrucksvoll […], klinische Psychiatrie – also ganz klassisch eigentlich" und „langweilig" schwankt).[35]

In der Klinik hat sich Kauders um den Aufbau eines Mitarbeiterstabes bemüht, der erst nach seinem frühen Tod (nur vier Jahre nach seiner Bestellung) akademisch wirksam geworden ist: Herbert Reisner kam im Sommer 1945 an die Klinik zurück, Wilhelm Solms-Rödelheim (1914–1996) war schon im Mai 1945 noch unter Pötzl in die Klinik eingetreten; Erwin Ringel (1921–1994) und Walter Spiel (1920–2003) traten im Winter 1946/47 ein, Raoul Schindler (1923–2014) auch 1946; Ottokar H. Arnold hat Kauders 1948 aus der Anstalt „Am Steinhof" an die Klinik geholt. Wolfgang Holzer (1906–1980) hat er mit dem SS 1946 nach Graz verloren. In dem herangezogenen Korrespondenznachlass von Hans Hoff hat sich ein Brief von Kauders an Hoff vom 14. Februar 1947 erhalten, in dem er sich auf die Schwierigkeiten in seiner Arbeit bezogen hat: „Die Rekonstruktion unserer nervenärztlichen Schule ist überhaupt eine höchst schwierige und mühevolle Angelegenheit, […]. Obwohl Sie sicher vieles gehört haben, können Sie sich doch keinen rechten Begriff davon machen, wie schwer unsere Wissenschaft durch die Nazibarbaren sowohl an Bestand als auch an Ansehen gelitten hat."[36]

Zur Rekonstruktion des „Bestandes" gehörte die Organisation der Klinik, deren Abteilungsstruktur unverändert blieb; jedoch wurden erste Schritte zur Entwicklung kinderpsychiatrischer[37] und psychotherapeutischer[38] Strukturen auch durch die Förderung neuer Mitarbeiter durch die Entsendung zu Studienaufenthalten in die Schweiz (Spiel und Schindler) gesetzt, und internationale Beziehungen wieder angeknüpft.[39] Dazu gehörte aber auch die Wiedererrichtung des „Vereines für Psychiatrie und Neurologie" 1946, die Gründung der „Österreichischen Gesellschaft für psychische Hygiene" 1948[40] und die (Wieder-)Begründung eines wissenschaftlichen Journals: der „Wiener Zeitschrift für Nervenheilkunde und deren Grenzgebiete" 1948 (als Nachfolgerin der mit dem Jahrgang 54 im Jahr 1937 eingestellten Jahrbücher für Psychiatrie und Neurologie). Auch die „Wiener Beiträge zur Neurologie und Psychiatrie" mit ihrem ersten Band 1949 gingen auf eine Initiative von Kauders zurück.[41] Aus der Fülle dieser Aktivitäten wurde Kauders während eines Urlaubs im Sommer 1949 durch eine Lungenembolie herausgerissen. Zum Supplenten der Klinik wurde der eben erst habilitierte Herbert Reisner

---

35 Ich hatte zwischen 2001 und 2006 Gelegenheit, Gespräche mit einer Reihe von Wiener Psychiatern zu führen, die unmittelbar nach dem Krieg, vereinzelt auch schon während des Krieges die psychiatrische Szene in Wien betreten hatten und später in leitende Positionen gekommen waren. Die hier zitierten Einschätzungen stammen von Peter Berner und einem Gesprächspartner, der anonym bleiben will.
36 MUW, Nachlass Hans Hoff, MUW-AS-006005, Dokumente und Korrespondenz 1938–1949.
37 Zunächst als Ambulanz. Vgl. Walter SPIEL, „Gedanken und Erinnerungen. 50 Jahre PSY", ungedruckte Autobiografie (Wien 1992). Ich danke der Witwe des Autors, Frau Dr. Lona Spiel, für den Zugang zu diesem Text.
38 Auch dabei in der Form einer Ambulanz, in der sich Kauders auf die Mitarbeit von Wilhelm Solms stützte. Vgl. Otto KAUDERS, Über die Ziele einer Österreichischen Gesellschaft für Psychische Hygiene, in: Wiener Zeitschrift für Nervenheilkunde und deren Grenzgebiete 2 (1949), 129–141, hier 136.
39 Manfred Bleuler aus Zürich war schon im Juni 1947 zu einem Vortrag über „Forschungen zur Schizophreniefrage" in den Verein für Psychiatrie und Neurologie eingeladen. Manfred BLEULER, Forschungen zur Schizophreniefrage, in: Wiener Zeitschrift für Nervenheilkunde und deren Grenzgebiete 1 (1948), 129–148. Kauders reiste 1948 zum International Congress on Mental Health in London, wo er zu einem der Vizepräsidenten gewählt wurde, und 1949 in die USA, wo er seit 1948 Ehrenmitglied der American Psychiatric Association war.
40 Vgl. KAUDERS, Ziele, wie Anm. 38.
41 Der erste Band „Die akute Polyneuritis und Polyradiculitis" stellt die Habilitationsschrift von Herbert Reisner dar, des ersten – und abgesehen von Wolfgang Holzer einzigen – unter Kauders aus seiner Klinik habilitierten Mitarbeiters.

bestellt. Den Nachruf in der Wiener Zeitschrift für Nervenheilkunde hat kein Jüngerer, sondern der viel ältere Erwin Stransky geschrieben, der in der psychiatrischen Szene in der unmittelbaren Nachkriegszeit die neben Kauders zweite wichtige Figur auf akademischem Boden war. „Wie dann der Hoff kam, hat man den Kauders sehr geschwind vergessen", berichtete Lona Spiel in einem Interview.[42]

Durch Kauders' Tod waren nun beide Professuren des Fachgebietes Psychiatrie und Neurologie und die Leitungen der beiden universitären Institutionen – der Klinik für Psychiatrie und Neurologie und des Neurologischen Institutes – unbesetzt. Dessen langjähriger und sehr erfolgreicher Vorkriegs-Vorstand Otto Marburg (1874–1948) wurde 1938 aufgrund seiner jüdischen Abstammung entlassen und musste in die USA emigrieren, wo er seine neuropathologische Arbeit fortsetzen konnte. Kauders hat in Marburgs Nachruf[43] dessen Bedeutung für die Wiederanknüpfung internationaler Kontakte nach 1945 hervorgehoben: „Als es uns nun nach Beendigung des zweiten Weltkrieges endlich gegönnt war, die traditionellen wissenschaftlichen Beziehungen zu allen Kulturstaaten wieder aufzunehmen, war er einer der ersten, der die Verbindung wieder herstellte und sie fortbildete."[44] An Marburgs Stelle wurde 1940 Oskar Gagel (1899–1978) aus Deutschland berufen, der 1945 gleichzeitig mit Pötzl enthoben wurde und nach Deutschland zurückkehrte. Das Institut wurde anschließend kommissarisch geleitet. Es sollte in der Organisation der Rückkehr von Hans Hoff aus der amerikanischen Emigration eine wichtige Rolle spielen.[45]

Hans Hoff (1897–1969), Sohn eines praktischen Arztes und in den 1920er Jahren sozialdemokratischen Bezirksfunktionärs in Wien, hatte das Wiener Piaristengymnasium aus disziplinären Gründen verlassen müssen und dann die Schule in der damals österreichischen Provinz in Prachatitz (jetzt Prachatice) 1915 mit einer sogenannten „Kriegsmatura" abgeschlossen.[46] Nach dem Militärdienst im Ersten Weltkrieg und nachdem sich seine Idee, Offizier zu werden, durch den Zusammenbruch der Monarchie und ihrer Armee zerschlagen hatte, studierte er in Wien Medizin und konnte schon 1922 promovieren. Danach trat er in die Psychiatrisch-Neurologische Klinik unter Wagner-Jauregg ein, unter dem er noch 1928 klinischer Assistent wurde. Mit der Klinik blieb er auch eng verbunden, nachdem er 1936 Vorstand der Neurologischen Abteilung der Wiener Poliklinik geworden war. Prägende Einflüsse auf ihn gingen in dieser Zeit von Julius Wagner-Jauregg selbst, Paul Schilder und dann Otto Pötzl aus, wie er in einem ausführlichen Radiointerview[47] erzählte und wovon zahlreiche gemeinsame Publikationen

---

42 Das Interview mit Lona Spiel wurde von mir am 7. Dezember 2006 durchgeführt.
43 Otto KAUDERS, Professor Dr. Otto Marburg, in: Wiener Zeitschrift für Nervenheilkunde und deren Grenzgebiete 2 (1949), 1–4.
44 Ebd., 4.
45 In den Erwägungen der Fakultät über die Nachfolge wurden nur zwei Emigranten (aus 1938) genannt, neben Hoff der nach wie vor in England lehrende Erwin Stengel, dann die Lehrstuhlinhaber in Graz (Holzer) und Innsbruck (Urban), die alle aus der Wiener Klinik hervorgegangen waren; dazu aus Österreich nur Viktor Frankl, aus Deutschland die aus Österreich stammenden Klaus Conrad (1905–1961) und Franz Günther von Stockert (1899–1967), Richard Jung (1911–1986) und aus der Schweiz der schon 67-jährige Jakob Klaesi (1883–1960), bis auf den Neurophysiologen Jung alle der klinischen Psychiatrie (und Neurologie) zuzurechnende Professoren.
46 In einem Interview für die damals sehr populäre Radiosendung „Bitte legen Sie ab!" hat sich Hoff um 1960 – eine genaue Datierung ist nicht möglich, weil auch der ORF über keine entsprechenden Unterlagen verfügt – auf die psychologischen Gründe dieses Bruches in seiner Schulbildung bezogen. Seine möglicherweise auch für seine späteren psychologischen Züge bedeutsame Interpretation ist bislang unbeachtet geblieben.
47 Ebd.

zeugen. 1932 hat er sich für Neurologie und Psychiatrie habilitiert; sowohl sein damaliger Chef Pötzl als auch der Zweitgutachter, der Pharmakologe Ernst Pick (1872–1960), haben außerordentlich positive Beurteilungen vorgelegt. So schrieb Pötzl, dass Hoff ein „unermüdlicher Arbeiter" sei, der andere venia-würdige Assistenten als Wissenschaftler und Arzt überrage und durch seine außerordentlichen diagnostischen Fähigkeiten in der Neurologie imstande sei, eine Brücke zur Neurochirurgie zu schlagen; Pick meinte, dass „der Antrag des Herrn Collegen Pötzl auf Erteilung der venia legendi für Hr.Dr.Hoff […] kaum für einen würdigeren Candidaten gestellt werden [kann]".[48]

1938 zur Emigration gezwungen, ist er zunächst in die USA gegangen, aber schon im Herbst 1938 Professor für Neurologie und Psychiatrie am Royal Medical College in Bagdad (einem Zweig der University of Edinburgh) und Consultant Neurologist beziehungsweise Direktor des Mental Asylum am Royal Hospital dort geworden, Tätigkeiten die er 1942/43 aus persönlichen Gründen – seine Familie hatte sich 1941 in den USA niedergelassen – unterbrochen hat, um in New York als Research Associate am Neurologischen Institut der Columbia University und Assistant Attending Neurologist klinisch zu arbeiten. 1943 zur amerikanischen Armee eingezogen, war er wieder im Nahen Osten[49] und auch wieder zivil in den genannten Institutionen tätig. Nach dem Krieg kehrte er in die früheren Positionen in New York zurück, ab 1947 als Assistant Professor of Neurology.

Seit 1946 hat Hoff sich aus den USA bemüht, seine Rückkehr nach Wien in die Wege zu leiten – durch verschiedene Korrespondenzen mit ihm aus der Vorkriegszeit befreundeten Kollegen[50] und dem Innen- und Unterrichtsministerium. Übereinstimmend benennen diese Korrespondenzen seine Motive zur Rückkehr: Einerseits Heimweh, andererseits und vor allem aber den Wunsch, am Wiederaufbau der Bedeutung der Wiener medizinischen Schule und in ihr der Wiener Neurologie und Psychiatrie mitzuwirken. Mit Selbstbewusstsein hat er darauf hingewiesen, was er im Exil dazugelernt hat, und dass die amerikanischen auch politischen Beziehungen (sic!), die er inzwischen hatte, bei diesem Wiederaufbau nützen könnten.[51] Nach einem ersten Wien-Besuch 1947 konnte er schließlich 1949 nach Wien zurückkehren und als Außerordentlicher Professor das Neurologische Institut und als Primarius einer dafür eingerichteten zweiten Abteilung in der städtischen Nervenheilanstalt Rosenhügel tätig werden. Seine Antrittsvorlesung als Vorstand des Neurologischen Institutes hielt er am Beginn des SS 1950 über „Die physiologische Aera der Neurologie".[52] Er behielt die Leitung des Neurologischen Institutes bis 1959, auch nachdem er nach dem plötzlichen Tod von Kauders ordentlicher Professor

---

48 UAW, MED PA 207/26.
49 Auf seine erst seit Kurzem bekannten geheimdienstlichen Aufgaben dort geht Ingrid ARIAS in ihrem Beitrag in diesem Band unter dem Titel „Hans Hoff (1897–1969) – Remigrant und Reformer? Neue Impulse oder Kontinuität in der Psychiatrie nach 1945?" ein.
50 Hoff korrespondierte mit dem Chirurgen Leopold Schönbauer (1888–1963), mit dem er ein Buch über Neurochirurgie verfasst hatte und der sein Trauzeuge gewesen war, mit dem Internisten Ernst Lauda, dem Dermatologen und einflussreichen Dekan Leopold Arzt (1883–1955) und schließlich auch Kauders.
51 Ein Gutteil dieser Korrespondenzen ist in seinem Nachlass übersichtlich erhalten. MUW, Nachlass Hoff, MUW-AS-006005-8.
52 Hans HOFF, Die physiologische Ära der Neurologie, in: Wiener Klinische Wochenschrift 62 (1950), 257–261.

für Psychiatrie und Neurologie und Vorstand der Klinik geworden war;[53] seine Antrittsvorlesung in dieser Rolle hielt er am Beginn des WS 1950/51 über „Die organischen Grundlagen der Psychosen".[54] Er hat seine Position rasch und sozusagen strategisch ausgebaut und war nach wenigen Jahren nicht nur (lebenslanger) Präsident des Vereines für Psychiatrie und Neurologie in Wien und der Gesellschaft österreichischer Nervenärzte und Psychiater (der neuen, 1950 gegründeten repräsentativen Fachgesellschaft), der Österreichischen Gesellschaft für Psychische Hygiene (1951), Ehrenmitglied der Wiener Psychoanalytischen Vereinigung (1952), sondern auch Mitglied des Obersten Sanitätsrates (1950) und des Wiener Landessanitätsrates (1953). Auch in internationalen Gremien konnte er sich rasch etablieren: World Federation of Mental Health, Weltverband für Psychiatrie, Collegium Internationale Neuropsychopharmacologicum.[55] Dem akademischen Unterricht hat er sich intensiv und sehr schematisch gewidmet und lebenslang nur wenige Vorlesungen und Prüfungen delegiert; als Prüfer galt er als streng. Offenbar im Zusammenhang mit Bemühungen um eine Reform der medizinischen Studien in den frühen 1950er Jahren hat er anscheinend Studenten angeregt, ihm ihre Meinung über die Hauptvorlesung mitzuteilen.[56] Die Hauptvorlesungen waren bis zu seinem Lebensende sehr gut besucht, der Hörsaal voll.[57] Ihn selber hat der mögliche Kontakt mit den Studenten aber offenbar enttäuscht, wie aus einem überhaupt sehr aufschlussreichen Brief an seinen Sohn Henry (1938 geboren) vom 22. November 1957 hervorgeht: „Ich hatte mir immer gewünscht der Freund der Studenten zu sein und trotzdem ist die innige Beziehung, die ich zu meinen Studenten in Bagdad und Amerika hatte, hier durch eine Abgetrenntheit ersetzt worden, die mich manchmal quält. Ich, der ich mich immer für die Entwicklung der Jugend inter-

---

53 Wie 1949 für das Neurologische Institut war er auch für die Leitung der Psychiatrisch-Neurologischen Universitätsklinik – in den Universitätsakten ist meist nur von der „Psychiatrischen Klinik" die Rede, was ein Licht auf die Außenwahrnehmung dieser Institution wirft – primo et unico loco vorgeschlagen worden. Die Ernennung zum ordentlichen Professor für Psychiatrie und Neurologie durch den Bundespräsidenten erfolgte am 27. September, die zum Vorstand der Klinik durch den Bundesminister für Unterricht am 1. Oktober 1950. UAW, Med. Dekanat GZ 82 aus 1949/50.

54 Hans HOFF, Die organischen Grundlagen der Psychosen, in: Wiener Klinische Wochenschrift 63 (1951), 1–5. Am Beginn der Überlegungen zur Besetzung des Lehrstuhles und der Klinik nach dem Tod von Kauders wurde offenbar vorübergehend erwogen, die Klinik zu teilen, die neurologische definitiv mit Hoff und die psychiatrische interimistisch mit dem für eine Berufung zu alten Erwin Stransky zu besetzen, und der Pathologe Hermann Chiari (1897–1969), ein Studienfreund Hoffs, vom Dekan gebeten, Hoffs Meinung darüber einzuholen. Der Gedanke taucht später im Besetzungsakt nicht mehr auf. UAW, Med. Dekanat GZ 82 aus 1949/50.

55 Vgl. dazu den Beitrag von Alfred SPRINGER in diesem Band mit dem Titel „Psychopharmakologische Forschung und Behandlung an der Wiener Psychiatrischen Universitätsklinik und die Frühphase des Collegium Internationale Neuro-Psychopharmacologicum (CINP)".

56 In seinem Nachlass haben sich zwei solche Rückmeldungen erhalten. MUW, Nachlass Hoff, MUW-AS-006005-33.

57 Ich kann das als sein letzter psychiatrischer Vorlesungsassistent bezeugen. Die systematisch ablaufenden Vorlesungen gingen von demonstrierten Fällen aus, deren von Hoff vorgelesenen Krankengeschichten aber manipuliert waren, um dem Schema zu entsprechen. Diese Texte wurden immer wieder verwendet – offenbar schon seit Langem, wie einer der von mir am 15. März 2005 interviewten Assistenten, der die 1950er Jahre miterlebte und anonym bleiben möchte, berichtete. Wir wissen nicht, ob Hoff das wusste oder zumindest ahnte. Sie wurden nach seinem letzten Semester im Sommer 1969 in einem offenen Feuer in einem Hof der Klinik von uns damals jungen Assistenten sozusagen „feierlich" verbrannt.

essiert habe, bin auch von meinen jungen Ärzten irgendwie persönlich getrennt und die Frage der Isolierung und Einsamkeit steht an der Tür."[58]

Anders als bei seinem Vorgänger haben die Zeit des Nationalsozialismus, die Ereignisse in der Psychiatrie und die Verstrickungen von Psychiatern darin in seiner Ära keine ausdrückliche Rolle gespielt.[59] Auch in seinem „Lehrbuch der Psychiatrie" (1956) wird in der Vorlesung über die Geschichte der Psychiatrie – in der übrigens institutionelle Gesichtspunkte gar nicht vorkommen, im ganzen Lehrbuch nur im Zusammenhang mit der zivil- und strafrechtlichen Stellung der Geisteskranken – das Thema nur fast unmerklich berührt: „Sie haben bereits gehört, dass man noch vor nicht gar so langer Zeit die Erbfaktoren weit überschätzte und die Geisteskrankheit als Fatalität ansah."[60]

Es lag ganz auf der Linie dieses Übergehens der jüngeren Vergangenheit und ihrer biographischen Niederschläge,[61] dass bei der Auswahl der Mitarbeiter und ihrer Förderung Herkunft, Vergangenheit und politisch weltanschauliche Position fast keine Rolle gespielt zu haben scheinen.[62] Er hat während seiner fast 20-jährigen Vorstandschaft insgesamt 21 Habilitationen durchgeführt, die zwar fast alle, jedenfalls die der Kliniker, noch für Psychiatrie und Neurologie (oder umgekehrt) zur Venia Legendi führten, aber im Hinblick auf das dabei vorgelegte und das darauf folgende wissenschaftliche und organisatorische Werk der Habilitanden eindeutig einem der beiden Fächer zuordenbar sind: zehn psychiatrische und elf neurologische, darunter auch solche mit einem Arbeitsschwerpunkt im Neurologischen Institut. Sie haben ab der Mitte der 1950er Jahre zum Teil wesentlich zum Lehrbetrieb der Klinik beigetragen, zumal sie fast alle langjährige Mitarbeiter der Klinik waren. Fünf dieser Psychiater haben später ein

---

58 MUW, Nachlass Hoff, MUW-AS-006005-4-78. Berner hat die Art der Zu(sammen)arbeit der Ärzte mit Hoff beschrieben. Peter BERNER, Hans Hoff (1897–1969), in: Hans Schliack / Hanns Hippius, Hg., Nervenärzte, Bd. 1 (Stuttgart–New York 1998), 55–66, hier vor allem 58. Fast alle meine Gesprächspartner in den erwähnten Interviews haben das autoritäre Verhalten Hoffs gegenüber seinen Mitarbeitern beschrieben, allerdings auch seine Förderungen. In ihren ungedruckten Autobiografien berühren Hans Strotzka (1917–1994) und Walter Spiel auch dieses Thema.
59 Alle von mir interviewten früheren Mitarbeiter von Hoff haben das mitgeteilt. Er hätte in gelegentlichen persönlichen Gesprächen immer betont, dass diese schreckliche Zeit vorüber sei und dass es jetzt um die Gestaltung der Gegenwart und Zukunft ginge; wenn jemand wissenschaftlich qualifiziert sei, so wolle er zum Beispiel im Zusammenhang mit Habilitationen nicht auf frühere nationalsozialistische Korrumpierungen Bezug nehmen.
60 Hans HOFF, Lehrbuch der Psychiatrie, Bd. 1 (Wien 1956), 1. Vorlesung 1–17, hier 15.
61 Auch in der eigenen Biografie. In dem erwähnten Interview mit Heinz Fischer-Karwin hat Hoff die Tatsache seiner Erfahrungen auf drei Kontinenten, neben Europa, Amerika und Asien, nicht als notwendige Folge der erzwungenen Emigration sondern, ohne diese auch nur andeutungsweise zu erwähnen, als Glück – nämlich des Zuganges zu vielfältigen Erfahrungen – dargestellt. Auch in dem erwähnten, sonst so persönlichen Brief an seinen Sohn hat er diesen Teil seiner Biografie nur ganz allgemein angesprochen: „Diese Klinik, deren Vorstand ich jetzt bin, war für mich das Ziel meiner Wünsche seit meiner Studentenzeit. Es hat viele Enttäuschungen und Schwierigkeiten gegeben, bis ich dieses Ziel erreicht habe, [...]." MUW, Nachlass Hoff, MUW-AS-006005-4-78.
62 In dieser Feststellung haben alle meine Interviewpartner übereingestimmt, mit nur einer Ausnahme: Hermann Lenz (1912–2004) meinte, nur gegen Widerstand von Hoff und Reisner erst 1962 – nach einer ersten Habilitation 1944 in Würzburg – wieder habilitieren gekonnt zu haben, und der das auf seine politische Vergangenheit bezogen hat.

ihrem Themenschwerpunkt entsprechendes Ordinariat bzw. eine Klinikvorstandschaft erreicht, alle in Österreich.[63]

Hoff starb wenige Wochen vor seiner Emeritierung an einem Herzinfarkt, nachdem er schon seit Längerem an einem Diabetes mellitus und einer koronaren Herzkrankheit, wohl auch einer allgemeinen Gefäßsklerose gelitten hatte, und wie er es sich gewünscht hatte.[64] In dem bereits erwähnten Brief an seinen Sohn (1957) schreib Hoff, auf sein Wirken zurückblickend:

„In der Medizinischen Fakultät, […] sind heute Tendenzen bemerkbar, die uns wieder zu jener Situation des Jahres 1938 zurückführen werden. Das bedeutet wieder Abtrennung und Einsamkeit meinen Kollegen gegenüber.[65] Während ich den Erfolg hatte, dass meine Klinik und meine Mitarbeiter heute eine führende Position in der Welt haben, […] habe ich den Kontakt mit der Ärzteschaft meines eigenen Landes nie mehr erreichen können. Vieles in meiner Arbeitsrichtung ist nicht den Weg gegangen, den ich wünschte. Ich bin gleichsam ein Promotor und Propagandist der Psychiatrie geworden, die wohl einer solchen Propaganda bedarf. Ich habe mir immer gewünscht, ein stiller Experimentator zu sein, der imstande ist, neue Dinge zuerst im Experiment zu sehen. Die Notwendigkeit zwingt mich die soziale Psychiatrie, also jene, die mit der Soziologie und der Psychologie eine Einheit darstellt, in den Vordergrund meiner Forschungstätigkeit zu stellen. Auch dies bedingt, dass ich fühle in eine Richtung zu gehen, die eigentlich nicht die meine ist und das vergrößert das Gefühl der Einsamkeit, das vielleicht mit den Jahren über jeden Menschen kommen muss. […] Ich bin nicht alt genug, um beschaulich auf die Entwicklung blicken zu können und manchmal zu müde, um um Dinge zu kämpfen, die ohne meine eigentliche Interessensphäre zu sein, doch so wichtig sind, dass ich um sie kämpfen muss."[66]

---

63 Die Beziehungen von Hoff zur Psychiatrie in den anderen deutschsprachigen Ländern scheinen begrenzt gewesen zu sein. Unter den Vortragenden der Kongresse der Deutschen Gesellschaft für Psychiatrie und Nervenheilkunde scheint er nur einmal 1953 über „Entwicklungstendenzen in der modernen Psychiatrie" zur Diskussion aufgefordert worden zu sein. Vgl. Helmut E. EHRHARDT, Deutsche Gesellschaft für Psychiatrie und Nervenheilkunde (Wiesbaden 1972), 20. Eine gewisse Nähe scheint er zu Manfred Bleuler in Zürich und Ernst Kretschmer (1888–1964) in Tübingen gehabt zu haben, gewiss ohne dass man von einer Freundschaft sprechen kann. Immerhin hat er sich 1964 veranlasst gesehen, in der Gesellschaft der Ärzte einen Nachruf auf Kretschmer zu halten, in dem er die Nähe von dessen mehrdimensionaler Diagnostik zu dem Konzept der multifaktoriellen Genese von Psychosen der „Wiener Schule" angesprochen hat. Vgl. Hans HOFF, Nachruf für Herrn Professor Dr. E. Kretschmer, Tübingen, in: Wiener Klinische Wochenschrift 76 (1964), 214–215. Die Priorität, wenn man denn von einer solchen sprechen kann, gehörte wohl Kretschmer. Aus den in deren Archiv spärlich erhaltenen Unterlagen des Wiener Vereines für Psychiatrie und Neurologie bzw. der Gesellschaft Österreichischer Nervenärzte und Psychiater gehen zwar Einladungen zu Vorträgen verschiedener in ihrer Zeit wichtiger Vertreter von Psychiatrie und Neurologie hervor – wie die genannten, zu Festsitzungen eingeladenen Vortragenden –, aus dem Ton der Korrespondenz geht aber nie eine besondere Freundschaftlichkeit hervor. Die Ausnahme ist sein Chef am New Yorker Institute of Neurology Tracy Putnam (1894–1975), den auch Pötzl in seiner Laudatio zum 60. Geburtstag von Hoff wie Schilder und sich selber als Freund bezeichnet. Vgl. Otto PÖTZL, Widmung an Hans Hoff, in: Wiener Zeitschrift für Nervenheilkunde und deren Grenzgebiete 15 (1958), 5–14.

64 Vgl. auch SPIEL, Gedanken, wie Anm. 37. Spiel erwähnt dies in seiner ungedruckten Autobiografie und stützt sich dabei auf eine Erzählung von Erwin Ringel.

65 Das erscheint mir eine beachtenswerte Bemerkung über die politische Atmosphäre im Kollegium der Wiener Medizinischen Fakultät in der zweiten Hälfte der 1950er Jahre zu sein. Die von Hoff darin angesprochene „Isolierung" von seinen Kollegen scheint jedenfalls nicht beständig und vollständig gewesen zu sein: Er hat danach eine starke Position im Zusammenhang mit der Planung und Durchsetzung des Neubaus der Universitätskliniken (Allgemeines Krankenhaus) eingenommen und war Anfang der 1960er Jahre Dekan der Fakultät.

Ehe nun zu den Dozenten übergegangen werden kann, muss für die ersten 25 Jahre nach dem Zweiten Weltkrieg noch auf die Figur Julius Wagner-Jauregg hingewiesen werden. Er war zwar 1940 gestorben, aber der verehrte Lehrer nicht nur seines unmittelbaren Nachfolgers Otto Pötzl, sondern auch von Otto Kauders und Hans Hoff, die seinen Rang als Nobelpreisträger nach 1945 wohl auch im Interesse des Wiederaufbaus des Ranges der sogenannten „Wiener Schule" instrumentalisierten. Wagner-Jaureggs 90. Geburtstages wurde 1947 in einer gemeinsamen Sitzung der Gesellschaft der Ärzte und des Vereines für Psychiatrie und Neurologie mit Vorträgen von Kauders und Stransky gedacht, des 100. Geburtstages 1957 von den gleichen Veranstaltern mit Vorträgen von Leopold Schönbauer – der war zwar Chirurg, aber auch Verwalter der Medizingeschichte und hatte gemeinsam mit seiner Assistentin Marlene Jantsch 1950 die Lebenserinnerungen von Wagner-Jauregg in einer redigierten Fassung herausgegeben[67] –, von Otto Pötzl als dem unmittelbaren und Hans Hoff als dem amtierenden Nachfolger und von Manfred Bleuler (1903–1994) aus Zürich als Festredner.[68] Auch 1959 hat noch eine Gedenksitzung des Vereines für Psychiatrie und Neurologie mit Vorträgen von Stransky und Pierre Deniker (1917–1998) aus Paris stattgefunden.[69]

Dozenten

Die Ära Otto Pötzl: bis 1945
Das Wiener Vorlesungsverzeichnis für das SS 1937[70] nennt neben den beiden beamteten Professoren Pötzl (ordentlicher) und Marburg (außerordentlicher) 19 Dozenten, davon zehn mit dem Titel eines außerordentlichen Professors (tit. ao. Prof.). Fünf haben nicht gelesen, drei weil sie seit Jahren von ihren Ankündigungsverpflichtungen beurlaubt und im Ausland tätig geworden waren:

---

66 MUW, Nachlass Hoff, MUW-AS-006005-4-78. Mehr als zehn Jahre später hat Hoff mir einmal im Vorraum des Hörsaales nach seiner Frage, wie es meinem Vater geht, und ich angemerkt hatte, dass dieser und er ja etwa gleich alt seien (geb. 1899 und 1897), gesagt, dass in seinem Alter ein solcher Unterschied von zwei Jahren viel ausmacht, und hat daran die resignierte Bemerkung angeschlossen, dass er seine Überzeugungskraft verloren hätte.

67 Julius WAGNER-JAUREGG, Lebenserinnerungen, hg. von Leopold Schönbauer / Marlene Jantsch (Wien 1950). Die originale Autobiografie ist nach wie vor nicht publiziert, allerdings von Magda WHITROW für ihre Arbeit an der Biografie „Julius Wagner-Jauregg (1857–1940) (London 1993)", benützt worden. Eine deutsche Übersetzung ist 2001 unter gleichem Titel in Wien erschienen.

68 Hans HOFF, Zum 100. Geburtstag Wagner-Jaureggs, in: Wiener Zeitschrift für Nervenheilkunde und deren Grenzgebiete 14 (1958), 1–15; Manfred BLEULER, Endokrinologie und Psychiatrie, in: Wiener Zeitschrift für Nervenheilkunde und deren Grenzgebiete 14 (1958), 16–27.

69 In den weiteren Zusammenhang mit dieser kulturpolitischen und auch fachpolitischen Nutzung dieses, wie immer wieder betont wurde, einzigen Nobelpreisträgers aus diesem Fachbereich ist wohl auch die Verwendung seines Portraits auf einem 500 Schilling-Schein und das Zustandekommen und der Erfolg eines Kulturfilmes über Wagner-Jauregg als Erfinder der Malariatherapie aus der Produktion von Bruno Lötsch in den 1960er Jahren zu stellen. Der Sohn des Produzenten und spätere Generaldirektor des Naturhistorischen Museums in Wien, der Biologe Bernd Lötsch, verfügt über eine technisch aktualisierte Kopie dieses, auch als Beispiel eines überholten, seinerzeit aber populären Genres, interessanten Filmes.

70 Ich gehe im Folgenden von den Vorlesungsverzeichnissen aus und nütze für die Angaben zu den Personen einerseits die Zusammenstellung von HUBENSTORF, Wissenschaft, wie Anm. 5, andererseits, soweit vorhanden, die Personalakten der Universität sowie allgemein lexikalisch zugängliche Informationen; solche werden nicht besonders ausgewiesen.

- Paul Schilder (1886–1940), seit 1920 in Wien für Psychiatrie und Neurologie habilitiert, seit 1925 tit. ao. Prof., seit 1928 in den USA (Baltimore, New York), von Hoff aufs Höchste geschätzt.[71]
- Ernst Spiegel (1895–1985), seit 1924 für normale und pathologische Anatomie und Physiologie des Nervensystems habilitiert (Neurologisches Institut; das Habilitationsgutachten hat nicht Marburg sondern Wagner-Jauregg abgegeben), seit 1929 tit. ao. Prof. (auf Antrag von Marburg und des Physiologen Arnold Durig, 1872–1961), seit 1930 o. Prof. für experimentelle Neurologie in Philadelphia/USA, Aufbau eines entsprechenden Institutes an der Temple University; eine weitere Beurlaubung wurde seitens der Fakultät abgelehnt.
- Martin Pappenheim (1881–1943), seit 1915 für Neurologie und Psychiatrie habilitiert, seit 1924 tit. ao. Prof., seit 1934 in Palästina, Gründungsmitglied und Quartiergeber der Arbeitsgemeinschaft für psychische Hygiene der 1930er Jahre. Auch ihm war angekündigt worden, dass eine weitere Verlängerung der Beurlaubung wegen „organisatorischer Tätigkeit auf wissenschaftlichem Gebiete und auf dem Gebiete des Anstaltswesens" dort nicht erfolgen würde.[72]

Wohl aus Altersgründen hatten drei weitere Dozenten angekündigt, in diesem Semester nicht zu lesen:
- Siegmund Erben (1862–1942), ausgewiesen als PD (a. Prof.), habilitiert wohl für Innere Medizin (?), aber neurologisch tätig.[73]
- Josef Berze (1866–1957), seit 1912 für Psychiatrie habilitiert, seit 1921 tit. ao. Prof. – ihm war angekündigt worden, dass aufgrund einer Altersbegrenzung auch für Dozenten seine Venia erlöschen würde –,[74] erster Leiter der Arbeitsgruppe für psychische Hygiene (Kauders, 1949), eine der wichtigsten psychiatrischen Persönlichkeiten in Wien in der ersten Hälfte des vergangenen Jahrhunderts, wenngleich heute fast vergessen.
- Ernst Bischoff (1867–1957), seit 1901 für Psychiatrie und Neurologie habilitiert, seit 1923 tit. ao. Prof., zur damaligen Zeit vor allem Gerichtspsychiater. Von den genannten Personen hat nur Bischoff im Studienjahr 1938/39 wieder angekündigt.

Vier der Dozenten behandelten neurologische Themen:
- Richard Stern (1878–?), seit 1913 für Neuropathologie habilitiert und aus der neurologische Strukturen führenden Ersten Medizinischen Klinik hervorgegangen, 1938 emigriert, „Einführung in die Neurologie" in der Nervenambulanz der Ersten Medizinischen Klinik gelesen.
- Ernst Sträußler (1872–1959), seit 1906 für Psychiatrie in Prag habilitiert, seit 1915 tit. ao. Prof., 1896–1920 aktiver Militärarzt, danach Hofrat im Bundesministerium für soziale Verwaltung und Gerichtspsychiater, seit 1920 in Wien Erweiterung der Venia Legendi für

---

71 Wie er in dem Interview mit Heinz Fischer-Karwin in der Radiosendung „Bitte legen Sie ab!" ausführte.
72 KAUDERS, Ziele, wie Anm. 38.
73 HUBENSTORF, Wissenschaft, wie Anm. 5, 277. Ein Personalakt liegt im Universitätsarchiv nicht vor.
74 Eberhard GABRIEL, Josef Berze (1866–1957). Anstaltspsychiater, Psychopathologe, Schizophrenieforscher, Reformpsychiater, in: Schriftenreihe der Deutschen Gesellschaft für Geschichte der Nervenheilkunde 20 (2014), 285–300.

Neurologie, 1938 Entzug der Venia;[75] „Unfallneurologie" und „Histopathologische Grundlagen der Nerven- und Geisteskrankheiten".
- Max Schacherl (1876–1964), seit 1919 habilitiert (wobei Wagner-Jauregg diese auf „Nervenkrankheiten", also Neurologie einschränkte), von Pötzl eingebrachter Antrag auf tit. ao. Prof. 1935 abgelehnt, neuerliche Ablehnung 1938,[76] Emigration nach Großbritannien, Wiederverleihung der Venia und Ernennung zum tit. ao. Prof. am 13. April 1946, „Einführung in das Studium der Nervenkrankheiten".
- Eugen Pollak (1890–1939?[77]), seit 1923 für Anatomie und Pathologie des Nervensystems habilitiert, langjähriger Redakteur der von den österreichischen Lehrstuhlinhabern herausgegebenen „Jahrbücher für Psychiatrie und Neurologie", 1939 Emigration nach Großbritannien, „Anatomie und Pathologie des Rückenmarks".

Zwei weitere haben sowohl über neurologische wie psychiatrische Themen gelesen:
- Giulio Bonvicini (1872–1951), seit 1911 für Neurologie und Psychiatrie habilitiert, seit 1922 auch in Rom, seit 1926 tit. ao. Prof., Besitzer und Leiter des psychiatrischen Sanatoriums in Tulln, „Ausgewählte Kapitel aus dem Gebiet der Hirnlokalisation" und „Vorträge über die durch gewohnheitsmäßigen Genuss von Rauschgiften hervorgerufenen psychischen Störungen".
- Josef Gerstmann (1887–1969), seit 1921 für Psychiatrie und Neurologie habilitiert, seit 1929 tit. ao. Prof., 1938 in die USA/New York emigriert, seit 1930 Leiter der Nervenheilanstalt Maria-Theresien-Schlössl in Wien, „Einführung in die klinische Psychiatrie" und „Neurologische Syndrome".

Sieben haben psychiatrische bzw. in einem Fall medizinisch-psychologische Themen angekündigt:
- Hans Hoff, die in diesem Semester zur neurologischen Hauptvorlesung komplementäre und daher im Vorlesungsverzeichnis auch unmittelbar nach dieser angeführte dreistündige Lehrveranstaltung „Psychiatrische Klinik".
- Alexander Pilcz (1871–1954), seit 1902 für Psychiatrie und Neurologie habilitiert, seit 1907 tit. ao. Prof., seit 1921 ao. Prof., vielleicht der dessen Lehre am Treuesten ergebene Schüler von Wagner-Jauregg, 1938 beurlaubt und 1941 pensioniert, „Forensische Psychiatrie".

---

[75] In Details variieren die Angaben bei HUBENSTORF, Wissenschaft, wie Anm. 5, und im Nachruf von Franz SEITELBERGER, Nachruf für Prof. Sträussler, in: Wiener Zeitschrift für Nervenheilkunde und deren Grenzgebiete 17 (1960), 277–278, und im Personalakt UAW, MED PA 520/ 59, dem die obigen Angaben folgen.

[76] Am 16. April 1938 (!) hat Pötzl in einem sehr positiven Gutachten die Ernennung vorgeschlagen, in dem er die „Beurlaubung" als Konsiliarius (seit 1923) im Kaiser Franz Josef-Spital aus „rassischen" Gründen nannte; der NS-Dozentenbund hat die Ernennung abgelehnt – eine Geschichte, die einerseits ein merkwürdig unrealistisches Argumentationsverhalten zwischen Naivität und Unverfrorenheit von Pötzl und andererseits die Geschwindigkeit der Etablierung der nationalsozialistischen Entscheidungsstrukturen nach dem „Anschluss" belegt. UAW, MED PA 610/73.

[77] Von HUBENSTORF, Wissenschaft, wie Anm. 5, 412, mit einem Fragezeichen versehen.

– Erwin Stransky (1877–1962), seit 1908 für Psychiatrie und Neurologie habilitiert, seit 1915 tit. ao. Prof., Konkurrent von Eugen Bleuler um die Priorität der Grundstörung in schizophrenen Psychosen, die er intrapsychische Ataxie nannte.[78] Gründungsmitglied der Arbeitsgemeinschaft für psychische Hygiene, 1938 Entzug der Venia und der ärztlichen Approbation aus „rassischen" Gründen, der als einziger aus dieser großen Gruppe seine akademische Lehrtätigkeit im SS 1945 mit der gleichen Lehrveranstaltung „Praktikum der klinischen Psychiatrie" fortsetzte.[79]
– Othmar Albrecht (1871–1947), 1906–1923 im Militätsanitätsdienst, Pensionierung als Generalarzt, seit 1924 neurologischer Konsiliarius der Krankenanstalt Rudolfstiftung, seit 1920 für Psychiatrie habilitiert, mit Kriegsbeginn als Generalarzt reaktiviert, seit 1941 Honorarprofessor für Wehrpsychiatrie, „Einführung in die psychiatrische Diagnostik".
– Karl Grosz (1879–?), seit 1925 für Neurologie und Psychiatrie habilitiert, Gerichtspsychiater, 1938 nach Palästina emigriert, „Technik der forensischen Psychiatrie".
– Heinrich Kogerer (1887–1958), 1922 von Wagner-Jauregg mit der Errichtung einer psychotherapeutischen Ambulanz der Klinik beauftragt,[80] seit 1931 „Facharzt der Wiener Fondskrankenanstalten" (das sind die späteren Städtischen Krankenanstalten), seit 1927 für Psychiatrie und Neurologie habilitiert, 1939–1945 apl. Prof., „Pathologie und Therapie der Sexualstörungen" und „Psychiatrische Vererbungslehre und Eugenik".
– Rudolf Allers (1883–1963), seit 1913 in München für Psychiatrie habilitiert, 1927 Transferierung der Venia nach Wien, seit 1918 am Physiologischen Institut in Wien, schließlich als Leiter der Abteilung Sinnesphysiologie und experimentelle Psychologie, trotz sehr positiver Begutachtung seiner Qualifikation 1933 tit. ao. Prof. abgelehnt, ab dem WS 1937/38 beurlaubt, um einem Ruf nach Cincinatti/USA folgen zu können, Ende Juni 1938 Ansuchen um Enthebung wegen der Annahme des Rufes auf die Lehrkanzel für Psychologie in der School of Philosophy der Catholic University of America in Washington DC, „Medizinische Psychologie".

Zu diesen kamen 1937 noch zwei neu Habilitierte, die im SS noch nicht angekündigt haben:
– Alfred Auersperg (1899–1968), habilitiert für Psychiatrie, 1938/39 kommissarischer Leiter des Neurologischen Institutes und kurz auch der Psychiatrisch-Neurologischen Klinik (siehe Abschnitt über Pötzl), 1943–1945 apl. Prof., danach in Südamerika, 1948–1968 als Professor für Psychiatrie und Gründungsdirektor der Psychiatrischen Universitätsklinik in Conception/Chile.
– Erwin Stengel (1901–1973), seit 1934 Assistent der Klinik, 1938 Emigration nach Großbritannien.[81]

---

78 Eberhard GABRIEL, Die frühe Rezeption des Bleulerschen Schizophreniebegriffes in Wien, in: Neuropsychiatrie vereinigt mit Psychiatrie und Psychotherapie 26 (2012), 145–151.
79 Er hat schon am 21. April 1945, also zwar nach der Eroberung Wiens durch die Rote Armee, aber vor dem Kriegsende, die Wiedereinsetzung als akademischer Lehrer und Prüfer beantragt. Der Dekan hat dann am 28. Dezember 1945 seine Ernennung zum Titular-ordentlichen Prof. beantragt; die Ernennung erfolgte am 18. Februar 1946. UAW, Med.Dek. aus 1944/45, GZ 160.
80 David FREIS, Vertrauen und Subordination. Heinrich Kogerer, Erwin Stransky und das psychotherapeutische Ambulatorium der Universität Wien [sic] 1918–1938, in: Schriftenreihe der Deutschen Gesellschaft für Geschichte der Nervenheilkunde 21 (2015), im Druck.
81 Stengel war 1949 der einzige Emigrant von 1938 – neben Hoff, der aber ja schon wieder in Wien war, der als Nachfolger von Kauders erwogen wurde. Vgl. Anmerkung 46.

Von dieser großen Zahl an Dozenten und Vielfalt ihrer Themen, die zum Großteil aus der Ära Wagner-Jaureggs stammte, ist nach der Vertreibung der Juden und durch politische Diskriminierung (Sträußler) im Studienjahr 1938/39 nur wenig, der Zahl nach etwa ein Viertel übrig geblieben; in der Neuropathologie keiner. Immerhin konnte aber vor dem Krieg die Grundstruktur des Unterrichtes zunächst noch beibehalten werden. So las im WS 1938/39 Pötzl die fünfstündige Hauptvorlesung in Psychiatrie und leitete das entsprechende Praktikum, Auersperg, nun Erster Assistent, hat dazu komplementär die dreistündige Vorlesung über die „Klinik der Nervenkrankheiten" gelesen. Als eigentliche Dozentenvorlesungen haben Bischoff „Psychiatrische Symptomenlehre", Bonvicini „Ausgewählte Kapitel aus dem Gebiet der Hirnlokalisation und psychische Störungen der Süchtigen", Albrecht eine „Einführung in das Studium der Psychiatrie" und Kogerer eine Vorlesung über „Psychische Hygiene" und eine über „Spezielle Psychopathologie und Psychotherapie" angekündigt. Keiner der Vertriebenen – mit der Ausnahme von Hoff und Stransky und dem 1946 aus der Emigration zurückgekehrten und zum tit. ao. Prof. ernannten Schacherl sowie Pichler, einer der wenigen während der Kriegsjahre neu in den Lehrkörper Eingetretenen, die noch zu benennen sind – hat nach 1945 wieder am akademischen Unterricht der beiden gegenständlichen Fächer in Wien teilgenommen.

Der Lehrkörper ist zwischen 1938 und 1945 nur durch eine Habilitation und zwei Umhabilitationen erweitert worden:

- 1939 hat sich Ernst Pichler (1907–1977), der seit 1933 an der Klinik gearbeitet hatte und schließlich nach dem Ausscheiden von Auersperg „Oberassistent" der Klinik wurde, für Neurologie und Psychiatrie habilitiert. Er hat nach dem Vorlesungsverzeichnis Pötzl vor allem durch die Leitung des Praktikums zur Hauptvorlesung unterstützt, soweit er nicht eingerückt war. Nach dem Krieg 1952 in Graz wieder habilitiert und 1957 tit. ao. Prof., leitete er das Neurologische Ambulatorium der Steirischen Gebietskrankenkasse, ehe er 1961 Leiter des Neurologischen Krankenhauses Maria-Theresien-Schlössl in Wien wurde.[82]
- 1940 wurde Hans Bertha (1901–1964) aus Graz, wo er 1938–1940 die Klinik kommissarisch geleitet und sich 1939 habilitiert hatte, nach Wien umhabilitiert, 1945 apl. Prof. 1944/45 amtierender Direktor der Wiener Heil- und Pflegeanstalt Am Steinhof (die damals nach Wagner-Jauregg betitelt war), 1940/41 „T4-Gutachter". Auch er kehrte nach 1945 in die Steiermark zurück, wo er sich 1953 wieder habilitierte, ab 1954 die Grazer Klinik supplierte und sie schließlich ab 1960 als Direktor und Professor leitete. Er hat in den Kriegsjahren am Wiener Neurologischen Institut über „Bau und Leistungen des Nervensystems" angekündigt.[83]
- Georg Hermann (1891–nach 1956), seit 1926 in Prag, unter Pötzl habilitiert und dort zweimal für längere Zeit Supplent, wurde 1940 auf seine Bitte als „Dozent neuer Ordnung" nach Wien umhabilitiert, wo er eine „Einführung in die Unfallneurologie" angekündigt hat. 1946 hat ihm das Dekanat mitgeteilt, dass er nie dem Lehrkörper einer österreichischen Universität angehört hätte. Eher skurril mutet seine 1951 an das Professorenkollegium gerichtete Bitte an, man möge ihm die Leitung des Neurologischen Institutes anvertrauen.[84]

---

82 Im Zusammenhang damit hat er sich 1961 noch einmal in Wien habilitiert, obwohl er an der Grazer Fakultät seit 1952 habilitiert, seit 1957 mit dem Titel eines ao. Prof. war. UAW, MED PA 401/ 47.
83 Ihm ist der Beitrag von Watzka, Fälle, wie Anm. 2, gewidmet.
84 UAW, MED PA 199/25.

Pichler und Bertha sind Beispiele für die zwar 1945 für einige Jahre aus ihren Ämtern entfernten, aber seit etwa 1950 – parallel zu den gesamtgesellschaftlichen Bemühungen um eine Reintegration der ehemaligen Nationalsozialisten – wieder auch zu akademischen Positionen gelangten und zu einem großen Teil beträchtlich nationalsozialistisch korrumpierten (illegale Parteimitglieder, SS-Angehörige) Neurologen und Psychiatern.

Eine Besonderheit stellen die beiden Habilitationen aus dem Anstaltsbereich dar, die 1941 bzw. 1943 eingereicht wurden und beide zwar zur Habilitation (Dr.med.habil.), aber nicht zur Lehrbefugnis (Dozentur) geführt haben, die im ersten Fall vom Dekan als „derzeit nicht erwünscht" bezeichnet[85] und im zweiten Fall zweimal, zuletzt im Oktober 1944 auf ein Jahr zurückgestellt wurde.[86]

– Der erste Fall betrifft Wichard Kryspin-Exner (1893–1956): Beginn wissenschaftlicher neuroanatomischer Arbeit als Student unter Heinrich Obersteiner (1847–1922) und Otto Marburg, danach in Irrenanstalten, ab 1931 in Wien, seit 1935 Vorstand der Männer-Heilanstalt in der Heil- und Pflegeanstalt Am Steinhof, 1939 Direktor der (Wiener) Heil- und Pflegeanstalt in Ybbs/Donau, aus dieser Position aus politischen Gründen 1940 vom Träger zurückgezogen, 1931 Gründer des neurohistologischen Laboratoriums der Anstalt. Habilitationsschrift „Beiträge zur Morphologie der Glia im Nissl-Bild"; das Gutachten erstattete Gagel, Pötzl trat ihm bei.[87] Habilitiert seit Juli 1942. Da diese Ernennung nach dem Ende der NS-Zeit nichtig war, neuerlicher Antrag auf Habilitation für „Psychiatrie und theoretische Neurologie" im September 1946, Ablehnung aufgrund eines neuen Gutachtens von Kauders im April 1949 mit der Begründung einseitiger fachlicher Ausbildung einerseits am Neurologischen Institut ohne klinische Fälle und dann ausschließlich in Irrenanstalten, Antrag auf Habilitation in einem nach der Habilitationsnorm nicht existierenden Fach mit Arbeiten ohne neue Ergebnisse, auch 1942 keine Dozentur sondern nur Dr.med.habil.

– Ernst Illing (1904–1946 Hinrichtung) war nach der postuniversitären Ausbildung an der Leipziger Klinik in preußischen Anstalten in Potsdam und Brandenburg-Görden (jeweils unter Hans Heinze 1895–1983, einem der Promotoren der sogenannten „Kindereuthanasie") tätig und wurde 1942 als Leiter der Städtischen Nervenklinik für Kinder Am Spiegelgrund nach Wien berufen. Hier starben bis zur Schließung unmittelbar nach dem Kriegsende über 700 Kinder und Jugendliche. Illing wurde vor dem Volksgericht zur Verfolgung nationalsozialistischer Verbrechen angeklagt, zum Tod verurteilt und 1946 hingerichtet.[88]

Nach dem Zusammenbruch des nationalsozialistischen Regimes und der damit verbundenen Entfernung der in dieses verstrickten (oder auch nur von ihm ernannten) Mitglieder des ein-

---

85 UAW, MED PA 296/36.
86 UAW, MED PA 1-110.
87 Im Hinblick auf die Stellungnahme von Kauders nach dem Krieg erscheint mir ein Satz seiner Begründung der Befürwortung von Bedeutung. Er weist auf das „ausschließliche Verdienst" von Kryspin-Exner an der „Neugründung des histologischen Laboratoriums der Heilanstalt" hin: „Dieser Hinweis mag genügen, um zu zeigen, wie wichtig es einerseits für die akademische Fortentwicklung des Faches der Psychiatrie ist, wenn Anstaltsärzte sich für die wissenschaftliche Arbeit interessieren und ausbilden. Die Themen, die so ausgearbeitet werden konnten, lassen sich nur an Anstaltsmaterial, nicht allein an klinischem Material lösen. Andererseits zeigt dieser Hinweis, wie wichtig es auch ist, Verdienste wie die des Autors anzuerkennen und ihn der akademischen Tätigkeit einzufügen." Siehe dazu UAW, MED PA 296/36.
88 Für weitere Informationen siehe Eberhard GABRIEL, 100 Jahre Gesundheitsstandort Baumgartner Höhe. Von den Heil- und Pflegeanstalten Am Steinhof zum Otto Wagner-Spital (Wien 2007).

schlägigen Lehrkörpers haben durch mehrere Semester nur zwei Professoren angekündigt und gelesen: Otto Kauders, wie dargestellt, ernannter Lehrstuhlinhaber in Graz, aber ab August 1945 Supplent der Wiener Klinik, und der schon im SS 1945 wieder aktiv gewordene Erwin Stransky, der in Wien in einer „privilegierten Mischehe" überlebt hatte und sich daher unmittelbar zur Verfügung stellen konnte. Während Kauders mit einem dezidiert zeitbezogenen Programm auftrat, hat Stransky – zumindest im Titel seiner Lehrveranstaltung – dort fortgesetzt, wo er 1938 hatte aufhören müssen.[89]

Die Ära Otto Kauders: August 1945–1949
Schon Mitte 1945 wurden zwei Anträge auf Zulassung zur Habilitation eingereicht, die vermutlich aus unterschiedlichen Gründen sehr unterschiedlich behandelt wurden.
– Am 30. Juli 1945 hat der zur Zeit mit der interimistischen Leitung des Physiologischen und des Pharmakologischen Institutes betraute,[90] seiner „Haupttätigkeit" nach aber Erste Assistent der Psychiatrisch-Neurologischen Klinik Wolfgang Holzer (1906–1980) um die „Verleihung der venia legendi für Psychiatrie und Neurologie mit besonderer Berücksichtigung der experimentellen Pathologie (Pathologische Physiologie)" eingereicht. Holzer hatte zunächst in Berlin studiert und 1932 an der Technischen Hochschule als Physiker promoviert. Von Arnold Durig (1872–1961) aufgrund von elektrophysiologischen Arbeiten an das Wiener Physiologische Institut geholt, war er dort bis zu seiner (wie Durigs) politisch begründeter Entlassung nach dem „Anschluss" tätig und hatte gleichzeitig Medizin studiert (Promotion 1938). 1939 hatte ihn Pötzl an der Klinik angestellt, wo er, als einziger Assistent durch den ganzen Krieg nicht zur Wehrmacht eingezogen und nach eigener Aussage nicht Mitglied der NSDAP, sondern im Widerstand, zuletzt Erster Assistent war und eine rege, trotz der widrigen Arbeitsumstände auch wissenschaftliche Tätigkeit entfaltete, nicht zuletzt im Bereich der physikalischen Medizin („Physikalische Medizin in Diagnostik und Therapie", seit 1940 vier Auflagen, mit dem Internisten Kurt Polzer, 1909–1985, über die Elektrokardiographie und die neue Methode der Rheocardiographie) und der neuen Elektrokrampftherapie.[91] Seine Habilitation war während des Krieges aus politischen Gründen mehrfach abgelehnt worden.[92] Er galt 1945/46 offenbar sowohl als Psychiater und Neurologe (Hauptamt, Akzeptierung des Habilitationsantrages) als auch als Physiologe[93] bzw.

---

[89] Seine unsystematischen, aber sehr lebhaften Fallanalysen wurden von einem meiner Interviewpartner (siehe Anmerkung 12) – im Gegensatz zu dem „langweiligen" Kauders und „schon gar" zu Hoff – als „brillant" bezeichnet. Dieser Interviewpartner hat auch erinnert, dass Stransky etwa ein Drittel der „Vorlesungen" (der Hauptvorlesung ?) gehalten habe, vielleicht nach dem Tod von Kauders während der Supplierung durch Reisner.
[90] Seit Ende Mai 1945. UAW, Med.Dek. aus 1945/46, GZ 48.
[91] Als Nr. 73 hat Holzer seinem Habilitationsgesuch – im Sommer 1945! – angeführt: „Zum Euthanasieproblem. Vorschlag zur Gründung einer Forschungsanstalt für aktive Therapie der Nerven- und Geisteskrankheiten, abgeschlossen am 20.7.1944". Es kann dieser Text hier nicht ausführlich behandelt werden. Ich möchte als Psychiater nur anmerken, dass der psychopathologische Aspekt des Autors nicht übersehen werden sollte.
[92] Schreiben Holzers an den Dekan vom 17. Juni 1946. UAW, Med.Dek aus 1945/46, GZ 115.
[93] Vorübergehende Betrauung mit der Leitung des Wiener Physiologischen Institutes und Supplierung des Physiologischen Institutes in Graz im SS 1946, ernährungsphysiologisches Gutachten im Auftrag des Staatsamtes für soziale Verwaltung vom 9. August 1945 über den Bedarf der Stadt Wien an Lebensmitteln. Vgl. Wolfgang HOLZER, Der Bedarf der Stadt Wien an Lebensmitteln im August 1945, in: Wiener Medizinische Wochenschrift 98 (1948), 198–200 und 215–218.

experimenteller Pathologe. Trotzdem zog sich das Habilitationsverfahren vermutlich aus verschiedenen Gründen hin: Der Dekan scheint vorübergehend eine Habilitation in Physiologie favorisiert zu haben und verschanzte sich dabei hinter dem Argument, über keinen psychiatrisch-neurologischen Gutachter zu verfügen, da der Lehrstuhl nach der Enthebung von Pötzl unbesetzt sei – ein Argument, das im als nächstes zu besprechenden Habilitationsverfahren von Karl Nowotny nicht herangezogen wurde und nicht berücksichtigte, dass der Supplent des Wiener Lehrstuhles Kauders ja ernannter Lehrstuhlinhaber in Graz war; Schwierigkeiten scheint auch der Zusatz „mit besonderer Berücksichtigung der experimentellen Pathologie (Pathologische Physiologie)" bereitet zu haben, den Holzer zurückzog. Der Erstgutachter im Verfahren, der Physiologe Carl Schwarz-Wendl (1876–1953), hat in seinem Gutachten vom 8. Jänner 1946 festgehalten:

> „Diese Vielseitigkeit seiner experimentellen Arbeiten würde ihn vor allem geeignet erscheinen lassen, ihm die venia legendi für das Fach der experimentellen Pathologie zu erteilen. – Da dieses Fach jedoch nicht mehr besteht und Herr Dr. Holzer überdies die venia legendi für Neurologie und Psychiatrie anstrebt, […] so bitte ich, dieses Gutachten, bevor es dem Professorenkollegium zur Beschlussfassung vorgelegt wird, dem Herrn Vertreter der Neurologie vorzulegen. – Sollte der Herr Kollege den Antrag stellen, Herrn Dr. Holzer zu den weiteren Habilitationsakten zuzulassen, […] so bin ich nicht nur bereit mich seinem Antrag anzuschließen, sondern ihn auch wärmstens zu unterstützen."[94]

Der „Vertreter der Neurologie", Kauders, hat sein ebenfalls sehr positives Gutachten erst am 22. September 1946 vorgelegt. Das universitäre Habilitationsverfahren wurde am 16. Dezember 1946 positiv abgeschlossen, die ministerielle Bestätigung erfolgte am 23. Jänner 1947 zu einem Zeitpunkt, als Privatdozent (sic) Holzer schon seit 20. September 1946 zuerst mit der Supplierung der Grazer Psychiatrisch-Neurologischen Klinik betraut und mit 18. November 1946 zum Lehrstuhlinhaber (ao. Prof.) ernannt worden war.[95] Dort war diesem offensichtlich hochbegabten Wissenschafter und vermutlich immer schon cyclothymen, überwiegend hyperthymen Menschen keine lange ungestörte Tätigkeit gegönnt. Im Aufbau eines neuen akademischen Lehrkörpers in Wien hat er keine Rolle mehr gespielt, wohl aber in der psychiatrischen Szene als Vortragender, Autor und (zumindest nominell) Mitherausgeber der Wiener Zeitschrift für Nervenheilkunde und deren Grenzgebiete.[96]

– Solche Verzögerungen des Habilitationsverfahrens musste der sicher weniger bedeutende Karl Nowotny (1895–1965) nicht hinnehmen. Vor seiner Entlassung aus „rassischen" Gründen 1938 war er seit 1928 an der Psychiatrisch-Neurologischen Klinik in Wien unter Pötzl und zuletzt Assistent der sogenannten neurologischen „Filialstation" im Allgemeinen Krankenhaus. Zwischen 1938 und 1945 war er in Wien als niedergelassener Nervenarzt und neurologisch-psychiatrischer Konsiliarius unter anderem der Zweiten Medizinischen

---

94 UAW, MED PA 215/27.
95 Ebd.
96 Markantestes Beispiel dafür ist vielleicht die von ihm herausgegebene Schrift „Psychiatrie und Gesellschaft. Gegenwartsfragen der sozialen Medizin" (Wien–Düsseldorf 1952). Im Hinblick auf seine Erkrankung ist bedeutsam, dass sein eigener Hauptbeitrag (1–33) dazu aus dem Jahr 1948 stammt.

Universitätsklinik tätig. Schon seit Mai 1945 war er mit der Leitung des (neurologischen) Maria-Theresien-Schlössls in Wien betraut worden, das vorher unter dem Titel „Nervenheilanstalt Döbling" von Alfred Auersperg geleitet worden war. Zur Habilitation legte er ein verhältnismäßig schmales wissenschaftliches Werk aus der Zeit vor 1938 vor, zu dessen gutachtlicher Beurteilung der als Hauptgutachter gebetene Vorstand eben der erwähnten Zweiten Medizinischen Universitätsklinik Nikolaus Jagic (1875–1956) eine halbe Seite in seinem eineinhalbseitigen Gutachten benötigte. Die erste Seite gab das von Nowotny beigesteuerte Curriculum Vitae wieder. Die vier in der Publikationsliste zuletzt angeführten Beiträge behandelten individualpsychologische Themen. Während des Krieges und der Auflassung des Vereines für Individualpsychologie hat er sich in einem privaten Kreis von Individualpsychologen und Psychoanalytikern in seiner Wohnung ebenso verdient gemacht wie nach dem Krieg beim Wiederaufbau des Vereines für Individualpsychologie. Das Habilitationsverfahren entsprach weder in seinen Anforderungen noch in der Qualität der Begutachtung den Gepflogenheiten davor und danach. Nowotny ist nach seiner Habilitation (Antrag 3. September 1945, ministerielle Bestätigung 6. April 1946) kaum als wissenschaftlicher Autor hervorgetreten.[97] Er hat seit dem WS 1946/47 jeweils eine Vorlesung über „Therapie der Nervenkrankheiten" bzw. „Psychische Heilmethoden unter besonderer Berücksichtigung der Individualpsychologie" angekündigt.[98]

Das Niveau der Habilitationsverfahren der schon im Holzer'schen Verfahren begonnenen Ära von Kauders war ein ganz anderes und hat dem vor 1938 entsprochen. Auffallend ist die lange Dauer des Verfahrens auch bei Viktor Emil Frankl, der schon am 13. November 1945 um die Habilitation eingereicht hatte: „Die in Aussicht genommenen Vorlesungen sollen sich vorwiegend mit Psychotherapie, deren Grundlagen, Grenzfragen und Anwendungsmöglichkeiten, befassen."[99] Nachdem die Zuweisung zur Begutachtung an Kauders erst fast ein Jahr später offenbar nach dessen endgültiger Bestellung zum Lehrstuhlinhaber erfolgt war, legte dieser sein Referat auch wieder erst ein halbes Jahr später und nach einer Urgenz des Dekans vor, dann allerdings in sehr positiver Weise unter verständlicher besonderer Berücksichtigung der als Habilitationsschrift vorgelegten „Ärztliche(n) Seelsorge", der Kauders allein dreieinhalb Seiten gewidmet hat, möglicherweise auch um das ungewöhnliche Thema betont anzuerkennen.[100] Die von Frankl vorgeschlagenen Themen für den Probevortrag – „Zur neurologischen Differentialdiagnose organischer und funktioneller Zustandsbilder", „Die medikamentöse Therapie der Epilepsie", „Ist Psychotherapie lehrbar?", wovon das zuerst genannte gewählt

---

97 In der Wiener Zeitschrift für Nervenheilkunde, dem vorwiegenden fachspezifischen Publikationsorgan der Wiener Psychiater und Neurologen, war er nur an einer kasuistischen Mitteilung beteiligt: Karl NOWOTNY / Herbert KRAUS / Johann ZEITLHOFER, Zur Frage der extrakraniellen Metastasierung von Gliomen, in: Wiener Zeitschrift für Nervenheilkunde und deren Grenzgebiete 4 (1952), 120–133.

98 Wie bei allen anderen Dozenten konnte mit einem vertretbaren Aufwand nicht untersucht werden, inwieweit die angekündigten Vorlesungen auch gehört wurden oder überhaupt zustande gekommen sind. Gelegentliche Angaben dazu stammen aus anderen Quellen und sind anekdotisch.

99 UAW, MED PA 719/88.

100 Viktor Emil FRANKL, Ärztliche Seelsorge (Wien 1946). Dieses Buch war schon vor der Deportation nach Theresienstadt, der weitere nach Auschwitz, Dachau-Kaufering und Dachau-Türkheim folgten, geschrieben, das Manuskript aber in Auschwitz vernichtet worden; Frankl hatte es 1945 rekonstruiert. Zwischen der ersten Publikation 1946 und der Erstattung des Gutachtens hatte es drei (!) Auflagen erlebt.

wurde – nehmen auf die Breite des Habilitationsfaches Psychiatrie und Neurologie Rücksicht. Die ministerielle Bestätigung der Habilitation erfolgte am 7. Juli 1947, sodass Frankl seine Vorlesungstätigkeit im Studienjahr 1947/48 beginnen konnte.[101] Frankl war ein sehr lebhafter Vortragender, wobei ich mich besonders an sein stets verfügbares humanistisches Wissen und seine Formulierungsgabe erinnere. In seinem Antrag auf die Zuerkennung des Titels eines ao. Prof. hat 1954 Hoff hervorgehoben, dass sich seine Vorlesungen „eines regen Zuspruchs"[102] erfreuten. Berner hat erinnert,[103] dass er von der NS-„Euthanasie" in den Vorlesungen von Frankl erfahren hatte. Frankl hat bis zum Studienjahr 1954/55 jedes Semester mehrere Vorlesungen angekündigt, deren Themen zwischen „Neurologische Diagnostik" (zuerst WS 1947/48) und „Das Leib-Seele-Problem und das Problem der Willensfreiheit im Lichte klinischer Forschung" (SS 1949) bzw. „Ontologie des leidenden Menschen" (WS 1949/50) angesiedelt waren. Ab dem SS 1955 hat er sich auf eine Vorlesung über Neurosenlehre und Psychotherapie und in ihrem Rahmen mit Existenzanalyse und Logotherapie beschränkt. Bis zu seinem Lebensende aktiv, hat er einerseits das dritte in Wien entwickelte psychotherapeutische Konzept, eben die Existenzanalyse und Logotherapie entwickelt, dessen Grundlegung in die Vorkriegszeit zurückreicht, und andererseits ein reiches publikatorisches Werk hinterlassen, das in das philosophische Gebiet hineinreicht: 1948 hat er das philosophische Doktorat mit einer Dissertation „Der unbewusste Gott" erworben.[104] Seine Schriften aus den ersten Nachkriegsjahren „Ein Psycholog erlebt das Konzentrationslager" 1946 und die drei Vorträge „… trotzdem ja zum Leben sagen" 1947 haben eine außerordentliche Verbreitung und große volksbildnerische Bedeutung erlangt, darüber hinaus aber auch sehr große internationale Beachtung.[105] Er war vermutlich der international bekannteste Wiener Psychiater seiner Generation, allerdings ohne bedeutende Position in Wien: Er war von 1946 bis 1970 Primarius der kleinen Neurologischen Abteilung der Wiener Städtischen Poliklinik und Universitätsdozent, seit 1954 mit dem Titel eines ao. Prof. Der von ihm 1950 gegründete „Verein für ärztliche Psychotherapie" hatte im Vergleich mit dem traditionsreichen „Verein für Psychiatrie und Neurologie", der in enger Verbindung zur Klinik stand, eine geringe Resonanz. In der österreichischen Gesellschaft hat er zahlreiche und hohe Ehrungen erfahren, am öffentlich sichtbarsten wahrscheinlich die Betrauung mit einer Rede bei der 1988 stattgefundenen offiziellen Feier zum Gedenken des 50. Jahrestages der Besetzung Österreichs durch deutsche Truppen auf dem Wiener Rathausplatz.

Auch der nächste Habilitand war durch die Rassengesetze des „Dritten Reiches" gehindert worden, sich früher zu habilitieren, obwohl ihm das sowohl nach seinem wissenschaftlichen Werk als auch nach seinem Alter angestanden wäre: Erich Menninger-Lerchenthal (1898–

---

101 UAW, MED PA 719/88.
102 Ebd.
103 In dem Interview, das ich mit ihm 2001 geführt habe.
104 Viktor Emil FRANKL, Der unbewußte Gott (Wien 1948).
105 Viktor Emil FRANKL, Ein Psycholog erlebt das Konzentrationslager (= Österreichische Dokumente zur Zeitgeschichte 1, Wien 1946); Viktor Emil FRANKL, … trotzdem ja zum Leben sagen. Drei Vorträge gehalten an der Volkshochschule Wien-Ottakring (Wien 1946). Frankls Schriften sind meist in mehreren Auflagen und Übersetzungen erschienen, über die die umfangreiche Sekundärliteratur Auskunft gibt. Hier werden nur die Erstveröffentlichungen um die Zeit der Habilitation angegeben. Die Library of Congress hat die amerikanische Ausgabe von „…trotzdem ja zum Leben sagen": „Man's Search for Meaning" als „one of the most influential books in America" bezeichnet. Siehe: /http://de.wikipedia.org/wiki/Viktor_Frankl (letzter Zugriff: 20. 02. 2014).

1966), Sohn eines Arztes in Kärnten,[106] hatte 1915 in Salzburg die „Kriegsmatura" abgelegt und nach dem Ersten Weltkrieg 1921 in Graz promoviert und danach bis 1938 in verschiedenen psychiatrischen Einrichtungen gearbeitet, überwiegend in dem privaten Sanatorium für Gemüts- und Geisteskranke von Giulio Bonvicini in Tulln, aber zwischen zwei langen Tätigkeiten dort (1923–1929 und 1932–1938) eine Art Bildungsreise durch verschiedene einschlägige Institutionen mit jeweils halbjährigen Aufenthalten in jeder unternommen (ausdrücklich Neurologische Klinik in Wien, Nervenheilanstalt Rosenhügel, Heil- und Pflegeanstalt Am Steinhof, beide in Wien), aber auch ein halbes Jahr „Theoretische Studien in Fachbibliotheken in Wien" betrieben. Seinem Habilitationsantrag vom 6. März 1946 hat er 50 wissenschaftliche Publikationen beigelegt, darunter die Habilitationsschrift „Animistische Auffassung der Doppelgängerei und verwandter Erscheinungen" aus 1946, die vom Referenten in Zusammenhang mit der Monografie „Das Trugbild der eigenen Gestalt" (1935) gestellt wurde.[107] Auch in diesem Verfahren erstattete Kauders das Referat, um das er im Oktober 1946 gebeten worden war, erst im Juni 1947. Die ministerielle Bestätigung der Habilitation erfolgte im Februar 1948. Menninger-Lerchenthal hat nach den Vorlesungsverzeichnissen zuerst für das WS 1948/49 eine Vorlesung über „Genuss- und Betäubungsmittelsucht" angekündigt, bei der er ab dem WS 1951/52 jeweils im WS geblieben ist, während er im SS „Forensische Psychopathologie" angekündigt hat. Hoff hat ihm in seinem Antrag auf die Ernennung zum tit. ao. Prof. 1959 bestätigt, dass er „bereit [war], dem Gefertigten in seiner Lehrtätigkeit zur Seite zu stehen" und hat seine Beiträge im wissenschaftlichen Vereinsleben hervorgehoben, darüber hinaus auch seine Tätigkeit in der Standesvertretung.[108] Er hat seit 1938 hauptsächlich als niedergelassener Nervenarzt gearbeitet und als einen der wenigen Reflexe der Situation der Gesellschaft dieser Zeit 1947 eine Schrift über „Das Europäische Selbstmord-Problem" publiziert.[109]

Keiner dieser unter Kauders habilitierten überwiegend und zu einem guten Teil vor allem psychiatrisch bzw. psychotherapeutisch qualifizierten Ärzte – außer Holzer, dessen Habilitation aber in Wien nicht mehr wirksam wurde – war ein Mitarbeiter seiner Klinik. Bei allen hat es sich um sozusagen nachgeholte Habilitationen gehandelt, die in den Jahren vor 1945 nicht möglich waren. Das war bei dem deutlich jüngeren Herbert Reisner (1912–1982) anders. Er war nach seiner Promotion 1938 in die Psychiatrisch-Neurologische Klinik unter Pötzl eingetreten, ab 1941 Assistent und war 1943 zur Wehrmacht eingezogen worden. In dieser Zeit war er in einem Hirnverletzten-Lazarett unter Viktor von Weizsäcker (1886–1957) in Breslau tätig. Im August 1945 kehrte er in seine Tätigkeit an der Wiener Klinik zurück, wo er – vermutlich nach dem Abgang Holzers – Erster Assistent wurde. Er war wohl nationalsozialistisch nicht wirklich korrumpiert.[110] Sein wissenschaftliches Werk galt zunächst vor allem den entzünd-

---

106 Den er in einer kleinen Schrift Erich MENNINGER-LERCHENTHAL, Forschergeist. Eine seelenkundliche Betrachtung (Wien 1964), warmherzig erinnerte: „Meinen Vater, praktischer Arzt in einem Alpental, weit entfernt von den wissenschaftlichen Zentren, sah ich immer lesen und lesen."
107 Erich MENNINGER-LERCHENTHAL, Animistische Auffassung der Doppelgängerei und verwandter Erscheinungen (Bern 1946); Erich MENNINGER-LERCHENTHAL, Das Trugbild der eigenen Gestalt (Berlin 1935).
108 UAW, MED PA 351/43.
109 Erich MENNINGER-LERCHENTHAL, Das Europäische Selbstmordproblem (Wien 1947).
110 HUBENSTORF, Wissenschaft, wie Anm. 5, 414, benennt ihn als Parteianwärter seit 1938. Arnold hat ihn in dem erwähnten Interview 2002 als Gegner des Regimes bezeichnet, Hermann Lenz (1912–2004) meinte bei gleicher Gelegenheit 2003: „Ich kann mich noch gut erinnern, wie der Reisner gesagt hat zu mir: ‚Weißt, ich bin jetzt beim NS-Motorradklub, damit ich auch bei einem NS-Klub bin.'[…] Aber bitte, sie haben das in witziger Form gebracht – ich habe genau gewusst: ‚Das bist du nicht.' […] Ich hab wahrscheinlich auch gelacht dazu." 1948 erfolgte die „Befreiung von den Sühnefolgen". UAW, MED PA 442/52.

lichen Erkrankungen des Nervensystems; dem entsprach auch seine Habilitationsschrift „Die akute Polyneuritis und Polyradiculitis", die 1949 – noch mit einem Geleitwort von Kauders – als erster Band der von diesem begründeten Wiener Beiträge zur Neurologie und Psychiatrie erschien. Diesem Thema traten die forensische Psychiatrie und die Gefäßerkrankungen des Gehirnes zur Seite. Entsprechend kündigte er in seinem ersten Semester, dem WS 1949/50, als eigene Vorlesungen eine über „Forensische Psychiatrie" und eine über „Diagnostik und Therapie neurologischer Erkrankungen" an; in diesem Semester hatte er aber als Supplent der Klinik nach dem Tod von Kauders auch die noch unter N. N. angekündigten Vorlesungen zu halten, dem Programm der WS entsprechend die psychiatrische Hauptvorlesung, das dazugehörige Praktikum (wohl gemeinsam mit Assistenten) und die von Kauders eingeführte „Einführung in die medizinische Psychologie". Im SS 1950 las er dann unter seinem Namen „Klinik der Nervenkrankheiten", das dazu gehörige neurologische Praktikum und die „Einführung in die medizinische Psychologie", diese beiden gemeinsam mit Assistenten. Die unter dem Namen von Reisner angekündigten Vorlesungen des Klinikvorstandes im WS 1950/51 hat dann wohl schon Hoff gehalten und Reisner – bis zu seiner Berufung nach Graz 1968 – jeweils die der Vorkriegstradition der Klinik entsprechende, zum Thema der Hauptvorlesung komplementäre Vorlesung über „Klinische Psychiatrie" im SS und „Klinische Neurologie" im WS, dazu ab dem WS 1952/53 eine Vorlesung über forensische Psychiatrie. Diesem Thema entsprach auch die Monografie über „Das psychiatrische Fakultätsgutachten", die 1958 zum tit. ao. Prof. führte. Reisner war seit 1951 Primarius der Ersten Neurologischen Abteilung und Direktor der Nervenheilanstalt Rosenhügel, später Neurologisches Krankenhaus Rosenhügel, wo er ein Schlaganfallzentrum errichtete – dieser Schwerpunkt blieb auch unter seinen Nachfolgern bestehen.[111] 1968 wurde er nach langem Interregnum nach dem Tod von Hans Bertha schon 1964 als Vorstand der Psychiatrisch-Neurologischen Klinik nach Graz berufen, wo er mit seiner Antrittsvorlesung über das Anton'sche Syndrom nicht nur einem seiner Vorgänger eine Reverenz erwies, sondern auch ein programmatisches Bekenntnis zur engen Beziehung von Neurologie und Psychiatrie und damit zur Zusammengehörigkeit in einem Fach abgab. Damit konnte er sich kurz darauf bei der Regelung der Nachfolge in Wien nach dem Tod von Hoff 1969 nicht mehr durchsetzen und wurde 1971 zum ersten Vorstand der durch die Klinikteilung entstandenen Neurologischen Universitätsklinik und Professor für Neurologie ernannt, was er bis zu seinem Tod geblieben ist.

Die Ära Hans Hoff: 1950–1969
Auf Reisners Habilitation folgte unter dem seit 1950 amtierenden Chef der Wiener Klinik und des Neurologischen Institutes Hans Hoff eine jahrelange Pause, ehe sich seit Mitte der 1950er Jahre dann einige der 1945 an einer unmittelbaren Fortsetzung ihrer wissenschaftlichen Karriere aus politischen Gründen Gehinderten habilitieren oder wiederhabilitieren konnten beziehungsweise Leute, die erst nach 1945 die Szene betreten hatten, so weit waren. Wenn das Fach – und damit auch das Habilitationsfach – auch weiter Psychiatrie und Neurologie umfasste, so war bei allen diesen Habilitanden der Schwerpunkt viel eindeutiger als bei manchen ihrer Vorgänger. Sie waren fast alle und blieben lange Mitarbeiter der von Hoff geleiteten Institutionen, vor allem der Klinik. Die ersten waren 1954 Walther Birkmayer (1910–1996) und Franz

---

111 Gernot SCHNABERTH / Ruth KOBLIZEK, 100 Jahre Neurologisches Zentrum Rosenhügel (Wien 2012).

Seitelberger (1916–2007, für Neurologie, Neuroanatomie und Neuropathologie), gefolgt von Ottokar Arnold und Wilhelm Solms-Rödelheim im Jahr 1955. Am Ende von Hoffs Ära weist das Vorlesungsverzeichnis des WS 1969/70 neben dem inzwischen zum Ordinarius und Vorstand des Neurologischen Institutes aufgestiegenen Franz Seitelberger 23 Dozenten, davon neun mit dem Titel eines außerordentlichen Professors aus. Mit einer Ausnahme haben alle anderen diesen Titel später auch erhalten. Elf sind eindeutig nicht nur hinsichtlich ihres Vorlesungsthemas, sondern auch hinsichtlich ihrer weiteren Karrieren als Psychiater zu erkennen, fünf davon haben – zum Teil infolge der Klinikteilung in Wien in den 1970er Jahren – bald Ordinariate in selbständigen Organisationsstrukturen erreicht. Von den elf Neurologen trifft das auf drei zu. Einer dieser Neurologen gelangte durch eine Umhabilitierung aus einer anderen österreichischen Fakultät in den Wiener Lehrkörper. Drei der Neurologen waren dem Neurologischen Institut zuzuordnen. Bis auf einen inzwischen an einem anderem Ort in Österreich in einer leitenden Stellung Tätigen haben alle für dieses Semester angekündigt.[112] Also eine zumindest quantitativ ansehnliche Bilanz mit einer inhaltlichen Vielfalt und mit Karrierepotentialen, die ermöglichten, die in den folgenden Jahren zu besetzenden, zum Teil neuen universitären Positionen nicht nur in Wien sondern auch in Graz (1968) und Innsbruck (um die Mitte der 1970er Jahre) und nicht-universitäre Leitungspositionen vor allem in Wien, aber auch in Salzburg und Linz (an diesen beiden Orten in der Psychiatrie) erfolgreich zu bedienen.[113]

Im Detail wird hier auf Seitelberger – und damit die Loslösung des Neurologischen Institutes von Hoff – und die psychiatrischen Habilitationen eingegangen, die neurologischen Habilitationen werden nur kürzer angesprochen. Franz Seitelberger (1916–2007) hatte in Wien sowohl die Schulen (Matura 1935) besucht als auch das Medizinstudium absolviert (Promotion 1940). Er war Mitglied einer SS-Sportgemeinschaft und seit 1940 Mitglied der NSDAP. Zur Wehrmacht eingezogen, wurde er nach einer Verwundung 1943 in einem neurologischen Sonderlazarett eingesetzt, das nach dem Ende des „Dritten Reiches" weiterbestand und in dem er bis zur Mitte 1947 als Abteilungsarzt arbeitete. Ab diesem Zeitpunkt war er in der Wiener Nervenheilanstalt Rosenhügel (so damals noch der Titel des späteren Neurologischen Krankenhauses Rosenhügel) und vorübergehend im Zuge der Facharztausbildung auch in der Heil- und Pflegeanstalt Am Steinhof tätig. Von dort holte ihn Hoff bei der Übernahme des Neurologischen Institutes als wissenschaftliche Hilfskraft an dieses; in dieser Position musste er auch nach seiner Habilitation bleiben, weil es keine Assistentenstelle (wie vor 1938) gegeben hat. Von Dezember 1952 bis Mai 1953 arbeitete er am Max-Planck-Institut für Hirnforschung in Gießen bei Hugo Spatz (1888–1969) und Julius Hallervorden (1882–1965). Seinen Antrag auf Habilitation für Neurologie, Neuroanatomie und Neuropathologie begründete er mit 32 Publikationen, deren letzte über „Die Pelizaeus-Merzbachersche Krankheit" als Habilitationsschrift

---

112 Auch für diesen Zeitpunkt gilt, dass die Inskriptionen dieser Lehrveranstaltungen nicht ohne einen zeitlichen Aufwand, den ich nicht leisten konnte, feststellbar sind.

113 Ein Beleg dafür ist der Besetzungsvorschlag für den nach der Klinikteilung neuen Lehrstuhl für Neurologie bzw. die Direktion der Neurologischen Klinik. Neun auswärtige Neurologen aus Deutschland und der Schweiz wurden angefragt. „Keiner der genannten und nicht schon primär ablehnenden Persönlichkeiten ist so überragend, dass er unbedingt in den Vorschlag aufgenommen werden müsste, umso mehr, als Österreich selbst über zahlreiche mindestens gleich gute Neurologen verfügt." In erster Linie Reisner, zur Zeit Vorstand der Grazer Klinik, dann Birkmayer, Gerstenbrand, Harrer, Tschabitscher und Weingarten – bis auf Gerhart Harrer alle in Wien habilitiert und mit Ausnahme von Birkmayer aus der von Hoff geleiteten Klinik hervorgegangen. Der Vorschlag lautete dann auf Reisner, Gerstenbrand und Weingarten. UAW, im Personalakt Herbert Reisner, MED PA 442/52.

vorgelegt wurde.[114] Die Gutachter – Hoff als Hauptgutachter, der Anatom Heinrich Hayek (1900–1969) als Zweitgutachter, der dem Erstgutachten durch seine Unterschrift beitrat – bezeichneten 27 davon als originelle Beiträge und stützten sich auch auf sehr positive Stellungnahmen zu Seitelberger von Spatz und Hallervorden. Neben der wissenschaftlichen Leistung wurde das Verdienst von Seitelberger beim Wiederaufbau des Institutes hervorgehoben. Die Abstützung der eigenen Beurteilung wiederholte sich bei dem von Hoff schon 1957 eingebrachten Antrag auf die Ernennung zum tit. ao. Prof. für den nun nicht-ständigen Hochschulassistenten durch das Zitat von nicht weniger als 15 Stellungnahmen von internationalen Neurowissenschaftlern aus verschiedenen europäischen Ländern und den USA. Seitelberger hatte inzwischen 26 weitere Arbeiten publiziert. Hervorgehoben wurde auch jetzt die organisatorische Effizienz durch die Einführung der Histochemie in das Methodenspektrum des Institutes. 1959 wurde Seitelberger schließlich als Nachfolger von Hoff Vorstand des Institutes. Er hat danach eine bedeutende wissenschaftliche – 1964 korrespondierendes, 1970 ordentliches Mitglied der Österreichischen Akademie der Wissenschaften und mehrerer auswärtiger wissenschaftlicher Gesellschaften – und universitäre – 1974/75 Dekan, 1975/77 Rektor – Karriere in Österreich gemacht und international fortgesetzt, auch noch nach seiner Emeritierung 1987. In der psychiatrischen Hauptvorlesung hat er zumindest in den letzten Semestern von Hoff die Vorlesung über die hirnpathologischen Grundlagen gehalten. So erfolgreich er persönlich und in der Entwicklung des Neurologischen Institutes zu einem interdisziplinären Hirnforschungsinstitut war, so nicht erfolgreich war er in seiner Bemühung, das Institut und die neurologischen Teile der Klinik nach der Emeritierung von Hoff zusammenzuführen.[115]

Die neurologischen Habilitationen unter Hoff und ab 1959 Seitelberger

Im gleichen Jahr 1954 hat sich Walther Birkmayer (1910–1996) für Neurologie und Psychiatrie habilitiert, wobei im Gutachten von Hoff (dem der Internist Ernst Lauda als Zweitgutachter beitrat) festgehalten wird, dass nur wenige psychiatrische Arbeiten vorgelegt wurden. Birkmayer war in Wien geboren und aufgewachsen und hatte dort seine Schulausbildung und sein Medizinstudium absolviert (Promotion 1936); 1937–1945 war er an der Psychiatrisch-Neurologische Universitätsklinik unter Pötzl tätig und engagierte sich stark nationalsozialistisch; 1932 trat er der NSDAP bei, 1936 der SS, 1938 wurde er Hauptstellenleiter des rassenpolitischen Amtes der NSDAP Wien und 1939 aus der SS entlassen, nachdem sich herausgestellt hatte, dass er einen jüdischen Großvater hatte; daraufhin meldete er sich zur Wehrmacht, in der er ab 1942 ein Hirnverletzten-Lazarett in Wien leitete. Auf den Erfahrungen dort beruht das als Habilitationsschrift vorgelegte Buch „Hirnverletzungen" aus dem Jahr 1951. 1945 wurde er als Assistent der Klinik entlassen und arbeitete als niedergelassener Nervenarzt und Konsiliarneurologe mehrerer Wiener Spitäler und eröffnete sich ein weiteres wissenschaftliches Ar-

---

114 Franz SEITELBERGER, Die PELIZAEUS-MERZBACHERsche Krankheit, in: Wiener Zeitschrift für Nervenheilkunde und deren Grenzgebiete 11 (1954), 228–289.
115 Im Nachlass von Hoff (MUW, MUW-AS-6005-33) liegt ein von Seitelberger verfasstes Memorandum „Strukturfragen der Neurologie" vom Juni 1969, in dem er seine Vorstellungen über die künftige Beziehung von Neurologischer Klinik (nach der zwingend notwendigen und von der Fakultät beschlossenen Trennung der beiden traditionellen Klinikteile) und Neurologischem Institut darlegt und begründet.

beitsfeld in der Erforschung vegetativer Funktionsstörungen (die ja ohne Zweifel auch in einer Beziehung zur Psychiatrie stehen und damals ein wichtiges Thema waren[116]). Das Gutachten bezeichnet 35 der eingereichten Arbeiten als sehr gut, zehn aber als „kritiklos und schlecht" und spricht sich „nach reiflicher Überlegung des pro und contra" für die Erteilung der Venia Legendi aus. 1963 erhielt Birkmayer den Titel eines außerordentlichen Professors. Seine wichtigen Arbeiten zur Behandlung des Parkinsonsyndroms auf der Grundlage der biochemischen Aufklärung dieser Störung entstanden nach seiner Habilitation. Ab 1954 bis zu seiner altersgemäßen Pensionierung 1975 war er Primarius der traditionsreichen Neurologischen Abteilung des Versorgungsheimes in Lainz, in dem er 1970 ein Ludwig Boltzmann-Institut für klinische Neurochemie einrichten konnte. Den Probevortrag im Habilitationsverfahren hielt er über „Das kritische Detail in der ärztlichen Diagnose". Er hat dann ab dem WS 1954/55 vor allem über „Neurologische Differentialdiagnostik", aber auch über „Krankheiten des vegetativen Systems" angekündigt.

Die erste neurologische Habilitation aus der Psychiatrisch-Neurologischen Universitätsklinik nach der Berufung von Hoff erfolgte 1957: Klara Weingarten (1909–1973), geb. Kuttner, verh. 1938, in Budapest geboren und aufgewachsen, hatte in Wien Medizin studiert (Promotion 1933) und nach zwei Jahren internistischer Ausbildung in der Nervenheilanstalt Rosenhügel gearbeitet und dort auch wissenschaftlich zu publizieren begonnen. 1938 zur Emigration nach Montevideo/Uruguay gezwungen, hat sie dort an der Psychiatrischen Universitätsklinik gearbeitet, ehe sie 1947 nach Wien zurückkehrte und – parallel zu einer Anstellung bei der Wiener Gebietskrankenkasse und ab 1955 Konsiliarprimaria in dem von dieser Krankenkasse betriebenen Hanusch-Krankenhaus – als unbezahlte (!) Assistentin der Klinik arbeitete. Als Habilitationsschrift legte sie eine Monografie über „Die myoklonischen Syndrome"[117] vor. Hoff attestierte ihr in seinem Gutachten (dem der Chirurg Leopold Schönbauer, Vorstand der Ersten Chirurgischen Klinik, an der damals auch die Neurochirurgie betrieben wurde und wo sie als Konsiliaria tätig war, mit einer kurzen Ergänzung beitrat), dass sie „zu den besten neurologischen Klinikern gehört, die ich überhaupt kennengelernt habe […] umso bemerkenswerter, da hier wie auf anderen Gebieten, die Laboratoriumsbefunde die klinische Beobachtung zu überfluten drohen".[118] Sie erhielt 1964 den Titel einer außerordentlichen Professorin. Sie hat zunächst über „Neuroophthalmologie" und später über „Klinische Neurologie" angekündigt.

1959 habilitierte sich wieder aus der Klinik Helmut Tschabitscher (1921–1984)[119] für Neurologie und Psychiatrie. In Wien geboren, hatte er noch im April 1945 an der Deutschen Universität in Prag promoviert und seine weitere Ausbildung nach der Rückkehr nach Wien in der Nervenheilanstalt Rosenhügel noch unter Stransky begonnen. Von dort nahm ihn Hoff 1950 an die Psychiatrisch-Neurologische Klinik mit, an der er bis zu seiner Berufung zum Nachfolger von Reisner im nun Neurologisches Krankenhaus genannten Rosenhügel 1969 blieb. 1967 wurde er zum tit. ao. Prof. ernannt. Seine wissenschaftlichen Hauptarbeitsgebiete waren die

---

116 Vgl. dazu KAUDERS, Nervensystem, wie Anm. 28; Walter BIRKMAYER / Walter WINKLER, Klinik und Therapie der vegetativen Funktionsstörungen (Wien 1951).
117 Klara WEINGARTEN, Die myoklonischen Syndrome (= Wiener Beiträge zur Neurologie und Psychiatrie 5, Wien u. a. 1957).
118 UAW, MED PA 557/65.
119 Für diesen und die weiteren Neurologen wurde neben den nur zum Teil dicht informativen Personalakten im Universitätsarchiv und den Vorlesungsverzeichnissen TRAGL, Chronik, wie Anm. 25, herangezogen.

cerebralen Durchblutungsstörungen (1970 Errichtung eines Ludwig Boltzmann-Institutes für Hirnkreislaufforschung) und Multiple Sklerose. Er hat zunächst über „Klinische Untersuchungsmethoden in der Neurologie" und „Neurologische Differentialdiagnostik am Krankenbett" angekündigt, ehe er bei „Ausgewählte(n) Kapitel(n) der klinischen Neurologie" landete.

1960 habilitierte sich der EEGist Kurt Pateisky (1917 in Teschen, jetzt Cesky Tesin–1994). Auch er wurde 1943 in Prag promoviert und war noch unter Kauders in die Wiener Klinik eingetreten und hatte früh den Auftrag erhalten, die Elektroenzephalographie (EEG)-Station aufzubauen, deren Aufgaben später um die Myographie erweitert wurden. Nach seiner Habilitation für Neurologie und Psychiatrie wurde er schließlich als Leiter der Abteilung für Elektro-Neuro-Diagnostik der seit 1971 von der Psychiatrischen getrennt geführten Neurologischen Klinik ao. Prof. Nach Reisners Tod 1982 supplierte er die Klinik, wurde aber mit Ende dieses Jahres altersbedingt pensioniert.

1961 lief das insgesamt dritte Habilitationsverfahren für Ernst Pichler ab: Er hatte sich 1939 als Assistent der Wiener Klinik ein erstes Mal habilitiert; da diese Habilitation 1945 nichtig geworden war, habilitierte er sich 1952 in Graz, woher er stammte und wohin er nach der Kriegsgefangenschaft zurückgekehrt war, neuerlich und hatte 1957 den Titel eines ao. Prof. erhalten. Im Zusammenhang mit seiner Übersiedlung nach Wien als Leiter des Neurologischen Krankenhauses Maria-Theresien-Schlössl musste aus offenbar bürokratischen Gründen ein neuerliches Verfahren in Wien erfolgen, in dem Hoff und der Pharmakologe Franz Brücke (1908–1970) das Gutachten erstellten, Brücke im Hinblick auf die pharmakotherapeutischen Arbeiten und Vorhaben (Vorlesung über „Behandlung mit Psychopharmaka"). Für die Gesichtspunkte und den Stil der Hoff'schen Gutachten sei die Zusammenfassung als Beispiel zitiert: „[…] vielseitiger, ideenreicher Forscher […] besonders auf dem Gebiete der Neurologie und Pharmakoneurologie [sic]. […] Seine psychiatrischen Arbeiten sind weniger an Zahl und schwächer", die Vorlesungen in Graz „recht gut", „kein aufregender Vortragender, aber ein solider, gewissenhafter Könner".[120] Angekündigt hat Pichler zunächst eine Vorlesung über „Otoneurologie", später „Ausgewählte Kapitel der Neurologie" an seiner Arbeitsstelle im Maria-Theresien-Schlössl.

Helmuth Petsche (1923)[121] ist nach Seitelberger der zweite dem Neurologischen Institut zuzuordnende Habilitand gewesen. 1948 in Innsbruck promoviert, hatte er bis zu einem Forschungsaufenthalt in den USA 1960 an der Psychiatrisch-Neurologischen Klinik in Wien vor allem elektrophysiologisch gearbeitet und war nach dem Amerikaaufenthalt 1961 in das Neurologische Institut als Leiter der Abteilung für experimentelle Neurologie und EEG übersiedelt; im gleichen Jahr habilitierte er sich für Neurologie, Neuroanatomie und Neurophysiologie. Das Gutachten erstellte Seitelberger, Hoff trat ihm bei. 1969 wurde er auch Abteilungsleiter am Hirnforschungsinstitut der Österreichischen Akademie der Wissenschaften, deren ordentliches Mitglied er später wurde. 1973 verselbständigte sich seine Abteilung am Neurologischen Institut zum Institut für Neurophysiologie, dessen Leiter, ab 1975 als ordentlicher Professor, er bis zu seiner Emeritierung 1993 blieb. 1978 bis 1990 war er wissenschaftlicher Leiter der Herbert von Karajan-Stiftung der Gesellschaft der Musikfreunde in Wien.

---

120 UAW, MED PA 401/47.
121 Ich folge hier http://cbr.meduniwien.ac.at (letzter Zugriff am 9. 12. 2014).

Karl Gloning (1924–1979 gestorben auf dem niederösterreichischen Schneeberg in einem winterlichen Unwetter) hingegen, wiewohl seit 1967 als Leiter der Abteilung für Neuro-Psycholinguistik am Neurologischen Institut, hatte sich 1965 an der Klinik für Neurologie und Psychiatrie für Neurologie und Psychiatrie habilitiert, an der er – nach der Promotion in Wien 1950 und dem Beginn seiner fachärztlichen Ausbildung an der damaligen Nervenheilanstalt Rosenhügel – seit 1951 tätig war. Erstgutachter war Hoff, Seitelberger trat ihm bei. 1971 wurde er zum tit. ao. Prof., 1974 zum ao. Prof. ernannt. Er verunglückte beim Schifahren während eines Unwettereinbruchs.

Dem Neurologischen Institut ist als Habilitand auch Kurt Jellinger (*1931) 1967 zuzuordnen.[122] Geboren in Wien, absolvierte er alle seine Studien bis zur Promotion sub auspiciis praesidentis 1956 in dieser Stadt und arbeitete danach an der Psychiatrisch-Neurologischen Klinik und zur neuropathologischen Ausbildung am Neurologischen Institut, in das er nach seiner Facharztausbildung (Neurologie und Psychiatrie) übersiedelt ist. Dort erfolgte 1967 die Habilitation für Neurologie, Neuropathologie und Neuroanatomie. Gutachter waren Seitelberger und Hoff. 1973 wurde er Leiter der Abteilung für Neuropathologie und ao. Prof. Diese Position verließ er 1976, um Vorstand der (damals eingerichteten) Neurologischen Abteilung des Krankenhauses der Stadt Wien Lainz zu werden und 1977 (in der Nachfolge von Birkmayer) das Ludwig Boltzmann-Institut für Klinische Neurobiologie dort zu übernehmen.

Ebenso dem Neurologischen Institut zuzuordnen ist Gustav Lassmann (1914–2002). 1967 habilitierte er für Neurohistologie – Erstgutachter war Seitelberger, der Histologe Alfred Pischinger (1899–1983) und der Pathologe Hermann Chiari traten ihm bei. 1977 wurde er zum tit. ao. Prof. ernannt, der ab dem WS 1967/68 „Pathologische Histologie des peripheren Nervensystems" ankündigte. Soweit bisher bekannt, stand er in keiner Beziehung zur Klinik. 1914 in Franzensbad (Frantiskovy Lazne, CZ) geboren, hatte er seine Schulbildung in Niederösterreich 1932 abgeschlossen und in Wien Medizin studiert (Promotion 1938). Unmittelbar danach wurde er zur Wehrmacht eingezogen, konnte daher seine breite postuniversitäre Weiterbildung zum FA für Innere Medizin (1953) erst nach dem Krieg absolvieren. Er war Mitarbeiter der Pathologin Carmen Coronini-Kronberg (1885–1968) und auch neben seiner Tätigkeit als niedergelassener Internist in verschiedenen Institutionen seit 1948/49 tätig (Prosektur des Kaiserin Elisabeth-Spitals und dann als „Gast" der experimentell pathologisch-histologischen Abteilung des Instituts für Hygiene seit 1952 und als „externer Mitarbeiter" des Neurologischen Institutes seit 1960).

Ein Kliniker hingegen war wiederum Franz Gerstenbrand (1924 in Mähren). Nach dem Schulbesuch in seiner Heimatregion war er zur Wehrmacht eingezogen worden und studierte nach dem Krieg in Wien (Promotion 1950). Danach arbeitete er an der Psychiatrisch-Neurologischen Klinik und widmete sich vor allem der neurologischen Traumatologie und Kinderneurologie; Aufbau einer Apalliker-Station. Über das traumatische apallische Syndrom habilitierte er sich 1967 und kündigte im Vorlesungsverzeichnis zuerst für das SS 1968 „Neurologie des Säuglings und Kleinkindes" und „Unfallneurologie", später „Entwicklungsneurologie" und „Neurotraumatologie" an. 1973 wurde er tit. ao. Prof. und – nach einem kurzen Intermezzo als

---

122 Hans LASSMANN u. a., In Honor of the 80th Birthday of Kurt Jellinger. A Living Legend in Neuropathology, in: Acta Neuropathologica 121 (2011), 565–568.

Vorstand der Zweiten Abteilung im Neurologischen Krankenhaus Rosenhügel – 1975 o. Prof. für Neurologie und Vorstand der Neurologischen Klinik in Innsbruck und blieb das bis zu seiner Emeritierung.

Schließlich hat sich in der Amtszeit von Hoff noch 1968 Erwin Neumayer (1920–1975) für Neurologie mit einer Habilitationsschrift über „Die vaskuläre Myelopathie"[123] habilitiert, der zu diesem Zeitpunkt Oberarzt von Birkmayer in der Neurologischen Abteilung des Pflegeheimes der Stadt Wien-Lainz war. Gutachter waren Seitelberger und Hoff. Die von der Fakultät beschlossene Ernennung zum tit. ao. Prof. konnte er durch seinen plötzlichen Herztod ebenso wenig erleben wie den Antritt der Vorstandschaft der Zweiten Neurologischen Abteilung des Neurologischen Krankenhauses Rosenhügel. Seiner Position im Pflegeheim Lainz entsprechend hat er zuerst im WS 1968/69 eine Vorlesung über „Therapie chronischer Nervenkrankheiten" angekündigt.

Im SS 1969 hat Ernst M. Klausberger (1927), der die Neuroradiologie der Klinik leitete, nach seiner Habilitation zum ersten Mal die Vorlesung „Einführung in die Neuro-Radiologie" angekündigt. Erstgutachter war der Radiologe Ludwig B. Psenner (1909–1986), dem Hoff beitrat. Er hatte 1935 in Wien maturiert, danach Medizin studiert und 1940 promoviert. Nachdem er 1940 bis 1945 zur Wehrmacht eingezogen war, trat er 1945 in die damalige Nervenheilanstalt Rosenhügel ein und baute dort schon die Neuroradiologie auf. 1949 war er Facharzt für Neurologie und Psychiatrie und ab 1950 Leiter der Neuroradiologischen Abteilung an der Psychiatrisch-Neurologischen Klinik. Er habilitierte sich mit der Monografie „Die Darstellung von Hirndurchblutungsstörungen durch die cerebrale Angiokinematografie".[124]

Keiner dieser in der Amtszeit von Hoff habilitierten „Neurologen" hat sich je am psychiatrischen Unterricht beteiligt, auch dann, wenn wie bei allen Klinikern das Habilitationsfach die Psychiatrie mitumfasste, und manche als Ärzte oder Gutachter durchaus Psychiatrie praktizierten. Insofern haben die akademischen Lehrer die Fächertrennung schon lange vor der Teilung der universitären Institutionen und auch des Facharzt-Bereiches vollzogen. Gleiches gilt umgekehrt für die nun zu besprechenden „Psychiater".

Die psychiatrischen Habilitationen unter Hoff

Die etwa gleich lange und ziemlich parallel verlaufende Reihe der „Psychiater" beginnt 1955 mit den Habilitationen von Ottokar H. Arnold und Wilhelm Solms-Rödelheim. Ottokar H. Arnold (1917–2008), Matura 1935, Medizinstudium in Wien, Promotion 1942, seit August 1939 bei der Wehrmacht, konnte er 1940/41 als Mitglied einer Studentenkompanie an der Wiener Psychiatrisch-Neurologischen Klinik unter Pötzl, vor allem an deren psychiatrischer Männerabteilung unter dem abteilungsführenden Assistenten Reisner hospitieren.[125] In diese Zeit reicht – unter dem Eindruck der Psychopathologie von Josef Berze und Carl Schneider (1891–1946) – sein Interesse an der Psychopathologie der Schizophrenen zurück. Nach dem Krieg arbeitete Arnold 1945–1948 in der Heil- und Pflegeanstalt Am Steinhof unter Wichard

---

123 Erwin Neumayer, Die vasculäre Myelopathie (Wien u. a. 1967).
124 Ernst M. Klausberger, Die Darstellung von Hirndurchblutungsstörungen durch die cerebrale Angiokinetografie (Wien 1965).
125 Interview am 19. Dezember 2002.

Kryspin-Exner, setzte seine psychopathologischen Schizophreniestudien fort und beschäftigte sich mit der Elektrokrampfbehandlung, besonders der sogenannten Schockblockbehandlung der akuten tödlichen Katatonie. Dies führte zu seiner Anstellung als Assistent an der Klinik durch Kauders. Um 1951 datierte er selber die Verlagerung seines Interessensschwerpunktes auf „Neuropsychiatrie, Biochemie und Biopharmakologie". Habilitiert hat er sich aber 1954/55 mit der Monografie „Schizophrener Prozess und schizophrene Symptomgesetze"[126], den Probevortrag hielt er über „Die Bedeutung der anthropologischen Tiefenpsychologie für die Psychiatrie".[127] Das Gutachten von Hoff – mitgetragen von dem Physiologen Gustav Schubert (1897–1976) – wirft nicht nur ein Licht darauf, wie Hoff ihn damals gesehen hat, sondern auch wie er seine Klinik gesehen hat:

> „Als Psychiater ist Dr. Arnold gewiss ein eigenwilliger Forscher mit eigenen Ideen, wobei er sich aber dem Konzept der Wiener psychiatrischen Schule mehr einfügt, als er selbst glaubt […]. Manchmal hat man vielleicht das Gefühl, dass er zu sehr im Hypothetischen steckt; immer wieder aber trachtet er, gewonnene Erkenntnisse in therapeutische Tatsachen umzusetzen, und wenn ich heute sagen muss, dass meine Therapiestation wahrscheinlich eine der führenden der Welt ist, so ist das zum großen Teil das Verdienst Dr. Arnolds."[128]

1961 wurde er tit. ao. Prof., 1979 tit. o. Prof. Arnold hat die in seinem Habilitationsansuchen als in Aussicht genommen bezeichneten Vorlesungen über „Allgemeine Psychopathologie" (I und II, jeweils zweistündig) und „Einführung in die anthropologische Tiefenpsychologie" (einstündig) mit gutem Besuch bis zum Ende seiner Vorlesungstätigkeit gehalten, ebenso seit dem Studienjahr 1961/62 eine zweisemestrige, jeweils zweistündige Vorlesung über „Pharmakopsychiatrie" (wohl als Vorläufer dafür im WS 1958/59 eine einstündige Vorlesung über „Körperliche Grundlagen geistiger Erkrankungen"). Seit dem Abgang von Wilhelm Solms-Rödelheim von der Klinik Ende der 1950er Jahre war er Erster Assistent der Klinik und hat diese auch nach dem Tod von Hoff im Sommer 1969 bis zum Beginn des WS 1969/70 und der vor dem Sommer in der Fakultät beschlossenen Supplierung durch Peter Berner interimistisch geleitet. Sein früher internationaler Rang in der Pharmakopsychiatrie führte beim Zweiten Weltkongress für Psychiatrie 1957 in Zürich zu seiner Einladung als Gründungsmitglied des Collegium Internationale Neuropsychopharmacologicum. Eine gewisse Zwiespältigkeit seiner Position in der Klinik geht daraus hervor, dass er zwar Erster Assistent und damit Vertreter des Klinikvorstandes, nicht aber Ersatzprüfer war (was bis zur Berufung von Reisner nach Graz dieser und der Vorgänger von Arnold als Erster Assistent Solms-Rödelheim trotz seines Abganges aus der Klinik geblieben sind).

Dieser Wilhelm Solms-Rödelheim (1914 Strassburg–1996) hatte das Gymnasium in Frankfurt am Main absolviert und dort auch das Medizinstudium begonnen, 1938 das Staatsexamen in Heidelberg abgelegt und war dort in die von Viktor von Weizsäcker geleitete Nervenabteilung der Medizinischen Klinik eingetreten. Ende 1939 zur Wehrmacht einberufen, wurde er

---

126 Ottokar H. ARNOLD, Schizophrener Prozess und schizophrene Symptomgesetze (= Wiener Beiträge zur Neurologie und Psychiatrie 4, Wien–Bonn 1955).
127 Ottokar H. ARNOLD, Die Bedeutung der anthropologischen Tiefenpsychologie für die Psychiatrie, in: Wiener Archiv für Psychologie, Psychiatrie und Neurologie 5 (1955), 65–73.
128 UAW, MED PA 15/3.

nach Verwundungen an das Sonderlazarett für Hirnverletzte unter der Leitung des Chirurgen Leopold Schönbauer in Wien kommandiert. Hier promovierte er 1943. Schon im Mai 1945 trat er in die noch von Pötzl geleitete Psychiatrisch-Neurologische Klinik ein, in der er auch unter Kauders und Hoff blieb, unter diesem ab 1951 nach dem Abgang von Reisner als Erster Assistent. Die soziale Rolle von Solms-Rödelheim in der Klinik und gleichzeitig sein eigenes Wunschbild vom sozialen Gefüge der Mitarbeiter hat Hoff in seinem Gutachten zusammengefasst: „Durch sein menschliches Wesen versteht er es, die verschiedenen Persönlichkeiten der jungen Ärzte auf der Klinik richtig zusammenzuhalten und zu bewirken, dass die Klinik eine einheitliche Familie bildet."[129] Neben seiner klinischen Tätigkeit war er ein wichtiges Mitglied und ein wichtiger Funktionär der Wiener Psychoanalytischen Vereinigung. Seine Habilitationsschrift befasste sich mit den Monomanien, den Probevortrag hielt er über den „Begriff der Psychopathie". Nach seinem Abgang aus der Klinik war er durch neun Jahre in psychoanalytischer Praxis tätig, ehe er 1968 Direktor des Wiener Psychiatrischen Krankenhauses Baumgartner Höhe wurde, welche Position er bis zu seiner Pensionierung 1977 einnahm. In dieser Zeit war er Leiter des Organisationskomitees des 27. Internationalen Psychoanalytischen Kongresses 1971 in Wien. Hoff fasste in seinem Gutachten, dem der Gerichtsmediziner Walther Schwarzacher (1892–1958) beitrat, zusammen, „dass es ihm geglückt ist, die deskriptive psychiatrische Schule mit der modernen psycho-dynamischen Richtung in Einklang zu bringen".[130] Sein wissenschaftliches Werk blieb nach seiner Habilitation schmal. Er vertrat – auch in der psychiatrischen Hauptvorlesung – die Psychoanalyse und hat seine eigenen Vorlesungen ab dem SS 1956 der „Einführung in die Psychoanalyse" und vom SS 1957 bis zum SS 1968 der „Einführung in die medizinische Psychologie" gewidmet[131] und damit die von Kauders begründete und seither immer befolgte Tradition unter seinem eigenen Namen fortgesetzt. Seine Funktion als Ersatzprüfer wurde schon erwähnt. Besonderheiten seines persönlichen Profils waren wohl, dass er, aus reichsgräflicher Familie stammend, nicht nationalsozialistisch korrumpiert, sondern im Widerstand war und in diesen frühen Jahren als Kommunist galt.

Mit deutlichem Abstand von etwa fünf Jahren folgten dann um 1960 drei für die weitere Entwicklung des Fachbereiches in der Wiener Fakultät nachhaltig wirksame Habilitationen, die von Walter Spiel, Hans Strotzka und Erwin Ringel. Walter Spiel (1920–2003)[132] war der Sohn des um die Individualpsychologie und die Einführung ihrer Gedanken in die Pflichtschulpädagogik im sogenannten „roten Wien" sehr verdienten Lehrers Oskar Spiel (1892–1961). Schulbesuch und (durch die Einberufung zur Wehrmacht unterbrochenes) Medizinstudium in Wien, Promotion Ende 1946; unmittelbar darauf Eintritt in die Psychiatrisch-Neurologische Klinik unter Kauders. Schon von diesem wurde er mit der Einrichtung einer kinderpsychiatrischen Ambulanz betraut und dafür durch die Vermittlung eines Stipendiums

---

129 Das steht in einem deutlichen Widerspruch zu dem, was Hoff (siehe dort) etwa um die gleiche Zeit (1957) seinem Sohn über sein eigenes Verhältnis zu seinen Assistenten geschrieben hat. Man wird bei solchen Äußerungen eines Klinikchefs in Schriftsätzen, die sich ja an das Fakultätskollegium wenden, beachten müssen, dass durch sie auch ein Selbstbild der Institution – nota bene unter der Leitung des Schreibers – aufgebaut wird, in diesem Fall: Spitzenposition in der Welt, familiäre Atmosphäre, (produktive) Verschiedenartigkeit der Mitarbeiter-Persönlichkeiten und der einsame Chef.
130 UAW, MED PA 486/57.
131 Gleichzeitig wurde keine medizinisch-psychologische Vorlesung mehr unter dem Namen des Klinikchefs angekündigt.
132 Ich greife hier zum Teil auf die unpublizierte Autobiografie Spiels, Gedanken, wie Anm. 37, zurück.

der Weltgesundheitsorganisation in die Schweiz Anfang 1948 gefördert; in der Supplierungszeit von Reisner kam es zur Etablierung eines „Kinderzimmers". Diese institutionelle Entwicklung wurde dann unter Hoff mit Hilfe eines mehrjährigen Rockefellerstipendiums zur Errichtung einer eigenen Kinderstation unter der Leitung von Spiel fortgesetzt.[133] Aus dieser entwickelte sich dann in der 1970er Jahren die selbständige Klinik für Neuropsychiatrie des Kindes- und Jugendalters und der Lehrstuhl, dessen erster Inhaber Spiel wurde. Ein zweites Feld seiner Aktivität war bis zu seiner Habilitation die Arbeit in der psychischen Hygiene, nicht zuletzt als Generalsekretär des 1953 in Wien organisierten Internationalen Kongresses der World Federation of Mental Health und seine Mitwirkung bei der psychohygienischen Betreuung der ungarischen Flüchtlinge 1956. Er habilitierte sich 1961 mit einer Monografie über die Psychosen des Kindes- und Jugendalters[134] für Psychiatrie und Neurologie und hat auch von Anfang an über Kinder- und Jugendpsychiatrie gelesen. Das Habilitationsgutachten erstellte Hoff, dem der Pädiater Karl Kundratitz (1889–1975) beitrat.

Ebenfalls 1961 hat sich Hans Strotzka (1917–1994) für Psychiatrie und Neurologie habilitiert. Aufgewachsen in Klosterneuburg bei Wien in einer „Mittelklassefamilie"[135] und früh zur damals im Ständestaat illegalen Hitler-Jugend und danach zur SA gestoßen (daher nach 1945 „illegales Parteimitglied"), hatte er nach der Matura Medizin zu studieren begonnen – aus dieser Zeit stammte die Freundschaft mit Arnold und Seitelberger. Die Promotion erfolgte 1940. Danach zur Wehrmacht eingezogen, kam er erst gegen Ende 1946 aus der Kriegsgefangenschaft zurück und hatte zunächst als nationalsozialistisch „Belasteter" Schwierigkeiten. Später kam es zu einer Annäherung an die Sozialdemokratie (Bund sozialistischer Akademiker). Unter Stransky begann er dann in der Nervenheilanstalt Rosenhügel zu arbeiten, nachdem er schon als Mediziner Psychiater hatte werden wollen[136] und als Soldat und Kriegsgefangener psychiatrisch gearbeitet hatte. Auf dem Rosenhügel entstand auch nach 1949 der von Strotzka als beidseitig ambivalent bezeichnete Kontakt zu Hoff. An dessen Klinik baute er ab 1950 (bis 1959) eine Ambulanz für epileptische Kinder auf, in der er auf die Bedeutung der Familie, vor allem der Mütter, aufmerksam wurde. Ab 1951 war er durch die Vermittlung von Hoff Gründer einer psychotherapeutischen Ambulanz der Wiener Gebietskrankenkasse – die sein Hauptamt bis zur Berufung als Ordinarius und Vorstand des neuen Instituts für Tiefenpsychologie und Psychotherapie 1971 im Zuge der Regelung der Hoff-Nachfolge geblieben ist – neben der Gasttätigkeit an der Klinik tätig; dort war er auch ab 1961 (Gründung) eines insge-

---

133 Das ist ein weiterer Beleg – diesmal auf institutioneller Ebene – der Fortsetzung von Maßnahmen unter Hoff, die von Kauders grundgelegt worden waren. Gleiches geht aus den Berufsbiografien seiner Habilitanden bis zu der jetzt besprochenen Gruppe hervor: Hoff hatte in der ganzen Zeit seiner Amtsführung erste Assistenten, die schon unter Kauders gewirkt hatten (Reisner, Solms-Rödelheim, Arnold).
134 Walter SPIEL, Die endogenen Psychosen des Kindes- und Jugendalters (= Bibliotheca Psychiatrica et Neurologica 113, Basel 1961).
135 Ich stütze mich hier auf Nadine HAUER, Hans Strotzka. Eine Biographie (Wien 2000). Die Autorin hat darin unter anderem auf die Ende der 1980er Jahre verfasste, ungedruckt gebliebene Autobiografie zurückgegriffen. Ihre Darstellung ist in Details ungenau und enthält immer wieder bewertende Stellungnahmen der Autorin, aber auch viele Auszüge aus der Autobiografie als Zitate. Über die Autobiografie verfügen die Nachkommen von Strotzka. Ich danke ihnen, dass sie mir eine Kopie davon zu meiner Verwendung zur Verfügung gestellt haben.
136 Wie Arnold hat er als Student einige Monate an der Klinik hospitiert. HAUER (ebd.) verwechselt in diesem Zusammenhang offensichtlich die Klinik mit der Anstalt Am Steinhof (in der Strotzka nach dem Krieg im Zuge seiner Facharztausbildung ein halbes Jahr tätig war).

samt kurzlebigen Psychotherapeutischen Lehrinstitutes bis 1965 dessen Leiter. In diese Zeit fällt die Beteiligung an der psychohygienischen Betreuung der Ungarnflüchtlinge von 1956 und die daran anschließende von Hoff erreichte Tätigkeit als Konsulent beim Hochkommissariat für Flüchtlingswesen der UNO in Genf und die Habilitation mit der Habilitationsschrift „Sozialpsychiatrische Untersuchungen. Beiträge zu einer Soziatrie".[137] 1969 tit. ao. Prof. Seit 1950 formelle Beziehung zur Wiener Psychoanalytischen Vereinigung, seit 1968 Lehranalytiker. Mit der 1969 publizierten „Kleinburg-Studie"[138] wurde er zum Begründer der empirischen psychiatrischen Epidemiologie in Österreich. Ab dem WS 1961/62 hat er über „Sozialpsychiatrie" gelesen, damit alternierend über psychotherapeutische Themen (psychotherapeutische Kurzmethoden, „Psychotherapeutische Technik für Fortgeschrittene"). Bis zu seiner (vorzeitigen) Emeritierung 1986 war er nicht nur der erfolgreiche Aufbauvorstand seines Institutes, sondern auch eine auf vielfältige Weise, vor allem methodisch und sozialpsychiatrisch anregende Leitfigur der in den 1960er Jahren das psychiatrische Arbeitsfeld betretenden Generation, die auch enge wissenschaftliche Beziehungen zum Ausland und zu internationalen Organisationen (Weltgesundheitsorganisation WHO) hatte.

Im Jahr darauf, 1962, erfolgte die Habilitation von Erwin Ringel (1921 Temesvar[139]–1994 Bad Kleinkirchheim). Seit seinem fünften Lebensjahr in Wien aufgewachsen, hat er 1939 maturiert und mit dem Medizinstudium begonnen. In dieser Zeit hatte er politische Schwierigkeiten als Mitarbeiter, der der gegen das Regime gerichteten Großkundgebung der Katholischen Jugend[140] am Wiener Stephansplatz am 8. Oktober 1938 beiwohnte und mehrere Monate in Haft verbrachte. 1942 zur Wehrmacht einberufen, konnte er sein Studium erst im WS 1946 mit der Promotion beenden. Eintritt in die Psychiatrisch-Neurologische Klinik unter Kauders, wo er bald eines seiner Hauptthemen fand, die Selbstmordverhütung: 1948 Aufbau der Lebensmüdenfürsorge im Rahmen der Wiener Caritas. Ab 1954 Aufbau der Psychosomatischen Station der Klinik, als deren Leiter ihn das Habilitationsgutachten von Hoff, dem der Gerichtsmediziner Leopold Breitenecker (1902–1981) beitrat, preist und damit institutionelle Verankerung seines zweiten frühen Hauptthemas. Seit 1961 Vorsitzender des Österreichischen Vereines für Individualpsychologie und damit neben Walter Spiel der zweite Repräsentant dieser psychotherapeutischen Schule an der Klinik. Die Habilitationsschrift behandelte „Neue Untersuchungen zum Selbstmordproblem unter besonderer Berücksichtigung prophylaktischer Gesichtspunkte".[141] Ringel hat ab dem WS 1962/63 eine „Einführung in die psychosomatische Medizin"

---

137 Hans STROTZKA, Sozialpsychiatrische Untersuchungen. Beiträge zu einer Soziatrie (Wien 1958).
138 Hans STROTZKA, Kleinburg. Eine sozialpsychiatrische Feldstudie (Wien–München 1969).
139 HUBENSTORF, Wissenschaft, wie Anm. 5, 389, erwähnt das ebenso wie Karlsbad als Geburtsort von Peter Berner (siehe diesen) als Argument gegen die Wien-Zentriertheit der Biografien, „die vielfach als typisch angenommen werden". In beiden Fällen waren diese Geburtsorte in mehr minder kurzfristigen Aufenthalten der Eltern in diesen Orten in der Nachkriegszeit geschuldet; beide haben ihre schulische und universitäre Bildung in Wien erhalten, das auch das eigentliche Lebenszentrum ihrer Eltern war. http://de.wikipedia.org/wiki/Erwin_Ringel (letzter Zugriff am 14. 10. 2015) beziehungsweise mein Interview mit Berner 2001.
140 Diese weltanschauliche Orientierung blieb bestehen, wenn auch in späteren Jahren zum Teil sehr kirchenkritisch, zum Beispiel im Zusammenhang mit der sogenannten ekklesiogenen Neurose. Sie wurde zur damaligen Zeit offenbar in einem polaren Gegensatz zur sozialdemokratischen Orientierung zum Beispiel von Spiel gesehen, sodass in der Klinik gewitzelt wurde, der Hoff Ringel-e nach rechts und Spiel-e nach links. Vgl. Interview mit Lona Spiel, 2006.
141 Erwin RINGEL, Neue Untersuchungen zum Selbstmordproblem unter besonderer Berücksichtigung prophylaktischer Gesichtspunkte (Wien 1961).

und im SS „Spezielle Psychosomatik" und dazu im WS eine „Einführung in die psychodynamisch orientierte Psychiatrie" gelesen. 1968 tit. ao. Prof. auf Antrag von Hoff. 1981 o. Prof. für das damals eingeführte Fach „Medizinische Psychologie" und Vorstand des entsprechenden Institutes bis zur Emeritierung 1991. In diese Zeit fällt sein großer medialer Bucherfolg „Die österreichische Seele"[142], mit dem Ringel Popularität erlangte. Er war gegen das Ende der Ära Hoff wahrscheinlich der Mitarbeiter, der die Hoff'schen Positionen am Nächsten vertrat,[143] und der ihm vielleicht auch menschlich am nächsten stand.[144]

Die Habilitation von Gustav Hofmann (1924–2010) 1964 brachte ein Thema wieder in das Themenspektrum der Habilitierten, das schon bei Arnold eine Rolle gespielt hatte und aus dessen Arbeitsgruppe Hofmann hervorgegangen war, nämlich die experimentelle Stoffwechselforschung vor allem bei Schizophrenen. Aufgewachsen in einer konservativen Akademikerfamilie, hatte Hofmann 1942 maturiert und war danach zum Arbeitsdienst und dann zur Wehrmacht eingezogen worden und in Gefangenschaft geraten, sodass er erst im SS 1947 sein Medizinstudium beginnen konnte. Während des Studiums Anschluss an den CV, nachdem er als Jugendlicher bei der HJ war, den Eintritt in die NSDAP aber nicht vollzogen hatte.[145] Die Promotion erfolgte 1951. Danach war er zunächst ein Jahr an der Zweiten Medizinischen Universitätsklinik, dann von 1952 bis zu seiner Berufung als Ärztlicher Direktor des psychiatrischen Landeskrankenhauses in Linz 1975 an der Psychiatrisch-Neurologischen Universitätsklinik in Wien unter Hoff, ab der Teilung der Klinik 1971 an der Psychiatrischen Universitätsklinik unter Berner. Seine Habilitationsschrift behandelte „Experimentelle Grundlagen der multifaktoriellen Genese der Schizophrenie".[146] Über deren Orientierung gibt Hoff im Gutachten im Habilitationsverfahren Auskunft:

„Ich glaube, dass wir mit dieser [der tiefenpsychologischen und sozialen] Forschung weit gekommen sind, dass wir aber derzeit an einem toten Punkt angelangt sind. Unsere Psychiatrie hat sich wesentlich geändert, die menschliche Beziehung zum Kranken ist eine andere geworden. Die Forschung muss daher wieder den Weg zur organischen Grundlage finden. Die [morphologische] Hirnpathologie ist gewiss nicht tot. Sie muss ergänzt werden durch die Chemie des Gehirns und des Körpers. […] Es ist ihm noch nicht gelungen, das chemische Problem einer Geisteskrankheit zu lösen. Ich bin auch nicht sicher, ob sich das von einer Seite lösen lässt. Ich glaube aber, dass hier ein wichtiger […] neuer Weg gegangen wird. Ich möchte betonen, dass wir im Rahmen dieser Untersuchungen zunächst führend zu sein scheinen."[147]

---

142 Erwin RINGEL, Die österreichische Seele. Zehn Reden über Medizin, Politik, Kunst und Religion (= Dokumente zu Alltag, Politik und Zeitgeschichte 5, Wien–Graz ⁷1984).
143 Siehe seine Stellungnahme in dem erwähnten Kulturfilm von Bruno Lötsch über Wagner-Jauregg, in dem er Hoff als denjenigen gepriesen hat, der die Lehren von Wagner-Jauregg und Sigmund Freud (1856–1939) verbunden hätte.
144 So war er Trauzeuge bei der späten Wiederheirat des davor verwitweten Hoff. Auch die doch sehr intime Bemerkung von Hoff zu Ringel, er möge für ihn beten, dass er vor der Emeritierung stirbt, die Spiel in seiner Autobiografie zitiert, weist in diese Richtung.
145 Mein Interview mit Gustav Hofmann am 19. November 2002.
146 Gustav HOFMANN, Experimentelle Grundlagen der multifaktoriellen Genese der Schizophrenie. Unter besonderer Berücksichtigung der Zwillingsforschung und der Stoffwechselforschung (Wien 1963).
147 UAW, MED PA 208/26.

Wieder wird der hohe Geltungsanspruch Hoffs, wie auch schon früher bei verschiedenen Gelegenheiten, eben auch in Habilitationsgutachten, zum Beispiel dem über Arnold, sichtbar. Das zusammenfassende Urteil ist auch in anderen Zusammenhängen sehr positiv: „Dr. Hofmann ist ferner ein ausgezeichneter Kliniker, ein guter Lehrer und ein Musterbeispiel eines ausgezeichneten Arztes." Als Zweitgutachter ist der Biochemiker Hans Tuppy (1924) dem beigetreten.[148] Hofmann hat ab dem WS 1964/65 über „Stoffwechselforschung in der Psychiatrie" und dem SS 1968 auch über „Therapie akuter psychischer Erkrankungen" angekündigt. 1973 tit. ao. Prof. Nach seinem Ausscheiden aus der Wiener Klinik hat er sich in Oberösterreich sehr große Verdienste um die Weiterentwicklung der sozialpsychiatrischen Versorgung erworben – ein Gebiet, das ihm davor fremd war.[149]

1966 erfolgte die Habilitation von Heimo Gastager (1925–1991). Er besuchte die Schulen bis zur Matura 1943 in Salzburg und war danach durch Arbeitsdienst, Wehrmacht und Kriegsgefangenschaft bis 1947 gehindert, das Studium zu beginnen, das er schließlich im WS 1947/48 in Wien aufnahm. Unmittelbar nach der Promotion trat er 1952 in die Psychiatrisch-Neurologische Klinik ein, in der bis zu seiner Bestellung zum Primarius der psychiatrischen Aufnahmeabteilung in der Salzburger Landesnervenklinik 1962 blieb. Von dort aus habilitierte er sich. In seiner Wiener Zeit hatte er kurz nach dem Tod von Albert Niedermeyer (1888–1957) einen Lehrauftrag an der Katholisch-Theologischen Fakultät über „Psychische Hygiene", zur Zeit seiner Habilitation an der entsprechenden Salzburger Fakultät seit dem WS 1964/65 einen über „Psychische Hygiene in christlicher Schau". Sieben der 33 vorgelegten Publikationen stammten aus den noch wenigen Salzburger Jahren und standen auch inhaltlich in einem Zusammenhang mit den Erfahrungen in der Anstalt. Die Habilitationsschrift behandelte „Die Rehabilitation der Schizophrenen" auf der Grundlage statistischer Analysen verschiedener Verlaufstypen schizophrener Psychosen.[150] Erstgutachter war Hoff, dem Seitelberger beitrat. Gastager hat zuerst im WS 1966/67 über „Grundlagen der Rehabilitation in der Psychiatrie" angekündigt, schließlich im SS 1969 „Ausgewählte Kapitel aus der Psychopathologie". Er setzte später seine akademische Karriere in Salzburg im Rahmen eines Lehrauftrages für Psychopathologie am Psychologischen Institut und in einem gemeinsam mit Josef Revers (1918–1987) und Igor Caruso (1914–1981) gestalteten Seminar fort und war im Übrigen (wie Hofmann in Oberösterreich) einer der wichtigen praktischen Sozialpsychiater seiner Generation.

Im gleichen Jahr wurde auch Peter Berner (1924 Karlsbad–2012 Paris) habilitiert. In einer bürgerlich konservativen und – für Wien eher ungewöhnlich – evangelischen Familie in Wien aufgewachsen, hatte er 1943 maturiert und war dann zur Wehrmacht eingezogen worden. Dort hat er sich dem Widerstand angeschlossen. Noch im SS 1945 konnte er das Studium beginnen; Promotion 1951. Unmittelbar danach trat er in die Psychiatrisch-Neurologische Klinik in Wien ein, die erst ein Jahr vorher Hoff übernommen hatte. Sozusagen in einem alten Ausbildungsstil von Psychiatern war er 1952/53 ein Jahr an das auch noch von Hoff geleitete Neurologische

---

148 Ebd.; Hofmann hat sich mehr als manche andere ausdrücklich als Hoff-Schüler bekannt, gleichzeitig aber die Schwächen Hoffs benannt. Vgl. mein Interview mit Gustav Hofmann am 19. November 2002.
149 Wie fremd geht aus seiner Anmerkung in dem erwähnten Interview hervor, dass er in Linz von den Stationen mit chronisch Kranken „schockiert" gewesen sei; in Wien sei er nie im Psychiatrischen Krankenhaus gewesen. Das ist gleichzeitig ein seinerseits schockierender Ausdruck der weitgehenden Ignoranz, zum Teil verbunden mit negativen Vorurteilen, der Kliniker dieser Zeit über die Situation der psychiatrischen Versorgung in den Anstalten.
150 Heimo Gastager, Die Rehabilitation der Schizophrenen. Beitrag zur Grundlagenforschung auf Basis der multifaktoriellen Genese der Schizophrenie (Bern u. a. 1965).

Institut beurlaubt. In der Nachfolge von Strotzka war er 1963/64 eineinhalb Jahr als psychiatrischer Berater beim Hochkommissär für das Flüchtlingswesen der UNO tätig. Unter seinen zur Habilitation vorgelegten 40 Publikationen sind 15 psychopathologischen und elf psychohygienischen Themen gewidmet. Die Habilitationsschrift behandelte „Das paranoische Syndrom".[151] Es handelt sich um eine retrospektive, auf Krankengeschichten fußende, Hypothesen generierende Untersuchung, die danach die Grundlage für die psychopathologische Wahnforschung an der Wiener Klinik ab 1968 unter der Leitung von Berner abgegeben hat.[152] Hoff – Seitelberger trat ihm als Gutachter bei – zitiert den Hochkommissär für das Flüchtlingswesen, der in einem Brief festgehalten hat, dass die Tätigkeit von Berner in Genf zur Hebung des Ansehens der Wiener Klinik, der Wiener Universität und der Österreichischen Regierung beigetragen hätte. Er hebt auch die Mitwirkung von Berner bei der Verfassung seines Lehrbuches der Psychiatrie hervor.[153] Berner begann seine Vorlesungstätigkeit erst mit dem WS 1967/68, weil er unmittelbar nach seiner Habilitation für ein Jahr als Gastprofessor an die Psychiatrische Universitätsklinik in Lausanne eingeladen war, und hat in einer auf zwei Semester angelegten Vorlesung „Psychiatrische Systematik I und II" gelesen. Wiewohl von Hoff im Habilitationsgutachten als einer seiner engsten Mitarbeiter bezeichnet, galt er zu dieser Zeit unter den jüngeren Mitarbeitern der Klinik[154] auch im Hinblick auf seine internationalen Erfahrungen als ein verhältnismäßig von Hoff unabhängiger Oberarzt. Diese waren daher wohl überwiegend sehr zufrieden, dass er zum Ende des Studienjahres 1968/69 vor der auf diesen Zeitpunkt bevorstehenden Emeritierung von Hoff vom Fakultätskollegium als Supplent (und zwei Jahre später nach der Trennung der Klinik zum Vorstand der Psychiatrischen Klinik und Ordinarius für Psychiatrie) bestellt wurde. Diese Positionen auszufüllen, wird schwierig gewesen sein, wurden dabei doch vier vor ihm habilitierte Mitarbeiter der Klinik, darunter drei mit dem Titel eines ao. Prof. übergangen, die aber alle an der Klinik tätig geblieben sind und von denen keiner in den Dreiervorschlag für die Besetzung aufgenommen worden war (siehe dazu die Abschnitte über Arnold, Spiel, Ringel und auch Hofmann).[155] Er emeritierte zum Ende des Studienjahres 1990/91 und übersiedelte, seit jeher frankophil und mit einer Französin verheiratet, nach Paris.

Schließlich erfolgte in der Ära Hoff noch 1967 die Habilitation von Kornelius Kryspin-Exner (1926–1985).[156] Nach der Matura zur Wehrmacht eingezogen und in Kriegsgefangenschaft geraten, konnte er erst verspätet das Medizinstudium in Wien beginnen, das er 1954 mit der Promotion abschloss. Auch er trat unmittelbar danach in die Wiener Klinik ein, in der er bis zu seiner Berufung als Vorstand der damals durch Teilung der alten Klinik entstandenen Psychia-

---

151 Peter BERNER, Das paranoische Syndrom (= Monografien aus dem Gesamtgebiet der Neurologie und Psychiatrie 110, Berlin–Heidelberg–New York 1965).
152 Als eine der sehr wenigen dieser psychiatrischen Habilitationsmonografien nicht in einem Wiener Verlag sondern als Band 110 der angesehenen Monografien aus dem Gesamtgebiet der Neurologie und Psychiatrie, Berlin–Heidelberg–New York 1965 erschienen.
153 Peter BERNER, Hans Hoff, in: Hans Schliack / Hanns Hippius, Hg., Nervenärzte, Bd. 1 (Stuttgart–New York 1998), 55–66, hier 58, hat die Form dieser Zusammenarbeit beschrieben, im Gespräch sogar viel drastischer. Strotzka hat seine Freundschaft mit Berner trotz der großen Unterschiede in der Position zur Psychoanalyse auf die gemeinsame Zeit als „Ghostwriter" von Hoff bezogen.
154 Ich berichte hier als Zeitzeuge.
155 Eberhard GABRIEL, Universitätsprofessor Dr. Peter Berner 1924–2012. Neuropsychiatrie vereinigt mit Psychiatrie und Psychotherapie 27 (2013), A11–A13.
156 Er war ein Neffe des früher erwähnten Wichard Kryspin-Exner.

trischen Universitätsklinik und Ordinarius für Psychiatrie in Innsbruck 1975 tätig blieb, ab 1961 auch Leiter der „offenen Anstalt für Alkoholkranke in Wien-Kalksburg" (wie es im Habilitationsgutachten von Hoff, wieder unter Beitritt von Seitelberger heißt, das ist das jetzige Anton Proksch-Institut, Stiftung Genesungsheim Kalksburg). Er legte 42 Publikationen vor, darunter 17 mit Themen aus dem Gebiet des Alkoholismus und anderer Suchterkrankungen, als Habilitationsschrift die Monografie „Psychosen und Prozessverläufe des Alkoholismus".[157] Auch in diesem Gutachten kommt wieder die Hoff'sche Tendenz zu superlativischen Feststellungen, die ein Licht auf „seine" Klinik zurückwerfen, hervor: „Dr. Kryspin-Exner hat sich in kurzer Zeit zu einem führenden, vielleicht d e m führenden Wissenschaftler auf diesem Gebiet emporgearbeitet."[158] Seine Hauptarbeitsgebiete blieben die Suchterkrankungen und die körperlich begründbaren Psychosen. Er hat zuerst im WS 1967/68 über „Klinik und Therapie des Alkoholismus" und dann im WS 1968/69 „Psychiatrie der Suchtkrankheiten" angekündigt. Bis zu seiner Berufung nach Innsbruck war er ab dessen Berufung 1971 der engste Mitarbeiter und Stellvertreter von Berner.

Diese letzten vier psychiatrischen Habilitationen der Ära Hoff betrafen nicht mehr Ärzte, die noch unter Kauders in die Klinik eingetreten waren und deren Spezialgebiete sich aus Entwicklungsaufträgen von Kauders ergeben hatten, sondern um die Mitte der 1920er Jahre geborene und daher erst in der zweiten Hälfte des Zweiten Weltkrieges Kriegsteilnehmer, die nach dem Krieg studiert und danach schon unter Hoff in die Klinik eingetreten waren. Sie sind verhältnismäßig jung, jedenfalls vor ihrem 50. Lebensjahr (Gastager schon viel früher) in wichtige leitende Positionen gelangt, zwei von ihnen in Einrichtungen der psychiatrischen Versorgung (und als deren Reformatoren), was davor nicht stattgefunden hatte.[159] Die zeitgemäße Diversifizierung des Faches hat sich in den Schwerpunkten der Dozenten ziemlich vielfältig abgebildet, von der Neuropathologie über die Stoffwechselforschung bis zur anthropologischen Tiefenpsychologie und sozialpsychiatrischen Themen. Die dominante Lehrveranstaltung war aber die Hauptvorlesung mit den systematischen Krankenvorstellungen geblieben – also klinische Psychiatrie.

Hinzuzufügen ist noch, dass das psychiatrisch-neurologische Lehrangebot im Studienjahr 1955/56 durch Vorlesungen über „Grundfragen ärztlicher Berufsethik" (WS) beziehungsweise „Spezielle Fragen der ärztlichen Ethik" von Albert Niedermeyer ergänzt wurde, die er an der Klinik gehalten hat, und die vermutlich wegen seiner Todeskrankheit keine Fortsetzung gefunden hat. Im SS 1960 nennt das Vorlesungsverzeichnis auch zwei Vorlesungen des 1938 kurz vor Beendigung seines Studiums zur Emigration gezwungenen Friedrich Hacker (1914–1989 gestorben in Mainz während einer Fernsehdiskussion des ZDF) als Gastprofessor über „Kri-

---

157 Kornelius KRYSPIN-EXNER, Psychosen und Prozessverläufe des Alkoholismus. Mit 30 Tabellen (Wien u. a. 1966).
158 Kryspin-Exner gehörte zu seiner Zeit gewiss zu den wichtigen Alkoholismusexperten, war aber wohl nicht der eine Führende.
159 Unter den Direktoren der Wiener Anstalt Am Steinhof hatte es bis zu dieser Zeit nur einmal zwischen 1919 und 1928 einen Direktor gegeben, der die Möglichkeiten der Anstalt für die psychiatrische Lehre genützt hat: Josef Berze (siehe den Abschnitt über ihn), der nie in einer universitären Einrichtung gearbeitet hatte. Vgl. GABRIEL, Berze, wie Anm. 74. Der als Direktor 1944/45 amtierende Hans Bertha (siehe den Abschnitt über ihn) hat am Neurologischen Institut Neuropathologie gelesen, und mein Vorgänger als Ärztlicher Direktor Wilhelm Solms-Rödelheim an der Klinik über Psychoanalyse. Ich war 1978 überhaupt der erste klinische Psychiater, der direkt aus einer Tätigkeit an der Wiener psychiatrischen Universitätsklinik in dieses Amt berufen wurde, und habe insofern eine ähnliche berufliche Karriere wie Gastager und Hofmann.

minalität und Verwahrlosung" beziehungsweise „Sozialpsychiatrie". Das Gutachten spricht von vier Semestern als Gastprofessor. Er arbeitete und lehrte seit den frühen 1940er Jahren in den USA, war als Psychoanalytiker ausgebildet und besaß und leitete eine Privatklinik in Kalifornien. Er stellte 1964 den Antrag auf die psychiatrische Habilitation.[160] Zur Zeit der Erstellung des Gutachtens durch Hoff und Wilhelm Solms-Rödelheim – zwar Dozent für Psychiatrie und Neurologie, aber nicht Kollegiumsmitglied, aber in diesem Fall vermutlich als Vorsitzender der Wiener Psychoanalytischen Vereinigung herangezogen – war er 1966 Konsulent des österreichischen Justizministeriums zu Fragen der Strafvollzugs- und Strafrechtsreform. Als Habilitationsschrift legte er eine im Gutachten dem Genre des Sachbuches zugeordnete Schrift „Versagt der Mensch oder die Gesellschaft" vor.[161] Das Gutachten ist nicht zu dem Schluss gekommen, die Habilitation zu empfehlen. Der Akt enthält keine weiteren Informationen; möglicherweise hat Hacker das Ansuchen zurückgezogen.

Resümee

Was kann nach diesem Überblick über die psychiatrisch-neurologischen Lehrkörper an der Medizinischen Fakultät in Wien zwischen 1938 und 1969 als Ergebnis zusammengefasst werden?
- Die zahlreichen (zwei beamtete Professoren und 21 habilitierte) Mitglieder des Lehrkörpers stammten 1938 bis auf vier aus der Zeit des Klinikdirektorates Wagner-Jauregg (bis 1928) beziehungsweise der Vorstandschaft von Marburg im Neurologischen Institut (letzte Habilitation 1923). Auch von diesen vier verstanden sich zwei – Kauders und Hoff, die Anfang der 1930er Jahre habilitiert hatten – als Schüler von Wagner-Jauregg. Diese beiden wurden die Klinikvorstände nach der Befreiung Österreichs: Kauders von 1945 bis 1949 und Hoff von 1950 bis 1969. Zwei 1937 Habilitierte (Auersperg, nach 1945 nach Südamerika emigriert, Stengel 1938 nach Großbritannien) haben nach 1945 in Wien keine Rolle mehr gespielt.
- Dem entspricht das verhältnismäßig hohe Durchschnittsalter der Dozenten von 57 Jahren (wovon sich der Median bei knapp 60 Jahren nur wenig unterscheidet). Diese waren nur wenig jünger als die Professoren Pötzl (61) und Marburg (64).[162]
- Der sogenannte „Anschluss" Österreichs an das „Dritte Reich" führte zu einem enormen Verlust an Lehrkräften, allen aus dem Neurologischen Institut und 13 Klinikern, davon neun mit einem psychiatrischen Schwerpunkt. Von diesen haben nur Stransky 1945 für wenige Jahre und Hoff nach seiner Remigration 1949 und der Übernahme zuerst des Neurologischen Institutes und 1950 auch der Psychiatrisch-Neurologischen Klinik die psychiatrische Lehrtätigkeit in Wien fortgesetzt.
- Nach 1938 konnten diese Verluste nicht ausgeglichen werden; es erfolgte bis 1945 nur eine Habilitation unter Verleihung der Venia Docendi, die 1945 ebenso hinfällig wurde wie die

---

160 UAW, Med.Dek. aus 1963 64, GZ 92.
161 Friedrich HACKER, Versagt der Mensch oder die Gesellschaft? Probleme der modernen Kriminalpsychologie (= Europäische Perspektiven, Wien u. a. 1964).
162 Das hing einerseits mit der großzügigen Habilitationspraxis von Wagner-Jauregg zusammen, zum anderen aber wohl auch mit den schwierigen gesellschaftlichen und ökonomischen Verhältnissen in Österreich in den 1930er Jahren. Vgl. Julius WAGNER-JAUREGG, Lebenserinnerungen (Wien 1950), 85–87.

von drei bis in die Kriegsjahre lesenden älteren Dozenten. Drei weitere hatten inzwischen aus Altersgründen nicht mehr angekündigt. Auch die Vorstände der Psychiatrisch-Neurologischen Klinik (Pötzl seit 1928) und des Neurologischen Institutes (Gagel seit 1940) verloren im August 1945 ihre Ämter.
- Der weiter zur Verfügung stehende Lehrkörper bestand daher 1945 nur aus Stransky, der schon im SS 1945 wieder zu lehren begonnen hatte, und dem aus seiner im Juli 1945 wieder erlangten Grazer Professur im August 1945 als interimistischer Klinikvorstand nach Wien geholten Kauders, der 1946 förmlich berufen wurde.
- 1946/47 erfolgten vier sozusagen nachgeholte Habilitationen, die vor 1945 vor allem aus (unterschiedlich „krasser") „rassischer" Diskriminierung nicht möglich waren und in allen vier Fällen nicht (mehr) Mitarbeiter der Klinik waren. Sie hatten alle einen psychiatrischen und zu einem Teil auch psychotherapeutischen Schwerpunkt unter ausdrücklichem Bezug auf die Umstände der Zeit.[163] 1949 erfolgte die erste Habilitation aus der Klinik, die des Ersten Assistenten, der kurz darauf nach dem plötzlichen Tod von Kauders die interimistische Leitung der Klinik übernahm.
- Unter der Leitung von Hoff setzte sich der von Kauders in der Klinik begonnene Wiederaufbau eines Stabes von Mitarbeitern fort und setzte sich für das Neurologische Institut ein. Weitere Habilitationen erfolgten erst ab 1954, bei den Klinikern zwar weiter im Sinn des Doppelfaches für Psychiatrie und Neurologie (oder mit umgekehrtem Schwerpunkt), bei den dem Neurologischen Institut Zuzuordnenden für Neurologie unter Erweiterung um Neuroanatomie, -pathologie beziehungsweise -physiologie.
- Am Ende der Berichtsperiode 1969 umfasste der Lehrkörper wieder zwei Professoren (Hoff an der Psychiatrisch-Neurologischen Klinik, Seitelberger seit 1959 am Neurologischen Institut) und 20 Dozenten, davon neun mit einem psychiatrischen Schwerpunkt und einem sehr breiten Themenspektrum mit einem großen klinisch psychiatrischen Mittelfeld. Nur einer von ihnen war mit 64 Jahren nahe der Pension; das durchschnittliche Alter der anderen lag zwischen 43 und 55 Jahren. Sie waren also noch jung genug, um in der nahen Zukunft, nämlich im Zuge von Umstrukturierungen in den Jahren ab 1971, dem Jahr der endgültigen Regelung der Nachfolge von Hoff, leitende universitäre Positionen (und in zwei Fällen in Anstalten, was früher im Osten Österreichs nicht vorgekommen war) zu übernehmen; fünf von ihnen wurden Lehrstuhlinhaber und Klinikvorstände. Insofern war der im Titel dieses Beitrages angesprochene Wiederaufbau nicht nur quantitativ sondern auch im Hinblick auf seine institutionelle Leistungsfähigkeit in der Folge zwar so langwierig, wie derlei Entwicklungen vermutlich eben sind, aber erfolgreich.[164]
- Die Grundlagen dafür hat Kauders gelegt und Hoff tatkräftig und expansiv, was die Klinikpolitik betraf, ausgebaut. Was den Wiederaufbau des akademischen Lehrkörpers betrifft, war es eine Aufbauarbeit fast von Null an – freilich im Bewusstsein der eigenen Verwurzelung in der Schule von Wagner-Jauregg, der sich beide aufeinanderfolgenden Klinikvorstände ausdrücklich zugehörig gefühlt haben.

---

163 Eberhard GABRIEL, Die Orientierung(en) der österreichischen Psychiatrie 1945 bis in die Mitte der 1950er Jahre, in: Schriftenreihe der Deutschen Gesellschaft für Geschichte der Nervenheilkunde 21 (2015), 587–614.
164 Ähnliches gilt für die Neurologie, wird aber hier, dem Thema entsprechend, nicht noch einmal zusammengefasst.

– Während Kauders sich immer wieder auf die verheerenden Folgen der unmittelbaren Vergangenheit 1938–1945 auf die seelische Gesundheit der Menschen und die psychiatrische Lehre, diese in seiner eigenen kontrastierend, bezog, lag das Interesse von Hoff ausschließlich auf der Wiedererlangung der Geltung der Wiener Psychiatrie (und Neurologie). Die Vergangenheit wurde dabei nicht mehr thematisiert.

Informationen zum Autor

Univ. Prof. Dr. Eberhard Gabriel, Universitätsprofessor (Psychiatrie), Dr.med., ehemaliger ärztlicher Direktor des Otto Wagner-Spitals in Wien, Probusgasse 5, A-1190 Wien, E-Mail: eberhard.gabriel@gmx.at

Forschungsschwerpunkte: Psychiatrie in Österreich, vor allem Wien, um 1900 und 1938–1945–1970

Hartmann Hinterhuber

Zum Wiederaufbau eines akademischen Lehrkörpers in der Psychiatrie in Innsbruck nach 1945.
Die Lehrstühle und Klinikleitungen, die Habilitationen und die Lehrveranstaltungen an der Psychiatrisch-Neurologischen Klinik Innsbruck*

English Title

The Reestablishment of the Academic Teaching Staff in Psychiatry in Innsbruck after 1945. The Chairs and Directors of the Clinic, the Habilitations and the Courses at the Psychiatric-Neurological Clinic

Summary

After the end of the Nazi-barbarism, Hubert Urban (1904–1997) showed initiative and actively tried to reorganize psychiatry by following pioneering impulses for the development of a psychosocial treatment that gives consideration to the entire human being. His visions of the future of psychiatry and neurology influenced a whole generation of psychiatrists and neurologists far beyond the borders of Tyrol. Several of his members of staff achieved international recognition. Due to his personality structure respectively his display of behavioural disorders, his innovations were not permanently accepted. The suspension of Prof Urban in 1958 ended a period in psychiatric history that was characterised not only by pioneer spirit but also by various problems.

---

* Danksagung: Der Abschluss dieser Arbeit wäre durch vielfältige Unterstützung nicht möglich gewesen. Für große Unterstützung danke ich vor allem Frau Sabine Schmid. In freundschaftlicher Verbundenheit konnte ich mich immer wieder hilfesuchend an Prof. Dr. Eberhard Gabriel wenden. Von unschätzbarer Hilfe waren mir die stets sehr entgegenkommenden Mitarbeiterinnen und Mitarbeiter der Universitäts- und Landesbibliothek Innsbruck. Doz. Dr. Carlos Watzka unterstützte mich durch sein profundes Wissen; auch übernahm er dankenswerterweise die sehr aufwändige redaktionelle Bearbeitung. Dafür bin ich auch Frau Dr. Elisabeth Lobenwein sehr zu Dank verpflichtet. Besonderen Dank aber schulde ich Herrn Dr. Jakob Urban und seinen Schwestern, die mir Einblick in das Urban'sche Familienarchiv geboten haben und mir auch in eingehenden Gesprächen persönlich wichtige Details zur Biografie ihres Vaters vermitteln konnten.

Keywords

Medical faculty at the University of Innsbruck, Hubert Urban (1904–1997), teaching and learning content of the psychiatric lectures, innovation, habilitation

Einleitung

Die Erörterung des Wiederaufbaues der psychiatrischen Lehrtätigkeit nach Beendigung der nationalsozialistischen Diktatur setzt die Kenntnis der Persönlichkeiten, der Orientierungen und der Schwerpunktsetzungen der Professoren und Dozenten voraus, die in jenen Jahren Studenten und Assistenten geformt und geprägt haben. Darüber hinaus ist im Hinblick auf die Frage nach Kontinuitäten und Diskontinuitäten darzustellen, welche Lehrinhalte vor 1938 vorgetragen wurden. Diese Frage ist gerade an einer kleinen Medizinischen Fakultät von Bedeutung, da der Kreis der Lehrenden sich auf wenige Personen beschränkte.

Der „Anschluss" stellte für die Medizinische Fakultät der seit 1941 zur „Deutschen Alpenuniversität Innsbruck" mutierten Alma Mater Oenipontana eine ähnlich existenzielle Bedrohung dar, wie bereits die Folgen des Ersten Weltkrieges mit dem Verlust eines großen Teiles des Einzugsgebietes die Medizinische Schule in Innsbruck ernsthaft in Frage gestellt hatte. Nach 1918 gelang es – auch mit Hilfe von Geldern der Rockefeller-Stiftung – das wissenschaftliche Niveau der Medizinischen Fakultät allmählich wieder zu heben und die notwendigsten Bauvorhaben zu realisieren. Dadurch konnte 1936, nach Jahrzehnte dauernden Rückschlägen, endlich auch der Neubau der Psychiatrisch-Neurologischen Universitätsklinik in Betrieb genommen werden.[1]

Die Psychiatrisch-Neurologische Klinik der Universität Innsbruck wurde durch 40 Jahre, von 1894 bis 1934, von Prof. Dr. Carl Mayer geprägt. Während seiner langen Vorstandschaft entwickelte sich eine „C.-Mayer-Schule": Bis auf Hubert Urban, Vorstand der Innsbrucker Klinik im Jahr 1938 und von 1946 bis 1958, prägten Schüler Carl Mayers, die Professoren Helmut Scharfetter und Hans Ganner, bis 1974 die Innsbrucker Klinik. Da ein weiterer Mitarbeiter von Carl Mayer, Otto Reisch, zwischen 1940 und 1945 die Psychiatrisch-Neurologische Klinik der Universität Graz leitete, scheint es angezeigt, hier auch die Persönlichkeit und das Wirken von Carl Mayer, sowie die Biografien seiner habilitierten Mitarbeiter darzustellen.

Die Psychiatrisch-Neurologische Universitätsklinik in Innsbruck vor 1938: die „C.-Mayer-Schule"

Carl Mayer (1862–1936), 1862 in Wien geboren, wurde 1887 Assistent bei Theodor Meynert, bei dem er bis zu dessen Tod 1892 verblieb. Seine Habilitation erfolgte 1893. Bereits ein Jahr später wurde er, 32-jährig, als Professor für Psychiatrie und Nervenpathologie in der Nachfolge von Prof. Dr. Gabriel Anton auf den Innsbrucker Lehrstuhl berufen. Carl Mayer

---

1 Vgl. die Geleitworte von Dekan H. Braunsteiner in: Franz Huter, Hundert Jahre Medizinische Fakultät Innsbruck 1869–1969 (Innsbruck 1969), V–VIII.

konnte zu dieser Zeit bereits auf eine kurze Supplentur der Zweiten Psychiatrischen Klinik in Wien verweisen. In Innsbruck förderte er die neuroanatomische und pathologisch-histologische Forschungsrichtung: Carl Mayer und seinen Mitarbeitern sind grundlegende Beschreibungen der choreatischen Bewegungsstörungen, der Widerstandsbereitschaft des Bewegungsapparates sowie des Zwangsgreifens und des Nachgreifens zu verdanken. Er veröffentlichte Studien über die Encephalitis epidemica und die Pellagra. Hierbei beschrieb er als erster Autor die Symptomatik des organischen Psychosyndroms. Psychiatrisches Interesse demonstriert seine Arbeit „Über Halbtraumzustände" sowie seine gemeinsam mit Rudolf Meringer publizierte Monografie „Versprechen und Verlesen".[2] Diese 204 Seiten umfassende, 1885 in der renommierten Göschen'schen Verlagsbuchhandlung gedruckte Studie erschien sechs Jahre vor Sigmund Freuds „Psychopathologie des Alltagslebens" (1901 bzw. 1904), in welcher sich dieser erstmals mit Fehlleistungen auseinandersetzte.[3]

Carl Mayer richtete neben dem pathologisch-histologischen Labor auch frühzeitig an seiner Klinik ein „Laboratorium für Experimentelle Psychologie" ein, das von seiner Gattin, Frau Dr. Franziska Mayer-Hillebrand, geleitet wurde.[4] Bis zu seinem Tod war Carl Mayer gemeinsam mit Fritz Hartmann (Graz), Otto Pötzl (Wien) und Julius Wagner-Jauregg (Wien) Herausgeber der „Jahrbücher für Psychiatrie und Neurologie". In seiner letzten Arbeit beschrieb er 1934 das klinische Syndrom der parasagittal wachsenden Tumore, das heute, seiner Anregung folgend, als „Mantelkanten-Syndrom"[5] bezeichnet wird. Mit seinem Namen ist auch der „Grundgelenksreflex" verbunden, der Hinweise auf eine Pyramidenbahnschädigung ermöglicht.

Carl Mayer setzte sich vehement – unter uneigennützigem Einsatz eigener finanzieller Mittel – für einen Psychiatrie und Neurologie umfassenden Neubau der Innsbrucker Klinik ein, dessen Spatenstich er noch beiwohnen konnte, dessen Vollendung er aber nicht mehr erlebte: Er verstarb am 24. April 1936 in Innsbruck. Stets betonte er die Verbindung von psychiatrischem Denken und klinisch-neurologischer Beobachtung und förderte das „Verständnis der Psychosen im Licht der Kenntnis der Function des Nervensystems. […] Oberstes Gesetz an der Klinik *Mayer* war nicht die Organisation, auch nicht die wissenschaftliche Arbeit – obwohl

---

2 Für den kognitiven Prozess der Sprachproduktion gewähren die Versprecher Einblick in die Sprachrepräsentations- und -verarbeitungsaspekte. Vor- und Nachwirkungen als Serialisierungsfehler stellen – wie Meringer und Mayer es beschrieben haben – die große Mehrheit aller Versprecher dar: sie enthüllen keinen verborgenen Sinn. Näheres findet sich bei: Hartmann HINTERHUBER, Sigmund Freud, Rudolf Meringer und Carl Mayer. Versprechen und Verlesen. Von der Vorgeschichte einer Kontroverse zu den Erkenntnissen der modernen Linguistik, in: Neuropsychiatrie 21/4 (2007), 291–301. In dieser Studie wird auch dargestellt, mit welcher Leidenschaft damals Wissenschaftler ihre Standpunkte vertreten haben!

3 Sigmund Freud kannte das Buch von Meringer und Mayer, er hat auch fleißig daraus zitiert, ohne jedoch jemals die Quelle anzugeben! Die Folge war eine sehr emotional geführte jahrelange Polemik mit verbalen Attacken, in die sich auch C. G. Jung einbrachte. Die Monografie „Versprechen und Verlesen" von Meringer und Mayer ist 1978 in Amsterdam durch John Benjamins B.V. neu gedruckt und verlegt worden.

4 Frau Dr. Franziska Mayer, geboren am 10. August 1885, habilitiert am 29. Oktober 1932, wurde am 10. Februar 1944 zur außerplanmäßigen Professorin ernannt. In den für unseren Untersuchungszeitraum entscheidenden Jahren hielt sie Vorlesungen u. a. mit dem Titel „Philosophie mit besonderer Berücksichtigung der Psychologie", „Angewandte Psychologie mit besonderer Berücksichtigung der pädagogischen Psychologie und Charakterkunde" sowie „Richtungen und Methoden der neueren Psychologie". Vgl. Alma KREUTER, Deutschsprachige Neurologen und Psychiater. Ein biographisch-bibliographisches Lexikon von den Vorläufern bis zur Mitte des 20. Jahrhunderts, 3 Bde (München u. a. 1996), hier Bd. 2, 928–930.

5 Carl MAYER, Zur Klinik und Anatomie der Hirntumoren, in: Nervenarzt 7 (1934), 105–112.

diese so schöne Früchte ernten ließ – auch nicht der Unterricht, dem C. Mayer sehr viel Energie und Zeitaufwand widmete, oberstes Gesetz war und blieb das Wohl der Patienten."[6]

Insgesamt widmeten sich zehn Artikel in Festschriften und Nachrufen der Biografie und der Persönlichkeit Carl Mayers: Alle vermitteln das Bild eines Grandseigneurs, der sich vornehm zurückhaltend, aber engagiert um das Wohl der ihm anvertrauten PatientInnen und seiner MitarbeiterInnen kümmerte. Politischen Extremismen stand er ablehnend gegenüber. Es fällt auf, dass keiner der nicht wenigen Nachrufe bzw. Laudationes aus der Riege seiner jüngeren von der NS-Ideologie korrumpierten Mitarbeiter stammt.[7] Eine berührende, von größter Wertschätzung getragene Rede hielt anlässlich der Enthüllung der Büste Carl Mayers am 21. Februar 1938 Franz Schmuttermayer, der seinen Lehrer zusammenfassend als einen „Mann von Format" bezeichnete und am Schluss seiner Rede den Dank mit einem Gelöbnis verband: „Ehrlich weiterzuarbeiten, nach besten Kräften, in seinem Sinne!"[8] Schmuttermayer wurde schon am 18. November 1938 aufgrund seiner Gegnerschaft zum Nationalsozialismus und seiner christlichen Wertorientierung vom Rektor der Universität Innsbruck fristlos entlassen. Die Tatsache, dass mehrere Mitarbeiter der Klinik Mayer vom Nationalsozialismus korrumpiert waren, kann daher nicht auf eine entsprechende Gesinnung des Klinikvorstandes zurückgeführt werden.

Insgesamt fünf wissenschaftlich qualifizierte Mitarbeiter der „C.-Mayer-Schule" wandten sich der akademischen Laufbahn zu.

– Georg Stiefler (1876–1939),[9] 1876 in Linz geboren, habilitierte sich 1920. Nach der Übernahme des Primariates für Psychiatrie und Neurologie am AKH und am Krankenhaus der Barmherzigen Brüder in Linz wurde ihm 1926 der Titel eines außerordentlichen Universitätsprofessors verliehen.

– Eduard Gamper (1887–1938),[10] 1887 in Kappl in Tirol geboren, habilitierte sich ebenfalls 1920 und wurde 1930 als Nachfolger von Otto Pötzl als Ordinarius für Psychiatrie und Neurologie an die Deutsche Universität Prag berufen. Er zählte zu den führenden Neurologen seiner Zeit: „Sein Arbeitsgebiet reicht von streng neurologischen, klinischen und anatomischen Einzelfragestellungen bis zu umfassenden forensisch-psychiatrischen Problemen. […] Welches moderne Hand- oder Lehrbuch man auch aufschlägt, immer wird man Gampers Namen beggnen."[11] Als erster erkannte Gamper als Ursache des Korsakow-Syndroms eine Störung im Bereich des limbischen Systems, besonders in den Corpora mamillaria und im Hippocampus. Weltweite Beachtung fand seine Studie „Bau und Leis-

---

6 Hans GANNER, Lehrkanzeln und Klinik für Psychiatrie und Neurologie, in: Franz Huter, Hg., Hundert Jahre Medizinische Fakultät Innsbruck 1869–1969 (Innsbruck 1969), 413–438, hier 418–419. Dieser sehr ausführlichen Arbeit meines Vor-Vorgängers verdanke ich wertvolle Anregungen und sehr wichtige Hinweise.

7 Würdigungen über Carl Mayer verfassten Fritz Hartmann, Anton Gabriel, Eduard Gamper, Franz Schmuttermayer, Georg Stiefler und Julius Wagner-Jauregg.

8 Franz SCHMUTTERMAYER, Carl Mayer. Rede zur Enthüllung seiner Büste im Neubau der Innsbrucker Psychiatrisch-Neurologischen Klinik am 21.2.1938 (mit einer Bibliographie im Anhang), in: Monatsschrift für Psychiatrie und Neurologie 100 (1938), 1–8. Gleichzeitig mit der öffentlichen Präsentation der Bronzebüste – gestaltet vom Künstler Santifaller – hielt Hubert Urban seine (erste) Antrittsvorlesung.

9 Vgl. KREUTER, Neurologen und Psychiater, wie Anm. 4, Bd. 3, 1422–1424.

10 Vgl. ebd., Bd. 1, 425–426.

11 GANNER, Lehrkanzeln, wie Anm. 6, 420.

tungen eines menschlichen Mittelhirnwesens",[12] in der er einen Säugling mit Arhinencephalie und Encaphalocele vorstellte. Dadurch hat er sich große Verdienste um die Erforschung des Stammhirnes erworben. Ein tragischer Autounfall beendete bereits am 20. April 1938 das Leben dieses so erfolgreichen und integren Wissenschaftlers und Lehrers.[13]

- Helmut Scharfetter (1893–1979), 1893 in Schwaz geboren, erforschte Neuritiden unterschiedlicher Ätiologie und widmete sich verschiedenen Aspekten der damals grassierenden Encephalitis epidemica. Auf dem Gebiet der endokrinologischen Psychiatrie publizierte er – gemeinsam mit Gamper – in Bumkes renommierten „Handbuch der Geisteskrankheiten" (1928) das Kapitel „Das Myxödem und der endemische Kretinismus". Der das Myxödem betreffende Teil wurde seine Habilitationsschrift.[14] Von 1938 bis 1945 war er Vorstand der Innsbrucker Psychiatrisch-Neurologischen Klinik. Darauf wird noch näher eingegangen werden.[15]

- Raimund Untersteiner (1894–1948), 1894 in Meran geboren, habilitierte sich 1925. Seine wissenschaftlichen Interessen führten zu bahnbrechenden Erkenntnissen im Gebiet der Serologie und der Liquordiagnostik.[16] Untersteiner wurde 1938 als Primarius an die neu errichtete Neurologische Abteilung im St. Johann-Spital in Salzburg bestellt.[17]

- Einen Sonderfall stellt Otto Reisch (1891–1977) dar, dessen Habilitation wohl von Carl Mayer gefördert, aber bis 1938 vom Unterrichtsministerium abgelehnt wurde. Es scheint aber angezeigt, ihn an dieser Stelle zu erwähnen. Otto Reisch, 1891 in Linz geboren, erhielt nach seiner Promotion 1924 ein Rockefeller-Stipendium und trat 1926 als Assistent seinen Dienst an der C.-Mayer-Klinik an. Das Forschungsgebiet Reischs war sehr weit gespannt, er beschäftigte sich klinisch und wissenschaftlich mit Problemen der Impfencephalitis, mit dem Muskeltonus (vorwiegend bei extrapyramidalen Erkrankungen), mit der Insulin-Koma-Therapie und der diagnostischen Bedeutung der durch intravenöse Cardiazol-Injektionen ausgelösten epileptiformen Erscheinungen. Bekannt wurde seine Abhandlung über den Boxkampf und seine Auswirkungen auf das zentrale Nervensystem. 1935 wurde seine Habilitation mit dem Titel „Über die Phänomenologie und die pathologisch-physiologischen Grundlagen der erhöhten Spannungszustände im choreatischen Syndrom" wohl vom Professorenkollegium (Relatoren: E. Brücke und A. Steyrer) positiv erledigt, aufgrund der nationalsozialistischen Betätigung des Autors vom Ministerium jedoch zurückgewiesen. Infolge seiner politischen Orientierung wurde Reisch ebenfalls für eine längere Supplierung der vakanten Innsbrucker Lehrkanzel nicht in Betracht gezogen. Auch wurde die Weiterbestellung als Assistent abgelehnt. 1936 übersiedelte er als „politischer Flüchtling" an das

---

12 Eduard GAMPER, Bau und Leistungen eines menschlichen Mittelhirnwesens, in: Zeitschrift für die gesamte Neurologie und Psychiatrie 104 (1926), 49–120.
13 GANNER, Lehrkanzeln, wie Anm. 6, 420–421.
14 Eduard GAMPER / Helmut SCHARFETTER, Das Myxödem und der endemische Kretinismus, in: Oskar Bumke, Hg., Handbuch der Geisteskrankheiten, Bd. 10 (Berlin 1928).
15 Siehe dazu den Beitrag von Hartmann HINTERHUBER in diesem Band mit dem Titel: „Kontinuitäten und Diskontinuitäten in der Psychiatrie Tirols nach 1945".
16 Raimund UNTERSTEINER, Serologische Beiträge zur Malariabehandlung der Dementia paralytica, in: Deutsche Zeitschrift für Nervenheilkunde 85/5 (1925), 225–240.
17 Josef LACKNER, Das Landeskrankenhaus Salzburg nach dem Anschluss, in: Salzburg. Geschichte und Politik. Mitteilungen der Hans-Lackner-Forschungs-Gesellschaft 3/4 (2008), 104–119.

Robert-Koch-Krankenhaus in Berlin. Die Venia Legendi wurde ihm erst – wie bereits erwähnt – 1938 erteilt. 1940 erfolgte der Ruf an die Grazer Psychiatrisch-Neurologische Klinik. Aufgrund seiner NS-Vergangenheit – Reisch war auch „T4-Gutachter" – wurde er 1945 amtsenthoben und aus dem öffentlichen Dienst entlassen.[18]

An Vorlesungen wurden in den Jahren vor 1938 im Bereich der Psychiatrie neben der Hauptvorlesung „Diagnostik und Behandlung der Geistesstörungen" von Mayer (jeweils am Montag und Dienstag von 18.00 bis 19.30 Uhr) noch zwei Lehrveranstaltungen angeboten, nämlich „Einführung in die Psychoanalyse" von Mayer gemeinsam mit Schmuttermayer sowie die von Stiefler gestaltete „Einführung in die Psychiatrie".

Im Personalstand der Psychiatrisch-Neurologischen Universitätsklinik Innsbruck scheinen am Ende der Vorstandschaft von Carl Mayer 1934 insgesamt fünf Assistenzärzte auf: Helmut Scharfetter, Otto Reisch, Franz Schmuttermayer, Hans Ganner und Erna Ludwig. Der Klinik zugeordnet waren weiters tit. ao. Univ.-Prof. Dr. Georg Stiefler und Doz. Dr. Raimund Untersteiner.

Nach der Emeritierung von Carl Mayer 1934 legte das Professorenkollegium dem Ministerium insgesamt sechs Besetzungsvorschläge vor, die ausschließlich Reichsdeutsche, deutschvölkische und/oder NS-nahe Bewerber sowie einen Schweizer Eugeniker enthielten. Alle wurden vom Ministerium abgelehnt. Carl Mayer hielt daher bis kurz vor seinem Tod Vorlesungen und nahm Prüfungen ab. Bei seinem Ableben war keiner seiner habilitierten Schüler an der Psychiatrisch-Neurologischen Klinik tätig, da sich Helmut Scharfetter in den Jahren 1935 bis 1937 als frei praktizierender Nervenarzt in Innsbruck niedergelassen hatte und die supplierende Leitung von Otto Reisch 1936 sehr rasch endete, da er von der Universität entlassen wurde. Ihm folgte als interimistischer Vorstand Franz Schmuttermayer.

Während der Vakanz der Vorstandschaft vom WS 1934/35 bis zum WS 1938/39 reduzierte sich das psychiatrisch-psychotherapeutische Lehrangebot: Schmuttermayer hielt im WS 1934/35 letztmalig seine „Einführung in die Psychoanalyse", die Vorlesung von Stiefler wurde von Scharfetter übernommen, der während der nächsten zwei Semester auch die „Einführung in die allgemeine Psychopathologie" gestaltete. Vom SS 1936 bis zum WS 1938/39 wurden somit nur die Hauptvorlesung sowie jene von Scharfetter über „Gerichtliche Psychiatrie" angeboten. Obwohl Scharfetter in den Jahren 1935 bis 1937 nicht an der Klinik tätig war, scheint er noch im SS 1936 im Personalstand der Klinik auf.

---

18 Bezüglich seiner Kompromittierung im Nationalsozialismus siehe HINTERHUBER, Kontinuitäten, wie Anm. 15. sowie – vor allem – den Beitrag von Carlos WATZKA in diesem Band mit dem Titel „Die ‚Fälle' Wolfgang Holzer und Hans Bertha sowie andere ‚Personalia'. Kontinuitäten und Diskontinuitäten in der Grazer Psychiatrie 1945–1970".

1938–1945: Die Klinikvorstände Hubert Urban und Helmut Scharfetter

Mit Erlass vom 29. September 1937 wurde Hubert Urban, Privatdozent für Psychiatrie und Neurologie an der Universität Wien, mit der supplierenden Leitung der Innsbrucker Klinik und mit der Übernahme der Hauptvorlesungen und Prüfungen betraut.[19] Vorausgegangen war eine schriftliche Urgenz des Bundesministers für Unterricht, worauf die „Dienststelle der vaterländischen Front an der Universität Innsbruck" ein Sondervotum für Urban abgab. Die lange Vakanz der Psychiatrisch-Neurologischen Klinik wurde jedoch erst am 28. Januar 1938 beendet: Mit diesem Datum wurde durch einen Ministerialerlass Doz. Dr. Hubert Urban zum ao. Univ.-Professor und Vorstand der Innsbrucker Klinik ernannt.

Hubert Urban, am 4. Juni 1904 in Linz geboren, absolvierte sein Medizinstudium in Innsbruck und Wien und trat 1930 in die Wiener Klinik von Otto Pötzl ein, an der er bis 1936 tätig war. San Francisco (1930–1931), Paris (1931–1932), Stockholm (1934) und Breslau (1936) waren Stationen längerer Auslandsaufenthalte. Seine Habilitationsschrift aus dem Jahr 1936 behandelte Fragen der „Klinik und Pathologie der Hämangioblastome im Zentralnervensystem".[20] Gemeinsam mit Herbert Olivecrona (Stockholm) publizierte Urban eine Studie über Siebbein-Meningiome.[21] Sein gemeinsam mit Arthur Schüller herausgegebene Atlas „Craniocerebrale Schemata für die röntgenografische Lokalisation"[22] stellte für Generationen von RöntgenärztInnen, NeurochirurgInnen, NeurologInnen und PsychiaterInnen sowie auch für Medizinstudierende ein wertvolles Hilfsmittel der Orientierung innerhalb des Zentralnervensystems dar. Wesentliche Arbeiten kreisen um neurochirurgische Schwerpunkte, so publizierte er Studien zu unterschiedlichen Kontrastmittelverfahren, behandelte die Chirurgie des Sympathikus sowie der Trigeminusneuralgien und führte galvanische und faradische Reizversuche an der Okzipitalregion durch. Seine Arbeiten behandelten auch Fragen der gestörten künstlerischen Leistung bei sensorischer Aphasie sowie kasuistische Studien zur cerebralen Hemianopsie sowie zur Geschmackshyperpathie bei einem medullären Herd.

Vor seiner Berufung nach Innsbruck war Urban Vorstand der Neurologischen Abteilung am Versorgungsheim der Stadt Wien gewesen. Drei Wochen nach seiner Berufung nach Innsbruck hielt er am 21. Februar 1938 seine Antrittsvorlesung mit dem Titel „Die Bedeutung der modernen Erblehre für die Neurologie und Psychiatrie".[23] Darin setzte er sich mit den Grundzügen der Degenerationslehre und den eugenischen Tendenzen der Zeit auseinander, distanzierte sich aber von der „in manchen Staaten übliche[n] Sterilisierung" und plädierte für „die Erleichterung der Eheschließung für Erbgesunde und die Förderung kinderreicher, gesunder Familien".

---

19 Gerhard Oberkofler / Peter Goller, Hg., Die Medizinische Fakultät Innsbruck. Faschistische Realität (1938) und Kontinuität unter postfaschistischen Bedingungen (1945). Eine Dokumentation (Innsbruck 1999), 209; Ganner, Lehrkanzeln, wie Anm. 6, 426.
20 Hubert Urban, Zur Klinik und Pathologie der Hämangioblastome im Zentralnervensystem, in: Zeitschrift für die gesamte Neurologie und Psychiatrie 155/1 (1936), 798–825.
21 Herbert Olivecrona / Hubert Urban, Über Meningeome der Siebbeinplatte, in: Bruns' Beiträge zur klinischen Chirurgie 161 (1935), 224–253.
22 Arthur Schüller / Hubert Urban, Craniocerebrale Schemata für die röntgenographische Lokalisation (Leipzig 1934).
23 Vgl. Hubert Urban, Die Bedeutung der modernen Erblehre für die Neurologie und Psychiatrie, in: Schweizerische Medizinische Wochenschrift 68 (1938), 685–690; auch Hubert Urban, Psychiatrie und Genetik. Tiroler Anzeiger (24. Februar 1938), 7.

Nach dem „Anschluss" verfügte bereits am 29. April 1938 der kommissarische Rektor Harold Steinacker die Beurlaubung von Hubert Urban. Als Gegner des Nationalsozialismus und als bekennender Katholik wurde Urban ohne Pensionsansprüche amtsenthoben und entlassen.[24] Gleichzeitig mit der Entlassung Urbans übertrug der Rektor die kommissarische Leitung der Psychiatrisch-Neurologischen Klinik an Helmut Scharfetter. Das Professorenkollegium der Medizinischen Fakultät hatte schon am 18. März 1938 einstimmig das Unterrichtsministerium ersucht, Scharfetter zum Vorstand der Klinik zu berufen, da er bereits im letzten – erweiterten – Besetzungsvorschlag nominiert worden war. Helmut Scharfetter trat früh in die Großdeutsche Partei, später dann in die NSDAP ein. Aus diesen Gründen war er für die Supplierung der vakanten Lehrkanzel nicht in Betracht gezogen worden. Auch sein Antrag auf Weiterbestellung als Assistenzarzt wurde abgelehnt.

Scharfetter hatte sich 1928 habilitiert mit einer wissenschaftlich bedeutsamen Arbeit über „Das Myxödem". Einen weiteren Schwerpunkt bildete die Erforschung der Encephalitis epidemica, wobei er besonders die extrapyramidalmotorischen Blickkrämpfe sowie die Halluzinationen und Zwangsvorstellungen als Folge dieser Erkrankung bearbeitete. Zusammen mit Eduard Gamper widmete er sich der Symptomatik und Epidemiologie des Kretinismus. Neben den Arbeiten zur endokrinologischen Psychiatrie widmete er sich speziellen Bereichen der Narkolepsie und des Schlaganfalles. Nicht wenige Publikationen kreisen um forensisch-psychiatrische Fragestellungen. Seine letzte Arbeit behandelte im Jahr 1967 „Die sogenannten Ventrikelblutungen und die ohne Ventrikeleinbruch unvermittelt tödliche Subarachnoidalblutung".[25]

Ab 1943 amtierte Helmut Scharfetter als „kommissarischer Dekan" der Medizinischen Fakultät. Erwähnenswert ist die Tatsache, dass er in dieser Funktion kategorisch Schwangerschaftsabbrüche bei Ostarbeiterinnen verbot, die an der Chirurgischen Universitätsklinik hätten durchgeführt werden sollen.[26] Auch unterstützte er im Dezember 1940 den Protest von Primarius Ernst Klebelsberg, Direktor der Heil- und Pflegeanstalt Hall i. T., bei Gauleiter Hofer gegen den vorgesehenen Transport von PatientInnen in die Tötungsanstalt Hartheim bei Linz: Dadurch gelang es, 110 Kranke vor dem sicheren Tod zu erretten. Setzte sich Helmut Scharfetter somit auch für PatientInnen ein, war er zugleich aber als Parteifunktionär dem NS-System ergeben.

Der Psychiatrisch-Neurologischen Klinik in Innsbruck oblag während des Zweiten Weltkriegs auch die Führung eines sehr großen „Militärambulatoriums" sowie je einer psychiatrischen und neurologischen „Reservelazarettabteilung". Da Scharfetter genauso wie die Professoren Burghard Breitner (Chirurgie) und Rudolf Rittmann (innere Medizin) offiziell zur Wehrmacht eingezogen worden waren, hatte er – wie auch diese – beratende Funktionen im gesamten Wehrkreis zu übernehmen und die verschiedenen Reservelazarette zu beaufsichtigen. Aufgrund des zunehmenden Luftkrieges wurde eine „Ausweichabteilung der Psychia-

---

24 Vgl. OBERKOFLER / GOLLER, Medizinische Fakultät Innsbruck, wie Anm. 19, 209.
25 Helmut SCHARFETTER, Die sogenannten Ventrikelblutungen und die ohne Ventrikeleinbruch unvermittelt tödliche Subarachnoidalblutung, in: Wiener Zeitschrift für Nervenheilkunde 25 (1967), 402–414.
26 Christian SMEKAL / Hartmann HINTERHUBER / Ullrich MEISE, Hg., Wider das Vergessen. Psychisch Kranke und Behinderte – Opfer nationalsozialistischer Verbrechen. Gedenkschrift der Leopold-Franzens-Universität Innsbruck (Innsbruck 1997); Hartmann HINTERHUBER, Die Innsbrucker Medizinische Fakultät in den Jahren 1938–1945, in: Hans Grunicke, Hg., Die Innsbrucker Medizinische Schule (Innsbruck 2010), 67–77.

trisch-Neurologischen Universitätsklinik" im Hotel Dreitorspitz in Seefeld etabliert. Die Betreuung der in Innsbruck verbliebenen Kranken erfolgte weitgehend im notdürftig adaptierten Kellergeschoss des Klinikgebäudes. Am 20. Oktober 1944 zerstörte im Rahmen des vierten Luftangriffes auf Innsbruck eine Bombe einen Teil der Psychiatrisch-Neurologischen Klinik.

Während der Vorstandschaft von Helmut Scharfetter erfolgte eine Habilitation: Hans Ganner (1905–1995), 1905 in Innsbruck geboren, seit 1930 Assistent bei Carl Mayer, erhielt 1940 mit einer Arbeit über eine seltene extrapyramidalmotorische Erkrankung die Venia Legendi. Vorausgegangen sind Studienaufenthalte bei den Professoren Oswald Bumke und Hugo Spatz in München. 1945 wurde Ganner die Habilitation aufgrund seiner NS-Betätigung aberkannt. Die Venia Legendi wurde ihm 1952 wieder verliehen.

Im Vorlesungsverzeichnis und im Personalstand[27] der Universität Innsbruck des WS 1938/39 wird Scharfetter als „Kommissarischer Leiter" der Psychiatrisch-Neurologischen Universitätsklinik erwähnt: Hubert Urban wird mit keinem Wort genannt! Als Assistenten werden neben Schmuttermayer und Ganner noch Elisabeth Niedoba und Walter Längle genannt. Im SS 1939 wird überraschenderweise die Klinikleitung als vakant angegeben. Otto Reisch scheint nun erstmals unter den Dozenten (2. März 1938) mit der Adresse: Wien, Reichsstatthalterei, auf. Hans Ganner wird als „Dr. med. habil." geführt. Als Dozent wird er erst im 3. Trimester 1940 mit Datum 30. Mai 1940 tituliert. Die Berufung von Hubert Urban zum außerordentlichen Universitätsprofessor für Psychiatrie und Neurologie sowie dessen Ernennung zum Klinikvorstand Anfang 1938 findet in keinem Vorlesungsverzeichnis oder Personalstand Erwähnung.

Während der gesamten Vorstandschaft von Scharfetter ist das Lehrangebot der Klinik sehr begrenzt, er übernahm die Hauptvorlesung (zu denselben Zeiten, wie sie bereits unter Carl Mayer stattfand) und Hans Ganner die „Einführung in die Psychiatrie". Auch die Vorlesung „Gerichtspsychiatrie in ihrer allgemeinen und ärztlichen Bedeutung" hielt Scharfetter persönlich. Im SS 1942 scheint er als „im Wehrdienst" befindlich auf. Diesen Status behielt er auch als kommissarischer Dekan der Medizinischen Fakultät vom SS 1943 bis zum SS 1945 bei. Ab SS 1942 wurde der Name der Hauptvorlesung erweitert, sie nannte sich nun „Psychiatrie und Nervenklinik, einschließlich Wehrpsychologie". Der Personalstand erfährt während dieser Jahre keine Veränderung, de facto ist die Zahl der Assistenten durch den Wehrdienst von Hans Seidel sogar reduziert.

Im ersten Trimester 1940 scheint im Vorlesungsverzeichnis erstmals auch ein „Institut für Erb- und Rassenbiologie" auf, geleitet von ao. Prof. Dr. Friedrich Stumpfl (1902–1994), der Vorlesungen über „Menschliche Erblehre als Grundlage der Rassenhygiene" sowie über „Bevölkerungspolitik" anbot: Im SS 1939 wurde der Psychiater Stumpfl vom Kaiser-Wilhelm-Institut (Deutsche Forschungsanstalt für Psychiatrie) in München vertretungsweise mit der Führung der neu errichteten Lehrkanzel und des Institutes betraut. Seine Lehrbefugnis umfasste „Psychiatrie, Kriminalbiologie und Erbcharakterkunde". Mit WS 1939/40 wurde er zum ao. Professor und Direktor des erwähnten Institutes ernannt. Friedrich Stumpfl hatte seine Ausbildung an der Wiener Psychiatrisch-Neurologischen Universitätsklinik bei den Professoren Wagner-Jauregg und Pötzl erhalten und habilitierte sich 1935 mit der Schrift „Erbanlage und

---

27 Die Vorlesungsverzeichnisse und Personalstände werden in der Universitätsbibliothek Innsbruck aufbewahrt.

Verbrechen".[28] Erwähnt werden muss, dass Stumpfl jene Planstelle übertragen wurde, die durch den Suizid von Prof. Dr. Gustav Bayer, dem Inhaber der Lehrkanzel für allgemeine und experimentelle Pathologie, angesichts des Einmarsches der Deutschen Wehrmacht und der ihn bedrohenden nazistischen Barbarei im März 1938 frei geworden war![29] 1939 verfügte das noch von einem Staatssekretär geleitete Unterrichtsministerium in Wien die Auflösung des Allgemein-Pathologischen Institutes und übereignete die Räume und das gesamte Inventar der neu errichteten Lehrkanzel für Erb- und Rassenbiologie![30] Das Institut wurde 1945 in „Institut für Erbbiologie" umbenannt und 1947 aufgehoben. Im SS 1941 arbeitete Otto Scrinzi an dem von Stumpfl geleiteten Institut. Im Vorlesungsverzeichnis (zweites Trimester 1940) werden Helmut Scharfetter und Friedrich Stumpfl mit der Datumsangabe 1. Juli 1939 bzw. 1. August 1939 als ao. Professoren erwähnt.

Forschung und Lehre an der Innsbrucker Psychiatrisch-Neurologischen Klinik unter der Leitung Hubert Urbans: 1946–1958

Für das vom 2. April bis zum 15. August währende SS 1945 erschien wohl noch ein Vorlesungsverzeichnis, Vorlesungen wurden aber nicht gehalten. Im Verzeichnis für das WS 1945/46 scheint Hubert Urban – erstmals – als ao. Professor für Psychiatrie und Neurologie auf, als Klinikvorstand wird jedoch nach wie vor Scharfetter erwähnt! Im Personalstand der Klinik wurde einzig und allein Doz. Hans Ganner genannt. Als Vorlesung wird immer noch die von Scharfetter gestaltete, dreistündige Hauptvorlesung „Diagnostik und Behandlung von Geistesstörungen" angegeben, weiters die Lehrveranstaltung von Ganner. Ungeklärt bleibt die Frage, wer die genannten Vorlesungen tatsächlich gehalten hat. Stumpfl las im Wintersemester 1945/46 nun aber als „Professor für Anthropologie und Erbbiologie" über „Grundzüge der Kriminalpsychologie für Mediziner, Juristen und Lehramtskandidaten". Im Rahmen der Lehrveranstaltungen des Institutes für Anatomie hielt er die Vorlesung „Biologie der Vererbung".

Nach dem Ende der nationalsozialistischen Diktatur war Hubert Urban zwar wieder als Vorstand der Innsbrucker Nervenklinik eingesetzt worden, als ausgewiesener Neurochirurg bemühte er sich zunächst aber um die Leitung des „Fachlazarettes für Hirn-, Rückenmarks- und Nervenverletzte", das gegen Kriegsende in Bad Ischl errichtet worden war und hohe fachliche Kompetenz aufwies. In der Tat wurde er zum „öffentlichen Verwalter" des „Neurochirurgischen Institutes in Bad Ischl" bestellt. Diese Tätigkeit war ihm so wichtig, dass er sich bis zum 31. Dezember 1945 von jeglicher Lehrtätigkeit in Innsbruck beurlauben ließ.[31]

Dies scheint umso bemerkenswerter, als Urban während seines Militärdienstes im Luftwaffenlazarett in Königsberg (Ostpreußen) an einer Scharlachmeningoencephalitis erkrankt war, die zu feinmotorischen Störungen führte, sodass er seine aktive Tätigkeit als Neurochi-

---

28 Friedrich STUMPFL, Erbanlage und Verbrechen. Charakterologische und psychiatrische Sippenuntersuchungen (Berlin 1935).
29 Dazu vollkommen kommentarlos Franz HUTER, Hg., Hundert Jahre Medizinische Fakultät Innsbruck 1869 bis 1969 (Innsbruck 1969), 464; vgl. HINTERHUBER, Innsbrucker Medizinische Fakultät, wie Anm. 26.
30 Vgl. Theodor WENSE, Lehrkanzel und Institut für Allgemeine und Experimentelle Pathologie in: Franz Huter, Hg., Hundert Jahre Medizinische Fakultät Innsbruck 1869 bis 1969 (Innsbruck 1969), 255–266, hier 260–264.
31 Die entsprechenden Dokumente finden sich im Familienarchiv Urban.

rurg beenden musste.³² Als Folge einer Scharlachmeningoencephalitis können – selten – neuropsychiatrisch wirksame Autoimmunerkrankungen auftreten: Antikörper können mit den Basalganglien kreuzreagieren und sowohl zu Beeinträchtigungen der Motorik wie auch zu psychiatrischen Störungen Anlass geben. Die schwerwiegenden Verhaltensauffälligkeiten, die die Amtszeit Hubert Urbans kennzeichneten und zu gravierenden Auseinandersetzungen mit dem Medizinischen Fakultätskollegium sowie mit der Universitätsleitung führten, könnten in diesem Kontext eine Erklärung finden.³³

Überraschend widmete Urban seine zweite Antrittsvorlesung am 21. Februar 1946 – also auf den Tag genau acht Jahre nach seinem ersten Einführungsvortrag – dem Thema „Übernatur und Medizin" und plädierte für eine Miteinbeziehung von übernatürlichen Phänomenen in den medizinischen Alltag. Unabhängig von diesen parapsychologischen Interessen legen aber die Vorlesungen und Seminare Zeugnis von Urbans gewaltigen Willen zur Erneuerung der Psychiatrie wie auch der Neurologie und der Neurochirurgie ab. Im Bereich der Psychiatrie waren Hubert Urbans Interessen sehr weit gestreut. Seine in der Tat umfassende Vorlesungstätigkeit bietet davon ein beredtes Zeugnis. Das Ziel seiner Tätigkeit als Hochschullehrer sah er in einer „analytisch ‚gefärbten' Psychiatrie in Therapie und Lehre".³⁴

Mit der ihm eigenen Zielstrebigkeit und Hartnäckigkeit erweiterte Urban das therapeutische Angebot der Klinik: So gründete er nicht nur das erste psychoanalytisch orientierte Ambulatorium an einer europäischen Universitätsklinik, sondern auch eine „sozialpsychiatrische Abteilung" und leitete eine nachgehende psychiatrische Betreuung ein, indem er – wiederum bahnbrechend in Mitteleuropa – „Social Worker" einstellte. Er begründete des Weiteren Initiativen zur Familienpflege psychisch Kranker und unterstützte gezielt die Tanz- und Musiktherapie. Diese Inhalte versuchte er auch in seinen sozialpsychiatrischen Vorlesungen zu vermitteln.

Seine kinderpsychiatrischen und heilpädagogischen Interessen führten nicht nur zur frühzeitigen Aufnahme einer entsprechenden Vorlesungsreihe, sondern auch zur Gründung der ersten – wenngleich noch kleinen – kinderpsychiatrischen Abteilung in Österreich: Gleich nach der Übernahme der Klinikleitung durch Urban erhielt die Fachärztin für Psychiatrie und Neurologie Dr. Adele Juda den Auftrag, ein „Kinderbeobachtungszimmer" zu errichten. Nach deren Tod wurde Dr. Maria Vogl, die seit 1. Juli 1947 an der Innsbrucker Klinik tätig war, mit der Leitung der kleinen kinderpsychiatrischen Station betraut.³⁵ Maria Nowak-Vogl leitete die

---

32 Freundliche Mitteilung von Dr. Jakob Urban an den Autor am 20. August 2014.
33 Siehe dazu: B. PAGHERA u. a., Reversible Striatal Hypermetabolism in a Case of Rare Adult-onset Sydenham Chorea on Two Sequential 18F-FDG PET studies, in: Journal of Neuroradiology 38 (2011), 325–326; S. KIN u. a., A Case of Adult-onset Sydenham Chorea Accompanied with Psychiatric Symptoms, in: No To Shinkei 58/2 (2006), 155–159.
34 Hubert URBAN, Klinische Psychiatrie und Tiefenpsychologie, in: Wiener Zeitschrift für Nervenheilkunde und deren Grenzgebiete 3 (1951), 421–424.
35 Vgl. Wolfgang BREZINKA, Pädagogik in Österreich. Die Geschichte des Faches an den Universitäten vom 18. bis zum Ende des 20. Jahrhunderts. Band 2: Pädagogik an den Universitäten Prag, Graz, Innsbruck (Wien 2003), 487–490. Am 15. Mai 1959 hat Maria Vogl an der Geisteswissenschaftlichen Fakultät der Universität Innsbruck die Lehrbefugnis als Privatdozentin für „Heilpädagogik" erworben. Dies war die erste Habilitation für das genannte Fach an einer österreichischen Universität. 1972 wurde ihr von der Geisteswissenschaftlichen Fakultät der Universität Innsbruck der Titel einer außerordentlichen Universitätsprofessorin zuerkannt. Laut W. Brezinka zeichneten sich die Veröffentlichungen von Maria Nowak-Vogl „durch Wirklichkeitssinn, anschauliche Fall-Schilderungen und klare, einfache Sprache aus". Er setzt fort: „Sie lagen begrifflich wie systematisch etwas abseits der Pädagogik und haben auf den Fortschritt der Heil- und Sonderpädagogik als erziehungswissenschaftliche Disziplin wenig Einfluss ausgeübt. Sie enthalten jedoch für psychologische und erziehungswissenschaftliche Forscher lehrreiche

Kinderpsychiatrische Station unter verschiedener Bezeichnung und unterschiedlicher Trägerschaft bis in das Jahr 1987.[36]

Trotz seiner deutlichen motorischen Beeinträchtigung engagierte sich Hubert Urban während seiner gesamten Klinikvorstandschaft sehr nachdrücklich für die Belange der Neurochirurgie. So gliederte er als ausgebildeter und praktisch tätiger Neurochirurg den neurochirurgischen Bereich als „Abteilung III" der Psychiatrisch-Neurologischen Klinik ein. Mit der Leitung beauftragte er 1947 den an der Ersten Chirurgischen Klinik in Wien ausgebildeten Dozenten Dr. Wolfram Sorgo (1907–1983). 1951 verließ Sorgo die Innsbrucker Neurochirurgische Abteilung, um an dem renommierten Kadhimain-Klinikum in Bagdad eine leitende Position zu übernehmen. Während seiner Innsbrucker Zeit beschäftigte sich Wolfram Sorgo wissenschaftlich mit den Behandlungsmöglichkeiten des Phantomgliedschmerzes: Darüber publizierte er gemeinsam mit Urban eine umfangreiche Studie.[37] Auf Betreiben Urbans hat zudem Ernst Niedermeyer in Innsbruck schon in den ersten Nachkriegsjahren ein Labor für Elektroenzephalographie aufgebaut und diesem zu einer qualifizierten Entwicklung verholfen.[38]

In der Zeit der Amtsführung von Hubert Urban haben drei seiner Assistenten den Weg der akademischen Laufbahn eingeschlagen, so Peter Dal Bianco, Gerhart Harrer und Ernst Niedermeyer. Auch Heinrich Hetzel wurde von Hubert Urban gefördert, durchgeführt wurde seine Habilitation unter der Vorstandschaft von Hans Ganner. Alle genannten Wissenschaftler hatten in ihren Habilitationen eine neurologische Schwerpunktsetzung:

Anstöße zur Selbstkritik aus der Sicht von Erziehungspraktikern, die deren Ergebnisse zu nutzen bemüht waren und dabei auf übersehene Faktoren und andere Mängel gestoßen sind, an die manche Forscher nie gedacht haben." Bezüglich ihrer kinderpsychiatrisch-heilpädagogischen Praktiken sowie der Personalführung schrieb Brezinka: „Zu den betreuten Kindern wie zu ihren Mitarbeitern verhielt sie sich streng mit wenig Wärme." Bezüglich der Verleihung des Berufstitels siehe: ebd., 488.

36 Obwohl seit 1980 die pädagogischen Maßnahmen Nowak-Vogls zunehmend auch öffentliche Kritik erfuhren, und der Klinikvorstand Prof. Dr. Kornelius Kryspin-Exner entsprechende Maßnahmen einleitete, wurde noch im Jahr ihrer Pensionierung von der Leiterin des Institutes für Erziehungswissenschaften, Ilsedore Wieser, bei der Fakultätssitzung der Innsbrucker Geisteswissenschaftlichen Fakultät am 23. Oktober 1987 (Vorsitz: Dekan Dr. Helmwart Hierdeis) der Antrag auf Einsetzung einer Kommission eingebracht, welche über die Verleihung des Ehrentitels „tit. ordentliche Professorin" an sie beraten sollte. Der Antrag wurde mit einer knappen Stimmenmehrheit abgelehnt (27 Pro-, 33 Gegenstimmen). Aufgrund der „Kinderbeobachtungsstation" entgegengebrachten Vorwürfe bezüglich physischer, psychischer und struktureller Gewalt wurde im Februar 2012 von Rektor Dr. Herbert Lochs eine Medizin-Historische ExpertInnenkommission eingesetzt, um sich wissenschaftlich mit der von Maria Nowak-Vogl geleiteten Station auseinanderzusetzen. Die Ergebnisse wurden 2013 als Bericht von einer Medizin-Historischen ExpertInnenkommission unter dem Titel „Die Innsbrucker Kinderbeobachtungsstation von Maria Nowak-Vogl", herausgegeben von der Medizinischen Universität Innsbruck veröffentlicht. Vgl. dazu auch den Beitrag von Elisabeth DIETRICH-DAUM in diesem Band, mit dem Titel: „Kinder und Jugendliche aus Südtirol auf der Kinderbeobachtungsstation von Maria Nowak-Vogl in Innsbruck (1954–1987) – ein Projektbericht".

37 Die Biografie von Wolfram Sorgo ist nur wenig erforscht: Nach seinem Medizinstudium in Graz war er dort als Assistenzarzt tätig, 1937 wechselte er an das Kaiser-Wilhelm-Institut für Hirnforschung nach Berlin-Buch. 1939 wurde er Assistenzarzt, 1940 Oberarzt an der Ersten Chirurgischen Klinik in Wien, an der er auch nach seiner 1941 erfolgten Habilitation bis 1945 verblieb. Von Urban 1947 als Leiter der Neurochirurgischen Abteilung der Psychiatrisch-Neurologischen Klinik nach Innsbruck berufen, wechselte er 1951 an das Kadhimain-Klinikum nach Bagdad. Ab 1964 scheint er überraschend als Praktischer Arzt in Klein St. Paul in Kärnten auf. Vgl. Michael HUBENSDORF, Österreichische Schulen der Psychiatrie und Neurologie, in: Eberhard Gabriel / Wolfgang Neugebauer, Hg., Von der Zwangssterilisierung zur Ermordung (= Zur Geschichte der NS-Euthanasie in Wien 2, Wien 2002), 405–420, hier 415.

38 Hubert URBAN, Psychiatrie in Innsbruck, in: Medizinische Rundschau 2/1 (1949/50), 10–11.

- Peter Dal Bianco (1912–1974), in Wien 1912 geboren, wurde 1946 von Urban als wissenschaftlicher Assistent nach Innsbruck gerufen. Sein großes Bemühen war es, die Muskelphysiologie, die Gelenksmechanik und die Neurologie in einer synthetischen Betrachtungsweise zu vereinen. Darüber hinaus war sein Arbeitsgebiet breit gestreut, er beschäftigte sich mit Liquordiagnostik, aber auch mit einer pathographischen Analyse von Kaiser Claudius und mit „Willensfreiheit als naturwissenschaftliches Problem".[39] Seine Habilitation erfolgte 1948 mit der Arbeit: „Zur Koordination der Stoßbewegungen – ein experimenteller Beitrag zur Aktualphysiologie".[40] Nach seiner Übersiedelung nach Wien 1950 wirkte er als Nachfolger von Erwin Stransky als Primarius an der Nervenheilanstalt der Stadt Wien-Rosenhügel.
- Gerhart Harrer (1917–2011), in Innsbruck 1917 geboren, trat 1947 in die Psychiatrisch-Neurologische Klinik Innsbruck ein. Harrer war frühzeitig NS-Organisationen beigetreten, so 1932 dem NS-Schülerbund, es folgte der Beitritt zum NSD-Studentenbund und 1935 die Aufnahme in die (damals noch illegale) SS, im Juli 1940 jene in die NSDAP. Noch während des Habilitationsverfahrens in Innsbruck im Jahr 1951 wurde Harrer zum Primarius der Neurologischen Abteilung an den Landeskrankenanstalten Salzburg berufen. Der Titel eines ao. Univ.-Professors wurde ihm 1960 zuerkannt. 1962 wurde er Direktor der Landesnervenklinik in Salzburg. Seine Bewerbung um die Professur für Neurologie und Psychiatrie an der Medizinischen Fakultät Graz (in der Nachfolge von Hans Bertha) führte zu einer vehementen Kontroverse.[41] Harrer wurde 1971 zum ordentlichen Professor für forensische Psychiatrie an der Juridischen Fakultät der Universität Salzburg ernannt. Der Schwerpunkt von Harrers umfassenden wissenschaftlichen Œuvre lag im vegetativen und endokrinen System: Gemeinsam mit Rolf Frowein publizierte er 1957 das umfangreiche Buch „Vegetativ-endokrine Diagnostik".[42] Beachtung fanden weiters seine Publikationen zu Wirkungen und Nebenwirkungen von Psychopharmaka, zur Parkinsontherapie sowie zur Schlaftherapie. Auch widmete er sich der Behandlung von Abhängigkeitserkrankungen. Erwähnenswert sind seine frühen polygraphischen Untersuchungen, in denen er auch Funktionsabläufe unter emotionaler Belastung studierte. Seine forensisch-psychiatrischen Arbeiten mündeten in die Berufung auf den genannten Lehrstuhl.
- Ernst Niedermeyer (1920–2012) wurde in Schönberg in Schlesien 1920 als Sohn des Pastoralmediziners Albert Niedermeyer geboren. Sein 1938 an der Medizinischen Fakultät Wien begonnenes Medizinstudium durfte er aufgrund des jüdischen Glaubens seines Großvaters und der dezidiert antinationalsozialistischen Haltung seines Vaters, der in das KZ Sachsenhausen deportiert worden war, nicht fortsetzen. Nach seiner Promotion 1947 in Innsbruck war er zuerst Gastarzt, dann ab 1948 Assistent an der Innsbrucker Nervenklinik. Aufgrund eines Stipendiums der Französischen Regierung wurden ihm Studienaufenthalte in Paris und Lyon ermöglicht. Er habilitierte sich 1955 mit der Habilitationsschrift „Über die Reaktion der Großhirnrinde bei vestibulär-calorischer Reizung". Da die Klinik über den Marschall-Plan ein EEG-Gerät erhalten hatte, initiierte Ernst Niedermeyer umfassende und äußerst erfolgreiche epileptologische und elektroencephalographische Studien, die

---

39 Peter Dal Bianco, Willensfreiheit als naturwissenschaftliches Problem (Innsbruck–Wien 1947).
40 Peter Dal Bianco, Zur Koordination der Stoßbewegung, in: Monatsschrift für Psychiatrie und Neurologie 116 (1948), 1–19.
41 Siehe dazu Watzka, Fälle, wie Anm. 18.
42 Rolf Frowein / Gerhart Harrer, Vegetativ-endokrine Diagnostik (Testmethoden) (Wien 1957).

ihn rasch zu einem der weltweit führenden Epileptologen aufsteigen ließen. Bekanntheit erreichte er besonders durch seine Studien zum Verlauf und der Prognose der psychomotorischen Epilepsie, zu den Anfallserkrankungen im höheren Lebensalter sowie zur motorischen Epilepsie bei Thalamus-Syndromen. 1957 publizierte er eine Studie zur Physiologie und Pathophysiologie des Bewusstseins, 1959 eine über die Pathophysiologie der Halluzinationen.[43] Von 1958 bis 1960 war Niedermeyer supplierender Vorstand der Psychiatrisch-Neurologischen Klinik der Universität Innsbruck, die ihm 1960 den Titel eines außerordentlichen Professors verlieh. Noch im gleichen Jahr erhielt Ernst Niedermeyer ein Angebot der Universität von Iowa City, 1965 einen Ruf an das John-Hopkins-Hospital der Universität in Baltimore. Dort war er zuerst als Assistenz-Professor für Neurologie Leiter der EEG-Abteilung. 1973 erhielt er ebendort eine Professur für Neurochirurgie und war somit auch engstens in das epilepsiechirurgische Programm um Earl Walker eingebunden. Ernst Niedermeyer war Autor bzw. Herausgeber der wesentlichen Standardlehrbücher der Epileptologie sowie der Elektroencephalographie[44] seiner Zeit. Seit 1997 im Ruhestand, verstarb er am 5. April 2012.[45]

Die Vorlesungstätigkeit nahm Hubert Urban gemeinsam mit der definitiven Klinikleitung im SS 1946 auf. Unter dem bisherigen Titel „Diagnostik und Behandlung der Geistesstörungen" kündigte er die Hauptvorlesung an, darüber hinaus fehlte noch jedes weitere Angebot. Scharfetter und Ganner scheinen zu diesem Zeitpunkt nicht mehr im Vorlesungsverzeichnis auf, wohl aber Stumpfl mit dessen Assistenten Armand Mergen. Im Personalstand der Nervenklinik wird als „wissenschaftlicher Assistent" einzig und allein Dr. Karl Larcher genannt.

Im WS 1946/47 hielt Hubert Urban gemeinsam mit einem Assistenten die Lehrveranstaltung „Praktische medizinische Psychologie und Einführung in die Psychotherapie". Gleichzeitig begann er das Lehrangebot zu erweitern: Mit Dr. Karl Theo Dussik las er über „Philosophische Propädeutik für Mediziner als Einführung in die allgemeine Psychopathologie" sowie über „Praktische Medizinische Psychologie und Einführung in die Psychotherapie". Im SS 1947 kamen noch die Lehrveranstaltungen „Psychische Erkrankung des Kindesalters", „Psychotherapeutisches Kolloquium für Fortgeschrittene" sowie „Gerichtliche Psychiatrie und Gutachtenübungen" und das „Seminar für Grenzfragen der Psychologie und Medizinische Psychologie" hinzu. Urban schloss noch eine weitere Lücke im Lehrangebot der Medizinischen Fakultät und las gemeinsam mit Peter Dal Bianco über „Massage, Heilgymnastik und physikalische Therapie".[46] Die Lehrveranstaltungen wurden mit unterschiedlichen Mitarbeitern gestaltet. Gemeinsam mit Orth hielt Urban auch ein „Repetitorium für Neurologie und

---

43 Ernst NIEDERMEYER, Probleme der Physiologie und Pathophysiologie des Bewusstseins, in: Wissenschaftliche Zeitschrift der Universität Halle VII/2 (1958), 219; Ernst NIEDERMEYER, Pathophysiologie der Halluzinationen, in: Wiener Zeitschrift für Nervenheilkunde 17 (1959).
44 Ernst NIEDERMEYER / Fernando LOPES DA SILVA, Electroencephalography. Basic Principles, Cilinical Applications, and Related Fields (Philadelphia u. a. 1982).
45 Günter KRÄMER / Martin GRAF, Nachruf für Professor Dr. Ernst Niedermeyer (1920–2012). Nachruf der Gesellschaft für klinische Neurophysiologie und funktionelle Bildgebung, online unter: http://www.oegkn.at/nachen.pdf (letzter Zugriff: 10. 1. 2016).
46 Urbans Intuition fand rezent eine Bestätigung: Auf der 54sten Jahrestagung der ACNP (American College of Neuropsychopharmacology) der hoch angesehenen, amerikanischen Gesellschaft für Experimentelle und Klinische Psychopharmakologie fand im Dezember 2015 ein halbtägiges Symposium über die nachgewiesene Effizienz von Massage als Therapie von Angst und Depressivität statt.

Psychiatrie". Besonders erwähnt werden muss, dass Urban vom SS 1947 bis zum WS 1954/55 gemeinsam mit Assistenten neben der neurologischen und psychiatrischen Vorlesungstätigkeit auch die Vorlesung „Einführung in die Neurochirurgie" hielt.[47] Im SS 1948 bot Urban gemeinsam mit Hildebrand Richard Teirich die Vorlesung „Psychologie des Praktischen Arztes und Einführung in die Psychoanalyse" an. Auch findet sich wieder das „Seminar für Grenzfragen der Psychologie und Medizinische Psychologie" sowie eine „Forensisch-Psychiatrische Arbeitsgemeinschaft", die gemeinsam mit Walter Rott[48] und Kabinettsrat Alois R. Großmann angeboten wurde. Dal Bianco kündigte eine Dozentenvorlesung über „Medizinische Psychologie" an.

Im WS 1948/49 erreichte die Zahl der von Urban und seinen Mitarbeitern angebotenen Vorlesungen, Kurse und Seminare die Höchstzahl: Insgesamt wurden 14 Lehrveranstaltungen angeboten! Die eingebundenen Mitarbeiter wechselten aber rasch: An die Stelle von Teirich trat Walter Friedrich Haberlandt,[49] die Forensisch-Psychiatrische Arbeitsgemeinschaft wurde nun von Harrer geleitet, das Seminar für „Grenzfragen der Psychologie und Medizinische Psychologie" bot Urban jetzt gemeinsam mit Doz. Dr. Vinzenz Neubauer vom Institut für Psychologie an. Auch die kinderpsychiatrische Vorlesung wurde erweitert und als „Sozial- und Kinderpsychiatrie mit Praktikum in den ‚Stellen für Erziehungsberatung, Irrenfürsorge und Familienbiologie'" von Dr. Franz Loidl und Fachlehrer Fellner gemeinsam mit Urban angeboten. Neu ist auch die Vorlesung „Medizinische Graphologie", gestaltet von Urban und Dr. Hermann Heuschneider.

Im WS 1949/50 scheint Urban im Personalverzeichnis erstmals als „ordentlicher Professor" (mit Datum 1946) auf.[50] Im SS 1950 trat die Leopold-Franzens-Universität wieder unter der historischen Bezeichnung „Universitas Oenipontana" auf: Der von den Nationalsozialisten

---

47 Im Rahmen der chirurgischen Vorlesungsreihe findet sich bis zum WS 1958/59 keine einzige der Neurochirurgie gewidmete Veranstaltung: Erst mit der Habilitation des von der Wiener Klinik 1951 nach Innsbruck gekommenen Karl Kloss scheint dort die erste eigenständige Vorlesung aus dem Gebiet der Neurochirurgie auf. Die Selbständigkeit als Extraordinariat erreichte die Neurochirurgie erst 1976. Siehe dazu: Hans Erich Diemath, Neurochirurgische Einrichtungen – Von der Nachkriegszeit zur Erfolgsgeschichte, in: Journal für Neurologie, Neurochirurgie und Psychiatrie 15/4 (2014), 206–208.

48 Walter Rott, Die Akupunktur als klinische Behandlungsmethode, in: Acta Neurovegetativa 1/5 (1950), 518–529.

49 Walter Friedrich Haberlandt wurde am 21. Februar 1921 in Innsbruck-Mühlau geboren und verstarb am 28. Dezember 2012. Er entstammte einer österreichischen Gelehrtenfamilie, sein Vater war Ludwig Haberlandt, Professor für Physiologie in Innsbruck und Pionier der hormonalen Empfängnisverhütung, seine Vorarbeiten führten zur Entwicklung der Anti-Baby-Pille. Von 1939 bis 1945 studierte W. F. Haberlandt Humanmedizin an der Leopold-Franzens-Universität in Innsbruck und trat anschließend an der von Hubert Urban geleiteten Klinik seine Ausbildung zum Facharzt für Neurologie und Psychiatrie an. 1950 übernahm er die Leitung der Psychotherapeutischen Ambulanz der Innsbrucker Klinik. Ein Auslandsaufenthalt führte ihn 1953 an die Columbia Universität in New York zu Franz Josef Kallmann, der am Psychiatric Institute den Schwerpunkt „Psychiatrische Zwillingsforschung" leitete. Von 1956 bis zu seiner Habilitation im Jahr 1959 war er am Institut für Humangenetik der Universität Münster tätig. Seine Habilitationsschrift umfasste eine „klinisch-genetische Untersuchung der amyotrophischen Lateralsklerose". Von 1960 bis 1962 war er Mitarbeiter an der Düsseldorfer Universitätsklinik für Psychiatrie. Nach seinem Wechsel an das Institut für Anthropologie und Humangenetik der Universität Tübingen im Jahr 1963 erhielt er 1966 einen eigenen Lehrstuhl für klinische Genetik, auf den er am 16. Juli 1968 offiziell berufen worden ist: Zu dieser Zeit war dies das erste Institut für klinische Genetik an einer deutschen Universität. Walter Haberlandt baute ein zytogenetisches Labor und eine Ambulanz für genetische Beratung und Pränataldiagnostik auf. Er war Autor von 112 wissenschaftlichen Publikationen, vorwiegend in Einzelautorenschaft. Personalunterlagen: Klinische Genetik, Universität Tübingen.

50 Unter den Assistenten wird auch Dr. Friedrich Foltin erwähnt, der im Anschluss an seine klinische Ausbildung über Jahrzehnte sehr erfolgreich eine private Praxis für Psychiatrie und Neurologie in Innsbruck unterhielt.

gewählte Name „Deutsche Alpenuniversität" wurde nun endgültig abgelegt! Das Lehrangebot von Urban reduzierte sich ab diesem Jahr aber deutlich. Im SS 1951 bot Urban gemeinsam mit seinen Assistenten die Vorlesung „Psychosomatik und Psychoanalyse" an, die bis zum WS 1956/57 fortgesetzt wurde. Im WS 1951/52 wurde die Vorlesung über „Kinderpsychiatrie" inhaltlich erweitert und lautete ab nun: „Kinderpsychiatrie, Erziehungsberatung und Heilpädagogik". Gerhart Harrer (im Vorlesungsverzeichnis als Ignaz (!) genannt) wurde am 25. Juli 1951 habilitiert und kündigte die Vorlesung „Die Bedeutung des vegetativen Nervensystems für die Klinik" an. Im SS 1952 wurden angeboten: „Psychosomatik und Psychoanalyse", „Forensisch-Psychiatrische Arbeitsgemeinschaft", „Sozial- und Kinderpsychiatrie mit Praktikum" sowie das „Repetitorium" und die „Einführung in die Psychiatrie". Die Dozenten Dal Bianco und Harrer hielten ihre bereits in den letzten Semestern angekündigten Vorlesungen. Obwohl schon länger an der Klinik tätig, scheint nun Maria Vogl erstmalig im Personalstand auf.

Im SS 1953 wurde Helmut Scharfetter wieder als tit. ao. Professor (9. Februar 1953) sowie Hans Ganner als Privatdozent (24. Dezember 1952) genannt. Als Mitarbeiter der Klinik werden nun noch Beate Sandri und Hans Sedler erwähnt. Zusätzlich zu den Vorlesungen des letzten Semesters bot Urban gemeinsam mit Assistenten nun die Lehrveranstaltung „Psychodiagnostik (Testverfahren etc.)" an sowie Hans Ganner die „Einführung in die Psychiatrie". Im WS 1953/54 wurde zusätzlich noch ein „Neurologisch-Psychiatrisches Praktikum" angekündigt. Stumpfl las „Ausgewählte Kapitel Forensischer Psychiatrie". Im Personalstand des Jahres 1953 scheint Scharfetter in eigenartiger Weise sowohl als Professor im Ruhestand als auch als ao. Professor auf. Im Stand der Klinik werden zudem die Assistenten Niedermeyer, Hetzel, Hans Sedler und – neu – Dr. Erich Wimmer und Frau Dr. Waltraud Schneider geführt. Maria Vogl wird dagegen nicht mehr als Assistentin im Stand der Klinik genannt.

Im SS 1954 scheint Scharfetter nicht mehr als ao. Professor auf, auch Hans Ganner wird nicht mehr erwähnt. Urban gestaltet gemeinsam mit Assistenten neu die Vorlesung „Arbeiten im Liquor-, EEG- und hirnanatomischen Laboratorium". Das WS 1954/55 bringt keine Veränderungen in der Vorlesungsgestaltung und im Personalstand. Ab SS 1955 reduzierte Urban weiter seine Vorlesungstätigkeit, er hielt die Hauptvorlesung, zeichnete für das Praktikum verantwortlich und las „Psychosomatik und Psychoanalyse, Psychodiagnostik (Testverfahren etc.)". Ganner, Harrer, Scharfetter und Stumpfl boten weiterhin ihre jeweiligen speziellen Lehrveranstaltungen an. Die „Kinderpsychiatrie" wurde nur in den WS gelesen. Seit seiner Habilitation (18. Januar 1955) las Niedermeyer die „Medizinische Psychologie". 1956 werden erstmalig Karl Hagenbuchner, Heribert Brosch und Franz Jost, 1957 Heinz Prokop als Mitarbeiter der Klinik erwähnt. Im SS 1957 hielt Urban nur noch die Hauptvorlesung und scheint als Verantwortlicher des Praktikums auf. Im WS 1957/58 kündigte Urban die neue Vorlesung „Grenzgebiete der Medizin" an und Stumpfl eine Vorlesung über „Der verbrecherische Mensch, Psychiatrisches und Psychologisches". Scharfetter las damals auch „Forensische Psychiatrie" an der Juridischen Fakultät. Gemäß dem Vorlesungsverzeichnis des WS 1958/59 hätte Prof. Urban neben der Hauptvorlesung noch eine „Einführung in die Tiefenpsychologie und Psychotherapie" gehalten: Zu diesem Zeitpunkt war aber Hubert Urban bereits suspendiert. Davon wird noch eingehender berichtet werden.

Zur Erweiterung der Lehre und zur Förderung der Ausbildung seiner Mitarbeiter sowie, seiner Zielsetzung entsprechend, zur Bereicherung der therapeutischen Angebote rief Hubert Urban bereits im April 1946 an der Psychiatrisch-Neurologischen Universitätsklinik das „Psychotherapeutische Ambulatorium" ins Leben.[51] Zum Leiter des Ambulatoriums wurde Igor A. Caruso ernannt.[52] Eduard Grünewald wurde als erster Mitarbeiter engagiert. Die Innsbrucker psychoanalytische Universitätsambulanz war – wie bereits erwähnt – die erste entsprechende Einrichtung in Europa. Die Gründe, Caruso mit der Leitung zu beauftragen, erklärte Grünewald retrospektiv vor allem durch die Tatsache, dass dieser „gewillt [war], Ausbilder und ‚Lehranalytiker' für jene zu werden, die selbst aus der Enge und Einseitigkeit schulmedizinischer und schulpsychologischer Praxis sich zu lösen geneigt waren, um in einem weiter gesteckten Rahmen Seelenkunde und Seelenheilkunde zu betreiben".[53] Urban wurde vor allem aufgrund dieser Initiative zum Ehrenpräsidenten des Wiener Arbeitskreises für Tiefenpsychologie ernannt.

An der „Nervenklinik" förderte Hubert Urban das Interesse an der psychotherapeutisch-psychoanalytischen Methode sowohl bei seinen Assistenzärzten als auch bei den Studierenden.[54] Neben Caruso und Grünewald engagierten sich dafür die Assistenten Franz Loidl, Heinrich Hetzel, G. Pokorny, Walter Soucek, Ernst Niedermeyer und Walter Haberlandt sowie die spätere leitende Psychologin Edith Stralkowski. Alle waren auch Mitarbeiter des Psychotherapeutischen Ambulatoriums. Walter Soucek hat sich große Verdienste für die Verbreitung der Frankl'schen Psychotherapie gemacht. Auf ihn geht die Bezeichnung der Logotherapie und Existenzanalyse als die „Dritte Wiener Schule der Psychotherapie" zurück.[55]

Zur Verbesserung des psychotherapeutischen Unterrichtes entwickelte Hubert Urban ein Untersuchungszimmer, das durch einen Gazeschleier vom Hörsaal abgeschirmt war, wodurch die therapeutischen Sitzungen entweder in der hell erleuchteten Kammer bei abgedunkeltem Hörsaal oder umgekehrt bei Sitzungen im Hörsaal von der Kammer aus von Lehrern und Schülern gleichermaßen verfolgt werden konnten.[56] Caruso und Urban konnten durch diesen genialen Vorläufer des Einwegspiegels Therapiesitzungen beobachten und im Anschluss daran mit den Studierenden und Ausbildungskandidaten besprechen und kommentieren.

Die Aufbruchstimmung, die trotz der sehr problematischen Personalführung durch Urban an der Innsbrucker Klinik herrschte, beschrieb 1981 Eduard Grünewald treffend mit den Worten, dass „nach dem durch die Nazizeit bedingten Kulturverlust alle kulturhungrig und bestrebt [waren], endlich wieder ‚Humanwissenschaft' zu betreiben, die Welt, in der wir lebten, wieder zu vermenschlichen, nachdem uns in den Jahren vorher so viel Unmenschliches und Menschenunwürdiges wiederfahren war."[57]

---

51 Vgl. Igor A. Caruso / Hubert J. Urban, 1. Jahresbericht über die Psychotherapeutische Ambulanz an der Nervenklinik Innsbruck, in: Wiener Zeitschrift für Innere Medizin 9/29 (1948) 29, 93–95.
52 Vgl. Eduard Grünewald, Carusos Innsbrucker Zeit. Die Gründung eines therapeutischen Ambulatoriums, in: Österreichische Studiengesellschaft für Kinderpsychoanalyse, Hg., In memoriam Igor A. Caruso (Salzburg 1988), 27–39.
53 Ebd., 29.
54 Vgl. Doris Peham, Psychoanalyse in Tirol, unveröffentlichte Diplomarbeit (Universität Innsbruck 1999), 23–36; Doris Peham, Psychoanalyse in Tirol. Ein historischer Streifzug, in: Werkblatt. Zeitschrift für Psychoanalyse und Gesellschaftskritik 18/1 (2001), 84–109.
55 Walter Soucek, Die Existenzanalyse Frankls, die dritte Richtung der Wiener Psychotherapeutischen Schule, in: Deutsche Medizinische Wochenschrift 73 (1948), 45–46.
56 Vgl. Hubert Urban, Nachsatz des Herausgebers, in: Hubert Urban, Hg., Festschrift zum 70. Geburtstag von Prof. Dr. Otto Pötzl (Innsbruck 1949), 464; Eduard Grünewald, Carusos Innsbrucker Zeit. Die Gründung eines therapeutischen Ambulatoriums, in: Studien zur Kinderpsychoanalyse 8 (1988), 27–39, hier 37.
57 Eduard Grünewald, Der „Innsbrucker" Caruso, in: Texte. Psychoanalyse, Ästhetik, Kulturkritik 1 (1981), 1–7.

Zur Verbreitung seiner Weltsicht und seiner psychiatrischen Anschauungen sowie zur Vertiefung seiner Seminarien begründete Hubert Urban 1946 die Schriftenreihe „Sammlung Medizin-Philosophie-Theologie", deren Herausgeber er bis zur Einstellung dieses Publikationsorgans im Jahr 1951 blieb. Die aufgrund des blauen Einbandes „Die blaue Reihe" genannte Textsammlung spiegelt das weite Interessenspektrum von Hubert Urban wider und behandelt die unterschiedlichsten Themenbereiche.[58]

Urbans Klinikführung stieß in vielen Belangen rasch an die Grenzen der Akzeptanz vonseiten seiner Mitarbeiter und der Fakultätskollegen. Seine 1949 publizierte Arbeit über „Die künstliche Gelbsucht zur Behandlung von Bewegungsstörungen zentralen Ursprungs"[59] stellte einen – ethisch nicht vertretbaren – Versuch der Behandlung der multiplen Sklerose durch eine unspezifische Immunstimulierung dar, ähnlich wie dies auch die Malariatherapie von Wagner-Jauregg bezweckte. Auch aufgrund einer unglücklichen Vermengung verschiedener von ihm verfolgter Forschungsansätze geriet Hubert Urban in eine vehemente öffentliche Kritik. Darüber hinaus überschatteten viele Härten in der Führung seiner Mitarbeiter sowie seine zunehmende Beschäftigung mit parapsychologischen Phänomenen das Wirken Urbans. Aufgrund der vielen, seit 1954 zunehmenden Verhaltensauffälligkeiten musste der Rektor der Leopold-Franzens-Universität Innsbruck schließlich 1958 die Suspendierung von Urban verfügen. Am Ende eines langen Rechtsstreites wurde Urban wohl als Klinikvorstand definitiv abgesetzt, er blieb aber – de jure – Ordinarius für Psychiatrie und Neurologie an der Medizinischen Fakultät der Universität Innsbruck! Die Entlassung von Urban wurde nicht nur in der universitären Welt heftig diskutiert, sie fand auch in den Massenmedien große Aufmerksamkeit.[60]

Forschung und Lehre an der Innsbrucker Klinik unter der Leitung von Hans Ganner: 1960–1974

Nach der Amtsenthebung von Hubert Urban wurde Ernst Niedermeyer von 1958 bis 1960 mit der interimistischen Leitung der Psychiatrisch-Neurologischen Universitätsklinik Innsbruck betraut. Im SS 1959 übernahm Niedermeyer – neben der Hauptvorlesung – auch Urbans Vorlesung „Einführung in die Tiefenpsychologie und Psychotherapie". Zudem hielt er ein einstündiges Kolleg über Medizinische Psychologie.

---

58 Heft 1: Hubert URBAN, Übernatur und Medizin (1946); Heft 2: Igor A. CARUSO, Religion und Psychotherapie (1946); Heft 3: Franz LOIDL, Seele und Seelenarzt (1947); Heft 4: Peter DAL BIANCO, Willensfreiheit als naturwissenschaftliches Problem (1947); Heft 5: Eduard GRÜNEWALD, Flucht in die Krankheit (1947); Heft 6: Vinzenz NEUBAUER, Der Weg zur Persönlichkeit in der Psychologie und in der Psychiatrie (1947); Heft 7: Josef MILLER SJ, Katholische Beichte und Psychotherapie (1947); Heft 8: E. B. STRAUSS (London), Quo vadimus? Irrwege in der Psychotherapie (1948); Heft 9: Jakob WYRSCH (Bern), Psychopathologie und Verbrechen (1949); Heft 10: Paul POLAK, Frankl's Existenzanalyse in der Bedeutung für Anthropologie und Psychotherapie (1949); Heft 11: Alfred WINTERSTEIN, Der gegenwärtige Stand der Parapsychologie (1949); Heft 12: Hubert URBAN, Über-Bewusstsein (Cosmic Consciousness) nach Bucke und Walker (1950); Heft 13/14: Richard SIEBECK / Paul TOURNIER, Die neue Sendung des Arztes (1950); Heft 15/16: Vinzenz NEUBAUER, Die Persönlichkeit des Hochschülers. Ein experimentalpsychologischer Beitrag zum Akademikerproblem (1951).
59 Hubert URBAN, Künstliche Gelbsucht zur Behandlung von Bewegungsstörungen zentralen Ursprungs, in: Wiener Zeitschrift für Nervenheilkunde 2 (1949), 349.
60 Siehe diesbezüglich HINTERHUBER, Kontinuitäten, wie Anm. 15.

Vom SS 1958 bis zum SS 1961 scheint Urban im Vorlesungsverzeichnis immer noch als Klinikvorstand auf. Erst ab WS 1961/62 wird er als „Professor des Ruhestandes" angeführt: Bezüglich der Vorlesungen weist ein „a" auf die Vakanz hin. Die „Einführung in die Tiefenpsychologie" wurde – obwohl nicht ausgewiesen – damals bereits von Ganner übernommen, der ab WS 1959/60 auch die Vorlesung „Psychiatrische Propädeutik" gestaltete. Seit SS 1959 führte Ganner den Titel eines „ao. Professors".

Nach der Berufung Niedermeyers in die Vereinigten Staaten übernahm Hans Ganner 1960 zunächst die Supplentur, die sich im Bereich der Neurologie bis 1967, im Bereich der Psychiatrie bis zu seiner Emeritierung 1974 erstreckte.[61] Die Schwerpunkte der wissenschaftlichen Arbeit von Hans Ganner lagen im neurologischen Bereich, auch wenn er immer wieder psychiatrische Themen aufgriff: Der Bogen war weit gespannt und reichte von Fragestellungen des Zeiterlebens bis zur Pellagra, vom Dermatozoenwahn bis zum Blitztrauma, von der Epilepsie bis zu den extrapyramidalmotorischen Syndromen, vom Iktus amnesticus bis zu Alterungsprozessen des Nervensystems. Seiner Initiative war auch die Schaffung einer eigenständigen Abteilung für Psychotherapie zu verdanken: 1974 wurde sein Mitarbeiter Heinz Prokop zum ao. Professor für Medizinische Psychologie und Psychotherapie ernannt. Gemeinsam mit Gerhart Harrer, Franz Seitelberger und Willibald Sluga setzte sich Ganner für die Errichtung eines Sonderkrankenhauses für psychisch kranke Rechtsbrecher ein, das in Göllersdorf realisiert werden konnte. Auch war er mit Heinz Prokop Initiator der zweiten in Österreich errichteten Spezialabteilung für Alkoholkranke in Innsbruck.[62] Hans Ganner förderte verständnisvoll und weitsichtig die Interessen seiner Mitarbeiter. Im sozialpsychiatrischen Bereich unterstützte er beispielsweise nachhaltig innovative Konzepte, die zuerst modellhaft in der Autonomen Provinz Bozen-Südtirol, dann im Bundesland Tirol umgesetzt werden konnten.[63]

Während der Amtsführung von Prof. Ganner konnten vier Habilitationen abgeschlossen werden, jene von Gerhard Bauer wurde wohl noch von Ganner eingeleitet, aber erst unter der Vorstandschaft von Prof. Gerstenbrand abgeschlossen:

– Kaspar Simma, in Egg im Bregenzerwald 1919 geboren, war Assistenzarzt an der Innsbrucker Nervenklinik sowie an der Psychiatrischen Universitätsklinik Bern und an der Anstalt für Anfallskranke Bethesda im Berner Seeland. Schwerpunkte seiner Arbeit waren neuropathologische Studien, die vorwiegend am Hirnanatomischen Institut der Psychiatrischen Universitätsklinik Waldau/Bern erarbeitet worden waren. Die Habilitation erfolgte 1961 mit der Schrift: „Die psychischen Störungen bei Läsionen des Temporallappens und

---

61 Nachdem ihm 1945 die Venia Legendi aberkannt worden war und er aus dem öffentlichen Dienst entlassen wurde, war Hans Ganner als frei praktizierender Nervenarzt in Innsbruck tätig. Die Venia wurde ihm 1952 wieder verliehen. 1958 erhielt er den Titel eines „außerordentlichen Universitätsprofessors" zuerkannt.
62 Hartmann Hinterhuber, In memoriam em. Univ.-Prof. Dr. Hans Ganner (1905–1995), in: Berichte des Naturwissenschaftlich-Medizinischen Vereines Innsbruck 83 (1996), 337–340.
63 Siehe dazu Hartmann Hinterhuber, Was wird aus einmalig hospitalisierten Schizophrenen?, in: Wiener Klinische Wochenschrift 84/44 (1972), 715–716; Hartmann Hinterhuber, Zur Katamnese der Schizophrenien. Fortschritte der Neurologie Psychiatrie 41/10 (1973), 528–558; Hartmann Hinterhuber, Il decorso delle schizofrenie, in: Archivio di Psicologia, Neurologia e Psichiatria 34/2 (1973); Hartmann Hinterhuber, Die Grenzen der sozialen Reintegration nach mehrjähriger psychiatrischer Hospitalisierung, in: Psychiatrische Praxis 6/1 (1979), 50–53; vgl. dazu auch Roger Pycha / Josef Schwitzer, Univ.-Prof. Dr. Hartmann Hinterhuber zum 70sten Geburtstag – Der Vater der modernen Psychiatrie in Südtirol, in: Der Schlern 86/12 (2012), 30–36.

ihre Behandlung – eine elektroencephalographisch-klinische und pathologisch-anatomische Studie."[64] 1965 übernahm er die Direktion der Heil- und Pflegeanstalt Valduna/Rankweil.
- Heinrich Hetzel (1921–1988), in Schäßburg (Siebenbürgen) 1921 geboren, trat 1946 als Gastarzt seinen Dienst an der Innsbrucker Nervenklinik an. Ab 1951 war er als Assistent tätig, 1957/58 erhielt er ein Stipendium für das National Hospital Queen Square in London. Heinrich Hetzel interessierte sich vorwiegend für neurologisch-morphologische Fragen. Seine Habilitationsschrift: „Beiträge zur Klinik und pathologischen Anatomie vaskulärer Rückenmarkserkrankungen"[65] wurde von Hoff und Seitelberger sehr positiv beurteilt, sie bezeichneten sie als „bisher nicht vorliegender Überblick über das bedeutsame Gebiet". Besonders hervorgehoben wurde „die sorgfältige Zuordnung der anatomischen und klinischen Befunde und die Herausstellung bisher unbekannter Merkmale und Syndrome". Die Habilitation erfolgte 1961. Am 1. Januar 1964 wurde Heinrich Hetzel zum Direktor der Heil- und Pflegeanstalt Solbad Hall i. T. ernannt, die er erfolgreich zum „Landesnervenkrankenhaus" erweiterte und umgestaltete.[66]
- Karl Hagenbuchner (1921–1973), in Neumarkt bei Freistadt 1921 geboren, trat nach fünf Assistenzjahren an der Heil- und Pflegeanstalt Niedernhart in Linz 1955 seinen Dienst als Assistent an der Innsbrucker Nervenklinik bei Urban an. Studienaufenthalte führten ihn in das C. G. Jung-Institut Zürich, nach Bologna, Florenz, Utrecht, Amsterdam und Leiden. 1967 erfolgte die Habilitation mit der Schrift „Über den Selbstmord des alten Menschen".[67] Seine Arbeitsgebiete waren weit gespannt und reichten von Studien zu tiefenpsychologischen Fragestellungen über gerontopsychiatrische Probleme zu Suchtfragen. Sie umfassten auch neurologische Arbeiten zu den Themenbereichen Myasthenie, Neuroonkologie, interzerebrale Hämatome sowie Syringomyelie. Schließlich finden sich auch Therapieempfehlungen zur Optimierung der Steroidbehandlung sowie der Entwöhnungsverfahren. In den letzten Jahren vor seinem Tod im Jahr 1973 galt sein zunehmendes Interesse der forensischen Psychiatrie.
- Heinz Prokop (1923–2000), in St. Pölten 1923 geboren, trat nach seiner Promotion in Wien in die Innsbrucker Nervenklinik ein. Die Habilitation erfolgte 1970. In seiner Habilitationsschrift behandelte er erstmals psychosoziale und psychiatrische Aspekte der Urlaubsmedizin. 1972 gründete er die erste Fachabteilung für Alkoholkranke in Tirol, die zweite in Österreich, nachdem er bereits 1971 die erste Drogenberatungsstelle ins Leben gerufen hatte. Obwohl Prokop schon Anfang der 1970er Jahre als Mitglied in den Suchtbeirat des Ministeriums für Gesundheit und Umweltschutz berufen wurde, wurden seine diesbezüg-

---

64 Kaspar Simma, Die psychischen Störungen bei Läsionen des Temporallappens und ihre Behandlung – eine elektroencephalographisch-klinische und pathologisch-anatomische Studie, in: Monatsschrift für Psychiatrie und Neurologie 130 (1955), 129–160.
65 Heinrich Hetzel, Der thrombotische Verschluss der Art. radicularis ventralis, der Art. spinalis ant. und der Art. spinalis post., in: Deutsche Zeitschrift für Nervenheilkunde 180 (1960), 301–316; Heinrich Hetzel, Beitrag zur Klinik und pathologischen Anatomie vaskulärer Rückenmarksschädigungen (Wien 1965).
66 Hartmann Hinterhuber, In memoriam tit. ao. Univ.-Prof. Dr. med. Heinrich Hetzel (30.9.1921–13.9.1988), in: Berichte des Naturwissenschaftlich-Medizinischen Vereines Innsbruck 76 (1989), 177–178 sowie Ganner, Lehrkanzeln, wie Anm. 6, 436.
67 Karl Hagenbuchner, Der Selbstmord des alten Menschen, in: Materia Medica Nordmark 58/3 (1967), 1–48.

lichen Therapieempfehlungen sehr kontroversiell diskutiert. Seit seiner Ausbildung bei I. H. Schultz in Berlin war er ein unermüdlicher Vertreter des „Autogenen Trainings". Freudig bekannte er sich zur analytischen Psychologie C. G. Jungs. Nach dem Tod von Karl Hagenbuchner übernahm er die verwaiste Psychotherapeutische Ambulanz in Innsbruck. 1974 wurde er außerordentlicher Universitätsprofessor und Leiter der Abteilung für Medizinische Psychologie und Psychotherapie. Nach der Berufung von Wolfgang Wesiack übernahm er die Professur für forensische Psychiatrie, die zweite in Österreich.[68]

– Gerhard Bauer trat 1963 seine Facharztausbildung an der Psychiatrisch-Neurologischen Universitätsklinik Innsbruck an, wo er bis 1967 als Assistenzarzt tätig war. Nach einem zweijährigen Aufenthalt am Kantonsspital Zürich kehrte er an die Innsbrucker Klinik zurück. Als sehr engagierter und wissenschaftlich erfolgreicher Leiter der Abteilung für Epileptologie und klinische Physiologie wurde er 1983 zum Professor ernannt. Gerhard Bauer trat 2004 in den Ruhestand.

Unter Hans Ganner blieb das Vorlesungsangebot gleich wie zuvor, begrenzt auf die Hauptvorlesung und die (von Ganner angebotene und) von Hagenbuchner gestaltete „Einführung in die Tiefenpsychologie". In den SS las Simma abwechselnd über „Ausgewählte Kapitel aus der Psychiatrie" und „Vom seelischen Kranksein". Im SS 1964 trat Dr. Christian Scharfetter neu in die Psychiatrisch-Neurologische Klinik ein. Als Professor am „Burghölzli", der Universitätsklinik für Psychiatrie Zürich, wird er sich später zu einem der führenden Psychopathologen des deutschsprachigen Raumes entwickeln. Karl Hagenbuchner kündete in eigenem Namen ab SS 1968 die Vorlesung: „Einführung in die Psychotherapie und Tiefenpsychologie" an. Mit seinem Tod 1973 endeten an der Psychiatrisch-Neurologischen Universitätsklinik Innsbruck Vorlesungen mit dezidiert psychoanalytischem Schwerpunkt. Diese wurden wieder intensiv durch Prof. Dr. Wolfgang Wesiack aufgenommen, der 1984 auf den Lehrstuhl für Medizinische Psychologie und Psychotherapie an der Universität Innsbruck berufen wurde. Gemeinsam mit Thure von Uexküll war er einer der Pioniere der Psychosomatischen Medizin. Mit großer Energie verfolgte Wesiack die Idee einer lehr- und lernbaren Psychotherapie, welche auf einer Theorie der zwischenmenschlichen Beziehung und des therapeutischen Handelns sowie frei von ideologischem Ballast auf empirisch belegbaren Erkenntnissen basieren sollte.[69] Über alle Brüche und Umbrüche hinweg las Helmut Scharfetter seine gerichtspsychiatrische Vorlesung und war – wie bereits unter der Vorstandschaft von Hubert Urban – als „nimmermüder, ständiger Konsiliarius der Nervenklinik praktisch, wissenschaftlich und lehrend tätig".[70]

---

68 Vgl. Hartmann HINTERHUBER, In memoriam Univ.-Prof. Dr. med. Heinz Prokop (1923–2000), in: Berichte des Naturwissenschaftlich-Medizinischen Vereines Innsbruck 87 (2000), 409–410.
69 Wolfgang SÖLLNER, Wolfgang Wesiack (29.3.1924–10.8.2013). Pionier der Psychosomatischen Medizin, in: Deutsches Ärzteblatt 110/39 (2013), 1797.
70 Vgl. GANNER, Lehrkanzeln, wie Anm. 6, 421.

Schlussbemerkung

Abschließend und zusammenfassend kann festgehalten werden, dass sich nach dem Ende der nationalsozialistischen Diktatur 1945 an der Medizinischen Fakultät der Universität Innsbruck Hubert Urban besonders initiativ und tatkräftig für eine Neuorientierung der Psychiatrie und Neurologie und für den Aufbau eines akademischen Lehrkörpers einsetzte. Seine diesbezüglichen Bemühungen und sein gewaltiger Einsatz haben aber aufgrund seiner Persönlichkeitsstruktur bzw. seiner Verhaltensauffälligkeiten nicht jene Nachhaltigkeit gefunden, die seinen Intentionen entsprochen hätten. Seine weitgespannten Vorstellungen der Zukunft des Doppelfaches erweiterten bei seinen Studierenden und seinen – stets an den Grenzen der Überforderung arbeitenden – Assistenten und Oberärzten den Horizont und prägten eine Generation von Psychiatern und Neurologen weit über die Grenzen Tirols hinaus.

Gemessen an der Größe der Klinik erreichte eine beachtliche Zahl von Mitarbeitern Hubert Urbans internationales Ansehen und bekleidete renommierte Professuren wie Walter Friedrich Haberlandt (Klinische Genetik Tübingen) und Ernst Niedermeyer (Epileptologie und Elektrophysiologie Baltimore). Igor Alexander Caruso (Klinische Psychologie und Sozialpsychologie) und Gerhart Harrer (Forensische Psychiatrie) wurden Ordinarien an der Universität Salzburg. Peter Dal Bianco übernahm als Nachfolger von Erwin Stransky die Leitung der „Nervenheilanstalt" Wien-Rosenhügel, Heinrich Hetzel wurde Direktor des Nervenkrankenhauses Hall in Tirol. Auch Heinz Prokop (Professor für Medizinische Psychologie und Psychotherapie in Innsbruck) wurde noch von Hubert Urban als Assistent an der Psychiatrisch-Neurologischen Klinik aufgenommen. Und noch eine Anmerkung: Walter Soucek hat sich große Verdienste für die Verbreitung der Logotherapie und Existenzanalyse von Viktor Frankl gemacht. Auf ihn geht die Bezeichnung dieser therapeutischen Richtung als die „Dritte Wiener Schule der Psychotherapie" zurück.

Auffallend ist das heterogene Herkunftsspektrum seiner zu akademischen Würden avancierten Mitarbeitern, von denen einige eine dezidiert christlich-humanistische Ausrichtung aufwiesen, andere wiederum sich vor dem Eintritt in seine Klinik der NS-Ideologie zugewandt hatten. Hubert Urban betonte immer wieder seine Dankbarkeit, in eine Familie geboren worden zu sein, deren Grundhaltung ihn gegen die NS-Barbarei widerstandskräftig gemacht hatte. Andere hätten dieses Glück nicht gehabt. Aus diesen Gründen hätte er bei seinen Mitarbeitern weniger deren Einbindung in das nationalsozialistische System als vielmehr deren wissenschaftliches Potential bewertet.[71] Diese seine Haltung erklärt auch die freundschaftliche Verbundenheit, die er Helmut Scharfetter entgegengebracht hat, obwohl dieser von den Machthabern an seine Stelle gesetzt worden war.

Rückblickend muss die von Hubert Urban initiierte Aufbruchstimmung an der Universitätsklinik für Psychiatrie und Neurologie Innsbruck als frühe Grundlage einer dynamischen Psychiatrie gesehen werden, die sich unter günstigen Umständen besonders innovativ und zukunftsweisend hätte entwickeln können.

---

71 Freundliche Mitteilung von Dr. Jakob Urban und seinen Schwestern am 20. August 2014.

Informationen zum Autor

em. Univ. Prof. Dr. Hartmann Hinterhuber, Medizinische Universität Innsbruck, Department für Psychiatrie, Psychotherapie und Psychosomatik, Anichstraße 35, Präsident der sozialpsychiatrischen Gesellschaft „pro mente tirol", Karl-Schönherr-Straße 3, A-6020 Innsbruck, E-Mail: hartmann.hinterhuber@i-med.ac.at

Carlos Watzka

Die „Fälle" Wolfgang Holzer und Hans Bertha sowie andere „Personalia".
Kontinuitäten und Diskontinuitäten in der Grazer Psychiatrie 1945–1970

English Title

The "Cases" of Wolfgang Holzer and Hans Bertha and other "Personalia". Continuities and Discontinuities in Psychiatry in Graz 1945–1970

Summary

The article deals with the professional biographies of the leading experts in psychiatry (and neurology) working at the University of Graz and the asylum at Feldhof/Graz in the period between the end of national socialist regime and the year 1970, as the approximate end of the post-war-period. A focus is laid upon the outstanding biography of Hans Bertha. A Styrian physician, NSDAP-member, SS-officer since 1937, NS-health politician, "T4-reviewer" 1940/41, and director of Austrias largest mental asylum in Vienna in the years 1944/45 – and in these functions responsible for the deaths of a large number of mental patients –, Bertha somehow managed to evade any serious consequence for his crimes after the end of the Nazi government; only being arrested for inquiry from April to December 1945 and again 1946/47. Strikingly, Bertha was re-awarded his lectureship at the University of Graz in 1953 and even appointed head of the psychiatric-neurological clinic in Graz later (1954 provisional, 1960 regular). Ascending even further and becoming dean of the medical faculty in 1963, Bertha died shortly after from injuries caused by a car accident that had occurred in Yugoslavia under not fully clarified circumstances.

Apart from this exceptional negative example, the pre- and post-1945 careers of the other – provisional or definitive – heads of the psychiatric-neurological clinic in Graz within the stated period are dealt with, yet in shorter manner: Heinrich di Gaspero (1945/46), Wolfgang Holzer (1946–54), Erich Pakesch (1964–68), Herbert Reisner (1968–71), as well as those of the directors of the main statal mental asylum in Styria, Feldhof: Peter Korp (1945–54), Ernst Arlt (1954–59), Anton Oswald (1960) and Fritz Mayr (1961–69). Among these physicians, who may be regarded as the professional elite in psychiatry in the post-war province of Styria, there were several former National Socialists, too. Ideological opponents of the Nazi regime and particularly of its policy of mass murder of mental patients obviously were a minority among Styrian psychiatrists of these days. Still, three of the named post-war heads, Holzer, Pakesch and Arlt, have to be regarded as such. In addition Gerald Grinschgl has to be named, still a student of medicine before 1945, but lecturer for psychiatry and neurology from 1959 onwards.

Keywords

Psychiatry, neurology, Austria, Styria, Graz, post-war-period, collective biography, post-war professional careers, national socialist crimes against mentally ill people, Hans Bertha

Einleitung

Der vorliegende Beitrag* entstand im Anschluss an einen Vortrag, den der Verfasser bei der vom Verein für Sozialgeschichte der Medizin im Juni 2014 veranstalteten Tagung „Gesellschaft und Psychiatrie in Österreich 1945–ca. 1970" zum Thema „Kontinuitäten und Diskontinuitäten in der Grazer Psychiatrie 1945–1974" gehalten hat. Ziel des Vortrags war es, eine Übersicht über die Geschichte der Psychiatrie in der Steiermark in den Nachkriegsjahrzehnten zu geben, und zwar hinsichtlich ihrer institutionellen Entwicklung, aber auch hinsichtlich der weltanschaulichen und fachlichen Ausrichtungen des Personals sowie schließlich betreffend der Lebensbedingungen der Patientinnen und Patienten. Als Zeitschriftenbeitrag erschien dem Verfasser eine Ausarbeitung in diesem Sinn aber wenig tunlich, da es so entweder bei einer gedrängten Übersicht geblieben wäre, wie sie – abgesehen vom patientengeschichtlichen Aspekt – ähnlich schon in mehreren Publikationen anderer Autoren vorliegt, oder aber im Umfang den hier gesetzten Rahmen deutlich gesprengt hätte.

Daher wurde *eine* Dimension des sozialen Phänomens „Psychiatrie" für eine nähere Bearbeitung ausgewählt, wobei die Wahl im Hinblick auf die gewünschte thematische Kongruenz mit anderen Beiträgen in diesem Band auf den „professionshistorischen" Aspekt fiel, also eine Auseinandersetzung mit den in der Grazer[1] Psychiatrie und Neurologie[2] der Nachkriegsjahrzehnte dominanten medizinischen Experten.[3]

---

* Der Verfasser möchte an dieser Stelle Eberhard Gabriel herzlichen Dank für die vielfältige Unterstützung bei der Bearbeitung des Themas aussprechen, insbesondere für die umfangreichen mündlich und schriftlich mitgeteilten Informationen zur österreichischen Psychiatriegeschichte des 20. Jahrhunderts, die Überlassung von einschlägigen Aktenkopien aus seiner Sammlung sowie ein sehr minutiöses Lektorat der Erstfassung dieses Beitrags, aus dem in vielen Detailfragen wesentliche Verbesserungen und Ergänzungen desselben resultierten. Weiteres gilt mein aufrichtiger Dank Andreas Golob vom Universitätsarchiv Graz, der mir durch seine kompetenten Hilfestellungen die Arbeit mit den dort befindlichen Akten und Materialien wesentlich erleichterte. Den Redaktions-Mitarbeiter/innen der „Volksstimme" danke ich für die Übermittlung des sonst in der Steiermark nicht greifbaren Artikels „Zensurierte Zeitgeschichte" aus ihrem Archiv.
1 Für den hier behandelten Zeitraum kann die steirische weitgehend als Grazer Psychiatrie betrachtet werden, da – im Gegensatz z. B. zu Niederösterreich – eine starke Zentralisierung der relevanten Unterbringungs-, Behandlungs- und Forschungseinrichtungen im Raum Graz vorlag.
2 Die beiden Fachbereiche waren im Untersuchungszeitraum institutionell und personell noch sehr eng miteinander verbunden. Vgl. etwa Kurt JELLINGER, Kurze Geschichte der Neurowissenschaften in Österreich, in: Journal für Neurologie, Neurochirurgie und Psychiatrie 10/4 (2009), 5–12.
3 Als hierfür grundlegende Forschungsarbeiten sind zu nennen: Michael HUBENSTORF, Tote und/oder lebendige Wissenschaft. Die intellektuellen Netzwerke der NS-Patientenmordaktion in Österreich, in: Eberhard Gabriel / Wolfgang Neugebauer, Hg., Von der Zwangssterilisierung zur Ermordung (= Zur Geschichte der NS-Euthanasie in Wien 2, Wien–Köln–Weimar 2002), 237–420; Petra SCHEIBLECHNER, „… politisch ist er einwandfrei …" Kurzbiographien der an der Medizinischen Fakultät der Universität Graz in der Zeit von 1938 bis 1945 tätigen WissenschafterInnen (Graz 2002).

Eine geplante Behandlung insbesondere der sozial- und patientenhistorischen Aspekte für den Zeitraum ab 1945 muss dagegen späteren Darstellungen vorbehalten bleiben; auch die „Institutionengeschichte" der steirischen Psychiatrie wird im Folgenden nur am Rande behandelt; hierzu kann aber auch auf schon vorhandene Literatur hingewiesen werden.[4] Letzteres gilt auch für die Aktivitäten der „NS-Psychiatrie" in der Steiermark, insbesondere die sogenannte „Euthanasie" im Rahmen der „T4-Aktion" und die Morde an behinderten bzw. kranken Kindern und Jugendlichen im Zuge dezentraler organisierter „Euthanasie"-Aktionen ab 1941,[5] die, wie näher darzulegen sein wird, im Hinblick auf personelle und ideologische Kontinuitäten die steirische Nachkriegspsychiatrie bis in die 1960er Jahre massiv überschatteten.

Die nachfolgenden Erörterungen gliedern sich in drei Teile: Zunächst wird, weil darin die *typischen* Probleme des politischen, juristischen, akademischen und öffentlichen Umgangs der Nachkriegsjahrzehnte mit der NS-Vergangenheit in der Medizin *zugespitzt* zum Ausdruck kommen, hierzu aber bislang keine befriedigende nähere Darstellung vorliegt, der „Fall Hans Bertha" behandelt, zu dem Michael Hubenstorf schon 1988 zurecht die Frage „Ausnahmeerscheinung oder Paradigma?" aufgeworfen hat.[6] Danach werden die anderen Berufsbiografien von im Zeitraum 1945–1970 leitende Funktionen bekleidendem ärztlichen Personal an den beiden bedeutendsten einschlägigen Anstalten der Steiermark – der Psychiatrisch-Neurologischen

---

4 Vgl. bes. Norbert Weiss, Im Zeichen von Panther & Schlange. Die Geschichte zum Jubiläum der steiermärkischen Landeskrankenanstalten (Graz 2006).

5 Vgl. bes. die beiden hervorragenden Sammelbände: Wolfgang Freidl u. a., Hg., Medizin und Nationalsozialismus in der Steiermark (Innsbruck 2001); Wolfgang Freidl / Werner Sauer, Hg., NS-Wissenschaft als Vernichtungsinstrument. Rassenhygiene, Zwangssterilisation, Menschenversuche und NS-Euthanasie in der Steiermark (Wien 2004). In letzterer Publikation sind vor allem zwei Beiträge mit eingehenderen Ausführungen zur Periode *nach* 1945 enthalten: Gerald Lichtenegger, Vorgeschichte, Geschichte und Nachgeschichte des Nationalsozialismus an der Universität Graz, in: Wolfgang Freidl / Werner Sauer, Hg., NS-Wissenschaft als Vernichtungsinstrument. Rassenhygiene, Zwangssterilisation, Menschenversuche und NS-Euthanasie in der Steiermark (Wien 2004), 61–86, sowie Christian Fleck, „In seinem Felde alles Erreichbare zu leisten …". Zusammensetzung und Karrieren der Dozentenschaft der Karl-Franzens Reichsuniversität Graz, in: Wolfgang Freidl / Werner Sauer, Hg., NS-Wissenschaft als Vernichtungsinstrument. Rassenhygiene, Zwangssterilisation, Menschenversuche und NS-Euthanasie in der Steiermark (Wien 2004), 87–112. Für die historische Aufklärung von Umfang und Ablauf der NS-Morde an steirischen Psychiatriepatientinnen und -patienten zentral sind die Arbeiten von Poier, Oelschläger und Stromberger. An dieser Stelle sei nur hingewiesen auf: Birgit Poier, Vergast im Schloss Hartheim – Die „T4"-PatientInnen aus der Grazer Heil- und Pflegeanstalt „Am Feldhof", in: Wolfgang Freidl u. a., Hg., Medizin und Nationalsozialismus in der Steiermark (Innsbruck 2001), 86–118; Thomas Oelschläger, Zur Geschichte der „Kinderfachabteilung" des „Reichsgau Steiermark", in: Wolfgang Freidl u. a., Hg., Medizin und Nationalsozialismus in der Steiermark (Innsbruck 2001), 119–135; Helge Stromberger, Die ‚Aktion T4' in der Steiermark – ein Überblick, in: Brigitte Kepplinger / Gerhart Marckhgott / Hartmut Reese, Hg., Tötungsanstalt Hartheim (Linz 2013), 411–436. Betreffend der überregionalen Geschichte der NS-Morde an chronisch kranken Menschen sei hier lediglich, neben dem eben zitierten Sammelband zur Tötungsanstalt in Hartheim, verwiesen auf: Eberhard Gabriel / Wolfgang Neugebauer, Hg., Von der Zwangssterilisierung zur Ermordung (= Zur Geschichte der NS-Euthanasie in Wien 2, Wien–Köln–Weimar 2002) [auch für die steirische Situation wichtig] sowie die (rezenten bzw. rezent überarbeiteten) „Standardwerke": Ernst Klee, „Euthanasie" im Dritten Reich. Die „Vernichtung lebensunwerten Lebens" (Frankfurt am Main 2010) und Götz Aly, Die Belasteten. ‚Euthanasie' 1939–1945 – Eine Gesellschaftsgeschichte (Frankfurt am Main 2012).

6 Vgl. Michael Hubenstorf, Kontinuität und Bruch in der Medizingeschichte. Medizin in Österreich 1938 bis 1955, in: Friedrich Stadler, Hg., Kontinuität und Bruch 1938 – 1945 – 1955. Beiträge zur österreichischen Kultur- und Wissenschaftsgeschichte (Wien–München 1988), 299–332, hier 317.

Klinik am Landeskrankenhaus Graz (lange semioffiziell als „Nervenklinik" bezeichnet)[7] einerseits, der Landes-, Heil- und Pflegeanstalt für Geisteskranke[8] am Feldhof in Graz andererseits – überblicksartig dargestellt.

Hans Bertha und der „Schatten" der Grazer neuropsychiatrischen Schule

„Occurrit etiam non unam aliquam creaturam separatim, sed omnem rerum universitatem esse spectandum, quoties an opera Dei perfecta sint inquirimus."[9] Dieses Zitat aus Decartes' Meditationen[10] stellt das Ende eines kurzen Beitrags dar, welcher die Psychiatrisch-Neurologische Universitätsklinik am Landeskrankenhaus Graz in der „Festschrift zur Hundertjahrfeier der Grazer Medizinischen Fakultät 1863–1963" präsentiert.[11] Es wird dort als das „wissenschaftliche Bekenntnis" des Klinikvorstandes „im Jahre der Hundertjahrfeier der Fakultät, Hans Bertha" bezeichnet. Der Beitrag dürfte weitestgehend von Bertha selbst verfasst worden sein, obwohl neben ihm Erich Pakesch als zweiter Autor angeführt ist. Dies unterscheidet den Text von den Präsentationen der übrigen Kliniken, die die amtierenden Vorstände als Alleinautoren nennen; der Grund lag zweifellos darin, dass Bertha zum Zeitpunkt der Endredaktion des Bandes im Jahr 1964 bereits tot war.[12] Besagter Hans Bertha prägte die Gestalt der Grazer Psychiatrisch-Neurologischen Klinik in den Nachkriegsjahrzehnten zweifellos in einem beträchtlichen Ausmaß, er fungierte ab Februar 1954 als supplierender, und von 1960 bis Januar 1964

---

7   Die psychiatrische Klinik in Graz entstand im Zuge der Verlegung der Patienten des alten, mit dem Grazer allgemeinen Krankenhaus organisatorisch verbundenen „Irrenhauses" in der Grazer Innenstadt (Paulustorgasse) in die neubegründete Anstalt „am Feldhof" 1873/74 und wurde 1912 in die neu errichtete „Krankenstadt" des Landeskrankenhauses Graz am Stadtrand verlegt. Vgl. zur frühen institutionellen Entwicklung der Grazer Universitätspsychiatrie: WEISS, Zeichen, wie Anm. 4, 223–312; Wilhelm SCHOLZ, Die Steiermärkischen Landes-, Heil- und Pflegeanstalten (Düsseldorf o. J. [1932]), bes. 34–35, 52–54, 74–75; Franz VON KRONES, Geschichte der Karl-Franzens-Universität in Graz (Graz 1886), bes. 599–601; Ferdinand SMEKAL, Alma Universitas. Die Geschichte der Grazer Universität in vier Jahrhunderten (Wien 1967), bes. 198–199; Walter HÖFLECHNER, Geschichte der Karl-Franzens-Universität Graz. Von den Anfängen bis in das Jahr 2008 (Graz 2009), bes. 386–388.
8   So lautete seit 1925 der offizielle Name dieser 1874 als „Landes-Irrenanstalt Feldhof bei Graz" begründeten Institution. Vgl. SCHOLZ, Landes-, Heil- und Pflegeanstalten, wie Anm. 7, 88–90. Vgl. weiters zur frühen Geschichte dieser Institution: WEISS, Zeichen, wie Anm. 4, 43–100; Carlos WATZKA, Die „Landes-Irrenanstalt Feldhof bei Graz" und ihre Insassen 1874–1913. Eine Skizze zur Entstehung der „modernen" Anstaltspsychiatrie in der Steiermark, in: Blätter für Heimatkunde 80/1–2 (2006), 14–40; Carlos WATZKA / Angela GRIESSENBÖCK, Zur Anstaltspsychiatrie in Österreich um 1900. Ein Strukturvergleich der Tiroler und der steiermärkischen Landesirrenanstalten, in: Geschichte und Region/Storia e regione 18/2 (2008), 105–136; Carlos WATZKA, Die Landesirrenanstalt Feldhof bei Graz und ihre Patienten vor 1914 – Übersicht und neue historisch-soziologische Forschungsergebnisse, in: Eberhard Gabriel / Martina Gamper, Hg., Psychiatrische Institutionen in Österreich um 1900 (Wien 2009), 143–159; Carlos WATZKA, Vom Armenhaus zur Landesnervenklinik Sigmund Freud. Zur Geschichte psychisch Kranker und des gesellschaftlichen Umgangs mit ihnen in der steirischen Landeshauptstadt vom 16. bis zum 21. Jahrhundert, in: Historisches Jahrbuch der Stadt Graz 36 (2006), 295–337.
9   „Es geschieht auch, dass nicht auf eine einzelne Kreatur für sich genommen, sondern auf die gänzliche Gesamtheit der Dinge gesehen werden muss, sooft wir fragen, ob die Werke Gottes perfekt seien."
10 René DESCARTES, Meditationes de prima philosophia (Paris 1641), 64.
11 Hans BERTHA / Erich PAKESCH, Neurologie – Psychiatrie, in: Grazer Medizinische Fakultät, Hg., Festschrift zur Hundertjahrfeier der Grazer Medizinischen Fakultät 1863–1963 (Graz o. J. [1964/65]), 144–147.
12 Dies erhellt eindeutig aus dem Umstand, dass seinem Namen – angesichts der ideologischen Ausrichtung wenig passend – ein Kreuz nachgestellt ist.

als regulär bestellter Vorstand derselben. 1963 wurde er zudem zum Dekan der Medizinischen Fakultät gewählt, nachdem er 1962 bereits das Ehrenamt des Präsidenten der wissenschaftlichen Gesellschaft der Ärzte in der Steiermark bekleidet hatte.[13]

Das obenstehende gelehrte Zitat könnte, auch seinem Inhalt nach, geradezu als Hinweis (oder Nachweis) einer klassisch-humanistischen Haltung verstanden werden, vielleicht auch als Anstoß zu einer gewissen Gelassenheit, gerichtet an Studierende der Medizin und ärztliche Kollegen, angesichts der sich in diesem Beruf wohl notwendig immer wieder einstellenden Erfahrungen von Kontingenz, Machtlosigkeit und „Mitleid" angesichts des ständigen beruflichen Kontakts mit kranken und hilfesuchenden Mitmenschen. Kennt man freilich die Biografie Berthas in der Zeit davor, bekommen diese Worte eine andere, sinistre Deutungsmöglichkeit. Aber zunächst zu derselben:[14]

Hans Bertha (eigentlich Johann Karl Anton Bertha) wurde am 14. Januar 1901 in Bruck an der Mur als Sohn des damaligen Primars der chirurgischen Abteilung des Landeskrankenhauses Bruck/Mur, Obermedizinalrat Dr. Martin Bertha sowie Clara Bertha, geb. Barbolani, geboren.[15] Er besuchte die Realschule Bruck und legte dort im Juli 1919 die Reifeprüfung ab. Im Sommersemester 1920 begann er das Studium der Medizin an der Universität Graz. Die Universitätsmatriken führen ihn als „römisch-katholisch" und „deutsch"; im Juni 1920 legte er die für das Studium der Medizin vorgeschriebene Ergänzungsprüfung aus Latein und „philosophischer Propädeutik" an einem Grazer Realgymnasium ab. Er beendete das Studium im Juni 1926 mit der Promotion.[16]

Während des Studiums war er als „Volontär" am Pathologisch-Anatomischen Institut tätig, im letzten Studienjahr dann als „klinischer Demonstrator" bereits an der Grazer „Nervenklinik". Danach erhielt er eine Assistentenstelle bei dem Physiologen Wilhelm von Trendelenburg (1877–1946 [Suizid]) an der Universität Tübingen und folgte diesem später nach Berlin, von wo er im November 1929 nach Graz zurückkehrte, um hier die Stelle eines „klinischen Assistenten" an der Psychiatrisch-Neurologischen Klinik zu übernehmen, die damals – und insgesamt von 1905 bis 1934, also drei Jahrzehnte lang – unter der Leitung von Fritz (Friedrich) Hartmann (1871–1937)[17] stand.

---

[13] Wissenschaftliche Gesellschaft der Ärztinnen und Ärzte in der Steiermark, http://www.arztwww.at/index.php/ehrentafel (letzter Zugriff: 31. 3. 2015).

[14] Zu Person und Karriere Berthas gibt seit einiger Zeit eine an der Universität Wien entstandene Diplomarbeit nähere Auskunft: Christine WOLF, Nationalsozialistische Gesundheitspolitik am Beispiel des Psychiaters Dr. Hans Bertha, unveröffentlichte phil. Diplomarbeit (Universität Wien 2002). Publiziert finden sich nähere biographische Angaben insbesondere in: HUBENSTORF, Wissenschaft, wie Anm. 3, 325–326, 380–383, 415; Eberhard GABRIEL, 100 Jahre Gesundheitsstandort Baumgartner Höhe. Von den Heil- und Pflegeanstalten Am Steinhof zum Otto Wagner-Spital (Wien 2007), 161–162; SCHEIBLECHNER, Kurzbiographien, wie Anm. 3, 11–14; HUBENSTORF, Kontinuität, wie Anm. 6, 317; Ernst KLEE, Das Personenlexikon zum Dritten Reich. Wer war was vor und nach 1945 (Frankfurt am Main 2003), 43–44; Daniela ANGETTER, Bertha, Hans (1901–1964), Neurologe, in: Österreichisches Biographisches Lexikon und biographische Dokumentation. Online-Edition, http://www.biographien.ac.at (letzter Zugriff: 31. 2. 2015). Vgl. weiters: Alma KREUTER, Deutschsprachige Neurologen und Psychiater. Ein biographisch-bibliographisches Lexikon von den Vorläufern bis zur Mitte des 20. Jahrhunderts, Bd. 1 (München u. a. 1996), 115–116.

[15] Vgl. WOLF, Gesundheitspolitik, wie Anm. 14, 4.

[16] Universitäsarchiv Graz (= UAG), Matriken der medizinischen Fakultät 1920–1926; Promotionsalbum 1926.

[17] Zu Hartmann vgl. KREUTER, Neurologen, wie Anm. 14, 515–516.

Bei ihm hatte Bertha schon die neurologisch-psychiatrischen Fächer absolviert; er sah sich ausdrücklich als Schüler Hartmanns an, wie aus dem kurzen Beitrag in der Grazer Festschrift von 1963 hervorgeht.[18] Mit der fachlichen und ideologischen Ausrichtung der Grazer Universitätspsychiatrie im frühen 20. Jahrhundert hat sich bereits Hubenstorf in seinem fundamentalen Beitrag „Tote und/oder lebendige Wissenschaft" eingehend auseinandergesetzt, sodass hier für nähere Informationen auf diesen verwiesen werden kann. Die Überschrift des entsprechenden Abschnitts bringt das Wesentliche auf den Punkt: „Die Grazer Nervenklinik und die Tradition der ‚Euthanasie'-Täter".[19] Es ist nämlich ausgesprochen bemerkenswert, dass von den insgesamt sechs aus Österreich stammenden sogenannten „Gutachtern" aus dem Bereich Psychiatrie-Neurologie,[20] die im Rahmen der „T4-Aktion" die Selektion von zehntausenden (psychisch und/oder körperlich) kranken bzw. behinderten Menschen aus psychiatrischen und anderen Unterbringungsanstalten zum Zweck ihrer Ermordung vornahmen,[21] vier in Graz studiert hatten – zusätzlich auch der in der NS-„Gesundheits-" und Krankenmord-Politik bedeutende Mediziner Maximian de Crinis (1889–1945 [Suizid]) sowie der Mediziner Oskar Kauffmann (1898–1955), der ab 1942 als „Sonderbeauftragter des Reichsärzteführers für die Planung" fungierte.[22] Einer dieser besagten „T4-Gutachter" war Bertha. Die anderen waren Rudolf Lonauer (1907–1945 [Suizid]), von 1940 bis 1945 der „ärztliche Leiter" der „T4-Tötungsanstalt" auf Schloss Hartheim in Oberösterreich,[23] sowie Oskar Begusch (1897–1944), ab 1939 Leiter der Landes-, Heil- und Pflegeanstalt am Feldhof bei Graz, und dessen Nachfolger, Ernst Sorger (1892–1945 [Suizid]).[24] Von den anderen beiden „Gutachtern", Erwin Jekelius (1905–1952 [gest. in sowj. Haft])[25] und Otto Reisch (1891–1977)[26] war wiederum der Letztere von 1940 bis 1945 Nachfolger (und zugleich Vorgänger) von Bertha in der Leitung der Psychiatrisch-Neurologischen Klinik in Graz.

So bestand bereits vor und dann auch während des NS-Regimes in der Steiermark offenkundig eine „einzigartige" Dichte an bei sich bietender Gelegenheit von Konzeption und Durchführung des Massenmordes an den ihnen anvertrauten Menschen nicht zurückschreckenden, radikal „eugenisch"-nationalsozialistisch eingestellten Psychiatern. Die ideengeschichtliche Basis hierfür wurde von Hubenstorf nachgezeichnet: Seit der Übernahme der Klinikleitung durch Julius Wagner-Jauregg (1857–1940) im Jahr 1889, dem zuerst der von 1894 bis 1905 amtierende Gabriel Anton (1858–1933), dann der schon erwähnte Fritz Hartmann nachfolgte, waren alle Klinikleiter politisch dezidiert deutschnational und wissenschaftlich eminent somatologisch-neuropsychiatrisch orientiert und vertraten – wenn auch in unter-

---

18 BERTHA / PAKESCH, Neurologie, wie Anm. 11, 145.
19 HUBENSTORF, Wissenschaft, wie Anm. 3, 323–343.
20 Ein weiterer „T4-Gutachter" aus Österreich war gemäß Recherchen von Eberhard Gabriel der Internist Anton Fehringer (1903–1994), damals Betreiber des Sanatoriums Rekawinkel in Niederösterreich. Dessen einschlägige Aktivität wurde bislang selbst in Fachkreisen kaum wahrgenommen.
21 Insgesamt wurden im Rahmen der NS-„Euthanasie" über 200.000 Menschen im „Großdeutschen Reich" ermordet. Vgl. Hans FAULSTICH, Die Zahl der ‚Euthanasie'-Opfer, in: Andreas Frewer / Clemens Eickhoff, Hg., ‚Euthanasie' und die aktuelle Sterbehilfe-Debatte. Die historischen Hintergründe medizinischer Ethik (Frankfurt am Main–New York 2000), 218–234.
22 Vgl. KLEE, Personenlexikon, wie Anm. 14, 97, 300, sowie HUBENSTORF, Wissenschaft, wie Anm. 3, 323–324.
23 Vgl. KLEE, Personenlexikon, wie Anm. 14, 378; SCHEIBLECHNER, Kurzbiographien, wie Anm. 3, 154.
24 Vgl. KLEE, Personenlexikon, wie Anm. 14, 36, 589.
25 Vgl. HUBENSTORF, Wissenschaft, wie Anm. 3, 323–324; GABRIEL, Baumgartner Höhe, wie Anm. 14, 176–177.
26 Vgl. KLEE, Personenlexikon, wie Anm. 14, 490.

schiedlichem Ausmaß, nämlich Wagner-Jauregg gemäßigter als Anton und Hartmann – eugenische Positionen, Anton und Hartmann zudem explizit rassistisch-„rassenhygienische".[27] Bislang wenig bekannt ist, dass Hartmann im November 1934 nicht etwa aus Alters- oder gesundheitlichen Gründen (er war damals 63 Jahre alt), sondern aufgrund seiner offenbar massiven und universitär bekannten Parteinahme für die NSDAP in den Ruhestand versetzt wurde.[28]

Damit steht Graz, was die NS-Affinität der Psychiater und Neurologen betrifft, unter den deutschsprachigen oder auch nur unter den österreichischen Universitäten allerdings noch keineswegs singulär da. Vielmehr muss es wohl noch zusätzlichen, allgemeineren „Lokalkolorit" gegeben haben, welcher zu dieser Radikalisierung gerade im akademischen Milieu beitrug. Die vom nationalen Lager deklarierte „Grenzlage" im Südosten des deutschen Sprachraums, die den nationalen Homogenitätsträumen zuwiderlaufende reale Situation der Gemischtsprachigkeit auch in der Grazer Studentenschaft, die tatsächliche Teilung der Steiermark 1919, die damit verbundene, von den Betroffenen zweifellos traumatisch erlebte Vertreibung zahlreicher Deutschsprachiger aus der früheren Untersteiermark und die damit verbundenen bewaffneten Auseinandersetzungen zwischen „Deutschösterreichern" und „Slowenen" bzw. „Südslawen" haben dazu sicherlich beigetragen. Weitere Ursachen, etwa mentalitätsgeschichtliche Besonderheiten, wären wohl noch näher zu erhellen.[29] Jedenfalls stellte sich die Steiermark insgesamt in der „Zwischenkriegszeit" bald als besonders stark vom Nationalsozialismus durchdrungen dar, was im Rahmen des „Anschlusses" von 1938 bekanntlich in der Auszeichnung der Landeshauptstadt Graz als „Stadt der Volkserhebung" seitens des NS-Regimes mündete.

Soviel zum ideologischen Umfeld, in das sich das „parteipolitische Engagement" etlicher Grazer Psychiater auch vor 1938 bestens einfügte, so auch im Falle Berthas: Ab 1932 beim deutschnationalen, antimarxistischen und antidemokratischen „Steirischen Heimatschutz" aktiv, trat er am 1. März 1933 der Ortsgruppe Geidorf (dem Grazer Universitätsbezirk) der NSDAP bei. Formal ab 1934 auch Mitglied der „Vaterländischen Front", trat Bertha im April 1937, also während der Illegalität der NS-Bewegung in Österreich, auch der SS bei, in welcher er es in der Zeit bis 1945 immerhin bis zum Rang eines „SS-Hauptscharführers" brachte.[30] Einen solchen Werdegang teilt Bertha im Übrigen mit etlichen seiner Grazer Psychiater-Kollegen, insbesondere den übrigen nachmaligen „T4-Gutachtern".[31] Im Gegensatz zu einem erheblichen Teil derselben scheint er dagegen zuvor keiner deutschnationalen Studentenverbindung angehört zu haben; zumindest ist bislang nichts hierzu bekannt.

---

27 Vgl. HUBENSTORF, Wissenschaft, wie Anm. 3, bes. 335–337, mit eindeutigen Originalzitaten.
28 Vgl. Steirische Gesellschaft für Kulturpolitik, Hg., Grenzfeste Deutscher Wissenschaft. Über Faschismus und Vergangenheitsbewältigung an der Universität Graz (Graz 1985), 149 (Dokumentationsteil).
29 Zu denken wäre etwa an den Umstand, dass, was heute manchmal übersehen wird, der gesetzlich „legitimierte", radikal exkludierende Antisemitismus in Gestalt eines Aufenthaltsverbotes für Juden in der gesamten Steiermark bis 1861, außerhalb von Graz bis zum Staatsgrundgesetz von 1867 (!) Bestand hatte. Auch nach 1918 war also wohl noch dieser Zustand der seit 1496 bestehenden „Judenfreiheit" des Landes im kollektiven Gedächtnis präsent. Vgl. Dieter A. BINDER, Jüdische Steiermark – Steirisches Judentum, in: Alfred Ableitinger / Dieter A. Binder, Hg., Steiermark. Die Überwindung der Peripherie (Wien–Köln–Weimar 2002), 527–549; Walter BRUNNER, Juden in Graz von deren Vertreibung 1496/97 bis zur Gegenwart, in: Walter Brunner, Hg., Geschichte der Stadt Graz, Bd. 1 (Graz 2003), 335–350.
30 Vgl. bes. SCHEIBLECHNER, Kurzbiographien, wie Anm. 3, 13.
31 Lonauer: 1924 Steirischer Heimatschutz – 1931 NSDAP – 1933 SS; Begusch: 1924 Steirischer Heimatschutz – 1924 NSDAP – 1933 SS; Sorger: 1935 NSDAP, später zusätzlich SA. Vgl. HUBENSTORF, Wissenschaft, wie Anm. 3, bes. 415 sowie KLEE, Personenlexikon, wie Anm. 14.

Entsprechend seiner ideologisch eindeutigen Ausrichtung und des anscheinend dichten und gut funktionierenden Netzwerks der „Parteigenossen" unter den deutschen und österreichischen Psychiatern beschleunigte sich die bereits angebahnte, aber den Ergebnissen nach noch unauffällige professionelle und akademische Karriere von Hans Bertha ab dem Beginn der NS-Herrschaft in Österreich rapide: Als Otto Kauders (1893–1949) als Leiter der Psychiatrisch-Neurologischen Klinik in Graz im April 1938 amtsenthoben wurde,[32] wurde Bertha, noch nicht einmal habilitiert, zum kommissarischen Leiter der Klinik bestellt. Die von ihm anscheinend schon ab 1934, zunächst aber erfolglos betriebene Habilitation für Neurologie und Psychiatrie[33] wurde nun am 15. Dezember 1938 positiv abgeschlossen. Zu diesem Zeitpunkt umfasste sein wissenschaftliches Werk – gemäß einer 1956 erstellten Liste im Universitätsarchiv Graz – 14 Veröffentlichungen (davon fünf in Koautorenschaft), alles Zeitschriftenaufsätze. Davon berichteten elf Aufsätze neuropathologische und neuroanatomische Studienergebnisse, einer ist chirurgischen Inhalts, nur zwei Kurzbeiträge lassen vom Titel her einen therapeutischen Fokus auf psychische Erkrankungen erkennen.[34] Die Habilitationsakte als solche ist, wie so viele Dokumente aus der NS-Zeit, an der Universität Graz nicht erhalten geblieben.[35]

Im März 1939 erfolgte die Ernennung zum Privatdozenten, im September 1939 jene zum „Dozenten neuer Ordnung" im Beamtetenverhältnis.[36] Umgehend wurde Bertha auch im NS-Dozentenbund an der Universität Graz aktiv und vertrat dort das Personal der Medizinischen Kliniken.[37] Erwähnt sei, dass Bertha in dieser Zeit in einem behördlichen Schreiben betreffend die ausstehende, endgültige Besetzung der Vorstandsstelle der Grazer Psychiatrisch-Neurologischen Klinik als „illegales Parteimitglied, weltanschaulich völlig einwandfrei", aber auch als „vor Jahren ziemlich schwerer Alkoholiker" bezeichnet wird.[38]

Im Jahr darauf, 1940, erhielt Bertha aber, offenbar auch nach Wien bereits gut vernetzt, durch Dr. Max Gundel vom „Hauptgesundheits- und Sozialamt" der Gemeinde Wien gleich zwei neurologische Primariate übertragen, nämlich jenes der „Nervenheilanstalt Rosenhügel" – diese Stelle existierte faktisch jedoch nicht, da die Anstalt geschlossen und in ein Reservelazarett umgewandelt war – und jenes der neurologischen Abteilung im benachbarten „Versorgungsheim der Stadt Wien" in Lainz.[39] Dieser Karrieresprung brachte die Übersiedlung Berthas nach Wien mit sich, wobei er noch 1940 auch seine Dozentur an die Universität Wien übertragen ließ.[40] Bertha blieb aber weiterhin auch an der Universität Graz tätig, und hielt hier

---

32 Aus „politischen" Gründen; Kauders war mit einer Frau jüdischer Herkunft verheiratet. Vgl. Michael HUBENSTORF, Vertriebene Medizin – Finale des Niedergangs der Wiener Medizinischen Schule?, in: Friedrich Stadler, Hg., Vertriebene Vernunft, Bd. 2 (Münster 2004), 766–793, hier 782. Zumindest nach den Angaben bei Scheiblechner hatte auch Kauders ab 1933 zeitweilig der österreichischen NSDAP angehört (SCHEIBLECHNER, Kurzbiographien, wie Anm. 3, 108). „Nachhaltig" kann eine solche Parteizugehörigkeit nicht gewesen sein, wurde Kauders nach dem „Anschluss" doch nicht nur zwangsweise in den Ruhestand versetzt, sondern ihm im März 1939 auch die Pension aberkannt.
33 Vgl. hierzu WOLF, Gesundheitspolitik, wie Anm. 14, 17.
34 UAG, Personalakt Bertha, „Verzeichnis der wissenschaftlichen Arbeiten".
35 Freundliche Auskunft von Andreas Golob, Archivar am Universitätsarchiv Graz.
36 WOLF, Gesundheitspolitik, wie Anm. 14, 19.
37 SCHEIBLECHNER, Kurzbiographien, wie Anm. 3, 12.
38 Zit. nach WOLF, Gesundheitspolitik, wie Anm. 14, 73.
39 Vgl. HUBENSTORF, Wissenschaft, wie Anm. 3, 415; WOLF, Gesundheitspolitik, wie Anm. 14, 21–22.
40 Vgl. WOLF, Gesundheitspolitik, wie Anm. 14, 27.

1940 z. B. eine Vorlesung zum Thema „Menschliche Erblehre als Grundlage der Rassenhygiene" im Ausmaß von drei Semesterwochenstunden.[41] Neben seiner Tätigkeit als Lainzer Primar hatte Bertha in der Folge, ab August 1941, auch das Amt eines „ärztlichen Direktors" und „Referatsleiters" im Referat für „Nerven-, Geisteskranke und Süchtige" des Hauptgesundheitsamtes Wien inne.[42] Schon ab September 1940 hatte Bertha auch als „Gutachter" für die „T4-Ermordungsaktion" u. a. psychisch kranker oder mental behinderter Menschen fungiert.[43] Im Gegensatz zu den restlichen „Ämtern" dieses „Multifunktionärs" der NS-Medizin – 1940–1942 kam auch noch eine „Nebentätigkeit" als Mitglied des „Erbobergerichtshofes" in Sterilisationsfragen u. a. hinzu[44] – fand diese Tätigkeit freilich, wie die gesamte „T4-Aktion", mit der Intention der Geheimhaltung statt, war also nicht öffentlich, sondern lediglich einem kleineren Kreis „Informierter" bekannt. Von Januar 1942 an amtierte Bertha einige Zeit, höchstens aber bis Juni 1942, als in diese Funktion Ernst Illing (1904–1946 [hingerichtet]) bestellt wurde, zusätzlich vertretungsweise als Leiter der „Jugendfürsorgeanstalt" „Am Spiegelgrund",[45] wo bereits unter dem Vorgänger bis Ende 1941, Erwin Jekelius, das offiziell gestoppte „Euthanasieprogramm" – nun an Kindern und Jugendlichen – „dezentral" intensiv weiterbetrieben wurde. Die nächste Karrierestufe während des NS-Regimes beschritt Bertha dann, indem er ab 1. Januar 1944 zusätzlich zu seinen anderen „Agenden" auch die kommissarische Leitung der größten psychiatrischen Krankenanstalt der „Ostmark", des „Steinhof" in Wien, übertragen bekam.[46] Bertha war in dieser Funktion u. a. für Morde an Kindern und Jugendlichen innerhalb der Anstalt mitverantwortlich und verfasste bzw. unterzeichnete teilweise selbst sogenannte „Trostbriefe" an die Eltern getöteter Kinder.[47] Für die Gesamtanstalt „Am Steinhof" ging Bertha bereits wenige Tage nach seiner Ernennung von zukünftig noch massiv ansteigenden Sterberaten aus, wie aus einem Ansuchen um Aufstockung des administrativen Personals hervorgeht.[48] Mehrere Experten – Neugebauer, Malina, Hubenstorf, Schwarz – nehmen an, dass Bertha ein zentraler Akteur des gesamten NS-Krankenmordes in der „Ostmark" 1940 bis 1945 war.[49]

---

41 UAG, Vorlesungsverzeichnis der Reichsuniversität Graz für das 2. Trimester 1940, 57.
42 SCHEIBLECHNER, Kurzbiographien, wie Anm. 3, 13; WOLF, Gesundheitspolitik, wie Anm. 14, 28–29.
43 Vgl. bes. KLEE, „Euthanasie", wie Anm. 5, 194–196 (mit Abdruck der gesamten „Gutachterliste").
44 UAG, Vorlesungsverzeichnisse der Reichsuniversität Graz, 1940–1942. Vgl. Petra SCHEIBLECHNER, 1200 Wissenschafter der ‚österreichischen' medizinischen Fakultäten und deren Mitgliedschaft bei NS-Teilorganisationen, in: Wolfgang Freidl, u. a., Hg., Medizin und Nationalsozialismus in der Steiermark (Innsbruck 2001), 170–190, hier 186.
45 WOLF, Gesundheitspolitik, wie Anm. 14, 31.
46 UAG, Habilitationsakte Bertha. Zur Geschichte dieser psychiatrischen Institution während und nach der NS-Zeit vgl. GABRIEL, Baumgartner Höhe, wie Anm. 14; Susanne MENDE, Die Wiener Heil- und Pflegeanstalt ‚Am Steinhof' im Nationalsozialismus (Frankfurt am Main u. a. 2000); Eberhard GABRIEL / Wolfgang NEUGEBAUER, Hg., NS-Euthanasie in Wien (Wien u. a. 2000); GABRIEL / NEUGEBAUER, Zwangssterilisierung, wie Anm. 3. Möglicherweise hatte Bertha den „Steinhof" bereits vorher gleichsam „inoffiziell" geleitet. Vgl. hierzu: HUBENSTORF, Kontinuität, wie Anm. 6, 317. Gemäß Eberhard Gabriel gibt es hierzu aber keine schriftlichen Hinweise in den Direktionsakten der Anstalt.
47 Vgl. hierzu: Peter SCHWARZ, Mord durch Hunger. ‚Wilde Euthanasie' und ‚Aktion Brandt' am Steinhof in der NS-Zeit, in: Eberhard Gabriel / Wolfgang Neugebauer, Hg., Von der Zwangssterilisierung zur Ermordung (= Zur Geschichte der NS-Euthanasie in Wien 2, Wien–Köln–Weimar 2002), 113–141, hier 136.
48 Vgl. WOLF, Gesundheitspolitik, wie Anm. 14, 40–41.
49 Vgl. ebd., bes. 129–130 sowie: Peter MALINA / Wolfgang NEUGEBAUER, NS-Gesundheitswesen und Medizin, in: Emmerich Tálos u. a., Hg., NS-Herrschaft in Österreich. Ein Handbuch (Wien 2000), 696–720.

Ab 1944 strebte Bertha die Bestellung zum „außerplanmäßigen Professor" an, welche der damalige Ordinarius für Psychiatrie und Neurologie an der Charité in Berlin und frühere (1920–1934) Dozent für Neuropathologie und Psychiatrie an der Universität Graz, Maximinian de Crinis, für ihn betrieb.[50] Obwohl ohnehin nur NS-linientreue, selbst „eugenisch" orientierte Gutachter angefragt wurden – Werner Villinger (1887–1961 [Unfall oder Suizid], NSDAP, NSFK, „T4-Gutachter"), Rudolf Thiele (1888–1960, NSDAP, SA), Helmut Scharfetter (1893–1979, NSDAP, SS), Carl Schneider (1891–1946 [Suizid], NSDAP, „T4-Gutachter")[51] – fielen die Reaktionen keineswegs einheitlich positiv aus. Der prominente Eugeniker Villinger etwa – übrigens gewissermaßen ein analoger „Fall" zu Bertha in Deutschland, was die Frage der Kontinuitäten anlangt, der es schon 1946 wieder zum Ordinarius (Marburg an der Lahn) und 1955/56 zum Rektor ebendort gebracht hatte – erklärte, von Bertha bislang keine Notiz genommen und daher auch kein Urteil über seine „persönliche Eignung" abgeben zu können.[52] Uneingeschränkt positiv äußerte sich dagegen Carl Schneider, damals Ordinarius für Psychiatrie und Neurologie in Heidelberg: „Dr. Bertha ist mir aus gelegentlichen Berührungen in der Reichsarbeitsgemeinschaft Heil- und Pflegeanstalten[53] bekannt. Ich habe ihn dabei als einen überzeugten, einsatzfreudigen und aktiven Nationalsozialisten kennen gelernt, der mir seiner ganzen Persönlichkeit nach [mit] Tatkraft, Veranlagung und Charakter einen vorzüglichen, überdurchschnittlichen Eindruck gemacht hat und zweifellos förderungswürdig erscheint."[54] Die Ernennung Berthas zum „apl. Prof." fand dann am 1. Februar 1945 tatsächlich statt.[55] Vergegenwärtigt man sich die Tätigkeiten des Hans Bertha bis 1945, so wird klar, was der elegante Hinweis auf die höhere Vollkommenheit des Ganzen gegenüber jener der einzelnen Geschöpfe aus dem Werk Descartes' auch bedeuten kann: „Der Einzelne ist nichts, das Volk ist alles."[56] Konsequenterweise galt dies besonders für deutlich „unvollkommene", eben „minderwertige" Einzelne, wobei die Definitionsmacht, wer oder was genau als „minderwertig" zu gelten habe, von den Propagandisten dieser Auffassung gewöhnlich sich selbst zugedacht wurde.

Über das Geschick Berthas in der für NS-Verbrecher besonders „kritischen Phase" unmittelbar nach dem Ende des „Dritten Reiches" war lange nicht allzu viel bekannt; mittlerweile lassen sich aufgrund von neueren Forschungen zumindest die wichtigsten „Etappen" rekonstruieren.[57] Im April 1945 wurde Bertha als amtierender Direktor des „Steinhof" verhaftet und des Dienstes enthoben, bald aber – sozusagen als „Freigänger" – tagsüber an der Anstalt zu Arbeiten

---

50 Vgl. Hubenstorf, Kontinuität, wie Anm. 6, 330; Scheiblechner, Kurzbiographien, wie Anm. 3, 12.
51 Vgl. zu diesen Angaben: Klee, Personenlexikon, wie Anm. 14.
52 Scheiblechner, Kurzbiographien, wie Anm. 3, 12.
53 Hierbei handelt es sich um eine Tarnbezeichnung für die der „Kanzlei des Führers" zugeordnete, also außerhalb des „gewöhnlichen" Staats- und auch Partei-Behördenapparates stehende „Zentraldienststelle" von „T4" in Berlin, also das Organisationszentrum der Kranken- und Behindertenmorde. Vgl. Klee, „Euthanasie", wie Anm. 5.
54 Gutachten Schneiders im Bundesarchiv Berlin. Zit. nach Scheiblechner, Kurzbiographien, wie Anm. 3, 12.
55 UAG, Personalakt Bertha, Antrag an das Bundesministerium für Unterreicht auf Verleihung des Titels eines außerordentlichen Professors durch die medizinische Fakultät aus dem Jahr 1956 (!).
56 Auf diese schlichte Formel brachte es die NS-Bewegung spätestens in den frühen 1930er Jahren; abgewandelt auch als direkte Anrede: „Du bist nichts, dein Volk ist alles."
57 Vgl. bes. Wolf, Gesundheitspolitik, wie Anm. 14; weiters Claudia A. Spring, Zwischen Krieg und Euthanasie. Zwangssterilisationen in Wien 1940–1945 (Wien u. a. 2009), bes. 284–285; Herwig Czech, Erfassung, Selektion und ‚Ausmerze'. Das Wiener Gesundheitsamt und die Umsetzung der nationalsozialistischen ‚Erbgesundheitspolitik' 1938 bis 1945 (Wien 2003).

in der Prosektur verwendet. Offenbar bald – jedenfalls vor Dezember 1945 – ganz entlassen, ließ sich Bertha in Aigen im Ennstal nieder.[58]

Allerdings wurde er aufgrund eines Haftbefehls des Landesgerichts für Strafsachen in Wien im Juli 1946 in Irdning neuerlich in Haft genommen, wobei sich die erhobenen Vorwürfe auf die Misshandlung von Insassinnen der „Arbeitsanstalt" für „asoziale Frauen" am Steinhof bezogen (und nicht etwa auf die Morde am Spiegelgrund oder die „T4-Aktion", über deren personelle Verantwortlichkeiten ja noch wenig bekannt war).[59] Zu diesen Vorwürfen befragt, wies Bertha jegliche Schuld von sich, und behauptete sogar, die inhaftierten Frauen seien „in der Anstalt allgemein aufgeblüht".[60] Im weiteren Verlauf des Prozesses stellte Berthas Anwalt im Januar 1947 einen Antrag auf Entlassung aus der Haft (insbesondere weil keine Fluchtgefahr gegeben sei, da Berthas Frau schwanger sei und er für fünf Kinder zu sorgen habe), dem im April 1947 stattgegeben wurde; es kam zu keiner Anklageerhebung und das Verfahren wurde in der Folge im April 1948 eingestellt.[61] Schon im Juni 1947 verlegte Bertha seinen Wohnsitz vom Ennstal nach Bruck an der Mur, also in seine Heimatstadt.[62]

Eine weitere Anklage gegen Bertha, nämlich jene wegen illegaler Mitgliedschaft in NSDAP und SS zwischen 1933 und 1938, wurde 1947 an das Landesgericht für Strafsachen in Graz überwiesen. In dem anschließenden Prozess argumentierte der Angeklagte, er sei bloß aus einer Gefälligkeit einem Bekannten gegenüber 1933 in die NSDAP eingetreten, habe sich nach dem Parteiverbot 1934 nicht im NS-Sinn betätigt, und sich erst nach März 1938, auf Drängen von Kollegen an der Grazer Nervenklinik, um eine SS-Mitgliedschaft beworben. Diese Mitgliedschaft sei bloß auf 1937 vordatiert worden, um ihm etwaige Schwierigkeiten durch die SS (!) zu ersparen, weil er selbst körperbehindert sei (Kurzsichtigkeit, verkürztes Bein).[63] Thematisiert wurden seitens der Verteidigung hier auch angebliche weitere schwere körperliche Beeinträchtigungen, welche von zwei Unfällen, einem Felssturz beim Holzarbeiten im November 1945, sowie einem Autounfall im Juli 1947, herrühren würden.[64] Skandalöserweise folgte das „Volksgericht" am Landesgericht Graz im September 1948 tatsächlich der sehr durchsichtig fabrizierten Verteidigungslinie Berthas, und sprach ihn trotz mehrerer eindeutiger dokumentierter Gegenbeweise vom Vorwurf der illegalen NS- und SS-Tätigkeit frei.[65] Andere Anklagepunkte bestanden zu diesem Zeitpunkt nicht.

Wann und wie Bertha genau seine beruflichen Tätigkeiten wieder aufnahm, ist derzeit noch unklar, ebenso wie die effektive Dauer seines Berufsverbotes. Schon 1948 war Bertha aber offenbar in seiner Heimatstadt Bruck an der Mur wieder in irgendeiner Form als „Nervenarzt" tätig.[66] Im Juli 1950 gab Bundespräsident Karl Renner dem Ansuchen Berthas auf Ausnahme

---

58 Warum gerade dort, ist derzeit unbekannt.
59 Vgl. Wolf, Gesundheitspolitik, wie Anm. 14, 59.
60 Aus dem Strafakt des LG für Strafsachen Wien, hier zit. nach ebd., 61.
61 Vgl. Wolf, Gesundheitspolitik, wie Anm. 14, 64.
62 UAG, Habilitationsakte Bertha, Meldebestätigung vom 26. 2. 1952.
63 Vgl. Wolf, Gesundheitspolitik, wie Anm. 14, 66–75.
64 Vgl. ebd., 67–68.
65 Vgl. ebd., 75–78.
66 Vgl. Gabriel, Baumgartner Höhe, wie Anm. 14, 162; sowie: UAG, Personalakte Holzer (sic !). Bertha wurde nach einem Autounfall des damaligen Vorstandes der Grazer Psychiatrischen Universitätsklinik, Wolfgang Holzer, wegen dessen Verwirrtheit in Folge der erlittenen Schädelverletzungen vom Krankenhaus Mürzzuschlag als Konsiliarius zugezogen. Auf diese „Querverbindung" machte den Verfasser Eberhard Gabriel aufmerksam.

von den „Sühnefolgen" für „belastete" (ehemalige) Nationalsozialisten statt.[67] Seit 1951 war Bertha dann auch als „Sachverständiger" für Psychiatrie und Neurologie für das „Kreisgericht" (sic) Leoben tätig.[68] Von Mai 1945 bis Ende 1949 trat er aber weder durch Vorträge noch Publikationen wissenschaftlich in Erscheinung, wie aus den von ihm zur Vorbereitung der Verleihung des Titels eines „außerordentlichen Universitätsprofessors" für Neurologie und Psychiatrie an der Universität Graz im Jahr 1956 vorgelegten Unterlagen hervorgeht, noch war er – dies bis einschließlich 1952 – Angestellter oder Lehrbeauftragter der Universität Graz.[69] Anscheinend ging er aber auch in dieser Zeit „in den histologischen Laboratorien der Nerven-Klinik und der Heil- und Pflegeanstalt am Feldhof" bereits wieder wissenschaftlichen Studien nach. Ab 1950 nahm Bertha, ausweislich eines von ihm selbst verfassten Verzeichnisses von „seit 1945 gehaltene[n] Vorträgen", wieder mit Beiträgen an wissenschaftlichen Tagungen teil, welche ab 1951 auch in schriftlichen Publikationen resultierten.[70]

Spätestens seit 1950 betrieb Bertha seine akademische „Rehabilitation" im doppelten Wortsinn; denn die „Habilitationsakte Bertha" im Universitätsarchiv Graz enthält u. a. zwei Bestätigungen des Klinikvorstandes Holzer, wonach Bertha „die Lehrmittel der Klinik Graz für Nervenkranke" bzw. „die Lehr- und Forschungsmittel der Nervenklinik […] zur Verfügung stehen", die erste datierend von April 1950, die zweite von März 1951.[71] Ein Jahr später, im März 1952, beantragte Bertha förmlich bei der Medizinischen Fakultät die erneute Verleihung der Dozentur für Neurologie und Psychiatrie.

Als Referent für die Habilitation Berthas fungierte zunächst Holzer; während dessen Suspendierung aus Krankheitsgründen wurde im März 1953 Hans Hoff (1897–1969) als Ersatz angefragt. Letzterer stand der neuerlichen akademischen Karriere Berthas aus „außerwissenschaftlichen" Gründen – also wohl wegen dessen Involvierung in die NS-Verbrechen – eindeutig ablehnend gegenüber.[72] Die von Holzer gerichtlich erwirkte Wiedereinsetzung als Klinikvorstand führte aber dazu, dass der Dekan, E. Lorenz, Hoff umgehend wieder von dieser Aufgabe entband.[73] Holzer legte dann im September 1952 zum wissenschaftlichen Werk Berthas ein ziemlich langes Gutachten vor, hob dabei vor allem die physiologischen und histologischen Arbeiten hervor und empfahl die positive Erledigung des Habilitationsgesuches „nachdrücklichst". Im November 1952 hat dann das Professorenkollegium der Fakultät den Antrag (mit nur einer Stimmenthaltung) genehmigt, wobei auf die Abhaltung eines Kolloquiums verzichtet und nur eine Probevorlesung verlangt wurde. Als deren Thema wurde „Die Bedeutung der Hirnkreislauflehre für die Neuropathologie" angegeben. Im Februar 1953 bestätigte dann das Unterrichtsministerium die Wiederverleihung der Dozentur für Neurologie und Psychiatrie.[74] Das Personalverzeichnis der Universität für das Studienjahr 1953/54 nennt Bertha wieder als Privatdozenten.[75]

---

67 UAG, Habilitationsakte Bertha, Bescheinigung der BH Bruck a.d. Mur vom 17. 1. 1951.
68 Vgl. WOLF, Gesundheitspolitik, wie Anm. 14, 78–81.
69 UAG, Vorlesungs- und Personalverzeichnisse der Universität Graz, 1945–1952.
70 UAG, Personalakte Bertha; Habilitationsakte Bertha.
71 UAG, Habilitationsakte Bertha.
72 Ebd.
73 Die Wiedereinsetzung Holzers in „Amt und Würden" durch das Bundesministerium für Unterricht erfolgte am 30. Juni, das betreffende Schreiben an Hoff datiert vom 1. Juli 1952 (!).
74 UAG, Habilitationsakte Bertha.
75 UAG, Habilitationsakte Bertha; Personalverzeichnis der Universität Graz, 1953/54.

Schon im Sommersemester 1953 kündigte Bertha erstmalig wieder eine Lehrveranstaltung an – „Bau und Funktion des Nervensystems (unter klinischen Gesichtspunkten) mit Demonstrationen"; im Wintersemester darauf sind es zwei Lehrveranstaltungen, neben den schon genannten Kurs treten „Ausgewählte Kapitel aus der forensischen Psychiatrie".[76] Ein Schreiben des Dekans Hafferl an das Bundesministerium für Unterricht vom 16. November 1953 in diesem Zusammenhang behauptet, Bertha sei „seit 1948 ständiger Mitarbeiter der Nervenklinik in Graz" gewesen, „beim schwierigen Aufbau eines neurohistologischen Laboratoriums bevorzugt beteiligt", und solle nun auf Wunsch „der Klinik" wieder enger an diese gebunden werden.[77]

Zu diesem Zeitpunkt wohnte Bertha offenbar noch in Bruck an der Mur. 1954 ändert sich in seinen Lebensverhältnissen aber wieder Grundlegendes: Aufgrund der nunmehr schwerwiegenden Erkrankung des bisherigen Vorstandes Holzer wird eine „provisorische Leitung" der Psychiatrisch-Neurologischen Klinik benötigt – und in Bertha gefunden! Im Februar 1954 wird ihm die „Supplierung der Klinik" übertragen.[78] Dokumente zum näheren Entscheidungsprozess an der Medizinischen Fakultät sind nicht bekannt. Es liegt aber die Annahme nahe, dass einerseits die bereits wieder hohe Dichte an „Gesinnungs"- und „Parteigenossen" im Professorengremium für ihn günstig war, andererseits der Umstand, dass er – neben dem erst im November 1953 zum Dozenten ernannten, deutlich jüngeren Erich Pakesch (1917–1979), dem damals schon 78-jährigen, und unmittelbar vor der endgültigen Pensionierung stehenden Heinrich di Gaspero (1875–1961)[79] sowie dem altersmäßig eher „passenden", jedoch massiv NS-Belasteten Ernst Pichler (1907–1977)[80] – der einzige damals einschlägig Habilitierte in der Steiermark und somit für eine vertretungsweise Klinikleitung wohl vergleichsweise einfach und schnell zu „gewinnen" war.

Ab diesem Zeitpunkt nahm seine Lehrtätigkeit an der Universität Graz deutlich zu, die nun neben der Abhaltung zweier neurophysio- und neuropathologischer Lehrveranstaltungen (gemeinsam mit den Assistenten Eichhorn und Grinschgl) auch die ersatzweise Abhaltung der fünfstündigen Hauptvorlesung „Psychiatrisch-neurologische Klinik" umfasste. Diese wurde im Vorlesungsverzeichnis bis 1960 zwar stets mit „N. N." als Vortragendem ausgewiesen; die Übertragung an Bertha als supplierenden Klinikvorstand fand aber bereits mit Sommersemester 1954 statt.[81]

An Veröffentlichungen entstanden zwischen 1950 und 1956 zehn weitere Zeitschriften- bzw. Sammelbandbeiträge Berthas, wobei bei den Themen – wie schon für die Zeit vor 1938 und auch 1938–1945 – neuroanatomische Inhalte überwogen. Ausdrücklich therapeutische Bezüge weisen lediglich die Arbeiten „Die Anfallskrankheiten (Epilepsie und epilepsieähnliche Zustände) und deren Behandlung in der Praxis" aus 1951 sowie „Weltanschauung und

---

76 UAG, Vorlesungsverzeichnis der Universität Graz, Sommersemester 1953, 16; Vorlesungsverzeichnis der Universität Graz, Wintersemester 1953/54, 78. Spätestens im letztgenannten Semester fanden die betreffenden Lehrveranstaltungen dann auch tatsächlich statt.
77 UAG, Personalakte Bertha.
78 UAG, Habilitationsakte Bertha; Personalverzeichnis der Universität Graz von Herbst 1954.
79 UAG, Personalakten Bertha, Pakesch, di Gaspero, sowie Personal- und Vorlesungsverzeichnisse 1945–1953.
80 Zu dessen Biografie siehe weiter unten.
81 UAG, Habilitationsakte Bertha; Personalakte Bertha.

Psychotherapie" aus 1952[82] aus, wie eine vom Autor selbst im Jahr 1956 vorgelegte Liste belegt. Diese erstellte Bertha, als sein nächster, offenbar von der Medizinischen Fakultät großteils unterstützter Karriereschritt bevorstand, nämlich die Verleihung des Titels eines „außerordentlichen Professors".[83] Zu dieser Zeit, 1955/56, fungierte Bertha übrigens auch als „Privatdozentenvertreter im Professorenkollegium".[84]

Beim Lesen des erwähnten Antrags an das Unterrichtsministerium vom 26. Mai 1956 frappiert heute wohl am meisten, dass jeglicher Bezug auf politische Aspekte fehlt; das Wort „Nationalsozialismus" kommt nicht vor, obwohl der mit den politischen „Umbrüchen" ja eng verbundene Werdegang Berthas ziemlich eingehend geschildert wird. Auch die Entlassung aus dem Staatsdienst 1945 – gegen die Bertha übrigens nach seinem „Freispruch" von allen Anklagepunkten betreffend illegaler NS-Aktivitäten sogar mehrfach, jedoch ohne Erfolg, prozessiert hatte[85] – wird in keiner Weise erwähnt. Die verschiedenen leitenden Tätigkeiten zwischen 1938 und 1945 werden vielmehr als fachliche Verdienste dargestellt. Hingewiesen wird auch auf die soziale Situation von Bertha: Er ist „mit Margaretha, geb. Steiner, verheiratet und hat 6 minderjährige Kinder".[86] Der Antrag war erfolgreich.

Im Anschluss übersiedelte Bertha wieder nach Graz und leitete die Psychiatrisch-Neurologische Klinik nun weiter „provisorisch" als „Universitätsdozent mit dem Titel eines außerordentlichen Professors".[87] Dieses weitere Interim an der Klinik zog sich – auch für universitäre Verhältnisse – noch länger dahin; erst im Juli 1960 wurde der Lehrstuhl wieder definitiv besetzt – mit Hans Bertha, der im Dreiervorschlag der Fakultät auch Erstgereihter war, und nunmehr regulär als Klinikvorstand und „außerordentlicher Professor" fungierte.[88]

Im Zuge des Berufungsverfahrens war es – wahrscheinlich durch den damaligen Dekan der Grazer Medizinischen Fakultät – auch zu einer Anfrage um Stellungnahme an Hans Hoff als Wiener Klinikvorstand und damals zentrale Gestalt der österreichischen Psychiatrie gekommen, welcher sich – unter Hinweis auf Gründe, die „nicht im wissenschaftlichen Bereich" lägen, gegen eine Besetzung des Lehrstuhls mit Bertha aussprach.[89] Der Einwand Hoffs blieb aber ohne Erfolg.

Interessant sind in diesem Zusammenhang auch der Zweit- und Drittplatzierte des betreffenden Verfahrens; hierbei handelte es sich zum einen um Friedrich Mauz (1900–1979), gebürtiger Schwabe, NS- und SA-Mitglied, ebenfalls ehemaliger „T4-Gutachter", der hierfür nie

---

[82] Es handelt sich um einen sehr „gelehrt" daherkommenden Artikel, der aber bloß – und dies ohne jegliche bibliographische Zitate (!) – einen kompilatorischen Abriss der Auffassungen darstellt, welche bedeutende Philosophen, Theologen und Mediziner von der Antike bis ins 19. Jahrhundert über das im Psychischen selbst gelegene Heilpotential allgemein hatten. Als Vertreter der „neuere[n] Psychotherapie" werden „Freud, Pötzl, Hoff, Urban, Holzer" genannt [!], ohne dass auf deren psychotherapeutische Methoden irgendwie näher eingegangen würde: Hans BERTHA, Weltanschauung und Psychotherapie, in: Wolfgang Holzer, Hg., Psychiatrie und Gesellschaft. Gegenwartsfragen der sozialen Medizin (Wien–Düsseldorf 1952), 34–49.
[83] Der betreffende Antrag an das Unterrichtsministerium wurde in der Fakultät „mit 16 Ja- und 2 Nein-Stimmen" angenommen, wie aus dem Anschreiben hervorgeht: UAG, Personalakt Bertha. Vgl. zu diesem Karriereschritt auch: WOLF, Gesundheitspolitik, wie Anm. 14, 84–85.
[84] UAG, Personalverzeichnis der Universität Graz von Herbst 1955, 72.
[85] Vgl. WOLF, Gesundheitspolitik, wie Anm. 14, 78–81.
[86] UAG, Personalakte Bertha.
[87] UAG, Personalverzeichnis der Universität Graz von Herbst 1957, 82.
[88] Vgl. WOLF, Gesundheitspolitik, wie Anm. 14, 85.
[89] UAG, Akt zum Berufungsverfahren Nachfolge Holzer.

zur Verantwortung gezogen wurde, und damals, 1960, Ordinarius für Psychiatrie in Münster und Vertreter der psychotherapeutischen Behandlung auch bei psychotischen Patienten war,[90] zum anderen um den Neurologen Ernst (auch: „Ernest") Pichler, der wie Bertha als „Hauskandidat" gelten kann.

Auch Pichler, 1907 als Sohn eines Grazer Kaufmanns geboren, hatte in Graz Medizin studiert (Promotion 1930) und war bereits in der „Illegalität" NSDAP- und SS-Mitglied. Er hatte hier zunächst am Pharmakologischen Institut von Otto Loewi gearbeitet, war dann aber 1933 als Assistent zu Otto Pötzl (1877–1962) an die Wiener Psychiatrisch-Neurologische Klinik gegangen und hatte sich dort 1939 habilitiert.[91] Während des Zweiten Weltkrieges war Pichler neben der Tätigkeit ebendort zunächst am „Luftwaffenlazarett Wien" eingesetzt, später leitete er ein Lazarett für „Hirnverletzte" und geriet als Wehrmachtsarzt gegen Kriegsende in französische Gefangenschaft, aus der er im Juli 1947 zurückkehrte.[92] In der Zwischenzeit aus seiner Anstellung an der Wiener Klinik entlassen, leitete Pichler dann zunächst das neurologische (bzw. „Nerven"-) Ambulatorium der Steiermärkischen Gebietskrankenkasse;[93] außerdem praktizierte er als niedergelassener Facharzt. Im Januar 1952 hatte Pichler die Anfang 1951 erneut beantragte Lehrbefugnis für Psychiatrie und Neurologie wiedererhalten. Seit dem Studienjahr 1952/53 scheint er im Personalstand der Universität Graz als Privatdozent für Neurologie und Psychiatrie auf.[94] Kurz nach der Besetzung des Grazer Lehrstuhls wurde er übrigens zum Direktor der neurologischen Klinik im Wiener „Maria-Theresien-Schlössel" berufen, die Position hatte er bis zur Pensionierung 1973 inne.[95]

In der engeren Auswahl für den Ende der 1950er Jahre neu zu besetzenden Grazer Lehrstuhl für Psychiatrie und Neurologie standen also drei „Ehemalige", von denen nur einer, Pichler, *nicht* als „T4-Gutachter" fungiert hatte. In diesem Zusammenhang sei erwähnt, dass niemand geringerer als Otto Loewi in einem im Mai 1956 verfassten Schreiben an den Dekan der Medizinischen Fakultät anlässlich der geplanten Verleihung des Titels eines „außerordentlichen Professors" an Pichler sich über die fachlichen und menschlichen Qualifikationen seines ehemaligen Mitarbeiters sehr positiv äußerte, und zwar ausdrücklich „in voller Kenntnis einer politischen Episode in Pichlers Vergangenheit".[96]

Bertha als letztlich erfolgreicher Kandidat für die Professur dankte im Übrigen im Februar 1961 Bundespräsident Adolf Schärf persönlich für seine Berufung; den Termin hatte ihm Vizekanzler Bruno Pittermann vermittelt.[97] Dies kann als Hinweis darauf gelten, dass Bertha bei

---

90 Vgl. KLEE, Personenlexikon, wie Anm. 14, 396; Gustav SCHIMMELPFENNIG, Psychotherapie bei Schizophrenen in der deutschen Nachkriegszeit, in: Medizinhistorisches Journal 22 (1987), 369–381.
91 UAG, Personalakt Ernst Pichler.
92 Ebd.
93 Vgl. HUBENSTORF, Wissenschaft, wie Anm. 3, 413; Karl Heinz TRAGL, Chronik der Wiener Krankenanstalten (Wien u. a. 2007), 568.
94 UAG, Personalakt Ernst Pichler; Personalverzeichnis der Universität Graz von Herbst 1952, 24–25.
95 Vgl. HUBENSTORF, Wissenschaft, wie Anm. 3, 413; TRAGL, Chronik, wie Anm. 93, 568. Pichler spekulierte gleichzeitig auf eine Übernahme der Leitung des „Feldhof" und ersuchte den (Neuro-)Chirurgen Leopold Schönbauer in Wien um eine Intervention beim damaligen SPÖ-Landesvorsitzenden in der Steiermark, Reinhard Machhold. Brief Pichlers an Schönbauer vom 10. April 1959, Inhalt auszugsweise veröffentlicht durch Antiquariat Inlibris: https://inlibris.at/?s=Pichler+ernst+neurologe&cat=10%2C9&lang=en (letzter Zugriff: 25. 8. 2015).
96 UAG, Personalakt Ernst Pichler.
97 Vgl. WOLF, Gesundheitspolitik, wie Anm. 14, 85.

seiner Nachkriegskarriere eher auf Unterstützung aus sozialdemokratischen, denn aus christdemokratischen Kreisen bauen konnte.[98] Bekanntlich waren aber ja seit den späten 1940er Jahren in Österreich beide „Großparteien", SPÖ wie ÖVP, stark von (ehemaligen) Nationalsozialisten „durchsetzt", von denen sich viele – und nahe liegender Weise viele der zuvor schon stark „karriereorientierten" – nun rasch mit den neuen parteipolitischen Machtverhältnissen arrangierten, ohne deswegen unbedingt ihre frühere „Gesinnung" oder gar ihre aus der Zeit des NS-Regimes herrührenden Netzwerke aufzugeben. Der nächste Schritt in der akademischen Karriere Berthas war die Ernennung zum „ordentlichen Universitätsprofessor" im März 1962.[99]

An dieser Stelle erscheint ein kurzer Blick auf die Publikationstätigkeit Berthas seit seiner Ernennung zum „tit. ao. Univ. Prof." angebracht: Von 1956 bis 1959 hatte Bertha sechs wissenschaftliche Zeitschriftenbeiträge verfasst, wobei nun neben neurologisch-anatomischen auch psychiatrisch-therapeutische Themen stärker vertreten sind („Arbeitstherapie bei Gehirnoperierten", 1957; „Lebensalter und Psyche", 1957; „Mensch und Technik als Probleme für den Nervenarzt", 1958). Nach der definitiven Lehrstuhlbesetzung 1960 scheint er weniger publiziert zu haben; allerdings liegt hierzu derzeit keine vollständige bibliographische Erhebung vor.[100]

Eruiert werden konnten für die Jahre 1960–1964 aber lediglich drei Publikationen: Hans Bertha, „Zur Theorie der Psychopharmaka und ihrer Anwendung in Klinik und Praxis", in: Wiener Medizinische Wochenschrift 11 (1960), 235–238; Hans Bertha u. a., „Untersuchungen über die regionale Kationenverteilung im menschlichen Gehirn", in: Monatshefte für Chemie 93/1–2,4 (1962), (drei Teile); Hans Bertha / Erich Pakesch, „Neurologie – Psychiatrie", in: Grazer Medizinische Fakultät, Hg., Festschrift zur Hundertjahrfeier der Grazer Medizinischen Fakultät 1863–1963 (Graz o. J. [1964/65]), 144–147.

Im Juni des erwähnten Jubiläumsjahrs 1963 war Hans Bertha zum Dekan der Medizinischen Fakultät gewählt worden; er trat das Amt im Herbst an, sollte es jedoch nur mehr kurz ausüben: Am 13. Dezember 1963 ereignete sich bei einer Autofahrt nach Pula/Pola zum Zweck der Vorbesprechung eines geplanten Neurologen-Kongresses – Bertha selbst lenkte den Wagen, der Psychiatriedozent Dr. Gerald Grinschgl[101] und der Lungenfacharzt Dr. Franz Maller waren Beifahrer – bei Portoroz ein Unfall, bei dem alle drei Insassen verletzt und daraufhin in die nahegelegene chirurgische Klinik in Izola gebracht wurden. Während diese faktischen Umstände – u. a. durch ein Schreiben von Erich Pakesch[102] als stellvertretendem Klinikvorstand an das Medizinische Dekanat bereits vom 16. Dezember – klar dokumentiert sind,[103] gibt es über die Ursachen des Unfalls ebenso wie über die weiteren Folgen unterschiedliche Darstellungen.

---

98 Ein inzwischen „berüchtigter", analoger Fall ist jener von Heinrich Gross.
99 UAG, Personalakte Bertha. Siehe auch: Personalverzeichnis der Universität Graz 1952, 96.
100 Sehr wertvoll, aber gemäß einer Mitteilung der Verfasserin selbst unvollständig, ist: Ursula MINDLER, Bibliographie der an der Medizinischen Fakultät der Universität Graz in der Zeit von 1938–1945 tätigen WissenschafterInnen. Typoskript im UAG (Graz 2000; 2001 ergänzt durch Petra Scheiblechner). Vgl. hierzu: Ursula MINDLER, Die Publikationstätigkeit der Grazer Mediziner in der NS-Zeit, in: Wolfgang Freidl u. a., Hg., Medizin und Nationalsozialismus in der Steiermark (Innsbruck 2001), 191–201, bes. 191.
101 Zu diesem weiter unten Näheres.
102 Zu diesem weiter unten Näheres.
103 Eingesehen als Abschrift in: UAG, Personalakte Bertha.

Es ist mehrfach vermutet worden, Bertha habe das Unglück in suizidaler Absicht gezielt herbeigeführt;[104] Belege hierfür gibt es bislang nicht. Für eine mögliche Richtigkeit dieser These spricht, dass Bertha gerade wegen seiner nunmehr beachtlichen Nachkriegskarriere damit rechnen musste, dass die abstoßendsten und schwerwiegendsten Verbrechen, die ihm vorzuwerfen waren – nämlich seine Involvierung in die Ermordung von Kindern und Jugendlichen in der Anstalt am „Spiegelgrund" ab 1942 sowie seine Tätigkeit als „Euthanasie-Gutachter" 1940/41 – früher oder später ans Tageslicht kommen würden. Zwar waren diese Taten nie Gegenstand einer gegen ihn gerichteten gerichtlichen Untersuchung geworden, jedoch waren sie der deutschen Justiz seit dem 1946/47 durchgeführten Verfahren gegen den SS- und „T4-Gutachter"-Kollegen Friedrich Mennecke (1904–1947 [Todesursache unklar, Suizid oder Folge einer Tuberkulose-Erkrankung])[105] bekannt, da in diesem Zusammenhang zahlreiche private Briefe des – vergleichsweise mitteilungsfreudigen – Mennecke als Beweismittel herangezogen wurden, in denen auch Hans Bertha im Zusammenhang mit „T4" vielfach genannt wird.[106] Andererseits waren die Wetterverhältnisse auf der ohnehin bekannt unfallgefährlichen istrischen Küstenstraße zum Unfallzeitpunkt offenbar äußerst schlecht, sodass auch die Version eines „gewöhnlichen" Unfalls einige Plausibilität besitzt. Jedenfalls aber dürfte Bertha einen gewissen Hang zu Risikoverhalten respektive eine „Unfallneigung" gehabt haben, da von ihm ja, trotz nur lückenhafter Dokumentation seiner Biografie, mehrere schwere Unfälle bekannt sind.[107]

Vielsagend erscheint aber auch das an den Unfall anschließende Geschehen: Einer durchaus glaubwürdigen mündlichen Tradition zufolge verweigerte der nach Izola – und damit in ein *slowenisches* Krankenhaus – verbrachte Bertha nämlich dort eine notwendige weitere Behandlung mit der Bemerkung, er lasse sich nicht von „Untermenschen" operieren, sondern wolle in die Steiermark verlegt werden. Der in die Wege geleitete Rücktransport nach Graz verzögerte sich allerdings aus nicht näher bekannten Gründen, und wurde erst am 26. Dezember, zehn Tage nach dem Unfall, per Hubschrauber durchgeführt. In der Zwischenzeit waren aber Folgeschäden eingetreten, von denen sich Bertha trotz weiterer Behandlung in der Grazer Chirurgischen Klinik nicht mehr erholen sollte; am 3. Januar 1964 verstarb er dort an den Unfallfolgen.[108] Mehrere kurz nach seinem Tod veröffentlichte Nachrufe zeichnen das Bild eines hervorragenden Wissenschaftlers und edlen Menschenfreundes. Gemäß dem seit 1944 ebenso an der Grazer Psychiatrisch-Neurologischen Klinik tätigen Erich Pakesch, der nach Berthas Tod auch die stellvertretende Leitung derselben innehatte, verfügte er über ein „hohes Berufsethos" und verstand es, angehenden Medizinern „die Ehrfurcht vor dem Leben" und „die Freude und Begeisterung für die Forschung" mitzugeben.[109]

---

104 Vgl. HUBENSTORF, Wissenschaft, wie Anm. 3, 380.
105 Vgl. KLEE, Personenlexikon, wie Anm. 14, 403.
106 Vgl. Peter CHROUST, Hg., Friedrich Mennecke. Innenansichten eines medizinischen Täters im Nationalsozialismus. Eine Edition seiner Briefe 1935–1947, Bd. 2 (Hamburg 1988), 96–976, 1048–1049, 1174–1179.
107 Siehe weiter oben.
108 UAG, Personalakt Bertha; WOLF, Gesundheitspolitik, wie Anm. 14, 86–87; HUBENSTORF, Wissenschaft, wie Anm. 3, 380.
109 Erich PAKESCH, Hans Bertha. Nachruf, in: Österreichische Hochschulzeitung 16/5 (1964), 3 [im Original die Autorenangabe irrtümlich als „tit. ao. Prof. Dr. E. Pa*b*esch"].

In einer Gedenksitzung der Grazer Medizinischen Fakultät im Februar 1964 wurde der Verstorbene von seinem Vorgänger und zugleich Nachfolger als Dekan, dem Dermatologen Anton Musger (1898–1983), gar als „Zierde der Fakultät, der Karl-Franzens-Universität und der Österreichischen Medizin" bezeichnet.[110] Ironischerweise stammt diese peinliche Huldigung von einem Arzt, der wegen seiner Zugehörigkeit zum „katholischen Lager" nach dem Anschluss 1938 seine Lehrbefugnis verloren hatte und in die Emigration gedrängt worden war. Dies zeigt einmal mehr, wie sehr sich selbst weltanschaulich eindeutig dem Nationalsozialismus fernstehende Persönlichkeiten in der Atmosphäre der 1950er und 60er Jahre in Österreich motiviert sahen, im Umgang mit „Ehemaligen" deren Strategien des Verdrängens und Verschweigens zu übernehmen.

Der „Fall Bertha" ist innerhalb der Psychiatriegeschichte des 20. Jahrhunderts in Österreich nicht zuletzt deswegen besonders bemerkenswert, weil seine „Bewältigung" sich als besonders schwierig erwies, ja im Grunde genommen bis heute nur selektiv und weitgehend abseits der Öffentlichkeit erfolgt ist. Abgesehen von kürzeren Hinweisen gibt es zur Biografie Berthas bislang kaum Literatur. Am ausführlichsten befassten sich mit dieser bislang Michael Hubenstorf in seinem kollektivbiographischen Beitrag „Tote und/oder lebendige Wissenschaft" sowie Christine Wolf in ihrer – wertvollen, gelegentlich aber Irrtümern unterliegenden – Diplomarbeit „Nationalsozialistische Gesundheitspolitik am Beispiel des Psychiaters Dr. Hans Bertha".[111]

Jedoch stellte eine Anfang der 1980er Jahre vom Grazer Peter Nausner erstellte filmische Dokumentation mit dem Titel „Unwertes Leben, ein Bericht über die NS-Psychiatrie in Österreich 1938 bis 1945" Berthas diesbezügliche Rolle – nicht ausführlich, aber eindeutig – dar, was nach ihrer Ausstrahlung im ORF Hauptabendprogramm 1984 umgehend für Widerspruch sorgte.[112] Die Familie Berthas, seine Ehefrau und drei seiner Söhne – allesamt selbst Mediziner –, reichte eine Beschwerde bei der ORF-Rundfunkkommission ein, wonach der Film gegen den gesetzlichen Grundsatz der Objektivität des ORF verstoßen habe. Hans Bertha sei kein „T4-Gutachter" gewesen, habe nicht schon seit 1942 die provisorische Leitung des „Steinhof" innegehabt, und dürfe daher auch nicht als NS-Verbrecher dargestellt werden.

Bemerkenswerterweise ließ sich der ORF, obwohl das jeweilige Gegenteil eindeutig nachweisbar war, damals auf einen Vergleich mit den Beschwerdeführern ein, welcher darin bestand, dass bei einer allfälligen Wiederholung der Dokumentation die sich auf Bertha beziehenden Passagen herausgeschnitten werden sollten. Der Urheber des Filmes selbst, bereit, durch Vorlage des betreffenden Schriftgutes (u. a. Personalakt Bertha der Gemeinde Wien) den Beweis für die beanstandeten Aussagen anzutreten, wurde in diese Übereinkunft nicht involviert. Zurecht, wenn auch wohl nur mit mäßiger „Breitenwirkung" wurde dieses Ergebnis damals in der „Volksstimme" als „zensurierte Zeitgeschichte" kritisiert.[113] Auch Michael Hubenstorf erhob in seinen einschlägigen Publikationen einen entsprechenden Vorwurf gegenüber dem ORF. Im Jahr darauf kam es im Zuge von Forschungen zur Geschichte der Universität Graz während der NS-Zeit ebenfalls zu Schwierigkeiten im Sinne einer „Blockade" weiterer Recherchen.[114]

---

110 UAG, Personalakt Bertha.
111 Hubenstorf, Wissenschaft, wie Anm. 3; Wolf, Gesundheitspolitik, wie Anm. 14.
112 Zu diesem „Nachspiel" vgl. eingehend: Wolf, Gesundheitspolitik, wie Anm. 14, 95–105.
113 Esther Borochov, Zensurierte Zeitgeschichte, in: Volksstimme (11. November 1984), o. S.
114 Vgl. Christian Fleck, Vorwort, in: Steirische Gesellschaft für Kulturpolitik, Hg., Grenzfeste Deutscher Wissenschaft. Über Faschismus und Vergangenheitsbewältigung an der Universität Graz (Graz 1985), 1–4.

Medial aufgegriffen wurde der „Fall Bertha" dann erst wieder im Zusammenhang mit der Tagung „Medizin und Nationalsozialismus in der Steiermark" im Jahr 2000, als Joachim Hainzl im „korso" einen zweiteiligen Artikel mit dem treffenden Titel „Vergessene Opfer – gefeierte Täter. NS-Euthanasie in der Steiermark" veröffentlichte.[115] Eine für die interessierte Öffentlichkeit zugängliche, nähere publizistische Auseinandersetzung mit der Biografie von Hans Bertha hat bis heute (2015) nicht stattgefunden.

Wie eingangs schon erwähnt, soll im vorliegenden Beitrag über die eben erfolgte Darstellung des „Falls Bertha" hinaus die „Personalgeschichte" der Grazer Psychiatrie insgesamt in den Jahren 1945 bis 1970 zumindest überblicksartig dargestellt werden. Neben Kurzbiografien der Klinik- und Anstaltsleiter wird hierbei zumindest für den Bereich der Universitätsklinik für Psychiatrie und Neurologie auch auf den übrigen „Personalstand" im ärztlichen Bereich kurz eingegangen.

Zur „Personalgeschichte" der Grazer Psychiatrisch-Neurologischen Klinik 1945–1970: Wiederkehr von Provisorien

Eingangs dieses Abschnittes scheint es, gerade wegen der zahlreichen Phasen bloß provisorischer Verhältnisse, angeraten, eine Übersicht über die jeweiligen Klinikvorstände bzw. deren „Supplenten" zu geben. In den bislang publizierten Listen der Leiter der Klinik für Psychiatrie und Neurologie in Graz fehlen nämlich insbesondere die bloß „provisorisch" Bestellten häufig.[116]

Tabelle 1: Vorstände der Grazer Klinik für Psychiatrie und Neurologie 1945–1971[117]

Periode	Leitung	Anmerkung
Mai 1945–Okt. 1946	Heinrich di Gaspero	supplierender Vorstand
Okt. 1946–Feb. 1954	Wolfgang Holzer	zunächst supplierender, ab 1947 definitiver Vorstand
Feb. 1954–Dez. 1963	Hans Bertha	zuerst supplierender, ab 1960 definitiver Vorstand
Jan. 1964–Juli 1968	Erich Pakesch	supplierender Vorstand
Juli 1968–Aug. 1971	Herbert Reisner	definitiver Vorstand

Nach dem Avancement Berthas nach Wien hatte seit März 1940 der Tiroler Otto Reisch (1891–1977) – ein prominenter Nationalsozialist, der 1934 sogar Mitglied der illegalen Gauleitung war, und 1936 nach Deutschland emigrierte – die Leitung der Psychiatrisch-Neurologischen Klinik in Graz als außerplanmäßiger Professor innegehabt. Er war in dieser Zeit u. a. als

---

115 Joachim HAINZL, Vergessene Opfer – gefeierte Täter. NS-Euthanasie in der Steiermark (I), in: Korso 12 (2000), online unter: http://korso.at/korso/DStmk/feldhof1200.htm (letzter Zugriff: 25. 8. 2015); Joachim HAINZL, Vergessene Opfer – gefeierte Täter. NS-Euthanasie in der Steiermark (II), in: Korso 2 (2001), online unter: http://korso.at/korso/DStmk/feldhof0201.htm (letzter Zugriff: 25. 8. 2015).
116 Vgl. etwa JELLINGER, Geschichte, wie Anm. 2, 11.
117 Daten nach: UAG, Personalakten, Personal- und Vorlesungsverzeichnisse.

„T4-Gutachter" tätig, wurde umgehend nach Kriegsende, am 9. Mai 1945 seines Amtes enthoben und scheint bald nach Tirol zurückgekehrt zu sein, wo er später als niedergelassener Facharzt wieder medizinisch tätig wurde.[118]

Ihm folgte als erster Klinikleiter nach Ende des NS-Regimes, dem Personalverzeichnis der Universität Graz für das Studienjahr 1945/46 zufolge, zunächst Heinrich di Gaspero (1875–1961) nach.[119] Di Gaspero war zum Zeitpunkt seiner Bestellung bereits 70 Jahre alt und eigentlich seit 1928 „Primar des Zentralbades" respektive seit 1937 Vorstand des Physiotherapeutischen Instituts. Seine Einsetzung war also offenkundig der Notlage bei Kriegsende und dem massiven Personalmangel im medizinischen Bereich geschuldet. Allerdings war di Gaspero, der 1899 zum Doktor der Medizin promovierte, durchaus ein „Fachmann". Er hatte seine wissenschaftliche Laufbahn 1901 als Assistent an der Grazer Klinik für Neurologie und Psychiatrie begonnen, sich 1913 – also noch vor dem Ersten Weltkrieg – für diese Fachkombination habilitiert, und seither regelmäßig auch psychiatrische Lehrveranstaltungen gehalten,[120] insbesondere für den forensischen Bereich, wenn auch Arbeitsschwerpunkte di Gasperos sich nach dem Ersten Weltkrieg zunehmend in den Bereich der physikalischen Medizin verlagerten.[121] Dieser war damals aber dem neurologisch-psychiatrischen Bereich relativ eng verbunden. Noch 1946 gab di Gaspero die provisorische Klinikleitung wieder ab, blieb aber an derselben bis ins Wintersemester 1954/55 (also einem Alter von 80 Jahren) als Dozent aktiv. Über seine politische Ausrichtung ist wenig bekannt; jedenfalls aber war Heinrich di Gaspero kein Mitglied der NSDAP oder einer ihr angeschlossenen Organisation,[122] was im Kontext der eminenten „NS-Lastigkeit" der Grazer Psychiatrie bis 1945 doch auf eine deutliche Distanz zur „Bewegung" schließen lässt.

Im Oktober 1946 trat dann mit Wolfgang Holzer (1906–1980) ein Mann – zunächst ebenfalls provisorisch – die Leitung der Psychiatrisch-Neurologischen Klinik an, dessen Biografie eine eingehende Auseinandersetzung, welche hier aber nicht geleistet werden kann, besonders verdienen würde. Dieser, ein gebürtiger Niederösterreicher (Krems), hatte zunächst in Berlin Ingenieurswissenschaften studiert und dort 1932 promoviert,[123] war danach Assistent am Physiologischen Institut der Universität Wien geworden und in der Folge – sozusagen auf umgekehrtem Wege wie di Gaspero – von der Physiologie und physikalischen Medizin zur Psychiatrie gelangt. Hierbei absolvierte Holzer zusätzlich zu seiner Assistententätigkeit das Studium der Medizin, das er 1938 mit seinem zweiten Doktorat abschloss.[124] Bald darauf trat er eine Assistentenstelle an der Psychiatrischen Klinik der Universität Wien an, in der Absicht, sich für dieses Fach auch zu habilitieren, was ihm jedoch nicht gelang, nach eigener, durchaus plausibler Darstellung aus politischen Gründen. Zumindest zeitweilig gehörte Holzer – wenigstens

---

118 Vgl. Hubenstorf, Wissenschaft, wie Anm. 3, 416; Scheiblechner, Kurzbiographien, wie Anm. 3, 213–215.
119 UAG, Personalverzeichnis der Universität Graz vom Juli 1946, 9.
120 Vgl. Scheiblechner, Kurzbiographien, wie Anm. 3, 27–28; Hubenstorf, Wissenschaft, wie Anm. 3, 406.
121 Vgl. Heinrich di Gaspero, Die Grundlagen der Hydro- und Thermotherapie (Graz 1924).
122 Vgl. Scheiblechner, Kurzbiographien, wie Anm. 3, 27–28; Hubenstorf, Wissenschaft, wie Anm. 3, 406.
123 Vgl. zur Biografie Holzers: Hubenstorf, Wissenschaft, wie Anm. 3, 373–377. Zu Holzers Rolle bei der Entwicklung der Elektroschocktherapien vgl. bes. Cornelius Borck, Hirnströme. Eine Kulturgeschichte der Elektroenzephalographie (Reinbek bei Hamburg 2013), 254–256.
124 UAG Graz, Personalakte Holzer, N. N., Referat zur Berufung von Holzer auf den Lehrstuhl für Psychiatrie und Neurologie an der Universität Graz (1946).

nominell – der NS-Unterorganisation „NSKK" an; war jedoch nie der NSDAP als solcher beigetreten.[125]

Holzer hatte sich aber bereits vor 1938 als Wissenschaftler von erheblicher Produktivität etabliert und war auch während der NS-Zeit publikatorisch tätig. Er arbeitete auch praktisch-technisch insbesondere an Elektroschock-Apparaten, an denen die damalige Psychiatrie insgesamt (durchaus nicht nur, aber auch die NS-affine) wegen der erhofften, und teils ja auch realisierten therapeutischen Effekte höchstes Interesse hatte.

Unter bislang unklaren Umständen wurde Holzer spätestens 1944 offenbar näher in die Debatten der „T4-Organisatoren" zur „Euthanasie" involviert und trat hierzu mit Paul Nitsche (1876–1948 [hingerichtet]), einem der Hauptorganisatoren der Krankenmorde, zugleich seit 1935 Geschäftsführer der Gesellschaft Deutscher Neurologen und Psychiater,[126] in Kontakt.[127] In Folge erstellte er im Juli 1944 eine „Denkschrift" mit dem Titel „Zum Euthanasieproblem. Vorschlag zur Gründung einer Forschungsanstalt für aktive Therapie der Nerven- und Geisteskranken", die der Autor offenbar an mehrere führende NS-Psychiater versandte. Zur eigentlichen Bedeutung dieses Textes gibt es unterschiedliche Auffassungen; Hubenstorf geht davon aus, dass sich Holzer, wie „linientreue" NS-Psychiater auch, darin lediglich zur Tarnung bzw. Beschönigung der mörderischen Handlungen und Pläne des NS-Regimes betreffend psychisch Kranke, „ambivalenter" Formulierungen bediente.[128]

Für den Verfasser des vorliegenden Beitrags erlaubt der Wortlaut der Denkschrift gerade in den von Hubenstorf zitierten Passagen aber nur den klaren Schluss, dass es sich hierbei um einen eindeutigen Apell *gegen* die NS-Krankenmorde handelt: „Wie auch immer hier die gesetzgeberische Entscheidung fallen möge, das eine ist sicher, dass ein tausendfach erhöhter Aufwand für das Grundlagenproblem der Psychiatrie und für die Therapieentwicklung eingeleitet werden müsste, um überhaupt die sittliche Berechtigung zu haben, an das Euthanasie-Problem der Psychosen heranzutreten."[129]

Was immer die Beweggründe Holzers für die Erstellung dieses Textes und die hinter den einzelnen Formulierungen stehenden Intentionen gewesen sein mochten, fest steht nach Ansicht des Verfassers zweierlei, nämlich dass sich der Autor einerseits in engen beruflichen Kontakten mit mehreren psychiatrischen Massenmördern befand, und offenbar innerhalb des NS-Psychiatriesystems als Mediziner „funktionierte", dass er andererseits aber in der zitierten Denkschrift eine wenig verhüllte Anklage der stattfindenden Krankentötungen formulierte. Dass dies zugleich im Kontext einer „Vision" großangelegter künftiger psychiatrischer Forschung im NS-Staat geschah, die im betreffenden Text ausgebreitet wird, mag überraschen. Ein „Schlüssel" zum Verständnis der gleichzeitigen Präsenz dieser zwar nicht gerade logisch einander ausschließenden, aber doch einander entgegenstehenden Aspekte der Haltung Holzers zum NS-Regime mag in seiner Persönlichkeit liegen.

Verschiedentlich als „genialer" Forscher betrachtet,[130] verfügte Holzer offenbar auch über eine manische Disposition, die sich im Laufe seines späteren Lebens zur manifesten psychi-

---

125 Habilitationsakten Holzer, Universität Wien (eingesehen als Kopien in der Sammlung von Eberhard Gabriel).
126 Vgl. KLEE, Personenlexikon, wie Anm. 14, 436.
127 Vgl. HUBENSTORF, Wissenschaft, wie Anm. 3, 375.
128 Vgl. ebd., 376.
129 Zit. nach ebd.
130 Hierfür sprechen besonders die Habilitationsgutachten an der Universität Wien von 1946 (hier eingesehen als Kopien in der Sammlung von Eberhard Gabriel).

schen Erkrankung entwickeln sollte. Ohne selbst Psychiater zu sein, glaubt der Verfasser des vorliegenden Beitrags so viel einschlägige Sachkenntnis zu haben, um einen entsprechenden Zug bereits in der angesprochenen Denkschrift von 1944 ausmachen zu können. Dies betrifft nicht nur die Inhalte derselben – die hochfliegenden Forschungskonzepte, die Mitte 1944 geradezu absurd angemutet haben müssen –, sondern speziell auch den Duktus, z. B.: „Das Euthanasie-Problem der Psychiatrie hat mich verantwortlich in dieser Zeit gezwungen, mit der Planung jetzt an die Verantwortlichen heranzutreten."[131]

Ebenfalls für eine Gegnerschaft Holzers zur „Euthanasie" spricht der Umstand, dass derselbe offenbar mit Widerstandsgruppen in Kontakt stand, und nach dem Zusammenbruch der NS-Herrschaft u. a. in einem Schreiben betreffend seinen Habilitationsantrag an der Universität Wien an den damaligen Dekan von deren Medizinischer Fakultät auf entsprechende Tätigkeiten hinweisen konnte.[132] 1946 wurde Holzer im Übrigen auch als Gerichtssachverständiger mit einem technischen Gutachten zu jenem Mordapparat betraut, den Emil Gelny (1890–1961) durch Umbau eines vorhandenen Elektroschockapparates hergestellt und zur Tötung von dutzenden Insassen jener beiden „Heil- und Pflege-Anstalten" in Gugging und Mauer-Öhling benutzt hatte, die derselbe von 1943–1945 leitete.[133]

Nach Kriegsende 1945 zunächst als provisorischer Leiter des Physiologischen Instituts an die Universität Graz geholt,[134] bemühte sich Holzer offenbar umgehend einerseits, wie schon erwähnt, um seine Habilitation für Psychiatrie und Neurologie an der Universität Wien, andererseits um eine Berufung als Professor für dieses Fach an der Universität Graz. Hierfür musste Holzer zuvor auch eine Anerkennung als Facharzt erreichen, was am 1. Oktober 1945 der Fall war.[135] Ein Jahr später, im Oktober 1946, wurde Holzer die Klinikleitung übertragen, die Ernennung zum – außerordentlichen – Professor für Psychiatrie und Neurologie erfolgte einen Monat danach, im November 1946, und damit noch vor Abschluss des Habilitationsverfahrens an der Universität Wien.[136]

Die für das Habilitationsverfahren eingereichte Liste wissenschaftlicher Arbeiten zeigt eine – vor allem im zeitgenössischen Vergleich – ungemein umfangreiche und vielfältige Publikationstätigkeit. Alleine in den Jahren 1931 bis 1933 erschienen 20 (vorwiegend physikalische) Beiträge von Holzer in wissenschaftlichen Zeitschriften, und von 1934 bis 1936 24 Arbeiten, unter denen sich bereits etliche physiologisch-medizinische finden, darunter zwei Monografien zur „Kurzwellentherapie" und zur „Kathodenstrahlenszillographie".[137] In der Periode 1937–1939 fiel die Veröffentlichungsfrequenz stark ab, auf nur drei Beiträge. In diese Zeit fällt, was hierfür wohl eine Erklärung darstellt, Holzers Zweitstudium der Medizin. In den Jahren 1940 bis 1942 erschienen wieder volle 20 Publikationen, darunter ein bei Maudrich

---

131 Zit. nach HUBENSTORF, Wissenschaft, wie Anm. 3, 375.
132 Schreiben von Wolfgang Holzer an Dekan Leopold Arzt vom 17. Juni 1946. In den Habilitationsakten Holzer im Universitätsarchiv Wien (hier eingesehen als Kopien in der Sammlung von Eberhard Gabriel).
133 Verurteilt wurden im betreffenden Prozess mehrere Krankenpfleger als Mittäter, nicht aber Gelny selbst, der sich der Justiz durch Flucht in den Irak entzogen hatte. Vgl. bes.: Gerhard FÜRSTLER / Peter MALINA, „Ich tat nur meinen Dienst." Zur Geschichte der Krankenpflege in Österreich (Wien 2004), 259–299.
134 UAG, Personalverzeichnis 1945/46 der Universität Graz, 9.
135 UAG, Personalakt Holzer (Personalbogen).
136 Ebd.
137 UAG, Personalakt Holzer.

verlegtes Einführungswerk in die „Physikalische Medizin"[138] und etliche Zeitschriftenbeiträge speziell zur „Elektroschocktherapie". Insgesamt umfasst das besagte Verzeichnis, das den Stand mit Juli 1945 wiedergibt, 73 Veröffentlichungen; zusätzlich listet der Autor 25 „von 1938 bis 1945 verfasste Arbeiten, welche nicht in den Druck gegeben wurden" (hierbei handelt es sich teils aber um überarbeitete Ausgaben früherer Werke).[139]

Außergewöhnliche Aktivität legte Holzer, den Kauders in seinem Habilitationsgutachten vom September 1946 als „somit heute schon […] eine auf dem Gebiete der Psychiatrie und Neurologie beachtliche Forscherpersönlichkeit von ausgezeichnetem klinischen Wissen" bezeichnete,[140] in der Folge auch in seiner Grazer Lehrtätigkeit an den Tag: Neben der fünfstündigen Hauptvorlesung „Psychiatrisch-neurologische Klinik", die Holzer wohl schon ab dem Wintersemester 1946/47, sicher aber ab Sommersemester 1947 hielt, veranstaltete er 1948 und 1949 in den Sommersemestern, danach in den Wintersemestern jeweils auch eine Übung mit dem Titel „Anleitung zu wissenschaftlichen Arbeiten" im Umfang von 20 (!) Wochenstunden, des Weiteren im Sommersemester 1949 die beiden zweistündigen Veranstaltungen „Einführung in die Psychotherapie" und „Einführung in die medizinische Psychologie" – diese jedoch gemeinsam mit „Assistenten". Im Wintersemester 1949/50 erweiterte sich sein Lehrangebot noch um ein „Seminar für physikalische Medizin", ein gemeinsam mit Assistenten gehaltenes „Seminar für Psychiatrie und Neurologie" sowie eine „Einführung in die Psychotherapie des praktischen Arztes", gehalten gemeinsam mit einem solchen.[141]

Diese enorme Tätigkeit – es entstanden zugleich auch wieder zahlreiche Publikationen, bis 1951 waren es insgesamt über 100 – erscheint umso bemerkenswerter, als Holzer Anfang des Jahres 1948 in der Obersteiermark einen schweren Autounfall erlitten hatte, worauf er eine Zeit lang arbeitsunfähig war.[142] In den Jahren um 1950 begannen sich offenbar auch bereits deutliche Anzeichen einer psychischen Erkrankung Holzers bemerkbar zu machen, denn schon im April 1951 initiierte er selbst, offenbar als Reaktion auf entsprechende „Vorwürfe", ein psychiatrisches Gutachten durch Erwin Stransky (1877–1962), damals tit. o. Prof. für Psychiatrie und Neurologie an der Universität Wien und Direktor der Nervenheilanstalt am Rosenhügel.[143] Dieses Gutachten konstatierte, wenn auch gewisse „psychopathische" Tendenzen eingeräumt wurden, das Fehlen „psychotischer" Züge und eine weiterhin gegebene Arbeitsfähigkeit auch im Hinblick auf die Leitung der Grazer Klinik. Ebenfalls schon 1951 entstand aber auch ein amtlich in Auftrag gegebenes Gutachten von John Staehelin (1891–1969), Vorstand der Universitätsklinik für Psychiatrie in Basel, das im Gegensatz dazu zum Schluss kam, dass Holzer psychisch stark beeinträchtigt und als Klinikvorstand nicht tragbar sei.[144] Holzer selbst betrachtete die betreffenden Behauptungen als Teil einer gezielten Kampagne gegen ihn an der Universität Graz, die insbesondere von ehemaligen Nationalsozialisten gegen ihn mit dem Ziel

---

138 Wolfgang HOLZER, Physikalische Medizin (Wien 1940).
139 Schreiben von Wolfgang Holzer an das Medizinische Dekanat der Universität Wien vom 4. September 1945. In den Habilitationsakten Holzer der Universität Wien (Kopien in der Sammlung von Eberhard Gabriel).
140 Habilitationsgutachten von Kauders. In den Habilitationsakten Holzer der Universität Wien (Kopien in der Sammlung von Eberhard Gabriel).
141 UAG, Vorlesungsverzeichnisse der Universität Graz 1945–1954.
142 Gutachten von Erwin Stransky über den Geisteszustand von Holzer aus November 1951 (Kopie in der Sammlung Eberhard Gabriel).
143 Vgl. HUBENSTORF, Wissenschaft, wie Anm. 3, 410.
144 Gutachten im UAG, Personalakt Holzer bzw. in der Sammlung Eberhard Gabriel.

der Absetzung und Neubesetzung seiner Professur geführt werde – eine Annahme, die im Übrigen plausibel ist und ungeachtet der psychopathologischen Züge Holzers Realitätsgehalt aufweisen könnte.[145]

Bereits im Folgejahr, 1952, war Holzer dann länger im Krankenstand.[146] Im Wintersemester 1952/53 konnte Holzer seine Lehrtätigkeit wieder aufnehmen, jedoch erfolgte schon im Frühjahr 1953 eine neuerliche zeitweilige Dienstenthebung. Das Vorlesungsverzeichnis für das Sommersemester 1954 weist die – nun wieder stark reduzierten – psychiatrischen Lehrveranstaltungen wieder mit dem Hinweis „N. N." aus[147] – Holzer wurde schließlich gegen seinen Willen dauerhaft in den Krankenstand versetzt, nachdem er offenbar u. a. mehrfach telefonisch beim österreichischen Innenministerium (!) Hubschrauber (!) zur Bekämpfung einer Wespenplage auf dem Klinikgelände zu ordern versucht hatte.[148]

In der Folge wurde ein Pensionierungsverfahren aus Krankheitsgründen eingeleitet, das sich aufgrund von Einsprüchen Holzers hinzog, und erst 1957 in die dauernde Ruhestandversetzung mündete.[149] Auch dagegen berief derselbe noch vor dem Verfassungsgerichtshof, freilich erfolglos. Seine wissenschaftlichen Forschungen setzte Holzer dagegen auch nach der Abberufung als Klinikvorstand fort, u. a. mit Forschungsaufenthalten in den USA. Eine erneute universitäre Anstellung, die ihm vielleicht vorschwebte, erreichte Holzer, der 1980 im Alter von 74 Jahren verstarb, aber nicht mehr.

Holzers Aufgaben übernahm, beginnend noch 1954, der erst im Jahr davor re-habilitierte Hans Bertha, der – wie oben näher erörtert – die Klinikleitung an der Grazer Psychiatrie und Neurologie zunächst supplierend, ab 1960 definitiv bis zu seinem schweren Autounfall Ende 1963 innehatte. Durch das Ableben Berthas entstand ab Anfang 1964 wieder ein Provisorium in der Leitung, die nun an den bisher stellvertretenden Klinikvorstand Erich Pakesch überging. Auch bei Erich Pakesch (1917–1979; geboren in Wien, ursprünglich: Pakeš) handelte es sich um eine in mancher Hinsicht ambivalente Persönlichkeit. Dieser, Sohn des Personaldirektors der Wiener städtischen Verkehrsbetriebe, hatte an der Universität Wien vor und während der NS-Zeit Medizin studiert. Zeitweilig gehörte er damals dem NSKK an (1938–1940), war aber vor dem „Anschluss" Mitglied der katholischen Studenten-Verbindung „Franco-Bavaria" im CV. 1941 promovierte er in Wien und erhielt danach eine Assistentenstelle am Pathologischen Institut der Grazer Universität. 1944 wechselte er als wissenschaftlicher Assistent an die Psychiatrisch-Neurologische Klinik in Graz unter dem damaligen Klinikvorstand, NS-Politiker und „T4-Gutachter" Reisch. Derselbe Pakesch hatte aber – gemeinsam u. a. mit einem weiteren Arzt der psychiatrischen Klinik in Graz, Gerald Grinschgl[150] – bereits im Juni 1941 eine geheime Wiederaufnahme des Verbindungsbetriebes der Grazer CV-Verbindung „Carolina" beschlossen und 1944 sogar eine geheime „Hochschulwoche" des verbotenen CV in Innsbruck mitorganisiert.[151]

---

145 Paranoia und tatsächliches Verfolgt-Werden schließen sich bekanntlich nicht logisch aus, ja fördern sich im Gegenteil faktisch oft wechselseitig.
146 UAG, Vorlesungsverzeichnis der Universität Graz für das Sommersemester 1952, 21–22.
147 UAG, Vorlesungsverzeichnis der Universität Graz für das Sommersemester 1954, 16.
148 Vgl. HUBENSTORF, Wissenschaft, wie Anm. 3, 380.
149 UAG, Personalakt Wolfgang Holzer.
150 Siehe zu diesem weiter unten.
151 Vgl. HUBENSTORF, Wissenschaft, wie Anm. 3, 353.

1945 zunächst offenbar dennoch entlassen, wurde Pakesch im folgenden Jahr wieder als Assistent angestellt (Löschung aus dem NS-Register 1947).[152] Namentlich auch als Lehrender wird Pakesch in den Vorlesungsverzeichnissen der Universität Graz erstmals 1949 genannt, als er gemeinsam mit Holzer eine „Einführung in die Medizinische Psychologie" hielt.[153] Im Jahr davor hatte er sich mehrere Monate als Stipendiat der WHO am „National Hospital of Nervous Diseases" in London aufgehalten. Auch in der Folge bildete die Psychotherapie einen Schwerpunkt der Lehr- und Forschungstätigkeit von Pakesch, der sich 1953 für Psychiatrie und Neurologie habilitierte.[154] In den Folgejahren (1954 bis 1960) hielt er u. a. Lehrveranstaltungen zu „Psychologischen Testmethoden in der Psychiatrie" zur „Spezielle[n] medizinischer Psychologie" und/oder zu „Psychologischen Problemen in der Psychiatrie" ab.[155] Zugleich betrieb Pakesch selbst ein weiteres Studium mit psychologischem Schwerpunkt an der Philosophischen Fakultät, das er im Juli 1959 mit der Promotion abschloss. 1962 erlangte er die Verleihung des Titels eines außerordentlichen Professors und Anfang 1964, wie erwähnt, die supplierende Leitung der Klinik für Psychiatrie und Neurologie. Pakeschs Interessen scheinen sich – obwohl er sich durchaus auch mit somatologischen Fragen, u. a. der Elektroschocktherapie, befasste – zunehmend in den psychologisch-psychotherapeutischen Bereich fokussiert zu haben; er betrieb offenbar weniger seine Definitivstellung als Leiter der bestehenden Klinik, sondern die Gründung eines neuen, ganz der Medizinischen Psychologie und Psychotherapie gewidmeten Instituts, was ihm bis Oktober 1967 dann auch gelang – wobei es sich um die erste universitäre Einrichtung dieser Ausrichtung in Österreich handelte. Pakesch gründete in den 1970er Jahren auch einen Arbeitskreis für „Tiefenpsychologie" in Graz, womit er sich deutlich von früheren eigenen – in den 1950er Jahren, aber auch noch 1964 – vertretenen, anti-psychoanalytischen Anschauungen absetzte.[156] Als supplierender Vorstand auch der Klinik für Psychiatrie und Neurologie blieb Pakesch bis 1968 im Amt.

In jenem Jahr wurde Herbert Reisner (1912–1982) als ordentlicher Professor für Psychiatrie und Neurologie nach Graz berufen. Der 1938 in Wien promovierte Reisner, im selben Jahr „NSDAP-Anwärter" geworden, war zunächst an der Wiener Psychiatrisch-Neurologischen Klinik unter Pötzl tätig, von 1943 bis 1945 aber im Rahmen des „Wehrdienstes" an einem Sonderlazarett für Hirnverletzte in Breslau. Nach Kriegsende setzte Reisner seine Tätigkeit an der Wiener Klinik fort, wo er sich 1949 auch habilitierte.[157] Seine umfangreiche Forschungstätigkeit galt vornehmlich neurologischen Fragen; 1951 wurde er ärztlicher Direktor der Nervenheilanstalt am Rosenhügel, wo er schon 1952 eine Schlaganfallstation – die erste in Österreich – einrichtete und dort bis zu seiner Berufung nach Graz 1968 wirkte. 1958 war er zum außerordentlichen Professor ernannt worden.[158] Reisner verließ die Psychiatrisch-Neurologische Klinik in Graz bereits 1971 wieder, um die u. a. auf sein Betreiben gegründete, erste rein neurologische Universitätsklinik Österreichs in Wien zu übernehmen.[159]

---

152 UAG, Personalakt Erich Pakesch.
153 UAG, Vorlesungsverzeichnis der Universität Graz für das Sommersemester 1949, 13.
154 UAG, Personalakt Erich Pakesch.
155 UAG, Vorlesungsverzeichnisse der Universität Graz, 1945–1970.
156 Vgl. Hubenstorf, Wissenschaft, wie Anm. 3, 353–354; Bertha / Pakesch, Neurologie, wie Anm. 11.
157 Hubenstorf, Wissenschaft, wie Anm. 3, 414.
158 UAG, Personalakte Reisner.
159 Vgl. bes. Gernot Schnaberth / Ruth Koblizek, Die Neurologie in Wien von 1870 bis 2010 (Wien 2010); Ruth Koblizek / Gernot Schnaberth, Neurologie Rosenhügel. Rothschild Stiftung. 50 Jahre Schlaganfallzentrum Roselhügel. 90 Jahre Nathaniel Freiherr von Rothschild'sche Stiftung für Nervenkranke in Wien (Wien 2002).

Reisners Nachfolger wurde Helmut Lechner (1927–2006), der hier als letzter Vorstand der gemeinsamen Psychiatrisch-Neurologischen Klinik in Graz – die Teilung der beiden Fachbereiche erfolgte hier erst 1995 (!) – erwähnt sei. Lechner, der einer späteren Generation angehörte, war damit der erste Klinikleiter, der sein Medizinstudium nicht vor oder während der NS-Zeit absolviert hatte;[160] seine professionelle Biografie weist auch damit über den hier behandelten Rahmen der „Nachkriegsgeschichte" der Psychiatrie in Österreich hinaus.[161]

Zumindest kurz eingegangen sei an dieser Stelle aber noch auf jene weiteren Psychiater und Neurologen, die im Zeitraum zwischen 1945 und 1970 als Dozenten in diesen Fachbereichen an der Universität Graz tätig waren, ohne hier später als Professoren bzw. Klinikvorstände zu wirken: Dies sind, neben dem weiter oben schon erwähnten, 1939 in Wien habilitierten Ernst Pichler, der von der Universität Graz ab 1952 als Privatdozent geführt wurde,[162] Otto Eichhorn und Gerald Grinschgl.[163]

Otto Eichhorn (1921–1984) hatte in Graz das Gymnasium besucht, von 1939 bis 1945 in Wien, Graz, Prag und Innsbruck Medizin studiert – unterbrochen durch „Frontdienste" – und in Innsbruck am 9. April 1945 (!) promoviert; er war offenbar kein NS-Parteimitglied.[164] Nach kurzer Tätigkeit als Sekundararzt in Tamsweg war er ab Anfang 1946 am Grazer Klinikum tätig, seit September jenes Jahres an der Universitätsnervenklinik, jedoch seit 1948 als „landschaftlicher Assistent", d. h. als Landes- nicht Universitätsangestellter. 1951 wurde er als Facharzt für Psychiatrie und Neurologie approbiert. Im Jahr 1955 wurde er, u. a. aufgrund eines positiven Gutachtens von Hoff, und mit Unterstützung von Holzer, für diese Fächerkombination habilitiert. Der Arbeitsschwerpunkt von Eichhorn lag klar auf physiologisch-neurologischem Gebiet, er beschäftigte sich insbesondere mit Fragen des Gehirnstoffwechsels und dessen Einfluss auf psychotische Erkrankungen.[165] Seither war Eichhorn auch im Lehrbetrieb involviert und fungierte später insbesondere als Leiter des Labors für Radioisotope an der Grazer Klinik.[166]

In seinem Habilitationsreferat hob Holzer u. a. Eichhorns „gute gesellschaftliche Manieren" hervor; dies steht in einem gewissen Gegensatz zu späteren Nachrichten zu seiner Person, insbesondere zu einer gerichtlichen Verurteilung wegen leichter Körperverletzung, begangen offenbar an einem Nebenbuhler um die Gunst seiner Sekretärin im Jahr 1957 und einer Diszi-

---

160 Vgl. JELLINGER, Geschichte, wie Anm. 2, 11, sowie: N. N., Klinik und Lehrkanzel für Neurologie und Psychiatrie, Helmut Lechner, online unter: http://archiv.uni-graz.at/de/ geschichte/geschichte-einzelner-institute-und-kliniken/neurologie-und-psychiatrie/liste-der-vorstaende-professoren-und-dozenten/lechner (letzter Zugriff: 25. 8. 2015).

161 Lechner, Sohn eines Diplomingenieurs aus Graz, 1944/45 als 17-jähriger Kriegsteilnehmer und anschließend -gefangener, hatte danach hier Medizin studiert (1945–51) und sich 1959 an der Universität Graz für Neurologie und Psychiatrie habilitiert, wobei Bertha als Referent fungierte: UAG, Habilitationsakte Lechner.

162 UAG, Personalverzeichnis der Universität Graz für das Studienjahr 1952/53, 24–25.

163 Zwischen 1938 und 1945 hatte sich an der Grazer Universität für den Bereich Psychiatrie und Neurologie neben den andernorts Genannten auch Ernst Hofmann habilitiert, und zwar mit einer Studie über Insulintherapie der Schizophrenie. Hoffmann, NS-Mitglied, aber anscheinend ein Euthanasie-Gegner, erlangte weder vor noch nach 1945 eine Dozentur, sondern wurde noch während der NS-Zeit Primar in der Anstalt am Feldhof. Steiermärkisches Landesarchiv (= STLA), Bestand Landesregierung, Personalakte Dr. Ernst Hofmann.

164 UAG, Personalakt Otto Eichhorn, Amtlicher Fragebogen, datiert vom 1. 12. 1953.

165 UAG, Personalakt Otto Eichhorn; Habilitationsakt Otto Eichhorn.

166 UAG, Personalakt Otto Eichhorn; Personalverzeichnisse der Universität Graz, 1946–1970; vgl. auch HUBENSTORF, Wissenschaft, wie Anm. 3, 352.

plinarstrafe wegen einer sexuellen Beziehung zu einer Diplomkrankenschwester unter Ausnutzung des bestehenden dienstlichen Autoritätsverhältnisses im Jahr 1960.[167]

Auch scheint es zwischen Eichhorn und Kollegen an der Klinik in den 1960er Jahren erhebliche Spannungen gegeben zu haben, wobei hier freilich weniger eindeutig ist, wer sich was zuschulden kommen hat lassen. Fest steht aber, dass die Dozenten Eichhorn und Grinschgl während des Berufungsverfahrens Nachfolge Bertha gegen einen der Kandidaten, den ehemaligen SS- und nunmehr BSA[168]-Angehörigen Gerhart Harrer (1917–2011), massiv opponierten, während eine Gegenfraktion, der in Graz u. a. der Neurochirurg Friedrich Heppner (1917–2002), angehörte, für Harrer eintrat, und das ganze schließlich in einen gerichtlichen Ehrenbeleidigungsprozess und einen öffentlichen Skandal resultierte.[169] Eichhorn und Grinschgl, die beide noch keine definitive Anstellung an der Klinik hatten, wurden in diesem Zusammenhang offenbar so angefeindet, dass das Gros des Professorenkollegiums schon 1967 für eine Beendigung von deren Dienstverhältnissen an der Universität eintrat. Auch hieraus resultierte natürlich ein Rechtsstreit, weil die Betroffenen um ihre Weiterbestellung prozessierten. Der Konflikt scheint auf verschiedenen Ebenen ziemlich brutal geführt worden zu sein. U. a. verdächtigte im Jahr 1968 Eichhorn anscheinend den supplierenden Klinikvorstand Pakesch – ob zurecht oder nicht, lässt sich retrospektiv nicht feststellen – der Bestechlichkeit bei psychiatrischen Gutachten für Frühpensionierungen, und umgekehrt leitete Pakesch selbst entsprechende Informationen über Eichhorns angebliche Äußerungen hierzu an den Dekan weiter, um ihm damit den Vorwurf rufschädigenden Verhaltens zu machen.[170] Letztlich schied aber Eichhorn – ebenso wie Grinschgl – 1969 aus dem Universitätsdienst aus. Eichhorn praktizierte in Folge als niedergelassener Facharzt für Neurologie und Psychiatrie in Graz; hielt aber auch in den 1970er Jahren – da seine Dozentur ja aufrecht war – weiterhin Lehrveranstaltungen an der Medizinischen Fakultät. 1984 verstarb er im Alter von erst 63 Jahren.[171]

Die Biografie des 1959 in Graz habilitierten Dozenten Gerald Grinschgls (1922–1984) ist aus mehreren Gründen noch bemerkenswerter: Der Sohn eines Grazer Gynäkologen ließ sich im Jahr nach Beginn seines Medizinstudiums, 1941, in die damals verbotene katholische Studentenverbindung „Carolina" aufnehmen, war u. a. an der symbolträchtigen, nächtlichen Fällung der „Adolf-Hitler-Eiche" in der Grazer Innenstadt im selben Jahr (nach der Niederlage der Deutschen Wehrmacht bei Stalingrad) beteiligt und amtierte, obwohl zwischenzeitlich länger zur Wehrmacht eingezogen, von 1943 bis nach Kriegsende im Geheimen als „Vorortpräsident" des katholisch-konservativen CV. Im April 1945 in Tirol, schloss er sich dort der katholischen Widerstandgruppe um den späteren Außenminister Karl Gruber an, die am 3. Mai 1945

---

167 UAG, Personalakt Otto Eichhorn; vgl. auch: N. N., Psychiater prügelte Psychologen k. o., in: Neues Österreich (27. März 1957), 5.
168 Der „Bund Sozialistischer Akademiker" versammelte nach 1945 bald nicht nur frühere Sozialdemokraten, sondern auch zahlreiche ehemalige Nationalsozialisten, deren etwaiger „Gesinnungswandel" bei dieser Form der politisch-akademischen „Reintegration" vielfach höchst lax „geprüft" wurde. Vgl. hierzu nunmehr: Wolfgang Neugebauer / Peter Schwarz, Der Wille zum aufrechten Gang. Offenlegung der Rolle des BSA bei der gesellschaftlichen Integration ehemaliger Nationalsozialisten (Wien 2005).
169 Zu dieser Affäre weiter unten Näheres.
170 UAG, Personalakt Otto Eichhorn.
171 UAG, Personalakt Otto Eichhorn; Vorlesungsverzeichnisse der Universität Graz.

das Innsbrucker Landhaus militärisch besetzte. Nach Kriegsende schloss Grinschgl sein Medizinstudium in Graz 1947 ab, und arbeitete zunächst als „Gastarzt" im Krankenhaus der Barmherzigen Brüder in Graz, ab April 1948 dann als „Hilfsarzt" respektive „Hochschulassistent" an der Psychiatrisch-Neurologischen Klinik.[172] Er spezialisierte sich fachlich auf Diagnose und Behandlung von viral bedingten neurologischen Erkrankungen und leitete ab 1954 als Oberarzt ein entsprechendes Laboratorium. In dieser Funktion war Grinschgl wesentlich an der für die Prävention schwerer Gehirnschädigungen bis heute hochbedeutsamen Entwicklung eines Impfstoffes gegen die von Zecken verbreitete Frühsommer-Meningoenzephalitis beteiligt.[173] 1959 habilitierte sich Grinschgl, ungeachtet seines politisch konträren Lebenslaufes, an der Grazer Klinik, und damit unter Hans Bertha (als damals noch provisorischem Leiter) für Psychiatrie und Neurologie.[174] Er organisierte mit diesem gemeinsam später u. a. die von Bertha mit initiierten Internationalen Neuropsychiatrischen Symposien in Pula.

Bei einer Vorbereitungsfahrt von Graz nach Pula im Dezember 1963 saß Grinschgl mit im Wagen, als Bertha den für ihn letztendlich tödlichen Unfall erlitt.[175] Auch Grinschgl wurde dabei erheblich verletzt und befand sich bis Ende Januar 1964 in Krankenhausbehandlung. Der Hergang des gesamten Geschehens war offenbar eine Zeit lang unklar, und Dozent Grinschgl wurde diesbezüglich zunächst sogar polizeilicherseits der – fahrlässigen oder absichtlichen – Körperverletzung verdächtigt, freilich ohne dass hieraus eine Anklage resultierte.[176]

Angesichts der vorigen beruflichen „Kohabitation" Grinschgls mit Bertha erscheint es umso bemerkenswerter, dass im Zuge des neuen Berufungsverfahrens für die Professur für Psychiatrie und Neurologie nach dessen Tod die vorhandenen „Gräben" dann offen, ja öffentlich zutage traten:[177] Einer der Kandidaten für die Bertha-Nachfolge war der ehemals NSDAP und SS angehörige – aber nicht in die psychiatrischen Krankenmorde involvierte – Gerhart Harrer, seit 1951 Primararzt an der neurologischen Abteilung des Landeskrankenhauses Salzburg, seit 1962 Direktor der Landesnervenklinik ebendort.[178] Gegen dessen Bewerbung nahmen nun die beiden Dozenten Grinschgl und Eichhorn durch Intervention bei den Dozentenvertretern an der Medizinischen Fakultät im Juli 1967 Stellung,[179] was Harrer, politisch nunmehr im „Bund Sozialistischer Akademiker" verankert, zu der – unvorsichtigerweise offen geäußerten – Bemerkung veranlasste, im Fall seiner Berufung die beiden nicht mehr an der Klinik weiterbeschäftigen zu wollen. Hieraus entstand eine rechtliche und mediale Auseinandersetzung. Das Unterrichtsministerium beendete dann die Verhandlungen mit dem im Dreiervorschlag der Fakultät erstgereihten Harrer, der auch einen Ehrenbeleidigungsprozess gegen Grinschgl und Eichhorn verlor. Allerdings hatten sich die beiden mit ihrer Vorgangsweise definitiv in

---

172 UAG, Personalakt Gerald Grinschgl; Personalverzeichnisse der Universität Graz 1946–1970. Vgl. des Weiteren Scheiblechner, Kurzbiographien, wie Anm. 3, 61; Hubenstorf, Wissenschaft, wie Anm. 3, 352–353; Gerhard Hartmann, Im Gestern bewährt. Im Heute bereit. 100 Jahre Carolina (Graz 1988), bes. 403–428.
173 Vgl. Gerhart Hartmann, Gerald Grinschgl. Lebenslauf, online unter: https://www.oecv.at/Biolex/Detail/11409614 (letzter Zugriff: 31. 1. 2015).
174 UAG, Personalakt Gerald Grinschgl; Habilitationsakt Gerald Grinschgl.
175 Siehe hierzu bereits weiter oben.
176 UAG, Personalakt Gerald Grinschgl, Mitteilung von Grinschgl an das medizinische Dekanat vom 20. 1. 1964.
177 Vgl. Hubenstorf, Wissenschaft, wie Anm. 3, 399–401, mit weiterführenden Hinweisen bes. zur zeitgenössischen medialen Berichterstattung. Siehe auch: UAG, Personalakte Eichhorn; Personalakte Grinschgl.
178 Vgl. zu Harrer: Hubenstorf, Wissenschaft, wie Anm. 3, 414; auch: Harald Waitzbauer, Vom Irrenhaus zur Christian-Doppler-Klinik. 100 Jahre Salzburger Nervenklinik 1898–1998 (Salzburg–Wien 1998), bes. 87–107.
179 UAG, Personalakte Grinschgl; Personalakte Eichhorn.

eine prekäre Position im akademischen Sozialgefüge der Universität Graz manövriert: Auch im Falle Grinschgls verweigerte die Medizinische Fakultät schon 1967 ein neuerliches Dienstverhältnis, und dieser verließ 1970 die Universitätsklinik. Er trat daraufhin in den Landesdienst über und die Stelle eines leitenden Arztes am „Landespflegeheim Schwanberg" an.[180] Seine Dozentur an der Medizinischen Fakultät blieb aber aufrecht, ebenso engagierte sich Grinschgl weiter in der Forschung und leitete weiterhin das von ihm begründete Laboratorium für Neurovirusinfektionen an der Universität Graz. Und für die von Bertha initiierten „Internationalen Neuropsychiatrischen Symposien" in Pula agierte er als Generalsekretär. Anfang der 1980er Jahre wurde im Bundesministerium für Wissenschaft und Forschung sowie an der Universität Graz die Ernennung Grinschgls zum „außerordentlichen Universitätsprofessor" debattiert, was jedoch bis zu seinem – ebenfalls frühzeitigen – Tod im Jahr 1984 zu keinem Resultat führte.[181]

Nach dieser Übersicht zum leitenden Personal an der Grazer Universitätsklinik für Psychiatrie und Neurologie sei in einem weiteren Abschnitt analog auch auf die Biografien zumindest der Direktoren des „Landes-Sonderkrankenhauses" am Feldhof kurz eingegangen.

Die Anstaltsdirektoren des „Feldhof" 1945–1970: „Vorgeschichten" und Zweideutigkeiten

Die zwei regulären Anstaltsdirektoren der „Landes-, Heil- und Pflegeanstalt am Feldhof" der Jahre 1939–1945, Dr. Oskar Begusch und Dr. Ernst Sorger, waren beide nationalsozialistisch aktiv sowie insbesondere als „T4-Gutachter" tätig, und zählten somit zum „Kernteam" der NS-Vernichtungsmaschinerie von kranken bzw. behinderten Menschen in der „Ostmark". Über die Selektionen der ihnen anvertrauten Patientinnen und Patienten des Feldhof selbst hinaus, wurden die beiden auch andernorts „initiativ", indem sie u. a. aus der „Siechenanstalt" in Knittelfeld, wahrscheinlich auch aus jener in Cilli, hunderte Insassen zur Ermordung nach Hartheim deportieren ließen.[182]

Oskar Begusch (1897–1944),[183] ein gebürtiger Untersteirer, Sohn eines Postbeamten aus Marburg, hatte in Leoben das Gymnasium absolviert und von 1915 bis 1921 – mit einer Unterbrechung wegen Militärdienstes – in Graz Medizin studiert.[184] Im Promotionsalbum unterzeichnete er, was durchaus ungewöhnlich war, neben seinem Namen auch mit dem Zeichen der Burschenschaft Allemannia. In dieser war Begusch 1919/20 führend aktiv gewesen, wobei er sich insbesondere für die „Judenreinheit" der Burschenschaften, wie auch gegen eine Zusammenarbeit mit „klerikalen" Studenten an der Universität eingesetzt hatte.[185] Schon 1919

---

180 Vgl. Hartmann, Gerald Grinschgl, wie Anm. 173, auch: Hubenstorf, Wissenschaft, wie Anm. 3, 352–353.
181 UAG, Personalakte Grinschgl.
182 Vgl. Poier, Schloss Hartheim, wie Anm. 5, bes. 95–96.
183 Vgl. zu Begusch: Hubenstorf, Wissenschaft, wie Anm. 3, 415; Klee, Personenlexikon, wie Anm. 14, 36; Weiss, Zeichen, wie Anm. 4, 437–449, sowie bes.: Poier, Schloss Hartheim, wie Anm. 5; Oelschläger, „Kinderfachabteilung", wie Anm. 5.
184 UAG, Matriken der medizinischen Fakultät 1915–1921; Promotionsalbum XI.
185 Vgl. Günter Cerwinka, „Sie (die ‚Klerikalen') stehen ja nicht einmal in der Judenfrage auf unserem Standpunkt". „Juden-" und „Klerikalenfrage" in den Konventsprotokollen der Grazer Burschenschaft Allemannia 1919/20, in: Bernhard Schroeter, Hg., Für Burschenschaft und Vaterland. Festschrift für den Burschenschafter und Studentenhistoriker Prof. Dr. Peter Kaupp (Norderstedt 2006), 261–280.

war Begusch auch dem Steirischen Heimatschutz beigetreten. Unmittelbar nach dem Studium Assistenzarzt an der Nervenklinik des Grazer Landeskrankenhauses, seit 1928 niedergelassener Nervenarzt in Graz, machte Begusch nach dem „Anschluss" im öffentlichen Dienst Karriere. 1924 war er der NSDAP beigetreten, 1933 der SS, 1938/39 hatte er sogar das Amt eines „SD-Führers" im Abschnitt Graz inne; im selben Jahr erhielt er die Direktionsstelle des Feldhof übertragen, die zuvor der 1938 eingesetzte Primararzt der Anstalt Dr. Hans Machan innegehabt hatte[186] (der kurz darauf ebenfalls in die „Euthanasie" am Feldhof involviert war[187]). Nach dem Ende der „T4-Aktion" lief – zweifellos unter seiner Ägide – an der Anstalt die „dezentrale" Ermordung insbesondere von Kindern im Rahmen der sogenannten „Kinderfachabteilung". Begusch verstarb jedoch 1944 an einem Blinddarmdurchbruch, sodass er für seine Taten nach Kriegsende nicht zur Rechenschaft gezogen werden konnte.

Sein Nachfolger wurde Dr. Ernst Sorger (1892–1945 [Suizid in Haft]),[188] ein gebürtiger Böhme und Sohn eines Arztes.[189] Er war 1911 zum Studium nach Graz gekommen und wohnte bei dem mit ihm offenbar verwandten Anstaltsarzt Dr. Franz Sorger am Feldhof. Nach einer Unterbrechung wegen Militärdienstes von 1914 bis 1917 promovierte Sorger hier, ebenfalls im Jahr 1921, musste allerdings – da er nun die tschechische Staatsbürgerschaft hatte – zunächst ausdrücklich erklären, in Österreich nicht ärztlich tätig zu werden. Dennoch konnte er noch im selben Jahr eine Anstellung am Feldhof erreichen, und fungierte hier ab 1931 als Primararzt. Sorger war 1935 in die NSDAP eingetreten, gehörte bald auch der SA an, wechselte später aber zur SS und fungierte ab 1940 nicht nur als „T4-Gutachter", sondern auch als „Landesobmann der Erbbiologischen Bestandaufnahme". Er war nicht nur als Anstaltsleiter natürlich auch für die sogenannte „wilde Euthanasie" ab 1941 wesentlich verantwortlich, sondern dürfte zudem persönlich mehrere Kinder in der Anstalt am Feldhof ermordet haben. Im April 1945 flüchtete er zunächst, beging aber im August 1945 Suizid.

Der Prozess der Nachbesetzung der Direktorenstelle in der chaotischen Phase unmittelbar nach Kriegsende konnte bisher nicht im Detail rekonstruiert werden; fest steht aber, dass mit Dr. Peter Korp (1898–1954)[190] 1946 wieder ein an der Grazer Universität der Zwischenkriegszeit sozialisierter Mediziner nachfolgte, bei dem es sich um einen der Verantwortlichen für die „Kinderfachabteilung" der Anstalt im Zeitraum 1940–1945 handelte, der mit größter Wahrscheinlichkeit selbst zahlreiche Kinder am Feldhof ermordet hatte. Bei den gerichtlichen Untersuchungen zu den medizinischen NS-Verbrechen in der Steiermark gelang es dem verbliebenen Personal aber offenbar, alle Verantwortung auf die beiden bereits toten Direktoren Begusch und Sorger „abzuwälzen".[191]

---

186 Vgl. dazu N. N., Das Landes-Sonderkrankenhaus für Psychiatrie und Neurologie in Graz. Geschichtlicher Rückblick, in: Land Steiermark, Hg., 100 Jahre Landes-Sonderkrankenhaus für Psychiatrie und Neurologie Graz/Steiermark (Graz 1974), 31–56, dort aber mit falschem Vornamen (!).
187 Vgl. POIER, Schloss Hartheim, wie Anm. 5, 132.
188 Vgl. zu Sorger: HUBENSTORF, Wissenschaft, wie Anm. 3, 415; KLEE, Personenlexikon, wie Anm. 14, 588; WEISS, Zeichen, wie Anm. 4, 437–449, sowie bes.: POIER, Schloss Hartheim, wie Anm. 5; OELSCHLÄGER, „Kinderfachabteilung", wie Anm. 5, und: Birgit POIER, ‚Erbbiologisch unerwünscht'. Die Umsetzung rassenhygienisch motivierter Gesundheits- und Sozialpolitik in der Steiermark 1938–1945, in: Wolfgang Freidl / Wolfgang Sauer, Hg., NS-Wissenschaft als Vernichtungsinstrument (Wien 2004), 177–224.
189 UAG, Matriken der medizinischen Fakultät 1911–1921; Promotionsalben.
190 Die Festschrift von 1974 nennt 1955 als Sterbejahr, was gemäß den Personalakten der Landesbehörden aber unrichtig ist: N. N., Landes-Sonderkrankenhaus, wie Anm. 186, 53.
191 Vgl. OELSCHLÄGER, „Kinderfachabteilung", wie Anm. 5, bes. 133; auch: WATZKA, Armenhaus, wie Anm. 8, 323.

Dass unter diesen Vorzeichen nun mit dem Zusammenbruch des NS-Regimes auch eine Änderung der ideologischen und menschlichen Einstellung gegenüber dem „Patientenmaterial" an der Anstalt eingetreten wäre, erscheint äußerst unwahrscheinlich. Hierfür spricht auch ein an Zynismus kaum zu überbietender, lobhudlerischer Nachruf auf den „aus dem Leben geschiedenen" Ernst Sorger noch vom August 1945, dessen Textung und Publikation wohl seine ehemaligen „Kollegen" am Feldhof besorgt haben: „Dr. Sorger lebte als beispielgebender menschenfreundlicher Arzt nur seinen Aufgaben […]. Als gütiger Mensch und Arzt genoß er die größte Verehrung bei seinen Patienten […]."[192]

Die Vita von Peter Korp selbst ist bisher nur teilweise bekannt. „Deutsch" und „römischkatholisch" stammte er aus dem kleinen Ort „Oberlatein" im Bezirk Deutschlandsberg, hatte offenbar früh seinen Vater durch Tod verloren und besuchte nach der Volksschule das fürstbischöfliche Gymnasium in Graz. 1916 bis 1918 war er als Soldat Teilnehmer des Ersten Weltkrieges. Ab dem Wintersemester 1918/19 studierte er sodann Medizin in Graz, schloss das Studium aber erst 1927 – nach mehreren Jahren ohne Inskription in Graz – mit der Promotion ab.[193]

Danach war Korp zunächst, von 1927 bis 1928, im Krankenhaus der Barmherzigen Brüder in Graz als „Sekundararzt" tätig, wechselte 1928 an das Krankenhaus der Elisabethinen eben hier, und 1929 weiter an das Landeskrankenhaus Graz, wo er bis 1931 verblieb. Im April jenes Jahres wurde er provisorisch, mit Januar 1932 definitiv als Assistenzarzt am Feldhof angestellt, wo er bereits im April 1936 zum Primararzt aufrückte.[194] Nach dem „Anschluss" 1938 wurde er zum Leiter der neu gegründeten „Kinderabteilung" (auch: „Schulabteilung") ernannt.[195]

Rein formal (NSDAP-Zugehörigkeit usw.) scheint gegen Korp nicht viel vorgelegen zu haben, sodass er im März 1946 das Amt als erster definitiv gestellter Anstaltsdirektor der Nachkriegszeit antreten konnte.[196] Allerdings ist bemerkenswert – blieb aber in der historischen Forschung bislang unbeachtet – dass zwischen Kriegsende und Anfang 1946 offenbar ein interner Kampf um die Direktorenstelle am Feldhof ausgetragen wurde; denn der erste, wenn auch lediglich interimistisch bestellte Anstaltsleiter war keineswegs – wie dies aber z. B. die Festschrift des Jahres 1974 darstellt[197] – Korp, sondern Ernst Arlt (1894–1964), ein weiterer Arzt des Feldhof schon aus der Zwischenkriegszeit, auf den noch zurückzukommen sein wird. Dieser wurde 1946 zwar als Direktor abberufen, blieb aber als stellvertretender Direktor im Amt und wurde später Nachfolger Korps. Letzterer propagierte als Direktor des Feldhof offenbar u. a. die neuen psychopharmakologischen Behandlungsmethoden ebenso wie andere, potentiell therapeutisch wirksame Innovationen.[198] Zugleich herrschte, wie insbesondere Interviews mit ehemaligen Patientinnen und Patienten sowie Pflegerinnen und Pflegern im Rahmen von „oral history"-Initiativen ab den 1980er Jahren belegen, am Feldhof weiterhin ein von menschlicher Kälte, Härte, Demütigungen und auch körperlicher Gewalt geprägter Umgang

---

192 Zit. nach POIER, Schloss Hartheim, wie Anm. 5, 115.
193 UAG, Matriken der Medizinischen Fakultät 1918–1927, Promotionsalben; STLA, Bestand Landesregierung, Personalakte Dr. Peter Korp.
194 STLA, Bestand Landesregierung, Personalakte Dr. Peter Korp.
195 Vgl. WEISS, Zeichen, wie Anm. 4, 438.
196 STLA, Bestand Landesregierung, Personalakte Dr. Peter Korp. 1947 wurde Korp von der steirermärkischen Landesregierung zum „wirklichen Hofrat" ernannt.
197 N. N., Landes-Sonderkrankenhaus, wie Anm. 186, 53.
198 Vgl. ebd.

mit den psychisch kranken Insassen.[199] Eine öffentliche Thematisierung der NS-Verbrechen an der Anstalt selbst fand dementsprechend ebenso wenig statt, auch nicht nachdem Korp im April 1954 an einem Herzinfarkt verstorben war.[200]

Allerdings ging zumindest die Anstaltsleitung nach Korps Tod mit Dr. Ernst Arlt erstmalig an einen Arzt, der wohl ziemlich deutlich gegen die NS-Ideologie eingestellt war, was u. a. der Umstand nahe legt, dass dieser Aufzeichnungen über die „Euthanasie"-Verbrechen seiner Kollegen und Kolleginnen führte. Jedoch scheute Arlt offenbar eine offene und ggf. auch gerichtliche Anklage, wohl aufgrund der – berechtigt erscheinenden – Annahme, damit einen erheblichen Teil des Personals gegen sich aufzubringen. Dies würde das an sich eigenartig wirkende Verhalten Arlts erklären helfen, einerseits mit erheblichen Aufwänden und wohl auch Gefahren vor 1945 eine entsprechende Dokumentation angelegt zu haben, andererseits diese aber nach 1945 nie öffentlich gemacht zu haben. Vielmehr gelangten Arlts Aufzeichnungen erst als nachgelassenes Archivgut im Steiermärkischen Landesarchiv in den 1990er Jahren Historikern zur Kenntnis.[201]

Nun aber zur Person Arlts: Auch dieser war ein gebürtiger Untersteirer; 1894 geboren, hatte er 1914 erstmals an der Universität Graz Medizin immatrikuliert, wurde aber noch im Juli 1914 zum Militär eingezogen und konnte das reguläre Medizinstudium in Graz erst im Wintersemester 1920/21 wieder aufnehmen, wobei ihm aber offenbar aus dem Militärdienst Zeiten angerechnet wurden, da er das Studium Ende 1922 mit der Promotion abschloss. Anfang 1923 begann er seine ärztliche Laufbahn als Sekundararzt im Landeskrankenhaus Graz, wechselte 1926 aber in den niedergelassenen Bereich (Distriktsarzt in Wildon), um 1929 eine Anstellung als Sekundararzt am Feldhof anzutreten. Arlt, der seit diesem Dienstantritt am Feldhof auch in der Anstalt wohnte, hatte damit eine für einen Anstaltspsychiater der ersten Hälfte des 20. Jahrhunderts eher ungewöhnliche berufliche Biografie. 1931 wurde er zunächst zum provisorischen, danach zum definitiv gestellten Assistenzarzt bestellt; mit Jahresanfang 1933 rückte er zum Primararzt auf. Weitere „Dienstvorrückungen" folgten, auch während der NS-Zeit. So wurde Arlt, wie die anderen damaligen Primarärzte des Feldhof auch, 1942 zum „Gau-Medizinalrat" ernannt.[202] Über eine Parteizugehörigkeit zur NSDAP ist dagegen nichts bekannt.

Wie schon erwähnt, wurde Arlt nach Kriegsende zum provisorischen Direktor des Feldhof ernannt – von wem, ist derzeit unklar, vielleicht schon von der russischen Besatzungsmacht. Jedenfalls wurde er in weiterer Folge schon im März 1946 – unter Ausprechung von „Dank und Anerkennung", wie die Personalakte über Arlt im Steiermärkischen Landesarchiv vermerkt – wieder vom Direktionsposten enthoben und durch Korp ersetzt. Zugleich wurde Arlt aber zu dessen Stellvertreter ernannt. Acht Jahre später, Ende November 1954, folgte Arlt dem verstorbenen Korp dann wiederum als Direktor nach und hatte diese Stellung bis zu seiner

---

199 Vgl. dazu: POIER, Schloss Hartheim, wie Anm. 5; weiters: Hans Georg ZILIAN, „Zeitweis bin ich ohne Hoffnung" – zur Situation psychiatrischer Patienten, in: Rainer Danzinger / Hans Georg Zapotoczky, Hg., Irren auf Steirisch. Psychiatrische Patienten und psychiatrische Versorgung in der Steiermark (Linz 1996), 44–102. Vgl. auch: FÜRSTLER / MALINA, „Ich tat nur meinen Dienst", wie Anm. 133.
200 Vgl. N. N., Landes-Sonderkrankenhaus, wie Anm. 186, 53.
201 Vgl. POIER, Schloss Hartheim, wie Anm. 5, bes. 99–104.
202 STLA, Bestand Landesregierung, Personalakte Dr. Ernst Arlt; UAG, Matriken der Medizinischen Fakultät (1914–1922); Promotionsalben.

Pensionierung aus Altersgründen Ende 1959 inne. 1964 verstarb Arlt im Alter von 69 Jahren.[203] In der Leitung der Anstalt am Feldhof schloss sich an die Pensionierung Arlts wieder ein Provisorium, indem diese interimistisch von Dr. Anton Oswald (1900–1961) übernommen wurde. Derselbe leitete die Anstalt aber nur genau ein Kalenderjahr, von 1. Januar bis 31. Dezember 1960. Anton Oswald – ein gebürtiger Görzer, dessen Vater Postbeamter war – wurde 1918 ebenfalls noch zum Militär eingezogen, hatte das Medizinstudium erst nach Ende des Ersten Weltkrieges aufgenommen und 1926 mit der Promotion abgeschlossen.[204] Sein Einstieg in die ärztliche Berufslaufbahn begann 1927 mit Volontar- und Hilfsarzttätigkeiten an den Krankenhäusern in Knittelfeld bzw. Radkersburg, später wechselte Oswald an das Landeskrankenhaus Graz, wo er bis 1931 als Sekundararzt tätig war. Mit Beginn des Jahres 1932 wurde er – zunächst provisorisch, nach einem Jahr definitiv – am Feldhof als Assistenzarzt eingestellt, und fungierte hier am Anfang Juli 1937 als Primararzt. Oswald wurde aber, obwohl Primar, spätestens 1942 zum „Felddienst" eingezogen. Ab Mai 1943 konnte Anton Oswald diesen jedoch am Feldhof ableisten, wo mittlerweile ja auch ein „Reservelazarett" untergebracht war.[205] Im Gegensatz zu anderen verlor Oswald mit Kriegsende seine Anstellung zunächst, und wurde erst ab Oktober 1945 im Krankenhaus Mürzzuschlag wieder im Landesdienst tätig. Zu Jahreswechsel 1947/48 folgte sodann seine Wiederanstellung als Primararzt am Feldhof. Kurz nach der schon erwähnten Amtszeit als interimistischer Anstaltsleiter verstarb Oswald, noch im aktiven Dienst stehend, im Alter von 61 Jahren.[206]

Als neuer Leiter der Anstalt, die damals offiziell immer noch, wie seit den 1920er Jahren, „Landes-, Heil- und Pflegeanstalt für Geisteskranke am Feldhof" hieß,[207] wurde von der Landesregierung Dr. Friedrich (bzw. Fritz) Mayr (1913–1969) berufen. Mayr stammte aus Waidhofen an der Ybbs und war Sohn des Historikers Dr. Thomas Mayr. Er hatte ab 1934 in Graz Medizin studiert und hier Ende 1937 promoviert.[208] Schon kurz danach hat er eine Stelle als Assistenzarzt an der Grazer Nervenklinik erhalten, verlor diese aber im Mai 1938 durch Dienstenthebung; die Hintergründe sind derzeit noch unklar.[209] Über seine ärztliche Tätigkeit während des Zweiten Weltkrieges ist derzeit ebenso nichts Näheres bekannt, er war aber jedenfalls zum Militär eingezogen und begann seine Laufbahn im Landesdienst erst im Jahr 1950, und zwar als Sekundararzt im steirischen Landeskrankenhaus für Lungenheilkunde und Orthopädie auf der „Stolzalpe" bei Murau. Noch im selben Jahr schloss er aber die Ausbildung zum Facharzt für Neurologie und Psychiatrie ab und erreichte seine Versetzung nach Graz an den Feldhof per Januar 1951. Ab Mitte 1951 provisorischer Oberarzt, wurde er im Juli 1955 definitiv gestellt und mit Wirkung vom 1. Januar 1959 zum Primararzt ernannt. Seine Aufrückung zum Direktor der Anstalt per 1. Januar 1961 war zunächst auch nur provisorisch, ab Anfang 1962 dann definitiv. Nach den Informationen der Feldhof-Festschrift des Jahres 1974 verbanden ihn nicht nur gemeinsame Forschungen, sondern auch eine persönliche Freundschaft mit

---

203 STLA, Bestand Landesregierung, Personalakte Dr. Ernst Arlt.
204 UAG, Matriken der Medizinischen Fakultät 1920–1926, Promotionsalben.
205 STLA, Bestand Landesregierung, Personalakte Dr. Anton Oswald.
206 Ebd.
207 Vgl. WEISS, Zeichen, wie Anm. 4, 488.
208 UAG, Matriken der Medizinischen Fakultät 1920–1926, Promotionsalben.
209 Vgl. Alois KERNBAUER, Das Ende der freien Wissenschaft – Die Auswirkungen der NS-Herrschaft auf die Struktur der Medizinischen Fakultät der Universität Graz, in: Wolfgang Freidl, u. a., Hg., Medizin und Nationalsozialismus in der Steiermark (Innsbruck u. a. 2001), 27–57, hier 45.

Hans Bertha.[210] Mayr, der – zweimal – mit der medizinisch-technischen Assistentin Eleonore Greil verheiratet war, verstarb, ebenfalls noch im Dienst stehend, im Oktober 1969.[211] In Mayrs Amtszeit als Direktor fallen mehrere bedeutende Veränderungen der Anstalt, die zu einem erheblichen Teil von ihm selbst initiiert, jedenfalls aber „mitgetragen" worden sein dürften, beginnend mit der durch die Steiermärkische Landesregierung vorgenommenen, förmlichen Umbenennung der Anstalt in „Landes-Sonderkrankenhaus für Psychiatrie und Neurologie Graz" (kurz „LSKH" bzw. später „LNKH") im Jahr 1967.[212]

Vor allem aber erfolgten in den 1960er Jahren bedeutende Neuerungen in der Therapie der „traditionellen" Patientengruppen – hier ist die breite Anwendung neuer, wirksamer Psychopharmaka hervorzuheben sowie der Ausbau von Beschäftigungstherapeutischen Angeboten –, zugleich kam es zu einer Ausweitung der Zuständigkeit der Anstalt auf neue Gebiete, wie die Betreuung von Unfallopfern mit schweren Schädeltraumata (ab 1962) – hier war der Bedarf infolge der rasanten Motorisierung stark angestiegen – sowie von Schlaganfallpatienten (ab 1963). Auch gesonderte Stationen zur Behandlung von Alkoholabhängigen wurden in dieser Zeit am Feldhof errichtet (1965 für weibliche, 1967 für männliche Patienten).[213]

Allerdings waren die 1960er Jahre auch die „Blütezeit" der „Psychochirurgie", in welcher am Feldhof sowie an der Grazer Psychiatrisch-Neurologischen Klinik viele Patientinnen und Patienten massiven und irreversiblen Eingriffen unterworfen wurden, deren erhoffte therapeutische Effekte zum einen nur teilweise eintraten, und zum anderen mit erheblichen Persönlichkeitsveränderungen bzw. -einbußen erkauft wurden. Als Mediziner federführend tätig war in diesem Bereich Dr. Friedrich Heppner, ab 1950 Leiter der neurochirurgischen Abteilung der Chirurgischen Klinik, ab 1971 Vorstand der neu gegründeten Klinik für Neurochirurgie an der Universität Graz.[214]

Am Feldhof selbst folgte am Ende der hier betrachteten Periode, Anfang 1970, Dr. Norbert Geyer (geb. 1922), damals Primararzt der Abteilung D für chronisch psychiatrisch-neurologisch Kranke, als Direktor nach. Auch Geyer, der sich in der Folge 1972 an der Universität Graz für Neurologie und Psychiatrie habilitierte und hier im Anschluss u. a. zur forensischen Psychiatrie lehrte,[215] scheint in mancher Hinsicht eine ambivalente Persönlichkeit gewesen zu sein: Auf der einen Seite kann die unter seiner Ägide 1974 erstellte Festschrift zum 100-Jahr-Jubiläum der Anstaltsgründung, was ihre Nicht-Auseinandersetzung mit der NS-Phase der Anstaltsgeschichte und den Patientenmorden betrifft, nur als „übles Machwerk" mit der Intention der Verschleierung betrachtet werden, andererseits scheint gerade Geyer selbst bei den frühen Recherchen Peter Nausners zur NS-Geschichte des Feldhof noch am ehesten auskunftswillig gewesen zu sein.[216]

---

210 Vgl. N. N., Landes-Sonderkrankenhaus, wie Anm. 186, 53.
211 STLA, Bestand Landesregierung, Personalakte Dr. Friedrich Mayr.
212 Vgl. Weiss, Zeichen, wie Anm. 4, 489.
213 Vgl. ebd., 487–488; N. N., Landes-Sonderkrankenhaus, wie Anm. 186, 54.
214 Vgl. Fritz Heppner, Die Psyche des Menschen als Problem der funktionellen Neurochirurgie, in: 100 Jahre Landes-Sonderkrankenhaus für Psychiatrie und Neurologie Graz/Steiermark (Graz 1974), 21–25; Fritz Heppner, Grazer Mediziner auf neuen Wegen, in: Karl Acham, Hg., Naturwissenschaft, Medizin und Technik aus Graz. Entdeckungen und Erfindungen aus fünf Jahrhunderten. Vom ‚Mysterium cosmographicum' bis zur direkten Hirn-Computer-Kommunikation (Wien–Köln–Weimar 2007), 451–462.
215 Vgl. N. N., Landes-Sonderkrankenhaus, wie Anm. 186, 54.
216 Vgl. Hainzl, Vergessene Opfer (II), wie Anm. 115.

Resümee

Der vorliegende Beitrag behandelte die Nachkriegsgeschichte der Psychiatrie in der Steiermark hinsichtlich *einem* der möglichen Aspekte, und zwar betreffend das leitende Personal – die Vorstände, Professoren und Dozenten der Grazer Psychiatrisch-Neurologischen Klinik einerseits sowie die Direktoren des psychiatrisch-neurologischen „Landes-Sonderkrankenhauses" in Graz-Feldhof andererseits. Hierbei standen deren akademische Laufbahnen und Funktionen in den jeweiligen Anstaltsbetrieben sowie ihre ideologischen Orientierungen stärker im Vordergrund, als ihre wissenschaftlichen Ausrichtungen und Leistungen, obwohl dieselben auch angesprochen wurden.

In Summe zeigt die Betrachtung, dass die Leitungsfunktionen der renommiertesten und größten psychiatrisch-neurologischen Institutionen des Landes Steiermark in der Nachkriegsphase 1945–1970 von Männern (Frauen spielten auf dieser Ebene hier noch gar keine Rolle) eingenommen wurden, die folgende Merkmale aufwiesen (die Zahlenangaben beziehen sich stets nur auf die „Spitzengruppe" der fünf Klinikvorstände und fünf Anstaltsdirektoren der Zeitspanne 1945–1970):
– Geburtsjahrgang zwischen 1900 und 1919 (nur einer, di Gaspero, wurde deutlich früher, einer, Geyer, etwas später geboren)
– häufig (mindestens fünf von zehn) Sozialisation in einer Familie von Ärzten, Akademikern oder gehobenen Beamten
– teils (mindestens drei) direkte Kriegserfahrungen des Ersten Weltkrieges, teils während des Zweiten Weltkrieges Lazarettdienst (mindestens drei)
– Medizinstudium in Graz (sieben von zehn) oder Wien (drei von zehn), fast durchwegs in den Jahren zwischen 1918 und 1938 (nur Pakesch und Geyer promovierten später, nur di Gaspero deutlich früher)
– fast ausschließlich primär neurologische und/oder biopsychiatrische, jedenfalls somatologische medizinische Orientierung (deutliche psychologisch-psychotherapeutische Arbeitsschwerpunkte hatten nur Pakesch und Holzer, die aber zumindest am Beginn ihrer Karrieren ebenso vorwiegend somatologisch arbeiteten), teils aber ausgeprägte neuroanatomische und/oder physikotherapeutische Interessen (di Gaspero, Holzer, Bertha, Reisner, Mayr; zudem unter den Dozenten bes. Eichhorn und Grinschgl).

Heterogener stellt sich das Bild hinsichtlich der ideologischen Positionierung und der Involvierung in die NS-Krankenmorde dar; nur ein Teil war formell Mitglied der NSDAP oder einer ihrer Teilorganisationen gewesen;[217] *alle* waren aber während der NS-Zeit in Österreich im psychiatrischen System berufstätig geblieben oder hatten ihre medizinische Laufbahn damals begonnen (Remigranten o. ä. kommen nicht vor); für den Großteil muss zumindest eine Mitwisserschaft der NS-Verbrechen insbesondere an psychisch kranken Menschen angenommen werden. Zumindest ein Klinikvorstand, Bertha, und ein Anstaltsdirektor, Korp, waren – der eine als „Schreibtischtäter" u. a. im Rahmen von „T4", der andere im Feldhof direkt am „Krankenbett" – massiv in die NS-Morde involviert. Konkreten Widerstand gegen dieselben hatte, soweit bekannt, keiner der späteren Vorstände bzw. Direktoren gesetzt; ideologisch können

---

217 Exakte Zahlen lassen sich hierzu derzeit nicht angeben, da für einen Teil verlässliche Daten noch fehlen.

aber nach Auffassung des Verfassers drei von ihnen als Gegner des Nationalsozialismus bzw. speziell der „Euthanasie" gelten, nämlich Pakesch (CVer), Holzer (Postulat „Forschung vor Euthanasie" und Kontakte zum Widerstand 1945) und Arlt (geheime Dokumentation der Krankenmorde am Feldhof), wenn auch alle drei Figuren in ihrem Verhalten gegenüber dem NS-System und seinen Proponenten – vor und nach – 1945 beträchtliche Ambivalenzen zeigten. Mit diesem Zug, der selbstredend im Kontext strukturellen Drucks und persönlicher Gefährdungen und Bindungen gesehen werden muss, verhielten sich auch die Genannten aber zweifellos für die österreichische „Mehrheitsgesellschaft" der Nachkriegsjahre sehr typisch.

Informationen zum Autor

Priv.-Doz. Mag. Dr. Carlos Watzka, Privatdozent am Institut für Soziologie der Universität Graz, Medizin- und Gesundheitssoziologe und -historiker, Universitätsstrasse 15/G4, A-8010 Graz, Leiter der außeruniversitären Forschungseinrichtung „Trinum – Institut für biopsychosoziale Humanforschung", Oed 48c, A-8311 Markt Hartmannsdorf, E-Mail: carlos.watzka@uni-graz.at; cw@trinum.at

Forschungsschwerpunkte: Suizidologie, Gesundheit und Soziale Ungleichheit, Versorgungsforschung zu „Psycho-Fächern", Psychiatriegeschichte, Geschichte des Hospital- und Krankenhauswesens

Hartmann Hinterhuber

Kontinuitäten und Diskontinuitäten in der Psychiatrie Tirols nach 1945

English Title

Continuities and Discontinuities in Psychiatry in Tyrol after 1945

Abstract

Regarding the people involved and the dominant conception of man, one cannot simply conceive "watersheds" in Tyrolean psychiatry in the years 1938 and 1945: both these turning points are marked by a dialectic of change and continuity.

At the Psychiatric-Neurological University Clinic in Innsbruck, Prof Dr Hubert Urban was removed from office one month after the NS seizure of power in March 1938 because of his Austrian disposition and his Christian orientation. Prof Dr Helmut Scharfetter, a member of the NSDAP and the SS educational staff, was his successor. After Scharfetter's dismissal and his removal from public service in May 1945, Urban was re-installed into his office in 1946. Although he was primarily interested in neurology and neurosurgery, he laid a significant emphasis on modernising psychiatry in his short time in this position. However, his authoritarian leadership style along with grave behavioural problems overshadowed his work and resulted in his removal from office in 1958 and his emigration to the German Democratic Republic.

In 1960, Prof Dr Hans Ganner, who had been compromised during the National Socialist period, followed him as the caretaker head of the clinic. He ran the Psychiatric Departments of the Mental Hospital until his departure in 1972 as an interim chairman only. In 1967 an independent professorship for neurology was created for him at the Medical Faculty in Innsbruck. It was not until 1974, when Hubert Urban, who had been absent since 1958, officially retired, that Prof Dr Kornelius Kryspin-Exner was appointed as a full professor and head of the psychiatric Clinic.

Dr Ernst Klebelsberg was head of the Mental Hospital in Hall in Tyrol from 1925 on. Although his civil courage and bravery cannot be denied, he could not decide for a principally and publically effective process against NS-"euthanasia". He did, however, resist NS pressure to turn the Mental Hospital in Hall into a decentralised "euthanasia hospital". Medical Head Klebelsberg retained his leading position after 1945: He is the only director of an Austrian mental hospital to have remained in his position at that time. On his retirement in 1950, Helmut Scharfetter was rehabilitated sufficiently, so that he could take over as head of the Mental Hospital in Hall, a position which he maintained until 1958.

In 1945 Tyrol lacked the people, the ideas and the means to create and implement a suitable response to the catastrophe in psychiatry. It took 25 more years to introduce a humane form of psychiatry. Stimuli for modern psychiatric reform, like these found in West Germany, could only develop with the growth of a generation of psychiatrists whose socialisation had not taken place in a totalitarian system.

Keywords

Psychiatry after the Second World War, Tyrol, De-Nazification, continuity and discontinuity, anti-democratic socialisation, late implementation of reform psychiatry

Die Fragestellung

Mein Beitrag versucht aufzuzeigen, inwieweit personelle und institutionelle sowie kognitive und mentalitätsmäßige Kontinuitäten bzw. Brüche in der Tiroler Psychiatrie von der Ersten Republik über den „Ständestaat" zum Nationalsozialismus und schlussendlich bis zum Beginn der sozialpsychiatrischen Bewegungen in den 1970er Jahren gegeben sind. Bezüglich der handelnden Personen und des leitenden Menschenbildes kann auch in der Tiroler Psychiatrie des 20. Jahrhunderts die historische „Wasserscheide" nicht einfach mit den Jahren 1938 und 1945 fixiert werden.[1] Die Wendepunkte sind durch eine Dialektik von Bruch und Fortbestand gekennzeichnet.[2]

Die historischen Prämissen

Wie das gesamte österreichische Gesundheitswesen der Zwischenkriegszeit war auch jenes in Tirol durch schwerwiegende wissenschaftliche, weltanschauliche und politische Gegensätze und Feindschaften gekennzeichnet, die den Boden für den kommenden Ungeist bereiteten. Das Denken und Forschen in völkischen Kategorien lässt sich weit zurückverfolgen:[3] Antisemitische bzw. rassistische Denkmuster haben auch in der Innsbrucker universitären Welt eine Tradition, die bis in das späte 19. Jahrhundert zurückreicht.[4] 1896 sprachen die Innsbrucker

---

[1] Vgl. Gerhard Botz, Krisenzonen einer Demokratie. Gewalt, Streik und Konfliktunterdrückung in Österreich seit 1918 (= Studien zur historischen Sozialwissenschaft 9, Frankfurt–New York 1987).
[2] Vgl. Michael Hubenstorf, Kontinuität und Bruch in der Medizingeschichte. Medizin in Österreich 1938 bis 1955, in: Friedrich Stadler, Hg., Kontinuität und Bruch 1938–1945–1955. Beiträge zur österreichischen Kultur- und Wissenschaftsgeschichte (= Emigration – Exil – Kontinuität 3, Münster 2004), 299–333.
[3] Vgl. Hartmann Hinterhuber / Ullrich Meise, Die Verführbarkeit der Wissenschaften und die Gefährdung der Menschenrechte – gestern und heute. Universitäten im Dienste menschenverachtender Ideologien, in: Neuropsychiatrie 15 (2001), 98–102.
[4] Vgl. Hartmann Hinterhuber, Die Innsbrucker Medizinische Fakultät in den Jahren 1938–1945, in: Hans Grunicke, Hg., Die Innsbrucker Medizinische Schule (Innsbruck 2010), 67–77; Hartmann Hinterhuber, Geschichte der Universitätsklinik für Psychiatrie Innsbruck. Die Wurzeln der Tiroler Psychiatrie, in: JATROS Neurologie & Psychiatrie 2 (2012), 10–14.

Studentenverbindung Brixia und die Burschenschaften Germania und Pappenheimer den Juden die Satisfaktionsfähigkeit ab. Gegen den Prager Arzt Richard Fuchs, der eine Assistentenstelle bei Moritz Loewit am Institut für Allgemeine und Experimentelle Pathologie hätte antreten sollen, wurden im Mai 1900 ebenso antisemitische Proteste laut wie gegen die Berufung des Augenheilkundlers Stefan Bernheimer. Den Erklärungen, die deutsche Studentenschaft fühle sich durch die Ernennung von jüdischen Professoren beleidigt und erwarte, dass der „Verjudung" der Universität Einhalt geboten werde, fehlte allerdings ohnehin eine reale Grundlage, da jüdische Bewerber für Lehrkanzeln von den Fakultätskollegien trotz fachlicher Qualifikation oft gar nicht ernsthaft in Erwägung gezogen wurden.[5]

1891 bat der „Verein der Hochschulassistenten in Innsbruck" das Professorenkollegium der Medizinischen Fakultät, Assistentenstellen nicht mit „volks- oder rassenfremden Personen" zu besetzen. 1922 verlangte der Vorstand der „deutschen Studentenschaft Innsbruck" in einer Eingabe an den akademischen Senat, dass nur Professoren deutscher Abstammung und Muttersprache zu Rektoren, Dekanen und sonstigen Amtswaltern der akademischen Behörden gewählt werden sollten. Auch sollte ein Numerus clausus eingeführt werden, nach dem nur 5 % der gesamten Anzahl der Lehrenden jüdischer Abstammung sein dürften. Diesem Antrag wurde jedoch vom Senat aus formalrechtlichen Gründen nicht stattgegeben.

Während des „Ständestaates" kam es zu einer weiteren sukzessiven Zurückdrängung jüdischer sowie nun besonders auch sozialistischer Ärzte. Darüber hinaus wuchs seit 1931 der Einfluss der – seit 1934 illegalen – Nationalsozialisten in Österreich, gegen den sich die Regierung nach Kräften zu wehren versuchte. Das ständestaatliche „neue Österreich" löste durch das Hochschulermächtigungsgesetz des Jahres 1935 eine einschneidende Umstrukturierung der universitären Landschaft aus, indem es sich gegen alle Formen von Liberalismus, Positivismus und Sozialismus wandte und einen auch deutlich antisemitisch geprägten „Kulturkampf" führte. Im insgesamt sehr turbulent verlaufenden Übergang vom österreichischen „Ständestaat" zur nationalsozialistischen „Ostmark" finden sich somit auch bemerkenswerte Kontinuitäten: Wir begegnen einer gravierenden Diskriminierung von sozialistischen und jüdischen Wissenschaftlern bereits vor 1938, vor allem bei der Ernennung zu ordentlichen Universitätsprofessoren und der Besetzung von Leitungspositionen.[6]

Die Nationalsozialisten fanden in Folge dessen im März 1938 bereits eine vielfach von Juden und Demokraten „vorgesäuberte" Universität vor. Mit Erlass des Unterrichtsministeriums vom 29. März 1938 wurde ein Numerus clausus für jüdische Hörerinnen und Hörer verfügt, um die angebliche „Überfremdung" der deutsch-österreichischen Hochschulen hintanzuhalten. Die drei an der Medizinischen Fakultät Innsbruck für das Sommersemester 1938 eingelangten Inskriptionsansuchen jüdischer Studierender wurden vom Rektorat noch bewilligt. Am 15. November 1938 teilte aber der Rektor der Innsbrucker Universität dem Reichserziehungsministerium in Berlin mit, künftig keinen jüdischen Immatrikulationswerber eine Zulassungsbescheinigung zu erteilen: Die Universität Innsbruck sei bereits im laufenden Wintersemester 1938/39 „judenfrei". In kürzester Zeit wurden nach der NS-Machtübernahme

---

5 Vgl. Gerhard OBERKOFLER / Peter GOLLER, Hg., Die Medizinische Fakultät Innsbruck. Faschistische Realität (1938) und Kontinuität unter postfaschistischen Bedingungen (1945). Eine Dokumentation (Innsbruck 1999).
6 Vgl. Karl STUHLPFARRER, Antisemitismus, Rassenpolitik und Judenverfolgung in Österreich nach dem Ersten Weltkrieg, in: Anna Drabek, Hg., Das österreichische Judentum (= J-&-V-Antworten, Wien–München ²1982), 141–164.

österreichische Ärzte jüdischer Abstammung und/oder sozialistischer Ausrichtung, aber auch solche prononciert christlicher Orientierung systematisch dienstenthoben und mit aller Brutalität vertrieben. An der Medizinischen Fakultät der Innsbrucker Universität fielen zehn Professoren oder Oberärzte der rassisch-ideologischen Säuberung zum Opfer, darunter befand sich Univ.-Prof. Dr. Hubert Urban, der Vorstand der Psychiatrisch-Neurologischen Klinik und dessen Oberarzt Dr. Franz Schmuttermayer. Am 15. Mai 1938 setzte o. Univ.-Prof. Dr. Gustav Bayer, Ordinarius für Pathologie, aus Verzweiflung über den „Anschluss" Österreichs an das Deutsche Reich seinem eigenen Leben und dem seiner Tochter ein Ende.

Die Psychiatrisch-Neurologische Universitätsklinik Innsbruck

Die Innsbrucker Nervenklinik wurde 1891 gegründet, zum ersten Vorstand der Klinik und Extraordinarius für Psychiatrie wurde Doz. Dr. Gabriel Anton, damals Assistent an der Klinik Meynert in Wien, bestellt. In Innsbruck währte seine sehr erfolgreiche Tätigkeit als Forscher und Lehrer nur sechs Semester: 1894 wurde er als Nachfolger von Julius Wagner von Jauregg an die Grazer Klinik berufen, wo er bis 1905 verblieb. In diesem Jahr übernahm Gabriel Anton als Nachfolger von Prof. Dr. Carl Wernicke den traditionsreichen Lehrstuhl und die damals führende Klinik in Halle an der Saale.[7]

Die Nachfolge Antons in Innsbruck übernahm wiederum ein Assistent von Meynert: 1904 wurde Carl Mayer als ordentlicher Universitätsprofessor nach Innsbruck berufen. Unter seiner Leitung erfuhr – wie Ernst Niedermeyer schreibt – die Innsbrucker Klinik eine „enorme Aufwärtsentwicklung", da er es verstanden hätte, „bedeutsame Mitarbeiter um sich zu vereinen […]. Dessen ungeachtet sah er seine höchste Aufgabe im kranken Menschen selbst und seinem Wohlergehen: Das ärztliche Ethos wurde niemals von der wissenschaftlichen Ambition in den Hintergrund gestellt."[8]

Mayer richtete auch an der Klinik ein „Laboratorium für Experimentelle Psychologie" ein, das seine Gattin, Prof. Franziska Hillebrand, leitete. Bewundernswert ist sein großer Einsatz für den Neubau der Psychiatrisch-Neurologischen Klinik, der erst durch das Einbringen eigener finanzieller Mittel ermöglicht wurde. Die Einweihung am 1. September 1937 konnte Carl Mayer nicht mehr erleben. 1934 erfolgte nach einem Ehrenjahr seine Emeritierung im Alter von 72 Jahren. Gleichzeitig wurde er zum Honorarprofessor ernannt.

Die supplierende Leitung wurde zuerst Otto Reisch, dann Franz Schmuttermayer übertragen. Der Not gehorchend übernahm Carl Mayer Vorlesungen und Prüfungen bis knapp vor seinem Tod am 24. April 1936. Das Habilitationsverfahren von Otto Reisch wurde wohl von der Medizinischen Fakultät Innsbruck 1935 befürwortet, vom Unterrichtsministerium jedoch infolge seiner nationalsozialistischen Betätigung zurückgewiesen. Aufgrund seiner fortgesetz-

---

7   Vgl. Juergen-Volker ANTON / Hartmann HINTERHUBER / Klaus TWERDY, Prof. Dr. Gabriel Anton (1858–1933). Seine Bedeutung für die österreichische Neurochirurgie, Abstract für die 38. Jahrestagung der österreichischen Gesellschaft für Neurochirurgie, 4.–6.10.2002, Innsbruck, in: Journal für Neurologie, Neurochirurgie und Psychiatrie 3/1 (2002), 14.
8   Ernst NIEDERMEYER, Die Innsbrucker Nervenklinik. Ein geschichtlicher Rückblick, in: Professoren-Kollegium der Medizinischen Fakultät der Universität Innsbruck, Hg., Forschungen und Forscher der Tiroler Ärzteschule, Bd. 2: (1948–1950) (Innsbruck 1950), 379–383.

ten Aktivitäten im Rahmen der NSDAP wurde auch die Weiterbestellung als Assistenzarzt abgelehnt, sodass er 1936 von der Universität Innsbruck entlassen wurde. Im Anschluss daran übersiedelte er nach Berlin, wo er als „politischer Flüchtling" anerkannt wurde. Somit endete die Supplierung der vakanten Lehrkanzel in Innsbruck durch Otto Reisch nach kurzer Zeit, er sollte in der Folge aber rasch in der NS-Hierarchie emporsteigen: Nach dem „Anschluss" kehrte Reisch in die „Ostmark" zurück. Durch zwei Jahre war er in Wien als Stadtrat am Neuaufbau des Gesundheitswesens engagiert. Darüber hinaus war er in dieser Zeit für die Durchführung der Berufsbeamtenverordnung im Bereich sämtlicher Schulen, Universitäten und Arztstellen der „Ostmark" verantwortlich – und damit für die Entfernung zahlloser Mediziner von ihren Stellen aufgrund von „rassischen" oder ideologischen Kriterien. Von März 1940 bis Mai 1945 war Reisch Vorstand der Psychiatrisch-Neurologischen Klinik Graz, vom 30. April 1940 bis zum 2. Juli 1940 war er auch als „T4-Gutachter" tätig. Aufgrund seiner nationalsozialistischen Parteizugehörigkeit wurde Reisch 1945 amtsenthoben und mit einem Berufsverbot belegt. Eine weitere Strafverfolgung ist unterblieben. Von 1950 bis zu seinem Tod im Jahr 1977 übte Reisch wieder eine ärztliche Tätigkeit als freischaffender Psychiater und Neurologe in Innsbruck aus.

Nach der Entlassung von Reisch wurde die supplierende Leitung der Innsbrucker Klinik dem Schmuttermayer übertragen: Franz Schmuttermayer unterrichtete schon 1935 sowohl das Unterrichtsministerium als auch den Salzburger Erzbischof Sigismund Waitz über die zunehmenden illegalen NS-Aktivitäten von Klinikärzten und Dozenten: Dies war für das Rektorat der Innsbrucker Universität der Grund, ihn am 18. November 1938 fristlos zu entlassen.

Zwischen der Emeritierung Carl Mayers im September 1934 und seinem Ableben am 24. April 1936 unterbreitete das Professorenkollegium der Medizinischen Fakultät Innsbruck dem Ministerium insgesamt sechs Besetzungsvorschläge, die alle ablehnend beantwortet wurden. Die vorgelegten Besetzungsvorschläge enthielten nur deutsch-völkisch bzw. nationalsozialistisch orientierte sowie „reichsdeutsche" Kandidaten. Bei einem Vorschlag schien darüber hinaus ein Schweizer Eugeniker auf. Im März 1937 wurde in Ergänzung zum letzten – zurückgewiesenen – Besetzungsvorschlag noch der als Oberarzt an der Klinik tätige Privatdozent Helmut Scharfetter genannt. In ihrem neuerlichen, am 6. Juli 1937 erstatteten Vorschlag erwähnte die Medizinische Fakultät auch den kurz zuvor in Wien habilitierten Hubert Urban und holte zu diesem Gutachten sowohl von Julius Wagner von Jauregg als auch von Otto Pötzl ein. Beide hoben wohl Urbans neurochirurgische Ausbildung und Erfahrung hervor und lobten die Organisationsfähigkeit und Energie des jungen Neurologen, sprachen ihm jedoch psychiatrische Erfahrungen weitgehend ab. Pötzl stellte fest: „Für die Leitung einer Psychiatrischen Klinik ist seine Vorbildung entschieden weitaus zu gering." Der für seine Wortkargheit bekannte Wagner von Jauregg fasste sich kurz: „Ich würde ihn ganz ablehnen."[9] Mit Erlass vom 29. September 1937 betraute das Ministerium Hubert Urban, Privatdozent für Psychiatrie und Neurologie an der Universität Wien, mit der supplierenden Leitung der Innsbrucker Klinik und mit der Übernahme der Hauptvorlesungen und Prüfungen.

---

9   Universitätsarchiv Innsbruck, Akten der Medizinischen Fakultät, Berufungsakten Psychiatrie 1934–1938. Schreiben des Dekans Franz-Josef Lang an das Bundesministerium für Unterricht vom 20.12.1937. OBERKOFLER / GOLLER, Medizinische Fakultät Innsbruck, wie Anm. 5, 208.

Auf schriftlichem Wunsch des Bundesministers für Unterricht, Dr. Pernter, verfasste im Anschluss der Dienststellenleiter der „Vaterländischen Front", Prof. Felix Siegelbauer, gemeinsam mit den Professoren Wilhelm Bauer und Anton Steyrer ein Sondergutachten für Hubert Urban, der trotz der zwischenzeitlichen Supplierung in einem erneuten Dreiervorschlag der Fakultät an das Ministerium nicht genannt worden war.[10] Das Sondervotum wurde von vier prominenten Neurologen bzw. Neurochirurgen, den Professoren Herbert Olivecrona (Stockholm), Charles Oberling (Straßburg/Paris), Otto Marburg (Wien) und Arthur Schüller (Wien) unterstützt. Der ministerielle Erlass vom 28. Januar 1938 beendete schließlich – vorläufig – die Auseinandersetzungen und die lange Vakanz der Psychiatrisch-Neurologischen Klinik: Hubert Urban (Abb. 1) wurde zum ao. Univ.-Professor und Vorstand der Innsbrucker Klinik ernannt.

Abb. 1: Prof. Dr. Hubert Urban (Archiv der Universitätsklinik für Psychiatrie Innsbruck)

---

10 Vgl. OBERKOFLER / GOLLER, Medizinische Fakultät Innsbruck, wie Anm. 5, 204–205.

Hubert Urban, am 4. Juni 1904 in Linz geboren, studierte in Innsbruck und Wien Medizin und trat anschließend 1930 in die Wiener Klinik von Otto Pötzl ein, an der er bis 1936 tätig war. San Francisco (1930–1931), Paris (1931–1932), Stockholm (1934) und Breslau (1936) waren Stationen längerer Auslandsaufenthalte. Vor seiner Berufung nach Innsbruck war er Vorstand der Nervenabteilung am Versorgungsheim der Stadt Wien. Wie auch Otto Kauders war er Mitglied der „St.-Lukas-Gilde", eines katholisch geprägten Ärztevereines.

Bereits drei Wochen nach seiner (ersten) Berufung nach Innsbruck hielt er seine – kurz darauf in einer adaptierten Fassung in der „Schweizer Medizinischen Wochenschrift" publizierte – Antrittsvorlesung mit dem Titel „Die Bedeutung der modernen Erblehre für die Neurologie und Psychiatrie".[11] Seine Ausführungen spiegeln die Grundzüge der Degenerationslehre und die eugenischen Tendenzen der Zeit wider. Jüngstens konnte auch der „Tiroler Anzeiger" vom 24. Februar 1938 aufgefunden werden, in dem die von Urban gehaltene Rede zum Teil wortwörtlich wiedergegeben wird. Eine genaue Analyse der Ausführungen, die bisher nicht durchgeführt worden war, ergibt aber ein gegenüber der NS-Eugenik deutlich differenzierteres Bild. So betont Urban, dass „der Erbgang bei den verschiedenen Geisteskrankheiten in seinen Einzelheiten bei weitem noch nicht geklärt ist […], eine weitere Fehlerquelle liegt auch in der Unzulänglichkeit der Definition der Geisteskrankheiten bzw. der psychiatrischen Diagnostik überhaupt".[12] Auf Seite 689 hält er wieder fest:

„Dabei muss natürlich betont werden, dass es noch eingehender ärztlicher Studien bedarf, um bei jeder Krankheit den Erbgang wirklich klar zu erfahren, um so niemandem unrecht zu tun und niemandem fälschlicherweise das Schönste zu nehmen, worauf auch der Ärmste Anspruch hat, das primitive Recht auf Ehe und Nachkommenschaft. Die Postulation des Eheverbotes bzw. die Internierung und Sterilisierung stellen aber nur die Seite der Behandlung dieses Problems dar, auf die man keine zu großen Hoffnungen setzen darf. Viel wichtiger ist auch hier die positive Seite unseres Vorgehens."[13]

Diese sieht Urban in der Förderung kinderreicher Familien, bei denen „Höchstbegabungen" und „geniale Persönlichkeiten" besonders bei Spätgeborenen in einer großen Geburtenreihe auftreten würden. Bereits einleitend stellte Urban die Frage „ob denn auch wirklich alles schon so reif ist, um in Form von Gesetzen und eingreifenden chirurgischen Maßnahmen am Menschen erprobt zu werden". Es sei auch „vorläufig noch nicht abzuschätzen, was an der ganzen Erblehre als gesichertes Wissen und was nur als Theorie zu werten ist". Er schließt mit der Aussage:

„Da aber eine Unfruchtbarmachung Erbkranker als eugenische Maßnahme schon aus Gründen des natürlichen Rechtes abgelehnt werden muss, bleibt als letzter Ausweg nur die zwangsweise Asylierung solcher uneinsichtiger Kranker, zu deren Durchführung allerdings erst die gesetzlichen und finanziellen Grundlagen zu schaffen wären. Internierung, Eheverbot und die in man-

---

11 Hubert URBAN, Die Bedeutung der modernen Erblehre für die Neurologie und Psychiatrie, in: Schweizerische Medizinische Wochenschrift 68 (1938), 685–690.
12 Ebd., 688.
13 Ebd., 689.

chen Staaten übliche Sterilisierung stellen aber nur die negative Seite der Lösung dar, auf die man keine großen Hoffnungen setzen darf. Viel wichtiger ist die positive Seite, die Erleichterung der Eheschließung für Erbgesunde und die Förderung kinderreicher gesunder Familien."[14]

Sofort nach der Machtübernahme verfügte der kommissarische Rektor Harold Steinacker „in Vorwegnahme von dessen Entlassung" die Beurlaubung von Hubert Urban. Als Gegner des Nationalsozialismus und als bekennender Katholik wurde Urban sodann ohne Pensionsansprüche amtsenthoben und entlassen.[15] Am 15. April 1939 teilte ihm Rektor Steinacker lapidar mit (Zl. 1783/1-R): „Durch die vom Herrn Reichsstatthalter mit Bescheid vom 30.3.1939 Z STK/I-H-3479 ausgesprochene Entlassung haben Sie das Recht verloren, sich Universitäts-Professor zu nennen."[16] Bereits einen Tag nach seiner Entlassung wurde Urbans Antrag auf Aufnahme in die Wiener Medizinische Gesellschaft vom Obmann Dr. Planner-Plann abgelehnt.[17]

Der Reichskommissar für die Wiedervereinigung Österreichs mit dem Deutschen Reich musste jedoch am 4. März 1940 (Aktenzeichen H/3479) „Herrn Hubert Urban, A.o. Professor in Wien" folgendes mitteilen: „Die Ergebnisse des in Ihrer Angelegenheit durchgeführten Überprüfungsverfahrens bestimmen mich, Ihre mit Bescheid vom 30.3.1939 ausgesprochene Entlassung aufzuheben. In Hinblick auf Ihre bereits vor Inkrafttreten der Verordnung zur Neuordnung des österreichischen Berufsbeamtentums erfolgte Versetzung in den Ruhestand, entfällt eine weitere Verfügung nach dieser Verordnung."[18] In der Tat hat am 28. Mai 1938 das österreichische Unterrichtsministerium (Zl. 17094-II/6) Urban mitgeteilt, dass er „gemäß Artikel III., Absatz 1 des Bundesgesetzes vom 7.8.1934 BGBl. II Nr. 208/1934 in Verbindung mit dem Bundesgesetz BGBl. Nr. 333/1936 […] im Zuge der Reorganisationsmaßnahmen an den österreichischen Hochschulen mit Ende Mai 1938 vorläufig in den zeitlichen Ruhestand versetzt"[19] wird. Gleichzeitig mit seiner Entlassung übertrug der Rektor die kommissarische Leitung der Psychiatrisch-Neurologischen Klinik an Helmut Scharfetter (Abb. 2).

Während des Zweiten Weltkrieges leistete Hubert Urban als Neurologe und Neurochirurg Dienst in Luftwaffenlazaretten in Mähren, Frankreich, Braunschweig, Berlin, Ostpreußen und in Tarvis sowie schließlich noch in Meran: Dort verließ er die Wehrmacht und hielt sich, als Deserteur verfolgt, versteckt im Ötztal auf. In Königsberg/Ostpreußen erkrankte er an einer Scharlachmeningitis. Als Folge der daraus resultierenden feinmotorischen Störung musste Urban seine Tätigkeit als Neurochirurg beenden.[20] Von Königsberg aus besuchte Urban die katholische Mystikerin Therese Neumann in Konnersreuth: Von dieser Begegnung war er überwältigt,[21] sie hat sein weiteres Denken sehr beeinflusst. Scharlachmeningitiden führen oft zu neuropsychiatrisch wirksamen Autoimmunerkrankungen: Antikörper können insbesondere

---

14 Hubert URBAN, Psychiatrie und Eugenik, in: Tiroler Anzeiger (24. Februar 1938, Nr. 45), 7.
15 Vgl. OBERKOFLER / GOLLER, Medizinische Fakultät Innsbruck, wie Anm. 5, 209.
16 Das Schriftstück befindet sich im Privatarchiv der Familie Urban sowie im Universitätsarchiv Innsbruck.
17 Ebd.
18 Ebd.
19 Ebd.
20 Mitteilung von Dr. Jakob Urban und seinen Schwestern am 20. August 2014.
21 Siehe dazu seine detaillierte Dokumentation zu diesem Treffen im Archiv der Univ.-Klinik für Psychiatrie Innsbruck sowie im Privatarchiv der Familie Urban.

Abb. 2: Prof. Dr. Helmut Scharfetter (Archiv der Universitätsklinik
für Psychiatrie Innsbruck)

mit den Basalganglien kreuzreagieren und sowohl zu Störungen der Motorik wie auch zu Verhaltensstörungen Anlass geben. Die Verhaltensauffälligkeiten, die während der Tätigkeit an der Medizinischen Fakultät Innsbruck zu schwerwiegenden Auseinandersetzungen mit nachfolgender Suspendierung führten, könnten in diesem Kontext eine Erklärung finden.

An der Medizinischen Fakultät Innsbruck hatte das Professorenkollegium das Unterrichtsministerium schon am 18. März 1938 mit einstimmigem Beschluss ersucht, auf den letzten – erweiterten – Besetzungsvorschlag zurückzugreifen und Helmut Scharfetter zum Vorstand der Klinik zu berufen. Diesem sei „aus politischen Gründen sowohl die Betrauung mit der Supplierung der Lehrkanzel (nach Prof. C. Mayer) als auch die Weiterbestellung als Assistent verweigert und unter Bezugnahme darauf […] seine Ernennung zum Vorstand der Lehrkanzel abgelehnt [worden]".[22] Die nunmehr nationalsozialistisch dominierte Bewerbungskommission, die Scharfetter nominierte, platzierte secundo loco auch Otto Reisch.

---

22 Vgl. OBERKOFLER / GOLLER, Medizinische Fakultät Innsbruck, wie Anm. 5, 146.

Helmut Scharfetter trat früh in die Großdeutsche Partei, danach in die NSDAP ein und war Mitglied des SS-Ausbildungsstabes. Seine Habilitation an der Medizinischen Fakultät Innsbruck erfolgte 1928 mit einer in der Tat sehr fundierten Arbeit über psychiatrische Auswirkungen von Erkrankungen der Schilddrüse. Hans Czermak, Leiter der Abteilung III der Reichsstatthalterei, ernannte mit 12. August 1940 Helmut Scharfetter zum Landesobmann für die erbbiologische Bestandaufnahme in den Heil- und Pflegeanstalten. Scharfetter bekleidete vom Sommersemester 1943 bis zum Sommersemester 1945 auch das Amt des Dekans der Medizinischen Fakultät.

Als im Dezember 1940 erstmals Kranke aus der Heil- und Pflegeanstalt Hall i. T. zur Tötung nach Hartheim abtransportiert werden sollten, unterstützte Scharfetter den dortigen Primarius Ernst Klebelsberg: Aufgrund ihres Protestes beim Gauleiter konnten „heilbare" und „arbeitsfähige" Kranke von der Todesliste gestrichen werden. Mindestens 110 Kranke sind so dem sicheren Tod entgangen. Als Dekan der Medizinischen Fakultät verbot er kategorisch Schwangerschaftsabbrüche bei Ostarbeiterinnen, die an der Chirurgischen Klinik hätten durchgeführt werden sollen.[23] Setzte sich Scharfetter auch mutig für die Rettung vieler Patientinnen und Patienten ein, war er – wie Primarius Klebelsberg – doch mit dem System in einem Ausmaß verstrickt, das ihm nicht erlaubte, sich entschieden dagegen zu äußern. Nach 1945 wurde Scharfetter amtsenthoben und aus dem öffentlichen Dienst entfernt. 1950 war er schon weitgehend rehabilitiert, sodass er die Leitung der Heil- und Pflegeanstalt Hall i. T. übernehmen konnte, die er bis 1958 innehatte.

Nach dem Ende der nationalsozialistischen Diktatur wurde Hubert Urban vom Rektorat der Universität Innsbruck, Prof. Dr. K. Brunner, auf Weisung des Landeshauptmannes von Tirol mit Schreiben vom 30. August 1945 (Zl. 11/19-R) wieder als ao. Professor und Vorstand der Innsbrucker Nervenklinik eingesetzt. Dieses Schreiben trägt noch die Adresse „Längenfeld Ötztal"[24]. Gleichzeitig bemühte Urban sich um die Leitung des „Fachlazarettes für Hirn-, Rückenmarks und Nervenverletzte" (Hospital 901) in Bad Ischl. Die diesbezügliche offizielle Beauftragung der Universität Innsbruck erfolgte durch deren Rektor Brunner bereits am 29. August 1945: Aus diesen Gründen wurde Urban bis zum 31. Dezember 1945 von der Lehrtätigkeit in Innsbruck beurlaubt. Am 17. September 1945 wurde Urban vom Staatsamt für Soziale Verwaltung der Republik Österreich in der Tat „zum öffentlichen Verwalter bzw. zur öffentlichen Aufsichtsperson für das in Bad Ischl derzeit im Hospital 901 B untergebrachte(n) Neurochirurgische(n) Institut(es)"[25] bestellt. Die gesamten Agenden als Vorstand der Psychiatrisch-Neurologischen Universitätsklinik Innsbruck trat Hubert Urban somit erst 1946 an.

Seine Klinikführung stieß aber in vielen Belangen rasch an die Grenzen der Akzeptanz von Seiten seiner Mitarbeiter und der Fakultätskollegen. Überraschend widmete er seine zweite Antrittsvorlesung am 21. Februar 1946, also auf den Tag genau acht Jahre nach seinem ersten Einführungsvortrag, dem Thema „Übernatur und Medizin" (Abb. 3), in dem er die Notwendigkeit der Miteinbeziehung und der Berücksichtigung von übernatürlichen Phänomenen in den

---

23 Vgl. Christian SMEKAL / Hartmann HINTERHUBER / Ullrich MEISE, Hg., Wider das Vergessen. Psychisch Kranke und Behinderte – Opfer nationalsozialistischer Verbrechen. Gedenkschrift der Leopold-Franzens-Universität Innsbruck (= Universitätsleben 8, Innsbruck 1997).
24 Universitätsarchiv Innsbruck, Personalakt Hubert Urban sowie Privatarchiv der Familie Urban.
25 Ebd. Das Schreiben trägt die Zahl IV-161.508/15-45 und ist von Dr. Schleyer (für den Staatssekretär) unterzeichnet.

medizinischen Alltag propagierte. Sein Interesse für parapsychologische Phänomene wurde damals aber von nicht wenigen österreichischen Wissenschaftlern geteilt, die in der „Österreichischen Gesellschaft für psychische Forschung" vereint waren. Erwähnt mögen die Universitätsprofessoren Hans Thirring (Physik), Hans Hahn (Mathematik), Richard Hoffmann (Evangelische Theologie) sowie der Psychoanalytiker Alfred Winterstein sein.

Abb. 3: Hubert URBAN: „Übernatur und Medizin" in der Reihe „Medizin – Philosophie – Theologie" als Heft Nr. 1 im Jahr 1946 in Innsbruck erschienen (Sammlung des Autors)

Ungeachtet seiner parapsychologischen Interessen legen seine Vorlesungen und Seminare über „Praktische medizinische Psychologie und Einführung in die Psychotherapie" im Wintersemester 1946/47, „Psychologie des praktischen Arztes und Einführung in die Psychoanalyse" (Urban gemeinsam mit Teirich) im Sommersemester 1948 sowie verwandten Themen in vielen der darauf folgenden Semester Zeugnis für Urbans positive Haltung zur Freud'schen Theorie ab. Zudem wurde bereits im April 1946 an der Psychiatrisch-Neurologischen Universitätsklinik von Hubert Urban das „Psychotherapeutische Ambulatorium" (Abb. 4) ins Leben gerufen.[26] Zum Leiter des Ambulatoriums ernannte Urban Igor A. Caruso, der dieser Einladung Folge leistete und von Wien nach Innsbruck übersiedelte. Eduard Grünewald wurde als erster Mitarbeiter engagiert. Die Gründe, Caruso mit der Leitung zu beauftragen, fasste Grünewald später folgendermaßen zusammen:

„Er war an einer katholischen Universität (Löwen) promovierter Psychologe, als Psychoanalytiker u. a. von Gebsattel ausgebildet, sprachenkundig und gar nicht provinziell-schmalspurig, den kulturanthropologischen Aspekten der C. G. Jung'schen Schule genauso zugetan wie den experimentell orientieren suggestiv-hypnotischen Praktiken aus den Anfängen der Freud'schen Psychoanalyse, bewandert in der Anwendung psychodiagnostischer (projektiver) Testverfahren und vor allem gewillt, Ausbilder und ‚Lehranalytiker' für jene zu werden, die selbst aus der Enge und Einseitigkeit schulmedizinischer und schulpsychologischer Praxis sich zu lösen, geneigt waren, um in einem weiter gesteckten Rahmen Seelenkunde und Seelenheilkunde zu betreiben."[27]

Abb. 4: Hubert Urban mit Igor Caruso und den Mitarbeiterinnen und Mitarbeitern des „Psychotherapeutischen Ambulatoriums". 1. Reihe von links: Edith Stralkowski, Hubert Urban, Igor Caruso (Privatarchiv der Familie Urban)

---

26 Vgl. Eduard GRÜNEWALD, Carusos Innsbrucker Zeit. Die Gründung eines therapeutischen Ambulatoriums, in: Studien zur Kinderpsychoanalyse 8 (1988), 27–39; Doris PEHAM, Psychoanalyse in Tirol. Geschichtliche Entwicklungslinien bis 1990, unveröffentlichte phil. Diplomarbeit (Universität Innsbruck 1999), 23–36; Doris PEHAM, Psychoanalyse in Tirol. Ein historischer Streifzug, in: Werkblatt. Zeitschrift für Psychoanalyse und Gesellschaftskritik 18/2 (2001), 84–109.
27 GRÜNEWALD, Carusos Innsbrucker Zeit, wie Anm. 26, 29.

Die Innsbrucker psychoanalytische Universitätsambulanz war die erste entsprechende Einrichtung in Europa, sie wurde in Wien, ja in ganz Mitteleuropa aufmerksam diskutiert und zur Nachahmung empfohlen. Urban wurde bald auch Ehrenpräsident des Wiener Arbeitskreises für Tiefenpsychologie.

Zur Verbesserung der psychotherapeutischen Lehrmethodik entwickelte Urban ein Untersuchungszimmer (Abb. 5 und 6), das durch einen Gazeschleier vom Hörsaal abgeschirmt war, wodurch die therapeutischen Sitzungen entweder in der hell erleuchteten Kammer bei abgedunkeltem Hörsaal oder umgekehrt bei Sitzungen im Hörsaal von der Kammer aus von Lehrern und Schülern gleichermaßen verfolgt werden konnten.[28] Mit Hilfe dieses frühen Vorläufers des Einwegspiegels konnten Caruso und Urban Therapiesitzungen beobachten und im Anschluss daran diskutieren.

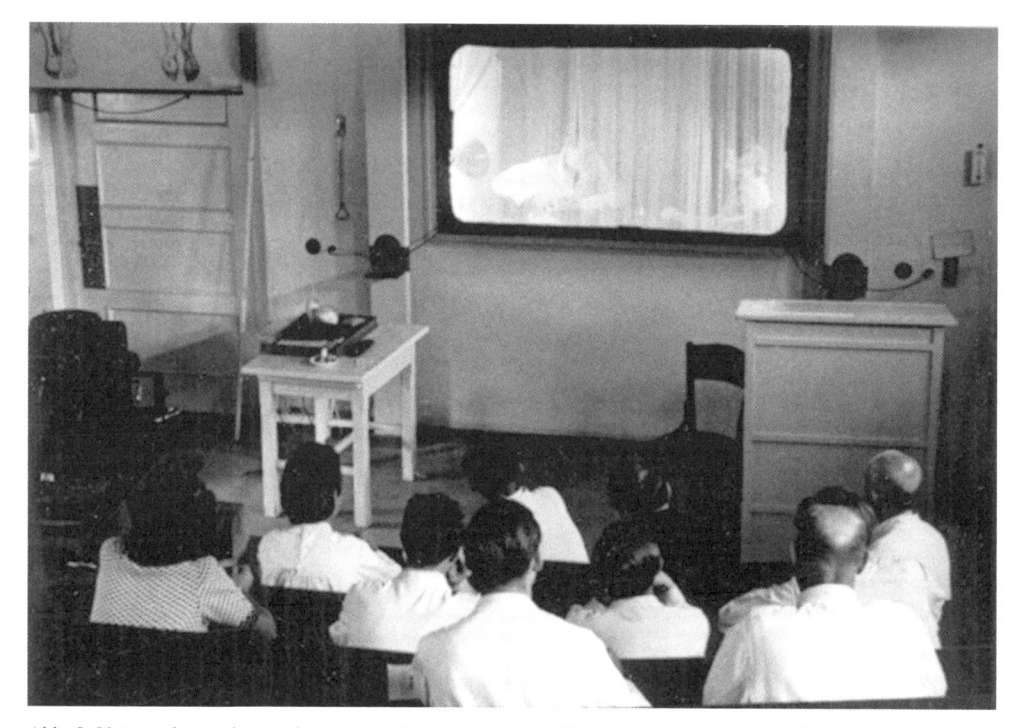

Abb. 5: Untersuchungszimmer durch einen Gazeschleier vom Hörsaal abgeschirmt, Hubert Urbans Beitrag zur Verbesserung der Didaktik der Psychotherapie (Privatarchiv der Familie Urban)

---

28 Vgl. Hubert URBAN, Nachsatz des Herausgebers, in: Hubert Urban, Hg., Festschrift zum 70. Geburtstag von Prof. Dr. Otto Pötzl. (Innsbruck 1949), 464; GRÜNEWALD, Carusos Innsbrucker Zeit, wie Anm. 26, 37.

Abb. 6: Hubert Urban mit Assistenten im überfüllten Hörsaal. Links mit einem Tuch abgeschirmt das „Psychotherapeutische Untersuchungszimmer" (Privatarchiv der Familie Urban)

Grünewald bekannte 1981, dass „die Psychoanalyse, wie sie sich in Tirol heute präsentiert, ihre erste und maßgebliche Wurzel im Wirken des Personenkreises um Hubert Urban und Igor A. Caruso an der Innsbrucker Univ.-Klinik für Psychiatrie hat".[29] Nach dem „durch die Nazizeit bedingten Kulturverlust" waren alle – wie Grünewald 1981 schreibt –

„kulturhungrig und bestrebt, endlich wieder ‚Humanwissenschaft' zu betreiben, die Welt, in der wir lebten, wieder zu vermenschlichen, nachdem uns in den Jahren vorher so viel Unmenschliches und Menschenunwürdiges wiederfahren war […]. Die Zeit einer aufgezwungenen ärztlichen,

---

29 In diesem Zusammenhang kann auf folgende Studien nicht näher eingegangen werden: Eveline LIST, „Warum nicht in Kischniew?" – Zu einem autobiographischen Tondokument Igor Garusos, in: Zeitschrift für psychoanalytische Theorie und Praxis 23/1–2 (2008), 117–141; Gerhard BENETKA / Clarissa RUDOLPH, „Selbstverständlich ist vieles damals geschehen …". Igor A. Caruso am Spiegelgrund, in: Werkblatt. Zeitschrift für Psychoanalyse und Gesellschaftskritik 25/1 (2008), 5–45.

philosophischen, psychologischen, theologischen und forensischen Entfremdung war vorbei: Man wollte endlich das sein, was in beruflicher und fachlicher Identität gelebt werden wollte. Der Mensch sollte wieder Mensch sein und mehr Mensch werden können."[30]

Urban scheint sich aber auch um ein positives Verhältnis zu dem an seine Stelle gesetzten Scharfetter bemüht zu haben: Ein 1946 aufgenommenes Foto zeigt beide im Kreis der Mitarbeiter der Innsbrucker Nervenklinik (Abb. 7)! Das Foto dokumentiert die Gleichzeitigkeit von Bruch und Kontinuität, es zeigt auch die Ambiguität der Zeit auf.

Abb. 7: Hubert Urban (1. Reihe, 2. von links) und Helmut Scharfetter (1. Reihe, 3. von links) mit den Mitarbeitern der Psychiatrisch-Neurologischen Universitätslinik 1946 (Privatarchiv der Familie Urban)

Mit der ihm eigenen Zielstrebigkeit und Hartnäckigkeit gründete Urban auch eine „Sozialpsychiatrische Abteilung" und leitete eine nachgehende psychiatrische Betreuung ein, indem er – wiederum erstmals in Mitteleuropa – „Social Worker" einstellte. Er unterstützte gezielt die Tanz- und Musiktherapie, ließ einen Kleinbus für Fahrten ins Grüne anschaffen und nahm selbst in seinem Haus in einem eigens adaptierten Stockwerk Patientinnen und Patienten in „Familientherapie" auf. Auch lud er Forscher aus dem Ausland, so auch Lucio Bini und Ugo Cerletti, die Begründer der Elektrokonvulsionsbehandlung, zu Vorträgen nach Innsbruck ein.

---

30 Eduard GRÜNEWALD, Der „Innsbrucker" Caruso, in: Texte. Psychoanalyse, Ästhetik, Kulturkritik 1 (1981), 1–7.

Den neurochirurgischen Bereich gliederte er als ausgebildeter Neurochirurg als „Abteilung III" der Psychiatrisch-Neurologischen Klinik ein. 1947 trat Doz. Dr. Wolfram Sorgo (1907–1983) die Leitung der Neurochirurgischen Abteilung an, nachdem er sich bereits in Wien habilitiert hatte. 1951 hat er die Klinik Urban verlassen, um seine Tätigkeit im Kadhimain-Hospital in Bagdad-Irak fortzusetzen. Mit Urban gemeinsam beschrieb Sorgo chirurgische Behandlungsmöglichkeiten des Phantomgliedschmerzes.

Auf Betreiben Urbans hat Ernst Niedermeyer in Innsbruck sehr früh ein Labor für Elektroenzephalographie aufgebaut und diesem zu qualifizierter Entwicklung verholfen.[31] Von allen seinen Mitarbeiterinnen und Mitarbeitern forderte Urban Höchstleistungen sowohl in der wissenschaftlichen Forschung, wie auch in der modernen Ausweitung des Kompetenzbereiches einer psychiatrischen Klinik. Von seinen Assistenten haben in der kurzen Zeit seiner Amtsführung mehrere den dornenvollen Weg der akademischen Laufbahn eingeschlagen, so Peter Dal-Bianco, Gerhart Harrer und Ernst Niedermeyer und schließlich auch Heinrich Hetzel. Alle genannten Wissenschafter hatten eine weitgehend neurologische Schwerpunktsetzung.[32]

1947 sammelte Hubert Urban 37 Beiträge von österreichischen, zum Teil im Ausland tätigen Wissenschaftlerinnen und Wissenschaftlern, die er 1949 als „Festschrift zum 70. Geburtstag von Prof. Dr. Otto Pötzl" (Abb. 8) im Innsbrucker Universitätsverlang Wagner publizierte.

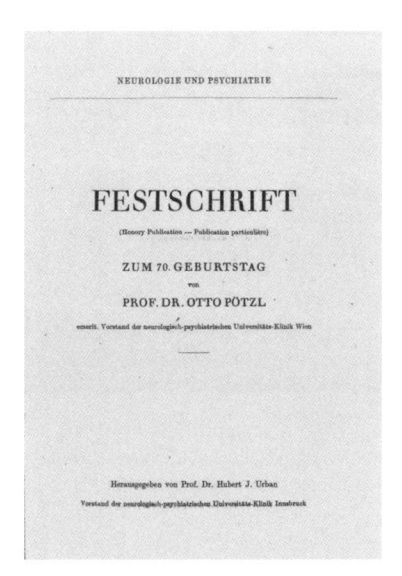

Abb. 8: Festschrift Professor Dr. Otto Pötzl, Innsbruck 1949 (Sammlung des Autors)

---

31 Vgl. Hubert URBAN, Psychiatrie in Innsbruck, in: Medizinische Rundschau 2/1 (1949/50), 10–11.
32 Vgl. Hans GANNER, Lehrkanzeln und Klinik für Psychiatrie und Neurologie, in: Franz Huter, Hg., Hundert Jahre Medizinische Fakultät Innsbruck 1869 bis 1969, Bd. 2: Geschichte der Lehrkanzeln, Institute und Kliniken (= Forschungen zur Innsbrucker Universitätsgeschichte 7, Veröffentlichungen der Universität Innsbruck 17, Innsbruck 1969), 413–438. Seinen Ausführungen verdanke ich eine Fülle von wertvollen Informationen.

Dieser Band wirft eine Reihe von Fragen auf, er illustriert die extreme Widersprüchlichkeit der Zeit und scheint die tragende Frage nach Bruch und Fortsetzung geradezu aufzuheben. Warum übernimmt Hubert Urban die Herausgabe der Festschrift, wusste er doch, dass Otto Pötzl sich negativ zu seiner Bewerbung auf den Innsbrucker Lehrstuhl geäußert hat, und dass dieser aufgrund seiner Mitgliedschaft in der NSDAP 1945 als Vorstand der Wiener Universitäts-Nervenklinik amtsenthoben wurde: Pötzl trat der NSDAP erstmals 1930 und erneut 1941 bei. Urban musste auch bekannt gewesen sein, dass Pötzl ein Fünftel aller Gutachten für das „Erbgesundheitsgericht" Wien und ein Drittel jener für das „Erbgesundheitsobergericht" Wien anfertigte. Darüber hinaus wandten sich auch andere „Erbgesundheitsgerichte" an diesen. 1944 setzte Pötzl sich auch für eine Professur von Doz. Hans Bertha an der Medizinischen Fakultät in Wien ein.

Besonders überraschend ist die Auswahl der Mitarbeiterinnen und Mitarbeitern an der Festschrift: Auffällig ist das Fehlen von Otto Kauders, der 1947, als die Festschrift dem Jubilar gewidmet wurde, amtierender Vorstand der Psychiatrisch-Neurologischen Universitätsklinik Wien war! Die Laudatio auf Pötzl verfasste Urban überraschenderweise gemeinsam mit Gerhart Harrer (als Erstautor). Auf Seite 31 wird ohne jegliche zwingende Notwendigkeit eine vom ranghöchsten „T4-Berater" Maximinian De Crinis stammende Aussage zur Arbeitsweise des Parasympathikus zitiert! Unter den Autoren der Beiträge finden sich
– der Neurologe und Psychiater Doz. Dr. Alfred Auersperg, NS- und SS-Mitglied.
– Univ.-Prof. Dr. Josef Berze, ehemaliger Leiter der Heil- und Pflegeanstalt am Steinhof, trotz seines hohen Alters einer der ‚fleißigsten" Gutachter für die „Erbgesundheitsgerichte". Mit Otto Pötzl verfasste er die Hälfte aller entsprechenden Gutachten.
– Dr. Armand Mergen, Schüler von Prof. Friedrich Stumpfl, Autor von rassenbiologischen Studien über die Tiroler Karner und Jenischen.
– Dr. Anton Rolleder, NSDAP-Mitglied, SS-Hauptsturmführer, Wiener NS-Dozentenführer, mehrere Publikationen zur Rassenkunde, Mitglied der „Asozialenkommission". 1946 vom Volksgerichtshof zu einem Jahr schweren Kerker verurteilt.
– Dr. Friedrich Stumpfl, der sich im Autorenverzeichnis als „em. Professor für Erbbiologie der Universität Innsbruck, z.Z. Jugendpsychiater am Institut für Vergleichende Erziehungswissenschaften in Salzburg und Leiter der Heilpädagogischen Ambulanz des Kinderkrankenhauses in Salzburg" bezeichnet. In der Tat war er von 1940 bis 1945 Vorstand des Institutes für Erb- und Rassenbiologie der Universität Innsbruck.

Neben den Beiträgen dieser stark nationalsozialistisch korrumpierten Personen finden sich aber auch solche von in die Emigration Getriebenen wie Alexandra Adler und Hans Hoff sowie von Viktor E. Frankl, der mehrere KZ-Aufenthalte überlebte.

1949 wurde Hubert Urban in Wien auch als möglicher Nachfolger von Otto Kauders diskutiert: Im Universitätsarchiv Wien findet sich eine Aktennotiz von Leopold Schönbauer, Ordinarius für Chirurgie, der von der Fakultät gebeten worden war, Otto Pötzl „über etwaige für die Besetzung in Frage kommenden Kandidaten auszufragen". Auftraggeber des Gespräches war Dekan Ernst Lauda. Das Gespräch hat am 22. November 1949 stattgefunden, im Protokoll wurde festgehalten: „Nun kam er zum Schluss auf Urban zu sprechen. Es wäre, meint Pötzl, eine große und unverdiente Beleidigung, ihn nicht zu nennen, denn er sollte neben (Richard) Jung und (Klaus) Conrad genannt werden. Er ist nach Pötzl streng ehrenhaft, diszipliniert, aufopfernd. Das, was gegen ihn spricht, ist seine Sonderlingsnatur. Pötzl glaubt, dass er neben Jung und Conrad an zweiter Stelle zu nennen wäre."[33] Im Schreiben der Fakultät an das Ministerium, das einen uno et unico loco-Vorschlag für Hans Hoff vorsah, wurde auch auf Hubert Urban eingegangen. Diesbezüglich hielt die Fakultät fest, dass

> „Prof. Urban […] [ist] aufgrund seiner bisherigen Publikationen zweifellos an seinem derzeitigen Arbeitsplatz richtig und zweckentsprechend eingesetzt. Es ist zweifellos richtig, dass Prof. Urban durch die nationalsozialistischen Maßnahmen und durch die Kriegsjahre lange Zeit hindurch am Arbeiten behindert war; immerhin sind aber die bisher erschienenen Arbeiten nicht so, dass die Gewähr dafür gegeben erscheint, dass Prof. Urban im Falle seiner Betrauung mit der Wiener Klinik diese im Sinne der Aufrechterhaltung und vor allem auch der nötigen Weiterentwicklung dieser bedeutenden Tradition zu führen in der Lage sei und die Referenten [der Internist Karl Fellinger und der Chirurg Leopold Schönbauer, Anm. d. Autors] glauben, dass zweckmäßigerweise Prof. Urban an seinem derzeitigen Arbeitsplatz Gelegenheit gegeben werden sollte, die ohnehin lang unterbrochene wissenschaftliche Tätigkeit zunächst an dieser Stelle wieder aufzunehmen und sich am gewohnten Arbeitsplatz zu bewähren."[34]

In einem zu dieser Zeit verfassten Curriculum Vitae berichtet Urban mit nicht geringem Stolz von seiner internationalen Anerkennung und erwähnt die „Berufung an die Fu-Yen-University Peking am 4.10.1949 (Recte: 4.10.1948!) und an die University of Malay in Singapur zu Gastvorlesungen in Neurologie und Psychiatrie und Einrichtung einer psychiatrischen Klinik in Peking. Vom Unterrichtsministerium wurde dazu eine Bewilligung für die Dauer von 6 Monaten erteilt. Rückkehr: April 1949. Wiederübernahme der Nervenklinik Innsbruck."[35] Schon damals hielt er fest, neben Deutsch, Englisch, Französisch, Italienisch, Spanisch, „etwas Russisch und auch Schwedisch"[36] sprechen zu können. In den folgenden Jahren wird noch die Beherrschung einer weiteren Reihe von Sprachen hinzukommen!

In der Tat bereiste Urban China und Indien und übernahm als erster österreichischer, ja deutschsprachiger Ordinarius, (Gast)Professuren im Ausland. In China widmete er sich in einer epidemiologischen Studie der Häufigkeit der multiplen Sklerose. Aufgrund von Beobachtungen, dass interkurrente Infekte, besonders aber ein Ikterus den Verlauf der multiplen Sklerose günstig beeinflussen können, begann er bei ausgewählten MS-Kranken den Hauptgallengang reversibel unterbinden zu lassen. Die Ergebnisse der ethisch sehr fragwürdigen Studie publizierte er 1949 als „vorläufige Mitteilung" unter dem Titel „Über künstliche Gelbsucht zur Behandlung von Bewegungsstörungen zentralen Ursprungs" (Abb. 9 und 10).[37] Die letzte diesbezügliche Publikation erfolgte noch 1966.[38]

---

33 Universitätsarchiv Wien, Besetzung der Psychiatrischen Klinik, GZ 82 aus 1949/50. Herrn Prof. Dr. Eberhard Gabriel gebührt großer Dank für diesen wichtigen und interessanten Hinweis.
34 Ebd.
35 Das Curriculum Vitae befindet sich im Privatarchiv der Familie Urban.
36 Ebd., vgl dazu auch die Anm. 33.
37 Hubert URBAN, Künstliche Gelbsucht zur Behandlung von Bewegungs-Störungen zentralen Ursprungs, in: Wiener Zeitschrift für Nervenheilkunde und deren Grenzgebiete 2/3 (1949), 349–363; Hubert URBAN, L'ittero artificiale contro la sclerosi disseminata, in: Rivista di Neurologia 19/4 (1949), 120–135.
38 Hubert URBAN, Künstliche Gelbsucht als Therapie, in: Pharmazie 21 (1966), 336–339.

Abb. 9: Hubert URBAN, Künstliche Gelbsucht zur Behandlung von Bewegungs-Störungen zentralen Ursprungs, in: Wiener Zeitschrift für Nervenheilkunde und deren Grenzgebiete 2/3 (1949), 349–363 (Sammlung des Autors)

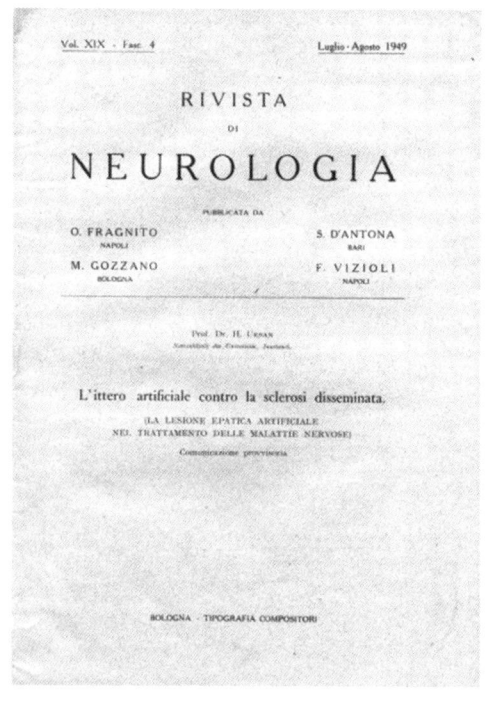

Abb. 10: Rivista di Neurologia 19/4 (1949) (Sammlung des Autors)

Die postulierten Hintergründe der genannten Studie wurden sehr schlecht kommuniziert, sodass diese mit vielen Risiken verbundene experimentelle therapeutische Methode weit über den engen Fachkreis hinaus auf extremes Unverständnis stieß. Sie reiht sich jedoch in die damaligen Therapieversuche beispielsweise mit dem Malariaerreger ein, die an der Wiener Klinik unter Hans Hoff selbst noch bis in die 1960er Jahre durchgeführt worden sind!

Da Urban mit straffer Zügelführung die Klinik leitete, häuften sich disziplinäre Verstöße, sodass er 1954 in arge dienstliche Schwierigkeiten geriet, die Dank der wohlwollend-großzügigen Einstellung von Burghard Breitner, damals Dekan, applaniert werden konnten.[39] Die Fakultät war jedoch aufgrund der vorausgegangenen Vorfälle bald wieder mit der Frage konfrontiert, ob nicht doch eine bleibende Unfähigkeit zur Führung einer Klinik bestünde. Die Fakultät äußerte sich zuerst noch hoffnungsvoll, dass sich Urban durch die Erfahrungen

---

39 Hans GANNER, Lehrkanzeln und Klinik, wie Anm. 32, 429.

belehrt und gewarnt, der Vermeidung bzw. raschen Bereinigung von Konflikten mehr Aufmerksamkeit zuwenden werde. Leider hat sich diese Hoffnung nicht erfüllt. Die Haltung des Professorenkollegiums Urban gegenüber wurde durch ein vorausgegangenes Gutachten von Otto Pötzl, dem Vorstand der Wiener Psychiatrisch-Neurologischen Klinik, vom 23. Mai 1950 unterstützt, in dem dieser mitteilt, er habe „damals zwar Gesundheit des Beschwerdeführers bescheinigt, habe aber nicht umhin können, die Persönlichkeit des Beschwerdeführers als ‚sonderlingsartig' zu bezeichnen". Er musste aber ergänzen: „Die seit damals verstrichene Zeit und die seit damals eingetretenen Ereignisse hätten diese Einschätzung mehr als verifiziert."[40]

Das von Prorektor Karl Rahner S.J. im November 1950 publizierte „Nachrichtenblatt der Universität Innsbruck 1949–1950" weist die Psychiatrisch-Neurologische Klinik als eine wissenschaftlich sehr rege Universitätseinrichtung aus: Gemeinsam mit vier seiner Mitarbeiter wurden von Urban in eineinhalb Jahren 45 wissenschaftliche Arbeiten publiziert.[41] Neue disziplinäre Komplikationen führten aber bald wieder zu einer großen Irritation, sodass die Fakultät eine Gefährdung von Patientinnen und Patienten und Mitarbeiterinnen und Mitarbeiter annehmen musste und feststellte:

„Die Konflikte haben durch Jahre die Arbeitszeit, die Kräfte, die Geduld von Untergebenen, Kollegen, akademischen Funktionären und Behörden in einem Ausmaß in Anspruch genommen, das die Grenzen dessen überschritten hat, was man noch als billigerweise zumutbar bezeichnen könnte. [...] Jede Sprunghaftigkeit, jeder Mangel einer klaren, konsequent eingehaltenen Linie wirkt sich daher auf diesem Teilgebiet der Medizin besonders verhängnisvoll aus. [...] Stellt man sich nach diesen Erwägungen nochmals die Frage, ob Prof. Urban jene Eigenschaften besitzt, die als notwendig für den Leiter einer Psychiatrisch-Neurologischen Klinik bezeichnet wurden, dann muss man feststellen, dass er sie zumindest nicht in hinreichendem Maße besitzt. Die ausdrücklich gestellte Frage des Bundesministeriums für Unterricht, ob die Fakultät Prof. Dr. Urban zur Führung einer Psychiatrisch-Neurologischen Klinik für fähig halte, muss daher nach reichlicher Überlegung verneint werden."[42]

Aufgrund der vielen – und seit 1954 zunehmenden – Verhaltensauffälligkeiten musste der Rektor der Leopold-Franzens-Universität Innsbruck, Gottfried Heinzel S.J., die Suspendierung von Urban verfügen. Die Entlassung Urbans wurde nicht nur in der universitären Welt heftig diskutiert, sie fand auch in den Massenmedien große Aufmerksamkeit. Das Boulevardblatt „Express" titelte beispielsweise äußerst reißerisch und tendenziös am 28. März 1958 auf der ersten Seite: „Prof. Urban soll psychiatriert werden. Er lehrt: Weiße brauchen Chinesenhaut!!"[43]

Urban rekurrierte lange Zeit gegen die Amtsenthebung: Am 29. Januar 1964 musste der Verwaltungsgerichtshof in Wien den von Urban angefochtenen Bescheid des Rektorates wegen „Rechtswidrigkeit infolge Verletzung von Verfahrensvorschriften" aufheben: Urban ging schlussendlich wohl der Vorstandschaft der Klinik verlustig, blieb aber Ordinarius für Psychi-

---

40 Universitätsarchiv Innsbruck, Personalakt Hubert Urban.
41 Nachrichtenblatt der Universität Innsbruck (Innsbruck 1950), 29.
42 Universitätsarchiv Innsbruck, Personalakt Hubert Urban.
43 Express (28. März 1958), 1.

atrie und Neurologie an der Medizinischen Fakultät Innsbruck.[44] Nach seiner Übersiedlung in die Deutsche Demokratische Republik fand Hubert Urban ein neues Betätigungsfeld an dem von W. Wünscher geleiteten Hirnforschungsinstitut an der Karl-Marx-Universität in Leipzig.[45] Gemeinsam mit Rosemarie Dietze widmete er sich in mehreren Arbeiten der Hydranencephalie (Abb. 11) und publizierte 1965 eine Monografie zu diesen Hirnmissbildungen.[46] Seine sozialpsychiatrische Ausrichtung führte noch zu einer Studie unter dem Titel „Der psychiatrische Hausbesuch".[47]

Seine ethnopsychiatrischen Interessen motivierten Hubert Urban zu intensiver Feldforschung: Zwei Studienaufenthalte von insgesamt zwei Jahren führten ihn nach Tansania, Nigeria, Senegal, Tunesien, Algerien und Ägypten. Er bereiste neuerlich die Volksrepublik China, Taiwan und Hongkong und hielt sich wiederholt forschend und beobachtend in Indien auf. Vor seinen sehr gut vorbereiteten Reisen studierte er – sprachlich höchst begabt – die in den betreffenden Ländern gesprochenen Sprachen. Frucht seiner 30-jährigen Reisetätigkeit ist ein unvollständig gebliebenes, komplexes und nicht publiziertes Manuskript mit dem Titel „Ethno- und Theo-Psychiatrie – eine Trilogie".[48] Hingewiesen werden muss hier auf eine Parallele an der Universität Graz: 1946 wurde der hochbegabte Wolfgang Holzer zum Ordinarius bestellt, auch er wurde jedoch bereits 1954 krankheitshalber von seinen Ämtern enthoben.

Abb. 11: Das Diaphanoskop zur Diagnostik von Hirnmissbildungen (aus: Dietze / Urban, wie Anm. 46)

---

44 Eine Fotokopie des Urteils des Verwaltungsgerichtshofes Wien vom 29. Februar 1964 ist im Privatarchiv der Familie Urban einsehbar.
45 Vgl. Ganner, Lehrkanzeln und Klinik, wie Anm. 32, 429.
46 Rosemarie Dietze / Hubert Urban, Zystenzephalie (Blasenhirn). Diagnostik und Klinik. Ein Beitrag zur frühen Hirnschädigung (Leipzig 1965).
47 Hubert Urban, Psychiatrischer Hausbesuch, in: Psychiatrie, Neurologie und medizinische Psychologie 16/1 (1964), 28–34.
48 Dieses Manuskript befindet sich im Privatarchiv der Familie Urban.

Nach dem Ausscheiden Urbans hat Ernst Niedermeyer (1920 geboren im schlesischen Schönberg im heutigen Polen, gestorben 2012 in Towson/Baltimore) durch zwei Jahre die Klinik supplierend geleitet. 1960 folgte Niedermeyer einem Angebot der Universität von Iowa City, 1965 erhielt er einen Ruf als Professor an das John Hopkins-Hospital der Universität von Baltimore.[49] Während der NS-Zeit hatte Ernst Niedermeyer gravierende Nachteile erlitten: Sein Vater, der katholische Pastoraltheologe und Mediziner Albert Niedermeyer, war als NS-Gegner in das KZ Sachsenhausen deportiert worden, ihm selbst wurde es untersagt, sein Medizinstudium fortzusetzen.

Die supplierende Leitung der Psychiatrisch-Neurologischen Universitätsklinik wurde 1960 Hans Ganner (1905–1995) übertragen. Ganner trat 1930 als Assistent seinen Dienst an der Innsbrucker Nervenklinik an, bereits im Studienjahr 1930/31 konnte er einen längeren Studienaufenthalt bei den Professoren Oswald Bumke und Hugo Spatz in München absolvieren. Seit 1934 war er Mitglied der NSDAP, ab Herbst 1937 war es als SA-Arzt gemeldet, 1938 wurde er in die SS aufgenommen. Seit dieser Zeit war er auch Mitarbeiter des rassenpolitischen Amtes des Gaues Tirol-Vorarlberg. Seine Habilitation erfolgte 1940. Nach dem Ende der NS-Diktatur wurde er 1945 als „minderbelastet" eingestuft und von seiner Stelle als Oberarzt enthoben sowie aus dem öffentlichen Dienst entlassen. Auch erfolgte die Aberkennung der Habilitation.[50] Die Venia Legendi für Neurologie und Psychiatrie wurde ihm als frei praktizierenden Nervenarzt 1952 wieder verliehen. 1958 wurde ihm der Titel eines außerordentlichen Universitätsprofessors zuerkannt, auch wenn er zu dieser Zeit nicht an der Klinik tätig war. 1967 wurde für Hans Ganner nach siebenjähriger supplierender Leitung der Nervenklinik an der Medizinischen Fakultät ein eigenständiges Ordinariat für Neurologie geschaffen: Die Psychiatrischen Abteilungen leitete er bis zu seinem Ausscheiden weiterhin als interimistischer Vorstand. Hans Ganner bekannte sich freudig als der Schule von C. Mayer zugehörig.[51] Er förderte die wissenschaftlichen Aktivitäten seiner Mitarbeiter sowohl im neurologischen wie auch im psychiatrischen Bereich: Zeugnis legen vier Habilitationen seiner Mitarbeiter ab, die während seine Ägide abgeschlossen bzw. eingeleitet worden sind.[52] Ganner unterstützte nach Möglichkeit viele sozialpsychiatrische Initiativen. Besonders positiv stand er beispielsweise auch meinen Bemühungen zum modellhaften Aufbau gemeindenaher Betreuungsstrukturen in Südtirol gegenüber.

Erst die offizielle Emeritierung des seit 1958 abwesenden Hubert Urban ermöglichte 1974 die Berufung von Kornelius Kryspin-Exner (1926–1985) zum Ordinarius für Psychiatrie und Direktor der Psychiatrischen Klinik Innsbruck. Auch wenn sich Hans Ganner während seiner Vorstandschaft sehr um eine aufgeschlossene Psychiatrie bemühte, konnte sich erst Mitte der 1970er Jahre im Westen Österreichs eine eigenständige universitäre Psychiatrie entfalten.

---

49 Vgl. GANNER, Lehrkanzeln und Klinik, wie Anm. 32, 432–433.
50 Vgl. OBERKOFLER / GOLLER, Medizinische Fakultät Innsbruck, wie Anm. 5, 64–67.
51 Vgl. GANNER, Lehrkanzeln und Klinik, wie Anm. 32, 434.
52 Nähere Informationen finden sich im entsprechenden Beitrag.

Die Heil- und Pflegeanstalt Hall in Tirol

Die Leitung der Heil- und Pflegeanstalt Hall i. T. (HPA) behielt Dr. Ernst Klebelsberg über alle politischen Brüche der Jahre 1934, 1938 und 1945 hinweg bis zu seiner Pensionierung im Jahr 1950. Ernst (von) Klebelsberg wurde 1883 in Hall i. T. geboren. Nach seiner Promotion 1909 trat er in die HPA Hall i. T. ein: Seine Ausbildung ergänzte er durch einen einjährigen Studienaufenthalt an den Kliniken in Berlin, München und Wien. Nach dem Tod des sehr fähigen Anstaltsdirektors Dr. Georg Eisath ernannte ihn die Tiroler Landesregierung im Jahr 1925 zum Leiter. Ernst Klebelsberg war bis 1938 Mitglied der „Vaterländischen Front" und trat mit 1. Januar 1940 in die NSDAP ein. Der NSDAP-Ortsgruppenleiter von Hall i. T. beschwerte sich aber schriftlich über das von Klebelsberg offen an den Tag gelegte Desinteresse an parteipolitischer Aktivität. Als Anfang Dezember 1940 die Aufforderung an die HPA Hall erging, 290 Kranke für den Abtransport vorzubereiten, protestierte Primarius Klebelsberg gemeinsam mit Helmut Scharfetter gegen diese Maßnahme, besonders aber gegen die Auswahl der Kranken. Von den 290 Angeforderten wurden am 10. Dezember 1940 179 nach Hartheim verbracht: Bei 111 Kranken war die von Primarius Klebelsberg durchgeführte Streichung ausschlaggebend für deren Rettung. Klebelsbergs Entscheidung bedeutete aber gleichzeitig für die 179 Deportierten den sicheren Tod. Diesbezüglich schreibt Oliver Seifert in seinem Beitrag zum Haller Kommissionsbericht:

> „Klebelsbergs Einsatz galt in erster Linie den heilbaren und arbeitsfähigen PatientInnen. Für sie konnte er auch in vielen Fällen die Rettung erreichen. Mit dem Abtransport der Pflege- und Verwahrfälle hat er sich aber zusehends abgefunden. Hierin zeigt sich nicht nur Klebelsbergs problematische Haltung, sondern die vieler Anstaltsleiter, bei denen sich solcherart ‚partielle Resistenz' mit ‚partieller Kollaboration' verband."[53]

Auch Friedrich Stepanek würdigt in seiner kritischen Wertung der Verhaltensweisen von Klebelsberg dessen „beherztes Vorsprechen bei Czermak unter Miteinbeziehung Scharfetters" und sein „beharrliches Herausreklamieren"[54] vieler Patientinnen und Patienten.

Belegt ist zudem, dass Dr. Rudolf Lonauer (1907–1945), „T4-Gutachter" und als Leiter der Tötungsanstalt Hartheim sowie der Landesirrenanstalt Niedernhart Hauptverantwortlicher der Patientenmorde in Österreich, bei Klebelsberg intervenierte, „die Sache" – also die Ermordung von Kranken – direkt in Hall „zu machen", um die im Rahmen der Überführung auftretenden Transportkosten einsparen zu können. Eingehend erkundigte sich Lonauer über die Leichenkapelle, den Anstaltsfriedhof und die Zusammensetzung des Personals, wobei er betonte, „mit der eigenen Mannschaft" kommen zu wollen. Ernst Klebelsberg wies dieses Ansinnen zurück,

---

[53] Oliver Seifert, Sterben in der Heil- und Pflegeanstalt Hall i. T. 1942–1945, in: Bertrand Perz u.a. Hg., Schlussbericht der Kommission zur Untersuchung der Vorgänge um den Anstaltsfriedhof des Psychiatrischen Krankenhauses in Hall i. T. in den Jahren 1942 bis 1945 (Innsbruck 2014), 111–144, hier 115. Vgl. auch: Oliver Seifert, „Sterben hätten sie auch hier können." Die „Euthanasie"-Transporte aus der Heil- und Pflegeanstalt Hall i. T. nach Hartheim und Niedernhart, in: Brigitte Kepplinger / Gerhart Marckhgott / Hartmut Reese, Hg., Tötungsanstalt Hartheim (= Oberösterreich in der Zeit des Nationalsozialismus 3, Linz ²2008), 359–410, hier 374–375, 406–407.

[54] Friedrich Stepanek, Zur Untersuchung des Personals der Heil- und Pflegeanstalt Hall, in: Bertrand Perz u.a. Hg., Schlussbericht der Kommission zur Untersuchung der Vorgänge um den Anstaltsfriedhof des Psychiatrischen Krankenhauses in Hall i. T. in den Jahren 1942 bis 1945 (Innsbruck 2014), 187–210, hier 192.

worauf Lonauer von diesem Plan Abstand nahm. Es ist darüber hinaus belegt, dass Lonauer in Hall auch ein Krematorium errichten wollte, wie es bereits in der Heil- und Pflegeanstalt Kaufbauern in Funktion war.[55]

Die durch Klebelsbergs Pensionierung frei gewordene Stelle des Direktors wurde 1950 durch den mittlerweile bereits wieder rehabilitierten Helmut Scharfetter besetzt. Auf diesen folgte 1959 Dr. Ludwig (von) Schmuck. Dieser war seit 1933 Mitglied der „Vaterländischen Front". Mit 1. Januar 1940 wurde er in die NSDAP aufgenommen, seine Aufnahme in den NSD-Ärztebund wurde jedoch genauso wie die Übergabe einer höher besoldeten Planstelle an ihn verweigert. Bereits 1962 legte er aus Altersgründen die Leitung der Haller Anstalt zurück. In der Leitung folgte 1964 Doz. Dr. Heinrich Hetzel, 1921 in Schäßburg/Siebenbürgen geboren, der 1945 in Innsbruck promoviert wurde und anschließend in die von Urban geleitete Klinik eintrat. Er wirkte bis 1982 als Direktor der HPA Hall. Hetzels Biografie ist bisher noch kaum bearbeitet.

Gedanken zum Schluss

Nach 1945 ist ein positiver Neubeginn in Tirol nur an der Psychiatrisch-Neurologischen Universitätsklinik Innsbruck, ähnlich wie in Wien, zu verzeichnen, in der bei allen Ambiguitäten der Bruch mit dem Nationalsozialismus vollzogen wurde und innovative Formen psychiatrischen Handelns und Lehrens umgesetzt werden konnten. Die sehr erfolgreich gestartete Tätigkeit von Hubert Urban in Innsbruck endete allerdings aufgrund von Verhaltensauffälligkeiten, die zu drastischen disziplinären Maßnahmen führten, allzu früh bereits im Jahr 1958 durch die vom Ministerium verfügte Amtsenthebung. Genau wie Hans Hoff in Wien[56] hatte auch er die Klinik sehr autoritär geleitet: Wie alle ihre Zeitgenossen wurden auch beide in einer antidemokratischen Gesellschaftsstruktur sozialisiert.

Auf Hubert Urban folgte als supplierender Leiter Ernst Niedermeyer, der wie sein Vorgänger in prononciert katholischer Tradition stand und in Folge dessen während der NS-Diktatur gravierenden Nachteilen ausgesetzt war. 1960 wurde mit Hans Ganner wieder ein Klinikvorstand bestellt, dessen Karriere im ideologisch determinierten Zeitraum geprägt wurde.

Die weitere Analyse der psychiatrischen Betreuungsstrukturen Tirols nach Ende der nationalsozialistischen Diktatur zeigt nur Spuren eines geglückten Neuanfanges mit dezidiertem Bruch der ideologischen Ausrichtung. Die Tiroler Akteure wurden wie alle österreichischen Ärzte und Wissenschaftler bereits vor 1938 kontinuierlich antidemokratisch sozialisiert:[57] Auch deshalb war die weitgehend konzeptlose Entnazifizierung bedauerlicherweise von nur geringer Relevanz. Dies erklärt, dass ein Großteil der in der NS-Zeit aktiven Primarärzte und

---

55 Vgl. Hartmann HINTERHUBER, Ermordet und Vergessen. Nationalsozialistische Verbrechen an psychisch Kranken und Behinderten in Nord- und Südtirol (Innsbruck–Wien 1995), 80.
56 Problematisch ist auch die Frage nach Kontinuitäten und Diskontinuitäten an der Wiener Psychiatrie. So müssen noch die mentalitätshistorisch bedeutsamen, ja erschreckenden Äußerungen von Hans Hoff – beispielsweise über das „vollkommen wertlose Patientenmaterial" chronisch schizophren Erkrankter – näher analysiert werden. Vgl. dazu Hans HOFF, Der Thalamus, seine Anatomie, Physiologie und Pathologie, in: Wiener Zeitschrift für Nervenheilkunde 3/1 (1953), 63. Fragwürdig erscheinen auch die auf seine Anordnung noch bis in die 1960er Jahre durchgeführten Malaria-Impfungen bei Oligophrenen, Psychopathen und chronisch schizophrenen Patienten.
57 Vgl. HINTERHUBER / MEISE, Verführbarkeit, wie Anm. 3.

Universitätslehrer nach 1945 bald wieder reüssieren konnten.[58] Bezüglich der Führungsstrukturen der österreichischen psychiatrischen Landeskrankenhäuser kann schließlich festgehalten werden: In zwei Landes-Heil- und Pflegeanstalten (Linz-Niedernhart[59] und Rankweil-Valduna) wurden Ärzte zu Direktoren bestimmt, die bereits vor 1938 in den betreffenden Krankenhäusern tätig waren. Die Leitung der Krankenanstalt Gugging wurde einem erklärten Gegner des Nationalsozialismus, Karl Oman, übergeben,[60] in Salzburg einem nicht kompromittierten Oberarzt. In Klagenfurt,[61] Mauer-Öhling und Ybbs an der Donau[62] wurden die Primariatspositionen durch viele Jahre nur provisorisch bestellt. Die Leitung der Krankenanstalt Graz-Feldhof[63] wurde allerdings einem Oberarzt übergeben, der in die „Kindereuthanasie" in Graz involviert gewesen zu sein scheint.[64] Die Situation am „Steinhof" in Wien wurde bereits ausführlich – und exemplarisch – von Eberhard Gabriel dargestellt.[65] Allein in Hall i. T. wurde 1945 Primarius Ernst Klebelsberg in der Leitungsfunktion beibehalten, sein Nachfolger wurde Helmut Scharfetter, der 1945 als Vorstand der Innsbrucker Nervenklinik amtsenthoben und aus dem öffentlichen Dienst entfernt worden war.

In Summe muss konstatiert werden: 1945 fehlte es an Menschen, Ideen und Mitteln, um eine geeignete Antwort auf die Katastrophe in der Psychiatrie zu finden und umzusetzen. Aufrecht gebliebene NS-Netzwerke und der Mangel an innovativen, nicht korrumpierten Psychiatern sind in Verbindung mit dem gravierenden Verlust der vielen in die Emigration getriebenen Psychiater die Gründe für den tragischen Stillstand in der psychiatrischen Betreuungsstruktur und in der neuropsychiatrischen Forschung nach 1945.

Moderne psychiatrische Reformimpulse konnten sich in Tirol – ähnlich wie im restlichen Österreich und in Westdeutschland – erst mit dem Heranwachsen einer Generation von Psy-

---

58 Vgl. Martin Achrainer / Peter Ebner, „Es gibt kein unwertes Leben". Die Strafverfolgung der „Euthanasie"-Verbrechen, in: Thomas Albich / Winfried R. Garscha / Martin F. Polaschek, Hg., Holocaust und Kriegsverbrechen vor Gericht. Der Fall Österreich (= Österreichische Justizgeschichte 1, Innsbruck–Wien–Bozen 2006), 57–86; Gerhard Fürstler / Peter Malina, NS-„Euthanasie"-Prozesse nach 1945 in Österreich, in: Österreichische Pflegezeitschrift 3 (2010), 24–27.
59 Vgl. Margit Scholta / Hans Rittmannsberger, Psychiatrie im Nationalsozialismus. Oberösterreich 1938–1945, in: Gustav Hoffmann, Red., 200 Jahre Psychiatrisches Krankenhaus in Oberösterreich. Vom Pestlazarett zum Wagner-Jauregg-Krankenhaus (Linz 1988), 30–36.
60 Vgl. Gerd Eichberger, „Erinnerung – Wiederholen – Durcharbeiten" – Gedanken eines Psychoanalytikers zur Bio-Ethik-Diskussion, in: Theodor Meißel / Gerd Eichberger, Hg., Aufgabe, Gefährdungen und Versagen der Psychiatrie (Linz 1999), 180–187; Otto Kurt Knoll, Kurzer Überblick über die Geschichte Maria Guggings zwischen 1938 und 1945, in: Theodor Meißel / Gerd Eichberger, Hg., Aufgabe, Gefährdungen und Versagen der Psychiatrie (Linz 1999), 149–164.
61 Vgl. Herwig Oberlerchner / Helge Stromberger, Die Klagenfurter Psychiatrie im Nationalsozialismus, in: Psychiatrie und Psychotherapie 7/1 (2011), 7–10.
62 Vgl. Werner Boissl, Euthanasie – Psychiatrie in Niederösterreich, in: Theodor Meißel / Gerd Eichberger, Hg., Aufgabe, Gefährdungen und Versagen der Psychiatrie (Linz 1999), 142–148.
63 Vgl. Joachim Hainzl, Vergessene Opfer – gefeierte Täter. NS-Euthanasie in der Steiermark (I), in: Korso 12 (2000), online unter: http://korso.at/korso/DStmk/feldhof1200.htm (letzter Zugriff: 25. 8. 2015); Joachim Hainzl, Vergessene Opfer – gefeierte Täter. NS-Euthanasie in der Steiermark (II), in: Korso 2 (2001), online unter: http://korso.at/korso/DStmk/feldhof0201.htm (letzter Zugriff: 25. 8. 2015).
64 Vgl. dazu den Beitrag von Carlos Watzka in diesem Band mit dem Titel „Die ‚Fälle' Wolfgang Holzer und Hans Bertha sowie andere ‚Personalia'. Kontinuitäten und Diskontinuitäten in der Grazer Psychiatrie 1945–1970".
65 Eberhard Gabriel, 100 Jahre Gesundheitsstandort Baumgartner Höhe. Von den Heil- und Pflegeanstalten Am Steinhof zum Otto Wagner-Spital (Wien 2007).

chiatern entwickeln, die ihre Sozialisierung nicht in totalitären Systemen erfahren haben.[66] Es brauchte weitere 25 Jahre, um eine menschenwürdige Psychiatrie einzuleiten: Impulse kamen erst von der 1968er Kulturrevolution, die dem sozialpsychiatrischen Impetus auch eine politische Dimension verlieh. Wesentliche Anregungen empfingen wir in Tirol, genauso wie in den anderen österreichischen Bundesländern, von den englischen Institutionalismusstudien, der französischen „Psychiatrie de Secteur", der deutschen „Enquete" und der italienischen „Reformpsychiatrie". Hinzu kamen hier noch Anleihen von der anthropologisch orientierten Psychiatrie. Allen gemeinsam war die vehemente Kritik an den menschenfeindlichen Verhältnissen in den hoffnungslos überfüllten Langzeitkrankenhäusern und der hinter der gesamtgesellschaftlichen Entwicklung zurückgebliebenen Realität der Psychiatrie.

Informationen zum Autor

em. Univ. Prof. Dr. Hartmann Hinterhuber, Medizinische Universität Innsbruck, Department für Psychiatrie, Psychotherapie und Psychosomatik, Anichstraße 35, Präsident der sozialpsychiatrischen Gesellschaft „pro mente tirol", Karl-Schönherr-Straße 3, A-6020 Innsbruck, E-Mail: hartmann.hinterhuber@i-med.ac.at

---

66 Vgl. Klaus DÖRNER, Historische und wissenschaftssoziologische Voraussetzungen der Sozialpsychiatrie, in: Klaus Dörner, Hg., Diagnosen der Psychiatrie. Über die Vermeidungen der Psychiatrie und Medizin (= Campus-Studium 513, Kritische Sozialwissenschaft, Frankfurt am Main 1975), 19–33.

Hans Rittmannsberger

Psychiatrie in Oberösterreich nach 1945 und der Neubau des psychiatrischen Krankenhauses

English Title

Psychiatry in Upper Austria after 1945 and the New Building of the Psychiatric Hospital

Summary

The crimes committed against psychiatric patients during the national socialist regime were dealt with in two court trials, leading to four convictions. In the "Heil- und Pflegeanstalt Niedernhart", the psychiatric state hospital of the province of Upper Austria, only 348 patients (out of 1,200) had remained. Initially, the hospital was used as housing for inmates freed from concentration camps, then for the patients of the women's hospital. Since 1951 it served for psychiatric patients only and was soon very crowded, reaching a number of 1,600 patients in 1970. Years of stagnation came to an end with the appointment of Otto Schnopfhagen (1909–1974) as director. Though politically stigmatized by his former SS membership he became an outstanding reformer of psychiatry. He succeeded in erecting a new tract for the hospital (1970), thus ameliorating the desolate situation of the patients. He also founded the organization "pro mente infirmis" (1965) which later was to become the largest provider of psychiatric services in the community. Moreover, he improved psychiatric service provision by countless initiatives, e. g. the educational event "Psychiatrischer Samstag".

Key words

Upper Austria, Otto Schnopfhagen, Niedernhart, Wagner-Jauregg Krankenhaus, pro mente infirmis, psychiatry, state hospital, new building, 1945–1970

Einleitung – nach dem Zweiten Weltkrieg

Am 5. Mai 1945 war der Zweite Weltkrieg zu Ende. An diesem Tag nahm sich Dr. Rudolf Lonauer (1907–1945), seit 1938 Leiter der Heil- und Pflegeanstalt Niedernhart (HPN) (Abb. 1) gemeinsam mit seiner Familie das Leben. Er hatte in den letzten sechs Jahren das Geschehen in Oberösterreich bestimmt, Hartheim als Vernichtungsanstalt eingerichtet und nach dem Ende der „Aktion T4" selbst in großem Umfang Tötungen von PatientInnen in Niedernhart vorgenommen (was später als „wilde Euthanasie" bezeichnet werden sollte).

Abb. 1: Die Heil- und Pflegeanstalt Niedernhart um 1920 (Kepler Universitätsklinikum, Archiv Landes-, Heil- und Pflegeanstalt Niedernhart, Bildzeugnisse No. 25)

Die Situation der HPN hatte sich gegenüber der Zeit vor dem Krieg stark verändert. Der größte Teil der landwirtschaftlichen Flächen (100 von 120 ha) war während der nationalsozialistischen Herrschaft enteignet und für den Bau des Linzer Bahnhofes und der „Hermann-Göring-Werke" (später VOEST) verwendet worden.[1] Die Trakte VII und VIII, die Personalhäuser „Tiefenthaler" und „Dorninger-Villa" waren durch Bombentreffer in den letzten Kriegstagen beschädigt worden. In der HPN, vor dem Krieg bei einer Normbettenanzahl von 768 mit bis zu 1.130 PatientInnen belegt, waren nur mehr 348 (168 Männer, 180 Frauen) PatientInnen verblieben.[2] In den freigewordenen Räumlichkeiten befanden sich seit 1941 ein großes Lazarett („Reservelazarett B") und Notquartiere für die in den letzten Kriegstagen ausgebombten Mitarbeiter.

---

1 Archiv Landes-, Heil- und Pflegeanstalt Niedernhart (= ALHPN), Franz Bohdanowicz, Bericht zum Auftrag vom 14. November, GZ 50-M-IV3144/47; 10. Dezember 1947, AZ I/5-1947.
2 ALHPN, N. N. Chronik, 17. November 1950, Schriftgut 9/74.

Das Lazarett wurde an die amerikanische Besatzungsmacht übergeben. Die Patienten des Lazaretts wurden in die Räumlichkeiten der Körnerschule verlegt, das Lazarett in Hospital 397 B umbenannt und mit ca. 1.300 befreiten KZ-Insassen belegt.[3] Nachdem diese rasch in ihre Heimat zurückkehrten, wurde bereits im Juli 1945 der freiwerdende Raum für die Patientinnen der Landesfrauenklinik genutzt, die für ein amerikanisches Lazarett weichen mussten. Interimistisch wurde als Leiter der HPN Dr. Franz Wiesinger (1900–1985) eingesetzt, der mehrfach versucht hatte, PatientInnen vor den Tötungen zu retten und gegen den deshalb während des Krieges ein Verfahren wegen Geheimnisverrats gelaufen war.[4] Im Jahr 1946 wurde die Leitung Dr. Josef Böhm (1881–1952) übertragen, der bis zur Amtsübernahme durch Dr. Lonauer bereits in den Jahren 1926 bis 1942 Leiter gewesen war. Als er aus Altersgründen 1948 aus dem Amt schied folgte ihm Dr. Matthäus Pointner (1899–1958) nach, der im Amt verstarb. Tabelle 1 zeigt die Chronologie der Leitungsfunktionen der HPN zwischen 1945 und 1975.

Tabelle 1: Aufstellung der ärztlichen Leiter, Verwaltungsleiter und PflegedirektorInnen 1945–1975[5]

Ärztliche Leiter	Verwaltungsleiter	PflegedirektorInnen
–1945 Dr. Rudolf Lonauer	1945–49 Franz Bohdanowicz	–1961 Josef Baumgartner
1945–46 Dr. Franz Wiesinger	1950–52 Franz Herrezmüller	1961–68 Franz Pöppel
1946–48 Dr. Josef Böhm	1952 Alois Simbrunner	1969–81 Josef Kehrer
1948–58 Dr. Matthäus Pointner	1952–64 Leo Nickmüller	1959–82 Angela Demel
1958–74 Dr. Otto Schnopfhagen	1964–86 Walter Kislinger	
1975–87 Prof. Dr. Gustav Hofmann		

Die juristische Aufarbeitung der Ereignisse während des Krieges erfolgte 1946–1947 in zwei gerichtlichen Verfahren gegen mehr als 60 Personen wegen Ermordung und Misshandlungen von Pfleglingen in Hartheim und Niedernhart. 22 der Angeklagten waren nicht auffindbar (darunter Dr. Georg Renno, einer der führenden Ärzte der Anstalt), sieben waren verstorben (darunter Dr. Lonauer). Es kam insgesamt zu vier Verurteilungen; zwei Pfleger und zwei der

---

3 ALHPN, Franz Bohdanowicz, Bericht, wie Anm. 1.
4 Josef GOLDBERGER, „Euthanasieanstalt" Hartheim und Reichsgau Oberdonau. Involvierung von Verwaltungs- und Parteidienststellen des Reichsgaues Oberdonau in das Euthanasieprogramm, in: Mitteilungen des Oberösterreichischen Landesarchivs 19 (2000), 359–400.
5 Landes-Nervenklinik Wagner-Jauregg, Seit 140 Jahren. Festschrift (Linz 2005). Diese Publikation ist im Eigenverlag der Landes-Nervenklinik Wagner-Jauregg erschienen.

Fahrer der Vernichtungstransporte wurden jeweils zu mehrjährigen Haftstrafen verurteilt.[6]
Im Jahr 1951 zogen die US-amerikanischen Truppen ab. Die Räumlichkeiten der Landesfrauenklinik wurden wieder frei und die gynäkologischen Patientinnen konnten aus der HPN wieder zurück übersiedeln. In den folgenden Jahren kam es zu einer ständigen Zunahme der Anzahl der PatientInnen bis zu einem Höchststand von 1.600 Mitte der 1970er Jahre (Grafik 1).

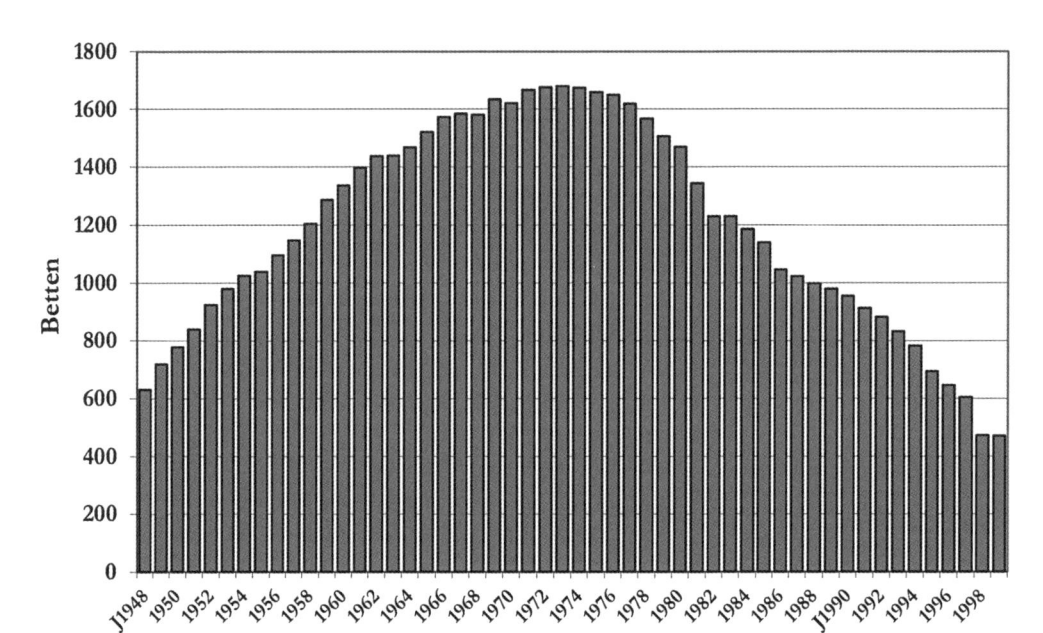

Grafik 1: Entwicklung des Bettenstandes HPN/WJKH 1948–1998

Aus der Zeit zwischen 1945 und 1958 liegen wenige Dokumente und Berichte vor, die über den Betrieb und die Zustände in der HPN Auskunft geben könnten. Die durch den Krieg verursachten beträchtlichen baulichen Schäden konnten bis zum Jahre 1949 behoben werden[7] und im Laufe der Zeit wurden wieder alle Stationen voll und übervoll mit PatientInnen belegt. Die ärztlichen Leiter der HPN zwischen 1945 und 1958 – Wiesinger, Böhm und Pointner – waren alle keine Mitglieder bei der NSDAP gewesen und gehörten dem Cartellverband an. Während des Krieges hatten sie zumindest zeitweise in untergeordneten Positionen in der Anstalt gearbeitet. Die scharfe Kritik, die ihr Nachfolger Otto Schnopfhagen an den Zuständen in der HPN übte, lässt darauf schließen, dass die katastrophalen Ereignisse während des Krieges zu einer vorübergehenden Lähmung aller Reformbemühungen geführt hatten.

---

6 Christina ALTENSTRASSER u. a., Niederhart. Juni 1946. Ein Bericht, in: Justiz und Erinnerung 8 (2003), 7–12.

Dr. Otto Schnopfhagen

Otto Schnopfhagen wurde am 17. November 1909 als jüngstes von fünf Kindern geboren. Musisches Talent und der Arztberuf prägten seine Familie: Sein Onkel Hans Schnopfhagen (1845–1908) vertonte zahlreiche Mundartgedichte, darunter auch das „Hoamatland", welches seit 1952 die oberösterreichische Landeshymne ist. Sein Großonkel Dr. Franz Schnopfhagen (1848–1925) war bereits 1880–1925 Direktor der HPN gewesen.[8] Er selbst studierte ebenfalls Medizin in Wien, Königsberg und Innsbruck, wo er 1938 promovierte. Seine Fachausbildung absolvierte er in der Psychiatrisch-Neurologischen Universitätsklinik in Wien (Leitung: Otto Pötzl). 1941 wurde er einberufen und erlitt eine Verletzung am linken Arm, wodurch er nicht mehr an die Front musste und die Arbeit in der Klinik fortsetzen konnte. 1944 kam er in das Sonderlazarett der deutschen Luftwaffe in Bad Ischl (Leitung: Wilhelm Tönnies).[9] Als Mitglied der NSDAP und SS[10] wurde er nach Ende des Krieges mit Berufsverbot belegt, konnte aber 1948 nach erfolgter Amnestie für „Minderbelastete" seine ärztliche Tätigkeit wieder aufnehmen. Er erhielt die Facharztanerkennung, gründete eine Praxis in Linz und arbeitete als Konsiliararzt am Linzer Unfallkrankenhaus. Als 1958 – nach dem überraschenden Tod von Matthäus Pointner – die Leitung der HPN ausgeschrieben wurde, bewarb er sich ohne Erwartungen und erhielt zu seiner Überraschung die Leitung übertragen.[11]

Eine seiner ersten Tätigkeiten war es, die desolaten Zustände in der Anstalt zu dokumentieren und als ein „Memorandum"[12] dem Träger der Anstalt zur Kenntnis zu bringen (Abb. 2–4). Er prangerte Folgendes an:

– Eine „gefängnisartige" Atmosphäre und eine nihilistische Einstellung des Personals.
– Die völlige Überfüllung mit PatientInnen, die dazu führte, dass in den Schlafsälen pro Person nur 3 m^2 zur Verfügung standen – auf die Gesamtfläche des Gebäudes berechnet standen jeder betreuten Person nur 10 m^2 zur Verfügung.
– Völlig unzureichende sanitäre Anlagen, 50 WCs und 80 Waschbecken fehlten, keine einzige der relevanten sanitätspolizeilichen Vorschriften war erfüllt.
– Für die Ärzte standen keine Funktionsräume zur Verfügung, alle Tätigkeiten mussten in einem einzigen Raum durchgeführt werden.

---

7 ALHPN, N. N. Chronik, wie Anm. 2.
8 Vgl. dazu die Einträge zu „Hans Schnopfhagen d. Ä." und „Franz Schnopfhagen" im Österreichischen Biographischen Lexikon, online unter: http://www.biographien.ac.at/oebl?frames=yes (letzter Zugriff: 23. 10. 2015).
9 Vgl. Gerhard OBERMÜLLER / Verena HAHN, Die Landes-Nervenklinik Wagner-Jauregg. Von der Verwahranstalt zur offenen Psychiatrie (Linz 2011). Diese Publikation ist im Eigenverlag der Landes-Nervenklinik Wagner-Jauregg erschienen.
10 Vgl. Michael HUBENSTORF, Kontinuität und Bruch in der Medizingeschichte. Medizin in Österreich 1938–1955, in: Friedrich Stadler, Hg., Kontinuität und Bruch 1938 – 1945 – 1955. Beiträge zur österreichischen Kultur und Wissenschaftsgeschichte (Wien–München 1988), 299–332.
11 Vgl. OBERMÜLLER / HAHN, Landes-Nervenklinik, wie Anm. 9.
12 Otto SCHNOPFHAGEN, Die psychiatrische Versorgung der Bevölkerung von Oberösterreich unter besonderer Berücksichtigung der Verhältnisse in Niedernhart, unveröffentlichtes Memorandum (1959). Dauerausstellung in der Landesnervenklinik Wagner-Jauregg, seit 1. 1. 2016 Teil des Kepler Universitätsklinikums.

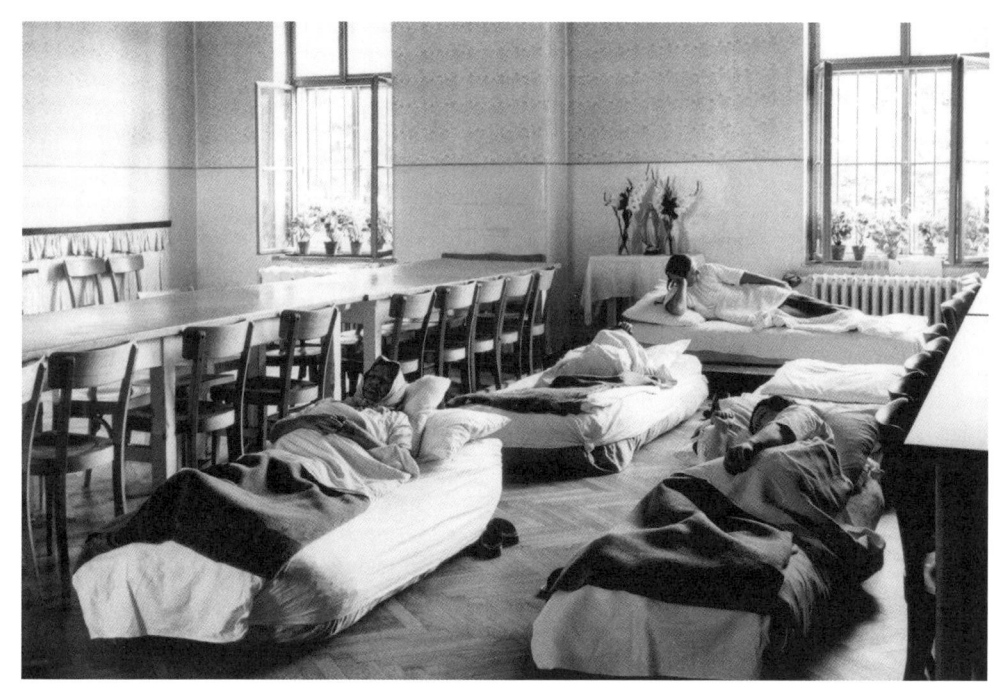

Abb. 2: Tagraum mit Nachtlager. Etwa 100 derartige Notlager mussten jeden Abend bereitet werden[13]

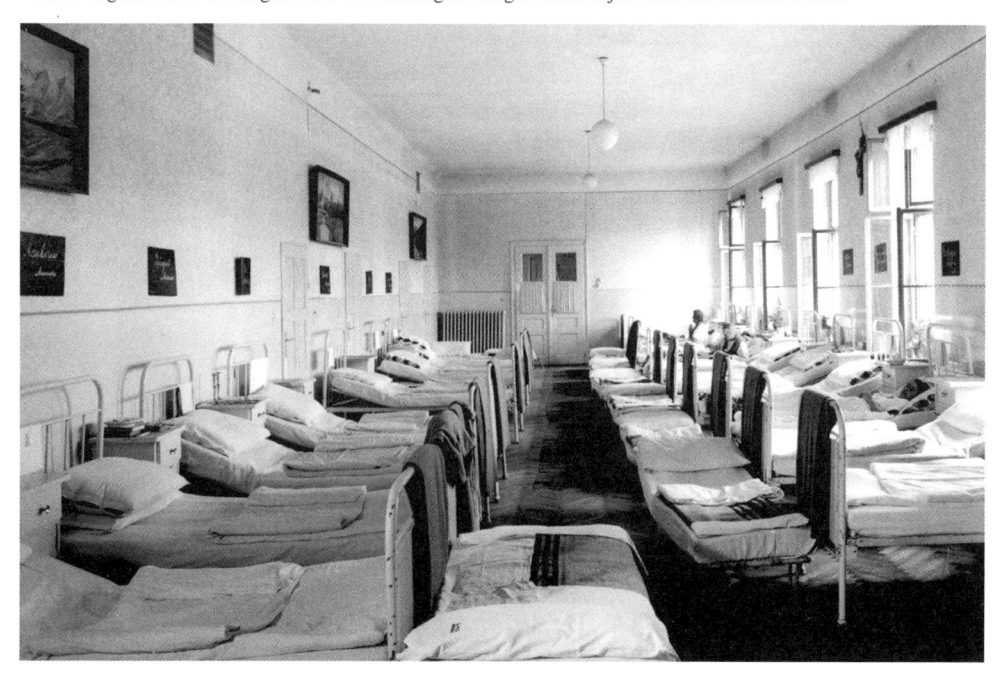

Abb. 3: Schlafsaal[14]

---

13 Ebd.
14 Ebd.

Abb. 4: Waschraum[15]

Schnopfhagen wies auf die eklatante Vernachlässigung der psychiatrischen PatientInnen hin:

„Die Probleme der Psychiatrie sind bei uns durch gewisse Ereignisse während des Krieges – man könnte sagen, noch einmal auf Kosten der Betroffenen – unpopulär geworden […]. Die derzeitigen Zustände in dieser Anstalt sind eher mit einem Gefängnis als mit einem Krankenhaus zu vergleichen […] vielleicht weil es zunächst als Fortschritt angesehen wurde, dass die Euthanasie abgeschafft wurde und die Menschen also wenigstens am Leben gelassen wurden […]."[16]

Er forderte eine Vermehrung um 250–300 Betten (viele PatientInnen hatten kein eigenes Bett und mussten auf Strohsäcken schlafen), am besten in Form eines Neubaus. Dies sollte dann auch eine räumliche Trennung zwischen der Heil- und der Pflegeabteilung ermöglichen. Bis dahin, schlug er vor, das neben der Anstalt befindliche Barackenlager („VOEST-Lager") für das Personal und ausgewählte PatientInnen nutzbar zu machen.

---

15 Ebd.
16 Ebd.

Exkurs: Die Barackenlager im Umkreis der HPN

Die Stadt Linz erlebte während der nationalsozialistischen Herrschaft eine dramatische Umgestaltung. Sie zählte 1938 knapp 110.000 EinwohnerInnen und wies die schlechtesten Wohnverhältnisse aller oberösterreichischen Städte auf.[17] Als eine der fünf „Führerstädte" (neben Berlin, München, Nürnberg und Hamburg) sollte sie auf 400.000 EinwohnerInnen vergrößert werden. Neben der Ansiedlung großer Industriebetriebe (Reichswerke „Hermann Göring", „Eisenwerke Oberdonau" und „Ostmärkische Stickstoffwerke") wurden intensiv Anstrengungen im Wohnbau unternommen und trotz der kriegsbedingten Rohstoffknappheit bis zum Ende des Krieges fast 10.000 neue Wohnungen errichtet. Da die Bevölkerung bis 1945 auf über 190.000 Personen angewachsene war, reichte das nur für die Hälfte der neu Zugezogenen. Für 45.000 Personen, die gegen ihren Willen, als „Fremdarbeiter" oder Kriegsgefangene nach Linz

Abb. 5: Luftaufnahme; am linken Bildrand Lager 44, 48/49, 51 und 65; in der Mitte Heil- und Pflegeanstalt Niedernhart (Archiv der Stadt Linz)

---

17 Brigitte KEPPLINGER, Muldenstraße 5 – eine Spurensuche, in: BBRZ Gruppe. Die neue Zentrale (Linz, 2013), 11–21, online unter: http://www.bbrz-gruppe.at/fileadmin/user_upload/Downloads/Broschueren/bzm_festschrift_23_09_2013.pdf (letzter Zugriff: 21. 10. 2015).

Psychiatrie in Oberösterreich nach 1945 und der Neubau des psychiatrischen Krankenhauses 173

zur Arbeit in der Schwerindustrie oder im Wohn- und Straßenbau gezwungen worden waren, wurden zahlreiche Barackenlager errichtet. Die zweite große Personengruppe, die in Lagern untergebracht war, stellten „Umsiedler" und Flüchtlinge dar, die bereits ab 1939 in immer größerer Zahl eintrafen.[18]

Im Bereich zwischen der Muldenstraße und der HPN lagen die Lager 51–53. Nach dem Krieg wurden diese zum Wohnlager 65 zusammengefasst, in dem zunächst 2.900 Flüchtlinge untergebracht waren und das dann als „VOEST-Lager" bis Ende der 1950er Jahre bestand (Abb. 5).[19] Einige Baracken wurden dann tatsächlich von der HPN als Personalwohnungen, aber auch als Funktionsräume genutzt. Allerdings stimmte deren Standort nicht mit der des Lagers 65 überein. Möglicherweise sind beim Abriss des Lagers einige Baracken am Areal der HPN weiter verwendet worden. Die letzten dieser Gebäude (Abb. 6) wurden erst vor der Errichtung des neuen Schulgebäudes 2000 beseitigt.

Abb. 6: Das „Barackenlager" um 1990 (Kepler Universitätsklinikum, Archiv Wagner-Jauregg Krankenhaus, Bildzeugnisse 3/21)

---

18 Vgl. Helmut LACKNER, Von der Gartenstadt zur Barackenstadt und retour. Die Linzer Barackenlager des Zweiten Weltkriegs bis zu ihrer Auflösung, in: Historisches Jahrbuch der Stadt Linz (1986), 217–271.
19 Ebd.

Der Neubau

Otto Schnopfhagen erreichte, dass sich die Politik für die Situation in der HPN interessierte, was schließlich 1959 in einem Besuch der gesamten Landesregierung unter Führung von Landeshauptmann Heinrich Gleißner in der Anstalt gipfelte. Sein entschiedenes Eintreten für einen Neubau führte schließlich dazu, dass dieser tatsächlich beschlossen wurde. 1964 wurde der Spatenstich zum Neubau vorgenommen. Die Planungen für den Neubau mussten nochmals verändert werden, als klar wurde, dass die seit dem Krieg in Bad Ischl bestehenden Abteilungen für Neurochirurgie und Neurologie nach Linz verlegt werden sollen. Diese beiden Abteilungen übersiedelten 1969 nach Linz und mussten in die Planung des Neubaus integriert werden.

Am 20. Juni 1970 wurde der Neubau (Abb. 7) eröffnet. Zugleich wurde der Name der HPN in „Wagner-Jauregg Krankenhaus des Landes Oberösterreich" geändert. Mit dem Neubau wurde auch die von Schnopfhagen geforderte Trennung von Akut- und Langzeitbehandlung weitgehend realisiert. Das Krankenhaus bestand nun aus zwei Akutabteilungen (Männer bzw. Frauen) mit je ca. 200 Betten, die schwerpunktmäßig im Neubau lokalisiert waren und zwei Langzeit- (oder „Asylierungs-") Abteilungen (Männer bzw. Frauen) mit je ca. 600 Betten, die im Altbaubereich verblieben. Während im Neubau moderner Standard herrscht, präsentierte sich der Altbau weiterhin mit jenen Mängel, die Schnopfhagen in seinem „Memorandum" angeführt hatte, abgemildert dadurch, dass die Überbelegung durch die Schaffung der neuen Betten deutlich reduziert werden konnte.

Neben seinen Bemühungen um eine Verbesserung der baulichen Situation setzte Otto Schnopfhagen auch zahlreiche Initiativen, um die Behandlung der PatientInnen zu verbessern. Ab 1960 konnte er Helga Schiff-Riemann (Sängerin, Pianistin, Komponistin, Mutter des Cellisten Heinrich Schiff) als Musiktherapeutin in der HPN gewinnen, wo sie bis 1971 regelmäßig arbeitete. Es war dies wohl eine der ersten Anwendungen von Musiktherapie in einer psychiatrischen Anstalt in Österreich.

Im Jahre 1964 wurde eine neue Pflegeschule eröffnet und im gleichen Jahr fand auch der erste „Psychiatrische Samstag" statt, wobei es Schnopfhagen gelang, eine bis heute bestehende Kooperation mit dem Max-Plank-Institut für Psychiatrie in München (Leiter: Prof. Dr. Gerd Peters) zu initiieren.

Am 16. Dezember 1964 fand die Gründungsversammlung der Gesellschaft „pro mente infirmis – Gesellschaft zum Schutze geistig Geschädigter" statt. Dabei schaffte er es, in dieser Gesellschaft führende Persönlichkeiten des öffentlichen Lebens über alle Partei- und Konfessionsgrenzen hinaus zu vereinen. 1967 stellte die Gesellschaft erstmals eine Sozialarbeiterin an, nachdem sich der Dienstgeber geweigert hatte, einen derartigen Posten für die Anstalt zu genehmigen. Das zunehmende Problem des Konsums illegaler Drogen durch Jugendliche (die sogenannte „Drogenwelle") führte dazu, dass pro mente infirmis mit der Schaffung einer Beratungsstelle beauftragt wurde, die 1971 in Betrieb ging („Jugend- und Drogenberatungsstelle Point" in Linz). Schnopfhagen war es nicht vergönnt, das weitere Wachsen seiner Gründung zu erleben: Heute beschäftigt „pro mente Oberösterreich" – wie die Gesellschaft mittlerweile heißt – ca. 1.500 MitarbeiterInnen, in vielen Bundesländern gibt es Vereine gleichen Namens, und unter dem Namen „pro mente Austria" hat sich der Dachverband psychosozialer Vereinigungen etabliert.

Abb. 7: Der Neubau des Wagner-Jauregg Krankenhauses. Im Hintergrund der Altbaubereich der ehemaligen Heil- und Pflegeanstalt (Kepler Universitätsklinikum, Archiv Landes-, Heil- und Pflegeanstalt Niedernhart, Bildzeugnisse No. 2/5)

Schnopfhagen hatte noch weiterreichende Pläne: So engagierte er sich für die Schaffung einer zentralen Anstalt für geistig abnorme Rechtsbrecher und einen Neubau des Linzer Allgemeinen Krankenhauses auf dem Areal des Wagner-Jauregg Krankenhauses, wo er gleich auch Platz für eine zukünftige Medizinische Fakultät schaffen wollte.[20] Am 9. Dezember 1974 verstarb Otto Schnopfhagen überraschend während der Feierlichkeiten anlässlich der Gründung von „pro mente Salzburg".

---

20 ALHPN, Manuskript: Gutachten zur Klärung des günstigsten und rationellsten Standortes des neuen Schwerpunktkrankenhauses in Linz (1973), Schriftgut No 72.

Mit Otto Schnopfhagen hat die Modernisierung der psychiatrischen Versorgung in Oberösterreich begonnen. Er hat viele Grundsteine gelegt, auf denen seine Nachfolger aufbauen konnten. „Pro mente" ist zu einem österreichischen Markenzeichen moderner psychiatrischer Versorgung geworden. Der „Psychiatrische Samstag" hat im Jahr 2015 zum 50. Mal stattgefunden und ist damit wahrscheinlich die traditionsreichste psychiatrische Fortbildungsveranstaltung in Österreich. Pläne, die Schnopfhagen nicht mehr verwirklichen konnte, beschäftigen uns bis heute – während der Erstellung dieses Beitrages laufen die Vorbereitung für die Zusammenlegung der Landesnervenklinik Wagner-Jauregg (vormals Wagner-Jauregg Krankenhaus) mit dem Linzer Allgemeinen Krankenhaus und der Landes-Frauen- und Kinderklinik zum „Kepler Universitätsklinikum" im Kontext der Schaffung einer Medizinischen Fakultät an der Johannes Kepler Universität.

Zusammenfassung

Die in der Psychiatrie begangenen Verbrechen während der nationalsozialistischen Herrschaft wurden in Oberösterreich in zwei Prozessen aufgerollt, die mit vier Schuldsprüchen endeten. Die „Heil- und Pflegeanstalt Niedernhart" wies nur mehr 348 PatientInnen auf und fungierte zunächst als Übergangsquartier für befreite KZ-Häftlinge, dann als Ausweichquartier für die Frauenklinik. Ab 1951 diente sie wieder rein für psychiatrische PatientInnen und wurde rasch voll belegt mit einem Höchststand von 1.600 PatientInnen um 1970. Mit der Bestellung von Otto Schnopfhagen (1909–1974) zum Leiter der Anstalt endeten Jahre der Stagnation. Obwohl politisch belastet durch die Mitgliedschaft bei der NSDAP und der SS, setzte er bedeutende Reformschritte. Er erreichte die Errichtung eines Neubaus (1970) zur Verbesserung der desolaten Situation in der Anstalt und gründete 1964 die Gesellschaft „pro mente infirmis". Darüber hinaus setzte er zahlreiche andere Initiativen zur Verbesserung der psychiatrischen Versorgung, so etwa die Fortbildungsveranstaltung „Psychiatrischer Samstag".

Informationen zum Autor

Univ- Prof. Dr. Hans Rittmannsberger, Ehemaliger Leiter Abteilung Psychiatrie 1, OÖ Landes-Nervenklinik Wagner-Jauregg, Linzerstraße 33, A-4040 Linz, E-Mail: h.rittmannsberger@aon.at

Forschungsschwerpunkte: Sozialpsychiatrie, Psychopharmakologie, Geschichte der Psychiatrie

Ingrid Arias

Hans Hoff (1897–1969) – Remigrant und Reformer? Neue Impulse oder Kontinuität in der Psychiatrie nach 1945?

English Title

Hans Hoff – Re-migrant and Reformer? New Impulses or Continuity within Psychiatry after 1945?

Summary

Hans Hoff was one of the few Jewish emigrant doctors who returned to Vienna and regained a prominent position at the Medical Faculty after World War II. During the war he had worked as a neurologist in Bagdad and New York and brought his experience with a different scientific culture back to Europe. Due to the influences of his former teachers he created the multi-factorial genesis of psychiatric diseases. As a representative of the Mental Health Movement he promoted many initiatives in this field.

Keywords

Hans Hoff, psychiatry, Austria, second republic

Einleitung

Der Psychiater und Neurologe Hans Hoff (1897–1969) kehrte 1949 nach seiner aus „rassischen" Gründen 1938 erzwungenen Emigration und zehnjährigem Aufenthalt im Ausland nach Österreich zurück. In diesen zehn Jahren war er unter anderem in Bagdad am Royal Medical College und in den USA am Institut für Neurologie der Columbia University tätig gewesen. Nach seiner Rückkehr nach Wien gelang es ihm als einem der wenigen Remigranten an seine frühere universitäre Karriere anzuschließen. Hoff war durch seine Aufenthalte im Nahen Osten und in den USA vielfältigen wissenschaftlichen Einflüssen ausgesetzt gewesen, die zu neuen Impulsen in der Psychiatrie nach 1945 führten. In dem Artikel sollen einerseits Fragen nach Wissenschaftstransfer und Wissenschaftstransformation im Bereich der Psychiatrie nach 1945 nachgegangen und andererseits auch Einflüsse der komplexen Persönlichkeit

Hoffs auf diese Umformungsprozesse berücksichtigt werden. Dabei wird der Hauptschwerpunkt auf bisher weniger bekannte Aspekte aus Hoffs Leben gelegt, wie sein Aufenthalt in Bagdad, seine Tätigkeit während des Zweiten Weltkriegs und die Zeit danach in den USA. Diese Arbeit ist als Skizze über Hoffs Leben und Einfluss auf die österreichische Nachkriegspsychiatrie zu sehen. Eine umfassende Biografie Hoffs mit einer kritischen Bewertung seiner wissenschaftlichen Arbeit ist leider noch ausständig.[1]

Ausbildung und Karriere bis 1939

Hans Hoff wurde am 11. Dezember 1897 in Wien als Sohn des praktischen Arztes Dr. Adolf Hoff geboren.[2] Nach einer wenig erfolgreichen Gymnasialzeit wandelte sich Hoff zu einem strebsamen Studenten, der zusammen mit einem Freund alle Prüfungen mit Auszeichnung absolvierte.[3] Hoff begann 1922 seine Ausbildung bei Prof. Wagner-Jauregg an der Psychiatrisch-Neurologischen Universitätsklinik in Wien, wo der Erste Assistent Paul Schilder nach Hoffs eigenen Worten „Einfluß wie kein anderer auf ihn" nahm und „einer der bedeutendsten Menschen" in seinem Leben war.[4] Paul Schilder, seit 1918 Assistent bei Wagner-Jauregg, war nicht nur an neurologischen und psychiatrischen Themen interessiert, sondern auch seit 1919 Mitglied der Psychoanalytischen Vereinigung.[5] Schilder beschäftigte sich von 1914 an sowohl mit neurologischen als auch psychiatrischen Themen, wobei letztere ab 1934 sein Interesse dominierten.[6] Die Psychiaterin Alexandra Adler schilderte Paul Schilder als begnadeten Lehrer, der seine MitarbeiterInnen in seinen Bann zog.[7] Hoffs Zusammenarbeit mit Schilder begann 1925, als Hoff zum Sekundararzt an der Klinik bestellt wurde. Bis zu Schilders Weggang nach New York verfassten sie gemeinsam 20 wissenschaftliche Arbeiten, die sich hauptsächlich mit neurologischen Themen, wie Lage- und Stellreflexe beschäftigten.[8]

---

1   Der Endbericht der 2012 eingesetzten Historikerkommission zur Aufklärung der „Malaria-Fiebertherapie" an der Klinik Hoff wird für 2016 erwartet.
2   Universitätsarchiv Wien (= UAW), Medizinisches Dekanat, Personalakt Hans Hoff, Curriculum vitae o. J.
3   Interview mit Heinz Fischer-Karwin im Rahmen der Reihe „Bitte legen Sie ab!" O. J. Vermutlich ist dieses Interview Ende der 1950er Jahre entstanden. Laut Hoff waren die beiden Studenten als „Heilig-Hoff" ein Begriff an der Medizinischen Fakultät. Ich danke Hr. Prof. Eberhard Gabriel für die Zurverfügungstellung des Tonmaterials.
4   Ebd.
5   Paul Schilder (1886–1940), Dr. med. 1909, Dr. phil. 1917, ab 1919 Assistent bei Julius Wagner-Jauregg, 1920 Habilitation, 1925 a.o. Prof., 1928 Gastsemester an der John Hopkins University in Baltimore (USA), 1930 klinischer Direktor der Psychiatrischen Abteilung am Bellevue Hospital in New York (USA), 1935 einer der Gründer der „Society for Psychotherapy and Psychopathology" in New York, Pionier der Gruppenpsychotherapie. Vgl. dazu Helmut GRÖGER, Schilder Paul Ferdinand, in: Historische Kommission bei der Bayerischen Akademie der Wissenschaften, Hg., Neue Deutsche Biographie, Bd. 22: Rohmer–Schinkel (Berlin 2005), 756–757.
6   Alexandra ADLER, The Work of Paul Schilder, in: Bulletin of the New York Academy of Medicine 41/8 (1965), 841–853, hier 847.
7   Ebd., 848.
8   Vgl. Hanns-Dieter KRAEMER, Hans Hoff 1897–1969. Leben und Werk (Mainz 1975), 56–60. Schilder und Hoff brachten 1927 das Buch „Die Lagereflexe des Menschen" heraus.

Nach der Emeritierung Wagner-Jaureggs wurde Otto Pötzl im November 1928 als Chef der Psychiatrisch-Neurologischen Universitätsklinik in Wien berufen. Im April desselben Jahres war Hoff zum Assistenten ernannt worden.[9] Hoff schaffte es bald, sich zum unentbehrlichen Ratgeber seines Chefs hochzuarbeiten. Er war ein unermüdlicher Arbeiter, der wissenschaftlich sehr produktiv war. Von 1922 bis 1938 entstanden 165 wissenschaftliche Arbeiten, darunter die bereits erwähnten Artikel in Kooperation mit Paul Schilder.[10] Zahlreiche weitere Arbeiten entstanden zusammen mit seinem ehemaligen Studienkollegen Robert R. Heilig, dem Pathologen Friedrich Silberstein sowie den Neurologen Eugen Pollak und Otto Kauders.[11] Mit seinem Schulfreund, dem Chirurgen Leopold Schönbauer, verfasste er 1933 ein Buch über Hirnchirurgie.[12]

1930 reichte Hoff sein Habilitationsansuchen ein. Wie seine Begutachter Otto Pötzl und Ernst Peter Pick in ihrer Beurteilung festhielten, handelte es sich bei Hoff „um einen der besten Diagnostiker auf dem Gebiet der organischen Nervenkrankheiten", der „auf dem Gebiet der Indikationsstellung der Neurochirurgie von besonders glücklicher Treffsicherheit" wäre und über eine „originelle Begabung" verfügte.[13] 1932 erfolgte die Verleihung der Venia mit 23 Ja- und einer Nein-Stimme.[14] Hoffs Karriere verlief auch in der Zeit des Austrofaschismus steil aufwärts, mit nur 39 Jahren wurde er 1936 zum Vorstand der Neurologischen Abteilung der Poliklinik ernannt.

Hoff lernte in seinen Ausbildungsjahren die Malariatherapie Wagner-Jaureggs ebenso wie die Insulinschocktherapie Manfred Sakels kennen, die zu dieser Zeit eine revolutionäre Wende in der Psychiatrie darstellten.[15] Diese neu eingeführten Therapien brachten eine Überwindung des bis dahin bestehenden therapeutischen Nihilismus in der Psychiatrie und führten zu einer Änderung der Rolle des Psychiaters weg vom Verwahrer der Patientinnen und Patienten hin zum aktiv Tätigen.[16] Zur gleichen Zeit erlebte Hoff den Aufstieg der Psychoanalyse und ihre Anwendung an der Klinik durch Paul Schilder, was von Wagner-Jauregg, der selbst kein Anhänger dieser Methode war, toleriert wurde. Die Arbeitsschwerpunkte Hoffs lagen vor seiner Emigration fast gänzlich auf neurologischem Gebiet, erst nach seiner Rückkehr nach Wien kam es zu einer Verlagerung auf die Psychiatrie unter Einbeziehung sozialpsychiatrischer Themen.

---

9 UAW, Medizinisches Dekanat, Personalakt Hans Hoff.
10 Kraemer, Hans Hoff, wie Anm. 8, 56–65.
11 Ebd.
12 Hans Hoff / Leopold Schönbauer, Hirnchirurgie. Erfahrungen und Resultate (Wien 1933).
13 UAW, Medizinisches Dekanat, Personalakt Hans Hoff.
14 Ebd.
15 Ottokar H. Arnold, Schockbehandlungen in der Psychiatrie, in: Wiener Medizinischen Wochenschrift 104/3 (1954), 53–56. Sakel wandte die Insulinschocktherapie 1933 erstmals bei Schizophrenen an, nachdem er sie ab 1928 schon bei Morphinentziehungskuren eingesetzt hatte.
16 Peter Berner, In Memoriam Universitätsprofessor Dr. Hans Hoff [1969; 17:17 Min], online unter: Mediathek Österreich „am Wort", http://www.oesterreich-am-wort.at/treffer/atom/110A8D72-148-00041-00000E38-1109D8E0/page/list/o/0/ (letzter Zugriff: 22. 11. 2015).

Die Emigrationsjahre

Irak (1939–1942)
Am 14. Mai 1938 emigrierte Hans Hoff über Italien in die USA. Nach einem Zwischenstopp in New York hielt sich Hoff in Chicago auf, von wo aus er unter Ausnützung aller möglichen Beziehungen und Kontakte versuchte, einen Posten in der Forschung zu bekommen. Er sprach bei Karl Landsteiner im Rockefeller Institute of Medical Research vor, der ein Empfehlungsschreiben an das Neurological Institute in New York richtete.[17] Dort bedauerte man, aber es wären „no funds availabe at the present times", um einen der vielen geflüchteten Wissenschaftler zu helfen.[18] Sogar die Präsidentengattin Eleanor Roosevelt war in der Suche nach einer geeigneten Arbeitstätigkeit für Hoff involviert.[19] Entgegen aller Interventionen erhielt Hoff keinen Forschungsposten in den USA und musste sich nach Alternativen umsehen, die er im Nahen Osten fand.

Anfang September 1938 trat Hoff seinen Posten im Royal College for Medicine in Bagdad an. Das Royal College war 1927 von dem schottischen Arzt, Sir Harry Sinderson, gegründet worden, der auch als erster Dekan fungierte und am College bis 1946 lehrte.[20] Es ist bisher nicht bekannt, durch welche persönlichen Verbindungen Hoff nach Bagdad kam. Harry Sinderson erwähnt in seinen Memoiren, dass nur zwei von den Nationalsozialisten vertriebene europäische Ärzte den Weg nach Bagdad fanden. Ein Grund für diese geringe Anzahl war in der ablehnenden Haltung der irakischen Regierung zu suchen, die ausländische Ärzte mit einem Praxisverbot belegte, welches Sinderson durch eine offizielle Anstellung umgehen konnte.[21] Sinderson benötigte dringend einen Spezialisten für das Mental Hospital und fand ihn in Hans Hoff. Hoff war für das Lunatic Asylum mit 600 Betten zuständig und als Consulting Neurologist für das Royal Hospital mit der gleichen Anzahl von Betten tätig.[22] Zusammen mit einem Mitarbeiter der Nervenklinik von Bagdad, Jack Aboodi Shaby[23], veröffentlichte er neun Arbeiten über verschiedene Tropenerkrankungen, wie Bilharziose und Bejel, einer Form endemischer Syphilis.[24] Außerdem verfasste er ein Lehrbuch der Psychiatrie in arabischer Sprache.[25]

---

17 MedUni Wien (= MUW), Institut für Geschichte der Medizin, Archivaliensammlung, Hoff-Nachlass, MUW-AS-006005-0008-002.
18 Ebd.
19 Ebd., MUW-AS-006005-0008-003-01.
20 Sa'ad AL-FATTAL, Sir Harry Sinderson Pasha and Iraq's First Medical School, in: Journal of Medical Biography 21/3 (2013), 164–168, DOI: 10.1177/0967772013479281. Harry Sinderson hatte im Jahr 1922 den irakischen König Faisal I. von einer akuten Appendicitis gerettet und war dafür mit dem Ehrentitel „Pasha" belohnt worden.
21 Harry C. SINDERSON, Ten Thousand and One Nights. Memories of Iraq's Sherifian Dynasty (London 1973), 168.
22 MUW, Hoff-Nachlass, wie Anm. 17, MUW-AS-006005-0008-022, Letter of Recommendation from Harry Sinderson Pasha vom 9. 8. 1942.
23 N. N., Jewish Senior Officials of Iraq – 1945, in: The Scribe. Journal of Babylonian Jewry 38 (Januar 1990), 2, online unter: http://www.thescribe.info/pdf/TheScribe38.pdf (letzter Zugriff: 19. 10. 2015). Dr. Jack Aboodi Shabi, b[orn] 1908, Assistant Professor, College of Medicine.
24 Bejel wird durch eine Sonderform von Treponema pallidum verursacht, durch Schmierinfektion übertragen und tritt bevorzugt bei Kindern auf. Sie ist besonders unter der nomadisch lebenden Bevölkerung in den Trockenzonen Afrikas und der Arabischen Halbinsel endemisch.
25 BERNER, In Memoriam, wie Anm. 16.

Bereits im Mai 1940 versuchte Hoff vergeblich Bagdad zu verlassen, indem er seine Dienste der englischen Regierung anbot.[26] Der Wunsch, Bagdad zu verlassen, könnte mit der unsicheren politischen Lage im Irak zusammenhängen, wo sich zunehmend eine antibritische und prodeutsche Stimmung breit machte. „It was widely acknowledged that most of the junior officers in the Iraqi army are pro-German and anti- British", schrieb Paul Knabenshue, ein U.S. Diplomat in Bagdad im Mai 1940.[27] Auch Sinderson bekam die antibritische Stimmung zu spüren, als er das Amt des Dekans am College of Medicine an einen prodeutschen Chirurgen übergeben musste.[28] 1941 kam es im Irak zu einem Umsturzversuch, bei dem Sinderson viel zur Rettung des minderjährigen Prinzregenten und späteren König Faisal II. (1935–1958) beitrug.[29] Der durch den Putsch zur Macht gekommene antibritisch eingestellte Ministerpräsident Rashid Ali el-Gailani hatte die Deutschen um Hilfe gebeten. In Bagdad wurde bereits eine deutsche Invasion befürchtet und britische Staatsbürger evakuiert. Im Mai 1941 konnten die Briten den Staatsstreich beenden.

Diese prekäre politische Lage trug möglicherweise zur Entscheidung Hoffs bei in die USA zurückzukehren, als im September 1942 der Vertrag Hoffs auslief. Nachdem er eine Stelle in der US-Armee zugesagt bekommen hatte, führte sein Weg im August 1942 über Nigeria und Ghana zurück in die USA.[30] Im November 1942 wurde er von der US-Armee trotz seines Status als Ausländer als „acceptable for training and service" befunden.[31]

USA (1942–1946)

Die berufliche Zukunft Hoffs in den USA war gesichert, denn im November 1942 bot der Vorstand des Neurologischen Instituts in New York, Tracy Putnam, Hoff eine Stelle als Research Associate und Assistant Attending Neurologist der Vanderbilt Klinik an.[32] Putnam, eine außergewöhnliche Persönlichkeit, vereinigte die Fächer Neurologie und Neurochirurgie in einer Person. Nach seinen Ausbildungsjahren in Boston hatte er 1939 das New Yorker Neurologische Institut übernommen.[33] Er war politisch liberal eingestellt und stellte während seiner Leitung des Instituts mehrere jüdische Emigranten ein. Darunter befand sich auch Otto Marburg, der ehemalige Vorstand des Wiener Neurologischen Instituts, der seit 1939

---

26 MUW, Hoff-Nachlass, wie Anm. 17, MUW-AS-006005-0008-016, Brief des britischen Konsuls in Bagdad an Hoff, 28. 5. 1940.
27 Jonathan KANDELL, Iraq's Unruly Century. Ever since Britain Carved the Nation out of the Ottoman Empire after World War I, the Land Long Known as Mesopotamia Has Been Wracked by Instability, in: Smithsonian Magazine (May 2003), online unter: http://www.smithsonianmag.com/people-places/iraqs-unruly-century-82706606/?all (letzter Zugriff: 19. 10. 2014).
28 SINDERSON, Nights, wie Anm. 21, 174.
29 Ebd., 188–194.
30 MUW, Hoff-Nachlass, wie Anm. 17, MUW-AS-006005-0008-035-01, Brief des amerikanischen Konsuls Harold Shantz in Lagos an den Air Transport Commander in Accra mit der Aufforderung, Hoff einen Transport in den Pan American Airways zu sichern, 26. 8. 1942.
31 Ebd., MUW-AS-006005-0008-025-03, Notice of Aliens Acceptability, 20. 11. 1942.
32 Ebd., MUW-AS-006005-0008-030. Die Stelle war zur Erforschung der Multiplen Sklerose geschaffen worden.
33 Lewis P. ROWLAND, The Legacy of Tracy J. Putnam and H. Houston Merritt. Modern Neurology in the United States (Oxford 2009), 55. Putnam absolvierte seine neurochirurgische Ausbildung in Harvard bei Harvey Cushing, 1934 wurde er zum Leiter der Neurologischen Abteilung am Boston City Hospital und zum Professor für Neurologie in Harvard ernannt. Putnam entdeckte zusammen mit seinem Nachfolger H. Houston Merritt die antiepileptische Eigenschaft von Phenytoin (Dilantin). Putnam übersiedelte 1946 nach Kalifornien und wurde Vorstand der Neurologie am Cedars of Lebanon Hospital.

als Professor für Neurologie an der Columbia University lehrte. Putnams pro-jüdische Einstellung wurde nicht von allen seinen Kollegen gerne gesehen, was letztendlich zu Konflikten und der Kündigung Putnams 1947 führte.[34] Putnam stand auch nach seinem Weggang aus New York über Jahrzehnte hinweg mit Hoff in Verbindung, was sich 1959 bei der Besetzung des neu zu schaffenden Extraordinariats für Neurochirurgie in Wien auswirkte. Putnam wurde vom Professorenkollegium an erster Stelle des Besetzungsvorschlages nominiert.[35] In der Berufungskommission saß auch Hans Hoff, der sicher seinen Einfluss geltend machte. Die Vorstandsstelle wurde allerdings drei Jahre später mit dem ehemaligen NSDAP-Mitglied Herbert Kraus besetzt.

Hoff war bereits im März 1943 wieder auf dem Weg in den Irak, angeblich um dort „medical research" zu betreiben.[36] Offiziell residierte er in Bagdad bei der American Legation und war damit beschäftigt, die bei Kindern endemische Form der Syphilis zu untersuchen. Ein im Jahr 2004 vom CIA freigegebenes Dokument enthüllt Hoffs wahre Tätigkeit im Irak. Obwohl namentlich nicht genannt, kann es sich bei dem vom OSS (Office of Strategic Services), der Vorläuferorganisation des CIA, angeworbenen Agenten nur um Hans Hoff handeln.[37] Das OSS war auf der Suche nach einem Agenten gewesen, „who can circulate freely among the desert tribes with the aim of observing their attitudes, investigating Axis activities and exerting personal influence in favor of the Allied cause".[38] Die Tätigkeit umfasste auch „counter-espionage" zum Zweck der Untersuchung der „activities and identities of Axis agents in Iraq and to neutralize their subversive influence". Der ins Auge gefasste Agent war ein „expatriate Austrian neurologist, who […] has been a professor […] in the Royal Iraq medical college". Der einzige österreichische Arzt am Medical College war Hoff gewesen. Hoff erhielt ein Training als „agent of OSS" und sollte dann nach Bagdad, wo er „exceedingly good connections" hatte. Die Tätigkeit Hoffs für die OSS in den Jahren 1943–1945 wird auch in einem Empfehlungsschreiben Edvin Zabriskies, einem Executive Officer der Columbia University, bestätigt, der Hoff außerdem „outstanding qualities" als Lehrer bescheinigte.[39] Einen zweiten Hinweis findet man in einem Brief des Präsidenten der Amerikanischen Universität in Beirut, Stephen Penrose, den er im Jänner 1949 an General Geoffrey Keyes schrieb. Hans Hoff war vom US-Government mit einer Aufgabe „of exceedingly confidential nature" betraut gewesen, wobei er einen „remarkable job" erledigt und sogar Präsident Roosevelts Aufmerksamkeit erregt hatte.[40] Hoff selbst hat sich im Personenstandesblatt für die Universität Wien 1949 als „Chief of Medical Intelligence Near Eastern Division" bezeichnet.[41]

---

34 Ebd., 70–73. Angeblich hatte sich Putnam geweigert, die jüdischen Mitarbeiter seiner Abteilung zu entlassen.
35 Ingrid Arias, Die Wiener Medizinische Fakultät von 1945 bis 1955. Entnazifizierung, Personalpolitik und Wissenschaftsentwicklung, unveröffentlichte phil. Dissertation (Universität Wien 2013), 251.
36 MUW, Hoff-Nachlass, wie Anm. 17, MUW-AS-006005-0008-032, Brief des War Departments an Hoff, 2. 3. 1943.
37 Auf folgender Webpage ist das gesamte OSS Dokument einsehbar: N. N., Near East Operations – Iraq – Medical Research on Desert Tribes – OSS Agent Dr. Hans Hoff, online unter: The McClaughry's Blog, http://mike-mcclaughry.wordpress.com/the-reading-library/cia-declassified-document-library/near-east-operations-iraq-medical-research-on-desert-tribes-agent-hans-hoff/ (letzter Zugriff: 25. 6. 2015).
38 Ebd.
39 MUW, Hoff-Nachlass, wie Anm. 17, MUW-AS-006005-0008-052.
40 Ebd., MUW-AS-006005-0008-118-01.
41 Ebd., MUW-AS-006005-0009-005-003.

Nach seiner Rückkehr in die USA war Hoff am Neurological Institute nicht nur als Lehrer in den Postgraduate Courses eingesetzt, sondern führte zusammen mit Putnam Forschungen zur Therapie der Multiplen Sklerose mit Dicoumarin durch. Verknüpft mit der universitären Tätigkeit war eine Konsiliarfunktion an einem Spital, wie der Vanderbilt Clinic und dem Goldwater Memorial Hospital.[42]

Die Nachkriegsjahre (1945–1949)
Der Weg zurück nach Österreich gestaltete sich schwierig. Hoff interessierte sich für die vakante Vorstandsstelle des Neurologischen Instituts in Wien, welches vom Vorstand des Physiologischen Instituts Carl Schwarz-Wendl provisorisch geleitet wurde.[43] Bereits im Jänner 1946 sandte Hoff einen Brief an den Dekan der Medizinischen Fakultät der Universität Wien, Leopold Arzt, wo er seinen Werdegang seit 1938 schilderte, seine Erfahrung im Nahen Osten und an der Columbia University als bereichernd für die Wiener Universität herausstrich und seinen Beitrag zum „Wiederaufbau des wissenschaftlichen Österreichs" anbot.[44] Arzt zeigte anscheinend wenig Interesse an seiner Rückkehr, daher musste Hoff andere Strategien einschlagen, um seine Rückkehr in die Wege zu leiten. Briefe an das Innen- und Unterrichtsministerium blieben ohne Erfolg, da eine Berufung an die Wiener Universität nur durch eine Nominierung des Professorenkollegiums im Besetzungsvorschlag möglich war. Über Vermittlung von Ernst Pick[45] wurde nochmals Kontakt zu Leopold Arzt aufgenommen, der allerdings ausweichend antwortete. Alle in Frage kommenden Stellen seien besetzt, allenfalls wäre eine Primariats- oder Konsiliarstelle bei der Gemeinde Wien vakant, auf deren Besetzungen er wenig Einfluss hätte.[46] Leopold Arzt stand jüdischen Remigranten generell sehr distanziert gegenüber und versuchte sie mit dem Hinweis auf fehlende freie Posten sowie die schlechten Lebensverhältnisse in Wien von einer Rückkehr abzuschrecken.[47] Hoff ließ sich dadurch nicht beirren, er war der Meinung, „dass man gewisse Schwierigkeiten im Lebensstandard in Kauf nehmen muss, wenn man das Ziel des Wiederaufbaus vor sich hat".[48] Dabei handelte es sich nicht um Höflichkeitsfloskeln, denn Hoff war im April 1947 zum Assistant Professor der Columbia University in New York ernannt worden und hatte eine gesicherte Position und gute Karrierechancen in den USA vor sich.

Um seine Übersiedlungspläne voranzutreiben, wandte Hoff sich im Februar 1947 an Ernst Lauda, den Vorstand der Ersten Medizinischen Universitätsklinik, sowie an Otto Kauders, dem Vorstand der Psychiatrie, um sein Interesse an der vakanten Vorstandsstelle am Neurologi-

---

42 Ebd., MUW-AS-006005-0008-047 und MUW-AS-006005-0008-044. Hoff hatte einmal wöchentlich die Vanderbilt Clinic als Associate Visting Neuropsychiatrist zu betreuen.
43 Ebd., MUW-AS-006005-0008-080-03.
44 Ebd., MUW-AS-006005-0008-042.
45 Ernst Pick war bis 1938 Ordinarius für Pharmakologie in Wien und neben Otto Pötzl Habilitationsgutachter Hans Hoffs. Pick emigrierte nach New York und nützte dann 1946 seine alten Beziehungen zu Leopold Arzt, um für Hoff das Feld zu sondieren.
46 MUW, Hoff-Nachlass, wie Anm. 17, MUW-AS-006005-0008-065-01, Brief von Ernst Pick an Hans Hoff, 19. 1. 1947 mit einem zitierten Ausschnitt aus dem Antwortschreiben von Leopold Arzt. Siehe auch Ebd., MUW-AS-006005-0008-076, Schreiben Leopold Arzt, 25. 3. 1947.
47 ARIAS, Wiener Medizinische Fakultät, wie Anm. 35, 183–191.
48 MUW, Hoff-Nachlass, wie Anm. 17, MUW-AS-006005-0008-079, Brief Hoffs an Leopold Arzt, 21. 4. 1947.

schen Institut erneut zu äußern und sich ihrer Zustimmung zu versichern.⁴⁹ Da ihm von verschiedensten Seiten empfohlen wurde, nach Wien zu kommen und sich persönlich ein Bild von der Situation vor Ort zu machen, entschloss sich Hoff 1947 zusammen mit seiner Frau Herma zu einer Reise nach Wien. Die von den Alliierten noch immer aufrechten Reisebeschränkungen konnten einerseits durch eine persönliche Einladung der Universität Wien, andererseits durch eine wissenschaftliche Begründung der Reise umgangen werden. Hoff und seine Frau reisten im Auftrag der Association for Advancement of Research on Multiple Sclerosis, um eine Untersuchung zur „geographic distribution and prevalence of this disease" durchzuführen und um Kontakte zu ausländischen Forschungszentren herzustellen. Praktischerweise sollte Wien dabei eine Rolle als „focal point for their activities" zukommen.⁵⁰ Hoffs Reise umfasste nicht nur Österreich, die Tschechoslowakei und Polen, sondern auch den Irak, Syrien und den Libanon.⁵¹ Zurück in den USA beschrieb er seinen Aufenthalt in Wien wegen der dort herrschenden allgemeinen Unsicherheit als „very depressing".⁵² Man hätte ihm aber dort eine Stelle am Neurologischen Institut und ein Primariat am Neurologischen Krankenhaus Rosenhügel angeboten. Es sollte allerdings noch zwei Jahre dauern, bis Hoff nach Überwindung aller bürokratischen Hürden nach Österreich zurückkehren konnte.

Grund für die Verzögerung war die Medizinische Fakultät, die erst nach ministerieller Aufforderung mit dem offiziellen Besetzungsprozess des Neurologischen Instituts begann. Die beiden zuständigen Referenten Otto Kauders und Karl Fellinger sichteten die Unterlagen aller in Frage kommenden Kandidaten, wobei man zunächst besonders die emigrierten Schüler Otto Marburgs wie beispielsweise Erwin Stengel, Eugen Pollak und Ernst Adolf Spiegel in Betracht zog.⁵³ Als diese Mediziner wenig Interesse zeigten, ihre gesicherten Positionen in den USA oder England aufzugeben, nominierte man Hans Hoff. Dieser kündigte seine Stelle am Neurologischen Institut in New York mit 1. Mai 1949 und trat das Primariat am Rosenhügel im Juli desselben Jahres an.⁵⁴ An der Abteilung waren Franz Seitelberger, Helmut Tschabitscher und Hans Strotzka tätig, die er später als Mitarbeiter ans AKH-Wien mitnahm.⁵⁵ Im September 1949 wurde Hoff zum Vorstand des Neurologischen Instituts ernannt. Nachdem Otto Kauders überraschenderweise im August 1949 verstarb, stand auch die Ordinariatsstelle für Psychiatrie zur Neubesetzung an. Sie wurde mit Hans Hoff ab September 1950 „primo et unico loco" besetzt.⁵⁶

---

49 Ebd., MUW-AS-006005-0008-063, Brief vom 2. 1. 1947. Hoff verwies auch auf die Unterstützung durch den ehemaligen Vorstand Otto Marburg hin, der sich Hoff als Nachfolger wünschte.
50 Ebd., MUW-AS-006005-0008-085, Brief der Association an die Passport Division vom 17. 7. 1947. Die Hoffs erhielten für ihren Aufenthalt in Wien ein Visum vom 22. September bis 22. Oktober 1947.
51 Ebd., MUW-AS-006005-0008-091-01. Hoff besuchte unter anderem die Amerikanische Universität in Beirut.
52 Ebd., MUW-AS-006005-0008-093-01, Brief von Hoff an Stephen Penrose, 18. 12. 1947.
53 Arias, Wiener Medizinische Fakultät, wie Anm. 35, 213.
54 Muw, Hoff-Nachlass, wie Anm. 17, MUW-AS-006005-0009-022.
55 Kraemer, Hans Hoff, wie Anm. 8, 16.
56 Arias, Wiener Medizinische Fakultät, wie Anm. 35, 214–215. Als Referenten waren Hoffs alter Schulfreund Leopold Schönbauer und Karl Fellinger bestellt.

Neue Impulse in der Psychiatrie ab 1949?

Hoff führte mit der Verlagerung seines Interessensschwerpunktes auf die Psychiatrie sozialpsychiatrische und psychohygienische Aspekte in der österreichischen Psychiatrie ein, die in der amerikanischen Mental Health Bewegung und der europäischen Psychohygiene Bewegung begründet waren.[57] Diese Bewegung war kein Novum in Österreich, da bereits seit Mitte der 1920er Jahre die Österreichische Gesellschaft für Psychische Hygiene bestand, die unter anderem von Erwin Stransky und Otto Kauders begründet und von Otto Kauders nach 1945 wiederbelebt worden war.[58] Hoff kann zwar nicht als Begründer der Mental Health Bewegung in Österreich gesehen werden, aber als Organisator und Promotor rief er eine Vielzahl von Initiativen ins Leben.

So sollte sich beispielsweise ein Netzwerk von Institutionen, wie Fürsorgestellen, Schulen und Krankenkassen um die psychische Hygiene der Bevölkerung kümmern. Natürlich konnten derartige Programme nur in enger Kooperation mit den Behörden, dem Wiener Jugendamt und der Wiener Gebietskrankenkassa durchgeführt werden.[59] In Anlehnung an das bevölkerungspolitische Konzept des Julius Tandler[60] der umfassenden Fürsorge von „der Wiege bis zur Bahre" sollte keine Altersgruppe unversorgt bleiben. Neuerungen waren Schwerpunkte wie die psychiatrische Betreuung von „kriminellen" und schwererziehbaren Kindern oder die Versorgung epileptischer Kinder in einer eigenen Ambulanz.[61] Die Ambulanz für epileptische Kinder stand Hoff nach eigenen Worten „sehr nahe", da er in New York zusammen mit Jerry Price ein Epileptiker-Zentrum geführt hatte, nach dessen Vorbild er in Wien eine gleichartige Institution aufbauen wollte.[62] In einem durch Schweizer Unterstützung gegründeten „Schweizer Sonderkindergarten" wurden schwer erziehbare Kinder von multidisziplinären Teams behandelt.[63]

---

57 Österreichische Gesellschaft für Psychische Hygiene (= ÖGPH), Red., Bericht über die 6. Jahresversammlung der Weltvereinigung für Psychische Hygiene (Wien–Bonn 1956), 13; Walter Spiel u. a., Die Entstehungsgeschichte des Fachgebietes Kinder- und Jugendneuropsychiatrie und der Universitätsklinik für Neuropsychiatrie des Kindes- und Jugendalters an der medizinischen Fakultät der Universität Wien. Versuch einer Dokumentation (Wien 1994), 11–12. Die psychische Hygiene Bewegung war 1908 von dem ehemaligen Patienten Clifford Beers in Amerika gegründet worden, um die Lebensbedingungen in den Anstalten zu verbessern. Adolf Meyer, ein Schweizer Psychiater, der in die USA ausgewandert war, gründete 1930 die Gesellschaft für Mental Hygiene und im selben Jahr wurde der 1. Internationale Kongress für Psychische Hygiene in Washington abgehalten. Die World Federation for Mental Health wurde 1948 in London gegründet, Österreich zählte zu den Gründungsmitgliedern.
58 ÖGPH, Bericht, wie Anm. 57, 21. Otto Kauders gründete 1946 die Gesellschaft für Psychische Hygiene in Österreich und reiste 1949 zum zweiten internationalen Kongress der Mental Health Bewegung in London. Auf seine Initiative hin wurden in Wien ein psychotherapeutisches Ambulatorium, eine Eheberatung und eine Lebensfürsorge eingerichtet sowie ein erstes Team in die Industrie entsandt.
59 Michael Hubenstorf, Tote und/oder lebendige Wissenschaft. Die intellektuellen Netzwerke der NS-Patientenmordaktion in Österreich, in: Eberhard Gabriel / Wolfgang Neugebauer Hg., Von der Zwangssterilisation zur Ermordung (= Zur Geschichte der NS-Euthanasie in Wien 2, Wien–Köln–Weimar 2002), 237–419, hier 361–364.
60 Julius Tandler (1869–1936) war Arzt und sozialdemokratischer Politiker, der hauptsächlich in Österreich wirkte.
61 Hans Hoff, Tätigkeitsbericht über die Psychische Hygiene in Österreich für das Jahr 1950/51, in: Wiener Archiv für Psychologie, Psychiatrie und Neurologie 2 (1952), 47–55, hier 50.
62 Hans Hoff, Entwicklung der Psychischen Hygiene in Österreich, in: Österreichische Gesellschaft für Psychische Hygiene, Red., Bericht über die 6. Jahresversammlung der Weltvereinigung für Psychische Hygiene (Wien–Bonn 1956), 21–30, hier 27.
63 Hoff, Tätigkeitsbericht, wie Anm. 61, 49. Die Teams umfassten PsychiaterInnen, FürsorgerInnen und ErzieherInnen und arbeiteten mit der Kinder-Psychiatrischen Ambulanz zusammen.

Bei den straffällig gewordenen Jugendlichen wurden in Zusammenarbeit mit dem Referat für Jugendfürsorge der Gemeinde Wien Psychiater in die Jugendstrafanstalten (z. B. Bundeserziehungsanstalt Kaiser-Ebersdorf) geschickt.[64] Im Strafvollzug geht die Gründung der Sonderanstalt Mittersteig auf Hoffs Bemühungen um geistig abnorme Rechtsbrecher zurück.[65]

Im Erwachsenenbereich galt das Hauptaugenmerk dem Problem des Alkoholmissbrauchs mit der Errichtung einer Ambulanz für Alkoholiker sowie der „Lebensmüden-Beratungsstelle".[66] Um das Problem des Alkoholabusus in Österreich besser in den Griff zu bekommen, wurde eine Ambulanz für Alkoholiker an der Psychiatrisch-Neurologischen Universitätsklinik in Wien gegründet und Hoff schwebte eine Art Organisation vor, die nach dem amerikanischen Vorbild der Anonymen Alkoholiker arbeiten sollte.[67] Aufbauend auf diese verschiedenen Projekte entstand durch Hoffs Initiative 1957 ein Genesungsheim für Alkoholiker in Kalksburg (ein Teil des 23. Wiener Gemeindebezirks Liesing), in welchem ein neues sozialpsychiatrisches Konzept für die Behandlung Alkoholkranker verwirklicht wurde.[68] 1961 wurde das Genesungsheim um eine Männerstation mit 65 Betten unter der Leitung des Hoff-Mitarbeiters Cornelius Kryspin-Exner erweitert. Hoff strebte hier ganz bewusst eine von psychiatrischen Einrichtungen örtlich und organisatorisch getrennte Anstalt an, da die „soziale Stellung des Patienten nicht durch die Aufnahme und Behandlung geschädigt" werden sollte.[69] Auch hier sollte ein multidisziplinäres Team bestehend aus PsychiaterInnen, PsychologInnen und FürsorgerInnen tätig werden. Ein ähnliches Konzept mit der Einbeziehung der Methodik der Tiefenpsychologie wurde im Rehabilitationszentrum Lanzendorf für Schizophrene angewandt.[70] Zusätzlich sollte die Öffentlichkeit durch verschiedene „Propagandainitiativen" in Presse und Radio, ergänzt durch Vorträge in den Volkshochschulen, informiert werden. Außerdem wurden psychohygienische Ausbildungs- und Fortbildungskurse für FürsorgerInnen, JugendrichterInnen, LehrerInnen und ErzieherInnen angeboten.[71]

Diese Versorgungs- und Therapiekonzepte waren keineswegs neu, bereits in den 1930er Jahren hatte es eine Vielzahl von Initiativen durch Mitglieder der psychoanalytischen Bewegung gegeben, wie etwa die Erziehungsberatungsstellen der Psychoanalytischen und Individualpsychologischen Vereinigung. Pioniere auf dem Gebiet der Kinderbehandlung, wie Anna Freud oder Dorothy Burlingham, hatten schon 1937 in Wien einen experimentellen Kindergarten für verwahrloste Kleinkinder gegründet. August Aichhorn hatte sich in der Fürsorgeerziehung von jugendlichen Straffälligen engagiert und Paul Federn wandte die Psychoanalyse auf psychotische PatientInnen an.[72]

---

64 Hoff, Tätigkeitsbericht, wie Anm. 61, 49.
65 Ottokar H. Arnold / Helmuth Tschabitscher, Die Wiener Neurologisch-Psychiatrische Schule unter H. Hoff, in: Wiener Medizinische Wochenschrift 117/50–52 (1967), 1128–1131, hier 1129.
66 Hoff, Tätigkeitsbericht, wie Anm. 61, 52–54.
67 Ebd., 53.
68 Die drei wesentlichen Bestandteile waren die freiwillige Aufnahme, die Behandlung innerhalb einer therapeutischen Gemeinschaft und die ambulante Nachbehandlung. N. N., Gründung des Genesungsheims Kalksburg, online unter: Anton Proksch Institut, online unter: http://www.api.or.at/typo3/index.php?id=827 (letzter Zugriff: 18. 12. 2015).
69 Hans Hoff / Wilhelm Solms-Rödelheim, Die Errichtung einer Trinkerheilstätte, in: Wiener Medizinische Wochenschrift 106/18–19 (1956), 405–408, 407.
70 Arnold / Tschabitscher, Neurologisch-Psychiatrische Schule, wie Anm. 65, 1129.
71 Hoff, Tätigkeitsbericht, wie Anm. 61, 51.
72 Wolfgang Huber, Psychoanalyse in Österreich seit 1933 (= Veröffentlichungen des Ludwig-Boltzmann-Instituts für Geschichte der Gesellschaftswissenschaften 2, Wien–Salzburg 1977), 4.

Hoff verstand es für jeden Teilbereich der Psychohygiene einen seiner Mitarbeiter einzusetzen: Erwin Ringel leitete die „Lebensmüden-Beratungsstelle" bei der Caritas, Hans Strotzka betreute die Ambulanz für epileptische Kinder, Lambert Bolterauer die Erziehungsberatungsstellen für MittelschülerInnen und Knut Baumgärtel die Child-Guidance Clinic.[73]

Das Psychiatriekonzept Hoffs und die Neugestaltung der Psychiatrischen Klinik

Hoffs wissenschaftlicher Werdegang war durch drei Persönlichkeiten geprägt: Julius Wagner-Jauregg, Otto Pötzl und Paul Schilder.[74] Ausgehend von den verschiedenen Einflüssen dieser Vertreter der Wiener Psychiatrie entwickelte Hoff das Konzept der „Multifaktoriellen Genese von Geisteskrankheiten". Seiner Meinung nach würden „Erblichkeit, Konstitution, Lebensschicksal und auslösende Faktoren sowie soziale Umwelt" zu einer „Verursachung einer geistigen Erkrankung oder eines krankhaften sozialen Verhaltens"[75] führen. Entsprechend der multifaktoriellen Genese war auch eine multifaktorielle Therapie nötig, die Geisteskrankheiten sowohl auf körperlicher Ebene als auch die psychischen Ursachen therapieren, und das schädliche umgebende Milieu verändern sollte. Neben der 1952 erfolgten Einführung der Neuroleptika-Therapie wurden als biologische Basistherapie die Insulin- und Elektroschocktherapie angewandt, ergänzt durch „die Phase der Übergangstherapie, in der auf Basis systematischer Arbeitstherapie und psychotherapeutischer Gruppenarbeit die Grundlage für die Resozialisierung gelegt wurde".[76] Auch die Malariakur Wagner-Jaureggs wurde noch unter Hoff weiter eingesetzt.[77]

Bemerkenswert war auch die Umgestaltung der Psychiatrischen Klinik, die ihres Spitalscharakters entkleidet werden sollte, um den Kranken mehr Wohnmilieu zu geben.[78] Versperrte Türen, vergitterte Fenster, Zwangsjacken und Gitterbetten sollten der Vergangenheit angehören, die Kahlheit der Stationen verschwand und zusätzliche Therapieformen wie Sporttherapie und Arbeitstherapie hielten Einzug. Auch die Arbeitstherapie war kein neues Konzept und war schon in den 1930er Jahren beispielsweise im Versorgungsheim Lainz (im 13. Wiener Gemeindebezirk) von Alfred Arnstein, dem Leiter der 3. Medizinischen Abteilung, eingeführt worden.[79] Mit der Aufteilung der Arbeitsgebiete unter den Mitarbeitern Hoffs wurde die Grundlage für die spätere Teilung der Psychiatrischen Klinik in Teilkliniken geschaffen. Den bescheidenen Anfang machte ein Zimmer für Kinder und Jugendliche, das noch unter Otto Kauders eingerichtet wurde. Hoff erweiterte es zu einer Station, die von Walter Spiel geleitet und im Oktober

---

73 Hoff, Entwicklung, wie Anm. 62.
74 Arnold / Tschabitscher, Neurologisch-Psychiatrische Schule, wie Anm. 65, 1128.
75 Hans Hoff, Internationale Probleme der psychischen Hygiene, in: Wiener Klinische Wochenschrift 73/13 (1961), 221–224, hier 221.
76 Arnold / Tschabitscher, Neurologisch-Psychiatrische Schule, wie Anm. 65, 1130.
77 Peter Berner / Hans Hoff, Der gegenwärtige Stand der Wiener psychiatrischen und neurologischen Forschung, in: Wiener Klinische Wochenschrift 69/38–39 (1957), 678–681, hier 679.
78 Arnold / Tschabitscher, Neurologisch-Psychiatrische Schule, wie Anm. 65, 1131.
79 Ingrid Arias, „…und bietet Gewähr, sich jederzeit rückhaltlos einzusetzen." Kontinuitäten und Brüche in den Karrieren des ärztlichen Personals im Altersheim Lainz 1938–1950, in: Ingrid Arias / Sonia Horn / Michael Hubenstorf, Hg., „In der Versorgung." Vom Versorgungshaus Lainz zum Geriatriezentrum „Am Wienerwald" (Wien 2005), 215–253, hier 221.

1951 eröffnet wurde.⁸⁰ 1952 besuchte eine Delegation der Rockefeller Foundation die kinderpsychiatrische Abteilung und beschloss, für ein multidisziplinäres Ausbildungszentrum ein Stipendium zu gewähren.⁸¹ Durch diese Unterstützung konnte ein dreijähriger Ausbildungskurs für Ärztinnen und Ärzte, PsychologInnen und FürsorgerInnen in Kinderpsychiatrie abgehalten und die Kinderstation erweitert werden.

Wie Hoffs Mitarbeiter Hans Strotzka betonte, versuchte Hoff seinen Mitarbeitern „seine amerikanischen Erfahrungen sehr intensiv" zu vermitteln und ihnen durch seine internationalen Kontakte Auslandsaufenthalte zu ermöglichen. Auch Walter Spiel war der Meinung, dass die zahlreichen wissenschaftlichen Auslandsaufenthalte der MitarbeiterInnen nur durch die „weltweite Bedeutung" Hoffs ermöglicht wurden.⁸² Spiel nahm 1948, damals noch von Otto Kauders geschickt, an einem Fortbildungskurs bei Guido Fanconi an der Kinderklinik in Zürich teil. 1953 organisierte die WHO einen Fortbildungslehrgang in der südenglischen Stadt Chichester, wo Spiel erstmals in Kontakt mit französischen und angloamerikanischen WissenschaftlerInnen trat.⁸³ Hoffs Beziehungen ermöglichten auch eine finanzielle Unterstützung durch die Foundation for Research in Psychiatry der Universität New Haven, die mit „namhaften Summen das Überleben der Station" (der Kinderstation, Anm. d. Autorin) sicherte.⁸⁴ Spiel schreibt dazu:

> „Hoff verstand es also von der Plattform seiner Klinik aus Kontakte und Zusammenarbeit mit den verschiedensten Institutionen zu pflegen. Der Aufbau dieses Netzes vollzog sich in erster Linie im Rahmen der schon genannten Österreichischen Gesellschaft für Psychische Hygiene, in deren Vorstand mehr oder weniger wichtige Persönlichkeiten und Repräsentanten der einschlägigen Institutionen saßen, sei es nun aus dem Bereich der Schulbehörden, der Sozialdienste oder aus den Instituten für Psychologie und Pädagogik."⁸⁵

Die unter Hoff in die Wege geleitete Spezialisierung in der Psychiatrie fand ihren Ausdruck in der späteren Aufteilung der Psychiatrisch-Neurologischen Universitätsklinik. Zwei Jahre nach Hoffs Tod im Jahr 1969 fand die Trennung der Klinik in eine Universitätsklinik für Psychiatrie unter der Leitung Peter Berners und eine Klinik für Neurologie (Vorstand Herbert Reisner) statt. Die weitere Aufteilung der Psychiatrischen Klinik begann ebenfalls mit dem im Jahr 1971 gegründeten Institut für Tiefenpsychologie und Psychotherapie unter der Leitung von Hans Strotzka. Dem Institut ging ein von 1961 bis 1966 bestehendes psychotherapeutisches Lehrinstitut an der Klinik voraus, welches mangels einer Form der Institutionalisierung den Betrieb einstellen musste.⁸⁶ Die Gründung des Ordinariats und der Klinik für Neuropsychiatrie des Kindes- und Jugendalters (Vorstand Walter Spiel) fand erst relativ spät im Jahr 1975 statt. Noch länger dauerte es, bis Erwin Ringel im Jahr 1981 die Leitung des neuen Instituts für Medizinische Psychologie übernehmen konnte.

---

80 Spiel, Entstehungsgeschichte, wie Anm. 57, 15.
81 UAW, Medizinisches Dekanat, 300-1946/47. Bedingung der Foundation war, dass ein Team aus Ärzten, Psychologen und Fürsorgern gemeinsam ausgebildet wurde. Die Kurse wurden in Kooperation mit Prof. Hubert Rohracher vom Psychologischen Institut und dem Leiter des Jugendamtes Prof. Anton Tesarek durchgeführt.
82 Spiel, Entstehungsgeschichte, wie Anm. 57, 17.
83 Ebd.
84 Ebd., 17–18.
85 Ebd., 21.
86 Huber, Psychoanalyse, wie Anm. 72, 126.

Hoff und der Nationalsozialismus

Hoff hatte zur NS-Zeit, insbesondere wenn man seine öffentlichen Äußerungen näher betrachtet, erstaunlicherweise ein relativ unkritisches Verhältnis. Er übte in leisen Andeutungen auf die Vergangenheit versteckte Kritik, so beispielsweise bei der 6. Jahresversammlung der Weltvereinigung für Psychische Hygiene, als er über österreichische Kinderheime sprach: „Es gibt Heime, in denen noch nicht der richtige Geist eingezogen ist, und wir haben auch hier mit dem Erbe der politischen Vergangenheit zu rechnen […]."[87] Trotz seiner persönlichen negativen Erfahrung mit dem Nationalsozialismus protegierte Hoff ehemalige Nationalsozialisten. Die NSDAP-Mitglieder Franz Seitelberger und Hans Strotzka sind dabei die prominentesten Beispiele.[88] Seitelbergers Habilitationsschrift über die Pelizäus-Merzbachersche Krankheit basierte auf den vom deutschen Neuropathologen Julius Hallervorden gesammelten Hirnpräparaten, die von den Euthanasieopfern der Anstalt Brandenburg-Görden stammten.[89] Diese hatte Seitelberger 1953 anlässlich eines Forschungsaufenthaltes am Max-Planck-Institut für Hirnforschung in Gießen erhalten, welches vom in die „Aktion T4" verwickelten Hirnforscher Hugo Spatz geleitet wurde.[90] 1954 erfolgte die Habilitation Seitelbergers mit den Referenten Hans Hoff und Heinrich Hayek, die angeblich die Herkunft der Hirnpräparate nicht kannten, obwohl auf dem 1953 stattgefundenen Neuropathologiekongress in Lissabon die internationale Forschercommunity gegen die Teilnahme Julius Hallervordens aufgrund dessen Involvierung in der „T4 Euthanasieaktion" protestiert hatte.[91] Hoff baute Seitelberger als seinen Nachfolger am Neurologischen Institut auf; 1957 zögerte sogar die Medizinische Fakultät auf Hoffs Wunsch die Frage der Nachbesetzung seiner Position im Neurologischen Institut hinaus, um Seitelberger zum außerordentlichen Professor zu ernennen und somit gegenüber anderen Bewerbern konkurrenzfähig zu machen. Die Ernennung Seitelbergers zum Vorstand des Neurologischen Instituts erfolgte 1958. Seit 1955 bestand ein wissenschaftlicher Kontakt zwischen Seitelberger und dem Euthanasiearzt Heinrich Gross, mit dem er einige gemeinsame Arbeiten verfasste, die auf den Präparaten von Euthanasieopfern beruhen. 1959 entstand ein gemeinsamer Artikel von Seitelberger und Hoff, wobei nicht klar ist, ob Hoff zu diesem Zeitpunkt über die Provenienz der Hirnpräparate Bescheid wusste.[92] Als sich Heinrich Gross allerdings 1962 bei Hoff habilitieren wollte, wurde Hoff anscheinend von einem seiner Mitarbeiter über die Herkunft der Hirnpräparate aufgeklärt und verweigerte daraufhin die Annahme des Habilitationsansuchens.[93]

---

87 Hoff, Entwicklung, wie Anm. 62, 24.
88 UAW, Medizinisches Dekanat, Personalakt Franz Seitelberger; Bundesarchiv Berlin, BDC, RS-F 5267. Seitelberger war schon in der Mittelschulzeit mit der NS-Bewegung bekannt geworden, ab 1935 Mitglied des Deutschen Alpenvereins, wo man „unter SA-Sturmbannführer Eduard Pifl für ein Großdeutschland kämpfte". Ab 1. Mai 1938 SS-Anwärter trat er dem SS-Sturm 1/89 bei, ab 1. Juli 1940 war Seitelberger Parteigenosse mit der Mitgliedsnummer Nr. 8.121499.
89 Arias, Wiener Medizinische Fakultät, wie Anm. 35, 234–235.
90 Mit „Aktion T4" wird die Ermordung von mehr als 70.000 geistig oder körperlich behinderter Menschen während des Nationalsozialismus bezeichnet.
91 Arias, Wiener Medizinische Fakultät, wie Anm. 35, 237–238. Hallervorden musste seinen für den 1953 in Lissabon stattfindenden Neuropathologiekongress in Lissabon geplanten Vortrag zurückziehen. Seitelberger als Kongressteilnehmer wusste mit Sicherheit über diesen Vorfall Bescheid.
92 Ebd., 281.
93 Siehe dazu den Beitrag von Eberhard Gabriel in diesem Band unter dem Titel „Zum Wiederaufbau des akademischen Lehrkörpers in der Psychiatrie in Wien nach 1945".

In den späten 1950er Jahren kam es unter Hoff zu weiteren Habilitationen von stark belasteten ehemaligen NSDAP Mitgliedern, wie dem ehemaligen SS-Obersturmführer und Altparteigenossen Erwin Risak oder dem Neurologen Herman Lenz, der bei der Waffen SS Mitglied gewesen war.[94]

Resümee

Was hat Hans Hoff Neues für die Psychiatrie nach 1945 in Österreich bewirkt? Hoff hat auf Vorhandenem aufgebaut und aus den verschiedenen Einflüssen seiner Lehrer sowie durch seine Erfahrungen in den USA ein eigenes psychiatrisches Konzept der multifaktoriellen Genese von Geisteskrankheiten entworfen. Er war vielleicht weniger innovativer Wissenschafter als ein großartiger Organisator, der es verstand, publicityträchtige Maßnahmen zugunsten eines neuen Psychiatriebildes in der Öffentlichkeit einzusetzen. Hoff setzte viele Initiativen auf dem Gebiet der psychischen Hygiene fort, die schon von seinen Vorgängern begonnen worden waren. Er schaffte es durch Einbeziehung von Behörden, Krankenkassen und anderen Institutionen ein dichtes Netzwerk aufzubauen, um den Anliegen der Mental Health Bewegung einen Durchbruch zu verhelfen. Aber auch hier war er nicht so sehr als Erneuerer tätig, sondern baute auf Vorhandenem auf. Das Ansehen des Faches Psychiatrie konnte nach der NS-Zeit in der Öffentlichkeit schlechter nicht sein, aber am Ende der Ära Hoff hatte sich dieses Bild gewandelt.

Informationen zur Autorin

OÄ Dr. med. Dr. phil. Mag. phil. Ingrid Arias, 1. Medizinische Abteilung, KA Rudolfstiftung, Juchgasse 25, A-1030 Wien, E-Mail: ingrid.arias-lukacs@wienkav.at

---

94 ARIAS, Wiener Medizinische Fakultät, wie Anm. 35, 114–115. Risaks Habilitationsansuchen wurde 1954 abgelehnt und erst 1959 mit den Begutachtern Hans Hoff und Karl Fellinger angenommen. Hermann Lenz wurde 1962 angeblich auf Intervention des deutschen Neurologen Georg Schaltenbrand habilitiert.

Marianne Springer-Kremser

Die Neukonstituierung der Psychotherapeutischen Schulen und der Beginn der Akademisierung der Psychotherapie

> „Wir werden auch sehr wahrscheinlich genötigt sein, in der Massenanwendung unserer Therapie das reine Gold der Analyse reichlich mit dem Kupfer der direkten Suggestion zu legieren."
>
> S. FREUD 1919

English Title

The Reestablishment of Psychotherapteutic Schools and the Beginning of the Academisation of Psychotherapy

Summary

Freudian Psychoanalysis and Adlerian Individual Psychology were the therapeutic methods in Austria before World War II. In March 1938 the antisemitic Nazi regime closed these institutions and prosecuted their members. After 1945 in the newly founded Viennese psychoanalytic society the training of candidates was taken up again. Some candidates were simultaneously working as psychiatrists at the university hospital. From 1947–1970, the medical faculty at Vienna University offered just a few lectures on medical psychology and two on psychotherapy. During the post graduate psychiatric training one single seminar on psychotherapy was offered. These circumstances signified a certain resistance against psychotherapy in academic, especially medical circles. Diverse reasons for the resistance against psychotherapy as an academically accepted treatment method can be identified: confessional obstacles, disqualifying psychotherapy as a non-scientifically proved method, the overenthusiastic welcoming of psychopharmaceutic drugs leading to the dominance of biological psychiatry, and last but not least the specific conditions of psychotherapeutic training contributed to the impediment of implementing psychotherapy in academic settings. Psychotherapy promoting factors, among others, included the students' movement in the 1960s that raised public awareness for the psychosocial origins of psychopathological conditions. With the law on psychotherapy, issued in 1990, the profession of "psychotherapist" was created. Current examples of cooperation between psychotherapeutic societies and universities are listed. Finally, possible advantages and pitfalls of different models aiming at integrating psychotherapy as an "academic" profession are discussed.

Key Words

Psychotherapy, Psychiatry, Psychoanalysis, Vienna Medical School

Einleitung

Der Begriff „Akademie" leitet sich vom Ort der Philosophenschule des Platon ab, die sich beim Hain des griechischen Helden Akademos in Athen befand. Akademie ist ein rechtlich ungeschützter Begriff und deckt ein breites Spektrum von öffentlich geförderten und/oder privaten (sogenannten „freien") Forschungs-, Lehr-, Bildungs- und Ausbildungseinrichtungen ab. Akademisierung kann somit bedeuten, eine Institution in der Art einer Akademie einzurichten; oder – eher leicht abwertend gebraucht – „akademisch betreiben". Akademisierung kann auch bedeuten, dass ein Bakkalaureat, Magisterium oder Doktorat als Voraussetzung für die Besetzung einer bestimmten Position gefordert wird. Akademisierung kann also verschiedenes bedeuten.

Im Rahmen einer Veranstaltung zur Sozialgeschichte der Medizin mit Gewichtung auf der Psychiatriegeschichte scheint es geboten, zuerst darzustellen, welches jeweils die Grundlagen waren, auf deren Basis eine „Neukonstituierung" der psychotherapeutischen Schulen erfolgen konnte und dann, welche Bemühungen im universitären und extrauniversitären Bereich aktuell bestehen, den Berufsstand „Psychotherapeut/Psychotherapeutin", wie im Psychotherapiegesetz (BGBl. Nr. 361/1990 ST0151) festgeschrieben, zu „akademisieren".

Um diesem Anspruch annähernd zu entsprechen, wird mit einer Darstellung der in Wien aktiven psychotherapeutischen Schulen nach 1945 begonnen, dann wird kurz auf die psychotherapeutische Ambulanz der Wiener Gebietskrankenkasse eingegangen. Es folgt eine Übersicht, betreffend Psychotherapie in Lehre, Klinik und Forschung an der Medizinischen Fakultät der Universität Wien ab 1947 bis 1972. Dieser Zeitraum wurde gewählt, da im Vorlesungsverzeichnis des Sommersemesters 1947 erstmals nach dem Ende des Zweiten Weltkriegs eine Lehrveranstaltung zum Thema Psychotherapie aufschien. Im Jahr 1972 wurde erstmals nach Gründung des Institutes für Tiefenpsychologie und Psychotherapie an der medizinischen Fakultät eine Vorlesung zum Thema „Einführung in die Psychotherapie" gehalten. Auch die spärlichen Angebote in der Facharztausbildung werden aufgezeigt. Den Widerständen gegen eine Akademisierung werden die fördernden Faktoren gegenübergestellt. Abschließend wird auf aktuelle Akademisierungsbestrebungen eingegangen.

Psychotherapeutische Schulen in Wien nach 1945

Dem vorgegebenen Thema folgend, kann Neukonstituierung nur jene Cluster psychotherapeutischer Schulen/Methoden betreffen, welche schon vor 1950 aktiv waren. Es sind dies der Cluster der psychoanalytischen Schulen; der Cluster der humanistischen Psychologie, einschließlich Logotherapie und Existenzanalyse und die Anfänge des Arbeitskreises für Psychoanalyse.

Die Wiener Psychoanalytische Vereinigung

1902 gründete Sigmund Freud die „Psychologische Mittwochgesellschaft". Er lud Kollegen, die sich für die psychoanalytische Methode interessierten – anfangs waren es nur männliche Psychoanalytiker –, einmal wöchentlich zu Vorträgen und Diskussionen in seine Arbeitsräume. Diese „Mittwoch-Abend-Gesellschaft" wurde 1908 zu einem Verein umgewandelt, aus dem am 12. Oktober 1910 offiziell der Verein „Wiener Psychoanalytische Vereinigung" (WPV) hervorging.[1]

In den 1920er Jahren gab es eine personelle Vernetzung zwischen der WPV und der Wiener Psychiatrisch-Neurologischen Universitätsklinik. 27 Personen, die an der Wiener Psychiatrisch-Neurologischen Universitätsklinik zwischen 1914 und 1938 als UniversitätsassistentInnen arbeiteten, waren gleichzeitig mit, vor oder nach ihrer Tätigkeit an der Klinik, unter den Professoren Julius Wagner-Jauregg und Otto Pötzl, Mitglieder der WPV. Zu diesen zählten unter anderen: Helene Deutsch (1884–1982), die von 1914 bis 1918 die psychiatrische Frauenabteilung leitete. Nach 1918, als männliche Kollegen vom Krieg heimgekehrt waren, musste Frau Deutsch die Leitung wieder abgeben. Heinz Hartmann (1894–1970), Eduard Hitschmann (1871–1957), Wilhelm Hoffer (1897–1967), Paul Schilder (1886–1940) und andere wissenschaftlich aktive UniversitätsassistentInnen, die das wissenschaftliche und intellektuelle Klima der damaligen Psychiatrie in Wien prägten, waren Mitglieder der WPV.[2]

In der Pionierzeit der Psychoanalyse gab es noch keine formelle Ausbildung: Interessierte nahmen an den Diskussionen teil, die vorhandene Literatur wurde gelesen, intensiv diskutiert und man deutete einander gegenseitig die Träume. Nach dem Ersten Weltkrieg wurden bestimmte Kriterien für die Ausbildung festgelegt. So wurde es eine Voraussetzung für den Beruf des Psychoanalytikers, sich einer persönlichen Analyse zu unterziehen und an Ausbildungslehrgängen teilzunehmen. Erstmals fanden 1922 Ausbildungslehrgänge im Rahmen des Wiener psychoanalytischen Ambulatoriums statt. 1924 wurde schließlich ein eigenes Lehrinstitut gegründet, das von Anfang an den internationalen Ausbildungsstandards der International Psychoanalytical Association (IPA) verpflichtet war.

1938 wurde die Wiener Psychoanalytische Vereinigung einen Tag nach dem Einmarsch der Nationalsozialisten in Österreich aufgelöst. Sigmund Freud konnte mit seiner Frau, der Tochter Anna, dem Internisten Max Schur und der Haushälterin dank Unterstützung durch die Psychoanalytikerin Marie Bonaparte (1882–1962), Prinzessin von Griechenland, über Paris nach London emigrieren. Viele andere Mitglieder mussten ebenfalls flüchten; einige wurden allerdings in den Vernichtungslagern der Nationalsozialisten ermordet.[3] Über die Situation der in Wien verbliebenen Psychoanalytiker und deren Arbeitsbedingungen unter der Diktatur der Nationalsozialisten hat Mitchell G. Ash[4] einen Sammelband herausgegeben.

---

1 Vgl. Harald LEUPOLD-LÖWENTHAL, Handbuch der Psychoanalyse (Wien 1986), 30.
2 Vgl. dazu besonders Alfred SPRINGER, Historiography and History of Psychiatry in Austria, in: History of Psychiatry 2/7 (1991), 251–261.
3 Vgl. Elisabeth BRAININ / Izak KARDINER, Psychoanalyse und Nationalsozialismus, in: Psyche 24 (1982), 989–1012.
4 Mitchell G. ASH, Hg., Materialien zur Geschichte der Psychoanalyse in Wien nach 1938–1945 (= Brüche und Kontinuitäten in der Geschichte der Psychoanalyse in Wien 3, Frankfurt am Main 2012).

Am 10. April 1946 konnte die Wiener Psychoanalytische Vereinigung unter August Aichhorn (1879–1949) und Alfred Winterstein (1885–1958) ihre Tätigkeit wieder aufnehmen. Sieben Ärzte und sieben PsychologInnen wurden während der Zeit der „Psychoanalytischen Untergrundbewegung" – so Aichhorn, ausgebildet; aus der Emigration zurückkehrende Psychoanalytiker wie beispielsweise Hedda Eppel (1898–1992) und später Erich Heilbrunn (1910–1977), kamen hinzu. Die Wiener Psychoanalytische Vereinigung fand sofort Anschluss an die Internationale Psychoanalytische Vereinigung und konnte auch ihre Lehrtätigkeit fortsetzen. 1957 wurde Wilhelm Solms-Rödelheim Vorsitzender. Unter den Ausbildungskandidaten, die in den 1960er Jahren ihre Lehranalyse begannen, waren einige gleichzeitig in Ausbildung zum/zur Facharzt/Fachärztin an der Wiener Psychiatrisch-Neurologischen Universitätsklinik. Im Juni 2014 hatte die WPV 120 Mitglieder und 34 KandidatInnen.

Individualpsychologie

Nach einer nicht ohne Emotionalität gekennzeichneten Auseinandersetzung zwischen Siegmund Freud und Alfred Adler gründete Letzterer 1911 den „Verein für freie psychoanalytische Forschung", der bald in „Verein für Individualpsychologie" umbenannt wurde. Der Verein vermochte besonders im sozialdemokratischen Wien durch Pädagogisches Engagement (Schulreform, Kindergärten etc.) gut Fuß fassen.

Viele der Emigrierten (Vertriebenen) kehrten nicht wieder aus dem Exil zurück, und so konnte die Individualpsychologie in Wien nach dem Zweiten Weltkrieg ihre ursprüngliche Verbreitung nicht wieder erreichen. Im Oktober 1945 stellte Ferdinand Birnbaum (1892–1947) ein Ansuchen auf Reaktivierung des Wiener Vereins, das Anfang 1946 bewilligt wurde. Erste Aktivitäten von Vereinsmitgliedern bestanden darin, durch die Gründung neuer Erziehungsberatungsstellen, den Aufbau einer Psychotherapeutischen Ambulanz an der Nervenheilanstalt Maria-Theresien-Schlössel, wo auch Karl Nowotny (1895–1965) wirkte, sowie durch Vorträge und Ausbildungsseminare in der Lehrerbildung u. ä. an die individualpsychologischen Traditionen vor dem Krieg anzuknüpfen.

Der Individualpsychologe Knut Baumgärtel (1914–1992) war nach dem Krieg langjähriger Leiter der – aktuell aktiven – Wiener Institute für Erziehungshilfe, die nach Vorbild von in London bestehenden Einrichtungen, den „Child Guidance Clinics", gegründet wurden. Einzelne Vereinsmitglieder erwarben eine hohe Reputation u. a. in der Beschäftigung mit Psychosomatik (Erwin Ringel, 1921–1994), Krisenintervention und Suizidverhütung (Gernot Sonneck, 1942) sowie Kinder- und Jugendpsychotherapie (Walter Spiel 1920–2003, Max Friedrich 1945). 1979 wurde der Tätigkeitsbereich des Vereins von Wien auf ganz Österreich ausgedehnt – so ist der Verein in Graz besonders aktiv – und erhielt seinen heutigen Namen „Österreichischer Verein für Individualpsychologie".

Arbeitskreis für Psychoanalyse

Der Begründer, Igor Graf Caruso, wurde 1914 in Transnistrien (heute Moldawien) geboren und studierte in Belgien. 1942 konnte er mit Hilfe einer Schwägerin nach Wien übersiedeln und durch Fürsprache seines Schwagers, eines Österreichers, in der berüchtigten Städtischen

Nervenklinik für Kinder am Spiegelgrund für einige Monate eine Tätigkeit als Erzieher und als Gutachter aufnehmen. Seit ein Mitglied des Wiener Arbeitskreises für Psychoanalyse die Tätigkeit Carusos in der oben genannten Einrichtung unter dem NS Regime recherchiert und publiziert hat, wird darüber ein kontroversieller Diskurs geführt.[5] 1942 bekam er eine Anstellung in der Wiener Städtischen Nervenheilanstalt Döbling, dem Maria-Theresien-Schlössl. 1947 gründete Caruso den Arbeitskreis für Psychoanalyse, orientiert an Martin Heidegger, Viktor von Weizsäcker und Carl Gustav Jung. In den 1960er und 1970er Jahren revidierte Caruso frühere kritische Positionen und orientierte sich zunehmend an der Freud'schen Psychoanalyse. Nach einem längeren Aufenthalt in Bogota erhielt er im Jahr 1966/67 einen Lehrauftrag an der Universität Graz und 1967 an der Universität Salzburg. 1972 wurde er ohne Habilitation zum Professor für Klinische Psychologie und Sozialpsychologie an der Universität Salzburg ernannt. Er starb 1981 in Salzburg.

Österreichische Gesellschaft für Analytische Psychologie: C. G. Jung-Gesellschaft

C. G. Jung trennte sich von Freud 1912 nach der Affäre „Sabina Spielrein", die in dem Film „A Dangerous Method" eine künstlerische Verarbeitung fand. Jung hatte von 1934–1940 in der „Allgemeinen Ärztlichen Gesellschaft für Psychotherapie" eine bedeutende Position inne, geduldet von Matthias Heinrich Göring (1879–1945), einem Verwandten des Reichmarschalls. Jungs Position und viele seiner Äußerungen während dieser Zeit werden nach wie vor sehr kontrovers diskutiert.[6] 1980 wurde die „Österreichische Arbeitsgemeinschaft für Analytische Psychologie nach C.G. Jung" gegründet. 1983 erfolgte die Änderung des Namens in „Österreichische Gesellschaft für Analytische Psychologie" (ÖGAP). Die Gesellschaft wurde als Ländergruppe in die IGAP (Internationale Gesellschaft für Analytische Psychologie) aufgenommen, und erhielt damit die Berechtigung zur Ausbildung angehender TherapeutInnen. Die Gesellschaft ist in Österreich nicht sehr aktiv, jedoch international gut vernetzt, gute Kontakte bestehen zu Deutschland und zur Schweiz.

Logotherapie und Existenzanalyse

Die Logotherapie und Existenzanalyse geht auf den Neurologen und Psychiater Viktor E. Frankl zurück. Für Frankl selbst handelt es sich um eine anthropologische Theorie und eine psychologische Behandlungsform, deren Entstehung in die 1930er Jahren zu datieren ist. Frankl hielt öffentliche Vorträge auf Kongressen in Düsseldorf, Frankfurt, Berlin; dabei benützte er zum ersten Mal 1926 das Wort „Logotherapie". Ursprünglich bestanden Verbindungen zu den Individualpsychologen, Frankl publizierte in deren Zeitschrift. Frankl wurde

---

5 Vgl. Eveline LIST, Wolfgang J.A. Huber und die Psychoanalyse Geschichtsschreibung in Österreich, in: Luzifer Amor 40 (2007), 142–159.
6 Vgl. Rüdiger SÜNNER, CG Jung und der Nationalsozialismus, in: Novalis. Zeitschrift für spirituelles Denken 9/10 (2001), online unter: http://www.ruedigersuenner.de/C.G.Jung.html (letzter Zugriff: 3. 11. 2015).

aufgrund seiner Zugehörigkeit zur jüdischen Schicksalsgemeinschaft von den Nazis deportiert und überlebte die Vernichtungslager. Nach dem Krieg konnte Frankl im Rahmen seiner Venia Legendi eine Lehrveranstaltungen halten. Frankl selbst sah Logotherapie und Existenzanalyse als je eine Seite ein und derselben Theorie: Logotherapie als eine psychotherapeutische Behandlungsmethode, während die Existenzanalyse eine anthropologische Forschungsrichtung darstellt. In der Logotherapie meint Logos zweierlei: Einmal den Sinn und zum anderen Mal das Geistige und zwar in zumindest heuristischem Gegensatz zum bloß Seelischen.[7] Im psychotherapeutischen Kontext bedeutet diese Rückbesinnung auf den Logos eine Rückbesinnung auf den Sinn und die Werte. Während Frankl selbst die Logotherapie als Ergänzung zu einer Psychotherapie wie oben erwähnt ansieht, ist sie nach heutigem Verständnis der Gesellschaft für Logotherapie und Existenzanalyse Wien als sinnorientierte Beratungs- und Behandlungsform zu bezeichnen.

Das Psychotherapeutische Ambulatorium der Wiener Gebietskrankenkasse

Hans Strotzka, Psychiater und Psychoanalytiker, übernahm 1951 die Leitung des psychotherapeutischen Ambulatoriums der Wiener Gebietskrankenkasse, die er bis 1971 innehatte. Von 1956–1958 leitete er die psychohygienische Arbeitsgruppe für Ungarnflüchtlinge und von 1959–1970 wirkte er als Mental Health Advisor der United Nations High Comission for Refugees in Genf. 1960 habilitierte er sich mit seinen „Sozialpsychiatrischen Untersuchungen".[8] Die Forschungsergebnisse zu diesem Thema fanden auch Eingang in die Publikation „Einführung in die Sozialpsychiatrie".[9] Dieses Buch fand im deutschsprachigen Raum viel Anklang und wurde u. a. von dem deutschen Sozialpsychiater Asmus Finzen sehr gewürdigt.[10] 1969 wurde Hans Strotzka Lehranalytiker der Wiener Psychoanalytischen Vereinigung und 1971 Ordinarius des neu gegründeten Instituts für Tiefenpsychologie und Psychotherapie an der Medizinischen Fakultät.

Psychotherapie in Lehre, Klinik und Forschung an der Medizinischen Fakultät der Universität Wien – Vorläufer der Akademisierung?

Psychotherapie in der Lehre

Um die Entwicklung der Lehre in psychotherapeutischen Fragestellungen im akademischen Kontext nachzuvollziehen, habe ich in die Vorlesungsverzeichnisse der Medizinischen Fakultät für das Fach Psychiatrie und Neurologie in den Jahren von 1947 bis 1971 Einsicht genom-

---

7 Viktor FRANKL, Logotherapie und Existenzanalyse (Weinheim 1959), 663.
8 Hans STROTZKA, Sozialpsychiatrische Untersuchungen (Wien 1960).
9 Hans STROTZKA, Einführung in die Sozialpsychiatrie (Reinbeck/Hamburg 1965).
10 Asmus FINZEN / Hans STROTZKA. Einführung in die Sozialpsychiatrie, in: Psychiatrische Praxis 2 (2004), online unter: http://www.medpsych.at/lehrer-hansstrotzka.pdf (letzter Zugriff: 9. 11. 2015).

men. Beginnend mit dem Sommersemester 1947 finden sich Lehrveranstaltungen zu Themen der Psychotherapie und medizinischen Psychologie; die Qualifikation der Lehrenden war unterschiedlich und bewegte sich auf einem breiten Spektrum von Psychiatern, die keinerlei Erfahrung mit oder Zugehörigkeit zu einer bestimmten therapeutischen Schule/Methode, wohl aber Interesse dafür aufweisen (Kauders, Frankl), bis zu anderen, die ihre Ausbildung teils in der Schweiz bei damals schon anerkannten Psychoanalytikern absolviert hatten (Solms-Rödelheim).
In der Folge findet sich die Übersicht über die einzelnen Semester.
– Sommersemester 1947: Kauders, Vorlesung: „Ausgewählte Kapitel aus der Medizinischen Psychologie und Psychotherapie"; Kauders war 1936 Gründungsmitglied der „Österreichischen Gesellschaft für Psychotherapie und Psychohygiene". Er verstarb 1949.
– Wintersemester 1947/48: Kauders s. o.; Nowotny: „Psychische Heilmethoden unter besonderer Berücksichtigung der Individualpsychologie" (bis inklusive Sommersemester 1966); Frankl: „Psychotherapeutisches Praktikum".
– Sommersemester 1950: Nowotny, Frankl s. o.; Reisner (als Supplent): „Medizinische Psychologie".
– Sommersemester 1951: Nowotny, Frankl s. o.; Hoff: „Einführung in Medizinische Psychologie und Psychotherapie".
– Wintersemester 1951/52: Nowotny, Frankl, Hoff s. o.; Frankl: „Existenzanalyse".
– Wintersemester 1956/57: Nowotny, Frankl, Hoff s. o.; Arnold: „Einführung in die Anthropologische Tiefenpsychologie"; Solms-Rödelheim: „Grundzüge der Psychoanalyse".
– Sommersemester 1962: Alle Vorlesungen des WS 1956/57 und Strotzka: „Psychotherapeutische Kurzmethoden".
– Wintersemester 1963/64: Alle Vorlesungen des Sommersemesters 1962 und Strotzka: „Sozialpsychiatrie"; Erwin Ringel: „Psychodynamisch orientierte Psychiatrie" und „Psychosomatik".
– Wintersemester 1964/65: kommt zu den vorher aufgelisteten Vorlesungen hinzu: Spiel: „Psychotherapeutische Übungen".
– Sommersemester 1969: Alle oben angeführten Vorlesungen, neu hinzu kommt Spiel: „Psychotherapeutische Probleme des Kindes- und Jugendalters".
– Mit Wintersemester 1969/70 übernimmt Peter Berner nach Emeritierung und Tod von Hoff die Hauptvorlesung „Psychiatrie". Psychotherapie ist bei Berner kein Vorlesungsthema; und – interessanterweise – fällt bei der Vorlesung von Ringel unter Berner der Begriff „Psychodynamisch" weg.
– Mit Wintersemester 1972/73 beginnen die Vorlesungen von Strotzka: „Einführung in die Psychotherapie für Mediziner" und „Einführung in die Tiefenpsychologie"; im Sommersemester 1973 „Anwendungen der Tiefenpsychologie", beides Pflichtvorlesungen für PsychologInnen. Nach Emeritierung von Strotzka 1986 werden die Vorlesungen für PsychologInnen bis 2009 weitergeführt.

Psychotherapie in Klinik und Forschung

Schauen wir zurück in die 50er Jahre: In dem „Lehrbuch der Psychiatrie" von Hans Hoff ist in dem Kapitel „Tiefenpsychologie" folgendes zu lesen:

> „Es kann nicht die Aufgabe meiner Ausführungen sein, die Einzelheiten der Psychoanalyse und ihre Geschichte zu bringen. Es soll nur der Versuch gemacht werden, die Psychoanalyse soweit darzustellen, wie sie für das allgemeine Verständnis der Zusammenhänge in der Psychiatrie notwendig ist. Ich glaube auch, dass der Kampf für oder gegen die Psychoanalyse vorbei ist und kann mir kein Verständnis der verschiedenen Formen der Neurosen, aber auch der Schizophrenie vorstellen, ohne die Kenntnis der Grundlagen der Psychoanalyse."[11]

In eben diesem Buch im Kapitel „Therapie der Schizophrenie" ist weiter zu lesen:

> „Wir haben uns daher in Wien entschlossen, jeden mit Insulin behandelten Patienten nach der Kur einer Psychotherapie zuzuführen. Von 35 mit Insulin und Psychotherapie behandelten Patienten ist nur ein Patient rückfällig geworden. Das Rezidiv war jedoch nur kurz und es gelang uns bisher, alle Patienten sozial angepasst zu erhalten. In Wien hat Schindler gemeinsam mit Hift diese Patienten zu einer Gruppe zusammengefasst und sie nach Einzelvorbereitung auf tiefenpsychologischer Basis einer Behandlung unterzogen. Dabei ist von Wichtigkeit, dass der Gruppe eine Dynamik gegeben wird, die bewirkt, dass die Gruppentherapie nicht nur eine Belehrung darstellt, sondern dass auf die Probleme der verschiedenen Patienten in einem oft recht komplizierten Wechselspiel eingegangen wird […]."[12]

Das Erwähnen der Bedeutung der Gruppendynamik unterscheidet diesen Text auf erfreuliche Weise von den Anleitungen zu den derzeit so aktuellen „psychoedukativen Verfahren". Auf Initiative von Hans Hoff war zwischen 1961 und 1965 unter der Leitung von Hans Strotzka und unter Mitarbeit von Alois M. Becker, Wilhelm Solms-Rödelheim, Knut Baumgärtel und Walter Spiel ein Psychotherapeutisches Lehrinstitut an der Wiener Psychiatrisch-Neurologischen Klinik etabliert worden.[13] Zweifellos waren Hoffs Initiative und Förderungen aus zwei Gründen für die wissenschaftliche und gesundheitspolitische Etablierung der Psychotherapie bedeutsam: Erstens, weil damals von Strotzka und Mitarbeitern die Definition von Psychotherapie als Voraussetzung für Lehre, Forschung und Behandlung erarbeitet wurde; und zweitens war diese Initiative letztlich für die Gründung des Institutes für Tiefenpsychologie und Psychotherapie an der Medizinischen Fakultät im Jahr 1971 nicht unbedeutend.

Die folgende Definition von Psychotherapie, formuliert von Hans Strotzka, wurde von deutschsprachigen Lehrbüchern zum Thema Psychotherapie übernommen.

> „Psychotherapie ist eine Interaktion zwischen einem oder mehreren Patienten und einem oder mehreren Therapeuten (auf Grund einer standardisierten Ausbildung), zum Zwecke der Behand-

---

11 Hans Hoff, Lehrbuch der Psychiatrie (Wien 1956), 55.
12 Ebd., 494.
13 Hans Hoff, Bedeutung und Notwendigkeit eines psychotherapeutischen Lehrinstitutes, in: Wiener Medizinische Wochenschrift 111/18–19 (1961), 315.

lung von Verhaltensstörungen oder Leidenszuständen, die in einem Konsens zwischen Patient und Psychotherapeut für behandlungsbedürftig gehalten werden, mit psychologischen Mitteln, mit einer lehrbaren Technik, einem definierten Ziel und auf Basis einer Theorie des normalen und abnormen Verhaltens."[14]

Alle wesentlichen Inhalte dieser Definition finden sich auch in der im österreichischen Psychotherapie Gesetz formulierten Definition.

Vier psychologische Theorien vom Menschen, Psychoanalyse, Humanistische Psychologie, Lerntheorie und Systemtheorie bilden die konzeptuelle Basis von mehr oder weniger unterschiedlichen psychotherapeutischen Schulen und Methoden. Das Verständnis von Psychotherapie, wie in dieser Definition von Hans Strotzka festgehalten, oder wie bei Sigmund Freud[15] in „Wege der Psychoanalytischen Therapie" zu finden, war nicht allen Psychotherapeutischen Schulen gemeinsam – so gab es in der Ausbildung zur Verhaltenstherapie bis zur Gründung des Dachverbandes psychotherapeutischer Vereinigungen im Jahr 1986 keine Verpflichtung zur Selbsterfahrung in dem Curriculum der Verhaltenstherapie. Als stellvertretende Vorsitzende des Dachverbandes erlebte ich, dass auch andere Psychotherapeutische Vereinigungen damals bemüht waren, ihre Ausbildungsordnungen nach dem Muster der WPV neu zu orientieren.

Die späten 1960er Jahre – Erfahrungen und Aktivitäten der „Zeitzeugen"

Das Lehrangebot Psychotherapie betreffend für in Facharztausbildung stehende AssistentInnen

Für diese Gruppe bestanden folgende Angebote:
- Das Psychoanalytische Seminar von Solms-Rödelheim. Dieses Seminar war die einzige Möglichkeit für UniversitätsassistentInnen in Facharztausbildung, Fälle zu diskutieren und das eigene Handeln im Umgang mit PatientInnen unter Anleitung eines erfahrenen Psychiaters und Psychoanalytikers zu reflektieren.
- Initiiert von Hoff sollten die AssistentInnen der Klinik unter der Leitung einer Schauspielerin sich mit Psychodrama befassen. Das war für uns als Teilnehmer eher amüsant; Theorie und Technik des Psychodramas, wie der Gründer Jacob Levy Moreno (1890–1974) es verstanden hatte, konnte die leitende Schauspielerin nicht vermitteln.
- Eine weitere Initiative von Hoff war das Etablieren eines Seminars zum Erlernen des „Autogenen Trainings", das von einer Physiotherapeutin geleitet wurde, an welchem alle Assistenzärztinnen und -ärzte der Klinik Teil nehmen sollten/mussten.
- Aufgrund einer Privatinitiative nahmen in der Zeit von 1969–1971 einige in Ausbildung Stehende der Klinik an einer Selbsterfahrungsgruppe teil, die Raoul Schindler (1923–2014) leitete, Psychiater und Gruppentherapeut, der dem Arbeitskreis für Psychoanalyse von Caruso nahestand.

---

14 Hans Strotzka, Psychotherapie und Tiefenpsychologie. Ein Kurzlehrbuch (Wien–New York 1982), 1.
15 Sigmund Freud, Wege der Psychoanalytischen Therapie, in: Gesammelte Werke, Bd. 12: Werke aus den Jahren 1917–1920 (Frankfurt am Main ⁵1972), 183–194.

– Paartherapie im Rahmen der Ambulanz der Psychiatrischen Universitätsklinik: Zwei in Lehranalyse bei der WPV stehende Assistenten der Klinik, Alfred Springer und Marianne Springer-Kremser, hatten das von Masters & Johnson in den USA entwickelte Behandlungskonzept für Personen mit sexuellen Funktionsstörungen modifiziert und boten Paartherapie für diese Personengruppe an. Ein ausführlicher Bericht über dieses aufwändige und erfolgreiche Behandlungskonzept erschien 1974.[16] Die Autoren – obwohl Psychoanalytiker – wurden daraufhin eingeladen, dieses Therapiemodell aktiv als Lehrende im Rahmen der Verhaltenstherapieausbildung in Wien zu unterrichten.

Zum Status Psychotherapeutischer Konzepte in universitärer Klinik, Forschung und Lehre

Psychotherapie, so wie von Strotzka definiert oder wie von Freud 1904[17] und 1919[18] in unterschiedlichen Kontexten verwendet, hatte an der Wiener Psychiatrisch-Neurologischen Universitätsklinik kaum einen Status. Es war damals durchaus üblich, dass vom Stationsführenden Oberarzt einer Ärztin/einem Arzt während der Visite aufgetragen wurde, eine/n bestimmte/n Patientin/Patienten „in Psychotherapie zu nehmen", ohne sich um das Interesse oder gar eine Qualifikation der beauftragten Person zu kümmern. Abgesehen von diesem während der Visite erteilten Auftrag gab es keinerlei weiteres Interesse an dem Verlauf dieser Psychotherapie, ganz abgesehen von Interesse am „psychotherapeutischen Prozess" – nichts wurde von der Stationsleitung hinterfragt. Ohne abgeschlossene Ausbildung arbeitete man als „Dilettant/Dilettantin ohne Lampenfieber". Nur in dem Seminar von Solms gab es die Möglichkeit, die Interaktionen mit jenen PatientInnen, denen Psychotherapie so wie ein Medikament „verordnet" wurde, zu reflektieren.

Besonders vor dem Hintergrund der oben erwähnten Definition von Psychotherapie, die ähnlich auch im Psychotherapiegesetz festgeschriebenen ist, war diese Situation milde ausgedrückt „interessant", und das von vielen subjektiv wahrgenommene Defizit im Umgang mit den PatientInnen sicher auch motivierend für Auszubildende, sich einer Lehranalyse zu unterziehen. Die Diskrepanz zwischen dem offensichtlichen Bedarf an Psychotherapie auf Seiten der PatientInnen, vieler Ärztinnen und Ärzte, PsychologInnen und auch SozialarbeiterInnen einerseits und dem mangelnden Bedürfnis der Universitäten als offizielle Lehrinstitute auf diesen Bedarf adäquat zu reagieren, hatte zweifellos positive und auch negative Konsequenzen. Positiv war die zwangsläufige Orientierung von an Psychotherapie Interessierten an Ausbildungseinrichtungen in der Schweiz, Deutschland, den USA – letzteres, da manche der Emigranten noch aktiv waren und deutsch sprachen, wie z. B. Leopold Bellak (1916–2002), der als Supervisor am Institut für Psychotherapie und Tiefenpsychologie tätig war. Problematisch hingegen ist die rasche Gründung mancher psychotherapeutischer Lehrinstitute zu sehen, deren Ausbildungsordnungen dann im Nachhinein internationalen Standards angepasst werden mussten.

---

16 Alfred SPRINGER / Marianne KREMSER, Die Symptomatische Spirale – Interaktionsanalyse und Verhaltenstherapie bei sexuellen Funktionsstörungen, in: Sexualmedizin 3 (1974), 353–358.
17 Sigmund FREUD, Über Psychotherapie, in: Gesammelte Werke, Bd. 5: Werke aus den Jahren 1904–1905 (Frankfurt am Main ⁵1972), 13–28.
18 FREUD, Wege, wie Anm. 15.

Übersicht über die Entwicklung der Psychotherapieforschung

- Phase der Fallgeschichte: Diese beginnt in der ersten Hälfte des 20. Jahrhunderts mit Freuds Einzelfalldarstellungen. Den PatientInnen wurde erstmals eine Sprache verliehen.
- Phase der Legitimationsforschung: Diese fragt nach der allgemeinen Wirksamkeit von Psychotherapie; als Forschungsmethoden finden systematische, quantitative Reviews, Metaanalysen auf Effektstärken als Masse für Behandlungserfolg, Anwendung.
- Prozess – Ergebnis – Forschung: Fragt danach, was wann, wie, und auf welche Weise wirkt. Es werden zwei Gruppen von Wirkfaktoren unterschieden: Unspezifische Wirkfaktoren, dazu zählen Zuhören, Empathie, etc. und spezifische Wirkfaktoren, welche genuin einer Technik/Intervention zuzuschreiben sind, wie Desensibilisierung, Interpretation von Übertragung des dominanten Affekts, etc.
- Praxisforschung: Dazu zählt z. B. psychotherapiebezogene Praxisforschung außerhalb einer Klinik, wie die „Consumer Report" Studie USA 1996.[19]

Widerstände

Eine ablehnende Haltung gegenüber Psychotherapie wurzelte in der österreichischen Ärzteschaft und deren Standesvertretung in den 1950er Jahren vorwiegend in den Widerständen gegen das theoretische Konstrukt Psychoanalyse, da damals vom medizinischen Establishment Psychotherapie mit Psychoanalyse gleichgesetzt wurde. Für den zwischen 1933 und 1945 im deutschsprachigen Raum herrschende Antisemitismus galt Psychoanalyse als „Jewish Science" und Freuds Schriften waren der Bücherverbrennung zum Opfer gefallen. Es gab auch ideologische Widerstände gegen die Psychoanalyse, es wurde Nähe zum oder Förderung des Marxismus vorgeworfen, für Widerstand von katholischer Seite war (und ist) Freud's Aussage: „Ich bin ein gottloser Jude" Wasser auf die Mühlen. Da diese Einstellung auch in der Zwischenkriegszeit zu beobachten war, blieb sie in der traditionellen Form auch nach der Überwindung des Nationalsozialismus in gewisser Weise aufrecht. Wie vorhin dargestellt, wurden jedoch an der Medizinischen Fakultät in Wien in diesen Jahren Lehrveranstaltungen zu Psychotherapie – neben Frankl – von Individualpsychologen und erst später von einem Freudianer angeboten – was mit der Vertreibung der Psychoanalyse 1938 und dem allmählichen Aufbau der WPV nach 1945 zusammenhing. Die Habilitation von Wilhelm Solms-Rödelheim 1955 erleichterte die Integration der Psychoanalyse in den Universitätsbetrieb. Ein weiteres Problem stellen die Rahmenbedingungen, das „Setting" – unter welchen man die räumlichen, zeitlichen und durch das eingesetzte Verfahren selbst gegebenen Bedingungen versteht, die einen psychischen Raum sowohl eröffnen wie auch begrenzen helfen. Diese Rahmenbedingungen werden als wenig kompatibel mit den hierarchisch strukturierten universitären Lehr- und Lernvorgaben gesehen.

---

19 Marvin R. Goldfried / Barry E. Wolfe, Psychotherapy Practice and Research. Repairing a Strained Relationship, in: American Psychologist 51/10 (1996), 1007–1016.

Widerstände, die auf der Diskreditierung der Psychotherapie als „unwissenschaftlich" beruhten

Psychoanalytiker waren längere Zeit indifferent bis ablehnend gegenüber empirischer Forschung und dafür gab es der psychoanalytischen Methode inhärente Gründe. Studien zu psychoanalytischen/psychodynamischen Psychotherapien fokussieren nicht auf ausschließlich deskriptiven diagnostischen Kategorien, weil nach Merkmalen der psychischen Struktur diagnostiziert wird, z. B. durch Einschätzung der ICH-Funktionen;[20] Die derzeit im deutschsprachigen Raum vor allem im universitären Bereich verbreitete Operante Psychodynamische Diagnostik (OPD) beruht darauf.

Die Psychotherapieforschung in der ersten Hälfte des 20. Jahrhunderts war in der Folge Freuds und der damaligen Psychoanalytiker von Einzelfalldarstellungen geprägt, die längere Zeit als „Novellen" diskreditiert wurden. Es gab keine eigenen deutschsprachigen Publikationsmöglichkeiten in Zeitschriften. Die „Psyche", gegründet 1951 im Klett Verlag, war sozialpsychologisch und geisteswissenschaftlich orientiert, hatte keinen klinischen Schwerpunkt. Die vor dem Krieg bestehenden Publikationsorgane für Psychoanalyse wurden in London englischsprachig weitergeführt. So erscheint die „Zeitschrift für Psychoanalytische Pädagogik" (1926–1937) seit 1945 als „Psychoanalytic Studies of the Child". Die Zeitschrift „Imago" wurde mit der „Internationalen Zeitschrift für Psychoanalyse" fusioniert. Die Publikation fand keinen Nachfolger in deutscher Sprache, die neu konstruierte Zeitschrift erscheint seit der Zusammenlegung 1919 unter dem Titel „International Journal of Psychoanalysis".

Erst allmählich wurde die Bedeutung der Absicherung der psychoanalytisch-psychotherapeutischen Praxis durch adäquate Forschungsdesigns mittels welcher empirische Evidenz gewonnen werden sollte, sowohl unter einer wissenschaftlichen als auch gesundheitspolitischen Zielsetzung, erkannt. Dazu kommt, dass die auf der Lerntheorie basierende Verhaltenstherapie, deren Forschungsdesigns Ähnlichkeiten mit den Forschungsmethoden der Psychopharmaka-Therapie aufweist, eher als „evidence-based" wahrgenommen wurde und daher eher willkommen war. Forschungsergebnisse zur Psychoanalyse und psychoanalytischen Psychotherapie findet man auf allen Ebenen, in allen Phasen der Psychotherapieforschung, beginnend mit Freuds Einzelfallstudien.

Widerstände durch die Entwicklung von Psychopharmaka

Der Beginn der biologischen Psychiatrie führte zu einer fast enthusiastischen Dominanz der Behandlung von als psychiatrisch diagnostizierten PatientInnen mit Neuroleptika, Tranquilizern und Antidepressiva – neben Elektrokonvulsionstherapie. In der Behandlung der Melancholie fanden Opium Zubereitungen weiter Verwendung.[21] Psychosoziale Interventionen von Seiten der jüngeren KollegInnen wurden maximal geduldet bis belächelt.

---

20 Leopold BELLAK / Marvin HURVICH / Helen K. GEDIMAN, Ego Functions in Schizophrenics, Neurotics, and Normals (New York 1973).
21 Manfred BLEULER, Lehrbuch der Psychiatrie (Berlin u. a. [10]1966), 428.

Religiöse Widerstände: Psychotherapie wurde mit Psychoanalyse assoziiert

Psychoanalytische Texte wurden unter Papst Pius XII. auf den Index der kirchlich verbotenen Bücher gesetzt, die Erklärung Gravissimum educationis (GE) wurde am 28. Oktober 1965 durch das Zweite Vatikanische Konzil verabschiedet. Mit ihr werden die Merkmale der Bildung und Erziehung an katholischen Schulen, Hochschulen und Universitäten bindend beschrieben. Exkommunikation droht Allen, die sich einer Psychoanalyse unterziehen. Die Triebtheorie, insbesondere die bewusst missverstandenen Texte zur kindlichen Sexualität waren Steine des Anstoßes; Freud wurde „Pansexualismus" vorgeworfen.

Widerstände resultierend aus narzisstischer Kränkung der Ärzte

Klinik, Lehre und Forschung waren hierarchisch strukturiert: der Arzt dozierte, PatientInnen hatten ergriffen zu lauschen und alle ärztlichen Anordnungen unhinterfragt zu befolgen. Dieses Arrangement sollte plötzlich eine Umkehr erfahren? PatientInnen sollten sprechen, aussprechen, was auch immer ihnen in den Sinn kommt und Ärzte sollten zuhören? Damit war die paternalistische Position des Arztes in Frage gestellt – wie in Freuds Krankengeschichten, die in den „Studien zur Hysterie"[22] publiziert sind, dargestellt ist.

Die Akademisierung fördernde Faktoren

Die Studentenbewegung der 1968er Jahre führte zu einer Neuauflage vieler psychoanalytischer Texte (Karl Abraham, Sandor Ferenczi, etc.), die gekauft und gelesen wurden. Damit wurde die Sensibilisierung für die Rolle von psychosozialen Faktoren bei der Entstehung und Aufrechterhaltung von Erkrankungen gefördert und das Interesse an Psychosomatik und Psychotherapie geweckt. Durch die „Antipsychiatrie"-Bewegung, die in Italien ihren Ursprung nahm, und die Bemühungen um eine „gemeindenahe Psychiatrie" wurde die dominante und vor allem alleinige Behandlung psychischer Kranker mit Psychopharmaka in Frage gestellt, psychosoziale Behandlungskonzepte wurden von Patienten- und Angehörigenverbänden eingefordert.

Die Tatsache, dass 1971 der Internationale Psychoanalytische Kongress zum ersten Mal seit der Vertreibung der Psychoanalyse durch das nationalsozialistische Regime im März 1938 wieder in Wien stattfinden sollte, warf ihre Schatten voraus. Psychoanalytische Literatur wurde neu aufgelegt, manches als Raubdruck, wie der Bericht über das psychoanalytische Kinderheim-Laboratorium in Moskau von Vera Schmidt,[23] Texte von Wilhelm Reich[24] u. a.

---

22 Sigmund Freud, Studien über Hysterie, in: Gesammelte Werke, Bd. 1: Werke aus den Jahren 1892–1899 (Frankfurt am Main ⁵1977), 75–314.
23 Vera Schmidt, Psychoanalytische Erziehung in Sowjetrußland. Bericht über das Kinderheim Laboratorium in Moskau (Leipzig–Wien–Zürich 1924).
24 Wilhelm Reich, Die Funktion des Orgasmus. Sexualökonomische Grundprobleme der biologischen Energie (= Die Entdeckung des Orgons 1, Köln 1969).

1982 gründete Strotzka den Dachverband „Psychotherapeutischer Vereinigungen Österreichs", in welchem erstmals alle damals in Österreich bestehenden psychotherapeutischen Schulen – zwölf – vertreten waren und der als Vorläufer des Österreichischen Bundesverbandes für Psychotherapie anzusehen ist. Die Tätigkeit des Dachverbandes wurde 1990 nach Beschlussfassung des österreichischen Psychotherapiegesetzes erfolgreich abgeschlossen. Nach diesem Gesetz fordert die Ausbildung zum Psychotherapeut/zur Psychotherapeutin die Absolvierung eines Propädeutikums und anschließend eines Fachspezifikums. Letzteres konnte lange Zeit nur in den vom Bundesministerium für Gesundheit anerkannten psychotherapeutischen Einrichtungen absolviert werden. Weder für die Zulassung zum Propädeutikum noch zum Fachspezifikum ist ein akademischer Grad Bedingung.

Schon damals bestand bei manchen Berufsgruppen (Ärzten, Psychologen) ein Trend dahin gehend, eine Berufsberechtigung als Psychotherapeut bzw. Psychotherapeutin nur in Kombination mit einem akademischen Titel zu erteilen. Nach dem Bologna Konzept entspricht ein Fachhochschulabschluss einem Bachelor Niveau; einige derzeit teils schon implementierte Modelle fordern einen Bachelor oder Master Abschluss als Bedingung für die Zulassung zu einem Fachspezifikum. Auf EU-Ebene sind die österreichischen Fachspezifika dem Abschluss einer Fachhochschule gleichgestellt.

Aktueller Stand der Akademisierung

Eine Akademisierung kann nur prospektiv, nicht retrospektiv möglich sein. Das Bundesministerium für Gesundheit und dessen Beratungsgremium, der Psychotherapiebeirat, scheinen diesen Bestrebungen gegenüber keineswegs desinteressiert zu sein.
- Propädeutikum: Ausbildungsgänge im akademischen Kontext existieren schon längere Zeit. So gibt es Universitätslehrgänge an den Universitäten in Wien, Graz, Salzburg, Innsbruck, Klagenfurt; die Praktika waren/sind ausgelagert. Lehrgänge universitären Charakters bestehen in Schloss Hofen in Vorarlberg, an der Erzdiözese Wien und ein Speziallehrgang wurde an der Fachhochschule für Soziale Arbeit in Salzburg eingerichtet.
- Fachspezifische Ausbildungsgänge im akademischen Kontext
  a) Universitätslehrgänge: Einen Lehrgang für Psychodrama bietet das Institut für Kommunikation im Berufsleben und Psychotherapie der Universität Innsbruck an; einen für Integrative Therapie die Donau-Universität Krems.
  b) Universitätslehrgänge in Kooperation mit fachspezifischen Einrichtungen gibt es an der Donau-Universität Krems für folgende Psychotherapeutische Schulen/Methoden: Analytische Psychotherapie, Integrative Gestalttherapie, Personzentrierte Psychotherapie, Konzentrative Bewegungstherapie, Psychodrama. Der Abschluss bringt den Titel Master of Science oder „Akademische/r Psychotherapeutin/Psychotherapeut" mit sich. Lehrgänge universitären Charakters werden in Schloss Hofen für folgende Richtungen angeboten: Logotherapie und Existenzanalyse, Systemische Familientherapie, Verhaltenstherapie.

c) Die Klinik für Psychoanalyse und Psychotherapie der Medizinischen Universität Wien bietet folgende Lehrveranstaltungen mit psychotherapeutischen Inhalten an:
   – Ein Pflichtfach im 2. Studienabschnitt: „Psychische Funktionen in Gesundheit und Krankheit" (seit 2004), WS, 5 Wochen; der Rektor betraute die Autorin mit der Leitung; von Beginn an sind Lernunterlagen verfügbar, die jährlich neu aufgelegt werden.
   – Wahlpflichtfächer zu verschiedenen Themen: z. B. „Diagnostisches Erstgespräch".
   – Ein Pflichtfach „Ärztliche Gesprächsführung C: Unspezifische Wirkfaktoren der Psychotherapie".
   – Einen Universitäts-Lehrgang für Psychotherapieforschung, der Schulen und Forschungs-Paradigmen übergreifend konzipiert ist.

Welche dieser Lehrveranstaltungen für die Berufsausbildung zum/zur „Psychotherapeut/Psychotherapeutin" anrechenbar sind, liegt in der Entscheidungsbefugnis des jeweiligen Fachspezifikum.

d) Das Studium Psychotherapiewissenschaft an der Sigmund Freud Privat Universität Wien. Derzeit besteht ein Bakkalaureat- und Masterstudium, ein Doktoratsstudium (PhD) ist in Vorbereitung. Ab dem 5. Semester des Bakkalaureatstudiums ist die Wahl für eine psychotherapeutische Schule zu treffen, die im Rahmen des Wahlpflichtfaches gelehrt wird. Es bestehen Kooperationsverträge mit psychotherapeutischen Ausbildungsvereinen, die ihre Curricula im Rahmen dieses Studiums anbieten. Mit dem Magisterabschluss wird zugleich das Abschlusszertifikat des gewählten Ausbildungsvereines erworben und damit die Möglichkeit, mit Vollendung des 28. Lebensjahres, in die Liste des Gesundheitsministeriums mit Berechtigung zur selbständigen Ausübung der Psychotherapie eingetragen zu werden – auch wenn das Fachspezifikum noch nicht abgeschlossen ist! Als Wahlpflichtfächer im letzten Jahr des Bakkalaureat und in den vier Semestern des Magisterstudiums werden derzeit (abhängig von der Teilnehmeranzahl) folgende Richtungen angeboten: Individualpsychologie, Existenzanalyse, Psychoanalyse (Arbeitskreis Innsbruck), Systemische Familientherapie, Integrative Gestalttherapie, Transaktionsanalyse, Personzentrierte Psychotherapie.

Einige kritische Bemerkungen zu derzeit laufenden Akademisierungsbestrebungen

Zweifellos bestehen vielversprechende Ansätze, Psychotherapie in Lehre, Klinik und Forschung zu integrieren und somit die von Orlinski und Howard[25] so klar aufgezeigte Kluft zwischen Forschung und Praxis zu überbrücken. Um eine Akademisierung der Psychotherapie auch an öffentlichen Universitäten zu etablieren, sind strukturelle Probleme zu lösen. Allen voran sind dies die Studienplatzbeschränkung und die Finanzierung. Aber auch eine dem Psy-

---

25 David E. ORLINSKI / Kenneth HOWARD, A Generic Model of Psychotherapy, in: Journal of Integrative and Eclectic Psychotherapy 6/1 (1987), 6–27.

chotherapie Curriculum inhärente Forderung, nämlich jene nach der zu absolvierenden Selbsterfahrung macht Schwierigkeiten: Selbsterfahrung kann nur außerhalb der Institution absolviert werden; es kann kein Nahe- oder Abhängigkeitsverhältnis – welcher Art auch immer – zu der Person bestehen, welche diese Funktion erfüllt. Ein derzeit in Planung befindliches Curriculum an der Universität Wien bietet den theoretischen Teil als Masterstudium zweier vernetzter Fachspezifika an, nach dem Bakkalaureat müssen die Kandidaten sich für die Selbsterfahrung in einem der beiden Fachspezifika entscheiden – hier wird diese Synthese wieder aufgelöst. Die kalkulierten Kosten sind derzeit mindestens 20 % höher als die gesamte Ausbildung in einem der Fachspezifika.

Bei manchen dieser Bestrebungen stellt sich die Frage *cui bono*? Insbesondere dann, wenn den Studierenden die Möglichkeit gegeben wird, nach Abschluss des Masterstudiums, ohne die im danach im Fachspezifikum vorgesehenen und laut Psychotherapiegesetz festgeschriebenen Fächer inklusive Selbsterfahrung abgeschlossen zu haben, schon in die PsychotherapeutInnen-Liste des österreichischen Bundesministeriums für Gesundheit eingetragen zu werden, d. h. PatientInnen behandeln zu dürfen. Es besteht also sehr viel Diskussions- und Klärungsbedarf, um nicht in die „Kurpfuscher Falle" hineinzustolpern. Als Wiener Psychoanalytikerin schließe ich mit Sigmund Freuds Definition von Kurpfuschern; diese lautet: „Kurpfuscher ist, wer eine Behandlung unternimmt ohne die dazu erforderlichen Kenntnisse und Fähigkeiten zu besitzen."[26]

Informationen zur Autorin

em. Univ. Prof. Dr. Marianne Springer-Kremser, Linzerstraße 40/6, A-1040 Wien, E-Mail: marianne.springer-kremser@meduniwien.ac.at

Forschungsschwerpunkte: Psychosomatik und Psychosexualität der Frau, Psychotherapieforschung

---

26 Sigmund FREUD, Die Frage der Laienanalyse. Unterredungen mit einem Unparteiischen (Leipzig u. a.), 86–87.

Samy Teicher / Elisabeth Brainin

Psychoanalyse nach der Nazizeit
Die Wiener Psychoanalytische Vereinigung und ihr Umgang mit dem Nationalsozialismus nach 1945

English Title

Psychoanalysis after the Nazi Period. How the Vienna Psychoanalytic Society Dealt with the Nazi-past after 1945

Summary

As an example of how scientific societies dealt with the Nazi-past of some of their members, an overview is given on how the Vienna Psychoanalytic Society (WPV) resumed its work in the years after 1945. The Society was diminished to a handful of members, the general acceptance of psychoanalysis was poor and the psychoanalytic society's policy towards former Nazi party members mirrors the general Austrian policy towards its Nazi-past.

Several outreach activities were initiated after 1946. The ambivalent reception of psychoanalysis in post-war Austria and the general brain-drain made a hard beginning for the Vienna Psychoanalytic Society after liberation. The identity of the Viennese psychoanalysts after the war was formed by Austrian and personal history.

Keywords

Psychoanalysis in Vienna, ambivalence towards Freud, Vienna Psychoanalytic Society, psychoanalytic identity today, screen identity, outreach activities

Einleitung

Diese Arbeit verstehen wir exemplarisch für die Geschichte vieler wissenschaftlicher Vereine im Österreich der Nachkriegszeit, denen es nicht wirklich gelungen ist, sich vom Schatten des Nationalsozialismus zu befreien. So wurden erst in den letzten Jahren des 20. Jahrhunderts die Verbrechen an psychisch Kranken in psychiatrischen Anstalten während der Nazizeit aufgeklärt und an die Öffentlichkeit gebracht. Mit diesem Beitrag wird der Versuch unternommen, einen historischen Überblick über die Wiener Psychoanalytische Vereinigung (WPV) zu geben und eine Interpretation der inneren und äußeren Realitäten im Nachkriegsösterreich vorzulegen.

Zur Wiener Psychoanalytischen Vereinigung (WPV)

Die von Sigmund Freud gegründete Wiener Psychoanalytische Vereinigung (WPV) sollte 1938 von den Nationalsozialisten aufgelöst werden. Aus formalen Gründen konnte dies nicht realisiert werden – es gab niemand mehr, der legitimiert gewesen wäre, die Post in Empfang zu nehmen. Die WPV stellte ihre Aktivitäten ein, bis auf drei Mitglieder, die in Wien blieben, konnten alle flüchten.

Am 12. Dezember 1945 wurde von offizieller Stelle erklärt, dass die „Auflösung des Vereins Wiener Psychoanalytische Vereinigung […] außer Kraft gesetzt [wird]".[1] Bei der feierlichen Wiedereröffnung der WPV am 10. April 1946 legte der Pädagoge und Psychoanalytiker August Aichhorn (1878–1949) als neuer Vorsitzender die zukünftige Tätigkeit der WPV dar: „Wir wissen Bescheid, daß die Wiener Psychoanalytische Vereinigung nicht einfach ihre Arbeit dort fortsetzen wird, wo 1938 die Fäden abgerissen sind."[2] Diese Formulierung wirft die Frage auf, ob Aichhorn – zu Recht – angenommen hatte, dass die überlebenden Psychoanalytiker nicht mehr nach Wien zurückkehren würden. Vielleicht aber bezog er sich auch auf die neue Situation, die durch die Zusammenarbeit von Absolventen seines Ausbildungsseminars mit dem von den Nationalsozialisten gegründeten „Deutschen Institut für psychologische Forschung und Psychotherapie" entstanden war. Welche Folgen hätte diese Zusammenarbeit für die spätere WPV? Auf welche Tradition würde sich die WPV berufen können? War sie die Nachfolgerin der von Freud gegründeten WPV oder war sie vielmehr aus den Trümmern des „Deutschen Institut für psychologische Forschung und Psychotherapie" auferstanden?[3]

In den Jahren 1946/47 begann die WPV dann rege öffentliche Aktivitäten zu entwickeln. Es wurden Kurse mit vielen Teilnehmern aus verschiedensten Berufen durchgeführt.[4] Die neugegründete WPV stand vor der schwierigen Situation, im Wien der Nachkriegsjahre mit wenigen erfahrenen Psychoanalytikern (August Aichhorn, Robert H. Jokl, Otto Fleischmann, Winterstein u. a. m.) eine Vereinigung aufzubauen, die in der österreichischen akademischen Welt mit unverändertem Misstrauen betrachtet wurde. Die Angriffe der Vorkriegszeit aus dem katholischen Lager wurden fortgesetzt, dazu kamen unter der alliierten Besatzung auch Attacken von kommunistischer Seite.

---

1 Archiv der Sigmund-Freud-Gesellschaft (= SFG-Archiv).
2 SFG-Archiv, WPV-Protokolle 1946.
3 Keine Antwort auf diese Frage findet sich auch bei: Mitchell G. Ash, Hg., Materialien zur Geschichte der Psychoanalyse 1938–1945 (= Brüche und Kontinuitäten in der Geschichte der Psychoanalyse in Wien 3, Frankfurt am Main 2012).
4 Es finden sich ca. 200 Namen auf der Teilnehmerliste. SFG-Archiv.

Die gesellschaftliche Akzeptanz der Psychoanalyse

In dieser schwierigen Situation versuchte August Aichhorn, in dem ihm vertrauten und zugänglichen Bereich außerhalb der WPV Einfluss zu gewinnen.[5] In den Bereichen der Sozialarbeit und der Pädagogik wurden Kurse und Seminare abgehalten. Es entwickelte sich eine Vortragstätigkeit der wenigen Psychoanalytiker in Wien vor Kindergärtnerinnen, LehrerInnen und SozialarbeiterInnen, die bald Früchte trug. Die „August-Aichhorn-Gesellschaft zur populärwissenschaftlichen Verbreitung der Psychoanalyse" wurde gegründet, ebenso 1949 die „Child Guidance Clinic". Einige Mitglieder der WPV hielten Lehrveranstaltungen an der Universität Wien ab.

Mit Hans Hoff (1897–1969) wurde 1950 schließlich an der Universität Wien ein Ordinarius für Psychiatrie berufen, der der Psychoanalyse nicht feindselig gegenüberstand.[6] Hoff, der 1938 in die USA geflüchtet und 1949 wieder nach Wien zurückgekehrt war, arbeitete zunächst als Neurologe und Neuropathologe und übernahm nach dem Tod von Otto Kauders (1893–1949) die Leitung der Psychiatrisch-Neurologischen Universitätsklinik in Wien und wurde somit, laut eigener Aussage, zu einem Propagandisten der Psychiatrie. Otto Kauders hatte sich bereits vor Hoff – und unter Berücksichtigung der besonderen Bedingungen nach dem Terror des Nationalsozialismus – bemüht, die medizinische Psychologie in die Lehre und Praxis der Psychiatrie einzuführen und dabei auf den Aufbau einer psychotherapeutischen Ambulanz durch den Psychoanalyiker Wilhelm Solms-Rödelheim (1914–1996)[7] gestützt. Hoff setzte Kauders Engagement in der Psychohygienebewegung fort. Er wurde Ehrenmitglied der WPV. Seine damalige Frau, Herma Hoff, wurde ebenfalls Mitglied der WPV und arbeitete als Psychoanalytikerin bis zu ihrem Tod im Januar 1963.

Über die Nachkriegsperiode der WPV wird immer wieder behauptet, die Analytiker hätten sich elitär zurückgezogen. Dieser Vorwurf ist anhand der wissenschaftlichen Programme der WPV seit 1945 leicht zu entkräften. Ebenso gab es von der Neugründung 1946 an einen Plan betreffend die Außenaktivitäten des Vereines. Hinzu kamen immer wieder Vorträge und Seminare von ausländischen Psychoanalytikern über neueste Entwicklungen des Fachs. Die Mitglieder der WPV waren an vielen internationalen psychoanalytischen Kongressen beteiligt; auch eine regelmäßige Tagung der deutschsprachigen psychoanalytischen Gesellschaften wurde ins Leben gerufen, die bis heute, allerdings unter einem anderen Namen, stattfindet. Wissenschaftlicher Austausch war demnach durchaus vorhanden.

Dass sich die öffentliche Haltung gegenüber der Psychoanalyse verändert hatte, zeigte sich viele Jahre später u. a. in der großen Ausstellung „Traum und Wirklichkeit" (1985),[8] in der die

---

5 Siehe hierzu u. a. den Briefwechsel Anna Freud / August Aichhorn, „Die Psychoanalyse kann nur dort gedeihen, wo Freiheit des Gedankens herrscht." Briefwechsel 1921–1949, hg. von Thomas Aichhorn (= Psychoanalyse in Wien nach 1938. Brüche und Kontinuitäten 2, Frankfurt am Main 2012).
6 Zu seiner Person siehe den Beitrag von Ingrid Arias in diesem Band mit dem Titel „Hans Hoff (1897–1969) – Remigrant und Reformer? Neue Impulse oder Kontinuität in der Psychiatrie nach 1945?".
7 Wilhelm Solms-Rödelheim nahm am Ausbildungsseminar bei Aichhorn von 1942 bis 1944 teil.
8 Museen der Stadt Wien, Hg., Traum und Wirklichkeit Wien 1870 – 1930. 93. Sonderausstellung des Historischen Museums der Stadt Wien, Karlsplatz im Künstlerhaus 28. März bis 6. Oktober 1985 (Wien 1985).

Psychoanalyse erstmals in der Geschichte Wiens als idealisiertes Erbe präsentiert wurde. Mit der Einrichtung des Sigmund Freud Museums 1971 wurde dem Begründer der Psychoanalyse ein ständiger Erinnerungsort in Wien zugewiesen.[9]

Das politische Umfeld nach 1945

Unmittelbar nach Kriegsende und wahrscheinlich bis 1948 gab es unmissverständliche Absagen an ehemalige Nationalsozialisten, die sich als Kandidaten für die Aufnahme in die WPV beworben hatten. So wurde beispielsweise Norbert Thumb (1903–1993)[10] wegen seiner politischen Haltung während des Nationalsozialismus nicht als Kandidat angenommen. Im Protokoll der Mitgliedersitzung vom 5. Dezember 1946 heißt es: „Ansuchen Doz. Thumb als Ausbildungskandidat wird wegen seiner politischen Vergangenheit abgelehnt."[11] Mit der zweiten Nationalratswahl 1949 sollte sich der Umgang mit dem Nationalsozialismus in Österreich grundlegend ändern. Diese blieb nicht ohne Auswirkungen auf den Mikrokosmos der WPV. Politische Opportunitäten waren für Sozialdemokraten und Christlichsoziale ausschlaggebend, was auch für die Aufnahme neuer Kandidaten in der WPV eine Rolle spielen sollte.

Noch 1946 mussten die Proponenten für die Neugründung der WPV eine Erklärung unterschreiben, dass sie keiner Nazi-Organisation angehört hatten. So gibt es zum Beispiel für Dr. Wilhelm Solms-Rödelheim eine Bescheinigung des Magistratischen Bezirksamtes für den 4./5. Bezirk, NS-Meldestelle, dass er „bisher h. a. nicht auf[scheint]".[12] Eine ebensolche Bescheinigung liegt von allen Proponenten für die Neugründung der WPV vor. Während Wilhelm Solms-Rödelheims Haltung während des Krieges eindeutig regimefeindlich war, war er dennoch später, wie viele andere NS-Gegner, bereit, mit „Ehemaligen" zusammenzuarbeiten. Dies entsprach auch der offiziellen Linie der großen Parteien in Österreich, die sich vor den Wahlen 1949 (9. Oktober 1949) um die „Ehemaligen" bemühten.

Sogenannte „Belastete" wie Walter Albrecht (1918–2004), Hans Strotzka (1917–1994),[13] Walter Birkmayer (1910–1996) oder Otto Arnold stießen zunächst zur Gruppierung des Wiener Arbeitskreises für Tiefenpsychologie (WATP). Sie waren bereits vor 1938 illegale NSDAP-Mitglieder bzw. in der SA oder SS gewesen. Arnold meinte dazu, „dass wir alle belastete sind, und haben beschlossen uns gegenseitig zu unterstützen. Am Beginn hatten wir alle Schwierigkeiten".[14] Die formelle Gründung des Wiener Arbeitskreises für Tiefenpsychologie um Igor Caruso (1914–1981) und Alfred von Auersperg (1899–1968) erfolgte 1947; dieser wurde „vielfach geradezu ein Sammelbecken von Personen, die sich aus unterschiedlichsten Motiven der Wiener Vereinigung nicht anschließen konnten".[15]

---

9 Vgl. auch Heidemarie UHL, Berggasse 19. Lesarten eines vielschichtigen Gedächtnisortes, in: Lydia Marinelli, Hg., Freuds verschwundene Nachbarn. 26. März bis 28. September 2003, Sigmund Freud-Museum, Bergg. 19, Wien, Ausstellung (= Newsletter des Sigmund-Freud-Museum 2002/2, 2003/1, Wien 2003), 89–103.
10 „Norbert Thumb war seit Anfang Mai 1938 ‚Anwärter' und [...] seit 1. Juli 1940 Parteimitglied (Mitgliedsnummer 8,117.362)": Gerhard BENETKA, Entnazifizierung, in: Österreichische Zeitschrift für Geschichtswissenschaften 9/2 (1998), 188–217, hier 191.
11 SFG-ARCHIV, WPV-Protokolle 1946.
12 SFG-ARCHIV.
13 Vgl. zu diesem bes.: Nadine HAUER, Hans Strotzka. Eine Biographie (Wien 2000), 23–24.
14 Ebd., 32.
15 Wolfgang HUBER, Psychoanalyse in Österreich seit 1933 (= Veröffentlichungen des Ludwig-Boltzmann-Institutes für Geschichte der Gesellschaftswissenschaften 2, Wien–Salzburg 1977), 99.

1948, als Auftakt zu den ein Jahr später stattfindenden Nationalratswahlen, wurde die Entnazifizierung als Massenerscheinung beendet.[16] Mit dem endgültigen Ende der Entnazifizierung in den 1950er Jahren wurden ehemalige Angehörige der SS, der SA und anderer NS-Teilorganisationen zuerst KandidatInnen, später Mitglieder und sogar Lehranalytiker der WPV. Die meisten von ihnen waren zuerst im WATP und stießen erst 1951 zur WPV. Aus dieser Gruppe von WATP Mitgliedern wurden Walter Albrecht[17] und Hans Strotzka[18] in den 1950er Jahren in die WPV aufgenommen. Dies spiegelt die politische Situation in Österreich wider, wo zu jener Zeit versucht wurde, 500.000 ehemalige Nationalsozialisten in das politische System zu integrieren.

Beispielhaft für die veränderten politischen Rahmenbedingungen steht Hans Strotzka. Im Gegensatz zu anderen Nationalsozialisten hatte er nie versucht, seine NS-Vergangenheit zu vertuschen. Obwohl er seine Vergangenheit nie verheimlichte, verharmloste er sie dennoch in gewissem Maße.[19] Strotzka war 1933 zu den „illegalen Nationalsozialisten" gestoßen[20] und mit 18 Jahren „automatisch zur SA überstellt"[21] worden. 1935 begann er mit dem Studium der Medizin, 1937 kam es zu einem „weniger erfreulichen Zwischenfall. Ein SA-Treffen, zu dem eine Inspektion durch Gauleiter Frauenfeld angesagt war, wurde ausgehoben."[22] Dazu berichtete Strotzka in einer autobiographischen Schrift: „Statt des Gauleiters kam die Staatspolizei in den Fechtboden einer Korporation. So kam ich wegen nichts und wieder nichts zu vierzehn Tagen Untersuchungshaft."[23] Man kann sich des Eindrucks nicht erwehren, dass Strotzka mit dieser Formulierung seine illegale SA-Mitgliedschaft herunterzuspielen versuchte.

Strotzka promovierte 1940 und arbeitete in der Psychiatrisch-Neurologischen Klinik in Wien. Später bewarb sich um eine Stelle in der Heil- und Pflegeanstalt „Am Steinhof". Er erlebte dort, wie er später schrieb, eine „seltsame, gedrückte Atmosphäre. Die Aktion der Vernichtung lebensunwerten Lebens war schon vom Steinhof aus im Laufen, das heißt, es wurden unter strenger Geheimhaltung bestimmte Patienten ausgewählt, abtransportiert und in bestimmte Anstalten gebracht wo sie dann bald verstarben."[24]

Zum drohenden Berufsverbot in der kurzen Phase der Entnazifizierung sagte Strotzka: „Kurze Zeit nachher hatte ich die Sitzung der Kommission, die über das Berufsverbot zu entscheiden hatte." Die Kommissionsmitglieder entschieden sofort auf „Berufserlaubnis' […]. Das ganze war unverkennbar Solms'scher Intervention zu verdanken."[25]

---

16 David FORSTER, „Wiedergutmachung" in Österreich und der BRD im Vergleich (Innsbruck–Wien–München 2001), 136.
17 Am 7. Februar 1938 Mitglied der SS (Nr. 401294), 1. Mai 1938 Mitglied der NSDAP (6142317). Eingezogen zum „SS-Infanterie-Regiment 7". Dieses Regiment wird später Teil der SS-Geb. Division „Nord". 1941 ist er Hilfsarzt bei der III/7.SS-ST. Teilnahme an Kämpfen an der finnischen und nordkarelischen Front. Nach mehreren Auszeichnungen bekleidet er seit 20. April 1944 den Rang eines SS-Hauptsturmführers der Reserve der Waffen-SS (Berlin Document Center, File Walter Albrecht, National Archives, Washington DC).
18 Vgl. HAUER, Strotzka, wie Anm. 13, 23.
19 Vgl. ebd., 7.
20 Vgl. ebd.
21 Zit. nach HAUER, Strotzka, wie Anm. 13, 11.
22 Zit. nach ebd., 15.
23 Zit. nach ebd.
24 Zit. nach ebd., 17.
25 Zit. nach ebd., 31.

Die politischen Ereignisse im Nachkriegsösterreich und ihre kollektiven psychischen Folgen

Die Geschichte der Psychoanalyse und der WPV kann als ein Spiegel der Geschichte Österreichs vor und nach dem Zweiten Weltkrieg gesehen werden. Ebenso reflektiert sie die Haltung der Zweiten Republik zum Nationalsozialismus und dessen Folgen. Nicht erst die sogenannte „Waldheimaffäre" in den 1980er Jahren, sondern bereits die „Kreisky-Wiesenthal Affäre" im Jahr 1975 und die zahlreichen Freisprüche österreichischer Gerichte in Kriegsverbrecherprozessen während der unmittelbaren Nachkriegsjahre trugen Österreich zu Recht den Ruf ein, seine Vergangenheit verleugnen, beschönigen und verharmlosen zu wollen. Unter dem sozialdemokratischen Bundeskanzler Bruno Kreisky kamen vier ehemalige NSDAP-Mitglieder ins Kabinett. Der den Holocaust überlebende Architekt und Publizist Simon Wiesenthal enthüllte schließlich die frühere Zugehörigkeit des damaligen FPÖ-Obmannes Friedrich Peter zur I. SS-Infanteriebrigade. In weiterer Folge unterstellte Kreisky Wiesenthal sogar, mit der Gestapo kollaboriert zu haben. In dieser Auseinandersetzung kam es zur Verschiebung antisemitischer Ressentiments von Kreisky auf Wiesenthal. „Mit Bruno Kreisky konnten sich die Österreicher/innen zu ihrer scheinbar gelungenen Vergangenheitsbewältigung gratulieren."[26]

Die Basis dafür war die in der Moskauer Deklaration vom 30. Oktober 1943 festgelegte „Opferrolle" Österreichs. Die zweite Republik ist das Ergebnis des Sieges der Alliierten über das Hitlerregime. Mit diesem Regime hatten sich aber viele Menschen in Österreich identifiziert, sie betrachteten die „Niederlage" des „deutschen Reiches" als ihre eigene. Österreich war von 1945 bis 1955 ein von den Alliierten „besetztes" Land. Die Befreiung Österreichs wird im öffentlichen-staatlichen Bewusstsein mit dem Staatsvertrag 1955 gleichgesetzt und nicht mit der Kapitulation des Deutsches Reichs und der Befreiung von der NS-Herrschaft am 8. Mai 1945. Als Illustration wollen wir hier die Figur des „Herrn Karl" in Erinnerung rufen:

> „… Da san mir zum Belvedere zogen … san dag'standen … unübersehbar … lauter Österreicher … wie im Jahr achtunddreißig … eine große Familie … a bissel a klanere … weil's Belvedere is ja klaner als der Heldenplatz. Und auch die Menschen waren schon reifer geworden … Und dann is er herausgetreten auf den Balkon, … der … der … Poldl und die zwa andern Herrschaften bei der Hand genommen und hat mutig bekannt: ‚Österreich ist frei!'"[27]

Die Niederlage des NS-Regimes war mit Konsequenzen für die Verlierer verbunden; Reparationszahlungen, Entnazifizierung, Kriegsgefangene waren die Folge. In der individuellen Befindlichkeit der vielen Mitläufer und Profiteure des NS-Regimes in Österreich mussten Strafangst und Racheangst einen zentralen Platz einnehmen. Nach 1945 waren ungefähr 550.000 ÖsterreicherInnen von der Entnazifizierung betroffen, davon waren circa 100.000

---

26 Irene Etzersdorfer, Polis und Psyche. Eine Studie zur Interaktion von politischen und seelischen Faktoren anhand der „Political Leadership-Forschung". Mit einem Fallbeispiel von Bruno Kreisky, unveröffentlichte Habilitation (Universität Wien 1999), 52, zit. nach: Helga Embacher / Margit Reiter, Gratwanderungen. Die Beziehungen zwischen Österreich und Israel im Schatten der Vergangenheit (Wien 1998), 191.
27 Carl Merz / Helmut Qualtinger, Der Herr Karl, hg. von Traugott Krischke (= Eine Bibliothek der österreichischen zeitgenössischen Literatur 1996), 38.

ehemalige „Illegale", d. h. Personen, die bereits vor dem „Anschluss" NSDAP-Mitglieder gewesen waren.[28]

Was bedeutete nun die Periode der Entnazifizierung und der Angst vor Strafe für die Nachkommenden, die ihre schulische und familiäre Sozialisation nach dem Krieg durchlebten? Hier erlauben wir uns, eine Interpretation anzubieten: Die Kinder jener, die mit dem NS-Staat kollaboriert hatten, konnten die Niederlage ihrer Eltern nicht anders als eine Katastrophe empfinden. Ein nur vages Unrechtsbewusstsein, das im Widerspruch zu der in der Kindheit üblichen Identifizierung mit den Eltern und ihren Moralvorstellungen stand, war die Folge. Der Konflikt zwischen Moral und primärer Identifizierung ruft zweifellos unlustvolle Affekte hervor. Die „primitive Logik der Verlierer" und besonders ihrer Kinder lautet: „Mit mir und den Meinen kann etwas nicht stimmen, wir müssen ein Unrecht begangen haben, wenn wir von einer solchen Katastrophe [wie die Niederlage des NS-Regimes und die daraus folgenden Konsequenzen empfunden wurden, Anm. d. Verf.] heimgesucht werden."[29]

Verleugnung und Lüge bestimmten die österreichische Politik gleichermaßen wie das Familienleben hunderttausender Menschen im Nachkriegsösterreich. Was zwischen 1938 und 1945 Recht war, wurde offiziell nach 1945 als Unrecht deklariert, und Entnazifizierungen und Berufsverbote waren zumindest kurze Zeit nach der Kapitulation an der Tagesordnung. Vielen Menschen war um so mehr an einer reinen Weste, einem „Persilschein", gelegen, der zumeist nur durch Beschönigung und Lüge zu erreichen war. In der Sitzung des Kabinettrates der provisorischen Regierung im April 1945 schlug Adolf Schärf noch ein „Vergeltungsgesetz" vor, das dann aber schließlich „Verbotsgesetz" heißen sollte. Auf der Tagesordnung standen gesetzliche Maßnahmen gegen die NSDAP und deren Anhänger.[30] Im weiteren Verlauf wurde die dahinter stehende Haltung zunehmend gemildert. Der nationale Konsens strebte in erster Linie die Ausgrenzung der überzeugten Nationalsozialisten vor 1938 an, während die spätere NSDAP-Mitgliedschaft verharmlost und entschuldigt wurde. In Wien hießen jene späteren Mitglieder fast liebevoll „Märzveigerln" (Märzveilchen). Der Geist der „Lagerstraße", der die Bürgerkriegsparteien von 1934 versöhnte, fand einen gemeinsamen Feind, die Nationalsozialisten; die schwerwiegenden Differenzen konnten so in den Hintergrund treten. Mit der vom Nationalrat beschlossenen Amnestie war die „Entnazifizierung" 1948 (!) beendet, und 90 % der registrierten Nationalsozialisten waren von ihr nicht mehr betroffen.[31]

Eine solchermaßen zerrüttete gesellschaftliche Moral bestimmte die Über-Ich-Entwicklung der Nachkriegsgeneration. Nichts illustriert dies besser als der Monolog des Herrn Karl, der mit seinem publizistischen Erscheinen einen kleinen österreichischen Skandal verursachte:

> „I maan, schaun S', was ma uns da nachher vorgeworfen hat – des war ja alles ganz anders … da war a Jud im Gemeindebau, der Tennenbaum … sonst a netter Mensch – da haben s' so Sachen gegen de Nazi g'schmiert g'habt auf de Trottoir … und der Tennenbaum hat des aufwischen müssen … net er allan … de andern Juden aa … hab i ihm hing'fiehrt, dass er's aufwischt … und der Hausmaster hat halt zug'schaut und g'lacht … er war immer bei einer Hetz dabei …

---

28 Winfried R. GARSCHA, Entnazifizierung und gerichtliche Ahndung von NS-Verbrechen, in: Emmerich Tálos u. a., Hg., NS-Herrschaft in Österreich. Ein Handbuch (Wien 2000), 852–883, hier 853.
29 M. D. COLEMAN, Kind von Verfolgern [1982], in: Martin S. Bergman / Milton E. Jucovy / Judith Kestenberg, Hg., Kinder der Opfer – Kinder der Täter (Frankfurt am Main 1995), 217–238.
30 Siehe hierzu auch GARSCHA, Entnazifizierung, wie Anm. 28, 852.
31 Ebd.

Nach dem Krieg dann is er z'ruckkommen, der Tennenbaum. Hab i ihm auf der Straßen getroffen, hab i g'sagt: ‚Habediehre, Herr Tennenbaum!', hat er mi net ang'schaut […] Hab i mir denkt … na bitte, jetzt is er bees … Dabei … irgendwer hätt's ja wegwischen müaßn … I maan, der Hausmaster war ja aa ka Nazi. Er hat's halt net selber wegwischen wollen."[32]

Der Publizist Hans Weigel (1908–1991) kommentierte hierzu: „Der Herr Karl wollte einem Typus auf die Zehen treten, und ein ganzes Volk schreit Au!"[33] Die Politik in Österreich nach dem Sieg der Alliierten 1945 war von Doppelbödigkeit gekennzeichnet. „Entnazifizierung" und Entschädigungszahlungen wurden nach dem Motto behandelt: „Ich bin dafür die Sache in die Länge zu ziehen" (Zitat Innenminister Helmer).[34] „Entnazifizierte" Personen wurden wieder in ihre Posten gehievt. Bemerkenswert dabei ist, dass Helmer in der Ministerratssitzung am 9. November 1948, am zehnten Jahrestag des November-Pogroms, sich über die „jüdische Ausbreitung, wie bei der Ärzteschaft, beim Handel vor allem in Wien" beklagte.[35]

Die Gründung der Sigmund-Freud-Gesellschaft

Der 1968 unter heftigen Turbulenzen erfolgten Gründung der Sigmund-Freud-Gesellschaft (SFG) waren jahrelange Bemühungen von Einzelpersonen vorausgegangen, in der Berggasse 19 in Wien ein Museum zu errichten. Erst nach einigem Hin und Her wurde die WPV in das wissenschaftliche Komitee der SFG miteinbezogen. Die August Aichhorn-Gesellschaft wurde aufgelöst, an ihrer Stelle wurde die SFG in der Öffentlichkeit aktiv. Die Gründung der SFG erfolgte mit Unterstützung höchster österreichischer Regierungsstellen und war als Akt der „Wiedergutmachung" zu verstehen. Die Wohnung Freuds in der Berggasse wurde von der Stadt Wien angekauft und in ein Museum verwandelt. Schließlich entwickelte sich mit der großzügigen Unterstützung von Anna Freud eine psychoanalytische Bibliothek, die jetzt zu den umfangreichsten in Europa gehört. Der in Wien geborene, seit 1940 in den USA lebende Psychiater und Psychoanalytiker Friedrich Hacker (1914–1989) sagte in seiner Eröffnungsrede über die Aufgaben der SFG: „Der Mythos der Gleichgültigkeit oder Feindseligkeit Wiens soll damit entkräftet werden, wobei der doppelten Gefahr der Verkennung und Verleugnung einerseits, der ungebührlichen Popularisierung und Verwässerung andererseits gesteuert werden muß."[36] Der an der Eröffnungssitzung teilnehmende Publizist Hugo Portisch meinte, „Österreich könne dadurch [die Gründung der SFG, Anm. d. Verf.] die Überwindung des Jahres 1938 unter Beweis stellen und eine neue Geisteshaltung dokumentieren".[37]

Die Ambiguität der öffentlichen Haltung zur Psychoanalyse zeigt sich nicht nur in einem Werbeplakat für Wien in den 1980er Jahren, auf dem Sigmund und Anna Freud auf ihrem Weg

---

32 MERZ / QUALTINGER, Herr Karl, wie Anm. 27, 23.
33 Wiener Kronenzeitung, 2. Dezember 1961.
34 Robert KNIGHT, Hg., „Ich bin dafür, die Sache in die Länge zu ziehen". Wortprotokolle der österreichischen Bundesregierung von 1945–1952 über die Entschädigung der Juden (Frankfurt am Main 1988), 197.
35 Ebd.
36 SFG-ARCHIV, Protokoll über die konstituierende Versammlung zur Gründung einer Sigmund Freud-Gesellschaft in Wien am 28. November 1968, 3.
37 Ebd., 5.

ins Exil zu sehen sind; sie wird auch – als Fehlleistung – in der Inschrift spürbar, die am Freud-Denkmal in der Parkanlage vor der Votivkirche zu lesen war: „Die Stimme der Vernunft ist leise. Sigmund Freud 1856–1939." Die Inschrift wurde später entsprechend dem Originalwortlaut verändert. Das Originalzitat in Freuds Publikation „Die Zukunft einer Illusion" lautet nämlich: „Die Stimme des Intellekts ist leise, aber sie ruht nicht, ehe sie sich nicht Gehör verschafft hat. Am Ende nach unzählig oft wiederholten Abweisungen findet sie es doch."[38] Dem Verfasser der Denkmalinschrift ist eine Fehlleistung unterlaufen, was uns bemerkenswert erscheint. Die Fehlleistung kann man als Abwehr auffassen, die sich gegen Freuds Kulturpessimismus richtet. Freuds Einsicht in die Macht der „Unvernunft" des Destruktionstriebes liegt seinem Kulturpessimismus zugrunde. Weiters deutet die Fehlleistung auch auf die ambivalente Haltung des Verfassers gegenüber Freud hin. 1999 wurde die große Ausstellung „Sigmund Freud: Konflikt und Kultur / Psychoanalyse in Bewegung" in Wien gezeigt. Sie war eine Kooperation der Library of Congress und dem Freud Museum London. Sie wurde von der christlich-sozialen Ministerin mit einem „Grüß Gott!" eröffnet – auch dies kann als Zeichen der alten noch aus Zeiten des Ständestaates rührenden Ambivalenz gegenüber der Psychoanalyse gewertet werden.

Schließlich kam es 1971 zur Gründung eines sich speziell der Psychotherapie und Tiefenpsychologie widmenden Instituts an der Medizinischen Fakultät unter Hans Strotzka, damals Mitglied und Lehranalytiker der WPV. Nach dem Tod Hans Hoffs war die Atmosphäre an der Medizinischen Fakultät der Psychoanalyse gegenüber erneut feindseliger geworden, während die sogenannte „Tiefenpsychologie" populärer wurde. Von Hans Strotzka abgesehen trug auch der stark in der katholischen Kirche verwurzelte Individualpsychologe Erwin Ringel (1921–1994), der ebenfalls ein Institut an der Medizinischen Fakultät erhielt, allerdings erst 1981, zu dieser Entwicklung bei. Der Gründer des Wiener Arbeitskreises für Tiefenpsychologie, Igor Caruso,[39] wurde 1972 Professor für Psychologie an der Universität Salzburg. Der Begriff Tiefenpsychologie, obgleich er von Freud selbst immer wieder gebraucht wurde, impliziert in diesem Zusammenhang eine Vermeidung; man wich der Konfrontation aus, die die Psychoanalyse bewirken hätte können. Erwin Ringel und Igor Caruso vertraten zwar unterschiedliche Schulen und Lehrmeinungen, hatten aber beide ihre Wurzeln in der Religion und lehrten somit eine von „anstößigen" Inhalten „bereinigte" Psychoanalyse, die aber gerade deshalb auf höhere gesellschaftliche Akzeptanz stieß. Hans Strotzka selbst wollte explizit kein Institut für Psychoanalyse; ihm war viel mehr daran gelegen, ein Institut zu schaffen, in dem alle psychotherapeutischen Richtungen vertreten waren. Der Internationale Psychoanalytische Kongreß 1971 bewirkte dann den endgültigen Durchbruch der Psychoanalyse in Wien. Es kam zu einem Zustrom neuer AusbildungskandidatInnen, was nicht zuletzt auf die Studentenbewegung 1968 zurückgeführt werden konnte.[40]

---

38 Sigmund FREUD, Die Zukunft einer Illusion, in: Gesammelte Werke (Frankfurt am Main 1972), XIV, 377.
39 Vgl. Gerhard BENETKA / Clarissa RUDOLPH, „Selbstverständlich ist vieles damals geschehen…" Igor A. Caruso Am Spiegelgrund, in: Werkblatt 25/60–1 (2008), 5–45. Eine Kontroverse verursachte mit ihren Ausführungen zu Caruso: Eveline LIST, „Warum nicht in Kischniew?" – Zu einem autobiographischen Tondokument Igor Carusos, in: Zeitschrift für psychoanalytische Theorie und Praxis 23 (2008), 117–141.
40 Nähere Informationen dazu im Beitrag von Marianne SPRINGER-KREMSER in diesem Band mit dem Titel: „Die Neukonstituierung der Psychotherapeutischen Schulen und der Beginn der Akademisierung der Psychotherapie".

Die Identität der Nachkriegsanalytiker in der WPV

Eine unserer Hypothesen zur Identität österreichischer Psychoanalytiker der Nachkriegszeit beinhaltet den (bereits 1982 von Elisabeth Brainin verwendeten) Begriff der „Deckidentität".[41] Wenn es in der Herkunftsfamilie eine „NS-belastete" Vergangenheit gibt, schafft dies einen zusätzlichen Konfliktstoff, um dessen Bewältigung es im Weiteren geht. Wir beziehen uns auf die Nachkommen jener, die während des NS-Regimes junge, aktive Erwachsene waren.

Die Deutsche und (in weit geringerem Ausmaß) die Wiener Psychoanalytische Vereinigung wurden von vielen Mitgliedern der Internationalen Vereinigung nach dem Krieg mit Vorbehalten betrachtet. Die aus Wien geflüchteten Psychoanalytiker waren in den meisten Fällen aus „rassischen" Gründen verfolgt worden; sie ließen sich in Ländern nieder, die ihnen Lebensmöglichkeiten boten und wurden in den Nachkriegsjahren zu den bedeutendsten Proponenten der psychoanalytischen Bewegung. So beeinflussten die ehemaligen Mitglieder der WPV die internationale Entwicklung der Psychoanalyse nach 1945 ganz wesentlich.

Die Identität als Psychoanalytiker kann manchen Kollegen, die heute aktiv sind, die Möglichkeit verschaffen, sich eine Art Deckidentität zuzulegen. Sie phantasieren sich, so unsere These, mit Hilfe ihrer Ausbildung Mitglied einer großen neuen Familie geworden zu sein, die direkt von Freud (oder auch von Melanie Klein) abstammt. Das erlaubt ihnen, sich der Konflikte mit der eigenen Ursprungsfamilie, in der sich nicht selten Täter, Mitläufer und Profiteure der NS-Zeit befinden, auf der bewussten Ebene zu entledigen.[42] Nach der Vertreibung und Ermordung vieler europäischer, darunter auch Wiener Psychoanalytiker ist es vorstellbar, dass in den Nachfolgevereinen in Wien und Deutschland die Phantasievorstellung von einer Art „unrechtmäßigen Aneignung" der Psychoanalyse entstand und damit unbewusste Schuldgefühle.

Der amerikanische Psychoanalytiker Jacob Arlow findet in einer Untersuchung über psychoanalytische Ausbildung zwei verschiedene Phantasien, die er mit den Mythen von Moses und Prometheus vergleicht. Moses erhält sein Wissen als Geschenk für Unterwerfung und Gehorsam, Prometheus entwendet es, er wird zum tragischen Rebellen.[43] Die Deckidentität ist im Sinne einer Deckerinnerung zu verstehen, die als Ergebnis einer Verdrängungsleistung möglichst Konfliktfreiheit verschaffen soll. Die Deckidentität soll vom Konflikt zwischen der Ursprungsfamilie, ihrer Geschichte im Nationalsozialismus, und dem Wunsch zu einer neuen, in der Phantasie jüdischen, Familie zu gehören, sowie den Loyalitäts- und Racheängsten, die mit der Ursprungsfamilie verbunden sind, wegführen. Ein neuer Familienroman soll geschaffen werden. Wir vertreten die These, dass sich die österreichische Identität der „verfolgten Unschuld"[44] im Bewusstsein so mancher Mitglieder der WPV widerspiegelte. Noch lange Jahre

---

41 Elisabeth BRAININ / Isidor J. KAMINER, Psychoanalyse und Nationalsozialismus, in: Psyche – Zeitschrift für Psychoanalyse 36 (1982), 989–1012; Elisabeth BRAININ / Vera LIGETI / Samy TEICHER, Antisemitismus in Psychoanalysen. Zur Identität österreichischer Psychoanalytiker heute, in: Psyche – Zeitschrift für Psychoanalyse 43 (1989), 1–19; Elisabeth BRAININ / Vera LIGETI / Samy TEICHER, Vom Gedanken zur Tat. Zur Psychoanalyse des Antisemitismus (Frankfurt am Main 1993).
42 BRAININ / LIGETI / TEICHER, Gedanken, wie Anm. 41.
43 Jacob A. ARLOW, Some Dilemmas in Psychoanalytic Education, in: Journal of the American Psychoanalytic Association 20 (1972), 556–566, hier 561.
44 Gunnar Heinson, private Mitteilung.

nach 1945 führte die WPV nach ihrer glanzvollen Zeit bis 1938 ein unbedeutendes Dasein als sehr kleine, mühsam um internationale Anerkennung ringende Gruppe innerhalb der Internationalen Psychoanalytischen Vereinigung (IPA) ohne wesentliche wissenschaftliche Beiträge. Mit der vielgelobten „Professionalisierung" der Psychoanalyse auch in Österreich, dem verstärkten Zulauf von KandidatInnen und der Möglichkeit, einen sicheren beruflichen Boden unter den Füßen zu gewinnen, traten viele psychoanalytische Traditionen in den Hintergrund. Dabei wird ausgeblendet, dass die „Professionalisierung" der Psychotherapie und mit ihr der Psychoanalyse, wenn auch unter anderen Vorzeichen, ursprünglich bereits in der NS-Ära erfolgte. Nichtärztliche PsychotherapeutInnen erhielten damals erstmals eine gesetzliche Legitimation, und das „Deutsche Institut für psychologische Forschung und Psychotherapie" wurde offizielle Ausbildungsstätte für PsychotherapeutInnen.[45] Die Mitglieder der Aichhorn-Ausbildungsgruppe (1942–1944), die als Nichtmediziner die Ausbildung absolviert hatten, waren durch die Professionalisierung, die in der NS-Ära erfolgte, zu „behandelnden Psychologen" geworden. Nach 1945 gehörten sie, neben den Ärzten, zu den ersten Mitgliedern der WPV und bestimmten, wer Aufnahme in die WPV fand. So wurde, wie eingangs erwähnt, u. a. Norbert Thumb, der als Nationalsozialist bekannt war, nicht in die WPV aufgenommen. Die WPV ist als Miniaturkosmos ein Spiegelbild der politischen Kultur Österreichs, denn in späteren Jahren konnten auch ehemalige Nationalsozialisten Mitglieder der WPV werden.

Dazu kam der psychische Gewinn der Aussicht auf Konfliktfreiheit, der durch die Deckidentität als international anerkannter Psychoanalytiker geboten wird. Man kann sich mit Freud und allen anderen mit ihm geflüchteten Analytikern verbunden fühlen, kann sich einen neuen Familienroman schaffen, da man sich selbst zu den Verfolgten zählt. Eine wissenschaftliche Auseinandersetzung mit dem Nationalsozialismus wurde in der WPV bis in die frühen 1970er Jahre so gut wie nicht geführt, eigene Verantwortung und Mittäterschaft der ÖsterreicherInnen wurde verleugnet. Die Durchsicht der Jahresberichte der WPV zeigt, dass es bis zum Jahr 1963 in der WPV keine einzige wissenschaftliche Sitzung gab, die sich mit den Folgen des Nationalsozialismus befasste. Erst dann wurde anhand des damals in der Zeitschrift „Psyche" auf Deutsch erschienenen berühmten Artikels von Kurt Eissler[46] erstmals über die Folgen der Verfolgung diskutiert. Der Titel dieser bekannten Arbeit war programmatisch: „Die Ermordung von wie vielen seiner Kinder muß ein Mensch symptomfrei ertragen können, um eine normale Identität zu haben?" Die nächste Debatte fand erst 1977 statt, als ein israelischer Kollege, Hillel Klein, in der WPV über die Folgen von KZ-Haft referierte.

Wir können davon ausgehen, dass es nach dem Krieg auch innerhalb der WPV diejenigen gab, die ihre persönliche Geschichte adjustierten, ebenso andere, die selbst verfolgt gewesen waren oder sich gegen das NS-Regime gestellt hatten. Aber vor allem für die nachkommenden Analytiker gilt, was wir über die Dilemmas der Ausbildung, den „Familienroman" und die Idealisierung sagten. Als Illustration des bisher Gesagten möchten wir die Aussage von Ruth Wodak, einem affiliierten Mitglied der WPV, hier anführen:

---

45 Geoffrey Cocks, Psychotherapie in the Third Reich. The Göring Institute (New York 1985); Ulfried Geuter, Die Professionalisierung der deutschen Psychologie im Nationalsozialismus (Frankfurt am Main 1984).
46 Kurt R. Eissler, Die Ermordung von wie vielen seiner Kinder muß ein Mensch symptomfrei ertragen können, um eine normale Konstitution zu haben?, in: Psyche – Zeitschrift für Psychoanalyse 17 (1963), 241–291.

„Ich bin im Zusammenhang mit dem Bedenkjahr 1988 drauf gekommen, dass mein Lehranalytiker ein Nazi war und hatte einen riesigen Schock. Die Familiengeschichte meiner Eltern, die vor dem Holocaust fliehen mussten war ein wichtiges Thema der neun Jahre dauernden Analyse. Ich habe ihn damit konfrontiert und er hat das völlig verharmlost. Er hat gesagt er will mit mir nie wieder darüber sprechen, eventuell wäre es gut, wenn ich bei ihm noch einige Analysestunden nehme, um das zu verarbeiten, aber mit mir darüber sprechen wolle er nicht."[47]

Die Gegenwart

Familienroman und Deckidentität beeinflussten den weiteren Weg der zukünftigen oder bereits ausgebildeten Psychoanalytiker. Und dies gilt nicht nur für die spezielle Situation Wiens, die NS-Zeit und ihre Folgen, sondern ganz allgemein für Probleme und Konflikte in der psychoanalytischen Ausbildung, die von Jacob Arlow zutreffend als „Dilemmas" bezeichnet werden.[48] In der Entwicklung der Deutschen Psychoanalytischen Vereinigung (DPV) war zu beobachten, wie sich die ehemaligen Gründungsmitglieder zu „Urvätern" der deutschen Psychoanalyse hochstilisierten. Sie wurden als diejenigen idealisiert, die die Psychoanalyse während der NS-Zeit bewahrt hatten und ließen bereitwillig diese Idealisierung zu. Dies wurde gar als Widerstandshandlung interpretiert. Erst zu Beginn der 1980er Jahre trat eine Veränderung in der Historiografie der Psychoanalyse ein. Die Haltung der deutschen „Urväter", wie Carl Müller-Braunschweig (1881–1958) oder Felix Böhm (1881–1958),[49] wurde in Frage gestellt und die Geschichte der Deutschen Psychoanalytischen Gesellschaft (DPG) während der NS-Ära erforscht. Die Idealisierung wich einer kritischen Sichtweise und man konnte sich ungehindert in den psychoanalytischen Mainstream einreihen.[50]

---

47 Zit. nach HAUER, Strotzka, wie Anm. 13, 92.
48 ARLOW, Dilemmas, wie Anm. 43, 563.
49 Über die beiden schreibt Ernest Jones 1933 in einem Brief an Anna Freud:. „He (Müller-Braunschweig) showed no signs of any anti-Semitism, but evidently felt rather German, I suppose his leanings towards idealism draw him a little to that somewhat neglected aspect of Hitlerism. Boehm, on the other hand, was more sceptical about the Government but did show some indications of anti-Semitism, possibly associated with the unfortunate discovery of his unhappy grandmother." Zit. Nach Riccardo STEINER, "It is a New Kind of Diaspora ...", in: International Review of Psycho-Analysis 16 (1989), 35–72, hier 48. Müller-Braunschweig diente sich den neuen Machthabern von 1933 an, wie sich im folgenden Zitat zeigt. Er publizierte 1933 einen Aufsatz mit dem Titel „Psychoanalyse und Weltanschauung", in dem er unter anderem schreibt: „Die Psychoanalyse bemüht sich, unfähige Weichlinge zu lebenstüchtigen Menschen, Instinktgehemmte zu Instinktsicheren [...], Liebesunfähige und egoistische Menschen zu Liebes- und Opferfähigen, am Ganzen des Lebens Uninteressierte zu Dienern am Ganzen umzuformen. Dadurch leistet sie eine hervorragende Erziehungsarbeit und vermag den gerade jetzt herausgestellten Linien einer heroischen, realitätszugewandten, aufbauenden Lebensauffassung zu dienen [...]. Die gegenwärtige Gesamtlage fordert erneute Einwertung (der Psychoanalyse)." Zit. nach BRAININ / KAMINER, Psychoanalyse, wie Anm. 41, 995.
50 Vgl. hierzu Michael SCHRÖTER, „Wir leben doch sehr auf einer Insel ..." Psychoanalyse in Berlin 1933–1936, in: Mitchell G. Ash, Hg., Psychoanalyse in totalitären und autoritären Regimen (= Brüche und Kontinuitäten in der Geschichte der Psychoanalyse in Wien 1, Frankfurt am Main 2010), 152–165 und Werner BOHLEBER, Psychoanalyse, Diktatur, Professionalität – Implikationen. Die Auswirkungen des Nationalsozialismus auf die Psychoanalyse in der Bundesrepublik Deutschland nach 1945, in: Mitchell G. Ash, Hg., Psychoanalyse in totalitären und autoritären Regimen (= Brüche und Kontinuitäten in der Geschichte der Psychoanalyse in Wien 1, Frankfurt am Main 2010), 293–315.

Im Gegensatz dazu fand in der WPV lange Zeit die Auseinandersetzung mit der eigenen Vergangenheit de facto nicht statt. Wohl gab es einige Erinnerungsveranstaltungen, 1986 und 1998 Festveranstaltungen, 1988 eine Gedenkveranstaltung, die aber nicht das Ergebnis eines breiten Diskussionsprozesses innerhalb der WPV waren. Wiederum ist dies nicht losgelöst von der gesellschaftlichen Entwicklung in Österreich zu sehen. Seit 2005 wurden Forschungsprojekte zur Geschichte der WPV zwischen 1938 und 1945 durchgeführt, an denen auch wir mitarbeiteten. Anlässlich der Eröffnung der neuen Räumlichkeiten der WPV im Jahr 2008 wurde der ermordeten Psychoanalytiker gedacht und ihre Namen auf einer Fensterscheibe verewigt. Ein neueres Forschungsprojekt zur Geschichte der Psychoanalyse von 1938–1945 wurde 2005–2007 initiiert und von 2007–2011 durchgeführt. Die Ergebnisse wurden 2012 publiziert.[51] Gegenwärtig beschäftigen sich jüngere Kollegen erneut mit der Geschichte der WPV, weitere Veröffentlichungen sind zu erwarten.

Umso heftiger verläuft nun die „Entidealisierung" der österreichischen Nachkriegsanalytiker. Ihnen wird Elitismus und Orthodoxie zum Vorwurf gemacht; der Anschluss an den Mainstream erfolgt unter stärkeren Turbulenzen, vielleicht auch aus dem oben erwähnten unbewussten Schuldgefühl heraus, das sich sowohl gegen die Ursprungsfamilie als auch gegen die Ursprünge der Psychoanalyse richtet. Der Wunsch, von Österreichs akademischer Welt akzeptiert zu werden, auf dem Markt der Psychotherapie bestehen zu können und sich eine Art Vormachtstellung sichern zu wollen, mag ebenso bedeutsam sein. Eine ähnliche Entwicklung konnte man in der britischen Vereinigung bereits vor vielen Jahren beobachten. Sie wurde hervorragend in den Freud/Klein-Kontroversen[52] dokumentiert. Das Ergebnis dieser Auseinandersetzung in Großbritannien war, dass „die Britische Psychoanalytische Gesellschaft nicht als institutionelle Verkörperung der psychoanalytischen Theorie zu betrachten [ist], […] sondern als Berufsverband im System einer wohlfahrtsstaatlich organisierten Medizin, der – in Konkurrenz oder taktischer Zusammenarbeit mit anderen Berufsverbänden – mit Bürokratien zu kämpfen hat,"[53] und weiter: „So endete also eine Auseinandersetzung, die als theoretische Generaldebatte begann, in dem panischen Bemühen, den Anschluß der Psychoanalyse an die Agenturen eines wohlfahrtsstaatlich organisierten Sozialsystems nicht zu verpassen"[54] und sich eine wichtige Position auf dem Psychotherapiemarkt zu sichern.

Könnte es in Österreich anders sein? In welcher Weise die oben beschriebenen Vorgänge die künftige Entwicklung der Psychoanalyse in Österreich bestimmen wird, liegt in den Händen der jüngeren Generation von PsychoanalytikerInnen. Sie müssen nicht nur über die Zukunft ihres Berufsbildes Entscheidungen treffen, sie sind auch für die Entwicklung der Psychoanalyse als Wissenschaft verantwortlich.

---

51 Ash, Materialien, wie Anm. 3, 45.
52 Pearl King / Riccardo Steiner, Hg., Die Freud/Klein-Kontroversen, 1941–1945 (Stuttgart 2000).
53 Horst Brühmann, Metapsychologie und Standespolitik. Die Freud/Klein-Kontroversen. Luzifer-Amor, in: Zeitschrift zur Geschichte der Psychoanalyse 9/17 (1996), 49–112, hier 98.
54 Ebd., 100.

Informationen zum Autor und zur Autorin

Dipl.-Psych. Samy Teicher, Psychoanalytiker, Kinderanalytiker, (WPV / IPA), Lehranalytiker für psychoanalytische Psychotherapie (WPA), Lehrgruppenpsychoanalytiker (FS GPA / ÖAGG), Halbgasse 6/22, A-1070 Wien, E-Mail: samy.teicher@chello.at

Dr. med. Elisabeth Brainin, Psychiaterin, Psychoanalytikerin und Kinderanalytikerin sowie Lehranalytikerin der WPV/IPA, Halbgasse 6/30, A-1070 Wien, E-Mail: elisabeth.brainin@chello.at

Alfred Springer

Psychopharmakologische Forschung und Behandlung an der Wiener Psychiatrischen Universitätsklinik und die Frühphase des Collegium Internationale Neuro-Psychopharmacologicum (CINP)

English Title

Psychopharmacologic Research and Treatments at the Viennese Psychiatric University Clinic and the Early Phase of the Collegium Internationale Neuro-Psychopharmacologicum (CINP)

Summary

Hans Hoff was director of the department of Neurology and Psychiatry of the Vienna University from 1950 till 1969. That period is often called the golden age of psychopharmacology since at that time psychiatric research with psychedelics became important and all the diverse types of classical antipsychotics and anxiolytics were detected and introduced into treatment. Faculty members in Vienna participated very early in such research initiatives. Hoff, eager to revive pre-war approaches in clinical psychiatry, wanted to construct a Psychiatric system that used biological and psychoanalytical theories and methodologies in a synergistic way. He therefore was very interested to participate at the than new and fashionable research on new psychiatric drugs. Since his First assistant, Ottokar H. Arnold, shared the interest in that issue it was possible, that the Viennese clinic became one of the leading European centres for clinical psychopharmacological research. That research exceeded simple pre-marketing clinical trials. Using Moreau de Tours' paradigm of pharmacopsychiatry. Hoff and Arnold tried to use drugs as research tools for gaining insight into psychopathological processes. They also developed concepts concerning the effects of the psychiatric drugs and finally produced a critical assessment of the importance of the medications for psychiatric treatment.

In 1957 Hoff and Arnold became founding members of the CINP, an international scientific umbrella organisation for all professions concerned with neuropsychopharmacology. From 1962 to 1964 Hoff served as president and Arnold as secretary of that organisation. In the discussions during the meetings of the CINP Hoff always represented the theoretical and practical orientation of the "Viennese school". That orientation included the firm conviction that mental diseases are not resulting from a single biological disturbance but should be understood as multifactorial diseases, resulting from the interaction of influences from biology, psychology and the environment. At that time, however, such an interpretation was not at all extravagant. Hoff and Arnold shared it with a group of excellent representatives of psychiatry within the CINP.

The structure of the Austrian membership within the CINP was somewhat special. While in most of other member states clinicians and pharmacologists were represented, the Austrian group consisted of clinicians only. Even important Austrian pharmacologists appeared only sparsely during conferences and never claimed for membership. This seems peculiar since within the CINP many excellent neuropharmacologists were represented. The background of that situation remains to be investigated.

Keywords

Medical treatment, department of Neurology and Psychiatry of the Vienna University, post-Second World War, genesis of mental illness, psychopharmacology, experiments with LSD, Collegium Internationale Neuro-Psychopharmacologicum (CINP)

Einleitung

„In Österreich versuchen wir, die Schwerpunkte der verschiedenen Auffassungen in der Psychiatrie zur Übereinstimmung zu bringen. Die Tradition der Klinik eines Meynerth, eines Economo, Wagner-Jauregg und Pötzl mit den Schulen von Freud und Adler. Es scheint, dass die Zeiten vorbei sind, in denen diese beiden Schulen differierende Wege einschlugen. Wenn wir sie zur Übereinstimmung bringen, werden die Verschiedenheiten ihre Bedeutung verlieren. Pötzl war es ja schließlich, der die Grundlage aufklären konnte und auf dem Boden pathologischer Hirnprozesse einen teilweisen Beweis für die Theorie der Psychoanalyse erbrachte."[1]

Dieses programmatische Statement formulierten Hans Hoff und Ottokar H. Arnold in einem Aufsatz über die Behandlung der Schizophrenie, der 1954 in deutscher Sprache und 1955 in französischer Übersetzung veröffentlicht und schließlich 1956 in unveränderter Form in Hoffs Lehrbuch der Psychiatrie aufgenommen wurde. Da diese Darstellung in einer Zeit veröffentlicht wurde, in der die medikamentöse Behandlung der Geisteskrankheiten einen entscheidenden Durchbruch erfuhr, können wir es als eine Art Leitmotiv für unsere weiteren Ausführungen verstehen, in denen wir die Entwicklung des psychopharmakologischen Forschungs- und Anwendungsbereichs in der Wiener Klinik nachvollziehen wollen. Diese Entwicklung muss in Relation gesetzt werden zu den allgemeinen Veränderungen, denen die Wiener psychiatrische Forschung, Klinik, Praxis und Lehre unterlag, nachdem Hans Hoff, aus der Emigration zurückgekehrt, die Leitung der Psychiatrischen Klinik übernahm. Diese Gesamtsituation wird in weiteren Beiträgen zu dieser Ausgabe ausführlich dargestellt.[2]

---

[1] Hans Hoff / Ottokar H. Arnold, Die Therapie der Schizophrenie, in: Wiener Klinische Wochenschrift 66 (1954), 345–352, hier 345; Hans Hoff / Ottokar H. Arnold, Au sujet de la thérapie de la schizophrénie, in: Encéphale 44 (1955), 1–25, hier 1.

[2] Vgl. dazu den Beitrag von Ingrid Arias in diesem Band mit dem Titel „Hans Hoff (1897–1969) – Remigrant und Reformer? Neue Impulse oder Kontinuität in der Psychiatrie nach 1945?".

Psychopharmakologie in Wien

Ein historischer Aufriss

Zur Tradition der Wiener Medizinischen Schule zählt seit der Mitte des 19. Jahrhunderts stets auch ein psychopharmakologisches Erkenntnisinteresse. Die Forschung wurde in differenzierter Weise betrieben und erbrachte in manchen Bereichen weitreichende Ergebnisse und Innovationen.

Carl Damian Schroff (1802–1887) gründete das Pharmakologische Institut in Wien, nachdem ihm 1850 die neu geschaffene Lehrkanzel für Allgemeine Pathologie und Pharmakologie für Ärzte anvertraut worden war. Schroff war vor seiner Berufung auch psychiatrisch tätig gewesen und hatte innovative Beiträge zur Behandlung der „Geisteskranken" geleistet. Diese Erfahrung bildete wohl auch den Hintergrund dafür, dass unter seiner Leitung Forschungen zu Haschisch und Kokain durchgeführt wurden. Er pflog Beziehungen zu den französischen Kollegen und so war es möglich, eben jenes Haschisch-Präparat zu Forschungszwecken zu nutzen, das auch in Paris von Jacques-Joseph Moreau de Tours (1804–1884) verwendet wurde und jenen Erkenntnissen den Weg bereitete, die in der ersten psychopharmakologisch bedeutsamen Monografie veröffentlicht wurden: in de Tours' „Haschisch und die Geisteskrankheiten" (1845).[3] De Tours vertrat als erster Autor den Standpunkt, dass das Studium der Effekte von psychoaktiven Substanzen dazu beitragen kann, pathologische Phänomene im Seelenleben zu verstehen, und wurde damit zum Begründer der pharmakopsychiatrischen Forschungsrichtung.

Der wichtigste Beitrag zur Psychopharmakologie, der im Wien des 19. Jahrhundert geleistet wurde, waren wohl Sigmund Freuds Untersuchungen, Überlegungen und Darstellungen zu Koka und Kokain. Freud veröffentliche zwischen 1884 und 1887 mehrere „Kokainschriften" (cocaine papers).[4] Er partizipierte mit diesen Publikationen am damals aktuellen psychiatrischen Diskurs, der die klinische Anwendung der Rauschmittel und ihre pathoplastische Bedeutung einschloss. Heinrich Obersteiner (1847–1922) z. B. widmete sich dem Problem des Morphinismus und schon vor Freud der klinischen und therapeutischen Bedeutung des Kokain in diesem Kontext.[5]

---

3   Vgl. Carl Damian Schroff, Lehrbuch der Pharmacologie. Mit bes. Berücksichtigung der Oesterr. Pharmacopoe vom J. 1855 (Wien 1856).
4   Freud veröffentlichte dazu folgende Schriften (in Auswahl): Sigmund Freud, Über Coca, in: Centralblatt für die gesammte Therapie 2 (1884), 289–314. Dieser Aufsatz wurde reproduziert: Sigmund Freud, Coca, in: Saint Louis Medical and Surgical Journal 47 (1884), 502–505. Sigmund Freud, Beitrag zur Kenntniss der Cocawirkung, in: Wiener Medizinische Wochenschrift 35/5 (1885), 129–133; Sigmund Freud, Über die Allgemeinwirkung des Cocains, in: Medizinisch-Chirurgisches Central Blatt 20/32 (1885), 374–375; Sigmund Freud, Bemerkungen über Cocainsucht und Cocainfurcht, in: Wiener Medizinische Wochenschrift 37/28 (1887), 929–932. Siehe auch: Sigmund Freud, Cocaine papers, hg. von Robert Byck (New York–London 1975).
5   Von Obersteiner stammen folgende in diesem Kontext erwähnenswerten Veröffentlichungen: Heinrich Obersteiner, Chronic Morphinism, in: Brain 2 (1880), 449–465; Heinrich Obersteiner, Further Observations on Chronic Morphinism, in: Brain 5 (1882), 324–331; Heinrich Obersteiner, Der chronische Morphinismus, in: Wiener Klinik 9 (1883), 61–84; Heinrich Obersteiner, Über die Morphiumsucht und ihre Behandlung. Vortrag anlässlich des Congres periodique international des sciences medicales, Secteur de psychiatrie et neurologie, in: Deutsche Medizinische Wochenschrift 20/34 (1884). In diesem Vortrag nahm Obersteiner die für Wien erste (positive) Beurteilung des Kokain in der Morphinismusbehandlung vor. Möglicherweise war dieser Text auch die europaweit erste Publikation zu diesem Thema. Vgl. auch Heinrich Obersteiner, Zur internen Anwendung des Cocains bei Neurosen und Psychosen, in: Wiener Medizinische Presse 26 (1885), 1253–1257; Heinrich Obersteiner, Cocain and Morphinismus, in: Wiener Klinische Wochenschrift 1 (1888), 399–401.

In den Jahren zwischen den beiden großen Kriegen wurden psychopharmakologische und pharmakopsychiatrische Untersuchungen und Projekte in der Ägide Otto Pötzls durchgeführt. Es ist interessant, dass dieser Aufgabenbereich überwiegend von jenen Mitarbeitern der Klinik betrieben wurde, die der psychoanalytischen Schule zugehörten. In dieser Zeit entstanden neue Konzepte, die weit reichende Auswirkungen hatten. So führten Otto Kauders und Paul Schilder (1886–1940) die Narkohypnose ein und Manfred Sakel (1900–1957) das Insulinkoma. Forschung wurde auch zu Meskalin betrieben.[6] Ebenfalls in der Zwischenkriegszeit, aber bereits in der Emigration in den USA, entwickelte Schilder sein Konzept einer Pharmakopsychoanalyse, das einige bemerkenswerte Aspekte aufweist, die bis heute gültig sind – und keine ausreichende Beachtung gefunden haben und finden.[7] Schilder entwickelte sein Konzept auf der Basis seiner Erkenntnis, dass „Arzneimittel mit psychischem Effekt"[8] die libidinöse Struktur in tiefgehender Weise verändern. Ihm erschien, dass eine neu zu schaffende Pharmakopsychoanalyse die geeignete Methode sei, jene Veränderungen festzustellen, welche in der Libido- und Ich-Struktur unter dem Einfluss von Giften stattfinden.

Diese Überlegungen wurden aus der Beobachtung des Einflusses der Amphetamine auf das seelisch-geistige Geschehen abgeleitet. Schilder meinte, dass man wahrscheinlich in der Lage sein werde, Benzhedrin in der Behandlung von Neurosen zu benützen, wenn man die pharmakologische Wirkung des Benzhedrins vom psychoanalytischen Gesichtspunkt aus zu verstehen lernt. Die Substanz würde sicherlich nicht Neurosen heilen, ihre Verwendung könne aber vom symptomatischen Gesichtspunkt aus Nutzen bringen und könne eventuell auch wichtiges Material im Verlauf der Analyse zum Vorschein bringen. Schilders Vorstellungen repräsentieren die ersten Überlegungen zur Nutzung pharmakologischer Effekte für psychotherapeutische Prozesse und können als Vorläufer späterer psychedelischer Therapiekonzepte angesehen werden.

Die Situation in Wien nach dem Ende des Zweiten Weltkriegs

Die LSD-Ära

In Wien startete nach 1945 die klinisch-psychopharmakologische Forschung mit LSD-Experimenten. Damit klinkte sich die Wiener psychiatrische Forschung in eine Forschungsrichtung ein, die in der Schweiz nach der zufälligen Entdeckung der Wirkung des Lysergsäurediamid durch Albert Hofmann (1906–2008) in die Wege geleitet worden war.[9] In der Schweiz wurden sowohl experimentelle wie auch klinische Versuche mit der Substanz durchgeführt. In Wien wurden vergleichbare Untersuchungen zunächst 1947 von Alois Becker initiiert.[10]

---

6 Vgl. Alexandra ADLER / Otto PÖTZL, Über eine eigenartige Reaktion auf Meskalin bei einer Kranken mit doppelseitigen Herden in der Sehsphäre, in: Jahrbuch für Psychiatrie und Neurologie 53 (1936), 13–34.
7 Vgl. Paul SCHILDER, Zur Psychoanalyse der Benzhedrinwirkung, in: Internationale Zeitschrift für Psychoanalyse 23 (1937), 536–539.
8 Ebd.
9 Vgl. Werner A. STOLL, Lysergsäure-diäthylamid, ein Phantastikum aus der Mutterkorngruppe, in: Schweizer Archiv für Neurologie und Psychiatrie 60 (1947), 279–323.
10 Vgl. Alois M. BECKER, Zur Psychopathologie der Lysergsäurediäthylamid-Wirkung, in: Wiener Zeitschrift für Nervenheilkunde und deren Grenzgebiete 2 (1949), 402.

Ab 1950 griff das Erkenntnisinteresse in dieser Fragestellung auf die USA über. In der Folge wurde eine wahre Flut von Publikationen generiert. Im Bemühen, die Wirkung der halluzinogenen Stoffe auch therapeutisch zu nutzen, entstanden die Konzepte der halluzinogen-gestützten Psychotherapie. Im Lauf einiger Jahre wurden mehr als 40.000 Patientinnen und Patienten mit diesen neuen Methoden behandelt. Die Therapieversuche stießen auf mediales Interesse und die Ergebnisse wurden medial, bisweilen recht marktschreierisch, verbreitet.

Wohl auch aufgrund dieses allgemeinen Interesses regte Hans Hoff, der seit 1950 der Universitätsklinik für Psychiatrie und Neurologie der Universität Wien vorstand,[11] 1952 an, die Forschung von Becker aufzugreifen und zu intensivieren. Es traf sich gut, dass Arnold, der zu dieser Zeit als Erster Oberarzt der Klinik fungierte, bereits an den frühen Experimenten Beckers beteiligt gewesen war und bereit war, diese Aufgabe mit hohem Engagement zu übernehmen.[12] Die LSD-Forschung wurde in Wien von 1952 bis 1970 betrieben, das heißt länger als in den USA, wo sie 1966 verboten worden war und auch über die Zeit hinaus, in der die Substanz vom Pharmakonzern Sandoz zur Verfügung gestellt wurde. Die Firma hatte die Produktion von LSD bereits im August 1965 eingestellt. Dass LSD nicht mehr verfügbar war, führte in Wien allerdings nicht dazu, dass die Halluzinogenforschung eingestellt wurde. Sie wurde vielmehr bis etwa 1977 weitergeführt; zunächst noch mit LSD, später aber zunehmend mit Dimethyltryptamin (DMT). Mit DMT war aber bereits früher, parallel zu den LSD-Studien, experimentiert worden. Arnold und Gustaf Hofmann veröffentlichten 1957 die erste Studie über den experimentellen Einsatz dieser Substanz. Weitere Studien folgten.[13] Möglicherweise hatte Stefan Szara die Aufmerksamkeit der Wiener Forschungsgruppe auf das DMT gerichtet.

Die Forschung mit Halluzinogenen wurde in vielen Ländern betrieben, sie hatte auch vor dem Eisernen Vorhang nicht halt gemacht. Prag und Budapest waren frühe Zentren dieser Richtung.[14] In Budapest führte Stefan Szara im Rahmen der Schizophrenieforschung Experimente mit DMT durch. Szara hätte in seinem Heimatland gerne auch mit LSD experimentiert. Die Substanz wurde ihm aber von Sandoz nicht zur Verfügung gestellt, da sie zu dieser Zeit nicht in ein kommunistisches Land geliefert werden durfte. Im Gegensatz zur Tschechoslowakei wurde in Ungarn kein LSD für Forschungszwecke produziert. 1956 floh Szara aus Ungarn und hielt sich kurz in Wien auf, wo ihm nach seinen eigenen Worten Hoff, Arnold und Hofmann Schutz gewährten. Darüber hinaus nahm er auch die Gelegenheit zu einem Selbstversuch mit LSD wahr.[15] Diese Episode ist erwähnenswert, weil sie der Gründung des Collegium

---

11 Ausführliche Angaben über Hans Hoff und Ottokar A. Arnold sind weiteren Aufsätzen zu entnehmen, die in dieser Ausgabe von Virus veröffentlicht werden. Vgl. ARIAS, Hans Hoff, wie Anm. 2; Eberhard GABRIEL, Zum Wiederaufbau akademischer Lehrkörper in der Psychiatrie nach 1945.
12 Gemäß einem Bericht in dem Nachrichtenmagazin „Der Spiegel" vom 18. November 1953 war die Nervenklinik der Wiener Universität mit über 200 Experimenten, die von Hoff und Arnold bis zu diesem Zeitpunkt durchgeführt hatten, die hinsichtlich dieser Forschungsaufgabe am weitesten fortgeschrittene Einrichtung.
13 Ottokar H. ARNOLD / Gustaf HOFMANN, Zur Psychopathologie des Dimethyltryptamin, in: Wiener Zeitschrift für Nervenheilkunde und deren Grenzgebiete 13 (1957), 370–385; Ottokar H. ARNOLD u. a., The Effect of DMT and LSD on Acoustic Evoked Potentials, in: Electroencephalography and Clinical Neurophysiology 30/2 (1971), 170; Ottokar H. ARNOLD, N,N-Dimethyltryptamin. Einige erste Vergleichsergebnisse, in: Arzneimittelforschung 25/6 (1975), 972–974.
14 Vgl. R. M. CROCKFORD, LSD in Prague. A Long-Term Follow-Up Study, in: Maps 17/1 (2007), 20–22.
15 Vgl. Zoltan BÖSZÖMENYI / Peter GASZNER, Psychopharmacology in Hungary in the 1960s, in: Thomas A. Ban / David Healy / Edward Shorter, Hg., The Rise of Psychopharmacology and the Story of CINP (Budapest 1998), 202–203; Stefan SZARA, Dimetyltryptamine and Consciousness-a Life's Quest, in: Thomas A. Ban / David Healy / Edward Shorter, Hg., The Triumph of Psychopharmacology. The Story of CINP (Budapest 2000), 20–25.

Internationale Neuro-Psychopharmacologicum (CINP) vorausgeht, in dem Szara eine Funktion innehatte und weil sie den guten Kontakt der Wiener Forscher zu Bethesda/Maryland begründete.

Der Weg Szaras führte in die USA, wo er mit der Leitung der biomedizinischen Abteilung des National Institute on Drug Abuse (NIDA) in Bethesda/Maryland betraut wurde. Er führte dort seine Forschung fort und untersuchte den Metabolismus, die Pharmakokinese und die Effekte von DMT und verwandten psychoaktiven Stoffen an gesunden und an schizophrenen Patientinnen und Patienten. Dabei galt sein Erkenntnisinteresse sowohl der psychoseinduzierenden Wirkung der Substanzen, wie auch der Möglichkeit, sie als psychotherapeutisches Agens einzusetzen. Mit einem 1994 veröffentlichten Artikel über die Notwendigkeit, den Einsatz von Halluzinogenen zu überdenken,[16] zählte er zu den Wegbereitern der Neubewertung der Bedeutung dieser Stoffe für psychologische Forschung und psychiatrische Praxis, die derzeit im Sinne eines Psychedelischen Revisionismus zu beobachten ist.[17]

Die Rahmenbedingungen und Zielsetzungen der Wiener Experimente

Die Forschung diente in Wien mehreren Forschungszielen und lief unter verschiedenen Bedingungen und nach verschiedenen Modellvorstellungen ab. Von der Intention Stefan Szaras unterschied sie sich darin, dass sie die therapeutische Nutzung des LSD und anderer Halluzinogene niemals ernsthaft ventilierte. In der Wiener Klinik wurden sowohl Tierversuche durchgeführt, wie auch Experimente an gesunden und kranken Personen. Als vorrangiges Ziel galt die Erfassung der biologischen Hintergründe der Geisteskrankheiten. Zu diesem Zweck wurde 1953 das differenzierte Ansprechen von Personen, die an verschiedenen Störungen litten, beobachtet. Unter anderem wurde erkannt, dass Alkoholkranke im Gegensatz zu Korsakoff-Patientinnen und -Patienten de facto keine LSD-Effekte verspürten.[18] Ein weiteres Ziel war die Untersuchung der Lokalisation der LSD-Wirkung unter Bezugnahme auf die Annahmen hinsichtlich der Lokalisation der Geisteskrankheiten. Zu diesem Zweck wurde z. B. ebenfalls 1953 die Auswirkung des LSDs auf das Körperschema untersucht.[19]

Das besondere Interesse galt jedoch der Schizophrenieforschung.[20] Aufbauend auf der Annahme, dass die Schizophrenie auf einer Störung des Kohlehydratstoffwechsels beruht,

---

16 Vgl. Stefan Szara, Are Hallucinogens Psychoheuristic?, in: Geraldine C. Lin, Hg., Hallucinogens. An Update (= NIDA Research Monograph Series 146, Washington 1994), 33–41.
17 Teri S. Krebs / Pål-Ørjan Johansen, Psychedelics and Mental Health. A Population Study, in: Plos one 8/8 (2013), e63972; Megan Brooks, Psychedelic Drug May Have a Role in Psychotherapy. Imaging Study Reveals a Neurobiological Basis for the Potential Therapeutic Effect of Psilocybin, online unter: Medscape, http://www.medscape.com/viewarticle/760379 (letzter Zugriff: 10. 12. 2015).
18 Ottokar H. Arnold / Hans Hoff, Untersuchungen über die Wirkungsweise von Lysergsäurediäthylamide, in: Wiener Zeitschrift für Nervenheilkunde und deren Grenzgebiete 6 (1953), 129–150.
19 Ottokar H. Arnold / Hans Hoff, Körperschemastörungen bei LSD 25, in: Wiener Zeitschrift für Nervenheilkunde und deren Grenzgebiete 6 (1953), 259–274.
20 Vgl. Hans Hoff, Lehrbuch der Psychiatrie (Basel 1956), 433–436; Ottokar Hans Arnold / Gustaf Hofmann / Harald Leupold-Löwenthal, Untersuchungen zum Schizophrenieproblem, in: Wiener Zeitschrift für Nervenheilkunde und deren Grenzgebiete 13 (1957), 370–385; Ottokar Hans Arnold / Gustaf Hofmann / Harald Leupold-Löwenthal, Untersuchungen zum Schizophrenieproblem. IV. Mitteilung: Die Verteilung des C^{14}-radioaktiven Lysergsäurediäthylamid (C^{14}-LSD-25) im tierischen Organismus, in: Wiener Zeitschrift für Nervenheilkunde und deren Grenzgebiete 15 (1958), 15–27.

wurden Untersuchungen über die Beinflussbarkeit der LSD-Erfahrung und der Schizophrenie durch Glutaminsäure und durch Bernsteinsäure durchgeführt.[21] Die in Wien durchgeführten Untersuchungen wurden international rezipiert und zitiert.[22] Wie auch in anderen psychiatrischen Zentren wurde mit dem therapeutischen Einsatz des LSD experimentiert. Als Zielpopulation wurden Hebephrene gewählt: „Die besonders schlechten Behandlungserfolge bei der Hebephrenie haben uns u. a. derzeit zu laufenden Versuchen geführt, das aktuelle Zustandsbild der Hebephrenen mittels LSD 25 in ein mehr katatones oder paranoid nuanciertes zu verwandeln und dann im gegebenen Zeitpunkt einer Elektroschockbehandlung zu unterziehen, wie es scheint nicht ganz erfolglos."[23]

Diese Darstellung erschien 1956, als die Therapieversuche noch im Laufen waren. Allerdings wurde diese günstige Bewertung wenige Jahre später wieder zurück genommen bzw. in ihrer Zielrichtung modifiziert: „Unsere therapeutischen Versuche, torpide Prozessverläufe mittels LSD 25 Gaben aufzulockern und sodann einer Somatotherapie zu unterziehen, haben keine positiven Ergebnisse erbracht, wohl aber Versuche, nach medikamentöser Auflockerung Patienten einer Psychotherapie zugänglich zu machen."[24] Das scheint allerdings nicht durch die Verabreichung von Halluzinogenen, sondern durch den Einsatz von MAO-Hemmern gelungen zu sein.[25]

Forschung zu den klassischen Neuroleptika und Antidepressiva

In psychopharmakologischer Hinsicht waren die 1950er Jahre die Periode entscheidender Entwicklungen in der Behandlung der Psychosen. Chlopromazin wurde von 1950–1952 in dieser Indikation von Paul Charpentier, Pierre Deniker, Jean Delay entdeckt, beforscht und zur Anwendung gebracht.[26] 1954 empfahl Nathan S. Kline die Anwendung von Reserpin in den gleichen Indikationsbereichen.[27] Imipramin und Amitryptilin wurden 1956 von Ronald Kuhn respektive N. S. Kline für die Behandlung der endogenen Depression entdeckt, zeitgleich mit Iproniazid/Marsilid durch Robie und A. Gallinek. Die Einführung des Marsilid bedurfte aber eines längeren Zeitraumes (1956-58/59).[28]

---

21 Ottokar Hans ARNOLD, Untersuchungen zur Frage des Zusammenhangs zwischen Erlebnisvollzug und Kohlehydratstoffwechsel, in: Wiener Zeitschrift für Nervenheilkunde und deren Grenzgebiete 10 (1955), 85–120; Ottokar Hans ARNOLD / Gustaf HOFMANN, Untersuchungen über Bernsteinsäureeffekte bei LSD-25-Vergiftungen und Schizophrenien, in: Wiener Zeitschrift für Nervenheilkunde und deren Grenzgebiete 11 (1955), 92–104.
22 Vgl. J. R. SMYTHIES, Biochemistry of Schizophrenia, in: Postgraduate Medical Journal 39 (1963), 26–33.
23 HOFF / ARNOLD, Therapie, wie Anm. 1, 345; HOFF / ARNOLD, Sujet, wie Anm. 1.
24 Ottokar Hans ARNOLD / Hans HOFF, Neuroleptika, Tranquilizer und Antidepressiva. Zusammenfassende kritische Stellungnahme (= Paracelsus-Beiheft 29, Wien 1962).
25 „In diesem Zusammenhang liegt ein kleiner Indikationsbereich der Monoaminooxydaseinhibitoren ausserhalb des depressiven Krankengutes". Ebd., 36.
26 Vgl. David HEALY, The Creation of Psychopharmacology (Cambridge, Mass. 2009), 107–128.
27 Vgl. David HEALY, The Antidepressant Era (Cambridge, Mass. 1997), 64.
28 Vgl. Edward SHORTER, Before Prozac. The Troubled History of Mood Disorders in Psychiatry (Oxford 2008), 52–57.

Der Einsatz von Chlorpromazin-hydrochlorid (Largactil) und Reserpin (Serpasil) in der Wiener Klinik

Bereits ab den frühen 1950er Jahren kamen in der Wiener Klinik Chlorpromazin und auch Reserpin zur Behandlung manisch-depressiver und schizophrener Zustandsbilder zum Einsatz. Diese Anwendung wurde von Arnold, Stefan Hift und Wilhelm Solms 1953 beschrieben[29] und 1956 von Hans Hoff in seinem Lehrbuch dargestellt.[30] Es wurden in der Klinik etwa 20 Varianten dieser Arzneimittel untersucht. 1960 wurde in einem Vortrag vor dem Collegium Europäicum Medicum der Versuch unternommen, die Wiener Erfahrungen bezüglich des Wirkungsspektrums der Substanzen in tabellarischer Form zusammenzufassen. Später reproduzierten Arnold und Hoff diese Darstellung in ihrer bereits erwähnten zusammenfassenden kritischen Stellungnahme zu den Psychopharmaka, die in der Reihe der Paracelsus-Beihefte veröffentlicht wurde.[31] Interessant und ungewöhnlich ist an dieser Darstellung die umfassende Beschreibung der pharmakabedingten Beeinträchtigung wesentlicher psychischer und mentaler Dimensionen.[32] Empfohlen wurde von den Wiener Autoren das Chlorpromazin im Spektrum der Affektkrankheiten nur für die Behandlung manischer Phasen. Für die Behandlung der Depression galt ihnen die Schockbehandlung als überlegene Methode. Sowohl Chlorpromazin wie auch Reserpin fanden auch in der Behandlung schizophrener Verläufe Verwendung. Hohe Dosen von Chlorpromazin wurden auch nach Schädelhirntrauma empfohlen, wie auch zur Behandlung des Entzugssyndroms (von Alkohol und Morphium).

Die Neuroleptika wurden in Wien kurmäßig nach verschiedenen Behandlungsplänen angewendet. Chlorpromazin und bald darauf Truxal und in bestimmten Fällen auch Majeptil wurden als Mittel erster Wahl bewertet. Reserpin wurde als Mittel zweiter Wahl angesehen, dessen Einsatz insbesondere bei rein depressiven Zustandsbildern als kontraindiziert galt, da man die Beobachtung gemacht hatte, dass unter Reserpin eine Verschärfung der Depression eintrat. Eine Umstellung auf Reserpin wurde jedoch als indiziert erachtet, wenn eine Gewöhnung an Chlorpromazin zu befürchten war.[33]

Kontinuierlich wurde aus der Wiener Klinik über weitere Entwicklungen in der Anwendung der Neuroleptika berichtet.[34] Die in dieser Periode entwickelten Minor Tranquilizer wurden in der Klinik ebenfalls angewendet und in ihrer Wirkung überprüft.[35]

---

29 Ottokar Hans ARNOLD / Stefan HIFT / Wilhelm SOLMS, Über die Anwendung eines zentral vegetativen Hemmungsstoffes in der psychiatrischen Therapie, in: Wiener Medizinische Wochenschrift 102 (1952) 964–965; Ottokar Hans ARNOLD / Stefan HIFT / Wilhelm SOLMS, Die Anwendung von Largactil in der Psychiatrie, in: Wiener Medizinische Wochenschrift 103 (1953), 563–566.
30 Vgl. HOFF, Lehrbuch, wie Anm. 20, 409
31 ARNOLD / HOFF, Neuroleptika, wie Anm. 24.
32 Vgl. ebd., 18–19.
33 HOFF, Lehrbuch, wie Anm. 20, 409–414; Hans HOFF, Vorteile und Nachteile der Behandlung mit Largactil und Serpasil, in: Wiener Klinische Wochenschrift 68/6 (1956), 97–101.
34 Vgl. Stefan HIFT / Cornelius KRYSPIN-EXNER, Prothipendyl-hydrochlorid, ein neues Neuroleptikum, in: Wiener Medizinische Wochenschrift 108/32 (1958), 664–668.
35 Stefan HIFT / Cornelius KRYSPIN-EXNER / Wilhelm SOLMS, Meprobamat in der Psychiatrie, in: Wiener Medizinische Wochenschrift 107/23 (1957), 485–489; Heimo GASTAGER / Gustaf HOFMANN / Helmut TSCHABITSCHER, Klinische Erfahrungen mit Chlordiazepoxid (Librium), einem neuen Tranquilizer, in: Wiener Medizinische Wochenschrift 111 (1961), 545–548.

Imipraminkörper und Tryptizol an der Wiener Klinik

Ottokar H. Arnold behauptete von sich, aufgrund seiner guten Beziehungen zur einschlägigen Pharmaindustrie der erste Psychiater nach Ronald Kuhn gewesen zu sein, der die damals neuen trizyklischen Antidepressiva klinisch anwandte und ihre Wirkung untersuchte.[36] Die Erstpublikation aus der Wiener Klinik zum Einsatz des Tofranil stammt allerdings von Stefan Hift und Cornelius Kryspin-Exner.[37] Arnold veröffentlichte 1960 eine Studie über die kombinierte Anwendung von Imipramin und Elektroschock.[38] Später, aber im gleichen Jahr, berichtete dann Herbert Reisner über seine Erfahrungen mit der Substanz im „Verein für Psychiatrie und Neurologie" in Wien. Die erste Veröffentlichung zu Amitryptilin stammt von Arnold und G. Foitl, 1961.[39] Gemäß einer Übersicht über den Einsatz der Antidepressiva nach ihrer Einführung an der Psychiatrischen Klinik, die von Arnold verfasst wurde, wurden überwiegend Trizyklika verwendet. Hinsichtlich der Therapieerfolge wurden die Amitriptyline und Protriptyline am besten bewertet.

MAO-Hemmer wurden hingegen offenkundig in geringerem Ausmaß eingesetzt. Arnold und Hoff ordneten ihnen einen relativ engen Indikationsbereich zu, da sie dafür eintraten, dass in jedem Fall die Substanzen danach gewählt werden sollten, dass unerwünschte Nebeneffekte nur in möglichst geringem Ausmaß zu erwarten waren. Es ist verständlich, dass das ungünstige Nebenwirkungsspektrum die Anwendung der MAO-Hemmer beschränkte. Hoff und Arnold gesellten sich mit ihrer Bewertung zu Bleuler, der der Auffassung war, dass die Iproniazid-Behandlung unter allen verfügbaren Behandlungsmethoden das größte Risiko für die Patientinnen und Patienten mit sich bringe und gefährlicher sei als die Elektroschockbehandlung. Bleuler hatte angeraten die Methode „auf verzweifelte, gegen andere Behandlungen resistente Formen"[40] einer Melancholie, bei der Stupor, Inaktivität und Apathie vorherrschen, zu beschränken.

Die Bewertung der Effizienz der Psychopharmaka/Antidepressiva[41]

Die klinischen Forscherinnen und Forscher bewerteten die medikamentösen Behandlungserfolge generell konservativ bis skeptisch. Die Arzneimittel wurden als Möglichkeit gesehen, den aktuellen Zustand der Patientinnen und Patienten zu beeinflussen, – eine tiefgreifende

---

36 Thomas A. BAN / David HEALY / Edward SHORTER, Hg., The Rise of Psychopharmacology and the Story of CINP (Budapest 1998), 190–193, Kommentar von Ottokar H. Arnold.
37 Stefan HIFT / Cornelius KRYSPIN-EXNER, Tofranil in der Therapie der Depressionen, in: Wiener Medizinische Wochenschrift 109/22 (1959), 453–456.
38 Ottokar Hans ARNOLD, Kombinierte Elektroschock-Tofranilbehandlung der Melancholie, in: Wiener Medizinische Wochenschrift 110/11 (1960), 250–255.
39 Ottokar Hans ARNOLD / G. FOITL, Die Behandlung der endogenen Depression mit Amitryptilin, in: Wiener Medizinische Wochenschrift 111/16 (1961), 272–274.
40 Eugen BLEULER / Manfred BLEULER, Lehrbuch der Psychiatrie (Berlin [10]1966), 428.
41 Ottokar Hans ARNOLD / Hans HOFF, Allgemeine Gesichtspunkte zur Pharmakopsychiatrie, in: Neuro-Psychopharmakology. Proceedings of the First International Congress of Neuro-Psychopharmacology. Rome September 1958 (Amsterdam 1959), 61–70; Ottokar Hans ARNOLD / Stefan HIFT / Hans HOFF, Die Stellung der psychotropen Drogen im Gesamtbehandlungsplan der Psychiatrie, in: Wiener Medizinische Wochenschrift 110/11 (1960), 238–245; Hans HOFF, Internationales Symposium. Die Bedeutung der Psychopharmaka in der Psychiatrie. Wien, 23. und 24. Mai 1960. Begrüßungsworte und Hinweis auf die Tradition der Wiener Psychiatrischen Klinik. Schlusswort, in: Wiener Medizinische Wochenschrift 110/36 (1960), 712–713, 756–757.

kurative Funktion wurde ihnen aber nicht zuerkannt: Hans Hoff schrieb über die Reserpinwirkung, dass zwar der Patient davon beruhigt werde, die Symptome aber fortschreiten würden.[42] Arnold und Hoff vertraten die Auffassung, dass die Wirkungen der Arzneimittel keine nachhaltige Veränderung des Krankheitszustandes bewirken können. Auch Veränderungen des Verhaltens oder Empfindens nach Absetzen der Behandlung sollten nicht als „Heilung" verstanden werden. Sie entsprächen lediglich einer überdauernden Wirkung der Arzneimittel. Dem erkrankten Gehirn werde eine Ruhepause gegönnt, etwa wie eine kranke Lunge durch einen Pneumothorax ruhig gestellt wird, ohne dass sich dadurch am Krankheitsverlauf eine Veränderung ergibt.

Die pharmakologische Psychiatrie bietet dementsprechend aus der Sicht von Arnold und Hoff nicht die Möglichkeit, Geisteskrankheiten auf einfachem Weg zu heilen. Die beiden Autoren billigten der Psychopharmakologie aber zu, dass sie durch den Einsatz von Phantastika, Neuroplegika und Psychotonika eine wichtige Forschungsstrategie zur Verfügung stelle. Psychopharmakologische Methoden seien geeignet, das Zusammenspiel zwischen organischen Funktionsstörungen des Gehirns und den übrigen Elementen der Gesamtpersönlichkeit zu erfassen und wichtige Einsichten in Teilmechanismen der psychischen Erkrankung zu generieren. Diese Auffassung exemplifizierten Arnold und Hoff am Modell der LSD-Wirkung in Relation zu psychotischen Erkrankungen.[43]

In ihrer 1962 veröffentlichten zusammenfassenden kritischen Stellungnahme zum Einsatz der Neuroleptika, Tranquilizer und Antidepressiva gingen Arnold und Hoff in ihrer relativierenden Haltung so weit, dass sie die Frage aufwarfen, inwieweit die Psychopharmaka eine neue Gestalt der körperlichen Beschränkung der psychiatrischen Patientinnen und Patienten repräsentieren[44] und kamen zu folgender kritischen Schlussbemerkung: „Der Arzt muss sich von Anfang an darüber im Klaren sein, dass er sich durch die Verschreibung von Psychopharmaka in der Behandlung seelischer Störungen nicht entlastet, sondern im Gegenteil, belastet."[45]

Kombinationsbehandlungen

Diese kritische Bewertung der therapeutischen Möglichkeiten der Behandlung mit Psychopharmaka und wohl auch die Überzeugung, dass psychotische Zustandsbilder aus multiplen Einflüssen resultieren, führte dazu, dass in der Wiener Klinik in dieser Periode Therapiekombinationen große Bedeutung zuerkannt wurde. In Verfolg dieses Zugangs wurden kombinierte
– Elektroschock-Neuroleptika-Behandlungen
– Insulin-Neuroleptika-Behandlungen
– Insulin-Cardiazol-Neuroleptika-Behandlungen
– Malaria-Neuroleptika-Kuren

---

42 Hans Hoff, Vorteile und Nachteile der Behandlung mit Largactil und Serpasil, in: Wiener Klinische Wochenschrift 68 (1956), 97–101.
43 Arnold / Hoff, Gesichtspunkte, wie Anm. 41.
44 „Es scheint auch, als würden viele jüngere Kollegen der Meinung sein, als seien alle Bestrebungen, dem Patienten ein gewisses Mass der Freiheit in den Anstalten zu geben, erst mit der Einführung der Psychopharmaka möglich gewesen. Das würde bedeuten, daß die Einschließung durch versperrte Türen, Gitter und Netzbetten durch die noch bedrückendere Einschliessung mittels Pharmaka ersetzt wurde." Arnold / Hoff, Neuroleptika, wie Anm. 24, 5.
45 Ebd., 45; Hoff, Lehrbuch, wie Anm. 20.

- Neuroleptika-Barbiturat-Behandlungen
- Elektroschock-Imipramin-Kuren
- Elektroschock-Amitriptylin-Kuren

angewendet.[46] Interessant ist, dass Arnold und Hoff 1962 bezüglich der kombinierten Malaria-Neuroleptika-Kur aussagten, dass mit dieser Möglichkeit experimentiert worden sei, dass man aber von dieser Behandlungsoption abrate. Ebenso wie von der Kombination von Neuroleptika mit Antabus.

Das Collegium Internationale Neuro-Psychopharmacologicum (CINP)

Bei dem hohen Interesse, das in der Wiener Psychiatrischen Klinik unter Hoff der Forschung an psychoaktiven Substanzen und ihrer therapeutischen Nutzung entgegengebracht wurde und in Anbetracht der internationalen Vernetzung der Forschungsaktivitäten, kann es nicht verwundern, dass die Vertreter der Wiener Psychiatrie von Anfang an in die Planung einer internationalen wissenschaftlichen Vereinigung involviert waren, die sich der jungen Wissenschaft der Neuro-Psychopharmakologie verpflichtet fühlte. Zunächst wurde die Bildung einer derartigen Gruppierung 1957 in Mailand von dem Pharmakologen E. Trabucchi angeregt. Sein Anliegen bestand darin, einen intensiven Gedankenaustausch zwischen Psychiatern und Pharmakologen zu ermöglichen. Zu diesem Zweck veranstaltete er als ersten Schritt am 9. Mai 1957 in Mailand ein internationales Symposium über psychotrope Drogen, an dem viele bedeutende Vertreter der neuen Wissenschaft teilnahmen. Am 11. Mai wurde dann beschlossen, während des Zweiten Weltkongresses für Psychiatrie eine Organisation zu gründen, die die Kommunikation zwischen den verschiedenen befassten wissenschaftlichen und klinischen Professionen erleichtern sollte.[47] Dieser Kongress fand im September 1957 in Zürich statt. In seinem Kontext wurde die neue Organisation am 2. September 1957 im Zürcher Bahnhofsrestaurant formell inauguriert und mit ihrem Namen „Collegium Internationale Neuro-Psychopharmacologicum (CINP)" versehen. Das Gründungsgremium wies 30 Mitglieder aus Europa, den USA und aus Lateinamerika auf. Unter diesen befanden sich H. Baruk, J. Delay, Henri Laborit, J. Thuillier und P. Deniker aus Frankreich, Hanns Hippius, der zu dieser Zeit an der Freien Universität Berlin tätig war, H. Delgado aus Lima, H. Brill, A. Hoffer, B. B. Brodie und N. S. Kline aus den USA, E. Rothlin und W. A. Stoll aus der Schweiz, E. Trabucci und D. Bovet aus Italien, M. Shepherd aus London, C. Radouco-Thomas aus Kanada sowie Hans Hoff und O. H. Arnold aus Wien. Als erster Präsident der neugegründeten Vereinigung fungierte der Sandoz-Pharmakologe E. Rothlin.

---

46 Hoff, Lehrbuch, wie Anm. 20, 494 (zur Kombinationsbehandlung von Insulin und Psychotherapie); Arnold / Hoff, Neuroleptika, wie Anm. 24, 40–43.
47 Vgl. Thomas A. Ban / Hanns Hippius, Hg., Psychopharmacology in Perspective. A Personal Account by the Founders of the Collegium Internationale Neuro-Psychopharmacologicum (Berlin 1988), XII–XIII; vgl. dazu die Kommentare in diesem Buch von Jean Thuillier, 86–93 und Ottokar H. Arnold, 37–39.

Es wurden Statuten entworfen, in denen der Vereinszweck formuliert wurde:

„The object of the Association shall be to establish an organization whose members shall meet from time to time to consider and discuss matters related to neuropsychopharmacology and who through this organization shall encourage and promote international scientific study, teaching and application of neuropsychopharmacology. The CINP shall also provide consultation and advice for the better evaluation of the biochemistry, pharmacology, safety and therapeutic efficacy of neuropsychiatric drugs and may act as an advisory body to educational institutions, governmental agencies and such other organizations and bodies as determined by the Council."[48]

Das CINP hielt seinen ersten Kongress 1958 in Rom ab, der zweite Kongress fand Juli 1960 in Basel statt, der dritte September 1962 in München. Der Münchener Kongress war von besonderer Bedeutung für die Wiener Repräsentanten: Zum einen traten als Vertreter der Wiener Forschungsgemeinde Pharmakologen wie Ernst Brücke und Christoph Stumpf als Referenten in Erscheinung, zum andern wurde Hans Hoff als Präsident gewählt. Hoff hatte diese Funktion dann bis 1964 inne. Während seiner Präsidentschaft fungierte Arnold als Sekretär. Hoff gab am Ende seiner Amtsperiode 1964 anlässlich des vierten Kongresses des CINP in Birmingham das einführende Statement ab, in dem er wesentliche Aspekte der Entwicklung und der Bedeutung der Neuropsychopharmakologie beleuchtete.[49] In dieser Einleitungsrede trug er einerseits der Entwicklung der Neuropychopharmakologie Rechnung und unterzog sie einer Bewertung, zum andern nutzte er aber auch die Gelegenheit, den Standpunkt der Wiener Psychiatrie darzulegen und die Bedeutung der multifaktoriellen Genese der Geisteskrankheiten zu unterstreichen.[50]

Sein einleitendes Referat lässt sich zu den folgenden Statements verdichten:
1. Die Neuroleptika haben das Milieu der Krankenanstalten verbessert; es gibt kaum mehr beschränkende Maßnahmen.
2. Die Angst vor der Psychiatrie und vor psychiatrischen Patientinnen und Patienten ist geringer geworden; den beruhigten Patientinnen und Patienten wird mit mehr Verständnis begegnet.
3. Neuroleptika sind nicht wirklich „antipsychotisch" aber sie haben unser Verständnis für die pathologische Basis psychotischer Prozesse erweitert.

---

48 Thomas A. BAN / Hanns HIPPIUS, Hg., Thirty Years CINP. A Brief History of the Collegium Internationale Neuro-Psychopharmacoloqium (Berlin 1988), VIII.
49 Hans HOFF, Extract of Hans Hoffs Presidential Address Delivered at the Fourth CINP Congress in Birmingham, in: Thomas A. Ban / David Healy / Edward Shorter, Hg., The Rise of Psychopharmacology and the Story of CINP (Budapest 1998), 394–395. Das Meeting war von zwei Programmkomitees organisiert worden. Es widmete sich einer sehr speziellen Fragestellung: The mode of action of psychotropic drugs and it's implication for the pathophysiology of psychotic disturbances. Die Arbeit ging in Workshops vor sich, in denen alle Disziplinen vertreten waren, die Beiträge zur Neuropsychopharmakologie leisten können: Biochemie, Neurophysiologie, Pharmakologie, Psychologie, experimentelle Pathologie und klinische Studien.
50 Hoff hat stets die Position der multifaktoriellen Genese der Geisteskrankheiten vertreten. Wie einleitend bereits aufgezeigt wurde, wollte er den Geist der Wiener Vorkriegspsychiatrie in der Gestalt aufrechterhalten, die unter Pötzls Klinikleitung entstanden war. Demgemäß verstand er die Entwicklung der Psychose als komplexes Geschehen, das auf der Interaktion von biologischen Prozessen, schicksalshaften Erfahrungen und psychodynamischer Verarbeitung beruht. Unter Verweis auf Wagner-Jauregg und dem Zug der Zeit entsprechend nahm er auch eine gewisse genetische Disposition an.

4. LSD stellt ein Modell für das Verständnis der Pathogenese der Schizophrenie zur Verfügung, die Anticholinergica in vergleichbarer Weise für exogene Psychosen.
5. Erkenntnisse über den Zusammenhang zwischen antidepressivem Effekt und Serotonin-Wiederaufnahmehemmung und Beeinflussung des Abbaus der Monoamine im Gehirn haben das Verständnis für Depression verbessert.
6. Erkenntnisse hinsichtlich eines Dopamindefizits im Neostriatum von Parkinsonpatienten haben das Verständnis für die pathologischen Bedingungen dieser Erkrankung verbessert.
7. Neuropsychopharmakologische Erkenntnisse müssen mit neurophysiologischen verknüpft werden. Alle Systeme des Nervensystems stehen miteinander in Verbindung. Die Beeinflussung eines Anteils wirkt auf alle anderen rück. Insofern sind Neuroleptika und Thymoleptika nicht scharf voneinander zu trennen, auch wenn man den Thymoleptika einen spezifischeren Effekt zuordnet.
8. Tranquilizer in Kombination mit Thymoleptika stellen eine gute Therapieoption für Depression und Entzugsbehandlung dar. Der Missbrauch der Tranquilizer ist weniger auf die Stoffe als auf unsachgemäße Verschreibung zurück zu führen.
9. Die Antidepressiva haben die Behandlung erleichtert, weil die Patientinnen und Patienten sie besser akzeptieren als Schockbehandlungen. Der Nachteil ist, dass die Patientinnen und Patienten oft nicht bis zum Psychiater gelangen und ev. unsachgemäß behandelt werden.

Die Position der Lehre von der multifaktoriellen Genese der Geisteskrankheiten innerhalb des CINP

Hans Hoff vertrat mit der Auffassung, die aus diesem Vortrag hervorgeht, innerhalb des CINP keineswegs eine Außenseiterposition. Vielmehr reihte er sich zu führenden Repräsentanten dieser Gruppe, die in der Periode, mit der wir uns hier befassen, einen vergleichbaren Standpunkt vertraten. Diese Verhältnisse gehen klar aus den Statements hervor, die von den Gründungsmitgliedern abgegeben wurden, nachdem sie vom „Historischen Komitee des CINP" ersucht worden waren, anlässlich des 30-jährigen Jubiläums der Organisation eine persönliche Bewertung der Arbeit des CINP vorzunehmen und kritisch Stellung zu den überschaubaren Entwicklungen und zukünftigen Herausforderungen zu beziehen.[51]

So trug etwa Michael Shepherd während des zweiten Kongresses des CINP vor, dass eine unqualifizierte Antithese zwischen spezifischen und unspezifischen Faktoren, die die klinische Wirksamkeit von psychoaktiven Substanzen beeinflussen, den relevanten Phänomenen (Verhältnissen) nicht gerecht werden kann: „Es ist klarer und klarer geworden, dass die Rolle der unspezifischen Faktoren viel größer ist, als man angenommen hat und dass Drogen nur ein Element in einem therapeutische Programm sind, das sowohl die biologischen wie die psychosozialen Aspekte der Krankheit berücksichtigt."[52] Shepherd meinte, dass das Collegium, wenn es für diesen Zugang eintritt und ihn öffentlich bewirbt, seine einzigartige Position beibehalten könne, ein internationales Forum für interdisziplinäre Kommunikation zwischen Fachleuten verschiedener Disziplinen zu bieten.

---

51 BAN / HIPPIUS, Psychopharmacology, wie Anm. 47.
52 Ebd., Stellungnahme von Michael SHEPHER, 80–83, hier 83.

1988 teilte er dem historischen Komitee des CINP schriftlich mit, dass er immer noch zu diesen früheren Aussagen stehe.[53]

Auch Corneille Radouco-Thomas vertrat den Standpunkt, dass zwar Psychopharmakologie als Wissenschaft einem materialistischen Zugang entspricht und zur Behandlung von Geisteskrankheiten dadurch beitragen kann, dass sie Drogen liefert, die aufgrund ihrer physiochemischen Eigenschaften mit Hirnstrukturen interagieren, man aber dennoch jeglichen biologistischen Reduktionismus vermeiden solle: „Andererseits glauben wir, dass die menschliche Psyche nicht auf ein physiko-chemisches Phänomen reduziert werden kann, in dem die ‚Seele' heimatlos und staatenlos umherschweift."[54]

Henri Laborit wiederum führte aus, dass das menschliche Nervensystem nicht in Isolation existiert. Es interagiert mit der sozialen Umgebung und das Faktum, dass es mehr und mehr in diese Umwelt eingekerkert wird, ist vielleicht der Ursprung einer geistigen und körperlichen Pathologie, für die die Neuro-Psychopharmazie nur eine Palliativtherapie anbietet. Diese Überlegungen führten Laborit zur Auffassung, dass demnach die einzige wirksame ätiologische Behandlung epidemio-soziologisch ausgerichtet sein müsse.[55]

Interessant und aufschlussreich sind auch die Reflexionen, die H. E. Lehmann, dem wir bedeutende Beiträge zur Schizophrenieforschung verdanken und der die Chlorpromazinbehandlung in den USA einführte, im Rückblick auf den siebten Kongress des CINP in Prag zum Ausdruck brachte, jenem Kongress, der 1970 stattfand und insofern das Ende jener Ära bedeutet, auf die sich mein Beitrag beschränken muss.

> „Let me conclude with a very personal opinion. Psychopharmacology had its start with clinical observations on associations between drugs and their clinical effects- if we want to remain knowledgeable about the notorious psycho-physical parallelism on which psychopharmacology, after all, has to rely for it`s clinical pay-off, we must renew our clinical contact with individual patients – a contact that is in danger to be lost in the virtual onslaught of new, exciting and anti-intuitive neuroscientific data which research has produced in recent years. Most of these data are instrument-oriented and some of the many find clinical application only in a far away Star Trek future. The psycho-social, even the idiosyncratic personal components of a psychiatric pharmacology will need be re-integrated into neuropsychopharmacology. But perhaps time will take care of this in the never-ending dialectic of the insoluble mind-body problem."[56]

---

53 BAN / HIPPIUS, Psychopharmacology, wie Anm. 47.
54 Ebd., Stellungnahme von Corneille RADOUCO-THOMAS, 68–72, hier 72.
55 Ebd., Stellungnahme von Henri LABORIT, 63–66, hier 66.
56 Heinz Edgar LEHMANN, The 7th Congress-Prague 1970, in: Thomas A. Ban / Hanns Hippius, Hg., Thirty Years CINP. A Brief History of the Collegium Internationale Neuro-Psychopharmacoloqium (Berlin 1988), 23–27.

Die Rolle der Pharmaindustrie im ersten Jahrzehnt des CINP

David Healy beschreibt, dass die Gründerphase des CINP untrennbar mit Interessen der Pharmaindustrie verbunden war.[57] Tatsächlich sind ja auch alle großen Firmen in der Organisation vertreten. Allerdings scheint die Zusammenarbeit zwischen akademischer Forschung, medizinischer Praxis und Industrie anders als heute gelagert gewesen zu sein. Healy selbst meint, dass sie nicht in gleichem Ausmaß „verdächtig" gewesen sei, wie in den 1990er Jahren. Wohl schloss die Produktion psychoaktiver Stoffe auch damals bereits die Möglichkeit ein, über den einen oder andern „Blockbuster" zu verfügen: Meprobamat und die frühen Benzodiazepine sind entsprechende Zeugen.[58] Der ökonomische und gesellschaftspolitische Rahmen, die Produktionsphilosophie und die Marktlage waren aber anders strukturiert: Weder standen die Interessen der Investoren und Shareholder dermaßen im Zentrum wie heute, noch ging es in vergleichbarem Ausmaß um Gewinn- und Machtmaximierung und die Schaffung von Industriegiganten, die versuchen möglichst konkurrenzlos den Markt zu beherrschen. Dadurch gestaltete sich die Kooperation eventuell ein Stück weit kollegialer und verantwortungsbewusster. Daher war es auch möglich, dass die Psychopharmaka kritischer bewertet wurden als es heute die Regel ist und dass Kritiker einen hohen Rang in der Forschungsgemeinschaft einnehmen konnten. Wobei die vorsichtige und kritische Bewertung durchaus auch von Repräsentanten der Entwicklung zum Ausdruck gebracht wurde. Healy weist darauf hin, dass wichtige und gut abgewogene Beiträge in den frühen Tagen des CINP nicht nur von den bedeutenden Klinikern und akademischen Forschern geleistet wurden, sondern auch von Vertretern bestimmter Firmen: Rothlin (der erste Präsident des CINP), Cerletti und Taeschler von Sandoz und andere wurden von Healy in diesen Kontext gerückt. Dabei zitiert er auch eine „schöne" Bemerkung von Taeschler aus dem Jahr 1964, von der er meint, dass sie durchaus auch für spätere Entwicklungen repräsentativ gelten könnte. Taeschler hatte ausgeführt, dass die Effekte der Antidepressiva und aller andern Psychopharmaka nicht auf einen einzelnen pharmakologischen Effekt zurückgeführt werden können, sondern auf ein „polyvalentes Aktionsmuster" und dass daher nahe verwandte Substanzen eventuell sehr verschiedene qualitative Wirkungen ausüben, die von der quantitativen Verteilung ihrer verschiedenen pharmakologischen Eigenschaften abhängen. Diese Bemerkung nimmt Healy zum Anlass, dass eine „Rückreise in die Zukunft" sinnvoll wäre, und dass eine erneute Lektüre der Vorträge und Diskussionen, die in den frühen Jahren des CINP abliefen, recht erleuchtend wirken könnte.[59] Eine gute Kooperation zwischen klinischer Forschung und der Industrie wurde auch in der Folge als notwendige Voraussetzung für Fortschritte in der Umsetzung pharmakologischer Erkenntnisse in klinischen Aufgabenstellungen angesehen.[60]

---

57 David Healy, Drugs and Industry, in: Thomas A. Ban / David Healy / Edward Shorter, Hg., The Rise of Psychopharmacology and the Story of CINP (Budapest 1998), 51–55.
58 Vgl. Marianne Springer-Kremser / Alfred Springer, Die Depressionsfalle (Wien 2013), besonders Kapitel 9.: Die Geschichte der Psychopharmaka, 145–217.
59 Healy, Drugs, wie Anm. 57, 55.
60 Diese Forderung geht aus der Schlussbemerkung der Herausgeber in folgender Publikation hervor: Ban / Hippius, Thirty Years CINP, wie Anm. 47, 137–138.

Österreichs Beteiligung an dem CINP

Zu den österreichischen Mitgliedern des CINP zählten in den frühen Jahren der Organisation neben Hans Hoff und Ottokar H. Arnold auch Gustaf Hofmann, Gerhard Harrer und Heinrich Gross. Diese Zusammensetzung der Mitglieder erscheint einigermaßen merkwürdig. Heinrich Gross führte zwar zahlreiche Medikamentenuntersuchungen im Psychiatrischen Krankenhaus der Stadt Wien durch und veröffentlichte 1966 die, wie es heißt, weltweit erste Publikation über die antipsychotische Wirksamkeit von Clozapin (Leponex) gemeinsam mit Langner,[61] ist aber abgesehen davon nicht als pharmakologischer Experte in Erscheinung getreten. Hingegen waren die ersten psychiatrischen Mitarbeiter an den Untersuchungen in der Psychiatrischen Klinik nie im CINP vertreten.

Noch auffälliger ist es, dass sich Vertreter der akademischen Pharmakologie in den Gründerjahren distant verhielten. Sie hatten sich zwar 1962 am Münchner Kongress als Referenten beteiligt, strebten aber offenkundig keine Mitgliedschaft an. Nicht einmal ein so prominenter Wiener Vertreter der Neuropharmakologie wie Oleh Hornykiewicz wurde dementsprechend Mitglied in einer internationalen Organisation, die maßgebliche Vertreter der Neuropsychopharmakologie im internationalen Raum zu ihren Mitgliedern zählte.[62] Hornykiewicz war ab 1952 am Pharmakologischen Institut der Universität Wien zunächst als Assistent und ab 1964 als Dozent tätig. 1960 hatte er in Wien damit begonnen, die Hypothese von Brodie zu überprüfen, wonach Reserpin dadurch ein Parkinsonsyndrom erzeugt, dass es die Dopaminspeicher im Striatum entleert.[63] 1961 erschien dann seine Erstveröffentlichung zur Wirksamkeit von L-DOPA bei Parkinson, die er gemeinsam mit Walter Birkmayer verfasste. Zunächst hatte er mit Herbert Ehringer einen verminderten Dopamingehalt in den Basalganglien des Hirnstammes bei verstorbenen Parkinson-Patienten festgestellt. Birkmayer, damals Vorstand der traditionsreichen Neurologischen Abteilung im Versorgungsheim der Stadt Wien Lainz, und Hornykiewicz behandelten daraufhin erstmals 20 Wiener Patienten intravenös mit L-Dopa. Am 10. November 1961 publizierten sie ihre Ergebnisse in der Wiener Klinischen Wochenschrift.[64] Das bedeutet, dass Hornykiewicz seine wichtigen Ergebnisse genau in jener Zeit veröffentlichte, in der Hoff und Arnold führende Positionen im CINP bekleideten und dass der nachhaltigste Beitrag zur Neuropsychopharmakologie, der in dieser Zeit in Wien geortet werden kann, außerhalb der Klinik geleistet wurde und sich auch nicht in den Annalen des CINP finden lässt. An dieser Stelle musste er allerdings Erwähnung finden, weil er einen wesentlichen Aspekt in der Geschichte der neuropharmakologischen Forschung und Praxis in Wien repräsentiert.

---

61 Heinrich Gross / E. Langner, Effect profile of a Chemically New Broad Spectrum Neuroleptic of the Dibenzo-diazepine Group, in: Wiener Medizinische Wochenschrift 116 (1966), 814–816.
62 Im CINP waren unter anderen Avid Carlsson, Leo Hollister, David Axelrod, B. B. Brodie, Emilio Trabucchi, Corneille Radouco-Thomas, Philip Bradley, Daniel Bovet, T. Ban.
63 Vgl. Solomon H. Snyder, Chemie der Psyche. Drogenwirkungen im Gehirn (= Spektrum-Bibliothek 16, Heidelberg 1988).
64 Walter Birkmayer / Oleh Hornykiewicz, Der L-3,4-Dioxyphenylalanin(=DOPA)-Effekt bei der Parkinson-Akinese, in: Wiener Klinische Wochenschrift 73 (1961), 787–788. Hornykiewicz wurde 1968 als Professor an die University of Toronto berufen, wo er bis 1976 als Leiter dem Department of Psychopharmacology / Clarke Institute of Psychiatry vorstand. Von 1976/1977–1995 war er ordentlicher Universitätsprofessor an der Universität Wien sowie bis 1999 Vorstand des Instituts für Biochemische Pharmakologie dieser Universität. Als Emeritus wurde er 2004 der Medizinischen Universität Wien, Zentrum für Hirnforschung, zugeordnet. Seine Leistungen auf dem Gebiet der Dopaminforschung waren Nobelpreis-verdächtig.

Zusammenfassung

Die Periode, in der Hans Hoff die Wiener Klinik für Psychiatrie und Neurologie leitete, ist charakterisiert durch die rasante Entwicklung der psychoaktiven Arzneimittel. Die Wiener Klinik war sehr rasch in die Forschung zu diesen neuen Stoffen und in ihre klinische Anwendung involviert. Dabei kam Ottokar H. Arnold eine führende Rolle zu. Er betrieb mit wechselnden Teams entsprechende Forschung zu einer Vielzahl der psychoaktiven Stoffe, angefangen mit LSD und DMT bis hin zu den Neuroleptika und Antidepressiva, die in den 1950er Jahren entdeckt bzw. entwickelt wurden.

Die Forschung ging an der Wiener Klinik über pre-marketing-Studien hinaus und erbrachte Konzepte über die Wirkungen und Wirkungsweisen der Psychopharmaka und eine kritische Beurteilung ihrer therapeutischen Bedeutung. Hoff und Arnold verstanden ihre Arbeit als eine Neuauflage der Wiener Psychiatrischen Schule der Vorkriegszeit, in der unter Otto Pötzl eine Synthese aus biologischer und psychoanalytischer Psychiatrie angestrebt worden war. Obwohl sie die klinisch-pharmakologische Forschung voran trieben, blieben sie der Wirkung der Substanzen gegenüber skeptisch, ordneten den Stoffen keine Heilkraft zu, sondern verstanden sie gemäß dem pharmakopsychiatrischen Paradigma von Moreau des Tours vorwiegend als Forschungsinstrumente, die helfen sollten, das Zusammenspiel zwischen organischen Funktionsstörungen des Gehirns und den übrigen Elementen der Gesamtpersönlichkeit zu verstehen und wichtige Einsichten in Teilmechanismen der psychischen Erkrankung zu ermöglichen. Die Skepsis gegenüber der Effizienz der Pharmakabehandlung, gemeinsam mit der Überzeugung, dass psychiatrische Erkrankungen multifaktoriell bedingt sind, führte zur Entwicklung der verschiedensten Kombinationsbehandlungen.

Hans Hoff und Ottokar H. Arnold zählten zu den Gründungsmitgliedern des CINP, einer internationalen Organisation, die es sich zum Ziel gesetzt hatte, die Kommunikation zwischen neuropsychopharmakologischer Klinik und Forschung auf internationalem Niveau zu ermöglichen. Hoff war in den Jahren 1962 bis 1964 Präsident des CINP und Arnold hatte in der gleichen Zeit die Funktion des Sekretärs inne. Hoff vertrat auch in diesem Kreis die Position der Wiener Klinik, insbesondere die Auffassung von der multifaktoriellen Genese der Geisteskrankheiten. Damit vertrat er aber keine Außenseiterposition, weil auch andere führende Repräsentanten der Neurowissenschaften vergleichbare Standpunkte bezogen.

Die österreichische Partizipation am CINP war davon gekennzeichnet, dass nur Kliniker die Mitgliedschaft erwarben. Österreichische Pharmakologen traten nur marginal als Referenten bei einzelnen Kongressveranstaltungen in Erscheinung und strebten offenkundig nie die Mitgliedschaft im CINP an. Diese Situation ist auffällig, weil im CINP in dieser Zeit sehr bedeutende Pharmakologen aus vielen Ländern vertreten waren. Die Hintergründe dieser historischen Situation sind noch zu erforschen.

Informationen zum Autor

Univ.-Prof. Dr. Alfred Springer, Facharzt für Psychiatrie und Neurologie, Mitglied der Wiener und der Internationalen Psychoanalytischen Vereinigung, von 1976 bis 2006 Leiter des Ludwig Boltzmann-Instituts für Suchtforschung und Herausgeber der Wiener Zeitschrift für Suchtforschung, Mitglied diverser Fachgesellschaften und Mitarbeit in Projektgruppen internationaler Behörden, Vorsitzender der ÖGABS (Österreichische Gesellschaft für arzneimittelgestützte Behandlung der Suchtkrankheit) und der Wiener Berufsbörse. Salzorgasse 6, Stg. 5, A-1010 Wien, E-Mail: alfred.springer@meduniwien.ac.at

Ernst Berger

Die Kinderpsychiatrie in Österreich 1945–1975 – Entwicklungen zwischen historischer Hypothek und sozialpsychiatrischem Anspruch

English Title

Child Psychiatry in Austria 1945–1975 – Development between Historic Burden and Socialpsychiatric Demand

Summary

The development of child and adolescent psychiatry in Austria carries the burden of its historical inheritance of the Nazi period. The development after 1945 shows contradictory aspects as a reflection of the social and political situation. A compromise (additive specialisation "Kinderneuropsychiatrie") between child psychiatry (in the narrow sense), oriented towards socialpsychiatric and psychotherapeutic approaches and the – quantitatively dominant – "heilpädagogisches Netzwerk" following conservative approaches, was established in 1975.

Keywords

Nazi-psychiatry, therapeutic pedagogy, social psychiatry

Die Frühgeschichte des Faches – eine untilgbare Hypothek

Die Periode von 1937–1945, die Zeit der eigentlichen Konstituierung des Faches, die ich an anderer Stelle[1] als „Frühgeschichte" des Faches bezeichnet habe, stellt eine nicht tilgbare Hypothek in der Geschichte der Kinder- und Jugendpsychiatrie dar, die sich unentwirrbar mit der Politik des Nationalsozialismus verwoben hatte. Aus der Wiener Heil- und Pflegeanstalt Steinhof wurden in den Jahren 1940/41 ca. 3.200 Pfleglinge nach Hartheim transportiert und getötet und in den folgenden Jahren (1941–1945) mehr als 3.500 Patientinnen und Patienten durch

---

1 Vgl. Ernst BERGER, Die Kinder- und Jugendpsychiatrie in Österreich – Entwicklungen und Wandel, in: Leonhard Thun-Hohenstein, Hg., Kinder- und Jugendpsychiatrie in Österreich vom „Gestern" zum „Morgen" (Wien 2007), 7–20.

Hungersterben getötet. Zwischen dem 25. August 1940 und dem 3. Juni 1945 starben mindestens 789 Kinder und Jugendliche am Spiegelgrund – so wurde dieser Teilbereich der Heil- und Pflegeanstalt Steinhof auch bezeichnet. Die formelle Konstituierung des Faches erfolgte zeitgleich mit der Etablierung der NS-Herrschaft: 1937 fand in Paris der 1. Internationale Kongress für Kinderpsychiatrie statt, 1939 erfolgte in Wiesbaden die Gründung der „Deutschen Arbeitsgemeinschaft für Kinderpsychiatrie", 1940 in Wien die Tagung der „Deutschen Gesellschaft für Kinderpsychiatrie und Heilpädagogik" (Vorsitz Paul Schröder, Schriftführer Werner Villinger). Werner Villinger – nach 1945 führender deutscher Kinderpsychiater, Ordinarius und Rektor in Marburg sowie Chef und Lehrer von Hermann Stutte[2] (der als Leitfigur der deutschsprachigen Kinderpsychiatrie bis in die 1980er Jahre zu sehen ist) – hat 1926 mit dem Ziel der Bekämpfung der psychischen Degeneration die Sterilisation befürwortet[3] und 1933 festgestellt, dass endogen arbeitslose Jugendliche häufig kriminell werden.[4] Villinger war NSDAP-Mitglied (1937) und „T4-Gutachter", hat das Konstrukt der „praktischen Unerziehbarkeit"[5] geschaffen und die Begriffe „psychopathisch", „unerziehbar", „asozial" und „kriminell" nahezu synonym verwendet.[6] Die damals vertretenen Inhalte entsprachen über weite Strecken einer Ordnungs- und Verwahrungsideologie, die wenig später durch die Beteiligung am Kindermord ergänzt wurde.

Die Rolle der Kinderpsychiatrie in der Zeit des Nationalsozialismus – in Deutschland und im angeschlossenen Österreich – kann folgendermaßen charakterisiert werden[7]:
- Sie war eine Ordnungs-, Auslese- und Vernichtungspsychiatrie.
- Sie fungierte in Kooperation mit der Jugendfürsorge: Gemeinsam mit den Fürsorgeeinrichtungen sollte Wien von einer sogenannten „negativen Auslese", die etwa 15 % der Bevölkerung umfasse, gereinigt werden.
- Sie forderte und begründete die Verlegung der „Unerziehbaren" in die Jugendkonzentrationslager Uckermark (Mädchen) und Moringen (Knaben), in denen Jugendliche aus Österreich deutlich überrepräsentiert waren.
- Sie realisierte die Tötung behinderter Kinder in sogenannten „Kinderfachabteilungen" (in Wien trug die Einrichtung den Namen „Am Spiegelgrund").

---

2   Hermann Stutte (1909–1982) war einer der führenden Kinder- und Jugendpsychiater im deutschsprachigen Raum, der an seiner biologischen Orientierung und der Sterilisationsbefürwortung festgehalten hat. Vgl. dazu Wolfgang JANTZEN, Eklektisch-empirische Mehrdimensionalität und der „Fall" Stutte – Eine methodologische Studie zur Geschichte der deutschen Kinder- und Jugendpsychiatrie, in: Zeitschrift für Heilpädagogik 44/7 (1993), 454–472.
3   Werner VILLINGER, Zur Hygiene des Seelenlebens und der Nerven der Kinder und Jugendlichen, in: Zeitschrift für Kinderforschung 32/2 (1926), 111–129.
4   Werner VILLINGER, Arbeitslosigkeit, Arbeitsscheu, Verstandesschwäche bei jugendlichen Kriminellen, in: Mitteilungen der Kriminalbiologischen Gesellschaft 4 (1933), 147–166.
5   Martin HOLTKAMP, Werner Villinger (1887–1961). Die Kontinuität des Minderwertigkeitsgedankens in der Jugend- und Sozialpsychiatrie (Husum 2002), 71.
6   Ebd., 62.
7   Vgl. Ernst BERGER, Hg., Verfolgte Kindheit. Kinder und Jugendliche als Opfer der NS-Sozialverwaltung (Wien u. a. 2007).

– Die Namen Ernst Illing,[8] Hans Bertha,[9] Heinrich Gross[10] seien als pars pro toto für Österreich genannt.

Kinder- und Jugendpsychiatrie nach 1945 – ein Neubeginn?

Die biologistischen Konzepte, die diesem Denken und Handeln zugrunde lagen, wurden auch nach 1945 keinem wissenschaftlichen Diskurs unterzogen. Die wissenschaftliche Aufarbeitung dieser Geschichte wurde erst mit jahrzehntelanger Verspätung begonnen.[11]

Internationale Kontakte begannen 1948, als in Zürich das erste Seminar über „Pädiatrie und Kinderpsychiatrie" stattfand. Hans Hoff, der Wiener Ordinarius für Psychiatrie, nutzte seine internationalen Kontakte, die er im Exil geknüpft hatte, um der Kinder- und Jugendpsychiatrie wichtige Entwicklungsanstöße zu geben.[12] Er entsandte Walter Spiel 1953 zu einem WHO-Lehrgang nach Chichester (UK) und holte im gleichen Jahr den Internationalen Mental Health Kongress nach Wien. 1954 konnte ein 4-jähriges Rockefeller-Stipendium für die Entwicklung der Wiener Kinder- und Jugendpsychiatrie gewonnen werden.

Auf diesem Hintergrund etablierte sich die klinische Kinder- und Jugendpsychiatrie neben der bereits bestehenden klinischen Heilpädagogik. Dennoch waren für die ersten Jahrzehnte nach 1945 noch andere Merkmale maßgebend, die mit der Bezeichnung „Periode der Anstalten" charakterisiert werden können. In dieser Zeit bestanden – ebenso wie in der Erwachsenenpsychiatrie – Versorgungsstrukturen, die dem Gofman'schen Typus der „Totalen Institution"[13] entsprachen: Kinderhäuser in den Landesheil- und Pflegeanstalten, geschlossene Heime in der Jugendfürsorge, die geschlossene Justizanstalt Kaiser Ebersdorf bei Wien etc. Die Entwicklungen in den Jahren 1950–1970 waren – betrachtet man Österreich insgesamt – widersprüchlich. Sie sollen exemplarisch skizziert werden: eine sozialpsychiatrisch-psychotherapeutische Perspektive am Beispiel Wien (W. Spiel), eine heilpädagogisch-repressive Perspektive an den

---

8 Ernst Illing (1904–1946) war Nachfolger von Erwin Jekelius als Direktor am Spiegelgrund und wurde 1946 hingerichtet.
9 Hans Bertha (1901–1964): 1938 Habilitation und Lehrauftrag (Graz) für „Menschliche Erblehre als Grundlage der Rassenhygiene", ab 1940 in Wien tätig (Rosenhügel, Steinhof, Lainz), „T4-Gutachter", Relegierung 1945, wegen Beteiligung am Massenmord angeklagt, nie verurteilt; neuerliche Habilitation 1953, Klinikvorstand (1960–1964) und Dekan in Graz. Zu Hans Bertha vgl. auch den Beitrag von Carlos WATZKA in diesem Band mit dem Titel „Die ‚Fälle' Wolfgang Holzer und Hans Bertha sowie andere ‚Personalia'. Kontinuitäten und Diskontinuitäten in der Grazer Psychiatrie 1945–1970".
10 Heinrich Gross (1915–2005) ab 1940 Arzt am Spiegelgrund (ärztl. Leiter Erwin Jekelius, ab 1942 Ernst Illing), 1947 wegen Totschlags angeklagt, nach Einstellung des Verfahrens Karriere als Gerichtsgutachter und Primararzt (ab 1957) am Steinhof.
11 Vgl. dazu Ralf SEIDEL / Heinrich MEYER / Thorsten SÜSSE, Hilfreiche Anpassung – hilflose Fügung. Ärzte und Verwaltung Niedersachsens während der Vernichtung psychisch Kranker zur Zeit des Nationalsozialismus, in: Psychiatrische Praxis 14/Sonderheft 1 (1987), 27–34; Ernst BERGER, Psychiatrie im Faschismus, in: Behinderte 11/ 5 (1988), 59–62; Ernst BERGER / Barbara MICHEL, Zwangssterilisation bei geistiger Behinderung, in: Wiener Klinische Wochenschrift 109/23 (1997), 925–931; Ruth BAUMANN u. a., Arbeitsfähig oder unbrauchbar? Die Geschichte der Kinder- und Jugendpsychiatrie seit 1933 am Beispiel Hamburgs, Frankfurt am Main 1994.
12 Zur Person Hans Hoffs siehe den Beitrag von Ingrid ARIAS in diesem Band unter dem Titel „Hans Hoff (1897–1969) – Remigrant und Reformer? Neue Impulse oder Kontinuität der Psychiatrie nach 1945?".
13 Vgl. dazu Erving GOFFMAN, Asyle. Über die soziale Situation psychiatrischer Patienten und anderer Insassen (Frankfurt am Main [19]2014).

Beispielen Innsbruck (M. Nowak-Vogl) und Salzburg und eine segregative Behindertenmedizin und -pädagogik am Beispiel Wien (A. Rett).

Sozialpsychiatrisch-psychotherapeutische Perspektive

In Wien begann die Entwicklung 1949 mit der Einrichtung des „Kinderzimmers" der Psychiatrisch-Neurologischen Universitätsklinik, das 1951 zu einer 12-Betten-Station erweitert wurde. Das war die Keimzelle des Extraordinariats und der Abteilung für Kinderneuropsychiatrie (1972) und der Universitätsklinik für Neuropsychiatrie des Kindes- und Jugendalters (1975). Die Kinder- und Jugendpsychiatrie hat die inhaltliche Auseinandersetzung mit den „Anstalten" aufgenommen und diese Strukturen problematisiert.[14] Aber erst ab 1970 dominierten – gemeinsam mit der sich ändernden Politik der Jugendfürsorge – die Bemühungen um eine Reform der alten Strukturen. Walter Spiel – als Sohn des sozialdemokratischen Pädagogen Oskar Spiel – war (ab 1968) als Konsulent des Wiener Jugendamtes eine der Zentralfiguren der Wiener Heimreform, die mit der Heimenquete 1971[15] begonnen wurde; als jugendpsychiatrischer Konsulent des Justizministeriums für die Reform des Jugendstrafvollzugs (seit 1953) war er führend an der Auflösung der Justizanstalt Kaiser Ebersdorf beteiligt. Auch der gemeinsame Kongress der österreichischen und deutschen Kinderpsychiater im Jahr 1977 war diesen Themen gewidmet.[16] In diesen Jahren wurden in der Kooperation von Kinderpsychiatrie und Jugendwohlfahrt – zum gegenseitigen Nutzen – zahlreiche neue Betreuungsprojekte initiiert und erprobt. Wenngleich diese inhaltlichen Akzente auch in Wien nicht widerspruchsfrei waren – auf diese Widersprüche komme ich später zurück – lautet meine These: Der Aufbau der Kinder- und Jugendpsychiatrie in Wien war ein *sozialpsychiatrisches Projekt*! Aber – es geht um die Inhalte sozialpsychiatrischer Orientierung. Der Blick auf die österreichische Heilpädagogik wird relevante Unterschiede deutlich machen.

Eine frühe Publikation (1952) von Walter Spiel trägt den Titel „Ein Jahr psychiatrische Arbeit in der öffentlichen Fürsorge".[17] Diese Orientierung war prägend für den Aufbau und die Arbeit der Wiener Klinik. Sozialpsychiatrische Themen dominierten auch 25 Jahre später in den Vorträgen der KlinikmitarbeiterInnen (laut Jahresbericht 1976/77 waren es 38 % und weitere 14 % waren psychotherapeutischen Themen gewidmet). Auch die Antrittsvorlesung[18] von Walter Spiel 1975 ist diesem Themenkreis zuzuordnen; sie war der Darstellung der Verankerung des neuen Faches im Netzwerk psychosozialer Strukturen gewidmet. Sozialpsychiatrische Markierungspunkte waren: Der Aufbau eines kinderpsychiatrischen Konsiliardienstes für

---

14 Rudolf MADER / Willibald SLUGA, Persönlichkeitsänderungen durch langen Heimaufenthalt, in: Acta Paedopsychiatrica 36/1–2 (1969), 36–45.
15 Walter SPIEL / Gerhard FISCHER / Josef GRESTENBERGER, Aktuelle Probleme der Heimerziehung. Mit Ergebnissen der Wiener Heimkommission (Wien 1971).
16 Manfred MÜLLER-KÜPPERS / Friedrich SPECHT, Hg., Recht – Behörde – Kind. Probleme und Konflikte der Kinder- und Jugendpsychiatrie. Kongressberichte der Deutschen Gesellschaft für Kinder- und Jugendpsychiatrie. Salzburg 1977 (Bern u. a. 1979).
17 Walter SPIEL, Ein Jahr psychiatrische Arbeit in der öffentlichen Fürsorge, in: Wiener Archiv für Psychologie, Psychiatrie und Neurologie II/1 (1952), 1–12.
18 Walter SPIEL, Aktuelle Probleme der Neuropsychiatrie des Kindes- und Jugendalters. Antrittsvorlesung, gehalten am 12. Dezember 1975, anläßlich der Errichtung eines Ordinariates und einer selbstständigen Univ.-Klinik vom 13. September 1975 (= Wiener Medizinische Wochenschrift Suppl. 34, Wien 1976).

die Heime des Wiener Jugendamtes, die Kooperation mit dem Jugendamt beim Aufbau des Therapieheimes „Im Werd"[19] und die aktive Mitwirkung am Aufbau niederschwelliger Betreuungsangebote (Info-Center, Streetwork) sowie die Vorarbeiten zur Planung der kinderpsychiatrischen Versorgungsstrukturen.[20] Psychotherapeutische Arbeitsformen waren eine weitere Säule dieser Entwicklung. Walter Spiel prägte eine in der Tradition der Individualpsychologie wurzelnde psychotherapeutische Orientierung der Kinderpsychiatrie, die u. a. von Martha Kos,[21] psychologische Mitarbeiterin der Klinik, an die nächste Generation weitergegeben wurde. Rudolf Ekstein,[22] direkter Schüler von Sigmund Freud und Alfred Adler, wurde aus dem amerikanischen Exil regelmäßig als Gastprofessor an die Wiener Klinik geholt. Diese Orientierung fand auch im Spektrum der Therapiemethoden ihren Niederschlag: Psychotherapie hatte einen hohen Stellenwert und die Elektrokrampftherapie wurde ab 1975 nicht mehr angewandt.

Heilpädagogisch-repressive Perspektive

Die *Heilpädagogik* wurde in einer „österreichischen Variante" von Hans Asperger geprägt. Ihre Bestimmungsmerkmale waren eine ärztliche Dominanz und eine biologisch-medizinische, weitgehend sogar biologistische, Orientierung. Die enge Verknüpfung mit den Systemen Schule und Jugendwohlfahrt könnte man – aufgrund der Dominanz restriktiv-pädagogischer Konzepte – auch als eine „andere Sozialpsychiatrie" bezeichnen. Heilpädagogische Stationen gab es im ganzen Bundesgebiet: an der Wiener Universitäts-Kinderklinik (Dr. Kuszen), in Niederösterreich (Dr. Schmuttermeier), in Kärnten (Prof. Wurst), in Oberösterreich, der Steiermark, in Vorarlberg und Tirol. Die HistorikerInnen Ingrid Bauer, Robert Hoffmann und Christina Kubek sprechen von einem heilpädagogischen Netzwerk, das sie am Beispiel der Heilpädagogischen Beobachtungsstation in Salzburg charakterisieren.[23] 1953 wurde Asperger nach Salzburg eingeladen als

> „Unterstützung aus dem katholisch-konservativen Lager […] wo er vor einem kleinen Gremium von ÖVP-nahen Experten […] ein Plädoyer für die Errichtung einer heilpädagogischen Beobachtungsstation hielt. Asperger verwies darauf, dass in ‚unserer Zeit eine bedeutende Zunahme ner-

---

19 Vgl. Fritz POUSTKA, Vom Erziehungsheim zum Therapieheim, in: Fritz Poustka / Walter Spiel, Hg., Therapien in der Kinder- und Jugendpsychiatrie. Kongreßberichte. Wien, Österreich 30. Juni–3. Juli 1975 (Wien 1976), 303–310.

20 Vgl. Ernst BERGER / Max H. FRIEDRICH, Bedarfsschätzung für den stationären Bereich der Neuropsychiatrie des Kindes- und Jugendalters, in: Mitteilungen der österreichischen Sanitätsverwaltung 78 (1977), 300–309; Ernst BERGER / Max H. FRIEDRICH, Möglichkeiten und Strukturen der ambulanten und stationären kinderpsychiatrischen Versorgung, in: Presse- und Informationsstelle der Stadt Wien, Hg., Psychiatrische und psychosoziale Versorgung in Wien, Bd. 1: Die Enqueten 1977–79 (Wien 1979), 42–52.

21 Martha KOS, Frauenschicksale in Konzentrationslagern (Wien 1998); Martha KOS-ROBES, Die Beendigung der Kinderpsychotherapie, in: Gerd Biermann, Hg., Handbuch der Kinderpsychotherapie (Frankfurt am Main 1988), 219–229.

22 Vgl. Ernst BERGER / Marianne SPRINGER-KREMSER, Rudolf Eksteins Beiträge zur Psychotherapie und Kinderpsychiatrie, in: Wiener Klinische Wochenschrift 108 (1996), 407–413.

23 Vgl. Ingrid BAUER / Robert HOFFMANN / Christina KUBEK, Abgestempelt und ausgeliefert. Fürsorgeerziehung und Fremdunterbringung in Salzburg nach 1945. Mit einem Ausblick auf die Wende hin zur sozialen Kinder- und Jugendarbeit von heute (Innsbruck u. a. 2013).

vöser und neurologischer Erkrankungen zu beobachten' sei […]. Als Vorbild einer heilpädagogischen Beobachtungsstelle in Salzburg könne jene dienen, die sein Schüler Franz Wurst gerade eben in Kärnten eingerichtet habe […]. Als zukünftige Leiterin […] brachte Asperger bereits bei dieser Gelegenheit Dr. Ingeborg Judtmann in Vorschlag."[24]

Dr. Judtmann war gleichzeitig mit dem Beginn ihres Medizinstudiums mit 19 Jahren der NSDAP beigetreten, hatte deshalb 1946 für ein Jahr Studienverbot erhalten und 1954 die Leitung der heilpädagogischen Station übertragen bekommen. Ebenso wie in anderen Bundesländern war diese Station eine Zentralstelle für die Begutachtung und Administration in der Jugendwohlfahrt.

Eine ähnliche Situation beschreibt der Bericht der Medizin-Historischen ExpertInnenkommission der Medizinischen Universität Innsbruck.[25] Diese Kommission wurde eingesetzt, nachdem 2012 in der Öffentlichkeit Vorwürfe gegenüber der Innsbrucker Kinderbeobachtungsstation und ihrer Leiterin Maria Nowak-Vogl erhoben wurden. Die Station war der Psychiatrischen Universitätsklinik zugeordnet und wurde von 1954–1987 von Prof. Nowak-Vogl geleitet. Auch diese Station war – so der Bericht – in inhaltlicher und organisatorischer Hinsicht als Leitinstitution der Jugendfürsorge zu sehen. Zu ihren Charakteristika zählt der Bericht ein repressiv-heilpädagogisches Programm innerhalb eines geschlossenen Systems und einen autoritären Führungsstil. Im Kontext der in der Öffentlichkeit erhobenen Vorwürfe wird festgestellt, dass „psychische, physische, sexualisierte und strukturelle Gewalt in den alltäglichen Abläufen der Station"[26] integriert war. „Die regionalen gesellschaftspolitischen Bedingungen, die Bernulf Kanitscheider mit dem Begriff einer ‚klerikal induzierten Neo-Traditionalität', in der das Thema Sexualität mit höchster Geheimhaltungsstufe belegt war, beschreibt, waren der Rahmen für das Wirken von Maria Nowak-Vogl. Sie hat sich mit dieser Grundhaltung voll identifiziert und bildete damit einen Brennpunkt konservativen Beharrens in der Entwicklung des Faches."[27]

Segregative Behindertenmedizin

Die von Andreas Rett geprägte segregative Behindertenmedizin, die mit der damals dominierenden biologistisch orientierten Behindertenpädagogik eng verknüpft war, muss ebenfalls als Teil des kinderpsychiatrischen Spektrums betrachtet werden. Ungeachtet der Beiträge, die Rett in den 1950er und 1960er Jahren für die öffentliche Akzeptanz behinderter Menschen und für den Aufbau der Einrichtungen der Lebenshilfe geleistet hat, blieb er lebenslang ein Gegner der Integration behinderter Menschen und ein Vertreter einer biologistischen Medizin und Pädago-

---

24 Ebd., 250.
25 Medizin-Historische EXPERTINNENKOMMISSION, Hg., Die Innsbrucker Kinderbeobachtungsstation von Maria Nowak-Vogl (Innsbruck 2013), online unter: https://www.i-med.ac.at/pr/presse/2013/Bericht-Medizin-Historische-ExpertInnenkommission_2013.pdf (letzter Zugriff: 14. 10. 2015).
26 Ebd., 100.
27 Ernst BERGER, Die Innsbrucker Kinderpsychiatrie/Heilpädagogik im Kontext der Entwicklung des Faches Kinderpsychiatrie, in: Medizin-Historische ExpertInnenkommission, Hg., Die Innsbrucker Kinderbeobachtungsstation von Maria Nowak-Vogl (Innsbruck 2013), 50–56, hier 56, online unter: https://www.i-med.ac.at/pr/presse/2013/Bericht-Medizin-Historische-ExpertInnenkommission_2013.pdf (letzter Zugriff: 14. 10. 2015).

gik. Die von ihm gegründete Abteilung für entwicklungsgestörte Kinder übersiedelte 1975 aus dem Pflegeheim Lainz in das Neurologische Krankenhaus Rosenhügel. Sie war die entwicklungsleitende Instanz für Behindertenbetreuung in ganz Österreich. Ihre integrationsfeindliche Betreuungsideologie spiegelte sich in stationären Langzeitaufenthalten, in der Verwendung von Netzbetten und Zwangsjacken, in der Verwendung sexualitätsdämpfender Medikamente und in der Befürwortung von Zwangssterilisation behinderter Mädchen und Frauen.[28] Er publizierte im Jahre 1968[29] gemeinsam mit Heinrich Gross eine Arbeit, die sich auf das Material der Hirnpräparate stützte, die aus der Kindermordaktion am Spiegelgrund stammten. Aus der persönlich-politischen Geschichte von Rett ist festzuhalten, dass er 1932 der Hitlerjugend und 1942 der NSDAP beigetreten war, dass er dann 1950 Mitglied des Bundes Sozialistischer Akademiker wurde und auch Freimaurer war. 1976 wurde er mit dem Vorsitz des Bundesbehindertenbeirates betraut. 1980 war er Vorsitzender des Komitees für die Wiederwahl von Bundespräsident Kirchschläger.

Auch der Kinderpavillon am Psychiatrischen Krankenhaus Steinhof muss hier genannt werden. Als de facto-Nachfolgeinstitution des Spiegelgrund[30] muss er auch deshalb gesehen werden, weil es über die NS-Kindermordanstalt Spiegelgrund weder einen öffentlichen noch einen fachlichen Diskurs gegeben hat. Natürlich wurde nach 1945 dort nicht mehr gemordet. Es ging aber in diesen Jahren viel mehr um Bewahrung als um Betreuung schwer behinderter Kinder. Erst mit der durch den Zielplan des Wiener Gemeinderates[31] eingeleiteten Psychiatriereform erfolgte die Umwandlung in ein Förderpflegeheim. Der nachfolgende Prozess der Deinstitutionalisierung[32] begann aber erst 1984 und endete erst 2012 mit der Schließung des Förderpflegeheims.

Die Kinderpsychiatrie der dreißig Jahre nach 1945 war also strukturell und institutionell ein buntes und teilweise auch dunkles Flickwerk (mit bräunlichen Spritzern). Die eigentliche Geburtsstunde des neuen Faches, das sich hier entwickelt hat, ist mit dem Jahr 1975 anzusetzen. Damals wurde das Additivfach „Kinder- und Jugendneuropsychiatrie" als Kompromiss zwischen Kinderpsychiatrie (i.e.S.) und Heilpädagogik etabliert. Im selben Jahr wurde auch die Wiener Universitätsklinik gegründet.

---

28 Vgl. Andreas Rett, Klinische, genetische, soziale und juridische Aspekte der Sterilisation geistig behinderter Jugendlicher, in: Manfred Müller-Küppers / Friedrich Specht, Hg., Recht – Behörde – Kind. Probleme und Konflikte der Kinder- und Jugendpsychiatrie. Kongressberichte der Deutschen Gesellschaft für Kinder- und Jugendpsychiatrie. Salzburg 1977 (Bern u. a. 1979), 86–93.
29 Heinrich Gross u. a., Infantile Cerebral Disorders, in: Journal of the Neurological Sciences 7/3 (1968), 551–564.
30 Vgl. Mathias Dahl, Endstation Spiegelgrund. Die Tötung behinderter Kinder während des Nationalsozialismus am Beispiel einer Kinderfachabteilung in Wien 1940 bis 1945 (Wien 1998); Peter Malina, Zur Geschichte des „Spiegelgrunds", in: Ernst Berger, Hg., Verfolgte Kindheit. Kinder und Jugendliche als Opfer der NS-Sozialverwaltung (Wien u. a. 2007), 159–192.
31 Presse- und Informationsstelle der Stadt Wien, Hg., Psychiatrische und psychosoziale Versorgung in Wien, Bd. 2: Zielplan (Wien 1979), 11. „Die Lebensbedingungen der geistig Behinderten müssen, soweit es ihr Zustand zulässt, den allgemeinen Lebensbedingungen angepasst werden. […] Nur dort, wo es unumgänglich ist, also bei den Schwerst- und Mehrfachbehinderten, sind stationäre Einrichtungen zur vollen Betreuung des Behinderten heranzuziehen."
32 Vgl. Ernst Berger u. a., Die Reintegration behinderter Menschen durch Ausgliederung aus Psychiatrischen Einrichtungen – Das Wiener Deinstitutionalisierungsprojekt, in: Medizin für Menschen mit geistiger und mehrfacher Behinderung 3 (2006), 17–27.

Grenzen und inhaltliche Defizite

In den frühen Schriften zur kinderpsychiatrischen Systematik (Kramer, Heller, Lazar) war die „psychopathische Konstitution" ein Zentralbegriff, der beim 1. Internationalen Kongress (1937) einer lebhaften Diskussion unterzogen wurde. Mit Beginn der 1970er Jahre wurde die Diagnose „Psychopathie", die in der NS-Zeit zur Begründung von Zwangssterilisation und Patiententötung wurde, einer radikalen Kritik unterzogen. Heinz Katschnig und Heinz Steinert[33] bezeichnen das Konzept, das dieser Diagnose zugrunde liegt, als soziale Konstruktion und verweisen darauf, dass der Begriff im psychiatrischen Alltag als Schimpfwort und medizinisch verbrämte Verurteilung eingesetzt wird. Ludwig Reiter und Eberhard Gabriel vertreten eine ähnliche Position.[34] Giovanni Jervis spricht von einem „psychiatrischen Mülleimer".[35] In dieser Zeit beginnt Walter Spiel, gestützt auf sein psychotherapeutisches Grundverständnis und auf die Kenntnisse der Entwicklungswissenschaft, ein Alternativkonzept zu formulieren und spricht von „Persönlichkeitsentwicklungsstörung",[36] die er den erlebnisreaktiven Störungen zuordnet. Aber auch in einer späteren Konzeption bleibt neben dieser Kategorie auch jene der „abnormen Persönlichkeitsvarianten"[37] bestehen, hinter der die „Konstitutionsvariante" Kurt Schneiders steht. Ein wirklicher Paradigmenwechsel, der entwicklungsdynamisches Denken konsequent an die Stelle des konstitutionell-biologischen Denkens gesetzt hätte, ist vorerst ausgeblieben. Er wurde erst 1987[38] vollzogen.

Auch im Grenzbereich zur Sozialpädagogik sind im Rückblick die Defizite deutlich zu erkennen. Die Mitwirkung der Kinderpsychiatrie bei den Reformprojekten in der Jugendwohlfahrt ab Anfang der 1970er Jahre, insbesondere in der Heimreform, hatte in der Alltagsarbeit der Klinik einen hohen Stellenwert und alle KlinikmitarbeiterInnen waren involviert. Dennoch muss aus heutiger Perspektive festgestellt werden, dass dieses Engagement auch an seine Grenzen gestoßen ist. Durch die mediale Publizität, die in Österreich ab 2010 ein beachtliches Echo ausgelöst hat, ist einer breiten Öffentlichkeit bekannt geworden, dass viele Kinder, die aufgrund einer Entscheidung der Jugendwohlfahrtsbehörde in öffentliche Erziehungseinrichtungen („Heime") eingewiesen worden waren, dort Gewalterlebnissen ausgesetzt waren. Bereits ab dem Ende der 1960er Jahre wurden die Gewaltereignisse in Heimen unter dem Begriff „Heimmisere" zum Thema der öffentlichen Diskussion. Ulrike Meinhofs Film „Bambule"[39]

---

33 Vgl. Heinz KATSCHNIG / Heinz STEINERT, Über die soziale Konstruktion der Psychopathie, in: Hans Strotzka, Hg., Neurose, Charakter, soziale Umwelt. Beiträge zu einer speziellen Neurosenlehre (München 1973), 104–118.
34 Vgl. Ludwig REITER / Eberhard GABRIEL, Diagnose „Psychopathie" und diagnostischer Prozeß bei Jugendlichen, in: Hans Strotzka, Hg., Neurose, Charakter, soziale Umwelt. Beiträge zu einer speziellen Neurosenlehre (München 1973), 119–139.
35 Giovanni JERVIS, Kritisches Handbuch der Psychiatrie (Frankfurt am Main ²1978), 348.
36 Walter SPIEL, Therapie in der Kinder- und Jugendpsychiatrie (Stuttgart ²1976), 6.
37 Walter SPIEL, Entwicklungsdynamische Gedankengänge zur Neurose-Entstehung. Vortrag am Neuropsychiatrie-Symposium, Charité Berlin, unveröffentlichtes Manuskript (Berlin 1981).
38 Walter SPIEL / Georg SPIEL, Kompendium der Kinder- und Jugendneuropsychiatrie (München 1987).
39 Film von Ulrike MEINHOF, Bambule 1970, online unter: www.ubu.com/film/meinhof_bambule.html (letzter Zugriff: 14. 10. 2015).

führte 1970 – nicht nur in Deutschland – zu öffentlichen Diskussionen, die auch in der pädagogischen Fachwelt aufgegriffen wurden. Dieser Diskurs

> „deckte Erziehungsverhältnisse auf, die den Fürsorgeerziehungsskandalen der 20er Jahre wenig nachstanden. Nach diesen Berichten wird noch immer geprügelt, eingesperrt, unterdrückt, Selbstbewusstsein zerstört, auf Sauberkeit, Gehorsam, Arbeitseifer und Verzicht dressiert, Sexualität verdrängt und werden mit diesen Eingriffen Persönlichkeitsstörungen hervorgebracht, vertieft, vervielfältigt und Außenseiterdasein sowie Kriminalität als zwangsläufige Folgen erzeugt."[40]

Die Diskussion in Österreich folgte fast zeitgleich. Im Rahmen ihrer Kampagne „Öffnet die Heime!" führte die Gruppe „Spartacus" 1969 im öffentlichen Raum in Wien Aktionen mit beträchtlicher Öffentlichkeitswirksamkeit durch.[41] Die Wiener Kinderpsychiatrie unterstützte das Jugendamt zwar tatkräftig bei der Reformarbeit, muss aber dennoch die Frage im Raum stehen lassen, ob sie genug getan hat. Die Wiener Heimkinderstudie[42] bezieht sich auf Heimaufenthalte zwischen 1945–1990 und referiert folgende Ergebnisse: Fast alle Personen (98,5 %) geben psychische Gewalterlebnisse an; die Häufigkeit körperlicher Gewalterlebnisse ist mit 96,2 % nur knapp niedriger; Erinnerungen an Erlebnisse sexueller Gewalt werden von 48,5 % angegeben. Die von der Sozialpädagogik intendierte Kompensation belastender Sozialisationsbedingungen wurde also häufig nicht eingelöst. Nicht kompensatorische, sondern traumatisierende Erziehung prägte den Lebensalltag dieser Kinder. Auch wenn die Möglichkeit, von diesen Daten auf das gesamte damalige System der Sozialpädagogik Rückschlüsse zu ziehen, begrenzt ist (die Zahl von 1.500 Selbstmeldern bei der Opferhilfeorganisation „Weisser Ring" stellt vermutlich einen Anteil von weniger als 5 % der Gesamtzahl an Heimkindern dar), wird hier gestützt auf subjektive Berichte ein Sektor der damaligen Sozialpädagogik beleuchtet, in dem Gewalt ein bestimmendes Element gewesen ist. Die Langzeitfolgen sind beträchtlich: Bei der Betrachtung des späteren Lebensweges stehen die Instabilität der Partnerschaft und der Gestaltung sozialer Kontakte – gefolgt von instabilen Berufswegen – an der Spitze der späteren Lebensprobleme. Den Erlebnissen sexueller Gewalt kommt offensichtlich spezifische Bedeutung unter den verschiedenen Gewaltformen zu – sie zeigen deutliche Zusammenhänge mit späterer Psychopathologie, Partnerschaftsproblemen und Schwierigkeiten in der Gestaltung sozialer Beziehungen. Hier wird der tiefe Eingriff sexueller Gewalt in die Persönlichkeitsentwicklung erkennbar. Erlebnisse körperlicher Gewalt, die zwischen den Heimperioden 1946–1975 und 1976–1990 einen signifikanten Rückgang zeigen, prägen vor allem die späteren Strategien der Bewältigung von Konflikten – sie sind spezifisch mit späteren Delinquenzproblemen verknüpft. Wir müssen – trotz der Reformbemühungen – zur Kenntnis nehmen, dass die Betroffenen auf eine Mitverantwortung der Kinderpsychiatrie verweisen.

---

40 Gerd IBEN, Selbst- und Mitbestimmung in sozialpädagogischen Institutionen, in: Alois Leber / Helmut Reiser, Hg., Sozialpädagogik, Psychoanalyse und Sozialkritik. Perspektiven sozialer Berufe. Festschrift zum 60. Geburtstag von Berthold Simonsohn (= Kritische Texte zur Sozialarbeit und Sozialpädagogik, Neuwied u. a. 1972), 123–144, hier 123.
41 Vgl. Fritz KELLER, Wien, Mai 1968 – eine heiße Viertelstunde (Wien 1983).
42 Ernst BERGER / Tamara KATSCHNIG, Gewalt in Wiener Heimen zwischen 1945 und 1990 – eine retrospektive Studie aus psychotraumatologischer Perspektive, in: Neuropsychiatrie 27 (2013), 188–195.

Resümee

Eine abschließende Zusammenfassung muss festhalten, dass die dargestellten widersprüchlichen Tendenzen sowohl die wissenschaftlichen als auch die politischen Tendenzen dieser Zeit widerspiegeln.

„Das Spannungsfeld zwischen einer Denkrichtung, die sich an den Konzepten von Psychotherapie, psychoanalytischer Pädagogik und Child guidance-Bewegung orientierte und jenen Repräsentanten, deren Selbstverständnis in konservativen pädagogischen Konzepten wurzelte und durch stark biologistisch orientierte Vorstellungen geprägt war, war noch lange Zeit erkennbar. Die Frage nach der Aufwandswürdigkeit, die in der Pädagogik und Medizin der NS-Zeit die tragende Rolle spielte, hat hier ihre deutlichen Nachwirkungen gehabt, die erst mit dem Wechsel zur Nachkriegsgeneration ausgeklungen ist."[43]

Der Kompromiss des Additivfaches (1975) war die Grundlage einer Entwicklung, die zur Überwindung alter Gräben beigetragen, aber erst 2007 zur Etablierung einer eigenen Facharzt-Spezialisierung geführt hat. Ein historischer Diskurs über die „Euthanasie" der NS-Psychiatrie wurde erst in den 1980er Jahren begonnen und der Diskurs über biologistische Paradigmen der 1920er Jahre ist bis heute weitgehend ausgeblieben.

Informationen zum Autor

Univ. Prof. Dr. med. Ernst Berger, Kinder- und Jugendpsychiater, Rosenbursenstr. 8/7, A-1010 Wien, E-Mail: ernst.berger@univie.ac.at
    Forschungsschwerpunkte: Sozialpsychiatrie, Geschichte der Kinder- und Jugendpsychiatrie, Behindertenpsychiatrie, Entwicklungsneurologie

---

43 BERGER, Kinderpsychiatrie, wie Anm. 27, 55.

Elisabeth Dietrich-Daum

Kinder und Jugendliche aus Südtirol auf der Kinderbeobachtungsstation von Maria Nowak-Vogl in Innsbruck (1954–1987) – ein Projektbericht[1]

English Title

South Tyrolean Children and Adolescents as Patients of the Children's-observation-ward of Maria Nowak-Vogl in Innsbruck (1954–1987) – A Project Report

Summary

Between 1949 and 1987 163 South Tyrolean children and adolescents were referred to the psychiatric children's observation-ward in Innsbruck for further examination, observation and treatment. The majority of these children came from socially non-privileged German-speaking families, many of whom had spent their years previous to admission in foster families or in institutional care. Especially during the 1970s, public welfare authorities in South Tyrol made use of the possibility of referring their "problem children" to the foreign clinical institution, a practice existing since 1955. In many cases this referral was also connected to further admission to Austrian care-institutions. The Innsbruck children's observation-ward therefore became an important place of medical treatment and estimation for South Tyrolean children with mental handicaps, behavioural disorders or school problems. This paper deals with the phenomenon of delegating care-work, which bears analogy to the treatment and admission practice in the field of general psychiatry. The paper is based on mental records from the children's observation-ward and contemporary sources by the South Tyrolean State Administration found in the South Tyrolean State Archive.

Keywords

20th Century, child psychiatry, Tyrol, South Tyrol (Italy), Maria Nowak-Vogl, children's-observation-ward, mental records

---

1 Dieser Beitrag ist im Rahmen des vom Südtiroler Landesarchiv geförderten Projektes „Beiträge zur Geschichte der Kinder- und Jugendwohlfahrt in Tirol" (2013–2016) entstanden.

Einleitung

Folgender Beitrag stellt erste Ergebnisse und Überlegungen einer Studie vor, die im Auftrag des Südtiroler Landesarchivs erarbeitet wird und 2016 abgeschlossen werden soll. Es ist Ziel dieser Studie zu klären, warum und unter welchen Umständen zahlreiche Südtiroler Kinder und Jugendliche nach 1945 nicht – wie zu erwarten wäre – in Einrichtungen der eigenen Provinz oder der Nachbarprovinzen Südtirols untersucht und behandelt, sondern zu diesem Zweck über die Staatsgrenze nach Innsbruck überwiesen wurden. Damit sind Fragen nach der Geschichte der Kinder- und Jugendpsychiatrie in Südtirol resp. Italien gleichermaßen angesprochen wie solche nach dem „Fürsorgeregime"[2] Südtirols dieser Zeit. Wie Michaela Ralser, Anneliese Bechter und Flavia Guerrini in ihrer inzwischen als Buch erschienenen Vorstudie zur Geschichte der Tiroler und Vorarlberger Erziehungsheime und Fürsorgesysteme der Zweiten Republik[3] herausgearbeitet haben, muss jedenfalls für Tirol von einer engen Beziehung zwischen Kinder- und Jugendpsychiatrie, den Einrichtungen der Kinder- und Jugendfürsorge und den Heimen – den Landesheimen wie den unter privater, meist kirchlicher Trägerschaft stehenden Kinderheimen – ausgegangen werden. Der Einfluss der Kinder- und Jugendpsychiatrie und ihre enge Verbindung zu den „Agenturen" der Kinder- und Jugendfürsorge sind zwar kein Spezifikum der regionalen historischen Entwicklung, sie scheinen aber in Tirol, so die These der Autorinnen, besonders ausgeprägt gewesen zu sein. Dieses Phänomen wird seit dem 1. September 2014 in einem an der Universität Innsbruck begonnenen, vom Land Tirol, der Universität Innsbruck und der Medizinischen Universität Innsbruck finanzierten Projekt[4] neben einer Reihe weiterer Fragen genauer untersucht, diesbezügliche Ergebnisse sind 2016 zu erwarten.

Die Fragestellung

Die Frage nach dem *Warum* der Zuweisungen von Südtiroler Kindern und Jugendlichen an die Innsbrucker Kinderbeobachtungsstation stellt sich aus mehreren Gründen. Österreich war seit 1919 aus der Perspektive Südtirols politisches Ausland, die Nervenheilanstalt Hall und die Innsbrucker Psychiatrische Klinik folglich nicht mehr für die Südtiroler Bevölkerung zuständig. Südtiroler PsychiatriepatientInnen sollten fortan in der psychiatrischen Anstalt Pergine bei Trient, in der „Landwirtschaftlichen Siedlung für ruhige Geisteskranke" Stadlhof bei Pfatten

---

2 Der Begriff „Fürsorgeregime" bezeichnet nach Michaela Ralser, Anneliese Bechter und Flavia Guerrini in Anlehnung an Birgit Riegraf das Zusammenwirken einer „Vielzahl und Vielfalt unterschiedlicher Apparate, Institutionen, Politiken", hier konkret der Jugendfürsorge, der Erziehungsheime und der Kinderpsychiatrie. Vgl. Birgit RIEGRAF, Die Kategorie „Geschlecht" in der Politikwissenschaft und die Staatsdiskussion in der Frauen- und Geschlechterforschung, in: Bettina Dausien u. a., Hg., Erkenntnisprojekt Geschlecht. Feministische Perspektiven verwandeln Wissenschaft (= Geschlecht und Gesellschaft 17, Opladen 1999), 29–48, hier 39.
3 Michaela RALSER / Anneliese BECHTER / Flavia GUERRINI, Regime der Fürsorge. Eine Vorstudie zur Geschichte der Tiroler und Vorarlberger Erziehungsheime und Fürsorgesysteme der Zweiten Republik (Innsbruck 2014).
4 Das Projekt „Die Kinderbeobachtungsstation der Maria Nowak-Vogl. Interdisziplinäre Zugänge" hat eine Laufzeit von 18 Monaten und ist an den Instituten für Erziehungswissenschaft, Zeitgeschichte sowie Geschichtswissenschaften und Europäische Ethnologie der Universität Innsbruck angesiedelt, die Leitung haben Michaela Ralser, Dirk Rupnow und Elisabeth Dietrich-Daum inne.

oder in einem der Südtiroler Krankenhäuser Aufnahme finden. Allerdings kamen während der „Optionszeit" (1939–1943) mehrere hundert Südtiroler PsychiatriepatientInnen außer Landes, falls diese für das Deutsche Reich optiert hatten. Nahezu alle der Überlebenden dieser PatientInnengruppe sind nach 1945 in deutschen und österreichischen Einrichtungen verblieben, sie wurden nicht mehr nach Südtirol rücktransferiert.[5] PsychiatriepatientInnen aus Südtirol, die – ungeachtet der nach 1945 wieder hergestellten politisch-administrativen Zuständigkeiten – Tiroler Einrichtungen konsultieren wollten, hatten resp. deren Angehörige eine Reihe von formalen und finanziellen Schwierigkeiten zu überwinden. So muss für die ersten Nachkriegsjahre davon ausgegangen werden, dass die PassantInnen an der Brennergrenze lästige Grenzübertrittschwierigkeiten erwarteten, abgesehen davon, dass die meisten SüdtirolerInnen, Kinder wie Erwachsene, damals nicht über die nötigen Reisedokumente verfügten.[6] Außerdem existierte bis 1955 keine vertragliche Konvention zwischen Südtirol und den Tiroler Krankenanstalten, die eine Aufnahme von Südtiroler PatientInnen in Innsbruck vorgesehen hätte bzw. regelte. Die Auslagen für den mehrwöchigen Klinikaufenthalt mussten folglich privat bezahlt oder von den zuweisenden Fürsorgekörperschaften selbst getragen werden, auch weil die schlecht ausgebaute Krankenkassenversorgung in Südtirols Nachkriegsjahren die Kosten für Aufenthalt und Behandlung der anfänglich ohnehin wenigen Versicherten im Ausland erst ab 1964[7] vergüteten.

Die Frage nach dem *Warum* stellt sich aber auch für den daran anschließenden Zeitraum, die 1960er bis 1980er Jahre, in welchem es für die Behörden der Südtiroler Landesverwaltung und den befassten Fürsorgekörperschaften zur Praxis wurde, vor allem deutschsprachige Südtiroler Kinder für Wochen nach Innsbruck zu schicken, wo sich Maria (Nowak-)Vogl inzwischen als überregional wirkende medizinisch-heilpädagogische Expertin in Fürsorgeerziehungsfragen etabliert hatte. Diese Überweisungspraxis ist deshalb erstaunlich, weil zu dieser Zeit das Land Südtirol bereits über das „Psycho-pädagogische Zentrum" (seit 1972)[8] für die Zuständigen der Gemeinde Bozen und über ein heilpädagogisches Kinderzentrum, das „Centro Medico-Psico-Pedagogico" der „Ente (Nazionale) Protezione Morale del Fanciullo" (E(N)PMF), das später mit Außenstellen in Brixen, Meran und Schlanders ausgestattet wurde, verfügte.[9] In diesen Kinderzentren wurden schulpflichtige Kinder mit Behinderungen, mit Schul- und Lernproblemen oder anderen, meist sozialen Notlagen, getestet und untersucht. Seit 1957 arbeitete im „Centro Medico-Psico-Pedagogico" ein Team der E(N)PMF, bestehend aus dem klinischen Psychologen Dr. Paolo Banissoni, dem Lehrer mit Sonderschulausbildung und späteren Leiter der Lebenshilfe Arthur Obwexer, dem Neurologen und Psychiater Dr. Bruno Frick

---

5   Stefan LECHNER, Die Südtiroler PatientInnen in der Heil- und Pflegeanstalt Hall 1940–1945, in: Bertrand Perz u. a., Hg., Schlussbericht der Kommission zur Untersuchung der Vorgänge um den Anstaltsfriedhof des Psychiatrischen Krankenhauses in Hall in Tirol in den Jahren 1942 bis 1945 (= Veröffentlichungen der Kommission zur Untersuchung der Vorgänge um den Anstaltsfriedhof des Psychiatrischen Krankenhauses in Hall in Tirol in den Jahren 1942 bis 1945 1, Innsbruck 2014), 211–226.
6   Tiroler Landesarchiv (= TLA), Kinderstation des A. Ö. Landeskrankenhauses Innsbruck, Akt 283, Akt 1067.
7   Die Schwierigkeiten der Kostenabrechnung wird in den Akten der Kinderbeobachtungsstation mehrfach erörtert, u. a. in: Ebd., Akt 1182, Akt 1888.
8   Michaela DE SANTI u. a., Geschichte des Sozialdienstes. Geschichten der Sozialassistenten in Südtirol von 1949 bis 1999 (Bozen [2001]), 164.
9   Bruno FRICK, Erinnerungen eines Nichthelden (Bozen 2008), 84. Vgl. auch TLA, Kinderstation, wie Anm. 6, Akt 162.

und mehrere SozialarbeiterInnen. E(N)PMF und das der Landesverwaltung unterstellte „Amt für Kinderfürsorge" sind dann allerdings auch jene Akteure, die in den 1970er Jahren den Großteil der Zuweisungen nach Innsbruck veranlassen sollten.

Die Kinderbeobachtungsstation von Maria (Nowak-)Vogl (1954–1987)[10] – ihre Relevanz für die Psychiatrie-, Fürsorge- und Heimgeschichte der Nachkriegszeit

Die „Kinderstation des A. Ö. Landeskrankenhauses Innsbruck", so ihr offizieller Name, wurde als psychiatrische Kinderbeobachtungsstation in einer Villa im Innsbrucker Stadtteil Hötting 1954 eingerichtet. Zuvor waren Kinder mit psychiatrischen Erkrankungen oder Behinderungen entweder in der nahen Heil- und Pflegeanstalt Hall, in Mils bei Hall, in Einrichtungen der Behindertenfürsorge oder in provisorischen Kinderzimmern an der Universitätspsychiatrie Innsbruck untergebracht gewesen. Bereits 1945 hatte die Tiroler Landesgesundheitsverwaltung die Einrichtung einer heilpädagogischen Abteilung außerhalb des Klinikgeländes genehmigt, die eine aus dem Deutschen Reich zurückgekehrte Neurologin, Adele Juda (1888–1949), ehemalige wissenschaftliche Mitarbeiterin von Ernst Rüdin (1874–1952), dem Kommissar der Deutschen Gesellschaft für Rassenhygiene, übernehmen sollte. Doch dazu kam es nicht mehr, erst 1954 wurden die Kinder aus dem 1949 von Juda eingerichteten kleinen Kinderzimmer der Universitätspsychiatrie in besagte Villa in der Sonnenstraße 44 übersiedelt, wo Dr. Maria Vogl (1922–1998), noch unverheiratet, die Leitung übernahm. Die während der NS-Zeit in Innsbruck ausgebildete Nervenärztin[11] und spätere Heilpädagogin nahm ebenso wie die Kinderbeobachtungsstation von Anfang an eine administrative Zwischenstellung zwischen Klinik und Landesfürsorge ein. Es gelang der Ärztin in dieser Zeit, sich als die Expertin in Fragen der Kinderpsychiatrie und Fürsorgeerziehung über die Landesgrenzen hinweg zu etablieren. Sie war Landesfürsorgeärztin, hielt Vorlesungen an der Universität Innsbruck, sie war Konsiliarärztin für die Landesheime und geladene Vortragende auf Elternabenden, auch in Südtirol. 1979 kam die Station wieder in den Klinikverbund und damit auf das Klinikgelände zurück, Nowak-Vogl verlor an Autonomie, der Leiter der Psychiatrie, Kornelius Kryspin-Exner beschränkte ihre Befugnisse und nahm öffentlich zu verschiedenen umstrittenen Behandlungs-

---

10 Vgl. dazu folgende Darstellung der Geschichte der Kinderbeobachtungsstation und der Karriere von Maria Nowak-Vogl: Bericht der MEDIZIN-HISTORISCHEN EXPERTINNENKOMMISSION, Hg., Die Innsbrucker Kinderbeobachtungsstation von Maria Nowak-Vogl (Innsbruck 2013), online unter: https://www.i-med.ac.at/pr/presse/2013/Bericht-Medizin-Historische-ExpertInnenkommission_2013.pdf, (letzter Zugriff: 25. 6. 2015); siehe dazu auch Horst SCHREIBER, Im Namen der Ordnung. Heimerziehung in Tirol (= Transblick 6, Innsbruck–Wien–Bozen 2010).

11 Zur theoretischen Ausrichtung und den Behandlungskonzepten von Maria Nowak-Vogl vgl. Michaela RALSER, Maria Nowak-Vogl und ihre akademische Stellung zwischen Medizin und Heilpädagogik, in: Medizin-Historische ExpertInnenkommission, Hg., Kinderbeobachtungsstation, wie Anm. 10, 41–49; Michaela RALSER, Psychiatrisierte Kindheit – Expansive Kulturen der Krankheit. Machtvolle Allianzen zwischen Psychiatrie und Fürsorgeerziehung, in: Michaela Ralser / Reinhard Sieder, Hg., Die Kinder des Staates / Children of the State (= Sondernummer Österreichische Zeitschrift für Geschichtswissenschaften 25/1–2, Innsbruck–Wien–Bozen 2014), 128–155.

praxen von Nowak-Vogl kritisch Stellung.¹² 1987 wurde die Station in dieser Form geschlossen. Aus der Zeit der Kinderbeobachtungsstation sind insgesamt über 3.650 Kinderkrankenakten überliefert. Der Gesamtbestand umfasst die Jahre 1949 bis 1993.¹³

Die Relevanz der Innsbrucker Kinderbeobachtungsstation für die psychiatriegeschichtliche Forschung begründet sich aus ihrer Funktion und Stellung sowohl in der kinderpsychiatrischen Behandlung als auch in ihrer engen Verschränkung mit dem Feld der Fürsorgeerziehung und Kinder- und Jugendhilfe nach 1945. Sie begründet sich auch und vor allem in der wiederholten Kritik an den an diesem Ort von Maria Nowak-Vogl und ihren MitarbeiterInnen angewandten Diagnose- und Behandlungsverfahren, aus den zahlreichen Beschwerden von Betroffenen.¹⁴ Horst Schreiber machte 2012 auf die psychische und körperliche Gewalt an der Kinderbeobachtungsstation des Landeskrankenhauses Innsbruck erneut aufmerksam, nachdem bereits 1980 Kurt Langbein in einem Aufsehen erregenden Dokumentarfilm die Situation von Heimkindern, unter anderem der Kinder auf der Innsbrucker Kinderbeobachtungsstation, kritisiert hatte. Dieses erneute Öffentlichmachen nahm das Land Tirol 2012 zum Anlass, eine Anlaufstelle für Opferschutz einzurichten, die Medizinische Universität Innsbruck entschloss sich, eine ExpertInnenkommission damit zu beauftragen, den Vorwürfen, insbesondere der kritisierten Anwendung des Hormonpräparats Epiphysan zur Regulierung kindlichen Sexualverhaltens, nachzugehen.¹⁵

Quellen

Darstellung und Analyse basieren im Wesentlichen auf zwei Aktenbeständen. Zum einen aus dem nahezu vollständig erhaltenen Bestand der „Kinderstation des A. Ö. Landeskrankenhauses Innsbruck". Dieser geschlossene und gut erschlossene, im Tiroler Landesarchiv aufbewahrte Bestand enthält 3.655, alphabetisch geordnete Kinderkrankenakten in 91 Schachteln, darin sind auch 185 Kinderkrankenakten von entweder in Südtirol geborenen oder zum Zeitpunkt ihrer Aufnahme in Südtirol lebenden Kindern und Jugendlichen. Die Akten selbst bestehen aus einem Konvolut verschiedener Aktenstücke, angefangen mit der Anamnese, der Beschreibung des „Krankheits-" und „Behandlungsverlaufs", diversen Testergebnissen der PsychologInnen, Beobachtungsprotokollen der ErzieherInnen bei Heimkindern, Schulberichten, Kinderzeichnungen, Befunden anderer Kliniken und Überweisungsschreiben.¹⁶ In den

---

12 Vgl. die Aussagen von Kryspin-Exner im Dokumentarfilm von Kurt LANGBEIN, der im Rahmen der Sendung „Teleobjektiv" unter dem Titel „There's No Place Like Home – Dr. Nowak-Vogl" im Jahr 1980 ausgestrahlt wurde, online unter: https://www.youtube.com/watch?v=WKPWExyzhhk (letzter Zugriff: 25. 6. 2015).
13 Diese Informationen sind entnommen aus dem Kommissionsbericht: MEDIZIN-HISTORISCHE EXPERTINNENKOMMISSION, Kinderbeobachtungsstation, wie Anm. 10, 18–40.
14 Nach der Ausstrahlung des Fernsehbeitrages „Teleobjektiv" 1980 strengte die Anklagebehörde ein Ermittlungsverfahren gegen Nowak-Vogl an. Da Frau Nowak-Vogl durch Fachkollegen entlastet wurde, stellte die Innsbrucker Staatsanwaltschaft das Verfahren 1981 ein.
15 Vgl. Ernst BERGER, Die Epiphysan-„Therapie" bei Nowak-Vogl, in: Medizin-Historische ExpertInnenkommission, Hg., Kinderbeobachtungsstation, wie Anm. 10, 61–64, und Günther SPERK, Pharmakologische Beurteilung des Präparats Epiphysan, in: Medizin-Historische ExpertInnenkommission, Hg., Kinderbeobachtungsstation, wie Anm. 10, 64–69.
16 Zur Spezifik der Krankenakte im Allgemeinen und der Kinderkrankenakten der Kinderbeobachtungsstation im Besonderen vgl. RALSER / BECHTER / GUERRINI, Regime der Fürsorge, wie Anm. 3, 84–89.

Akten der aufgenommenen Kinder und Jugendlichen, die der Fürsorge unterstellt waren, findet sich zum Teil eine Vielzahl weiterer administrativer Aktenteile aus der Provenienz der Kinder- und Jugendfürsorge (bei Kindern aus Südtirol der ONMI,[17] des E(N)PMF,[18] der ENAOLI[19] oder des „Amtes für Kinderfürsorge"), der Jugendämter (im Fall der Südtiroler Kinder des Jugendgerichts) und der verschiedenen Kinder- und Jugend(fürsorge)heime. Der Bestand ist nur auf Antrag einsehbar; der Nachweis der zitierten Quellenstellen muss sich aufgrund der Anonymisierungsverpflichtung auf die Angabe der Aktenzahl beschränken.

Der zweite hier verwendete Quellenkorpus befindet sich im Südtiroler Landesarchiv im Bestand der Landesverwaltung, Abteilung VIII bzw. 24. Darin enthalten ist vor allem das Verwaltungsschriftgut der nationalen Fürsorgekörperschaften ONMI, ENAOLI und des „Amtes für Kinderfürsorge" des Landes. Hierin befindet sich ebenso die Korrespondenz der Landesverwaltung mit Südtiroler und Tiroler Heimleitungen. Dieser umfangreiche Bestand ist vollkommen erschlossen und ebenso wie die Kinderkrankenakten nur auf Antrag einsehbar.

Beide Bestände konnten nur unter der Auflage der strengen Einhaltung der relevanten Anonymisierungsregeln eingesehen werden. Die Zitation der Quellen in den Fußnoten muss sich deshalb auch hier auf die Angabe der Aktennummern beschränken, die Belegstellen sind für Berechtigte auffindbar.

Die Kinder – erste quantitative Ergebnisse und Überlegungen

Zur Annäherung an die eingangs gestellte Frage nach den Gründen der Aufnahme von Südtiroler Kindern und Jugendlichen auf der Kinderbeobachtungsstation werden im Folgenden die drei wichtigsten Akteursgruppen fokussiert: die Kinder selbst, die Leiterin Nowak-Vogl und die zuweisenden Institutionen.

---

17 ONMI = Opera Nazionale per Maternità e Infanzia – Nationales Hilfswerk für Mutter und Kind. Das italienische „Hilfswerk für Mutter und Kind" wurde per Staatsgesetz Nr. 2277 vom 10. Dezember 1925 als teilstaatliche Körperschaft mit Sitz in Rom gegründet. Mit der Durchführungsbestimmung des Gesetzes Nr. 718 vom 15. April 1926 sollte in jeder Gemeinde der Provinzen Einrichtungen zum „Schutz von Mutter und Kind" geschaffen werden. Konkret war das Hilfswerk für die Betreuung der Schwangeren sowie der sozial benachteiligten Mütter und ihrer Kinder zuständig. Der Assessor für Gesundheit und Sozialwesen war in Südtirol zugleich der außerordentliche Kommissar des Landesverbandes ONMI. Die ONMI führte Zweigstellen in Bozen, Brixen und Meran und Beratungsstellen in den größeren Ortschaften sowie in der Kleinstkinderbewahranstalt in Bozen.

18 ENPMF/EPMF = Ente (Nazionale) Protezione Morale del Fanciullo – Nationale Körperschaft zum moralischen Schutz der Kinder. Die E(N)PMF wurde im November 1945 in Rom als gesamtstaatliche Vereinigung gegründet. In den ersten Nachkriegsjahren nahm die Organisation ihre Tätigkeit in mehreren italienischen Städten, 1952 in der Provinz Bozen auf. Ziel des Verbandes war die Findung, Untersuchung, Förderung und Unterstützung schwachbegabter bzw. „vernachlässigter" Minderjähriger. Die Körperschaft pflegte enge Kontakte zu den anderen Fürsorgekörperschaften, so waren z. B. im Gremium des E(N)PMF Vertreter der ONMI, des Schulamtes und des Jugendgerichtes vertreten. Das hauptsächliche Arbeitsfeld der E(N)PMF lag in der medizinischen und (schul-) psychologischen Begutachtung und Betreuung Minderjähriger durch das „Centro Medico-Psico-Pedagogico" (CMPP), das mit Psychiatern, Psychologen und SozialassistentInnen ausgestattet war.

19 ENAOLI = Ente Nazionale Assistenza Orfani Lavoratori Italiani – Nationale Fürsorgeanstalt für Waisenkinder italienischer Arbeiter wurde per Gesetz vom 27. Juni 1941, Nr. 987 geschaffen. Diese Körperschaft war dem Ministerium für Soziale Fürsorge unterstellt und betreute Voll- oder Halbwaisen bis zur Volljährigkeit, falls ein erwerbstätiges Elternteil pflichtversichert war. Die Körperschaft bezahlte Unterstützungsbeiträge aus und war auch für die „verlassenen" Kinder des Landes zuständig. 1975 gingen die Zuständigkeiten der Körperschaft nach deren Auflösung auf nationaler Ebene an das Land über.

Nach den Erhebungen von Ralser, Bechter und Guerrini konzentriert sich der zeitliche Schwerpunkt der Aufnahmen an der Innsbrucker Kinderbeobachtungsstation auf die Zeitspanne der späten 1950er bis Anfang der 1980er Jahre. Unmittelbar nach der Eröffnung der Einrichtung im Jahr 1954 stiegen die Aufnahmen schnell an und blieben bis Mitte der 1970er Jahre auf hohem Niveau. In dieser Zeit wurden jährlich zwischen 100 und 125 Kinder aufgenommen, mit dem Spitzenwert von über 150 im erst zweiten Jahr ihres Bestehens 1955.[20] Bis zum Ende der 1970er Jahre war die Station sehr gut ausgelastet – an der „Kinderstation ist nämlich immer sehr grosse Platznot"[21] – die Wartezeiten bis zur stationären Klinikaufnahme betrugen in der Regel mehrere Wochen.

Grafik 1: Entwicklung der Erstaufnahmen auf der Kinderbeobachtungsstation 1949 bis 1993[22]

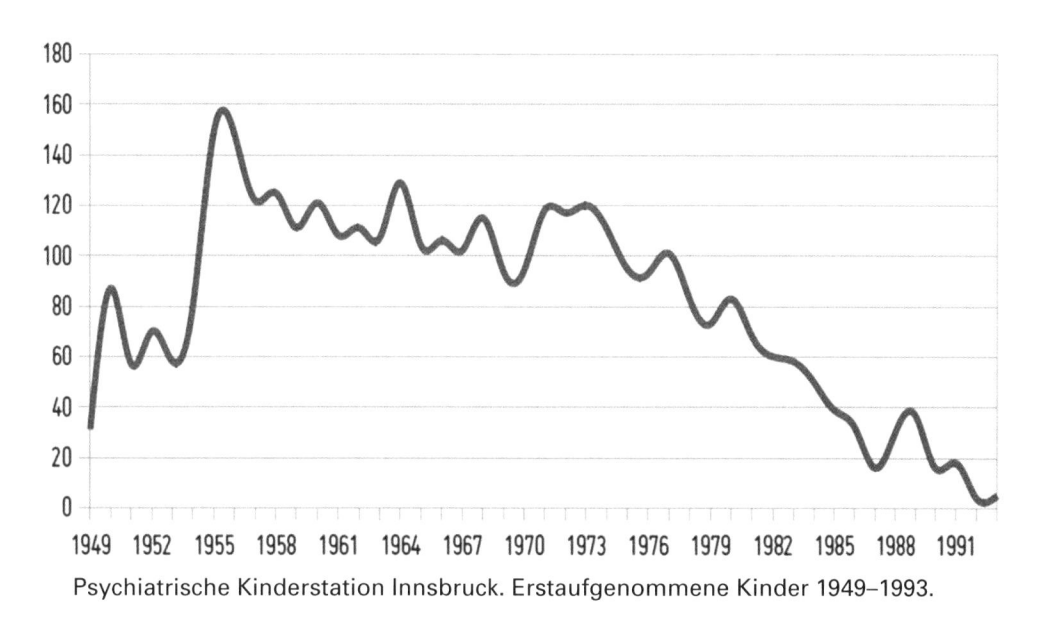

Psychiatrische Kinderstation Innsbruck. Erstaufgenommene Kinder 1949–1993.

Innerhalb weniger Jahre nach der Eröffnung verfügte die Station über ein ausgesprochen großes, über die Landesgrenzen hinaus reichendes Einzugsgebiet. Der überwiegende Teil der Kinder und Jugendlichen kam mit über 65 % aus Tirol, gefolgt von Vorarlberg mit etwas mehr als 10 % und weiteren fast 10 % aus dem übrigen Österreich. Die verbleibenden 15 % verteilen sich auf Deutschland, die Schweiz und Südtirol. Knapp 5 % der stationären Aufnahmen betreffen Kinder und Jugendliche aus Südtirol, zwischen 1949 und 1987 waren dies insgesamt 163 Kinder, von denen ca. 5 % mehrfach aufgenommen bzw. von Nowak-Vogl aus Heimen wiederholt „einberufen" wurden.[23]

---

20 Vgl. Ralser / Bechter / Guerrini, Regime der Fürsorge, wie Anm. 3, 89.
21 TLA, Kinderstation, wie Anm. 6, Akt 3236; vgl. aber auch Akt 3486 oder Akt 2403.
22 Grafik 1 entnommen aus Ralser / Bechter / Guerrini, Regime der Fürsorge, wie Anm. 3, 88.
23 In Südtirol geboren waren insgesamt 185 Kinder und Jugendliche. Das Sample wurde im vorliegenden Bericht auf jene 163 Kinder (28 Mehrfachaufnahmen) und Jugendliche eingegrenzt, die in der Zeit 1949–1987 aufgenommen wurden.

Von diesen 163 Kindern gehörten 155, damit mehr als 95 % der deutschen, zwei Kinder der ladinischen und nur sechs der italienischen Sprachgruppe an. Kinder mit italienischer Erstsprache wurden im Allgemeinen entweder durch die E(N)PMF im heilpädagogischen Kinderzentrum[24] der Provinz Bozen ambulant untersucht oder in einer Einrichtung des Jugendgerichts (Jugendgericht Trient mit Außenstelle Bozen / „Tribunale per i minorenni") für kurze Zeit stationär aufgenommen.[25] Ein unter mehreren Gründen für diese geteilte Einweisungspraxis dürften sprachlich-kulturelle Überlegungen der Eltern, der Südtiroler Behörden und Fürsorgekörperschaften gewesen sein. Viele der Südtiroler Kinder, vor allem die Unterzehnjährigen, beherrschten in der Regel die italienische Sprache nicht oder verstanden diese nur rudimentär, sodass eine Zuweisung an ein italienisches Institut den Verantwortlichen als nicht zielführend erschien, wie umgekehrt eine Zuweisung eines Kindes mit italienischer Erstsprache nach Innsbruck von den befassten Stellen resp. Personen nur in Ausnahmefällen in Betracht gezogen wurde.[26] Ressentiments gegenüber den Einrichtungen der jeweils anderen Sprachgruppe sind in den Akten dokumentiert, sie spielten vor allem bei den Eltern eine wichtige Rolle.[27] De Facto führte diese Praxis zu einer unterschiedlichen Behandlung deutschsprachiger und italienischsprachiger Kinder und Jugendlicher. Diese geteilte Zuweisungspraxis hatte aber noch andere Gründe, wie später gezeigt werden soll.

Das erste Südtiroler Kind, das in der Nachkriegszeit an die Psychiatrie nach Innsbruck überwiesen wurde, war ein siebenjähriger Junge, der den gesetzlichen Vorgaben entsprechend wie nahezu alle eingewiesenen Südtiroler Kinder von den Eltern oder einem Elternteil persönlich vorgestellt wurde. Zu dieser Zeit (1949) bestand die Kinderbeobachtungsstation noch nicht, vielmehr wurden die Kinder in einem Kinderzimmer auf der Erwachsenenpsychiatrie untergebracht. Bis zur Eröffnung der Kinderbeobachtungsstation 1954 kamen insgesamt zehn Südtiroler Kinder zur Aufnahme.[28] Soweit aus den Krankenakten rekonstruierbar ist, erfolgten die ersten zwei Aufnahmen auf Initiative der Eltern und mittels Überweisungsschreiben eines Südtiroler Arztes, in zwei Fällen auf Initiative der Schule (1952) und in sechs Fällen (1953) auf Initiative von Tiroler oder Vorarlberger Heimleitern, was zeigt, dass schon in den späten 1940er bzw. frühen 1950er Jahren Südtiroler Kinder und Jugendliche in Tiroler oder Vorarlberger Erziehungsheimen (hier konkret in Kramsach-Mariatal in Tirol und Jagdberg in Schlins/Vorarlberg) untergebracht gewesen sein müssen. Letztere waren in einem Fall ein Kind einer Optantenfamilie,[29] in der Mehrzahl aber Kinder unverheirateter Frauen, die ihr Kind in Süd-

---

24 Südtiroler Landesarchiv (= SLA), Südtiroler Landesverwaltung, Abteilung 24, Position 4551.
25 Diese Information verdanke ich Sozialassistentin Margret Schwembacher, die jahrelang für das Jugendgericht Trient mit Sitz in Bozen gearbeitet hat. Das Interview wurde am 1. August 2014 in Meran geführt.
26 Ebd.; vgl. De Santi u. a., Geschichte des Sozialdienstes, wie Anm. 8, 101. Vgl. auch TLA, Kinderstation, wie Anm. 6, Akt 3092: Sowohl die Lehrerin eines 1970 zugewiesenen Buben als auch die zuständige Sozialassistentin waren strikt dagegen, dass das Kind in ein italienisches Erziehungsheim komme.
27 Beispielsweise TLA, Kinderstation, wie Anm. 6, Akt 3597.
28 Es ist darauf hinzuweisen, dass sich zwischen 1945 und 1956 außerdem in der Psychiatrischen Anstalt in Hall acht Südtiroler Kinder im Alter zwischen zehn und 15 Jahren und zwölf Jugendliche im Alter zwischen 16 und 17 Jahren befanden. Der überwiegende Teil dieser Kinder und Jugendlichen lebte vor der Aufnahme in der psychiatrischen Heilanstalt Hall in Tiroler Erziehungsheimen und wurde von der Psychiatrischen Klinik Innsbruck nach Hall eingewiesen. Damit waren in den ersten zehn Nachkriegsjahren annähernd gleich viele Südtiroler Kinder und Jugendliche in der geschlossenen Anstalt in Hall wie im Kinderzimmer der Psychiatrie resp. dann der Kinderbeobachtungsstation in Innsbruck.
29 TLA, Kinderstation, wie Anm. 6, Akt 3272.

tirol zur Welt gebracht hatten und in den Nachkriegsjahren nach Tirol übersiedelten. Die Einweisung dieser Kinder erfolgte auf Betreiben der betreffenden Heimleitungen und österreichischer Jugendämter.

Grafik 2: Entwicklung der Aufnahmen auf der Kinderbeobachtungsstation der Kinder und Jugendlichen aus Südtirol zwischen 1949 und Dezember 1986[30]

Aufnahmen Südtiroler Kinder zwischen 1949 und 1986 nach Geschlecht

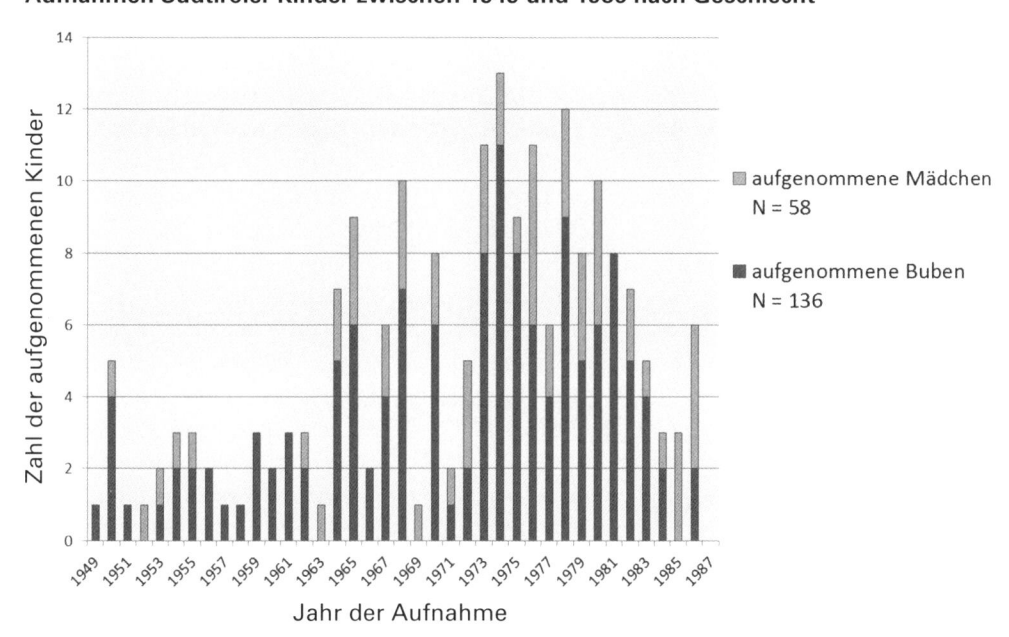

Bis zur Mitte der 1960er Jahre waren mit Ausnahme des Jahres 1950 nie mehr als drei Südtiroler Kinder pro Jahr auf der Kinderbeobachtungsstation, der Anteil der Südtiroler Kinder an der Gesamtgruppe dementsprechend klein. Ein Grund dafür dürfte das bereits angesprochene Fehlen einer entsprechenden Konvention zwischen dem Krankenhausträger in Innsbruck und dem Land Südtirol gewesen sein, eine solche wurde erst 1955 abgeschlossen. Der andere, wahrscheinlich gewichtigere Grund lag im Umstand begründet, dass die Krankenkassen in Südtirol erst ab der Mitte der 1960er Jahre bereit waren, in besonderen Fällen – etwa bei psychiatrischen Diagnosen – die Behandlungskosten im Ausland zu übernehmen.[31] Ab der Mitte der 1960er Jahre stiegen die Aufnahmezahlen dann kontinuierlich an, in den 1970er Jahren betrug der Anteil der Aufnahmen von Südtiroler Kindern und Jugendlichen fast 10 % aller Aufnahmen. Dieser Befund ist insofern bemerkenswert, als die Häufigkeit der Einweisungen von Tiroler und Vorarlberger Kindern bzw. Jugendlichen ab ca. der Mitte der 1970er Jahre – die-

---

30 TLA, Kinderstation, wie Anm. 6, eigene Berechnungen. In dieser Grafik sind die Mehrfachaufnahmen berücksichtigt.
31 Vgl. die Bemerkungen von Nowak-Vogl dazu in ebd., Akt 1182.

sem Trend entgegen – inzwischen zu sinken begonnen hatte, wie Grafik 1 zeigt.[32] Nowak-Vogl bemühte sich möglicherweise auch deshalb aktiv und persönlich um die Aufnahme von Südtiroler Kindern. Aus ihrer in den Krankenakten eingelegten Korrespondenz mit der Südtiroler Landesverwaltung geht mehrfach hervor, dass sie Vorträge in Südtirol anbot und solche schon in den 1960er Jahren mehr oder weniger regelmäßig hielt, vor allem in Veranstaltungen von Südtiroler Elternvereinen in Meran und Bozen.[33] Mehrere Aufnahmen sind nach Hinweisen in den diesbezüglichen Krankenakten auch unmittelbar im Anschluss an einen Vortrag in Südtirol veranlasst worden.[34] Nowak-Vogl war nach Auskunft der heutigen Leiterin des Landeskleinkinderheimes IPAI („Istituto provinciale per l'assistenza all'infanzia") in Bozen, Liana Zancanella,[35] außerdem als Referentin im Rahmen der Fortbildung der Südtiroler LehrerInnen im Fach Heil- bzw. Sonderpädagogik tätig und stand in regelmäßigem Briefkontakt mit Südtiroler Fachärzten und SozialassistentInnen: „Gerne sind wir bereit, wieder einen ihrer Schützlinge zu nehmen. Es sind eigentlich immer ausgesprochen interessante Kinder",[36] antwortete Nowak-Vogl 1961 auf eine Aufnahmeanfrage des für die E(N)PMF in Bozen konsiliarisch arbeitenden Südtiroler Psychiaters Bruno Frick. 1973 dankte eine Südtiroler Sozialassistentin der Innsbrucker Psychiaterin für deren „verständnisvolles Entgegenkommen in der Aufnahme […] [der] schwierigen Fälle, wo wir ausschließlich auf Ihre Hilfe angewiesen sind".[37] Demnach hatte sich Nowak-Vogls Kinderbeobachtungsstation schon in den frühen 1960er Jahren als verlässliche Anlaufstelle der Südtiroler Fürsorgekörperschaften etablieren können, wenn in der Provinz selbst kein Behandlungsort resp. keine Therapiemöglichkeit für die als „Problemfälle" angesehenen Kinder zur Verfügung stand. Wie schon ausgeführt, nahm die Zahl der Aufnahmen von Kindern und Jugendlichen aus Südtirol in den 1970er Jahren noch deutlich zu. In dieser Phase mehrten sich insbesondere jene Fälle, in welchen im Aufnahmegesuch der Südtiroler Stellen nicht nur um Begutachtung und Behandlung des Kindes, sondern dezidiert die Möglichkeit einer Heimunterbringung in Österreich angefragt wurde. Ob die Schließung der staatlichen Erziehungs- und Beobachtungsheime („Casa di rieducazione" resp. „Istituti di osservazione") in den späten 1970er Jahren[38] und die Abschaffung der Sonderschulen bzw.

---

32 Möglicherweise hat diese Entwicklung auch mit der in Österreich/Tirol stärker wahrgenommenen Kritik an der Praxis der Beobachtungsstation zu tun, die Südtirol vermutlich erst später erreichte. In Tirol etablierte sich Ende der 1970er Jahre eine fortschrittliche SozialarbeiterInnenszene, einige Heime schlossen, in anderen nahmen die Belegzahlen ab.
33 Vgl. z. B. TLA, Kinderstation, wie Anm. 6, Akt 49, Akt 533, Akt 2619.
34 Vgl. z. B. ebd., Akt 533, Akt 2619, Akt 3187, Akt 3297.
35 Gespräch mit Liana Zancanella am 1. Oktober 2014 im Landeskleinkinderheim IPAI, Guntschnastraße 54 in Bozen.
36 TLA, Kinderstation, wie Anm. 6, Akt 979.
37 Ebd., Akt 927.
38 Die Schließung der geschlossenen Erziehungs- und Beobachtungsheime in Italien wurde per Dekret des Präsidenten vom 27. Juli 1977, Nr. 616 verfügt. Vgl. Antonio Salvati, La giustizia minorile tra riforme e problemi irrisolti, in: Amministrazione in Cammino. Revista elettronica di diritto pubblico, di diritto dell'economia e di scienza dell'amministrazione a cura del Centro di ricerca sulle amministrazione pubbliche „Vittorio Bachelet", online unter: http://www.amministrazioneincammino.luiss.it/wp-content/uploads/2010/09/Salvati_Giustizia-Minorile.pdf (letzter Zugriff: 2. 1. 2015). Kinder und Jugendliche, über welche die Anstaltserziehung gerichtlich verfügt wurden, sollten künftig in den zu schaffenden „Focolare", kleinen sozialpädagogischen Wohngemeinschaften, untergebracht und unter Aufsicht gestellt werden. Das erste derartige Wohnheim mit zehn Plätzen wurde 1974 in Bozen eröffnet. Vgl. auch De Santi u. a., Geschichte des Sozialdienstes, wie Anm. 8, 115.

Sonderklassen³⁹ (1971/1977) in Italien diese Nachfrage nach Heimplätzen mit Sonderschulunterricht in Österreich angestoßen haben, kann hier im Detail noch nicht beurteilt werden.

Die Verteilung der aufgenommenen Kinder nach ihrem Geschlecht (vgl. Grafik 2) zeigt darüber hinaus, dass das Ungleichgewicht in der Geschlechterverteilung der aufgenommenen Kinder – über 70 % der Aufgenommenen waren Buben –, sich in den 1970er Jahren noch weiter ausgeprägt hat.⁴⁰ Erziehungs- und Schulprobleme dominieren in den Überweisungsschreiben dieser Jahre, von den 93 in den 1970er Jahren aufgenommenen Südtiroler Kindern wurden über 70 entweder von der „Ärztlich-Psycho-Pädagogischen Beratungsstelle" des Nationalen Hilfswerks für Mutter und Kind (ONMI) in Bozen, dem „Amt für Kinderfürsorge" beim Landesausschuss, dem „Amt für moralische Jugendbetreuung" der E(N)PMF oder dem „Deutschen Schulamt" zugewiesen. Es waren vor allem Kinder, die nach Angaben der Schulleitungen den Schulbesuch regelmäßig oder andauernd verweigerten oder wegen ihres Verhaltens von diesem ausgeschlossen wurden, aber auch Kinder, die nach eingehender Voruntersuchung durch Psychiater und SozialassistentInnen schulische und/oder erzieherische Probleme aufwiesen – und das waren vor allem Buben aus sozial unterprivilegierten Familien im Alter zwischen zehn und 14 Jahren.⁴¹ „Der Lehrkörper der Klasse ist nun einstimmig der Meinung, daß die Anwesenheit des Schülers […] nicht mehr verantwortet werden kann und weigern [sic!] sich, den Schüler unter diesen Umständen in der Klasse zu behalten", vermerkte der Direktor der Schule des zwölfjährigen Buben 1970 in seine, dem Aufnahmegesuch beigelegten „Beschreibung und Beobachtung des Schülers […]".⁴²

Neben den zehn- bis 14-jährigen Buben war die Gruppe der unehelichen Kinder unverhältnismäßig stark vertreten. Über 20 % der an die Kinderbeobachtungsstation zugewiesenen Südtiroler Kinder waren unehelich geboren. Die Illegitimitätsrate der Südtiroler Bevölkerung betrug 1971 rund 7 % und 1989 16 %.⁴³ Die soziale Benachteiligung und Not der ledigen Mütter spiegelt sich in dieser Verteilung wider. Denn obwohl das italienische Bürgerliche Gesetzbuch, der Codice Civile aus dem Jahre 1942, die Verpflichtung zum Unterhalt der Väter festgeschrieben hatte, war es für ledige Mütter bis zur Durchsetzung der Bestimmungen der Familienrechtsreform⁴⁴ im Jahr 1975 in Italien fast unmöglich, regelmäßig Alimente von den Kindsvätern zu erhalten. Da die meisten der ledigen Mütter nach Auskunft der damals befassten SozialassistentInnen eine gerichtliche Klage auf Unterhalt scheuten, waren sie auf die Unterstützung von

---

39 Die Beschulung in Sonderschulen bzw. Sonderklassen in Italien wurde per Staatsgesetz vom 30. März 1971, Nr. 118 nur mehr für SchülerInnen mit schweren geistigen und/oder körperlichen Beeinträchtigungen zugelassen. Die endgültige Abschaffung der ab 1923 gegründeten Sonderschulen sowie der seit 1908 an vielen Regelschulen bestehenden Sonderklassen erfolgte per Gesetz vom 4. August 1977, Nr. 517. Siehe dazu: Maria Stella GELMINI, Leitlinien zur schulischen Integration von Schülerinnen und Schülern mit Behinderung, online unter: http://www.provinz.bz.it/schulamt/download/Leitlinien_zur_schulischen_Integration_-_deutsch.pdf (letzter Zugriff: 2. 1. 2015).
40 Auf die Spezifik der Geschlechterverteilung der Aufgenommenen wird Alexandra Weiss im oben genannten Projekt vertiefend eingehen.
41 Das durchschnittliche Alter bei der Ersteinweisung der Kinder betrug zwischen 1949 und 1986 etwas mehr als elf Jahre.
42 TLA, Kinderstation, wie Anm. 6, Akt 49.
43 1971 wurden in Südtirol 8.029 Kinder geboren, davon waren 580 unehelich. Angaben bei: DE SANTI u. a., Geschichte des Sozialdienstes, wie Anm. 8, 42. Vgl. auch Demographisches Jahrbuch für Südtirol/Annuario demografico della provincia di Bolzano 1990 (Bozen/Bolzano 1990), 93.
44 Gesetz vom 19. Mai 1975, Nr. 151, Reform des Familienrechtes.

Seiten der öffentlichen Körperschaften – ONMI, Gemeinde und Landesverwaltung (Landesausschuss)[45] – existenziell angewiesen. Die ausbezahlten Unterstützungsleistungen wurden zu je einem Drittel von eben diesen Körperschaften bestritten. Diese durchwegs bescheidene finanzielle Zubuße konnte in Form des „Ledigengeldes" beim „Amt für Kinderfürsorge" beantragt werden. Es entsprach in etwa dem Betrag der Familienzulage, den Eltern für ihre ehelich geborenen Kinder erhielten.[46] Allerdings vermochte dieser geringe Kostenbeitrag die soziale Notsituation der ledigen Mütter und der Kinder in der Regel nicht zu entschärfen. „Die Mütter lebten auf Bauernhöfen, wo sie zwar zum Essen hatten, aber kaum über flüssiges Geld verfügten. Die Mütter suchten oft selbst die Familie aus, die bereit war, ihr Kind in Pflege zu nehmen."[47] Diese Situation scheint im Südtirol der Nachkriegszeit typisch gewesen zu sein, Mitte der 1970er Jahre zeichnete sich jedoch ein Wandel ab:

> „Jetzt lebt die typische ‚ledige Mutter' in der Stadt oder in größeren Orten. Meist hatten diese Mütter nur eine Saison- oder Gelegenheitsarbeit und konnten bei der Pflege des Kindes weder auf die Hilfe der Eltern, noch auf jene des Kindesvaters zählen. Das Kind bedeutete für sie eine große Belastung wegen der fehlenden sozialen Dienste, der engen Wohnungen, der unerschwinglichen Mieten und der Kosten für Pflege und Ernährung."[48]

Die Ausbezahlung von Unterstützungsleistungen an die Mutter war eine von drei möglichen Interventionsformen der genannten öffentlichen Körperschaften. Reichten die ausbezahlten Geldbeträge nicht aus, Mutter und Kind(er) zu erhalten, was aufgrund der Geringfügigkeit der Zuschüsse in der Regel der Fall war, oder wurde diese Form der Unterstützung von den Körperschaften aus fürsorgerischen Erwägungen für nicht zweckmäßig[49] befunden, wurden die Kinder in Pflegefamilien oder in Heime gegeben. Die Heimkosten übernahmen in solchen Fällen dieselben Körperschaften ganz oder zum Teil. Bei Fremdunterbringungen auf Pflegeplätzen zahlten die Körperschaften die Unterstützungsbeiträge direkt an die Pflegefamilien aus. Im Stichjahr 1970 befanden sich 798 Südtiroler Kinder in einer Pflegefamilie,[50] das waren 15 % der von den Körperschaften Befürsorgten, 682 (12,8 %) Kinder lebten in einem Kinderheim.[51] Von den Müttern selbst organisierte Fremdunterbringungen bei Großeltern, Verwandten oder Nachbarn sind in diesen Zahlen nur zum Teil mitberücksichtigt. Die Pflegeunterbringung war vor allem bei der deutschsprachigen Bevölkerung im Vinschgau, in Ulten und im Passeiertal, im Pustertal und im Eisacktal üblich, seltener im Unterland und in den Städten. Bis

---

45 Das Land bzw. die Provinz war seit dem Königlichen Dekret vom 8. Mai 1927, Nr. 789 für die unehelich geborenen Kinder zuständig. In diesem Gesetz wurde ebenso die finanzielle Beteiligung der Gemeinden und des ONMI festgelegt, wobei letztere Organisation die Führung und Aufsicht der Betreuung der unehelich geborenen Kinder innehatte.
46 Vgl. De Santi u. a., Geschichte des Sozialdienstes, wie Anm. 8, 127.
47 Vgl. Interview mit Sozialassistenten Celestino Girardi in ebd.
48 Vgl. ebd., 129.
49 Die Entfernung eines Kindes gegen den Willen der Eltern bzw. der Mutter konnte per gerichtliches Dekret auf Basis des Artikels 333 des Codice Civile, 1. Buch, veranlasst werden.
50 Zur Praxis der Fremdunterbringung in Pflegefamilien nach 1945 vgl. die Diplomarbeit von Elfriede Cristofolini, Affidamento familiare in Alto Adige, unveröffentlichte Diplomarbeit (Regionale Schule für Sozialdienst Trient 1970/71).
51 Vgl. die Zusammenstellung in: Margret Schwembacher / Ferdinand Ulmer, Die Pflege- und Heimkinder im Vinschgau (= Beiträge zur alpenländischen Wirtschafts- und Sozialforschung 174, Innsbruck 1974), 13.

in die 1980er Jahre sei der „Brauch, Kinder für die Arbeit besonders auf Bauernhöfen einzusetzen, […] weit verbreitet [gewesen] und oft musste ich die Leute darauf hinweisen, dass dies nicht zum Schaden der Kinder (Schulversäumnisse, mangelnde Freizeit) geschehen dürfe", erinnerte sich ein Sozialassistent.[52] Unter den an die Kinderbeobachtungsstation zugewiesenen Kindern sind 11 % unmittelbar vor ihrer Aufnahme in Innsbruck in einer Pflegefamilie fremduntergebracht gewesen.[53]

Die dritte Gruppe, die hier näher vorgestellt werden soll, sind die Heimkinder. Diese Gruppe stellte 20 % der aus Südtirol an die Kinderbeobachtungsstation zugewiesenen Kinder und Jugendlichen. Wie bei den Angaben zu den Pflegekindern spiegelt dieser Wert aber nur eine Momentaufnahme wider, nämlich den unmittelbar letzten Aufenthalt vor der Aufnahme auf der Kinderbeobachtungsstation. Tatsächlich ist der Anteil jener Kinder und Jugendlichen, die zumindest einmal in einem Heim oder bei Pflegeeltern untergebracht war, wesentlich höher. Mindestens weitere 11 % der zuletzt bei den Eltern oder der Mutter untergebrachten Kinder hatten einen Teil ihres Lebens bei Pflegefamilien oder in Heimen verbracht. Viele der Zugewiesenen, für die im Krankenakt als letzter Aufenthalt die Ursprungsfamilie angegeben wurde, konnten eine lange Odyssee mit vielen Stationen vorweisen. Nicht selten lag die letzte Heimunterbringung nur wenige Wochen zurück, weil die Heime in den Ferien schlossen und die Kinder aus den Heimen nach Hause entlassen wurden. Aufnahmetermine an der Kinderbeobachtungsstation in der Ferienzeit waren deshalb besonders nachgefragt.

Aus Südtiroler Heimen selbst wurden 20 der insgesamt 34 Heimkinder nach Innsbruck zugewiesen, sechs Kinder aus dem Seraphischen Liebeswerk in Meran, zwei Kinder aus dem Kinderdorf in Brixen, zehn Kinder aus dem Kinderheim Josefinum in Oberplanitzing/Kaltern und jeweils ein Kind aus dem Jesuheim in Girlan sowie dem Kinderheim „Villa Sole" in Oberbozen. 14 Südtiroler Heimkinder kamen aus österreichischen Erziehungsheimen, darunter fünf aus der Landeserziehungsanstalt Jagdberg in Schlins/Vorarlberg, je zwei aus dem Landeserziehungsheim Kleinvolderberg/Tirol und dem Kinderheim Martinsbühel bei Zirl/Tirol, sowie je ein Kind aus dem Knabenheim Bubenburg St. Josef in Fügen/Tirol, aus dem Landeserziehungsheim für Mädchen Kramsach-Mariatal/Tirol, aus dem Städtischen Kinder- und Jugendheim Pechegarten in Innsbruck und aus dem Benediktinerstift Seitenstetten/Niederösterreich. Ein beträchtlicher Teil der auf Initiative der Heimleitungen zugewiesenen Kinder wurde Nowak-Vogl zur Begutachtung überstellt oder von ihr selbst „einberufen", weil diesen Heimkindern aus schulischen oder disziplinären Gründen der Ausschluss von der Schule oder dem Heim drohte.[54] Beispielsweise wurde ein zum Zeitpunkt der Aufnahme in Innsbruck elfjähriger Junge im Überweisungsschreiben des Südtiroler Psychiaters als „Lehrerschreck" bezeich-

---

52 Interview mit Sozialassistent Herbert Bertignoll in: DE SANTI u. a., Geschichte des Sozialdienstes, wie Anm. 8, 123. Erst mit dem Landesgesetz Nr. 33 vom 21. Dezember 1987 wurden Pflegeanvertrauungen von Minderjährigen präziser geregelt.

53 Eine Reform der Fremdunterbringung in Pflegefamilien setzte in Südtirol in etwa zeitgleich mit Österreich in den 1980er Jahren ein. Diese beinhaltete in erster Linie die Verpflichtung zur Schulung der Pflegeeltern und förderte eine sorgsamere Auswahl der Pflegefamilien. Vgl. Gudrun WOLFGRUBER / Elisabeth RAAB-STEINER, In fremdem Haus. Zur Unterbringung von Wiener Pflegekindern in Kleinbauernfamilien (1955–1970), in: Michaela Ralser / Reinhard Sieder, Hg., Die Kinder des Staates / Children of the State (= Sondernummer Österreichische Zeitschrift für Geschichtswissenschaften 25/1–2, Innsbruck–Wien–Bozen 2014), 276–296.

54 TLA, Kinderstation, wie Anm. 6, Akt 167, Akt 1689, Akt 1158, Akt 1245, Akt 2416, Akt 3330, Akt 3272, Akt 1201.

net, bei welchem „Erzieher, Lehrer und Ärzte Verschiedenes probiert" hätten, „doch mit wenig Erfolg" und er daher „nicht mehr tragbar" sei.[55] Insbesondere aber wurde bei Kindern mit spezifischem Förderbedarf und bei solchen mit besonderen Erziehungsschwierigkeiten und Verhaltensauffälligkeiten in einer Heimunterbringung in Österreich der Lösungsweg gesehen: „Man sieht nun keine andere Möglichkeit mehr, als ihn in einem österreichischen Heim unterzubringen, wo man bestimmt mit ihm fertig wird",[56] vermerkte das Amt für Jugendbetreuung in Bozen der E(N)PMF 1977 in seinem Aufnahmegesuch. „Leider haben wir keine andere Möglichkeit für die Unterbringung solcher Fälle"[57] erklärte die zuständige Südtiroler Assessorin Waltraud Gebert-Deeg[58] in ihrem Eilbrief an die Direktion des Landeserziehungsheimes Jagdberg 1971, nachdem diese aus „Platzgründen" und „Personalmangel" abschlägig auf eine vorangegangene Anfrage von Nowak-Vogl um Aufnahme eines zwölfjährigen Südtiroler Buben geantwortet hatte. Dass der Jagdberg „voll" wäre und allgemein ein erheblicher „Platzmangel für Schwererziehbare in Tirol und Vorarlberg" herrsche, wie Nowak-Vogl die Assessorin in diesem Zusammenhang aufklärte, dürfte einer der Gründe dieser konkreten Absage gewesen sein – ein anderer lag in den hohen Außenständen der Südtiroler Landesregierung bei den Tiroler Heimen.[59] Seit wann und auf welcher vertraglichen Grundlage Südtiroler Kinder in österreichischen Heimen untergebracht wurden, konnte bislang aktenmäßig noch nicht nachvollzogen werden. Eine gegenständliche Vereinbarung dürfte aufgrund der Hinweise in den Akten des „Amtes für Kinderfürsorge" sehr wahrscheinlich in den 1960er Jahren abgeschlossen worden sein, möglicherweise auch schon früher. Der früheste konkrete Hinweis auf eine diesbezügliche Regelung findet sich im oben schon zitierten Anschreiben der Assessorin Gebert-Deeg aus dem Jahr 1971: „Es ist Ihnen vielleicht nicht bekannt, dass wir die geistig zurückgebliebenen Kinder und Schwererziehbare deutscher Muttersprache, welche noch schulpflichtig sind, in den Heimen in Tirol unterbringen können, d. h. wir haben die Genehmigung von Rom aus, dem Ausland zu bezahlen."[60] Wie viele Südtiroler Kinder nach dem Zweiten Weltkrieg in österreichischen Erziehungs- und Behindertenheimen lebten, kann auf Basis des bisherigen Forschungsstandes noch nicht beziffert werden. Die Akten der Kinderbeobachtungsstation legen jedoch die Vermutung nahe, dass ihre Zahl in den 1970er Jahren vorübergehend eher zu- als abgenommen hat, vor allem in den Heimen für sogenannte „Schwererziehbare" und in solchen mit angeschlossenen Sonderschulen.[61] Gerade für diese Klientel wurde die Innsbrucker Kinderbeobachtungsstation zu einer Dreh- und Vermittlungsstelle der Fremdunterbringung. In fast der Hälfte der Südtiroler Kinder und Jugendliche betreffenden Gutachten (78 von 163) schlug Nowak-Vogl eine Heimunterbringung vor, bei mehr als zwei Drittel (45) empfahl sie ein österreichisches Heim: 16 Mal den Jagdberg in Schlins/Vorarlberg, sechs Mal Steyr-Gleink/Oberösterreich, fünf Mal Martinsbühel in Zirl/Tirol, vier Mal Scharnitz/

---

55 Ebd., Akt 1689.
56 Ebd., Akt 2416.
57 Ebd., Akt 49.
58 Vgl. die politische Biografie bei Siglinde CLEMENTI, „Die Landesmutter" Waltraud Gebert-Deeg, in: Südtiroler Landtag, Hg., Frauen und Politik (Bozen 2003), 60–66.
59 Vgl. TLA, Kinderstation, wie Anm. 6, Akt 49, Brief Nowak-Vogl an die Assessorin Waltraud Gebert-Deeg vom 16. 2. 1971.
60 Ebd., Akt 49.
61 Bereits 1967 waren zum Beispiel sechs Südtiroler Kinder im Kinderheim Pechegarten in Innsbruck, um von dort aus die „Hilfsschule" besuchen zu können. Vgl. ebd., Akt 3330.

Tirol, drei Mal Kleinvolderberg/Tirol, drei Mal die Bubenburg in Fügen/Tirol, drei Mal das Heim der Guten Hirtinnen/Salzburg, zwei Mal Kaiser-Ebersdorf/Wien und je einmal das Kinderdorf in Imst/Tirol, Kramsach-Mariatal/Tirol und St. Martin in Schwaz/Tirol. Südtiroler Heime wurden hingegen nur 14 Mal vorgeschlagen, vorzugsweise das Heim des Seraphischen Liebeswerks in Meran, das Josefinum in Oberplanitzing bei Kaltern und das Kinderdorf Brixen.

Gegen Ende der 1970er Jahre wurde die Unterbringung der Südtiroler Kinder in österreichischen Heimen von den SozialassistentInnen aber zunehmend kritisiert oder ganz abgelehnt.[62] Diese sahen in der Integration von Kindern mit besonderem Förderungsbedarf in den Regelklassen die Zukunft, wie dies in einzelnen italienischen Schulen in Bozen seit 1974[63] praktiziert wurde. Nur „wenn alle Möglichkeiten in Südtirol erschöpft waren", so die Sozialassistentin Margret Schwembacher, „nahmen wir das, was angeboten wurde".[64] Auch bei einigen Eltern regte sich Widerstand gegen die geübte Unterbringungspraxis – die Kinder sollten nicht mehr so weit wegkommen. Auch wenn die Zuweisungszahlen in den 1980er Jahren zurückgingen, blieb die Innsbrucker Kinderbeobachtungsstation bis zu ihrer Schließung 1987 eine verlässliche Anlaufstelle für die Anliegen der Südtiroler Fürsorgekörperschaften, vor allem in ihrer Funktion als Ort der Begutachtung.

> „[…] wir wollten wissen, wie die verhaltensschwierigen Kinder zu behandeln wären, es ging nicht um psychiatrische Diagnosen. Die Beobachtung dauerte mindestens drei Wochen, und sie war in den Sommerferien möglich, in den Ferien: da die meisten [Südtiroler] Heime in den Ferien geschlossen waren, konnte man die Zeit gut überbrücken und außerdem wurde an der Kinderbeobachtungsstation unterrichtet. Die Kinder verloren keine Schulzeit. Der […] Bericht, der in alle Lebensbereiche ging, war […] sehr nützlich und aufschlussreich. Und weil der Bericht von einer klinischen Einrichtung verfasst wurde, hat die Sanität die Kosten übernommen."[65]

Diese Erläuterungen der langjährigen Meraner Sozialassistentin sind insbesondere in Hinblick auf die Praxis der Fürsorgearbeit in Südtirol aufschlussreich. Zunächst wird deutlich, dass es neben der Hoffnung auf konkrete Behandlungserfolge oder „nützliche" therapeutische Empfehlungen eine Reihe von pragmatischen Überlegungen gab, die für eine Zuweisung der „schwierigen Fälle" an die Innsbrucker Einrichtung sprachen. Zum einen löste der mehrwöchige stationäre Aufenthalt in Innsbruck relativ einfach das strukturelle Unterbringungsproblem bei den Südtiroler Heimzöglingen während der Ferienzeit, für die sonst andere Unterbringungsplätze hätten gesucht werden müssen.[66] Zum anderen sicherte das Fachgutachten der Kinderbeobachtungsstation als Einrichtung der Universitätsklinik die Finanzierung der in Innsbruck anfallenden Untersuchungs-, Behandlungs- und Aufenthaltskosten der Kinder. Bei Vorliegen einer fachärztlichen Einweisung und des klinischen Gutachtens übernahm die Abteilung Sanität der Südtiroler Landesverwaltung die Kosten, womit das leidige Problem der Finanzierung, insbesondere bei Kindern ohne Krankenversicherung, entschärft wurde. „Der Bericht war das Wichtigste",[67] für die SozialassistentInnen ebenso wie für das zuständige

---

62 Beispielsweise ebd., Akt 382.
63 DE SANTI u. a., Geschichte des Sozialdienstes, wie Anm. 8, 163.
64 SCHWEMBACHER, Interview, wie Anm. 25.
65 Ebd.
66 Vgl. z. B. TLA, Kinderstation, wie Anm. 6, Akt 1891.
67 SCHWEMBACHER, Interview, wie Anm. 25.

Jugendgericht oder die involvierten Schul- und Heimleitungen. Für das Jugendgericht in Trient, stellte das klinische Gutachten – neben dem von SozialassistentInnen verfassten Bericht über die familiäre und soziale Situation des Kindes – eine maßgebliche Grundlage zur Entscheidungsfindung über die gerichtlich anzuordnenden oder fortzusetzenden Maßnahmen dar. Heimeinweisung, Pflegeanvertrauung und andere Formen der gerichtlich angeordneten Fürsorgemaßnahmen konnten bei fehlender Zustimmung der Eltern nicht gerichtlich willkürlich verfügt, sie mussten fachlich begründet und per Dekret erlassen werden. Für die Schulleitungen konnte die heilpädagogische Expertise der Kinderbeobachtungsstation Bestätigung und Unterstützung für einen beabsichtigten oder bereits eingeleiteten Ausschluss eines Kindes aus der Regelschule sein. In nicht geringer Zahl lieferte sie die gewünschte Begründung für eine Überstellung in eine (österreichische) Sonderschule. Ähnliches gilt für die Heimleitungen. Insbesondere bei Kindern und Jugendlichen, deren Entfernung aus einem Heim aus disziplinären oder schulischen Gründen beabsichtigt war, konnte das gutachterliche Urteil und Argument der Kinderpsychiaterin dazu verhelfen, den geplanten Heimwechsel zu ermöglichen. Im Speziellen bei Vorliegen kognitiver Einschränkungen, bei festgestellter Lernbehinderung oder bei attestierter „Schwererziehbarkeit" war das ärztliche Gutachten der Kinderbeobachtungsstation hilfreich. Die Gutachten der Leiterin der Kinderbeobachtungsstation hatten Gewicht: bei den Behörden, bei den Ärzten und bei den LehrerInnen. Durch ihren Status als Fachexpertise des im Westen Österreichs einzigen „Kompetenzzentrums" konnte das oft nur aus wenigen Zeilen bestehende Dokument die Dringlichkeit eines Aufnahmegesuchs oder eines Heimwechsels glaubhaft machen, es konnte die Zuweisung an einen anderen Pflegeplatz ebenso veranlassen wie die Überstellung in eine Sonderschule. Für den weiteren Weg der Kinder war das Gutachten der Tiroler Landesfürsorgeärztin Maria Nowak-Vogl richtungsgebend und lebensentscheidend – auch für Südtiroler Kinder. Dies gilt in erster Linie für die in österreichischen Erziehungsheimen und Behindertenheimen untergebrachten Kinder aus Südtirol. Für diese Kinder blieben die ab den 1970er Jahren in Italien veranlassten Reformen – die Schließung der Sonderschulen 1971/1977 und der (geschlossenen) Erziehungs- und Beobachtungsheime,[68] die Fördermaßnahmen für Behinderte, die Psychiatriereform – ohne unmittelbare Wirkung.

Den sich abzeichnenden Veränderungen in der italienischen resp. Südtiroler Fürsorge- und Unterbringungspolitik der späteren 1970er Jahre – die „derzeitige Auffassung in Südtirol",[69] wie sich Nowak-Vogl ausdrückte – stand die Innsbrucker Heilpädagogin mit großer Skepsis gegenüber. Insbesondere zweifelte sie den Nutzen der im italienischen Schulwesen eingeschlagenen Integrationspolitik an. Beispielsweise befand sie bei einem elfjährigen Buben, dass das Kind „durch die Integration in Südtirol grob zurückgeschlagen, sodaß einiges nachzuholen"[70] sei. Auch wenn Nowak-Vogl den in Italien eingeschlagenen Reformen wenig Positives abzugewinnen vermochte, war sie in den 1980er Jahren zusehends bereit, den veränderten Bedingungen Rechnung zu tragen. Fast ausnahmslos folgte sie den in den Südtiroler Aufnahmemesuchen angeführten Unterbringungsvorschlägen, etwa der Unterbringung eines 15-jäh-

---

68 In einer geringen Zahl der Kinderakten sind Hinweise auf vormaligen Aufnahmen der Kinder in italienischen Erziehungsheimen zu finden. Insbesondere wird das Erziehungsheim für Mädchen in Venedig mehrfach angeführt, z. B. TLA, Kinderstation, wie Anm. 6, Akt 3597.
69 Ebd., Akt 3092.
70 Ebd., Akt 193.

rigen Buben in einer Bozener Jugendwohngemeinschaft.[71] Ihre Zuweisungsempfehlungen an österreichische Heime gingen nunmehr deutlich zurück: Nur bei zwei der insgesamt 29 zwischen 1980 und Ende 1986 vorgestellten Kinder schlug sie eine Unterbringung in einem österreichischen Heim vor.

Schluss

Die Bedeutung der Innsbrucker Kinderbeobachtungsstation für die Südtiroler Kinderfürsorge muss bis in die frühen 1980er Jahre als beachtlich eingestuft werden. Analog der expansiven Betreuung der Südtiroler Bevölkerung durch die Innsbrucker Universitätsklinik im Bereich der Erwachsenenpsychiatrie nutzten die Südtiroler Fürsorgekörperschaften und die Landesverwaltung die angebotene Möglichkeit, deutschsprachige PatientInnen außerhalb der Provinz – im Ausland – untersuchen, behandeln und begutachten zu lassen.[72] Der Aufbau einer landeseigenen Psychiatriestruktur hatte sich aus historischen Gründen verzögert und musste nach der Basaglia-Reform (Staatsgesetz vom 13. Mai 1978, Nr. 180) völlig neu gedacht werden. Das geplante psychiatrische Krankenhaus in Bozen wurde deshalb nicht mehr in seiner ursprünglichen Konzeption realisiert. Die nach 1945 eingerichteten Institutionen wie das psycho-pädagogischen Kinderzentrum in Bozen oder der heilpädagogische Kinderhort in Brixen waren weder strukturell noch personell hinreichend ausgestattet, um Kinder mit geistigen Behinderungen, Entwicklungsverzögerungen, Verhaltensauffälligkeiten oder Schulproblemen zu betreuen.[73] Auch stagnierte die Zahl der PsychiaterInnen und PsychologInnen, die frei oder in den Krankenhäusern der Provinz praktizierten, lange Zeit auf unbefriedigendem Niveau. Aus Sicht der in den 1970er Jahren tätigen SozialassistentInnen fehlte es damals in erster Linie an entsprechenden sozialen resp. sozial-pädagogischen Unterstützungsstrukturen, um Kinder mit besonderen Bedürfnissen – die sogenannt „Nichtbeschulbaren" ebenso wie die „Schwererziehbaren" – im Land selbst zu betreuen. Ihre organisierte Verschickung über die Staatsgrenze, diese Delegierung von Care-Arbeit, entschärfte so die bis in die 1980er Jahre anhaltenden Strukturprobleme der Provinz.[74] In dieser Situation bot sich Maria Nowak-Vogl als verlässliche Anlaufstelle für die Verantwortlichen jener Kinder an, für die in Südtirol kein Behandlungs- oder Unterbringungsort geschaffen oder gefunden werden konnte. So gelang es der Innsbrucker Heilpädagogin und Psychiaterin, ihren Einfluss- und Zuständigkeitsbereich für mehr als dreißig Jahre über die Brennergrenze hinweg auszudehnen und bis in die frühen 1980er Jahre auch zu behaupten.

---

71 Ebd., Akt 382.
72 Vgl. Elisabeth DIETRICH-DAUM u. a., Hg., Psychiatrische Landschaften. Die Psychiatrie und ihre Patientinnen und Patienten im historischen Tirol seit 1830 (Innsbruck 2011).
73 In einem Arbeitspapier einer 1973 eingerichteten Landeskommission wurde dieser Mangel insbesondere im Bereich der Behindertenbetreuung als gravierend eingestuft: „Es besteht ein großer Mangel an Einrichtungen zum physischen und [psychischen] Schutz der Behinderten, und auch dort, wo es diese gibt, sind sie auf Privatinitiative entstanden (AIAS, Lebenshilfe, Jesuheim) und nicht auf einander abgestimmt, ohne Koordination und Kontinuität […]". DE SANTI u. a., Geschichte des Sozialdienstes, wie Anm. 8, 162.
74 Es ist hier angebracht, auf die vielfältigen Initiativen verschiedener Elterngruppen in Südtirol hinzuweisen, die engagiert Wege der Inklusion forderten und über Vereinsstrukturen auch ermöglichten.

Informationen zur Autorin

ao. Univ.-Prof. Dr. Elisabeth Dietrich-Daum, Universität Innsbruck, Institut für Geschichtswissenschaften und Europäische Ethnologie, Innrain 52-d, A-6020 Innsbruck, E-Mail: elisabeth.dietrich@uibk.ac.at

Ina Friedmann

„Es handelte sich um einen sonderlinghaften, triebhaft veranlagten Knaben."
Beispiele heilpädagogischer Gutachten für das Wiener Jugendgericht während der Jahre 1920 bis 1970[*]

English Title

Examples of Therapeutic Pedagogic Reports for the Viennese Juvenile Court between 1920 and 1970

Summary

The cooperation between the Ward for Therapeutic Pedagogy (Heilpädagogische Station) at Vienna University's Pediatric Clinic and the Juvenile Court of Vienna, which was established in 1911, existed for decades. The focus of this paper is laid on the expertise furnished by the Ward for Therapeutic Pedagogy in lawsuits of custodianship and criminal cases concerning minors between 1920 and 1970, pointing out continuity and changes in perceptions developed and applied at the ward. Changes were closely connected with the guidance of the ward – especially Erwin Lazar and Hans Asperger were not only influencing the opinions and treatment of minors at the juvenile court, but their views were of great importance regarding the issue of further placement of the children and adolescents.

Keywords

Therapeutic Pedagogy (Heilpädagogik), Juvenile Court, custodianship, criminal cases, Erwin Lazar, Hans Asperger, 20th century, Vienna

---

[*] Der vorliegende Beitrag ist Teil der Dissertation der Verfasserin und zugleich Resultat des im Auftrag der Universitätsklinik für Kinder- und Jugendheilkunde Wien von der Verfasserin durchgeführten Projektes „Pädagogische Konzepte der Sonder- und Heilpädagogischen Abteilung der Kinderklinik und ihre Auswirkungen auf die Erziehung von Kindern und Jugendlichen in medizinischen und sozialen Institutionen". Für die Förderung der Arbeit an dieser Thematik danke ich Univ. Prof. Dr. Arnold Pollak. – Da es sich bei den in diesem Beitrag verwendeten Krankengeschichten um sensible Personendaten handelt, wurden zur Gewährleistung des Datenschutzes der ehemaligen PatientInnen jegliche Daten, die Rückschlüsse auf konkrete Personen zulassen würden, anonymisiert. Die Quellenangaben garantieren die Auffindbarkeit der Akten. Dies ermöglicht zwar Forschenden die Nachvollziehung des Quellenbestandes, wahrt jedoch den Datenschutz der Betroffenen.

Die Heilpädagogische Abteilung der Wiener Universitäts-Kinderklinik und das Jugendgericht

Die Heilpädagogische Abteilung wurde 1911 an der im selben Jahr im Allgemeinen Krankenhaus (AKH) Wien wiedereröffneten Universitäts-Kinderklinik vom damaligen Klinikvorstand Clemens v. Pirquet (1874–1929) und dem in der Jugendfürsorge engagierten Pädiater Erwin Lazar (1877–1932) eingerichtet. Lazar leitete die Abteilung von der Gründung bis zu seinem Tod 1932, daneben war er auf vielen Gebieten der Jugendfürsorge tätig, u. a. im Zusammenhang mit Wohltätigkeitsvereinen und Erziehungsanstalten.[1]

Lazars Engagement im Bereich der Jugendfürsorge ist es zuzuschreiben, dass er 1911 als erster pädagogisch-psychiatrischer Sachverständiger für Jugendliche am Landesgericht Wien bestellt wurde, nachdem bereits 1908 zeitgleich mit der dortigen Einrichtung einer Sonderabteilung für jugendliche Rechtsbrecher ein Jugendrichter, Heinrich Kesseldorfer, eingesetzt worden war. Dieser war fortan für Pflegschafts- und Strafverfahren zuständig, die Minderjährige betrafen. Zugleich war auch die Wiener Jugendgerichtshilfe als Komitee gegründet worden – als Vizepräsident fungierte Lazar –, die Minderjährigen vor Gericht beistehen sollte. 1919 wurde die Errichtung von Jugendgerichten gesetzlich festgeschrieben, 1928 folgten schließlich das erste Jugendgerichtsgesetz und die gesetzliche Verankerung der Jugendgerichtshilfe.[2]

Die Aufgabe des heilpädagogischen Sachverständigen vor Gericht definierte Lazar 1927 folgendermaßen: „Die wichtigste Aufgabe des Psychiaters beim Jugendgericht besteht darin, in seinen gutächtlichen Äußerungen dem Richter einen Weg für die notwendigen erzieherischen Maßnahmen zu weisen."[3] Diese Aussage beschreibt die zu dieser Zeit als grundlegend angesehene Verbindung von Heilpädagogik und Jugendgericht mit dem Ziel der bestmöglichen, individuell zu beurteilenden Entscheidungsfindung bezüglich des weiteren Umganges mit den gerichtlich behandelten Kindern und Jugendlichen.

---

[1] 1901 Promotion, ab 1906 im Pestalozzi-Verein zur Förderung des Kinderschutzes und der Jugendfürsorge tätig, ab 1907 mit der Arbeit von Hilfsschulen befasst, pädagogisch-psychiatrischer Sachverständiger für Jugendliche am Landesgericht Wien ab 1911, ab 1912 ärztliche Inspektion der niederösterreichischen Landes-Erziehungs- und Besserungsanstalten, ab 1918 Konsulent im Ministerium für soziale Verwaltung, Beteiligung an der Einrichtung der Jugendgerichtshilfe und des Jugendgerichts in Wien und an der Restrukturierung von Erziehungsanstalten. 1917 Habilitation, heilpädagogische Vorlesungen an der Kinderklinik, 1929 tit. ao. Prof., ab 1923 heilpädagogische Vorträge am pädagogischen Institut der Stadt Wien. Archiv der Universität Wien (= UAW), PA Erwin Lazar, Antrag Zulassung zur Habilitation Erwin Lazar, 3. 12. 1915; UAW, Senat S 304.717; Biljana FADINGER, Die vergessenen Wurzeln der Heilpädagogik. Erwin Lazar und die Heilpädagogische Station an der Universitäts-Kinderklinik in Wien, unveröffentlichte phil. Diplomarbeit (Universität Wien 1999), 18–30.

[2] Simone TELLER, Zur Heilpädagogisierung der Strafe oder Geschichte der Wiener Jugendgerichtshilfe von 1911 bis 1928, unveröffentlichte phil. Diplomarbeit (Universität Wien 2009), 26–27, 36. Zur Geschichte von Jugendgericht und Jugendgerichtshilfe vgl. ebd.

[3] Erwin LAZAR, Probleme der forensischen Jugendpsychiatrie (= Abhandlungen aus dem juristisch-medizinischen Grenzgebiete 5, Wien 1927), 1.

Die Heilpädagogische Abteilung hatte in der ersten Hälfte des 20. Jahrhunderts eine zentrale Rolle im Wiener Fürsorgesystem inne, an ihr wurden Kinder und Jugendliche auf Wunsch der Eltern und verschiedener Institutionen, darunter auch das Jugendgericht, untersucht.[4] Heilpädagogische Gutachten waren Standard bei allen Fällen, die vor dem Jugendgericht verhandelt wurden, und beeinflussten das Urteil sowie die damit verbundene Unterbringung. In den meisten Fällen wurden die Minderjährigen allerdings nicht an der Abteilung aufgenommen, sondern in anderem Rahmen heilpädagogisch begutachtet, bei Strafverfahren im polizeilichen Jugendheim oder in den Untersuchungs- und Strafhaftabteilungen des Jugendgerichts. Handelte es sich um Pflegschaftsverfahren, übernahmen manchmal heilpädagogisch geschulte MitarbeiterInnen der Jugendgerichtshilfe die Begutachtungen und teilweise wurde auch die ambulante Begutachtung der Kinder als ausreichend angesehen. Dafür gab es Fixtage: während der 1920er und 1930er Jahre waren Mittwoch und Freitag 9–13 Uhr Ambulanzzeiten. Bei dieser ersten Untersuchung wurde über die Notwendigkeit einer Aufnahme entschieden, gemäß Lazars auf die begrenzte Zahl an Betten zurückzuführende Maxime, dass lediglich die Fälle aufzunehmen seien, „die ein besonderes klinisches Interesse erwecken oder die sich, als zu schwierig, kurzfristig nicht klären lassen".[5] Im Fall eines 15-jährigen Mädchens etwa, gegen das 1938 ein Verfahren wegen Diebstahls anhängig war und deren Unterbringung in diesem Zusammenhang entschieden werden sollte, wurde die stationäre Beobachtung zur Klärung der Hintergründe ihres Verhaltens als unerlässlich erachtet. Sie verbrachte 1 ½ Monate an der Abteilung. Im heilpädagogischen Gutachten wurde festgehalten: „Die Mutter hatte zuerst angegeben, dass die Erziehungsschwierigkeiten und Delikte des Mädchens (Durchgehen, Eigentumsdelikte) immer zur Zeit der Menstruation auftreten. Da die Möglichkeit bestand, dass es sich tatsächlich um Ausnahmzustände [sic] handelte, die mit der Menstruation in Zusammenhang stünden, wurde das Mädchen zur genauen Beobachtung an die Heilpädagogische Abteilung der Kinderklinik aufgenommen."[6]

Mitunter kam es vor, dass jugendgerichtlich behandelte Minderjährige zu einem früheren Zeitpunkt als PatientInnen an der Heilpädagogischen Abteilung aufgenommen gewesen waren. In diesen Fällen wurden entweder vom Jugendgericht selbst oder von der Jugendgerichtshilfe die bereits vorhandenen Gutachten und Befunde von der Abteilung angefordert und oftmals auf eine erneute ausführliche Begutachtung verzichtet.

Im Folgenden wird anhand der Fälle, die im Rahmen der Krankengeschichten der Heilpädagogischen Abteilung dokumentiert sind – also jene Kinder und Jugendlichen, die an der Abteilung stationär aufgenommen waren – ein Querschnitt der Sichtweisen, Beurteilungen und Maßnahmensetzung zwischen 1920 und 1970 gezeigt.

---

4   Zu diesen Institutionen zählten Schulen, Kinder- und Erziehungsheime, die Wiener Kinderübernahmestelle (KÜSt), Polizei, Kinderschutzvereine, Jugendämter. Zu Struktur und der Stellung der Abteilung im Wiener Fürsorgesystem in der ersten Hälfte des 20. Jahrhunderts vgl. auch Ina FRIEDMANN, Die institutionelle Vernetzung der heilpädagogischen Abteilung der Universitätskinderklinik in Wien zwischen 1930 und 1945. Verflechtung von Wissenschaft und Politik, in: ÖH, Hg., Österreichische Hochschulen im 20. Jahrhundert. Austrofaschismus, Nationalsozialismus und die Folgen (Wien 2013), 177–189.
5   Erwin LAZAR, Die heilpädagogische Abteilung der Kinderklinik in Wien, in: Zeitschrift für Kinderforschung 28/2 (1923), 161–174, hier 162.
6   Wiener Stadt- und Landesarchiv (= WStLA), 1.3.2.209.1.A47 Kinderklinik, Heilpädagogische Station: Krankengeschichten, 1938 N-Z, Krankengeschichte Z., Heilpädagogisches Gutachten, 19. 9. 1938. Gemäß den Aufzeichnungen war die Menstruation allerdings nicht ausschlaggebend für Hannes Verhalten.

Die begutachtenden Personen

An den Begutachtungen an der Heilpädagogischen Abteilung waren mehrere Personen beteiligt – ÄrztInnen, PsychologInnen und Krankenschwestern. Verfasst wurden die Gutachten, die sich aus den Beobachtungen aller Beteiligten zusammensetzten, jedoch letztlich von der Abteilungsleitung. Im Untersuchungszeitraum handelte es sich dabei um vier Personen: Lazar leitete die Abteilung von 1911 bis 1932; seine Nachfolgerin Valerie Bruck stand der Abteilung von 1932 bis 1935 vor; es folgte Hans Asperger von 1935 bis 1957,[7] von welchem Paul Kuszen[8] die Abteilungsleitung bis 1985 übernahm.[9] Lazar und Asperger waren aufgrund der von ihnen entwickelten Konzepte prägend für die Wiener Heilpädagogik, wogegen Bruck und Kuszen während ihrer Abteilungsleitung nicht durch Publikationen oder eigenständige Theorieentwicklungen hervortraten. Bruck ist in der Tradition Lazars zu sehen, ihre Leitungsperiode markiert jedoch bereits den Perspektivenwechsel an der Abteilung,[10] während Kuszen eindeutig Aspergers Heilpädagogik weiterführte.

In den Konzepten, die an der Heilpädagogischen Abteilung entwickelt worden waren, spiegeln sich zwar ideologische, d. h. politische Einflüsse wider, jedoch hatten die politischen Brüche 1934, 1938 und 1945 keinen direkten Einfluss auf diese Sichtweisen. Unterschiede sowie auch Kontinuitäten in Theorien und Maßnahmenempfehlungen sind vielmehr mit der jeweiligen Abteilungsleitung verknüpft. Während Lazar im „Roten Wien" sehr engagiert und an Neuerungen im Sozialwesen wie der Verstaatlichung der Kinder- und Jugendfürsorge, der Einführung von Hilfsschulen und eben der Einrichtung von Jugendgerichten im Rahmen seiner Tätigkeit als Konsulent im Ministerium für soziale Verwaltung beteiligt war,[11] wurde Asperger von der biologistischen Sichtweise, die ihren Höhepunkt während des Nationalso-

---

7 Asperger ist heute vor allem für die Beschreibung des nach ihm benannten „Asperger Syndroms", einer Form des Autismus, bekannt. – Promotion 1931, ab 1935 Leitung der Heilpädagogischen Abteilung, ebenfalls ab 1935 heilpädagogische Vorlesungen am pädagogischen Institut, war zudem als nebenamtlicher Schularzt angestellt, ab 1937 in der Mutterberatung, ab 1938 am Jugendgericht und als Gutachter für die NSV tätig, ab 1940 Facharzt im Referat „Geisteskranken- und Süchtigenfürsorge" im Wiener Hauptgesundheitsamt. 1946 bis 1949 supplierende Leitung der Kinderklinik, 1957 bis 1962 Vorstand der Universitätskinderklinik in Innsbruck, 1962 Leiter der Universitätskinderklinik Wien bis zu seiner Emeritierung 1977. UAW, PA Hans Asperger.
8 Zu Kuszens Gutachtertätigkeit für das Jugendamt und private Kinderheime vgl. Reinhard SIEDER, Das Dispositiv der Fürsorgeerziehung in Wien, in: Michaela Ralser / Reinhard Sieder, Hg., Die Kinder des Staates/Children of the State (= Sondernummer Österreichische Zeitschrift für Geschichtswissenschaften 25/1–2, Innsbruck–Wien–Bozen 2014), 156–193, hier 171–174.
9 Asperger hatte jedoch, als er 1962 von der Kinderklinik Innsbruck als Vorstand an die Wiener Kinderklinik zurückkehrte, sein Büro wieder an der Heilpädagogischen Abteilung, der er sich auch weiterhin sehr intensiv widmete.
10 Bruck war frühes Mitglied der Österreichischen St. Lukas Gilde, einer Ärztevereinigung, die katholisch-eugenische Ideen vertrat, ärztliche Leiterin der Erziehungsanstalt für Mädchen Hirtenberg in Niederösterreich von 1928 bis 1938 und Sachverständige am Jugendgericht im selben Zeitraum. WSTLA, PA Valerie Bruck, Fragebogen, Magistratsdirektion der Stadt Wien, 22. 9. 1945. Zur St. Lukas Gilde sowie zu katholischer Eugenik in Österreich vgl. Monika LÖSCHER, „… der gesunden Vernunft nicht zuwider…"? Katholische Eugenik in Österreich vor 1938 (Innsbruck–Wien–Bozen 2009). – Brucks Scheiden aus der Abteilungsleitung – sie wurde nicht entlassen, sondern ihr Vertrag als unbesoldete Assistentin mit Forschungsstipendium wurde nicht verlängert – steht vermutlich in Verbindung mit der „Doppelverdienerverordnung", die sich gegen berufstätige Frauen richtete, die sich in einer Lebensgemeinschaft befanden.
11 UAW, Senat S 304.717.

zialismus erreichte, geprägt. Seine Ansichten und Therapiemethoden blieben allerdings auch nach 1945 zum größten Teil bestehen, sie sind ab 1935 über Jahrzehnte hinweg sowohl in seinen Publikationen als auch in den Krankengeschichten sichtbar und von großer Kontinuität gekennzeichnet. Valerie Bruck steht in diesem Zusammenhang für eine Übergangsphase, in der bereits eine Annäherung an die (erb-)biologische Ausrichtung der Heilpädagogik stattfand.

Begutachtungsgründe und Zuweisung an die Heilpädagogische Abteilung

Zu den Gründen für eine stationäre Begutachtung von Kindern und Jugendlichen für das Jugendgericht gehörten die Kategorien Pflegschafts- und Strafverfahren. Die Mehrheit der Minderjährigen wurde im Rahmen von Pflegschaftsverfahren aufgenommen, welche unterschiedliche Bereiche umfassten, allerdings generell die Regelung der Unterbringung der Minderjährigen zum Inhalt hatten. Dies betraf einerseits Vormundschaftsfälle und Gerichtsverfahren wegen Misshandlung durch die Erziehungsberechtigten. Die Aufnahme an der Abteilung erfolgte in diesen Fällen häufig auf Antrag der Bezirksjugendämter oder der Jugendgerichtshilfe. Andererseits wurden Pflegschaftsverfahren eingeleitet, wenn aufgrund von „Erziehungs-" oder „Verhaltensschwierigkeiten" eines Kindes die Frage der Unterbringung gerichtlich geklärt werden sollte. Hierbei ging es entweder um die Einweisung in eine Erziehungsanstalt, die häufig von Eltern oder Schulen beantragt wurde, oder um die Unterbringung in Pflegefamilien. Anträge dieser Art waren gemäß der Gesetzgebung stets jugendgerichtlich zu behandeln. Mitunter betrafen diese Fälle Minderjährige, die sich zuvor in einem Strafverfahren vor dem Jugendgericht verantworten mussten, sind aber dennoch von Strafverfahren abzugrenzen, da sie aus diesen resultierten.[12] Exemplarisch wird dies am Fall eines 14-jährigen Burschen deutlich, der sich 1940 wegen eines Einbruchdiebstahls und weiterer Eigentumsdelikte gerichtlich verantworten musste. Die Aufnahme an der Abteilung wurde nicht vom Jugendgericht, sondern von seiner Mutter beantragt. Nachdem er bereits 1938 zur Beobachtung an der Abteilung gewesen war, wurde er auf ihren Wunsch zwei Jahre später von der Kriminalpolizei überstellt: „Da die Mutter [...] angibt, dass ihr Sohn schon seit längerer Zeit Schwierigkeiten macht, auch zu Hause gestohlen hat, einen Wandertrieb zeigt, erscheint das Ansuchen der Mutter um Aufnahme ihres Sohnes bei der dortigen Klinik berücksichtigungswürdig."[13]

„Wandertrieb", Poriomanie, der auch Schulschwänzen beinhaltete, war bereits unter Lazars Abteilungsleitung ein Grund für die Abgabe in eine Erziehungsanstalt. Lazar bezeichnete dieses Erscheinungsbild als endogen und war der Meinung, dass es im häuslichen Milieu unmöglich zu kontrollieren wäre: „Es wird demnach der erkannte Wandertrieb, auch wenn sonst nichts gegen das Kind vorliegt und wenn es auch noch so sympathisch wirkt, grundsätzlich als

---

12 Bundesgesetzblatt für die Republik Österreich, 13. September 1928, 234. Bundesgesetz vom 18. Juli 1928 über die Behandlung junger Rechtsbrecher (Jugendgerichtsgesetz). – „Begeht ein noch nicht Achtzehnjähriger eine mit Strafe bedrohte Handlung und hängt das damit zusammen, daß es ihm an der nötigen Erziehung fehlt, so trifft das Gericht, unabhängig davon, ob er bestraft wird oder nicht, die zur Abhilfe erforderlichen, den Umständen angemessenen vormundschaftsbehördlichen Verfügungen [...]." Ebd., § 2.
13 WStLA, 1.3.2.209.1.A47, 1940 N-Z, Krankengeschichte N., Kriminalpolizeileitstelle Wien an Heilpädagogische Abteilung, 13. 3. 1940.

ein Einlieferungsgrund an eine geschlossene Anstalt im Interesse des Kindes zu betrachten sein."[14]

Minderjährige, die im Rahmen eines Strafverfahrens zur Beobachtung an der Abteilung aufgenommen wurden, wurden dagegen stets vom Jugendgericht bzw. einer seiner Institutionen wie dem Gefangenenhaus selbst eingewiesen. Während die Aufenthaltsdauer in Pflegschaftsangelegenheiten meist derselben Zeitspanne entsprach, wie sie auch bei PatientInnen, die nicht jugendgerichtlich behandelt wurden, für notwendig erachtet wurde, war sie bei Angeklagten in Strafsachen wesentlich kürzer.[15]

Aufbau der Gutachten

Die Gutachten, die an der Abteilung erstellt wurden, waren stets nach demselben Schema aufgebaut, unabhängig davon, für welche Institution sie verfasst wurden. Zunächst wurde der Grund für die Aufnahme angegeben. Dies umfasste auch die Person bzw. Institution, die die Aufnahme beantragt hatte, sowie den Anlass dafür. Es folgten die Wiedergabe der während des Aufenthaltes gemachten Beobachtungen und die daraus resultierende Diagnose sowie abschließend die Unterbringungsempfehlung mit einer kurzen Begründung. Aus diesem Schematismus werden jene Punkte deutlich, die Aspergers Heilpädagogik generell prägten und dementsprechend häufig in seinen Gutachten zu finden sind: „lückenlose" oder „straffe Führung", „optimale Leistung" als Ziel sowie „Milieuveränderung".[16] Zwei dieser Punkte wurden etwa in einem Gutachten im Juni 1938 betont:

„Es muss aber gesagt werden, dass er bei ganz fester, überlegener und lückenloser Führung keine zu grossen Schwierigkeiten macht und auch gut zu fördern ist (er ist auch intellektuell mindestens durchschnittlich entwickelt). Nach dem ganzen Bild ist es aber sicher, dass er, wenn diese Bedingung einer guten Führung nicht gegeben ist, zu sehr argen dissozialen Handlungen fähig ist [...]. Administrativ kommt bei einem solchen Charakter und bei dem ungünstigen erzieherischen Milieu, das eine feste und konsequente Führung nicht gewährleisten kann, unbedingt Unterbringung in einem Internat in Betracht, womöglich nicht in Wien, weil dann die Möglichkeit eines Durchgehens eingeschränkt ist. Wir würden etwa zu dem Schulbrüderinternat Goisern raten."[17]

---

14 LAZAR, Probleme, wie Anm. 3, 53. Besonders wichtig wäre für die Betroffenen, in der Anstalt eine Lehre abzuschließen, da sie dadurch, auch wenn sie in Zukunft weiter dem „Wandertrieb" nachgeben würden, was Lazar außer Frage stellte, „immer wieder Boden fassen können". Ebd.
15 Die durchschnittliche Dauer eines Aufenthaltes an der Abteilung betrug ab Ende der 1920er Jahre zwischen drei und sechs Wochen, in Strafverfahren durchschnittlich eine Woche.
16 Es mag paradox erscheinen, dass Asperger bei Gewichtung zugunsten der Veranlagung derartigen Wert auf Milieuveränderung legte. Dies ergibt sich jedoch aus seiner Ansicht, dass gerade aufgrund des Vorherrschens der endogenen Faktoren in der Person eines Kindes, die allerdings in einem „Gefüge von Spannungen" mit dem „Einwirken der Umwelt" stünden, eine besonders starke Erzieherpersönlichkeit nötig sei, um ein „schwieriges" Kind zu „führen", die meist im häuslichen Milieu nicht vorhanden wäre. Vgl. z. B. Hans ASPERGER, Heilpädagogik. Einführung in die Psychopathologie des Kindes für Ärzte, Lehrer, Psychologen und Fürsorgerinnen (Wien 1952), 272–275.
17 WStLA, 1.3.2.209.1.A47, 1938 N–Z, Krankengeschichte Z., Heilpädagogisches Gutachten, 11. 6. 1938.

Hinsichtlich der Unterbringung wurde in den in der Krankengeschichte befindlichen Aufzeichnungen Aspergers deutlicher ausgeführt: „am besten Institut mit unpersönlichem Drill". Weiters findet sich eine Notiz über den dritten Punkt, die erwünschte „optimale Leistung": „Dass er doch nie zu höchster Leistung gelangt, liegt nicht an seinem Körper, der ein ausgezeichnetes, gewandtes Instrument wäre, sondern an der Schwäche des Willens, des Charakters."[18]

Fünf Jahre später findet sich die Forderung nach „lückenloser Führung" auch bei einem 10-jährigen Mädchen, in dessen Fall auch das behördliche Eingreifen in den Familienverband deutlich wird. Die Eltern waren geschieden und das zuständige niederösterreichische Kreisjugendamt hatte Fürsorgeerziehung beantragt und die Aufnahme, wiedergegeben im Gerichtsbeschluss, damit begründet, „dass die Jugendliche asozial veranlagt zu sein scheint und besonders an Kleptomanie leidet".[19] Nach einem überaus negativen Gutachten wurde im üblichen Sprachduktus empfohlen:

„Ein Mädel das in so hohem Masse von unbeherrschten, unangepassten Impulsen getrieben wird, ist ohne lückenlose Führung gefährlich und auch selbst gefährdet. Die häusliche Erziehung ist – obwohl die Mutter sich sehr bemüht – bei dieser Veranlagung nicht ausreichend. Andererseits ist das Kind durch eine gute, langdauernde Anstaltsunterbringung sehr zu fördern. Unsern Erachtens ist Hollabrunn in diesem Falle die geeigneteste [sic] Anstalt."[20]

Anstaltsunterbringung[21] als Ergebnis der heilpädagogischen Untersuchung

Ein gemeinsamer Punkt von Lazar und Asperger im Umgang mit empfohlener Anstaltsunterbringung war die möglichst genaue Kenntnis der existierenden Anstalten, um in jedem Fall eine individuelle Empfehlung geben zu können. Lazar vertrat zudem die Ansicht, dass ein Gutachter einer Abgabe an eine Anstalt nur dann zustimmen dürfe, wenn er über diese genaue Kenntnis habe.[22] Aus den Krankengeschichten des Untersuchungszeitraumes geht hervor, dass tatsächlich im größten Teil der Fälle konkrete Anstalten empfohlen wurden. Unter Lazar waren dies besonders die Erziehungsanstalten Oberhollabrunn (von der Gründung 1918 bis zur Schließung 1922), wobei er mit dem Leiter August Aichhorn eng zusammenarbeitete, Eggenburg und Biedermannsdorf; unter Asperger häufig Biedermannsdorf, Eggenburg, Korneuburg und Wimmersdorf.[23] Daneben gab es Empfehlungen zur Unterbringung in Kinderheimen, Internaten oder Klosterschulen. Auch in diesen Fällen wurden konkrete Einrichtungen genannt.

Wenngleich in den von Lazar begutachteten Fällen häufig Anstaltsunterbringung empfohlen wurde, vertrat er die Ansicht, dass diese Maßnahme sehr gut erwogen werden müsse:

---

18 Ebd.; schließlich erfolgte allerding die Rückbringung des Buben in dasselbe Internat, in dem er zuvor bereits gewesen war.
19 WStLA, 1.3.2.209.1.A47, 1943 A-M, Krankengeschichte E., Beschluss Vormundschaftssache, 8. 1. 1943.
20 Ebd., Heilpädagogisches Gutachten, 23. 3. 1943.
21 Mit „Anstalt" wird im Folgenden jede Art von Erziehungsanstalt, die nicht den Status eines Kinderheimes, Internates oder einer klösterlichen Anstalt hatte, bezeichnet.
22 LAZAR, Probleme, wie Anm. 3, 42.
23 Zu Biedermannsdorf, Eggenburg und Wimmersdorf vgl. Reinhard SIEDER / Andrea SMIOSKI, Der Kindheit beraubt. Gewalt in den Erziehungsheimen der Stadt Wien (1950er bis 1980er Jahre) (Innsbruck–Wien–Bozen 2012).

„Maßgebend für die Wichtigkeit der gerichtlichen Entscheidung ist, daß ein Mensch, wenn auch ein minderjähriger, seine persönliche Freiheit verliert. Es soll demnach jede Anstalt, die vorsätzlich gegen die volle Bewegungsfreiheit ihrer Zöglinge Maßnahmen getroffen hat, ohne gerichtliche Zustimmung im Einzelfall nicht das Recht besitzen, einen Minderjährigen zurückzuhalten."[24]

Entgegen dieser Vorbehalte gegenüber vorschneller Anstaltsunterbringung vertrat Asperger 1952 in seiner Monografie „Heilpädagogik" die Auffassung, dass Milieuveränderung generell bei beinahe allen Verhaltensauffälligkeiten sehr häufig als adäquates Therapiemittel anzusehen sei. Dennoch stimmte er in der Praxis in vielen Fällen zunächst weiteren Versuchen häuslicher Pflege zu und empfahl Anstaltsunterbringung nur bei deren „Misslingen" als unumgänglich – dann jedoch auch gegen den Willen der Eltern: „Das beste wäre, sie in einer guten Anstalt unterzubringen (z. B. Schiltern o. St. Joseph in Salzburg). Die Eltern wollen es aber noch einmal mit ihr zu Hause versuchen und versprechen, auf sie besonders aufzupassen. Gegen einen solchen Versuch, wenn er auch nicht besonders aussichtsreich erscheint, ist nichts wesentliches einzuwenden."[25]

Eine Erziehungsanstalt, die als Unterbringungsempfehlung in den Gutachten der Heilpädagogischen Abteilung kaum erscheint, ist die Bundesanstalt für Erziehungsbedürftige Kaiserebersdorf.[26] Trotzdem gab es PatientInnen, die entweder vor oder nach dem Abteilungsaufenthalt dort untergebracht waren, jedoch in einem anderen Kontext zur Begutachtung an die Abteilung gewiesen wurden. Ein 12-Jähriger stand seit 1938 in Fürsorgeerziehung und war in diesem Jahr wegen „Schwererziehbarkeit" über Antrag der Schule nach Kaiserebersdorf eingewiesen worden – es wurde zwar diesbezüglich ein heilpädagogisches Gutachten erstellt, es erfolgte aber keine Aufnahme an der Heilpädagogischen Abteilung. Er wurde 1943 schließlich an die Abteilung überstellt, wo er untersucht werden und eine Prognose sowie Unterbringungsempfehlung gegeben werden sollte. Der Fall ist bemerkenswert, da hier von der Schule aufgrund von der „Schwererziehbarkeit" des Burschen ausdrücklich die Unterbringung in Kaiserebersdorf beantragt wurde, eine Anstalt, die sich während des Nationalsozialismus zu einem Jugendgefängnis entwickelte – ein Status, der auch nach 1945 beibehalten wurde.[27] Er verbrachte über ein Jahr in Kaiserebersdorf und wurde infolge der Auflösung der dortigen Schulabteilung in das Gauerziehungsheim Fügen in Tirol überstellt. In der Beurteilung durch das Heim Fügen wurde ein negatives Bild des Burschen gezeichnet, u. a. wurde beanstandet, dass er „kein gemeinschaftsbejahender Mensch [ist], er zieht sich gern und häufig zurück und ist am liebsten für sich allein. […] Es bedarf bei ihm noch einer längeren Anstaltserziehung um ihn so zu formen, daß er in die Volksgemeinschaft hineinpasst." 1941 kam der Bursche erneut in ein anderes Heim, das Gauerziehungsheim Jagdberg in Tirol, wo 1942 zum ersten Mal von

---

24 Lazar, Probleme, wie Anm. 3, 42.
25 WStLA, 1.3.2.209.1.A47, 1938 N-Z, Krankengeschichte Z., Heilpädagogisches Gutachten, 19. 9. 1938.
26 Dies bedeutet nicht, dass von HeilpädagogInnen keine Empfehlungen für Kaiserebersdorf erfolgten, sondern dass die diesbezüglichen Gutachten nicht im Rahmen eines Abteilungsaufenthaltes erstellt wurden.
27 Zu Kaiserebersdorf während des Nationalsozialismus vgl. Herbert Exenberger, Gefängnis statt Erziehung. Jugendgefängnis Kaiser-Ebersdorf 1940–1945, online unter: http://www.doew.at/cms/download/4ahbj/exenberger_kaiserebersdorf.pdf (letzter Zugriff: 13. 10. 2014). Die Zustände in der Nachkriegszeit wurden auch in Zeitungsartikeln, die anlässlich der „Zöglingsrevolte" 1952 erschienen, geschildert, z. B. in: Der Abend, Die Woche, Volksstimme. Diese Artikel sowie weitere aus folgenden Jahren sind im Archiv der Bundespolizeidirektion Wien, Kt. 1952/1 archiviert.

Fortschritten bei ihm gesprochen wurde. Daraufhin wurde er 1943 in Familienpflege übergeben, von wo bereits nach kurzer Zeit Klagen beim Jugendamt über sein angebliches Verhalten (Diebstähle, Frechheit, Faulheit) eingingen. Auch am nächsten Pflegeplatz berichtete man diese Eigenschaften, v. a. sein mangelnder „Arbeitswille" wurde beklagt. Daraufhin wurde die Unterbringung an der Heilpädagogischen Abteilung eingeleitet. Das entsprechende Gutachten, das einen weiteren Anstaltsaufenthalt nach sich zog, lautete:

> „Es handelt sich um einen sehr neuropathischen, infantilen Buben. Er sieht zunächst wie ein ‚Lausbub' aus, ist aber in Wirklichkeit keineswegs so vital, draufgängerisch, auch körperlich gar nicht widerstandsfähig. Er hat wenig Ausdauer, gibt sich sehr leicht nach; für kurze Zeit kann man ihn wohl zu einer guten Leistung bringen, z.B. auch beim Turnen, es geht aber nie ‚von selbst', er muss zu allem besonders aufgefordert werden, braucht den Zwang von aussen. Aus sich selbst heraus hat er nicht die notwendige Energie, um zu einer Leistung zu kommen. […] Administrativ: es ist für den Buben unbedingt notwendig, dass er für längere Zeit eine gute, konsequente Führung hat, da es ihm noch allzu sehr an eigenem Halt und Diszipliniertheit mangelt. Wenn das lange genug durchgeführt wird, ist ein guter Erfolg zu erwarten: er wird ruhiger, ausgeglichener und reifer werden und seine Affekte besser beherrschen lernen. Wir raten daher zur Unterbringung in der E.A. Kroneuburg [sic]."[28]

Gutachten in Vormundschaftsfällen

Asperger drückte die Rolle der Abteilung in Vormundschaftsfällen 1969 so aus: „Wir haben hier dem Buben von Anfang an so offen und überzeugend wie möglich gesagt, wir seien weder Anwalt des Vaters noch der Mutter, sondern sein […] Anwalt."[29]

Bemerkenswert bei diesen Pflegschaftsangelegenheiten ist, dass es während des gesamten Untersuchungszeitraumes keine explizite Bevorzugung eines Elternteils hinsichtlich der Obsorge gab. Jedoch wurde in der ersten Hälfte des 20. Jahrhunderts häufig Fremdunterbringung, also außerhalb der Familie, empfohlen, wenn die Mutter als für die Erziehung nicht geeignet eingestuft wurde. Es gab allerdings durchaus auch Fälle, in denen die Obsorge dem Vater zugesprochen wurde.

In Obsorgefällen wurden Gespräche mit den Eltern geführt, und aus diesen sowie aus den Beobachtungen an der Abteilung ein Urteil über die Unterbringung gefällt. 1941 wurde z. B. über ein 5-jähriges Mädchen entschieden, „dass das Kind bei der Mutter nicht gut aufgehoben ist". Die Empfehlung lautete: „Das Beste wäre in diesem Fall sicherlich, das Kind für längere Zeit beiden streitenden Parteien längere Zeit [sic] zu entziehen und an einem neutralen Ort, in einer sehr guten Anstalt unterzubringen. Da sich aber bei der heutigen Anstaltskrise (besonders für Kleinkinder!) kaum eine solche Anstalt finden dürfte, ist es wohl das Beste, das Kind an den [sic] bisherigen Pflegeplatz zu belassen, bezw. in die Erziehung des Vaters zu geben."[30] Diese Entscheidung beruhte auf den an der Abteilung gemachten Beobachtungen sowie Gesprächen mit den Elternteilen, Verwandten und weiteren nahestehenden Personen.

---

28 WStLA, 1.3.2.209.1.A47, 1943 A-M, Krankengeschichte G., Heilpädagogisches Gutachten, 20. 7. 1943.
29 Ebd., 1969 A-J, Krankengeschichte G., Befund und Gutachten, 14. 3. 1970.
30 Ebd., 1940 N-Z, Krankengeschichte W., Heilpädagogisches Gutachten, 27. 7. 1940.

Im Gegensatz dazu wurde in den folgenden Jahrzehnten der Fokus mehr auf die Wünsche der Kinder, in Übereinstimmung mit der Bewertung der Eltern durch den Sachverständigen, gelegt. So z. B. im Fall eines 12-jährigen Buben, der 1969 für einen Monat an der Abteilung aufgenommen wurde, um zu klären, bei welchem Elternteil er nach der Trennung leben sollte. Das heilpädagogische Gutachten beinhaltete nicht nur eine Einschätzung der Situation, sondern thematisierte auch explizit die Unterbringungswünsche des Patienten. Einleitend hielt Asperger fest, dass die verspätete Abgabe des Gutachtens in „langen Überlegungen und [der] bei zahlreichen Unterredungen gewonnenen Überzeugung, daß es eine ideale, den Bedürfnissen des Kindes vollkommen gerecht werdende Lösung gar nicht geben <u>kann</u> – und in einer, das soll eingestanden werden, Ratlosigkeit des Sachverständigen, der wirklich auf eine lange Erfahrung in verworrenen Pflegschaftsstreitigkeiten hinweisen kann" begründet war. Hinsichtlich der Unterbringung gab der Bub an, keine wirkliche Präferenz zu haben, er wäre bereit alles zu sagen, um die Heilpädagogische Abteilung verlassen zu können.[31] Aus den Briefen, die er an seine Eltern schrieb und die in Kopie erhalten sind, geht hervor, dass er beiden dieselben Mitteilungen machte, teilweise auch wörtlich. Im 38-seitigen Gutachten wurde auf die Gespräche mit den Eltern eingegangen und festgehalten, dass der Vater den Sohn idealisierte, während die Mutter objektiver zu sein schien. Doch wurde gerade die „bedenkenlose Entschiedenheit" des Vaters als anziehend auf den Patienten angesehen, der „darin gerade jene Kraft findet, die ihm, dem Buben, selber abgeht!" Da der Einfluss des Vaters als ungünstig bewertet wurde – u. a. hatte er ihn auch zum „Ausreißen" zwecks Besuchs bei ihm animiert –, wurde der Verbleib des Buben in der mütterlichen Obhut empfohlen.[32]

Gutachten in Fällen von Kindesmisshandlung

Bis weit über die Hälfte des 20. Jahrhunderts stand Eltern ein „Züchtigungsrecht" ihrer Kinder zu, das auch in den Krankengeschichten immer wieder in Zusammenhang damit erwähnt wird, dass die Erziehungsberechtigten Kinder über das Züchtigungsrecht hinaus geschlagen hätten – in diesem Fall handelte es sich um Misshandlung. Angezeigt wurde dies meist durch die Schule oder Nachbarn. Wurde ein Kind aus diesem Grund an der Abteilung aufgenommen, wurden die Erziehungsberechtigten auch, abgesehen von der Aufnahme der Anamnese, von MitarbeiterInnen der Abteilung genauer befragt. Besonders wenn die Rückgabe des Kindes in das häusliche Milieu im Raum stand bzw. empfohlen wurde, wurde seitens der Abteilung enger Kontakt mit den Erziehungsberechtigten gepflegt. In Misshandlungsfällen wurde häufig zunächst ein Ausfolgeverbot erlassen, z. B. im Fall eines 7-jährigen Buben, dessen Mutter 1933 die Unterbringung in einem Erziehungsheim beantragt hatte. Die Misshandlungsspuren wurden wie das Verblassen derselben an der Abteilung genau dokumentiert. Die Mutter hatte

---

31 Äußerungen dieser Art finden sich immer wieder in Briefabschriften von PatientInnen, die den Krankengeschichten beiliegen, jedoch gibt es gleichfalls gegenteilige Äußerungen bzw. an AbteilungsmitarbeiterInnen gerichtete Karten von ehemaligen PatientInnen, die von einer „schönen Zeit" sprechen. Die Abschriften wurden ohne das Wissen der PatientInnen angefertigt, da auf einigen Dokumenten „vertraulich" von Hand der PatientInnen vermerkt wurde und zudem auch im Inhalt häufig der Wunsch nach Vertraulichkeit (auch hinsichtlich der Abteilungsmitarbeiterinnen) geäußert wurde.
32 WSTLA, 1.3.2.209.1.A47, 1969 A-J, Krankengeschichte G., Befund und Gutachten, 14. 3. 1970.

die Abgabe beantragt, da sie bei weiterem Zusammenleben „zu übermäßigen Züchtigungen sich hinreißen lassen würde". Das heilpädagogische Gutachten hielt eine Fremdunterbringung des Buben ebenfalls für angemessen: „Aus der Eigenart von Mutter und Kind ergeben sich derartige Konfliktmöglichkeiten, dass vor einer Rückgabe des Kindes an das häusliche Milieu dringend gewarnt werden muss."[33]

Doch nicht immer stimmten Eltern der Beurteilung ihrer „Züchtigung" als Misshandlung zu, wie z. B. 1932 die Mutter einer 5-jährigen Patientin, die von ihrem Großvater mütterlicherseits misshandelt worden war. Die Mutter legte in einer anwaltlichen Schrift an das Jugendgericht dar, „dass die Verfügung ein Missgriff war, dass dem Kinde die paar Striemen weniger geschadet haben, als die Untersuchungen, Verhöre und Ausfragereien bei der Polizei und vor Gericht, seine Abgabe in die Klinik, und alles was damit zusammenhängt, insbesondere die Vorstellung von der Wichtigkeit seiner Person, die indirekte Förderung seines Eigenwillens und seiner Widersetzlichkeit und die Herabsetzung seiner natürlichen Erzieher."[34] Die Mutter behielt das Sorgerecht.

Bemerkenswert sind auch die angegebenen Einlieferungsgründe, denn wenn eine Misshandlungsanzeige der Anlass war, wurden dennoch zumeist auch alle weiteren „Auffälligkeiten" des Kindes angeführt. So z. B. 1937 bei einer Siebenjährigen: „Häusliche Dissozialität, Zornanfälle, Vielredner, Mißhandlungsanzeige, Tic, Schlafstörung, Essfaxen." Erstaunlicherweise wurde im Gutachten selbst angegeben, dass die Aufnahme an der Abteilung „wegen ihres schwer abnormen Verhaltens in der Kindergemeinschaft […] und weil das Kind daheim sehr schwierig zu behandeln war, aus nichtigen Anlässen in Zorn geriet, wobei es dann zu grossen Schreiszenen kam" erfolgt war.[35]

Gutachten im Fall von Misshandlung unterlagen im Untersuchungszeitraum einem starken Wandel. Während in den 1920er bis 1940er Jahren die Kinder häufig wieder der misshandelnden Person übergeben wurden, wurde ab den 1950er Jahren verstärkt Fremdunterbringung empfohlen. Dies steht in Zusammenhang mit der unterschiedlichen Wahrnehmung von Gewalt gegen Kinder und Jugendliche sowie dem „Züchtigungsrecht" der Eltern, das allerdings erst ab den 1970er Jahren sukzessive abgeschafft wurde.[36]

Der Fall eines 3-jährigen Patienten aus dem Jahr 1965 illustriert den veränderten Umgang mit Kindesmisshandlung. Der Bub wurde wegen Misshandlung an der Abteilung aufgenommen, nachdem er mit inneren Blutungen zunächst an die Zweite Chirurgische Klinik des AKH eingeliefert worden war. Die Eltern gaben an, dass er aus dem Stockbett gefallen sei. Als sie damit konfrontiert wurden, dass dieser Hergang nicht mit den dokumentierten Verletzungen übereinstimmen könne, beschuldigten sie die 8-jährige Tochter. Beide Kinder wurden von den Eltern als sehr schwierig, der Bub zudem als „zurückgeblieben" geschildert und es wurde um

---

33 Ebd., 1933 N-Z, Krankengeschichte S., Gutachten, 18. 2. 1933.
34 Ebd., 1932 N-Z, Krankengeschichte W., Antrag, o. D.
35 Ebd., 1937 A-M, Krankengeschichte K., Gutachten, 10. 8. 1937.
36 1975 wurde § 413 des Strafgesetzes 1945, der bis dahin die elterliche Züchtigung indirekt legitimierte, indem er nur die Misshandlung mit körperlichen Schäden unter Strafe stellte, abgeschafft; 1977 folgte die Abschaffung des § 145 ABGB, der das Recht der Eltern festgelegt hatte, „unsittliche, ungehorsame oder die häusliche Ordnung störende Kinder auf eine nicht übertriebene und ihrer Gesundheit unschädliche Art zu züchtigen". Vgl. dazu und für eine Übersicht zur rechtlichen Entwicklung Barbara HELIGE u. a., Endbericht der Kommission Wilhelminenberg (Juni 2013), hier 193–202, online unter: http://www.kommission-wilhelminenberg.at/presse/jun2013/Bericht-Wilhelminenberg-web_code.pdf (letzter Zugriff: 28. 10. 2014).

Aufnahme der Tochter an der Abteilung ersucht. Die an jener aus diesem Grund zunächst ambulant vorgenommene Untersuchung sowie die Begutachtung des Bruders erhärteten jedoch den Missbrauchsverdacht, wie ein Auszug aus dem Gutachten zeigt:

> „[…] er bereitete eigentlich keinerlei Führungsschwierigkeiten. […] Die von den Angehörigen geschilderten Verhaltensschwierigkeiten konnten bei einer altersentsprechenden Führung in einer Kindergruppe mit z.T. sogar recht schwierigen Kindern, in keiner Weise beobachtet werden. […] In Aussprachen mit der Stiefmutter wurde wohl niemals die Mißhandlung zugegeben, im Gegenteil, immer alles auf die ganz fürchterlich schwierige [Tochter] geschoben und verlangt, daß sie untersucht und vor allem auch stationär beobachtet werde. Eine solche ambulante Untersuchung wurde durchgeführt, dabei mußten auch an dem Mädchen […] Mißhandlungsspuren älterer Natur festgestellt werden […]. Das Kind selbst machte psychisch bei einer ambulanten Untersuchung in keiner Weise einen abnormen Eindruck. […] Wenn auch die Mißhandlung des Buben […] von den Eltern niemals zugegeben wurde, so spricht doch das klinische Zustandsbild sehr wahrscheinlich für schwerste Mißhandlungsspuren, das Verhalten der Kindeseltern, nun alle Schuld auf die 8-jährige Schwester abzuschieben, vor allem aber erst nachdem ihnen die Traumen als solche mitgeteilt wurden, ist sehr eigenartig."[37]

Da die Eltern keinen „günstigen" Eindruck machten und der Vater auch eine zumindest einmalige Misshandlung der Tochter eingeräumt hatte, wurde Fremdunterbringung beider Kinder empfohlen:

> „Das in Aussprachen mit den Kindeseltern selbst mitgeteilte Erziehungsverhalten läßt weitere Mißhandlungen sehr befürchten und daher eine Herausnahme beider Kinder […] aus der Familie notwendig erscheinen. Dabei mag es sicher nur vereinzelt zu körperlichen Mißhandlungen kommen, vielmehr sind die Erziehungsmethoden, wie sie der Vater selbst als seine Maßnahmen erzählte darin bestehend, daß Kinder bis zu 800 Kniebeugen im Tag machen müssen, nicht weil sie irgendetwas angestellt haben, sondern nur, wenn sie es dann nicht zugeben. Es entspricht dies sadistischen erzieherischen Methoden, die die viel ärgere seelische Mißhandlung zur Folge haben."[38]

Der heilpädagogische Befund, der weitaus umfassender als jene aus früheren Jahrzehnten ist, beinhaltet eine positive Beurteilung der Kinder und widerspricht durch Wiedergabe der Ergebnisse der Intelligenztestungen auch der von den Eltern geschilderten „Zurückgebliebenheit". Aus einer Nachtragsnotiz aus dem Jahr 1967 ist ersichtlich, dass die Geschwister bei der Großmutter väterlicherseits untergebracht wurden, die sich auch bisher zu einem großen Teil um die Kinder gekümmert hatte.

---

37 WStLA, 1.3.2.209.1.A47, 1956–1968, Krankengeschichte G., Befund, 20. 1. 1966.
38 Ebd.

Strafverfahren

Entgegen der Majorität der Jugendgerichtsfälle an der Heilpädagogischen Abteilung, die Pflegschaftsangelegenheiten zum Inhalt hatten, wurden nur wenige Kinder und Jugendliche, die sich einem Strafverfahren zu stellen hatten, an der Abteilung aufgenommen. Einerseits wurden die in diesen Fällen erfolgten Untersuchungen in anderem Rahmen durchgeführt, nämlich in den Untersuchungs- und Strafhaftabteilungen des Jugendgerichts, die nach dem Vorbild der Heilpädagogischen Abteilung organisiert waren.[39] Andererseits sollten auch nicht zu viele Jugendliche, die als „gefährlich" eingestuft wurden, an der Abteilung mit den übrigen PatientInnen in Berührung kommen. Besonders nach 1945 sind in den Akten keine PatientInnen mehr zu finden, die im Rahmen eines Strafverfahrens aufgenommen wurden. Auch in diesen Fällen wurde Lazars eingangs zitierter Leitsatz hinsichtlich der Auswahl der aufzunehmenden PatientInnen befolgt. Wichtig war es in diesen Fällen zunächst herauszufinden, ob die Straftat endogen oder exogen motiviert gewesen wäre. Nachdem dies geklärt war, folgte die Kategorisierung des Kindes. Dies sollte nicht nur die Frage der Unterbringung klären, sondern auch Prognosen ermöglichen.

Interessant ist ein Fall aus 1943: Die zu diesem Zeitpunkt 14-jährige Jugendliche wurde für sechs Tage aufgenommen, im Vergleich eine sehr kurze Aufenthaltsdauer, die auf den Grund der Untersuchung, ein Strafverfahren, zurückzuführen ist. Übernommen wurde sie von der „Jugendstrafanstalt Wien" und übergeben an das „Jugendgericht (Gefangenenhaus)". Das Mädchen, das im Jahr zuvor wegen „rebellischen Benehmens" vom BDM ausgeschlossen worden war, war aus Deutschland für das „Pflichtjahr" nach Wien in den Dienst eines Staatsanwaltes gekommen.[40] Zunächst gab es keine Auffälligkeiten, aber in der Krankengeschichte wurde festgehalten: „Es kam dann zu einem Einbruch in der Villa der Schwiegermutter des Herrn Dr. Dies brachte das Mädchen auf den Gedanken einen Einbruch zu simulieren u. zu schauen, wie rasch die Wiener Polizei drauf käme. Sie habe aber nichts stehlen wollen und auch nichts für sich behalten wollen. Es tue ihr auch sehr leid, dass der Portier in diese Angelegenheit verwickelt worden ist."[41]

Neben den üblichen Testungen, die an der Abteilung durchgeführt wurden, sind in diesem Fall keine weiteren Informationen in der Krankengeschichte enthalten. In seiner Publikation „Heilpädagogik" beschrieb Asperger den Fall allerdings ausführlicher:[42] Er schilderte die Einbruchssituation bei der aufgrund einer Aussage des Mädchens zunächst der Portier verdächtigt wurde. Auch im weiteren Verlauf belastete sie den Mann schwer, u. a. durch Falschaussagen und versteckte Objekte. Als die Geschichten jedoch immer absurder wurden und die Polizei das Mädchen nun offen verdächtigte, legte sie ein Geständnis ab.

Hinsichtlich der körperlichen Verfassung, die bei heilpädagogischen Beobachtungen stets Berücksichtigung fand, wurden die an der Abteilung gewonnenen Eindrücke – immerhin fast zehn Jahre später – wörtlich wiedergegeben: thematisiert wurde das „Maskuline, Burschenhafte" in der Motorik und dem Aussehen der Patientin, sowie ihre aufgesetzte Höflichkeit und

---

39 Lazar, Abteilung, wie Anm. 5, 162.
40 Das von Frauen vor Beginn einer Berufsausbildung zu absolvierende „Pflichtjahr" im Bereich der Land- oder Hauswirtschaft war 1938 eingeführt worden.
41 WStLA, 1.3.2.209.1.A47, 1943 A-M, Krankengeschichte J.
42 Asperger, Heilpädagogik, wie Anm. 16, 247–249.

Pflichterfüllung bei „innerer Leere". Da die Simulation des Einbruchs nicht zur Bereicherung diente, wurde ihr nicht unterstellt, dies aus „kalter Überlegung zur Erreichung eines selbstsüchtigen kriminellen Zweckes ins Werk gesetzt" zu haben und daher wurden ihr auch gute Chancen bei „guter pädagogischer Führung" attestiert, die sie „von außen her mit Aktivität erfüllen" sollte – dadurch würden die hysterischen Symptome abfallen.[43]

Weitaus häufiger als Aufnahmen an der Abteilung im Zuge von Strafverfahren kam es vor, dass bei späteren Strafprozessen eine Abschrift der bei einer früheren Aufnahme erstellten heilpädagogischen Befunde übermittelt wurde. Dabei wurden weder Sichtweisen revidiert noch die Ausdrucksweise verändert. Dies lässt sich besonders bei Fällen der 1930er und 1940er Jahre beobachten, von denen Befundabschriften bis zu zwanzig Jahre später unverändert weitergeleitet wurden. So war z. B. eine junge Frau als 10-jährige 1941 an der Abteilung für ca. sechs Wochen untersucht worden. Der Grund waren „schwere, sehr abnorm wirkende, fast besinnungslose Erregungszustände aus ganz kleinen Ursachen mit Aggressionen gegen die Umgebung und [...] die eigene Person". Ergänzt wurde das wiedergegebene Gutachten 1948 mit folgenden Ausführungen: „Über den Zustand gibt unser damaliger Befund an das Jugendamt Aufschluß, wobei bemerkenswert erscheint, daß uns der Zustand schon damals sehr unheimlich erschien, weshalb wir so dringend zur Anstaltsunterbringung rieten. Leider haben wir mit unserer schlechten Prognose nur allzu Recht behalten."

Der Befund war darunter wiedergegeben: „Schizoide Psychopathie bei einem ausgesprochen debilen Mädchen. [...] Die Großmutter, bei der sie jetzt war, ist sichtlich ganz insuffizient, auch die Mutter macht uns keinen sehr guten Eindruck – daß, wie wir hören, gegen sie ein Ausfolgeverbot besteht, muß ja auch seinen Grund haben! Es kommt also nur Unterbringung [...] in Betracht; bei konsequenter und überlegener Führung ist sie nicht allzu schwierig."[44]

Sexuelle Gewalt

Lediglich in sehr wenigen Fällen erfolgte die Aufnahme Minderjähriger, die einer Sexualstraftat angeklagt oder auch bereits verurteilt waren. 1927 handelte es sich um einen 11-jährigen Buben, der, während er in „Landpflege" war, wiederholt ein 6-jähriges Mädchen missbraucht hatte. Auch an der Abteilung wurde beobachtet: „Hat grosse Vorliebe für kleine Mädchen; küsst sie gerne ab." Jedoch wurde festgestellt, dass von „einer ernstlichen sexuellen Gefährdung seiner Umgebung durch ihn nicht gesprochen werden" kann. Daher wurde Unterbringung in einer indifferenten Anstalt empfohlen.[45]

Obwohl also Minderjährige, die einer Sexualstraftat beschuldigt wurden, zwar sehr selten an der Heilpädagogischen Abteilung aufgenommen wurden, folgte auf eine diesbezügliche Gerichtsverhandlung sehr häufig ein Pflegschaftsverfahren hinsichtlich der Unterbringung des minderjährigen Opfers. Lazar war der Meinung, dass diese durchaus Mitleid verdienten, durch

---

43 Ebd., 248. Dass in den Krankengeschichten niedergeschriebene Beobachtungen wörtlich nicht nur in den Gutachten wiedergegeben wurden, sondern in der Folge auch in der gerichtlichen Urteilsbegründung, war keine Seltenheit.
44 WStLA, 1.3.2.209.1.A47, 1941 N-Z, Krankengeschichte S., Befundabschrift, o. D.
45 Ebd., 1927 N-Z, Krankengeschichte P.

den Missbrauch allerdings nun selbst „verdorben" waren und eine „sittliche Gefahr" für die Umgebung darstellten:

> „Eine pflegschaftsgerichtlich und schulbehördlich höchst unerquickliche Lage schaffen die Mädchen, die geschlechtlich mißbraucht werden. Sie sind nicht nur durch das sexuelle Erlebnis allein verdorben, sie werden auch durch die folgenden Verhöre und öffentlichen Verhandlungen sehr stark in Mitleidenschaft gezogen. […] Aber bei allem Mitleid, das man mit diesen Kindern haben muß, darf nicht vergessen werden, daß sie selbst jetzt Schädlinge geworden sind, indem sie andere Kinder in ihre Geheimnisse ziehen, eine sexuell gespannte Atmosphäre um sich schaffen. Man kommt so lange nicht zur Ruhe, bis eine Milieuänderung vorgenommen wird."[46]

Auch Asperger vertrat die Ansicht, dass in diesen Fällen eine Milieuveränderung häufig der richtige Weg wäre, und bei „unangemessenem Umgang" mit dem Missbrauch im häuslichen Milieu eine längerfristige Anstaltsunterbringung angebracht wäre:

> „Wenn nun noch dazu eine unvernünftige pädagogische Behandlung die Sensation eines solchen Ereignisses ständig in Gang hält, wenn es die Erziehung verabsäumt, die Kinder mit sinnvoller Aktivität zu erfüllen, die sie ganz in Anspruch nimmt, so können solche Persönlichkeiten tatsächlich auf den Weg der sexuellen Depravation gedrängt werden. Nicht zufällig ist es ja, daß derartige Kinder in der Mehrzahl der Fälle in einem gerade in sexueller Beziehung sehr ungünstigen Milieu aufwachsen, was natürlich, doppelt wichtig bei Kindern solchen Charakters, die Notwendigkeit eines langdauernden Milieuwechsels, am besten der Unterbringung in eine gute Anstalt, mit sich bringt."[47]

Die Erwähnung eines „solchen Charakters" meint hier Kinder, die gemäß Asperger eine „endogene Erlebnisbereitschaft" für sexuelle Gewalt aufwiesen. Mädchen, die auf diese Art charakterisiert wurden, bezeichnete Asperger häufig als „passive Locktypen":

> „In nicht so seltenen Fällen freilich müssen wir von einer endogenen Erlebnisbereitschaft gerade auf diesem Gebiet sprechen, besonders bei Mädchen, welche einer Schändung zum Opfer fallen. Diese gehören in der Mehrzahl einem deutlich umschriebenen Typus an: nicht daß sie alle sexuell besonders aktiv wären (bei manchen von ihnen trifft auch das zu, und diese wirken dann von sich aus verführend), sie haben meist nur das Gehaben, die Geste des Kokettierens an sich, sind ‚passive Locktypen', denen vor allem der natürliche Schutzmechanismus der Scham fehlt. Meist fehlt ihnen auch die natürliche persönliche Distanz, das normale Fremdheitsgefühl. Gerade weil sie innerlich leer sind, suchen sie ‚anhabig', wie man in Wien sagt, einen oberflächlichen Kontakt, ja die Sensation."[48]

Hinzu kam, dass die Glaubwürdigkeit von Kindern als ZeugInnen in der Heilpädagogik besonders unter Asperger generell angezweifelt wurde. Dies war in Fällen von sexueller Gewalt besonders bedeutend. Kam man an der Abteilung zu dem Schluss, dass der behauptete Miss-

---

46 LAZAR, Probleme, wie Anm. 3, 55.
47 ASPERGER, Heilpädagogik, wie Anm. 16, 262.
48 Ebd.

brauch nicht stattgefunden hatte, wurde dies „sexuelle Pseudologie" genannt. In einem Gutachten aus 1939, in dem es um eine Anzeige wegen sexuellen Missbrauchs am früheren Pflegeplatz des zum Tatzeitpunkt 5-jährigen, bei der Untersuchung 7-jährigen Mädchens ging, spiegelt sich die zweifelnde Sichtweise wider:

> „Kinder sind in Sittlichkeitsverbrechen immer sehr unverlässliche Zeugen. Darüber noch muss man, so glauben wir, die Aussagen dieses so phantastischen und suggestiblen Kindes nur mit allergrösster Vorsicht aufnehmen. Es erscheint uns viel wahrscheinlicher, dass die über die Masturbation des Mädchens aufgeregten Eltern, die nach einem Grund für die Masturbation suchten, natürlich ohne zu wollen die ‚Schändung' durch den Burschen in das Kind hineingefragt haben."[49]

Dieser Befund an das Gericht war von besonderem Gewicht, da er in der Strafsache gegen den mutmaßlichen Vergewaltiger angefordert wurde und durch die als mangelhaft dargestellte Glaubwürdigkeit des Opfers zu dessen Entlastung beitrug.

Die Bezeichnung einer Vergewaltigung als „Schändung" findet sich unter Aspergers Abteilungsleitung durchgehend. Neben der Konnotation der „Schande", die einen Ehrverlust des Opfers impliziert, war die Ausdrucksweise auch juristisch von Bedeutung. „Schändung" bezeichnete im Strafgesetzbuch – im Gegensatz zu „Notzucht" – sexuelle Gewalt gegen eine Person, die sich in einem Zustand der „Wehrlosigkeit" befand.[50] Da Aspergers Gutachten an unterschiedliche Institutionen gerichtet waren und nicht nur interne Aufzeichnungen darstellten, beschrieb diese Ausdrucksweise ein minderschweres Vergehen, was auch für das Strafmaß des Täters von Bedeutung sein konnte.

Im Beispiel der Kategorisierung von Missbrauchsopfern tritt die Kontinuität in den heilpädagogischen Sichtweisen besonders deutlich hervor. Einhergehend mit der unveränderten Darstellung in „Heilpädagogik" wurde 1969 auch in einer Krankengeschichte von „sexuellen Erlebnissen (Vergewaltigung)" gesprochen, was die Freiwilligkeit des Opfers suggeriert. Die betroffene 15-jährige Patientin war von zwei Männern vergewaltigt worden, die dessen angeklagt wurden. Sowohl in Kuszens vorläufigem, als auch in Aspergers finalem, ausführlicherem Gutachten, das 14 Seiten umfasste, wurde allerdings nicht mehr von „sexuellen Erlebnissen", sondern von Vergewaltigung gesprochen und die Glaubwürdigkeit betont: „Überhaupt finden wir keinen Anhaltspunkt, an der Glaubwürdigkeit der Angaben des Mädchens zu zweifeln: sie sind völlig klar, widerspruchsfrei, wirken in keinem Punkt übertrieben."[51] Daraus wird deut-

---

49 WStLA, 1.3.2.209.1.A47, 1939 N-Z, Krankengeschichte S., Auszug aus der Krankengeschichte und Befund, 21. 5. 1939.
50 Auch noch 1974: BGBl 1974/60, § 205, 1: „Wer eine Person weiblichen Geschlechtes, die sich in einem Zustand befindet, der sie zum Widerstand unfähig macht, oder die wegen einer Geisteskrankheit, wegen Schwachsinns, wegen einer tiefgreifenden Bewußtseinsstörung oder wegen einer anderen schweren, einem dieser Zustände gleichwertigen seelischen Störung unfähig ist, die Bedeutung des Vorgangs einzusehen oder nach dieser Einsicht zu handeln, zum außerehelichen Beischlaf mißbraucht, ist mit Freiheitsstrafe von sechs Monaten bis zu fünf Jahren zu bestrafen." Im Gegensatz dazu über Notzucht: „Wer eine Person weiblichen Geschlechtes mit Gewalt gegen ihre Person oder durch eine gegen sie gerichtete Drohung mit gegenwärtiger Gefahr für Leib oder Leben [...] widerstandsunfähig macht und in diesem Zustand zum außerehelichen Beischlaf mißbraucht, ist mit Freiheitsstrafe von einem bis zu zehn Jahren zu bestrafen." Ebd., § 201, 1.
51 WStLA, 1.3.2.209.1.A47, 1969 K-Q, Krankengeschichte M., Gutachten, 21. 12. 1969. Dennoch wurden die Angeklagten – im Zweifel – freigesprochen.

lich, dass besonders in den Nachkriegsjahrzehnten in der Praxis mitunter eine differenziertere Sichtweise zur Anwendung gelangte, als die publizierten Darstellungen Aspergers vermuten lassen.[52]

Resümee

Die enge Kooperation der Heilpädagogischen Abteilung und des Jugendgerichts bestand von der Einrichtung beider Institutionen bis weit in die zweite Hälfte des 20. Jahrhunderts. Die Behandlung der Minderjährigen durch das Jugendgericht war von heilpädagogischen Sichtweisen und Wahrnehmungen geprägt, die auf die jeweilige Abteilungsleitung zurückgingen. Durch die gestellten Diagnosen und Unterbringungsempfehlungen hatten die heilpädagogischen GutachterInnen großen Einfluss nicht nur auf das Urteil des Gerichtes, sondern dadurch auch auf das unmittelbare weitere Leben der Kinder und Jugendlichen.

Aus den Gutachten wird deutlich, welche Parameter bei der Bewertung und Begutachtung dieser Minderjährigen angelegt wurden und wann bzw. unter welchen Umständen Veränderungen erfolgten. Diese waren nur indirekt an die politischen Einschnitte des 20. Jahrhunderts gebunden, sie standen vielmehr in Zusammenhang mit der jeweiligen Abteilungsleitung und ihrer Konzeption von Heilpädagogik. Dementsprechend ist vor allem der Einfluss Hans Aspergers prägend gewesen, der seine Ansichten, die endogenen Faktoren in der Verursachung von „Verhaltensauffälligkeiten" das Hauptgewicht zusprachen, ab 1935 entwickelte und sie in den folgenden Jahrzehnten lediglich marginal weiterentwickelte. Dies bedeutete, dass in der Folge v. a. Fremdunterbringung von Kindern und Jugendlichen aus unterschiedlichsten Anlässen als adäquate Empfehlung sowohl in Pflegschafts- als auch in Strafverfahren angesehen wurde. Neben den Maßnahmenempfehlungen lassen sich auch in den Diagnosen und der verwendeten Sprache über einen sehr langen Zeitraum Kontinuitäten erkennen, die eindrücklich wiedergeben, wie Minderjährige vor dem Jugendgericht unabhängig vom Verhandlungsgrund wahrgenommen und beurteilt wurden.

Informationen zur Autorin

MMag. Ina Friedmann, Projektmitarbeiterin am Institut für Zeitgeschichte, Universität Innsbruck, Innrain 52, A-6020 Innsbruck, E-Mail: ina.friedmann@uibk.ac.at

---

52 Womit allerdings die Problematik der Schulung von Personal aus dem Bereich der Jugendfürsorge anhand der publizierten Konzepte verknüpft ist. Heilpädagogisches Wissen, das dieser Personenkreis aus ebendiesen Texten und aus heilpädagogischen Vorträgen bezog, bestand meist aus den grundlegenden Sichtweisen, die oben auszugsweise wiedergegeben wurden. Daraus resultierte eine lange Tradition von Denk- und Behandlungsmustern in der Kinder- und Jugendfürsorge. Eine Analyse dieser mitunter auftretenden Diskrepanz zwischen Theorie und Praxis, sowie auch der Verbreitungswege und des Weiterwirkens der Konzepte im Wiener Fürsorgesystem ist Teil der Dissertation der Verfasserin.

Wolfgang Stangl

„Wir können mit Verbrechern Mitleid haben, aber schwach werden dürfen wir ihnen gegenüber nicht."
Psychiatrische Diskurse zwischen 1945 und den 1970er Jahren zum Maßnahmenvollzug in Österreich

English Title

"We can have compassion for criminals, but we should not allow ourselves to show weakness towards them." Psychiatric Discourses Concerning Forensic Mental Hospitals in Austria between 1945 and the 1970s

Summary

The text deals with the medical psychiatric and the legal discourse on conditions for the detention of offenders, who committed offences in the status of (diminished) incapacity and on the establishment of special institutions. The discourse took place in the 1950s, but since it was part of the reform of penal law, regulations were only enforced twenty years later. Representatives of psychiatry who had been invited to the debates on the reform took up concepts which had been discussed within their profession in the late 19th century and in the First Republic between the two World Wars, but dropped during the Nazi regime. They succeeded in shaping the forensic mental hospital („Maßnahmenvollzug") enforced in 1975 and the regulations for incapacitated offenders in effect until today.

Keywords

Incapacitated offenders, detention, penal law reform, forensic mental hospital, forensic psychiatry

Einleitung und Fragestellung

Der Titel dieses Textes ist ein Satz, der Gustav Aschaffenburg zugeschrieben wird, einem Pionier der deutschsprachigen forensischen Psychiatrie, und den der Psychiater Erwin Stransky im Wortgefecht zitiert. Diese emotionalisierte Auseinandersetzung findet 1955 im Rahmen der 15. Sitzung der Kommission zur Ausarbeitung eines Strafgesetzentwurfes statt.[1] Aufgabe dieser Kommission, der Stransky als psychiatrischer Experte angehörte, und die durch das Parlament 1954 einberufen worden ist, war es, ein neues Strafrecht zu beraten. Ein Teil der Beratungen, auf die nachfolgend genauer eingegangen wird, bezog sich auf die Einführung des Maßnahmenvollzugs für geisteskranke Rechtsbrecher als einer Sonderform des Strafvollzugs. Die Kommission konnte sich auf eine Reihe von Reformentwürfen stützen. Noch zu Zeiten der Monarchie waren bereits intensive Vorbereitungen für die Strafrechtsreform erfolgt, sie wurden jedoch wegen des 1914 ausgebrochenen Krieges nicht zu Ende geführt. Lediglich die Entmündigungsordnung von 1916, die gleichzeitig mit der Erneuerung des Strafrechts verhandelt wurde, ist in Kraft getreten. Sie regelte die zwangsweise Anhaltung Geisteskranker in Krankenanstalten, die keine Straftaten begangen hatten.[2] Das Maßnahmenrecht ist in gewisser Weise eine Ergänzung dieses Anhalterechts und wurde gleichfalls bereits in dieser ersten Reformphase vor 1914 diskutiert. Bei dieser Rechtsmaterie ging es um Fragen der Kautelen im Fall einer (beabsichtigten) Anhaltung geisteskranker Rechtsbrecher; ausführlich diskutiert wurde etwa die Frage, welches Gericht für die Einweisung bzw. Entlassung der Angehaltenen oder welche Behörde für die Führung der Anstalten künftig zuständig sein soll, und ob auch Anlasstaten, die mit weniger als mit sechs Monaten Freiheitsstrafe bedroht sind, zu einer Anhaltung in der Maßnahme führen können.[3]

---

1   Protokolle der Strafrechtskommission, Sitzung vom 22. September 1955. Die Protokolle sind gebunden und sowohl in der Bibliothek des Bundesministeriums für Justiz, als auch in der Handbibliothek des Instituts für Strafrecht in Wien einsehbar. Es handelt sich dabei um graue Literatur im Umfang von ca. drei Laufmetern. Diese Angabe bezieht sich auf alle in diesem Beitrag zitierten Sitzungsprotokolle.
2   Vgl. die Arbeit von Oskar LEHNER, Entstehung, Absicht und Wirkung der Entmündigungsordnung 1916, in: Elisabeth Weinzierl / Karl Stadler, Hg., Symposon Schutz der Persönlichkeitsrechte am Beispiel der Behandlung von Geisteskranken, 1780–1982 am 22. und 23. Oktober 1982 (= Justiz und Zeitgeschichte 4, Wien 1983), 149–196, in der detailreich der Widerstand der Anstaltspsychiater gegen rechtliche Normierungen im Zusammenhang mit der Einweisung und der Rechtsstellung von Kranken im Zuge der Beratungen zur Entmündigungsordnung dargestellt wird. Anstaltsleiter und die in Anstalten tätigen Ärzte setzten sich gegen die aus ihrer Sicht betriebene „Psychiaterhetze" und Misstrauensbezeugungen zur Wehr und gegen ungerechtfertigte Eingriffe in ihr Aufgabengebiet, besonders 153.
3   Strittig war z. B. die Frage, ob das Entmündigungs- oder das Strafgericht künftig für Fragen der Einweisung sowie der Entlassung von geisteskranken Rechtsbrechern zuständig sein soll. Gustav ASCHAFFENBURG, Die Verwahrung Gemeingefährlicher, in: Zeitschrift für die gesamte Strafrechtswissenschaft 32 (1910), 735–769, hier 739, plädiert in seiner Besprechung des österreichischen Entwurfs eines Strafgesetzbuches aus dem Jahr 1909 für die Zuständigkeit des Entmündigungsgerichts. Große Zustimmung findet sich in der Literatur zur gesetzgeberischen Absicht im zitierten Strafgesetzentwurf, geisteskranke Rechtsbrecher künftig in eigenen Anstalten unterzubringen, Julius WAGNER-JAUREGG, Der Zurechnungsunfähigkeitsparagraph im Strafgesetzentwurf, in: Österreichische Zeitschrift für Strafrecht 2 (1911), 17–33; Adolf LENZ, Die sichernde Maßnahme. Eine Einführung in das theoretische Problem, in: Österreichische Zeitschrift für Strafrecht 3 (1912), 283–306, betont die günstige Aufnahme die der „Sicherungszwang" (hier 284) in den Strafrechtsentwürfen der Schweiz, von Deutschland und Österreich erfahren hat; Alexander LÖFFLER, Vorschläge zum österreichischen Strafgesetzentwurf, in: Österreichische Zeitschrift für Strafrecht 3 (1912), 401–428, bejaht den österreichischen Strafrechtsentwurf „entschieden" (hier 401) als Grundlage für die Reform des österreichischen Strafrechts. Heftig hingegen die Kritik von Psychiatrie und

Die Reformbemühungen wurden nach dem Ende des Ersten Weltkriegs bereits 1921 wieder aufgenommen, 1927 lag ein von Ferdinand Kadecka verfasster Entwurf vor,[4] der wie die Entwürfe zuvor „Maßregeln der Besserung und Sicherung" vorsah. Der politische Wille zur Rechtsvereinheitlichung mit Deutschland, die in den Jahren nach 1918 angestrebt wurde und zu gemeinsamen Arbeiten des österreichischen und deutschen Justizministeriums an einem gemeinsamen Strafrechtsentwurf führte, war nach dem Sieg der Nationalsozialisten 1933 im Deutschen Reich für die österreichische wie für die deutsche Seite politisch ausgeschlossen, und damit endeten die Reformbemühungen in Österreich in der Zeit der Ersten Republik.[5]

Erst in der Sitzung des Nationalrates vom 16. Dezember 1953 wurde das Thema Gesamtreform des Strafrechts in der Zweiten Republik wieder aufgegriffen und der einstimmige Entschluss gefasst, eine Enquete zur Vorbereitung einer Strafgesetzreform einzuberufen. Im Juni 1954 äußerten sich 14 von 22 Rednern im Sinne einer Gesamt- und gegen eine Teilreform. Bereits an dieser Stelle ist anzumerken, dass von Seiten der Lehre wie der Psychiatrie sichernde Maßnahmen als Teil des künftigen Strafrechts eingefordert wurden.[6]

Teilen der Rechtswissenschaft an jener Bestimmung des Entwurfs, der eine Einweisung nur vorsah, wenn die Anlasstat mit mehr als sechs Monaten Freiheitsstrafe bedroht ist. Schließlich, so das Argument der Kritiker, das in den 1950er Jahren wieder geführt werden wird, sei die Gefährlichkeit unabhängig von der Schwere der Anlasstat gegeben. Vgl. ASCHAFFENBURG, Verwahrung, wie Anm. ebd., 739; ganz ähnlich Ernst Emil MORAVCSIK, Die Schutzmaßregeln der Gesellschaft gegen die Verbrecher, in: Monatsschrift für Kriminalpsychologie und Strafrechtsreform 8 (1912), 529–555, der die Auffassung (als Psychiater) vertritt, dass die „Gemeingefährlichkeit nur aus der Gesamtheit der pathologischen Erscheinungen, aus den individuellen Eigenheiten und aus der besonderen Geltung der Umstände und Verhältnisse beurteilt werden" könne. Daher hält er die Begrenzung der Einweisung in die Sicherungsmaßregel nur nach der Begehung von Anlasstaten, die mit mehr als sechs Monaten Freiheitsstrafe bedroht sind, für falsch (hier 544), oder N. Hermann KRIEGSMANN, Die Strafen und Sicherungsmaßregeln des österreichischen Strafgesetzentwurfes, in: Monatsschrift für Kriminalpsychologie und Strafrechtsreform 6 (1910), 547–572, der als Problem die „Zusammenfassung von Sicherungsmaßregel und Strafe in einem Gesetz" ansieht, da dies „leicht zu einer sachlich nicht gerechtfertigten Übertragung strafrechtlicher Grundsätze auf die Maßregel" führe. Der Satz „nulla poena sine crimen" habe seine Berechtigung im Schuldstrafrecht, gehe aber im Bereich der Sicherungsmaßregeln zu weit. „Die Rücksicht auf den Schutz der staatsbürgerlichen Freiheit erfordert nicht, dass die Sicherungsmaßregel erst eintritt, wenn die Gefährlichkeit des Betroffenen sich in einer Straftat gezeigt hat, sondern lediglich, dass gewisse objektive Tatsachen festgesellt sind, aus denen sich seine Gefährlichkeit zweifelsfrei ergibt" (hier 549); so auch Karl STOSS, Die sichernden Maßnahmen gegen Gemeingefährliche im österreichischen Strafgesetzentwurf, in: Österreichische Zeitschrift für Strafrecht 1 (1910), 25–36, hier 29; Julius MAKAREWICZ, Randbemerkungen zum Strafgesetzentwurf, in: Österreichische Zeitschrift für Strafrecht 1 (1910), 244–257, hier 249, bringt zur Untermauerung seiner kritischen Sicht der Einweisungsbeschränkungen im Strafgesetzentwurf folgendes Beispiel: „[…] ein Mann leidet an ‚Satyriasis', entblößt sein Genital vor einem 13jährigen Mädchen und kann nicht in die Sicherung eingewiesen werden, weil seine Straftat mit sechs Monaten Freiheitsstrafe bedroht ist."

4   Ferdinand KADECKA, Der österreichische Strafgesetzentwurf vom Jahre 1927 (Wien 1927).
5   Entwurf eines Strafgesetzbuches samt Erläuterungen, Allgemeiner Teil, 1964, Bundesministerium für Justiz, Einleitung 1–5. Rittler schreibt zur Geschichte der Strafrechtsreform, dass der gemeinsame deutsch-österreichische Strafrechtsentwurf von den Nationalsozialisten nach 1933 als „liberalistisch" fallengelassen wurde und auch „das autoritäre Österreich unter Bundeskanzler Dr. Dollfuss nahm ihn nicht wieder auf". Theodor RITTLER, Lehrbuch des Österreichischen Strafrechts, Bd. 1 (Wien ²1954), 23.
6   Seitens der Rechtswissenschaft traten dafür Kadecka, Rittler, Nowakowski und, wenn auch zurückhaltend, Horrow ein. Stransky forderte aus psychiatrischer Sicht Detentionsanstalten für kriminelle Geisteskranke und Alkoholiker, vgl. Eugen SERINI, Die parlamentarische Enquete zur Vorbereitung einer Strafgesetzreform, in: Österreichische Juristen-Zeitung 9 (1954), 341–345.

Die konstituierende Sitzung der Strafrechtskommission fand am 25. Oktober 1954 statt und am 19. November 1960 schloss diese Kommission nach 140 Sitzungen ihre Arbeiten mit einer ersten Lesung des von ihr erarbeiteten Strafrechtsentwurfes ab. Die Kommission selbst überarbeitete den Entwurf nochmals im Zuge einer Klausurtagung in zweiter Lesung, die vom 20. August bis 7. September 1962 stattfand. Das Ergebnis dieser nochmaligen Überarbeitung wurde dann im Herbst dieses Jahres interessierten Kreisen zugänglich gemacht.[7]

Ich werde diese Diskussionen um den Maßnahmenvollzug für „geistig abnorme Rechtsbrecher", so die heutige Terminologie, im Rahmen der Strafrechtskommission in den Mittelpunkt meiner Ausführungen stellen, da die Verhandlungen in der Kommission und deren Ergebnisse die Grundlage für die Erörterungen über die nachfolgenden Gesetzesentwürfe und schließlich für die vorbeugenden Maßnahmen des geltenden Strafgesetzes bilden. Unberücksichtigt bleiben hier Debatten, soweit sie sich auf die Unterbringung für entwöhnungsbedürftige Rechtsbrecher (§ 22 StGB) und gefährliche Rückfalltäter bezogen (§ 23 StGB), da es sich dabei um Materien handelt, die einer eigenen Untersuchung bedürfen. Die Erörterungen, die zwischen Psychiatern, Juristen und Politikern um die Fragen geführt wurden, wie künftig mit geisteskranken Rechtsbrechern und mit Psychopathen im Rahmen des zu schaffenden Strafgesetzes zu verfahren sei, also mit jenen beiden Gruppen von Rechtsbrechern, die heute gemäß § 21 Abs. 1 und Abs. 2 StGB im Maßnahmenvollzug angehalten werden, und die als Wortprotokolle vorliegen, bilden das Datenmaterial, das darzustellen und zu interpretieren ist.

Diskussionsgrundlage für die Arbeit der Kommission[8] bildete der Strafrechtsentwurf von Ferdinand Kadecka aus dem Jahr 1927,[9] in dem im Kapitel über „Maßregeln der Besserung und Sicherung" die „Unterbringung in einer Heil- und Pflegeanstalt" formuliert war. Voraussetzung für die Unterbringung war laut Entwurf die gänzliche Zurechnungsunfähigkeit oder die verminderte Zurechnungsfähigkeit, eine mit Strafe bedrohte Handlung und die Gefährdung der öffentlichen Sicherheit. Die vorgesehene Dauer der Unterbringung war im Kadecka-Entwurf zeitlich nicht begrenzt und in die Formulierung gefasst, die das geltende Recht übernommen hat: Die Unterbringung dauert so lange, „wie es ihr Zweck erfordert".[10] Diese Diskussion zwischen der psychiatrischen und der juristischen Seite um die Ausgestaltung des Maßnahmenvollzugs fand teilweise zeitgleich in einem zweiten Feld statt, in dem es auch um Fragen der Reform der Anhaltung Geisteskranker in psychiatrischen Kliniken ging. 1956 trat das Krankenanstaltengesetz (KAG) in Kraft, das die Anhaltebestimmungen der Entmündigungsordnung von 1916 ergänzte und auch in diesem Feld prallten juristische und psychiatrische Posi-

---

7 Zu weiteren Details siehe die Einleitung zum Entwurf 1964, wie Anm. 5; zum Reformprozess und zu wichtigen Inhalten des Entwurfes siehe auch Friederich Nowakowski, Die Problematik eines Strafgesetzentwurfes unter besonderer Berücksichtigung des österreichischen Entwurfes, in: Friedrich Nowakoswki u. a., Zur österreichischen Strafrechtsreform. Bericht über die Herbstakademie 1964 der Vereinigung Vorarlberger Akademiker (= Schriftenreihe der Vereinigung der Vorarlberger Akademiker 7, Bregenz 1965), 9–26.

8 Der Kommission wurden neben dem Kadecka-Entwurf weitere schriftliche Unterlagen für ihre Beratungen übermittelt, so weit sie von Kommissionsmitgliedern ausgearbeitet wurden. Die Verhandlungen über das Maßnahmenrecht wurden ausnahmsweise durch zwei Unterlagen aufbereitet: zum einen durch die Unterlage von Max Horrow, Strafrechtsprofessor aus Graz (Unterlage Nr. 23, Band II der Unterlagen zu den Protokollen der Kommission zur Ausarbeitung eines Strafgesetzentwurfes) und durch jene von Ferdinand Kadecka, die – unwesentlich sprachlich überarbeitet – identisch mit dem Gesetzesentwurf von 1927 war (Unterlage Nr. 25) und mit der Überschrift „Gegenentwurf zum Entwurf Horrow" versehen war.

9 Siehe Kadecka, Strafgesetzentwurf, wie Anm. 4.

10 § 60 des Entwurfes von Kadecka, siehe Nowakowski, Problematik, wie Anm. 7; § 25 Abs 1 geltendes StGB.

tionen aufeinander. Ich werde diese Diskussion um das KAG berücksichtigen, soweit sie einem tieferen Verständnis der Auseinandersetzungen rund um den Maßnahmenvollzug dient.

Eine Reflexion darüber, welche Positionen das medizinisch-psychiatrische und das rechtliche System gegenüber Geisteskranken und geisteskranken Rechtsbrechern in der Zeit des Nationalsozialismus in Österreich eingenommen hatte, fand während der Reformdiskussion in keiner Weise statt. Diese Diskussion wurde erst ab den 1970er Jahren begonnen, als die Einführung des Maßnahmenvollzugs in der heute bestehenden Form längst beschlossen worden war.

Der Diskussionsprozess in der Strafrechtskommission

In die Kommission eingeladen als psychiatrische Experten wurden Hofrat Dr. Ludwig Dimitz,[11] Univ. Prof. Dr. Erwin Stransky[12] und Univ. Prof Dr. Hans Hoff.[13] Von Anfang an ist klar, dass von Seiten der psychiatrischen Experten die Einrichtung eines Maßnahmenvollzugs gewünscht wird, weil nach der damaligen Gesetzeslage durch Gerichte verurteilte geisteskranke Rechtsbrecher in den psychiatrischen Anstalten angehalten werden mussten und diese Verpflichtung seit Jahrzehnten bekämpft worden war.

Stellte das Gericht die Zurechnungsunfähigkeit eines Angeklagten fest, so wurde, je nach Stand des strafrechtlichen Verfahrens dieses – unabhängig vom vorliegenden Tatbestand – entweder eingestellt, oder der Angeklagte wurde freigesprochen, um danach im Wege einer verwaltungsrechtlichen Einweisung in eine psychiatrische Anstalt eingewiesen zu werden.[14]

---

11 Ludwig Dimitz (1881–1965) war Doktor med. und Gerichtspsychiater, nach 1945 unterlag er zeitweise einem Praxisverbot, vgl. Michael Hubenstorf, Tote und/oder lebendige Wissenschaft. Die intellektuellen Netzwerke der NS-Patientenmordaktion in Österreich, in: Eberhard Gabriel / Wolfgang Neugebauer, Hg., Von der Zwangssterilisierung zur Ermordung. (= Zur Geschichte der NS-Euthanasie in Wien 2, Wien 2002), 237–420, hier 410.

12 Erwin Stransky (1877–1962) Doktor med., habilitierte sich im Fach Psychiatrie und Neurologie 1908 in Wien, war Gerichtspsychiater und Mitbegründer der Arbeitsgemeinschaft für psychiatrische Hygiene, er war zwischen 1938 und 1945 entlassen und dann von Mai 1945 bis 1951 Direktor der Nervenheilanstalt Rosenhügel in Wien, vgl. Hubenstorf, Wissenschaft, wie Anm. 11, 410.

13 Hans Hoff (1897–1969) Doktor med., Dozentur für Psychiatrie und Neurologie, 1936 bis 1938 Vorstand der Neurologischen Abteilung der Allgemeinen Poliklinik in Wien, zwischen 1938 und 1949 an Universitäten in Bagdad und New York tätig, ab 1950 bis 1969 Vorstand der Universitätsklinik für Psychiatrie und Neurologie der Universität Wien, vgl. Hubenstorf, Wissenschaft, wie Anm. 11, 411.

14 Christian Kopetzky, Unterbringungsrecht (= Forschungen aus Staat und Recht, Wien–New York–Tokyo 1995), 115; zum Prozess der Einweisung und Entlassung aus der psychiatrischen Anstalt ist den Erläuterungen zum Strafrechtsentwurf 1964 zu § 25 (Unterbringung in einer Anstalt für geistig abnorme Rechtsbrecher) zu entnehmen: „Die Verwahrung gefährlicher Geisteskranker ist […] den Verwaltungsbehörden zu überlassen. Geisteskranke können zwangsweise angehalten werden, wenn sie ihre oder die Sicherheit anderer Personen gefährden (§§ 49, 57 Krankenanstaltengesetz, BGBl. Nr.1/1957). Solche Kranke sind jedoch unter anderem aufgrund einer Erklärung, wonach die erforderliche Obsorge gesichert und die Haftung für einen allenfalls entstehenden Schaden übernommen wird, zu entlassen. Eine solche Entlassung ‚gegen Revers' setzt allerdings die Zustimmung der Bezirksverwaltungsbehörde voraus (§ 53 Abs. 1 Z. 1 Krankenanstaltengesetz)" (hier 44–45). Im Weiteren wird auf den Konsens zwischen Juristen und Psychiatern verwiesen, den Vollzug geisteskranker und gefährlicher Rechtsbrecher in eigenen Anstalten zu vollziehen. Auf diese Bestimmungen im KAG sowie auf weitere in der Entmündigungsordnung beziehen sich Hans Hoff / Hellmuth Schinko, Schutz der Allgemeinheit vor kriminellen Geisteskranken, in: Öffentliche Sicherheit 26/12 (1961), 3–5, mit der These, dass die Gesetze zwar die geisteskranken Rechtsbrecher, nicht aber die Allgemeinheit schützten, und sprechen vom „Recht auf Schutz vor Geisteskranken" (hier 3), das durch die Internierung dieser Patientengruppe in eigenen Detentionsanstalten durchgesetzt werden würde.

Hans Hoff berief sich auch in seinem Eingangsstatement in der Kommission auf den historischen Wunsch der Psychiatrie nach Ausgliederung „geisteskranker Rechtsbrecher und Psychopathen" aus der Psychiatrie, „weil die moderne freiheitsgewährende psychiatrische Krankenfüsorge nicht für diese Klientel gelten könne. Wir trachten, unseren Kranken so viel Freiheit wie möglich zu geben [...]. Das können wir aber natürlich nicht, wenn dadurch eine Gefährdung der Allgemeinheit entsteht. Daher ist es klar, dass die Verwahrung krimineller Patienten in speziellen Anstalten von einer ungeheuren Bedeutung für uns ist."[15]

Diese Argumentation ist fester Bestandteil des psychiatrischen Forderungsdiskurses nach Entlastung der „Irrenanstalten" von geisteskranken Rechtsbrechern. Bereits zu Beginn des 20. Jahrhunderts werden die von Hoff vorgetragenen Forderungen erhoben, auf Kongressen vorgetragen und von Praktikern durch drastische Einzelbeispiele anschaulich ausgemalt.[16]

Auch Stransky schloss sich der Position von Hoff an, begrüßte das Sicherungsprinzip im STG-Entwurf und kam auf Ereignisse zu sprechen, die bereits in der Zeit der Monarchie die Runde machten, nämlich der Protest der Angehörigen von internierten Geisteskranken in Anstalten, in denen auch zugleich Rechtsbrecher angehalten wurden. Stransky wörtlich: „Es gab einmal auf dem Steinhof ein sogenanntes ‚festes Haus', das war sozusagen die Miniatur eines Kriminalasyl. Die Angehörigen der anderen Geisteskranken haben sich jedoch erbittert dagegen gewehrt, dass ihre Verwandten mit Verbrechern sozusagen in einer Anstalt sind."[17] Wie den Wortprotokollen des Kommissionsberichts zu entnehmen ist, bedurfte es keiner aufwändigen Überzeugungsarbeit durch die eingeladenen Psychiater hinsichtlich der Frage, ob künftig die geisteskranken Rechtsbrecher von den übrigen psychiatrischen Patienten durch die Errichtung einer eigenen Anstalt zu trennen seien, und so war unter den juristischen und politischen Kommissionsmitgliedern von Anfang an unstrittig, eine eigene Anstalt für geisteskranke und nicht zurechnungsfähige Rechtsbrecher zu errichten.[18]

---

15 Hoff, 15. Sitzung, 22. September 1955, 1271. Es sei an dieser Stelle vermerkt, dass die ab den 1970er Jahren sich entwickelnden Debatten über die österreichische Anstaltspsychiatrie, die sowohl von kritischen Medizinern als auch von Sozialwissenschaftlern geführt wurden, im Gegensatz zu Hoff zu erheblich skeptischeren Ergebnissen gelangten; vgl. statt anderer Jürgen M. Pelikan, Anmerkungen zur Psychiatriereform – am Beispiel Österreich, in: Heinrich Keller u. a. Hg., Sozialarbeit und Soziale Demokratie. Festschrift für Elisabeth Schilder (Wien 1979), 127–150.

16 Eindringlich schildert der Direktor der Niederösterreichischen Landes-Irrenanstalt Kierling-Gugging, Josef Krayatsch, in seinem Beitrag aus dem Jahr 1901 die Schwierigkeiten, die die Verwahrung geisteskranker Rechtsbrecher der Irrenanstalt bereiteten. Deren Verhalten wirke „in hohem Grade" demoralisierend auf die übrigen Pfleglinge, sie würden oftmals „brutalen Widerstand" leisten, Attentate gegen Anstaltsbedienstete versuchen, jene bedrohen, die nicht ihrer Meinung seien, und die übrigen Pfleglinge aufhetzen. Dies führe zu einem schlechten Klima in der Anstalt, zu Kündigungen von Bediensteten, zu hohen Bewachungskosten und zu „berechtigten Beschwerden von Angehörigen unbemakelter Geisteskranker [...]." Josef Krayatsch, Beitrag zur österreichischen Irrengesetzgebung. Unterbringung geisteskranker Verbrecher, in: Wiener Klinische Wochenschrift 14/1 (1901), 16–18, hier 17. Sehr ähnlich argumentiert Wagner-Jauregg in seiner Forderung nach Errichtung einer Sonderanstalt für verbrecherische Irre: Julius Wagner-Jauregg, Zur Reform des Irrenwesens, in: Wiener Klinische Wochenschrift 14/12 (1901), 293–296; 14/13, 324–326; 14/21, 518–521; 14/30, 720–723. 1911 wurde am österreichischen Irrenärztetag die Errichtung einer eigenen Anstalt für verbrecherische Irre gefordert: Willibald Sluga, Geisteskranke Rechtsbrecher. Forensische Psychiatrie und Strafrechtspflege (Wien–München 1979), 24.

17 15. Sitzung, 22. September 1955, 1301.

18 Vgl. dazu Michael Neider, 10 Jahre Strafvollzugsgesetz, 5 Jahre Strafgesetzbuch, 5 Jahre Maßnahmenvollzug, in: Heinrich Keller u. a. Hg., Sozialarbeit und Soziale Demokratie. Festschrift für Elisabeth Schilder (Wien 1979), 121–126. Man ging in weiterer Folge davon aus, eine große Zentralanstalt in Niederösterreich zu errichten, in der auch die Forschung zu konzentrieren sei – ein Plan, der vor allem von Willibald Sluga öffentlich vertreten wurde, der jedoch nicht zuletzt aus politischen Gründen nicht umgesetzt werden konnte. Die Sonderanstalt Göllersdorf, eröffnet im Jahr 1985, war die verkleinerte Reformvariante.

Aus heutiger Sicht beeindruckt der Stil der Erörterungen über den Maßnamenvollzug. Dies betrifft nicht nur die Generalfrage, ob künftig die organisatorische Trennung geisteskranker Rechtsbrecher von den übrigen in psychiatrische Anstalten eingewiesenen Geisteskranken erfolgen soll. Darin folgen die eingeladenen Psychiater in ihren Ausführungen den historischen Argumentationslinien ihrer Profession. Zusätzlich bemerkenswert ist in erster Linie die Behandlung komplexer empirischer Fragen im Hinblick auf die Zahl „verbrecherischer Geisteskranker", mit der künftig zu rechnen sein wird, die Größe der Anstalten, die zu errichten sein werden, sowie hinsichtlich der Fragen, die die Diagnostik und Behandlung des künftigen Anstaltsklientels betreffen. Die Ausführungen der Psychiater zusammenfassend vertrete ich die Hypothese, dass in der Kommission vor allem Hans Hoff durch sein professionelles Prestige überzeugen konnte. Hinzu kam das Prinzip der Seniorität, das den Ärzten wie auch den debattierenden Juristen Gewicht verlieh: Der Vorsitzende der Kommission, Ferdinand Kadecka, war zum Zeitpunkt der Verhandlungen 81 Jahre, sein Stellvertreter Theodor Rittler 79 Jahre alt. Erwin Stransky und Ludwig Dimitz waren hoch in den Siebzigern und nur Hans Hoff war mit seinen 57 Jahren Vertreter einer jüngeren Generation.[19]

Erst im Jahr 1969 legte Hoff in einer Publikation erste Zahlen über die in psychiatrischen Kliniken angehaltenen geistig abnormen Rechtsbrecher vor, die zur Zeit der Kommissionsverhandlungen 1955 weder vorlagen, noch seitens der Kommissionsmitglieder eingefordert worden waren. Demnach befanden sich Ende der 1960er Jahre 277 zurechnungsunfähige Rechtsbrecher und solche „mit asozialen Tendenzen"[20] in psychiatrischen Anstalten.[21] Hinsichtlich der Aufenthaltsdauer ist dem Text zu entnehmen, dass die Hälfte der Internierten weniger als fünf Jahre angehalten wurden und dass der Anteil der geisteskranken Rechtsbrecher 4 % an der Gesamtpopulation aller Insassen in sämtlichen psychiatrischen Anstalten Österreichs betrug[22] – quantitative Daten, die zum Zeitpunkt der Beschlussfassung über die Struktur des Maßnahmenvollzugs nicht zur Verfügung standen. So unbestritten die künftige Errichtung des Maßnahmenvollzugs auch war, so ergaben sich doch erhebliche Kontroversen in drei Themenfeldern:

---

19 Siehe auch die Ausführungen von Nowakowski, der im Rückblick auf die Kommissionsarbeit gleichfalls auf das hohe Alter von Kadecka und Rittler hinwies, wodurch die österreichische Reformtradition „in der Strafrechtskommission mit Selbstverständlichkeit lebendig" gewesen sei; zugleich wies er aber auf die trotzdem bestehende „Reformfreudigkeit" der Kommission hin, einer Einschätzung, der aus meiner Sicht nur bedingt zuzustimmen ist. In seinem weiteren Rückblick schildert Nowakowski die Politisierung der Reform und den Zusammenschluss politischer Blöcke; Friedrich Nowakowski, Probleme der österreichischen Strafrechtsreform. 171. Sitzung am 24. November 1971 (= Rheinisch-Westfälische Akademie der Wissenschaften, Geisteswissenschaften 179 (Opladen 1972), 8–11; ähnlich schon Friedrich Nowakowski, Zur Strafrechtsreform in Österreich, in: Österreichische Richterzeitung 47/9 (1969), 139–143. Zur Phase der Politisierung und den weiteren Verlauf der politischen Auseinandersetzungen um die Strafrechtsreform vgl. Wolfgang Stangl, Die neue Gerechtigkeit. Strafrechtsreform in Österreich 1954 bis 1975 (Wien 1984). Trotz Politisierung und heftiger politischer und zum Teil auch wissenschaftlicher Auseinandersetzungen ist hier festzuhalten, dass das Maßnahmenrecht in seiner Struktur, so wie es die Kommission beschlossen hatte, unangetastet geblieben ist.

20 Es dürfte sich dabei um eine Population handeln, die heute nach § 21 Abs. 2 angehalten wird, und die in der Sprache der 1950er Jahre Psychopathen genannt wurde.

21 Im Text wird leider nicht mitgeteilt, für welchen Zeitraum diese Zahl gilt, sodass nur vermutet werden kann, dass es sich um die Angehaltenen des Jahres 1969 handelt, das ist jenes Jahr, in dem der Artikel publiziert wurde.

22 Hans Hoff / Willibald Sluga, Geisteskranke Rechtsbrecher in psychiatrischen Krankenanstalten und die für eine moderne Psychiatrie sich daraus ergebenden Nachteile, in: Österreichische Juristen-Zeitung 24/3 (1969), 63–65, hier 64. Solms-Rödelheim berichtet 1966 von einer bayerischen Schätzung, der zufolge der Anteil geistesschwacher und geisteskranker psychiatrischer Patienten, die eine Straftat begangen und in Krankenanstalten angehalten wurden, 0,5 % betrüge. Wilhelm Solms-Rödelheim, Brauchen wir eine Detentionsanstalt?, in: Wiener Zeitschrift für Nervenheilkunde und deren Grenzgebiete 23/1–3 (1966), 249–255, hier 253.

Soll es eine „Psychopathenanstalt" geben?

Unter dem Begriff der „Psychopathen" wurde jener Kreis von Rechtsbrechern terminologisch zusammengefasst, der in der heutigen Gesetzessprache als zurechnungsfähige, aber als geistig und seelisch abartig „in höherem Grade" bezeichnet wird (§ 21 Abs. 2 StGB).

Die Frage, ob im künftigen Strafgesetz die Einweisung in eine „Psychopathenanstalt" neben jener in eine Anstalt für geisteskranke (zurechnungsunfähige) Rechtsbrecher vorgesehen sein soll, wurde von psychiatrischer Seite leidenschaftlich bejaht, war aber unter den juristischen Kommissionsmitgliedern heftig umstritten. Kadecka hatte in seinem Entwurf diesen Anstaltstypus vorgesehen und verteidigte ihn gegenüber jenen Mitgliedern, die darin ein Übermaß an Bestrafung bzw. Anhaltung fürchteten (Pallin, Grassberger, Hausner) und generell Freiheitsrechte der als Psychopathen angesprochenen Rechtsbrecher in Gefahr sahen (Rittler, Grassberger). So trat Pallin[23] vehement gegen die Errichtung dieses Anstaltstypus auf und warnte davor, „über den Weg der sichernden und vorbeugenden Maßnahmen aus dem Staat eine Art Internat zu machen".[24] Auch Roland Grassberger, angesehener Strafrechtler und Kriminologe an der Universität Wien, äußerte sich skeptisch gegenüber der „Psychopathenanstalt", da als weitere Maßnahme ohnehin die Sicherungsverwahrung im Entwurf von Kadecka vorgesehen sei, also die Anhaltung von sogenannten Gewohnheitsverbrechern, die nach Verbüßung ihrer Haftstrafe noch zusätzlich bis zu zehn Jahren laut Entwurf angehalten werden konnten.[25]

Die Diskussion um die Errichtung der „Psychopathenanstalt" verläuft heftig, nachdem sich auch der Vertreter der Oberstaatsanwaltschaft mit scharfen Worten für die Einweisung von Psychopathen in eine eigene Anstalt auch bei kleinen Straftaten ausspricht[26] und sich innerhalb der Gruppe der Juristen in der Kommission zwei Lager bildeten. In dieser Situation großer Unsicherheit darüber, in welche Richtung die Beschlüsse der Kommission in der „Psychopathenfrage" verlaufen werden, ergriff Hans Hoff das Wort, das nicht ungehört blieb, und verwies auf die Notwendigkeit der erzwingbaren Internierung von Psychopathen, um sie behandeln zu können, aber auch um sie zu schützen. „Vom Standpunkt der Psychopathen möchte ich sie bitten," so Hoff, „Psychopathenanstalten zu errichten. Denn die Psychopathenanstalten sind wahrscheinlich die Hoffnung dieser Gruppe von Menschen, die sonst nirgends hingehören […]. Wir müssen die Allgemeinheit vor Psychopathen schützen, wir müssen aber auch ihn selbst schützen […]. Man degradiert diese Menschen, wenn man sie ins Gefängnis steckt."[27]

Während Hoff in seinem Statement die Errichtung der „Psychopathenanstalt" als staatliche Wohltat und Akt der Humanität darstellt, zitiert Erwin Stransky die Einsichten in die harten Notwendigkeiten, wie sie schon die psychiatrischen Heroen seinerzeit vertraten. Im Fall der Einschränkung der Einweisungsmöglichkeiten von Psychopathen sehe er, wie er sich ausdrückte „die Felle der Psychiater davonschwimmmen", und um seinem Anliegen mehr Gewicht zu verleihen, zitierte er Kräpelin und dann Aschaffenburg mit jenem Satz, der zugleich Titel dieses Textes ist: „Was wir Psychiater verlangen, geht von Kraepelins Abhandlung über die Abschaf-

---

23 Franz Pallin war später Präsident des Obersten Gerichtshofs und ein enger Vertrauter von Justizminister Christian Broda, dem „Vater" der Strafrechtsreform von 1975.
24 Pallin, 15. Sitzung, 1319.
25 Grassberger, 15. Sitzung, 1315.
26 Bulla, 15. Sitzung, 1333.
27 Hoff, 15. Sitzung, 1336.

fung des Strafmaßes aus. Aschaffenburg sagte einmal, wir können mit Verbrechern Mitleid haben, aber schwach werden dürfen wir ihnen gegenüber nicht. Ich habe manchmal heute das Gefühl gehabt, dass einige der Herrn Juristen Verbrechern gegenüber oft schwächer sind als wir."[28]

Die Errichtung der „Psychopathenanstalt" wurde, wenn auch in einer veränderten Terminologie, in den Entwurf des Strafgesetzbuches aufgenommen und in Form des § 21 Abs. 2 StGB Gesetz.

Aufgrund welcher Straftaten und wie lange sollen Psychopathen angehalten werden?

Die Kontroverse um die „Psychopathenanstalt" setzt sich bei den Fragen fort, wie schwer die Anlasstat sein soll, die zu einer Einweisung führen, und wie lange die Anhaltung andauern könne. Bei der Frage nach der Schwere der Anlasstat ist es Kadecka, der auf Basis seines vorliegenden Entwurfs für eine möglichst niedrige Einweisungsschwelle in den Maßnahmenvollzug eintritt und der sich damit als Koalitionspartner der Psychiater anbietet. Es genüge als Einweisungsvoraussetzung, wenn durch die Tat die „Gefährdung der öffentlichen Sicherheit" vorliege, da ansonsten, so seine Begründung, „nur ein verschwindender Bruchteil" aller jener Täter erfasst werde, „die unschädlich zu machen" seien.[29] Kadecka hatte in seinen Entwurf den psychiatrischen Diskurs des frühen 20. Jahrhunderts übernommen, mit dem er sowohl als Angehöriger des Justizministeriums, als auch als Hochschullehrer wohl vertraut war. Es ist daher davon auszugehen, dass Kadecka bewusst der psychiatrischen Diagnose bei der Beurteilung der Frage nach der Notwendigkeit der Einweisung in den Maßnahmenvollzug überragende Bedeutung einräumen wollte.

Die Gegenposition zu Kadecka vertrat Theodor Rittler (assistiert von Grassberger, Pallin und Hauser) durch die Formulierung rechtlicher Tatmerkmale als Einweisungsvoraussetzung. Rittler warnte vor der Überspannung des Sicherheitsbedürfnisses bei Delikten von Psychopathen und wies auf die Freiheitsrechte dieser Delinquentengruppe, wie generell auf jene aller Geisteskranken hin. Daher dürfe nur bei „schweren Taten" im Sinne eines „Verbrechens" durch einen Angriff auf die „körperliche Sicherheit, die Sittlichkeit oder das Vermögen" eine Einweisung erfolgen.[30] Roland Grassberger unterstützte Rittler und unterstrich die persönlichen Freiheitsrechte von Psychopathen und Geisteskranken,[31] eine Position die Pallin abermals Gelegenheit bot, die Streichung der „Psychopathenanstalt" im STG-Entwurf zu fordern.[32]

Kadecka widersprach und sah in der Verteidigung der persönlichen Freiheitsrechte von Psychopathen die Errichtung eines „Götzenbildes. Wenn man Leprakranke lebenslänglich eliminiere, dann", so Kadeckas Schlussfolgerung, „könne man das auch mit Messerstechern

---

28 STRANSKY, 15. Sitzung, 1373; im Übrigen trat auch später Solms-Rödelheim für die Errichtung einer „Detentionsanstalt" ein, allerdings mit dem Hinweis, dass diese nicht eine Verwahranstalt sein dürfe. Vgl. SOLMS-RÖDELHEIM, Detentionsanstalt, wie Anm. 22.
29 KADECKA, 15. Sitzung, 1369.
30 RITTLER, 15. Sitzung, 1315.
31 GRASSBERGER, 15. Sitzung, 1320.
32 PALLIN, 15. Sitzung, 1320.

machen"³³ – eine Formulierung die Rittler veranlasste, an die historischen Erfahrungen der „jüngsten Vergangenheit" zu erinnern.³⁴ Kritik an den Detentionsbefürwortern von Psychopathen kam auch von Max Horrow, Professor für Strafrecht an der Universität Graz und gleichfalls Kommissionsmitglied. Auch er hatte, wie Kadecka, eine schriftliche Unterlage zum Maßnahmenrecht für die Kommission ausgearbeitet, die jedoch keine gesonderte Anhaltung von Psychopathen vorsah. In der Diskussion schlug er sich auf die Seite der Detentionsgegner.³⁵

Diese juristische Kontroverse um die Tatmerkmale wird von psychiatrischer Seite beobachtet, aber kaum kommentiert. Allerdings trifft Hoff eine bemerkenswerte Aussage bei der Frage von Seiten der Staatsanwaltschaft, was unter dem Begriff der Psychopathie im psychiatrischen Sinn zu verstehen sei und welche Delikte diese Gruppe von Rechtsbrechern in aller Regel begehe. Hoff erklärte mit großer Offenheit, dass dieser Begriff sowohl hinsichtlich des Umfangs der damit bezeichneten Phänomene, als auch hinsichtlich der Inhalte sehr unklar sei. Was die Delikte anlange, die typisch für Psychopathen seien, führte Hoff aus: „zwei Drittel der Sexualstraftäter" seien Psychopathen, des Weiteren nannte er „Rauschgifthändler, Verleumder, Landstreicher, Prostituierte und Kuppler" als typisch psychopathische Persönlichkeiten.³⁶

In den Wortprotokollen ist zur Frage der Einweisungskriterien lediglich die kurze Anmerkung Stranskys verzeichnet, in der er Kadeckas Linie unterstützt: Die Einweisung soll ausschließlich auf der Basis einer kriminalpsychiatrischen Expertise erfolgen, „wenn es wegen der Eigenart des Täters und seiner Tat die öffentliche Sicherheit erfordert". Stransky verwehrt sich mit diesem Formulierungsvorschlag dagegen, dass rechtliche Kriterien (wie etwa die Schwere der Tat) für die Einweisung geisteskranker Rechtsbrecher in die „Psychopathenanstalt" ausschlaggebend sein sollen. In dieser Frage besteht allerdings Dissens mit Hans Hoff, der meinte, dass Hendldiebe, die zugleich psychopathisch seien, nicht lebenslänglich in Anstalten interniert werden könnten. Zur Unterstützung seiner Ansicht beruft er sich auf das „Volk dessen Rechtsempfinden beleidigt" würde.³⁷

Mit dieser Äußerung ist die zweite hier zu behandelnde Frage angesprochen – die Länge der möglichen Anhaltung. Sollte die Anhaltung zeitlich begrenzt sein und welche Kriterien für die Begrenzung der Anhaltedauer sollen gelten? Oder, so die Gegenposition, soll die Anhaltung so lange dauern, „wie es ihr Zweck erfordert", wie der Formulierungsvorschlag Kadeckas lautete, eine Formulierung, die die zeitlich unbegrenzte Anhaltung von Eingewiesenen ermöglichte. Auch bei dieser Frage hielten sich die psychiatrischen Experten im Hintergrund. Lediglich Hoff sah sich genötigt, aufkommende Ängste in der Kommission, Psychopathen könnten auch ungerechtfertigt angehalten werden, mit dem Satz zu beruhigen: „Es gibt wahrscheinlich in Österreich kaum einen Geisteskranken, der auch nur eine Stunde zu lange angehalten wird."³⁸

---

33 Kadecka, 15. Sitzung, 1323.
34 Rittler, 15. Sitzung, 1327.
35 Vgl. dazu Anm. 8.
36 Hoff, 15. Sitzung, 1368. Im Übrigen ist die Diskussion über den „Psychopathen" in letzter Zeit durch den neurobiologischen Boom neu belebt worden. Im Literaturüberblick über die rezente Diskussion finden sich auch heute wieder Aussagen, die jenen von Hans Hoff ähneln, vgl. Thomas Thalmann, Neues vom Psychopathen, in: Monatsschrift für Kriminologie und Strafrechtsreform 92/4 (2009), 376–394.
37 Hoff, 15. Sitzung, 1312.
38 Ebd., 1376.

Für eine zeitliche Begrenzung der Anhaltung sprach sich, wie bereits oben vermerkt, Theodor Rittler aus, der im Zuge der Diskussion sich der radikalen Position von Pallin anschloss und für die gänzliche Streichung der „Psychopathenanstalt" mit dem oben zitierten rechtsstaatlichen Argument eintrat, es müsse schließlich auch die Freiheit des Einzelnen und nicht nur die Sicherheit der Allgemeinheit bedacht werden.[39] Roland Grassberger wiederum wollte die zeitliche Grenze nicht an die objektive Strafe binden, mit der die Anlasstat bedroht sei, sondern an die Länge der zugemessenen Strafe.[40] Auch Eugen Serini, damals Ministerialrat im Justizministerium, lehnte die unbegrenzte Anhaltemöglichkeit von Psychopathen ab und schlug nach Rücksprache mit Pallin vor, dass Psychopathen zu einer Strafe durch das Gericht verurteilt werden sollen, die Strafzeit jedoch in einer Anstalt zum Zweck ihrer Behandlung zubringen sollen. Die Zeit der Behandlung dürfe jedoch nicht die Dauer der ausgesprochenen Freiheitsstrafe überschreiten.[41] Unterstützt wird die Gruppe der Detentionsgegner im Übrigen auch von politischer Seite durch den Abgeordneten zum NR Walter Hauser (ÖVP), der die Einweisung an ein begangenes Verbrechen geknüpft sehen wollte. Als weitere Einschränkung forderte er, dass die Befürchtung bestehen müsse, dass der Täter eine „gleichartige Verfehlung" begehen werde.[42]

Alle diese Vorschläge, die die Möglichkeit der potentiell lebenslangen Anhaltung von Psychopathen zu verhindern oder zumindest einzuschränken trachteten, konnten sich letztlich in der Kommission nicht durchsetzen und Kadeckas Vorschlag, der auch den Wünschen der Psychiater entsprach, wurde Gesetz: Die Anhaltung hat so lange zu erfolgen, wie es ihrem Zweck entspricht. Die Detentionsgegner setzten sich teilweise in der Frage der Qualifikation der Anlasstat durch. Nachdem Rittler darauf beharrt hatte, dass nur nach der Begehung eines Verbrechens eine Einweisung künftig möglich sein soll,[43] und Kadecka in seiner Replik gedroht hatte, bei den Verhandlungen über den Besonderen Teil des Strafgesetzbuches (in dem die Straftaten aufgezählt werden) bei vielen Tatbeständen für die Verbrechensqualifikation einzutreten, damit eine Einweisung erfolgen könne,[44] kam es doch noch zu einem Kompromiss, der offenbar außerhalb der offiziellen Sitzung vereinbart wurde. Kadecka als Vorsitzender der Kommission brachte schließlich den Formulierungsvorschlag ein, der sich auch im heute noch geltenden Gesetz findet: Als Anlasstat müsse eine strafbare Handlung vorliegen, die mit einer mehr als einjährigen Freiheitsstrafe bedroht ist.

---

39 RITTLER, 15. Sitzung, 1316, 1327.
40 GRASSBERGER, 15. Sitzung, 1316; später schließt sich auch Grassberger der Position an, wonach die Psychopathenanstalt besser nicht einzuführen sei (1327).
41 SERINI, 15. Sitzung, 1381; KADECKA, 15. Sitzung, 1381, wandte sich scharf gegen diesen Vorschlag, da dadurch Psychopathen, „von denen Psychiater mit nahezu 100%iger Wahrscheinlichkeit sagen können, sie werden wieder delinquieren, nach dem Ende der Strafzeit freizulassen wären. Warum soll man sie nicht so lange anhalten, als sie gefährlich sind?"
42 HAUSER, 15. Sitzung, 1321.
43 RITTLER, 15. Sitzung, 1358.
44 KADECKA, 15. Sitzung, 1366.

Pflegschafts- oder Strafrichter?

Schließlich wurde die Frage kontrovers diskutiert, ob Straf- oder Pflegschaftsrichter für die Einweisung in den Maßnahmenvollzug zuständig sein sollen. Die Psychiater favorisieren die Zuständigkeit der Strafrichter für die Einweisungsentscheidung und sprechen sich gegen die Einweisungskompetenz von Pflegschaftsrichtern aus, da durch deren Zuständigkeit eine potentielle Beschränkung der Einweisungen verbunden sei, da im Pflegschaftsgericht, wie sich Stransky ausdrückte, ein „anderer genius loci" herrsche als am Strafgericht.[45] Pflegschaftsgerichte, so befürchtet auch Hoff, nehmen vor allem die Interessen der Kranken wahr, denen sie so viel Freiheit wie möglich gestatten wollen, Strafrichter hingegen hätten vor allem „die Folgen der Tat im Auge".[46] Auch von Seiten der Staatsanwaltschaft wird das Begehren der Psychiater mit dem prozessualen Argument assistiert, der Strafrichter hätte bei seinen Ermittlungen einen ganz anderen Behördenapparat zur Hand als der Außerstreitrichter, und schließlich sei vor dem Pflegschaftsrichter nur der Rechtsbrecher anwesend, über dessen Einweisung zu entscheiden sei.[47]

Pallin und Serini widersprachen dem ärztlichen und staatsanwaltschaftlichen Begehren und votierten für die Zuständigkeit von Pflegschaftsgerichten, da diese den Umgang mit Geisteskranken gewohnt seien und Strafrichter, wie Pallin formulierte, Psychopathen „zu ungünstig sehen, denn hat er den Geschädigten vor sich, so sieht er die ganzen Folgen der Tat und es besteht um so mehr die Gefahr, dass beim Strafrichter allzu sehr die ganzen Folgen der Tat im Vordergrund stehen und nicht die Gefährlichkeit, die Persönlichkeit des Täters und seine Besserungsfähigkeit".[48] Auch in dieser Frage setzen sich die Detentionsbefürworter durch und die Kompetenz zur Anstaltseinweisung wird den Strafgerichten übertragen.

Die Kommissionsverhandlungen als Erfolgsgeschichte der Psychiatrie

Vergleicht man die Positionen und Forderungen der Psychiatrie, wie sie in die Kommissionsverhandlungen eingebracht wurden, mit den Ergebnissen der Beratungen im Sinne der Formulierungen im Strafgesetzentwurf, so kann kein Zweifel darüber bestehen, dass es die Psychiatrie verstanden hatte, ihre Anliegen durchzusetzen. Sie verlangte die organisatorische Ausgliederung geisteskranker Rechtsbrecher und von Psychopathen aus der Kontrolle der psychiatrischen Anstalten; sie trat für die potentiell unbegrenzte Anhaltung geisteskranker und psychopathischer Rechtsbrecher ein; schließlich votierte sie für die Zuständigkeit der Strafgerichte in der Frage der Einweisung und gegen die Einweisungskompetenz durch Pflegschaftsgerichte. Lediglich bei der Frage der Anlasstat, die zur Einweisung führt, wurde die Maximalforderung abgelehnt, die Diagnose der Gefährdung der öffentlichen Sicherheit möge als ausschlaggebendes Kriterium für eine Einweisung und potentiell lebenslängliche Anhaltung genügen.

Das bedeutet, dass der Maßnahmenvollzug, so wie er heute nach den Bestimmungen nach § 21 Abs. 1 und 2 StGB besteht, wesentlich von der psychiatrischen Expertise der 1950er Jahre

---

45 Stransky, 15. Sitzung, 1346.
46 Hoff, 15. Sitzung, 1355.
47 Estl, 15. Sitzung, 1348.
48 Pallin, 15. Sitzung, 1352.

mitgestaltet und mitgetragen worden ist. Dieser Verhandlungserfolg kam durch drei Faktoren zustande:
1. Zum einen durch das Prestige, das durch die Kommissionsmitglieder den eingeladenen Psychiatern entgegengebracht wurde. Es findet sich in den Wortprotokollen niemals Widerspruch zu den Äußerungen der Psychiater.
2. Der zweite Erfolgsfaktor für die Seite der Psychiatrie ist in den Spannungen zu sehen, die zwischen den Juristen in der Kommission herrschten und insbesondere zwischen Kadecka und Rittler ausgetragen wurden und die durch die Psychiater geschickt für ihre Anliegen genutzt wurden.
3. Erfolgreich waren schließlich die Anliegen der Psychiatrie auch, weil diese den Primat des Strafrechts bei der Entscheidung, ob einzuweisen sei, nicht in Frage stellten.

Dieses wichtige Moment wird in seiner Bedeutung verständlicher, wenn man sich die jahrzehntelange Auseinandersetzungen zwischen Psychiatrie und Recht um die Frage vergegenwärtigt, welche Profession für die Einweisung, die Dauer der Anhaltung und für die Entlassung geisteskranker, aber nicht straffälliger Patientinnen und Patienten in bzw. aus psychiatrischen Krankenanstalten zuständig sein soll. Schon in der Entmündigungsordnung von 1916 ist die Frage im Sinne der gerichtlichen und gegen die psychiatrische bzw. die medizinische Zuständigkeit dadurch entschieden worden, indem die Anhaltung der Patientinnen und Patienten gegen ihren Willen von periodischen gerichtlichen Überprüfungen abhängig gemacht worden war. Dies bedeutete in den Augen der Psychiatrie eine Einschränkung ärztlicher Kompetenz, die seinerzeit wütende Proteste hervorrief. Vierzig Jahre später – im Jahr 1956 – erfolgte die Reform dieses Anhalteregimes im Rahmen des neu installierten Krankenanstaltengesetzes (KAG) und die Diskussion um diese Reform bildet einen Paralleldiskurs zu den Beratungen des Maßnahmenrechts, an dem einander überschneidende Expertenkreise beteiligt waren: Im KAG erhielten zwar zum einen die „Irrenanstalten" den Krankenanstaltenstatus[49], aber zugleich wurde eine weitere Einengung der psychiatrischen Behandlungsautonomie gegen den Widerstand der psychiatrischen Standesvertreter beschlossen. Nunmehr durfte die Einweisung und Anhaltung im geschlossenen Bereich in psychiatrischen Krankenanstalten nur noch aus Gründen der Selbst- und Fremdgefährdung erfolgen, nicht mehr jedoch zum Zweck der Beobachtung der Kranken. Das Vorliegen der Gefährdung war durch das Gericht zu prüfen. Die leitenden Anstaltsärzte stellten sich vehement gegen diese Neuregelung und attackierten diese Normierung als unpraktisch, unnötig, schädlich und als Verletzung der Standsehre.[50]

Hans Hoff hatte im Vorfeld der Gesetzwerdung des KAG noch gehofft, die Zwangsbehandlung auch von Alkoholabhängigen zu erreichen, konnte sich jedoch mit diesem Ansinnen gegenüber den juristischen Bedenken nicht durchsetzen[51] und musste im Gegenteil erleben, was

---

49 „Freilich mit einer von den allgemeinen Krankenanstalten abweichenden, besonderen Zwecksetzungen, Organisationsform und Finanzierungsregelung." Rudolf FORSTER, Staat, Politik und Psychiatrie in Österreich – am Beispiel der rechtlichen Regulierung von Zwangsmaßnahmen von 1916 bis 1990, in: Brigitta Keintzel / Eberhard Gabriel, Hg., Gründe der Seele. Wiener Psychiatrie im 20. Jahrhundert (Wien 1999), 166–189, hier 173.
50 KOPETZKY, Unterbringungsrecht, wie Anm. 14, 85.
51 Rudolf FORSTER, Psychiatrische Macht und rechtliche Kontrolle (Wien 1997); detaillierte Analysen zur Frage der Detention von Alkoholabhängigen finden sich in den Arbeiten von Irmgard EISENBACH-STANGL, Eine Gesellschaftsgeschichte des Alkohols, (Frankfurt am Main–New York 1992), und Irmgard EISENBACH-STANGL, Von der Trunksucht zur Alkoholkrankheit. Der Beitrag der Psychiatrie zur Bewältigung alkoholbezogener Probleme, in: Brigitta Keintzel / Eberhard Gabriel, Hg., Gründe der Seele. Wiener Psychiatrie im 20. Jahrhundert (Wien 1999), 190–208.

Alois Marksteiner so formulierte: „[…] dieser Psychiatrie, die gerade daranging, sich zu einer richtigen medizinischen Disziplin zu mausern, wurde das Korsett eines Polizeigesetzes angelegt."[52] Wie der Äußerung Marksteiners unschwer zu entnehmen ist, war auch er ein Gegner dieser legalistischen Position, die die Zwangsgewalt über Geisteskranke dem Recht und seinen Kriterien (noch weiter) zuordnete. Dieser Übergang der Zwangsgewalt über Geisteskranke von der Medizin zum Recht ist ein Prozess, der mit der Entmündigungsordnung ihren Anfang nahm und mit dem Unterbringungsgesetz von 1990[53] seinen vorläufigen Abschluss fand.

Dieser Konflikt fand im Feld der Verhandlungen um das Maßnahmenrecht nicht statt, weil die Psychiatrie die Zwangsgewalt über geisteskranke und psychopathische Rechtsbrecher in keiner Weise beanspruchte. Sie war im Gegenteil froh, diese Klientel aus ihren Anstalten entfernt zu sehen, und damit war zugleich die Aussicht verbunden, in justizgeführten Anstalten – dem Maßnahmenvollzug – auch unter Anwendung von Zwang behandeln zu können, einem Zwang, den jedoch die Justiz durchzusetzen und zu verantworten hatte.

Zusammenfassung und Diskussion der Ergebnisse

1. In den dargestellten Debatten geht es um das institutionelle Herauslösen einer Klientel aus der Anstaltspsychiatrie – zurechnungsunfähige und psychopathische Rechtsbrecher – und um deren Transferierung in neu zu errichtende Anstalten der Sicherung und Behandlung. Es handelt sich damit um einen *institutionellen Gründungsdiskurs*, weil damit eine neue Kategorie von Rechtsbrechern (geisteskranke und psychopathische Rechtsbrecher) geschaffen wurde, weil neue Typen von Anstalten definiert wurden, in denen diese kranken Rechtsbrecher aufzunehmen waren, und weil schließlich im Strafrecht in dogmatischer Sicht der Gefährlichkeits- und Sicherheitsgedanke an die Seite des Schuldgedankens trat. Aus diesen Gründen ist hier von einem institutionellen Gründungsdiskurs zu sprechen, vergleichbar mit jenem um jugendliche Rechtsbrecher, die aus dem Erwachsenenrecht 1927 ausdifferenziert wurden und deren Straftaten nach einem eigenen Recht (JGG) prozessiert und die nach der Verurteilung in eigenen Räumlichkeiten (Jugendstrafanstalt) angehalten wurden. Vergleichbar aber auch mit der in den 1980er Jahren geführten Diskussion um den außergerichtlichen Tatausgleich als einem neueren Beispiel eines institutionellen Gründungsdiskurses, in dem es um die Frage ging, ob Delikte rechtsverbindlich auch außerhalb des Strafrechts verhandelt und durch Verhandlung zwischen den Tatbeteiligten und mit Unterstützung von Mediatoren erörtert, aufgearbeitet und schließlich rechtswirksam beendet werden können.
2. Ergänzt wird dieser Gründungsdiskurs durch einen *professionellen Zuständigkeitsdiskurs*, der, wie wir gesehen haben, im Bereich des Maßnahmenrechts zwischen den rechtlichen und den medizinisch-psychiatrischen Professionen unproblematisch bis harmonisch verlief. Die Frage, ob im Umgang mit geisteskranken und psychopathischen Rechtsbrechern das Prinzip „care" oder „control" dominiert, spielt im Unterschied zum Umgang mit den

---

52 Alois MARKSTEINER, Fürsorge und Behandlung statt Reaktion auf Gefährdung – Überlegungen zu einer Neuorientierung des Anhalterechts, in: Recht und Psychiatrie, Sonderheft der Kriminalsoziologischen Bibliografie 12/47–48 (1986), 140–149, hier 140.
53 BGBl Nr. 155/1990, inkraftgetreten am 1. Jänner 1991.

übrigen geisteskranken Patienten im Maßnahmenrecht keine Rolle. Die Psychiatrie verzichtete von vornherein auf den Anspruch der Kontrolle über geisteskranke Rechtsbrecher. In Parenthese ist hier noch anzumerken, dass es im Bereich der Kontrolldebatten über verschiedene Suchtphänomene gleichfalls zu Kontroversen zwischen der Medizin/Psychiatrie und dem Recht gekommen ist. Dies gilt nicht nur für das Feld der Sucht im Zusammenhang mit Formen von Kriminalität, sondern auch für die Behandlung von nicht kriminellen Alkoholabhängigen. Auch in diesen Bereichen spielte die Frage der Zwangsgewalt durch die Medizin eine wichtige Rolle, wobei Form und Inhalt der Kontroversen jener rund um geisteskranke Patientinnen und Patienten ähnelt und nicht jene friktionsfreie professionelle Kooperation zwischen der rechtlichen und medizinischen Seite vorherrschte, wie sie bei der Formulierung des Maßnahmenrechts in diesem Beitrag beschrieben wurde.

3. Wie im Beitrag ausführlich dargelegt wurde, wird in der Maßnahmendebatte weder über Recht und seine Funktion im Rahmen des künftigen Maßnahmenvollzugs gesprochen, noch über Behandlungs- oder Diagnostikkonzepte. An die Stelle einer Debatte darüber wird von Seiten der Psychiatrie auf die Notwendigkeit der Ausgliederung der rechtsbrechenden Klientel aus der Anstaltspsychiatrie mit Nachdruck hingewiesen. Geisteskranke Rechtsbrecher stören nicht näher bezeichnete Reformen, blockieren eine Weiterentwicklung der Psychiatrie und schaden dem Ansehen der Profession aber auch jenem der nicht straffälligen Patientinnen und Patienten, sie schränken die Freiheit anderer ein etc. Es sind also ausschließlich stigmatisierende Momente, die vorgebracht werden, um geisteskranke und psychopathische Rechtsbrecher aus den psychiatrischen Anstalten los zu werden. Zum anderen wird anstelle einer Auseinandersetzung mit der Frage, was die moderne Psychiatrie nun für diese Patientinnen und Patienten zu leisten vermag (welche Therapien anzuwenden wären, welche Entwicklungen es dazu gegeben habe, ob neue Medikamente für die verschiedenen Formen geisteskranker Rechtsbrecher zur Verfügung stünden, welche Wirkungen damit verbunden seien etc.), pauschal *Behandlungsoptimismus* und auch *Behandlungswille* seitens der Psychiatrie demonstriert. Insbesondere Hoff folgt einem Grundverständnis des medizinischen und psychiatrischen Professionalismus, demzufolge die Bedürfnisse und Interessen der Patientinnen und Patienten am besten gewahrt seien, wenn die in der ärztlichen Ausbildung vermittelten beruflichen Kompetenzen und Werthaltungen möglichst ungehindert zum Tragen kämen. Dies sah er auch, stellvertretend wohl für den Großteil der damaligen Psychiater, für den Maßnahmenvollzug als zutreffend.
Die juristische Seite war nur allzu bereit, den Behandlungsoptimismus und den Behandlungswillen der Psychiater zu akzeptieren. Das gilt nicht nur für die Gruppe der Detentionsbefürworter, sondern auch für deren Kontrahenten, den Detentionsgegnern. Wie in den Auseinandersetzungen um die „Psychopathenanstalt" gezeigt wurde, kam es zu Debatten zwischen den Juristen in der Kommission, nicht jedoch zwischen der psychiatrischen und der juristischen Seite. Jede Seite hielt sich jedoch an das Tabu, das die Zeit des Nationalsozialismus in Österreich bildete – ein Tabu im Übrigen, das für die gesamte Reform des Strafrechts von allen an der Reform Beteiligten aufrechterhalten wurde.

4. Festzuhalten ist auch, dass sich im psychiatrischen Diskurs ein standespolitisch *geschlossenes Professionsverständnis* abbildet, das der juristischen Profession in der Frage des Maßnahmenvollzugs fehlt. Gerade die beschriebene Frontstellung zwischen Rittler und Kadecka, als Häupter von juristischen Fraktionen, beförderte den Verhandlungserfolg der Psychiatrie. Auf der anderen Seite verstehen es Stransky und Hoff – trotz erheblicher

theoretischer und persönlicher Differenzen –, in den grundsätzlichen Reformfragen Kontroversen hintanzustellen, was zu verhandlungsstrategischen Vorteilen gegenüber der juristischen Seite führte. Auch Dimitz wurde in diese professionelle Koalition einbezogen, obwohl angenommen werden darf, dass politische Vorbehalte von Stransky wie von Hoff ihm gegenüber bestanden.

Die aggressive Seite des psychiatrischen Professionsverständnisses und -diskurses kommt anschaulich in der Berufung auf Aschaffenburg durch Stransky zum Ausdruck. Persönliches Mitleid mit den Verbrechern dürfe die professionelle Einsicht in die Notwendigkeit harter Maßnahmen nicht verstellen, so ist die zitierte Botschaft zu lesen. Dieser Spaltung in Emotion und Intellekt bei der Frage nach dem Umgang mit dem Verbrechen hat eine lange, weit über Aschaffenburg hinausweisende Tradition und ist bis zur Gründung der ersten Gefängnisse zurückverfolgen: „Fürchte Dich nicht, ich räche nichts Böses, sondern zwinge zum Guten. Hart ist meine Hand, aber liebreich mein Gemüt." Verfasst wurden diese Zeilen im Jahr 1607 durch den niederländischen Dichter Pieter Corneliszoon Hooft für die Inschrift am Tor des Arbeitshauses für Frauen in Amsterdam. Dieses Motto verdichtet eine kriminalpolitische Philosophie und zugleich eine Methodik, die sich ziemlich genau 350 Jahre später im psychiatrischen Diskurs über die Notwendigkeit des Maßnahmenvollzugs in Österreich wiederfindet.[54]

5. Schließlich darf nicht übersehen werden, wie attraktiv dieser Behandlungsoptimismus der Psychiatrie insbesondere für die sozialdemokratischen Reformer rund um Justizminister Christian Broda seinerzeit war. Der Behandlungsoptimismus der Psychiater schloss an die *sozialdemokratische Reformrhetorik* insbesondere von Broda, aber auch der Sozialdemokratie der Ära Kreisky insgesamt, an. Der Maßnahmenvollzug galt bis zu seiner Eröffnung als ein Fortschrittsprojekt. Begründen ließ sich diese Perspektive durch die mit der Anhaltung verbundene Behandlung, die, so das Versprechen der Psychiatrie, zur Heilung der Geisteskranken führe. „Heilen statt Strafen", so könnte man die Devise formulieren, unter der die Implementierung des Maßnahmenvollzugs stand und die dem Grundsatz „Therapie statt Strafe" verwandt ist, der bei der Verfolgung süchtiger Straftäter von sozialdemokratischer Seite seit den 1970er Jahren propagiert wurde und in gewissem Umfang auch zur Anwendung gelangte.[55]

Informationen zum Autor

Univ.-Doz. Dr. Wolfgang Stangl, Jurist, Soziologe und Gruppenanalytiker, vor der Pensionierung tätig am Institut für Rechts- und Kriminalsoziologie an der Universität Wien und in freier Praxis, E-Mail: wolfgang.stangl@univie.ac.at

---

54 Wolfgang STANGL, Wege in eine gefängnislose Gesellschaft. Über Verstaatlichung und Entstaatlichung der Strafjustiz (Wien 1988), 12.
55 Zum Überblick über die Substitutionspolitik gegenüber Drogenabhängigen vgl. Irmgard EISENBACH-STANGL, Abweichung oder Innovation? Jüngere Entwicklungen in der österreichischen Substitutionspolitik, in: rausch 3/1 (2014), 84–97, hier 85.

Heiner Fangerau

„Gesellschaft und Psychiatrie in Österreich 1945 bis ca. 1970."
Kommentar zur Jahrestagung 2014 „Geschichte(n) von Gesundheit und Krankheit" des Vereins für Sozialgeschichte der Medizin

Als Zeitgeschichte kann kurzgefasst „derjenige Teil der Geschichte" verstanden werden, „der von den noch lebenden Menschen miterlebt und mitgestaltet wird sowie die wissenschaftl[iche] Behandlung dieses Geschichtsabschnitts".[1] Die Besonderheiten der Zeitgeschichte sind mit dieser Wörterbuchdefinition vielschichtig und pointiert erfasst: Zeitzeugen gestalten die Geschichtsschreibung durch ihre Berichte, ihre Erinnerungen und ihre Selektion von Informationen mit, und gleichzeitig ist der Zeitraum, der Gegenstand der Zeitgeschichte ist, einer ständig der Gegenwart folgenden Verschiebung unterworfen. Dabei scheint sich derzeit eine den Generationen folgende Verschiebung des Startzeitpunkts zeitgeschichtlicher Betrachtungen zu vollziehen, der zumindest in Deutschland und Österreich eng mit dem Ende des Zweiten Weltkrieges zusammenhängt. Die Frage nach Kontinuitäten, Diskontinuitäten, Aufarbeitung, Wiedergutmachung und Verdrängung bildet dabei einen kontextualisierenden Rahmen.[2] Gerade auch die Verbrechen der Medizin im Nationalsozialismus und der Umgang mit den Tätern und Opfern in den Jahren nach 1945 stehen hier im Fokus zeithistorischer Betrachtungen, die in Deutschland noch durch eine West-/Ostperspektive angereichert werden und zunehmend auch eine breitere Öffentlichkeit zu erreichen suchen.[3]

In der Medizingeschichtsschreibung werden in diesem Umfeld seit einigen Jahren die „Herausforderungen und Probleme" diskutiert, die aus einem solchen Zuschnitt der Zeitgeschichte und ihres Betrachtungszeitraums entstehen.[4] Zusätzlich haben sich in jüngster Zeit – auch im Sinne einer Reflexion der eigenen Fachgeschichte – eine Reihe von medizinischen

---

1 Konrad Fuchs / Heribert Raab, Hg., dtv-Wörterbuch zur Geschichte (München ¹⁰1996), 886.
2 Siehe zum Beispiel: José Brunner / Norbert Frei / Constantin Goschler, Hg., Die Praxis der Wiedergutmachung. Geschichte, Erfahrung und Wirkung in Deutschland und Israel (= Beiträge zur Geschichte des 20. Jahrhunderts 8 / Schriftenreihe des Minerva Instituts für deutsche Geschichte Universität Tel Aviv 28, Göttingen 2009).
3 Siehe etwa den Überblick im Fachportal Zeitgeschichte-Online von Ralf Forsbach, Abwehren, Verschweigen, Aufklären. Der Umgang mit den NS-Medizinverbrechen seit 1945, Zeitgeschichte-online, Dezember 2013, online unter: http://www.zeitgeschichte-online.de/thema/abwehren-verschweigen-aufklaeren (letzter Zugriff: 19. 12. 2015).
4 Vgl. Thomas Schlich, Zeitgeschichte der Medizin. Herangehensweisen und Probleme, in: Medizinhistorisches Journal 42/3–4 (2007), 269–298.

Gesellschaften⁵ oder auch die Medizingeschichte selbst⁶ ihrer jüngeren Zeitgeschichte zugewandt. Zu den Disziplinen, die und in denen die jüngere Zeitgeschichte Beachtung findet, gehört auch die Psychiatrie.⁷ In wachsender Anzahl erscheinen im deutschen Sprachraum seit ca. 15 Jahren Arbeiten, die dieses Fach, seine Institutionen, Konzepte und Personen etwa aus einer spezifischen Perspektive auf die DDR⁸ oder beispielsweise besondere Reformprozesse in der BRD in den Blick nehmen.⁹ Augenfällig dabei ist, dass der erste Teil dieser Zeitgeschichten stets eine Nachgeschichte des Zusammenhangs von Psychiatrie und Nationalsozialismus ist oder vielleicht sein muss, der die folgenden Abschnitte bis in die späten 1960er Jahre dominiert.

Mit seiner Tagung zur „Gesellschaft und Psychiatrie in Österreich 1945 bis ca. 1970" hat der Verein für Sozialgeschichte der Medizin die hier in aller Kürze skizzierten Linien der Zeitgeschichte der Psychiatrie aufgegriffen und um eine spezifisch österreichische Perspektive ergänzt. Die Tagung nahm dabei die Idee der Zeitgeschichte ernst und ließ sowohl Historikerinnen und Historiker als auch Zeitzeuginnen und Zeitzeugen zu Wort kommen, um so verschiedene Narrative, Erzähltechniken und Konzeptualisierungen in sich ergänzender Form zusammenzustellen. Dabei ging es den Veranstaltern nicht um eine enzyklopädische Übersicht über z. B. Institutionen, Ereignisse oder (politische) Entscheidungen. Vielmehr sollten verschiedenste Facetten der Psychiatrie in Österreich nach 1945 exemplarisch beleuchtet werden, wobei auch internationale Einflüsse und Beziehungen insbesondere mit Blick auf die Bundesrepublik Deutschland und die DDR Berücksichtigung finden sollten. Gerade diese Blicke über die Grenze boten sich aufgrund der zwischen 1938 und 1945 bestehenden besonderen Verbindung an.

Die Tagung thematisierte auf diese Weise vielfältige Aspekte der Nachkriegspsychiatrie nicht nur in Österreich und bot zudem ein Spektrum der unterschiedlichen Perspektiven auf die Psychiatrie. Neben einzelnen Zweigen der Psychiatrie, wie zum Beispiel die Erwachsenenpsychiatrie, die forensische Psychiatrie, die Kinder- und Jugendpsychiatrie mit ihren österreichischen Spezifika (u. a. Nähe zur Heilpädagogik), wurden unterschiedliche Konzepte der Psychiatrie im Nachkriegsösterreich, wie zum Beispiel die Biologische Psychiatrie, die Psychoanalyse, die sogenannten heroischen Schocktherapien, die Pharmakopsychiatrie sowie die Anfänge und Anklänge der Sozialpsychiatrie, vorgestellt. Die genannten Zweige und Konzepte wiederum wurden unter unterschiedlichen Betrachtungswinkeln analysiert und diskutiert.

---

5 Siehe zum Beispiel für die Urologie: Thorsten HALLING / Friedrich MOLL / Heiner FANGERAU, „Zeitgeschichte der Urologie – Herangehensweisen und Probleme", in Thorsten Halling / Friedrich Moll / Heiner Fangerau, Hg., Urologie 1945–1990. Entwicklung und Vernetzung der Medizin in beiden deutschen Staaten (Heidelberg 2015), 1–18.
6 Vgl. für das deutsche Beispiel das Themenheft „Medizingeschichte in Deutschland nach 1945" des Medizinhistorischen Journals, Jahrgang 49, Heft 1/2, 2014, Gastherausgeber Florian Bruns oder Heiner FANGERAU / Mariacarla GADEBUSCH BONDIO, Spannungen in der jüngeren Medizingeschichte. Legitimationsstrategien und Zielkonflikte – ein Beitrag zur Diskussion, in: NTM – Zeitschrift für Geschichte der Wissenschaften, Technik und Medizin 23/1 (2015), 33–52.
7 Jüngst hat etwa auch die Deutsche Gesellschaft für Psychiatrie, Psychotherapie, Psychosomatik und Nervenheilkunde (DGPPN) ein Forschungsprojekt zu ihrer eigenen Nachkriegsgeschichte ausgeschrieben.
8 Siehe z. B. Wolfgang ROSE, Hg., Anstaltspsychiatrie in der DDR. Die brandenburgischen Kliniken zwischen 1945 und 1990 (= Schriftenreihe zur Medizin-Geschichte des Landes Brandenburg 9, Berlin 2005).
9 Franz W. KERSTING, Hg., Psychiatriereform als Gesellschaftsreform. Die Hypothek des Nationalsozialismus und der Aufbruch der sechziger Jahre (= Forschungen zur Regionalgeschichte 46, Paderborn 2003).

So wurde viel über „alte weiße Männer", die sogenannte Ordinarienpsychiatrie mit ihren Netzwerken, Verbindungen und Eitelkeiten gesprochen, die politische Umbrüche überdauerte. Es kam aber auch die Institutionengeschichte mit ihren Organisationsstrukturen zur Sprache und es wurden sozialhistorische Analysen vorgestellt, die auf Daten und wirtschaftliche/wirtschaftshistorische Gesichtspunkte rekurrierten. Zuletzt fehlten auch Ansätze der Ideengeschichte nicht, wobei – und das war ein wichtiges charakterisierendes Moment dieser Tagung – stets eine Einbettung der behandelten Themen, Perspektiven und Strukturen in die gesamtgesellschaftlichen Strömungen der behandelten Epoche erfolgte. Die Psychiatrie, die als Ordnungsmacht in Erscheinung tritt, spielte hier eine besondere Rolle.

Wie eine Folie, vor deren Hintergrund dieses reichhaltige Repertoire psychiatriehistorischer Arbeiten ausgebreitet wurde, wirkte ein zeithistoriographisches Moment dieser Tagung, nämlich das Problem der Periodisierung. Dieses wurde schon im Titel „Gesellschaft und Psychiatrie in Österreich 1945 bis ca. 1970" als Topos konturiert. Es ist bekannt, dass historische Periodisierungen immer schwierig sind, und so stand auch auf dieser Tagung die Frage im Raum, ob das Jahr 1945 als großer Schnitt gesehen werden muss oder nicht, oder ob ein Leitungswechsel als eine institutionsformende Wasserscheide gewertet werden muss. Ferner musste gefragt werden, wann eigentlich die Psychiatriereform beginnt und wann genau mit Chlorpromazin und anderen Stoffen die Ära der Pharmakopsychiatrie ihren Anfang nahm. Je nach angelegten Kriterien, kamen die Referentinnen und Referenten zu unterschiedlichen Antworten, sodass gerade die Frage nach Zeitabschnitten auch Anlass für fruchtbringende Diskussion bot.

Diskussionen unter den Teilnehmerinnen und Teilnehmern legten auch das zweite besondere Merkmal der Zeitgeschichte offen. Da der behandelte Zeitraum nah an die Gegenwart heranreicht, war es den Organisatorinnen und Organisatoren möglich, mehrere Zeitzeugen auf der Tagung zu Wort kommen zu lassen, Zeitzeugen, die mit unterschiedlichen Erinnerungen, anderen Harmonisierungen und verschiedenen Gegenwartsorientierungen miteinander und mit den anwesenden Historikerinnen und Historikern spannende und zum Teil emotionale Debatten führten. In der positiven Reibung zwischen historischer Rekonstruktion und Zeitzeugenerinnerungen wurde der jeweilige Nutzen multiperspektivischer Herangehensweisen besonders deutlich. Es wurden Arbeitsergebnisse hinterfragt und weitere Forschungsdesiderate aufgedeckt. So zeigte sich sowohl der Wert von Einzelbiografien von Anstaltsleitern als prägenden Akteuren, als auch der Wert von kollektivbiografischen Zugängen die helfen, eine „Gipfelstürmermyopie" zu vermeiden.

Schwierig bleibt – und das ist ein Fazit der Konferenz – die Einordnung einzelner Akteure direkt nach 1945. Hinterhuber bezeichnete in seinem Vortrag die von Hubert Urban für Otto Pötzl 1949 herausgegebene Festschrift als ein Beispiel für die Gleichzeitigkeit eines personellen (Um-)Bruchs und einer das Kriegsende überdauernden Kontinuität, die in der Festschrift geradezu aufgehoben sei. Im Anschluss an diese Charakterisierung ist zur Unterstreichung dieser Sichtweise auf die (schon oft betonte) mehrfache Bedeutung des Wortes „aufheben" zu verweisen. Die Vieldeutigkeit erscheint gerade in der Frage der Kontinuitäten und Brüche nach 1945 in ihrer Uneindeutigkeit entschieden eindeutig zu sein, indem sie die Frage je nach eingenommener Perspektive beantwortet: Kontinuität und Bruch scheinen in dieser Festschrift gleichzeitig *bewahrt*, *gelöscht* und in den Vordergrund *gehoben* worden zu sein.

Ebenso schwierig ist es immer noch, und auch das verdeutlichte das Symposium, anderen Personen als leitenden Ärzten eine Stimme zu geben. So kamen Pflegende kaum zu Wort. Ähnliches gilt für Patientinnen und Patienten und Handlungspraktiken jenseits der Therapien, obwohl diese Themen in Form von Kindern als Gruppe und als Individuen in einzelnen Beiträgen zur Sprache kamen. Quellen, die Patientinnen und Patienten selbst zum Sprechen bringen, scheinen für die behandelte Epoche (noch) schwer zu finden und schwer zu heben zu sein. Auch in anderen Bereichen einer Geschichte der Psychiatrie jenseits der Ordinarien scheint noch viel zeithistorische Arbeit notwendig zu sein. So sind Studien etwa zur historischen Epidemiologie, wie sie auf der Tagung ebenfalls vorgestellt wurden, ebenfalls längst noch nicht am Ende. Klar wurde, dass auch in einer Zeitgeschichte der österreichischen Psychiatrie Quellen zu den Bereichen jenseits der Universitäten und anderer Institutionen oft nicht einfach zu heben sind, weil sie Sperrfristen unterliegen oder noch nicht in den Archiven angekommen sind. Besonders verdienstvoll erscheinen hier die auf der Tagung vorgestellten Versuche, sich gerade diesem Material zuzuwenden und es gemeinsam mit den Zeitzeuginnen und Zeitzeugen historisch zu deuten. Fotos, Patientenakten, Briefe – alle diese Dokumente haben, wie in der Tagung deutlich thematisiert wurde, ihre eigenen Probleme und bedürfen der wiederholten, reflektierten und kontextualisierenden quellenkritischen Bearbeitung.

Zuletzt wurde deutlich, dass auch das fast klassische, konstitutive Element der Psychiatriegeschichte, nämlich die Frage nach dem gesellschaftlichen Resonanzboden für das Problem des Normalen und des Pathologischen mit Differenzbildung wie Stadt/Land, Universität/Praxis noch weiteren Raum für Detailstudien bietet. Das Tagungsprogramm offerierte im Titel und in den Beiträgen gerade in diesem Punkt mannigfaltige Anregung und differenzierte Darstellungen. Die Diskussion der Beiträge vertiefte die angebotenen Denkanstöße noch einmal. Konstituierend waren dabei grundsätzliche Fragen zum Problem der Anerkennung des menschlichen Gegenüber in seiner jeweiligen Andersartigkeit ebenso wie Fragen der öffentlichen und für unsere Zeit enorm wichtigen medialen Begleitung psychiatrischer Diskurse oder auch umgekehrt Fragen nach den Reaktionen psychiatrischer Diskurse auf mediale Berichterstattung.

An diesem Punkt erhob dann auch die mal gewünschte, dann wieder gefürchtete sozialdisziplinierende Macht der Psychiatrie ihr Haupt, wie sie in ihrer Ambivalenz insbesondere am Beispiel der Geschichte der Fürsorgeerziehung deutlich wurde. Fürsorge bedeutete in diesem Fall neben der Sorge für einen anderen Menschen auch immer Autonomiebegrenzung und Sozialdisziplinierung. Psychiater scheinen im Österreich der betrachteten Epoche hier eher auf der Seite der Ordnungspolitik gestanden zu haben, wobei durchaus auch innerpsychiatrische Grenzziehungen zwischen „normalen Kranken" und „geisteskranken Rechtsbrechern" Probleme in der Zuordnung der Verantwortung für das Ordnen mit sich gebracht haben. Zusätzlich interessant erschien in diesem Kontext der ebenfalls eingebrachte wirtschaftshistorische Blick auf Gesundheitsausgaben für einzelne medizinische Bereiche nach 1945 in Österreich, der die Persistenz eines Denkens der „Menschenökonomie" mit Blick auf Patientinnen und Patienten als amorphe Masse, disponibles Material beziehungsweise für Ordnungspolitik verfügbare Personen offenlegte.

Somit bot sich im Gesamtbild eine sehr reichhaltige Tagung zur Zeitgeschichte der Psychiatrie, die umfängliches Wissen, vielfältige Informationen und spannende Forschungsergebnisse präsentierte und damit den Teilnehmerinnen und Teilnehmern neue und weitere Perspektiven für die weitere Geschichtsschreibung der Psychiatrie eröffnete. Die Dokumentation der Tagung in diesem Heft von „Virus" soll die Tagungsergebnisse und die sich ergebenden Perspektiven dokumentieren und vor allem auch einem weiteren Forscherkreis eröffnen.

Informationen zum Autor

Univ. Prof. Dr. med. Heiner Fangerau, Universitätsklinikum Düsseldorf, Direktor des Instituts für Geschichte, Theorie und Ethik der Medizin, Universitätsstr. 1, D-40225 Düsseldorf, E-Mail: heiner.fangerau@hhu.de

Forschungsschwerpunkte: Geschichte und Ethik der Medizin des 19. und 20 Jahrhunderts, Geschichte der medizinischen Diagnostik, medizinhistorische Netzwerkanalyse, medizinethische Fragen des 21. Jahrhunderts

Beiträge – Offener Teil

Elke Hammer-Luza

„Hier wird mir wirklich schon die Zeit lang" – Alltagsleben im steirischen Kurbad der Biedermeierzeit

English Title

Everyday Life in the Styrian Public Baths During the First Half of the 19th Century

Summary

The rising popularity of public baths in the first half of the 19th century indeed left clear traces in Styria; compared with the large ritzy baths of the Habsburg Monarchy however the spas of the Dukedom of Styria did not play a significant role. Only the then most well-known spa in Rohitsch-Sauerbruch could attract a transregional clientele, while the young Bad Gleichenberg was just in its starting phase. The facilities of the two Warm Baths Bad Neuhaus and Römerbad Tüffer were rich in tradition but rather small; like Tobelbad which carried the smell of being a bath for the poor and was limited in its size, too. Rather little relevance was given to Wildbad Einöd, Grubegg and Topolschitz, such as to the surfur bath Wörschach and the cold water bath Radegund.

At the beginning of the 19th century the Styrian baths were still on a particularly bad way. Due to changed framework conditions however, new health resorts were founded and existing ones were expanded, whereby this development can be observed more strongly especially from the 1840's onwards. These spas were exemplary facilities, closed towards the outside and a spatial division and specialization of the individual areas happened only gradually. Apart from the real "farmers' baths", the clientele of the spas was limited to lower aristocracy and middle to higher bourgeoisie.

With regard to the organization of the day a significant change can be observed in the first half of the 19th century: the scheduled duration for bathing and drinking sunk significantly, so that the spa's guests could dispose of ever more free time. The entertainment offered in the smaller health resorts however was not really considerable. People promenaded and went for a walk, met for social gatherings in the spa's salon, listened to music or indulged in gambling. Despite all protestations to the contrary of the bath operator, uniformity and monotony were the guiding elements of the daily routine.

Keywords

Styria, first half of the 19th century, social history, everyday life, entertainment, spa, health-resort.

Einleitung

In der ersten Hälfte des 19. Jahrhunderts erlebte das Badewesen einen rasanten Aufschwung. Der Besuch einer Kuranstalt wurde nicht nur aus gesundheitlichen Gründen wahrgenommen, sondern sollte zunehmend auch der Erholung und Zerstreuung dienen.¹ Diesem steigenden Bedarf nachkommend, wurden in der Steiermark zahlreiche neue Heilbäder gegründet sowie bereits bestehende Anlagen erweitert und modernisiert.² Trotzdem konnte das Angebot mit den Anforderungen nicht Schritt halten. Zur Skizzierung der Rahmenbedingungen werden im Folgenden einleitend die im historischen Herzogtum befindlichen und für den Kurbetrieb genutzten Heilquellen kurz vorgestellt, wobei als zeitliche Eckpunkte die Jahre 1800 und 1850 dienen. Der zweite Abschnitt behandelt allgemeine Charakteristika und Besonderheiten der steirischen Kuranstalten, beginnend bei Entstehung und Entwicklung bis hin zu Infrastruktur und Publikum. Der dritte Teil und eigentliche Schwerpunkt widmet sich schließlich dem Alltag im Kurort. Ausgehend vom Tagesablauf im Heilbad stellt sich insbesondere die Frage, in welcher Form immer notwendiger scheinende Unterhaltungselemente verwirklicht werden konnten.

---

1 Vgl. u. a. Vladimír Křížek, Kulturgeschichte des Heilbades (Leipzig 1990); Gutsbesitz Grafenegg, Hg., Große Welt reist ins Bad. 1800–1914. Baden bei Wien, Badgastein, Bad Ischl, Franzensbad, Karlsbad, Marienbad, Teplitz. Ausstellungskatalog, Schloss Grafenegg bei Krems (Passau 1980); Heinz Biehn / Johanna Herzogenberg, Große Welt reist ins Bad. Nach Briefen, Erinnerungen und anderen Quellen zur Darstellung gebracht (München 1960).

2 Als Überblick zu steirischen Heilbädern vgl. u. a. Elke Hammer-Luza, Steirische Kurorte in der Biedermeierzeit, in: Zeitschrift des Historischen Vereins für Steiermark 103 (2012), 153–204. Helmut Hainzl, Heilende Wasser in der Steiermark und historischen Untersteiermark, unveröffentlichte phil. Diplomarbeit (Universität Graz 2000); Johann Schleich, Heil- und Wunderquellen in der Steiermark (Graz–Wien–Köln 1998); Johann Schleich, Heilende Wasser. Heilbründl, Heilquellen und Thermen in der Oststeiermark (Graz–Wien–Köln 1997); Alfred Seebacher-Mesaritsch, Die steirischen Heilbäder und Gesundbrunnen (Graz 1990); Margit Nummer / Ursula Prutsch, Heilquellen und Kurorte der Steiermak, in: Gerhard M. Dienes / Franz Leitgeb, Hg., Wasser. Ein Versuch (Graz 1990), 286–295; Günther R. Burkert, Geschichte des steirischen Fremdenverkehrs, in: Gerald Schöpfer, Hg., Menschen & Münzen & Märkte. Steirische Landesausstellung 1989 Judenburg, 29. April–10. Oktober 1989, Katalog (Graz 1989), 179–190; Alfred Brusselle, Heilquellen und Kurorte der Steiermark, in: Die Steiermark. Land, Leute, Leistung (Graz 1956), 507–511; Josef Höhn, Die Mineralquellen in der Steiermark (Graz 1915); Anton Franz Reibenschuh, Die Thermen und Mineralquellen Steiermarks. Separat-Abdruck aus dem 17. Jahresbericht der k. k. Staats-Realschule in Graz 1889 (Graz 1889); P. Jacob Wichner, Beiträge zu einer Geschichte des Heilwesens, der Volksmedicin, der Bäder und Heilquellen in Steiermark bis incl. Jahr 1700, in: Mitteilungen des Historischen Vereines für Steiermark 33 (1885), 3–123; Anton Schlossar, Steiermärkische Bäder und Luft-Curorte. Topographisch-historische Skizzen (Wien 1883).

Kurbäder in der Steiermark

Obwohl Mitte des 19. Jahrhunderts zumindest 129 sogenannte Gesundbrunnen im Herzogtum Steiermark bekannt waren,[3] fanden nur einige wenige Heilwässer in Form von Trink- oder Badekuren Anwendung. Die steirischen Anstalten konnten sich im österreichischen, geschweige denn im europäischen Vergleich nicht behaupten. Nur einem einzigen Kurort, nämlich Rohitsch-Sauerbrunn/Rogaška Slatina im heutigen Slowenien, gelang es, mit den namhaften Heilbädern der Monarchie annähernd gleichzuziehen. Hinsichtlich seiner Gästefrequenz lag er mit 1.600 Besucherinnen und Besuchern in den 1840er Jahren zwar deutlich abgeschlagen hinter Baden bei Wien und Ischl, aber immerhin noch vor Bad Gastein.[4] Die übrigen Heilorte des Landes durften zu jener Zeit bestenfalls einige hundert Personen pro Jahr begrüßen, die kleineren Einrichtungen blieben oft nur auf Tagesgäste aus der Umgebung beschränkt.

Der Rohitscher Sauerbrunnen war als Mineralwasser schon im 17. und 18. Jahrhundert geschätzt und überregional vertrieben worden. 1801 übernahmen die steirischen Stände die Quelle und begannen mit dem Aufbau einer Kuranstalt. 1815 gruppierten sich um den zentralen Brunnen schon eine Reihe ansehnlicher Gebäude: Kurhaus, Badehaus, Amtsgebäude, Füllhaus, Traiteurhäuser, Sommerwohnungen, Kapelle sowie zahlreiche Wirtschaftsgebäude und Stallungen sorgten für ein abwechslungsreiches Bild.[5] Dieser Ausbau setzte sich in den nächsten Jahren fort, sodass Rohitsch-Sauerbrunn bald zum größten und berühmtesten Heilbad der Steiermark avancierte.[6] Villenartige Wohngebäude mit eleganten Unterkünften in rund 200 Zimmern, prächtige Kursäle, Terrassen und Badeanlagen, die sich entlang parkähnlicher Grünflächen und Alleen reihten, festigten den Ruf der Kuranstalt als Treffpunkt der vornehmen Welt bis in die zweite Hälfte des 19. Jahrhunderts.[7]

Erst spät erhielt das erfolgsverwöhnte Rohitsch Konkurrenz durch einen zweiten Sauerbrunnen, nämlich Gleichenberg in der Oststeiermark (Abb. 1). Um 1834 wurde man auf die Quellen aufmerksam und erkannte das wirtschaftliche Potential, das in ihnen steckte. Auf Initiative des damaligen steirischen Gouverneurs Mathias Constantin Capello Graf von Wickenburg gründete man eine Aktiengesellschaft, mit deren Grundkapital ein beispielloser Auf- und Aus-

---

3 Vgl. Carl SCHMUTZ, Historisch Topographisches Lexicon von Steyermark II (Gratz 1822), 547–551; Adolf SCHMIDL, Das Herzogthum Steiermark (Stuttgart 1839), 18–19; E[mil] OSANN, Physikalisch-medicinische Darstellung der bekannten Heilquellen der vorzüglichsten Länder Europa's II (Berlin ²1841), 194–210; Mathias MACHER, Uebersicht der Heilwässer und Natur-Merkwürdigkeiten des Herzogthumes Steiermark (Wien–Graz 1858), 3.
4 Steiermärkisches Landesarchiv (StLA), Werle Anton, Nachlass, Sch. 1, H. 7: Tobelbad: Ausmaß über die Anzahl der Gäste in Rohitsch-Sauerbrunn 1836–1844; J. HOISEL, Der landschaftliche Curort Rohitsch-Sauerbrunn in Steiermark (Wien 1875), 33; Reinhold LORENZ, Bäderkultur und Kulturgeschichte. Forschungen über den Sozialcharakter der österreichischen Heilquellenorte, in: Archiv für österreichische Geschichte 117/2 (1949), 197–305, hier 300.
5 StLA, PlSt-659 (M. 56): Mappa der hochlöbl. landständischen Realitäten zu Sauerbrunn bei Rohitsch, aufgenommen im Jahre 1815.
6 Franz UNGER, Reisenotizen vom Jahre 1838, in: Steiermärkische Zeitschrift N. F. 5/2 (1839), 75–128, hier 77; Rudolf PUFF, Erinnerung an Sauerbrunn nächst Rohitsch und seine Umgebungen mit lithographirten Abbildungen (Gratz [1841]), 7.
7 Vgl. Rudolf PUFF, Erinnerung an Sauerbrunn nächst Rohitsch und seine Umgebungen (Graz ²1853); Ernst Hilarius FRÖHLICH, Die Sauerbrunnen bei Rohitsch. Monographie (Wien ⁴1857).

bau eines Kurbades erfolgte. Bereits 1837 konnte die erste Saison eröffnet werden,[8] zehn Jahre später standen in Gleichenberg über 20 Gebäude zur Aufnahme von Kurgästen bereit. Sie waren großteils von finanzkräftigen Adeligen und Großbürgern erbaut worden, die Teile ihrer Sommersitze an die zahlenden Gäste vermieteten. Mitte des 19. Jahrhunderts machten jährlich rund 800 Besucherinnen und Besucher Station,[9] wobei immer mehr Persönlichkeiten aus der Wiener und ungarischen Aristokratie darunter zu finden waren. Mit seinem modernen Konzept und einer großzügigen Umsetzung konnte sich Gleichenberg zunehmend als Badeort für gehobene Ansprüche positionieren.[10]

Abb. 1: Terrasse in Gleichenberg, Lithografie mit Tondruck, Joh. Passini, 1856 (StLA, OBS-Gleichenberg-Einzelnes-I-007)

---

8 Vgl. Rudolf Gustav PUFF, Erinnerung an Gleichenberg. Eine kurze historisch-topographische Skizze dieses Badeortes und seiner mahlerischen Umgebungen, als gemüthliches Andenken den allverehrten Gründern dieser Kuranstalt und den sie besuchenden Freunden der schönen Natur gewidmet (Grätz 1839); Carl Ludwig SIGMUND, Gleichenberg, seine Mineralquellen und der Kurort. Ärztliche Mitteilungen (Wien–Grätz 1840); Anatol P. FUKSAS, Bad Gleichenberg 1837–1997. Erste Kursaison – Zeitwenden im Heilbade (Graz 1997), 8–52.
9 Vgl. Rudolf Gustav PUFF, Wegweiser für den Badeort und die Umgebung von Gleichenberg (Graz 1845), 51; Rudolf Gustav PUFF, Wegweiser in sämmtliche Gesundbrunnen und Bäder der Steiermark. Für Reisende und Curgäste (Gratz 1854), 19–42.
10 Vgl. W. W. PRÁŠIL, Der Curort Gleichenberg und seine Umgebungen. Ein Führer für Curgäste (Wien 1865); Mathias MACHER, Gleichenberg in Steiermark als klimatischer und Brunnen-Kurort mit der Konstantins- und Emmaquelle, dem Johannisbrunnen, der Klausen-Stahlquelle, den Mineralbädern, der Inhalations- und Molkenkur (Graz 1873), 11–12; Thomas KERNBICHLER, Der Fremdenverkehr in Bad Gleichenberg, unveröffentlichte naturwiss. Diplomarbeit (Universität Graz 1990).

Eine in vielem vergleichbare Struktur und Geschichte wiesen die beiden damals größten steirischen Warmbäder, Römerbad Tüffer/Rimske Toplice und Bad Neuhaus/Dobrna auf, die beide im heutigen Slowenien, nicht weit von Cilli/Celje entfernt, liegen. Römerbad Tüffer gehörte ursprünglich den Grafen von Wildenstein, Anfang des 19. Jahrhunderts ging es in den Besitz von Bürgerlichen über, wobei sich die Anstalt damals auf vier Gebäude beschränkte.[11] Unter dem Triester Unternehmer Gustav Uhlich wurde der Kurbetrieb ab 1840 ausgebaut und auf den neuesten Stand gebracht. Für den Badegebrauch dienten nun vier Bassins, umrahmt von allen notwendigen Einrichtungen; im Hauptgebäude und in mehreren kleinen „Stöckeln" standen 100 Fremdenzimmer bereit, die in den Sommermonaten mit rund 400 Personen belegt waren.[12] Auch die Erweiterung von Bad Neuhaus erfolgte erst in den 1840er Jahren. Der Betrieb, der lange im Eigentum der Freiherren von Dienersperg gestanden war, konzentrierte sich auf ein großes, geschlossenes Kurgebäude, in dem sowohl Bade-, Wohn- und Unterhaltungsmöglichkeiten lokalisiert waren.[13] Nach der Übernahme der Anstalt durch Johann Graf von Hoyos 1847 strebte man eine völlige Neugestaltung der schon in die Jahre gekommenen Substanz an. Durch die Einbeziehung angrenzender Grundstücke und Häuser schuf man zudem mehr Raum, um die Anlage etwas aufzulockern. Mitte des 19. Jahrhunderts umfasste das Angebot auch hier rund 100 Zimmer, wobei sich die Gästefrequenz ähnlich wie in Römerbad Tüffer gestaltete.[14]

Ganz anderen Verhältnissen begegnen wir im traditionsreichen Laubad Tobelbad (Abb. 2) südwestlich von Graz. Hier bestand schon im 16. Jahrhundert eine Heilanstalt, die Kaiser Ferdinand I. den steirischen Ständen 1548 zum Geschenk machte. Verpflichtung war allerdings die unentgeltliche Versorgung einer gewissen Zahl armer Kranker, was den Geruch eines Armenbades mit sich brachte. Erst mit der Verpachtung der Anstalt ab 1810 an einen Badearzt sprach man zunehmend neue, finanzkräftige Gästeschichten an.[15] Dieser Weg wurde nach 1820, als die Stände das Kurbad wieder in eigene Verwaltung übernahmen, fortgesetzt. Man modernisierte und erweiterte die Badegelegenheiten und bemühte sich um zusätzlichen Wohnraum.[16] Nur zögernd wurde allerdings privaten Investoren die Möglichkeit gegeben, sich in der Nähe des Bades anzukaufen und eigene Häuser zu errichten bzw. zu vermieten, womit die Anstalt überschaubar blieb.[17] 1843 bestand der ganze Badeort „aus zwei Badehäusern, einem Gesell-

---

11 Mathias MACHER, Das Römerbad nächst Tüffer in Steyermark, in physikalisch-medicinischer Hinsicht dargestellt für Cur-Gäste (Graz 1826), 6–20.
12 StLA, Werle Anton, Nachlass, Sch. 2, H. 18: Römerbad nächst Tüffer; Puff Rudolf Gustav, Nachlass, K. 8, H. 274: Heilquellen; K. 8, H. 289: Tüffer, Orts- und Gegendbeschreibung; Mathias MACHER, Das Römerbad nächst Tüffer in Steiermark in phisikalisch-medicinischer Hinsicht dargestellt, bearb. von Karl Friedr. Hen (Graz ²1846), 26–29; Max LEIDESDORF, Das Römerbad Tüffer in Steiermark (Wien 1857), 4–6; Emanuel BUNZEL, Das Römerbad (vormals Tüffer), das steirische Gastein (Wien 1866), 8–13.
13 Vgl. Karlmann TANGL, Beiträge zur Geschichte der Herrschaft und des Badeortes Neuhaus, in: Mitteilungen des Historischen Vereines für Steiermark 3 (1852), 160–222; Elke HAMMER-LUZA, „Es ist zum Sterben langweilig, wie in einem Kloster." Bad Neuhaus/Dobrna und sein Kurgast Anna Plochl 1825/26, in: Blätter für Heimatkunde 87/1–2 (2013), 6–21.
14 Vgl. Gustav von KOTTOWITZ, Bericht nebst einer monographischen Skizze über das Bad Neuhaus nächst Cilli in Steiermark vom Jahre 1849 (Graz 1850), 39–47; Max Josef SCHÜLER, Der landschaftliche Curort Neuhaus bei Cilli in Untersteiermark (Wien 1862), 12–13.
15 StLA, Wartinger Josef, Nachlass, K. 2, H. 20: Über Tobelbad (Bad und Kuratie), Konzept und Materialsammlung.
16 StLA, Werle Anton, Nachlass, Sch. 1, H. 6: Tobelbad.
17 Vgl. Erich LINHARDT, Geschichte der ehemals steirisch-ständischen Kuranstalt Tobelbad und deren Einfluss auf die Entwicklung des Ortes gleichen Namens, unveröffentlichte phil. Dissertation (Universität Graz 1982); F. C. WEIDMANN, Illustrirter Fremdenführer von Graz und seinen malerischen Umgebungen (Graz 1859), 281–282; Max Josef SCHÜLER, Der steiermärkisch-ständische Curort Tobelbad (Graz 1856), 11–12.

schaftssaale, einer Kirche und sieben bis acht anderen Gebäuden größtenteils zur Unterkunft der Gäste".[18] Insgesamt standen 60 Zimmer für die Unterbringung bereit, die von knapp 400 Personen jährlich genützt wurden.

Abb. 2: Ansicht von Bade Dobel in Steiermark, Lithografie mit Kreide in Tondruck, Johann Passini, um 1860 (StLA, OBS-Tobelbad-Einzelnes-II-007)

Zwar ebenfalls weit in die Vergangenheit zurückreichend, aber deutlich kleiner präsentierte sich Wildbad Einöd in Dürnstein, dicht an der Grenze zu Kärnten. Durch seine abseitige Lage und seine wenig finanzkräftigen bäuerlichen und bürgerlichen Besitzer konnte sich die Anstalt nicht entfalten und blieb auf ein Badehaus und ein Gasthaus beschränkt. Mehr als 50 Personen pro Jahr fanden selten den Weg zu den warmen Quellen.[19] Noch eine Stufe darunter lagen die beiden Laubäder Grubegg im steirischen Salzkammergut und Topolschitz/Topolšica im heutigen Slowenien.[20] In beiden Orten hatte man die Thermalwässer nur gefasst und mit einem

---

18 Gustav SCHREINER, Grätz. Ein naturhistorisch-statistisch-topographisches Gemählde dieser Stadt und ihrer Umgebungen (Grätz 1843), 514.
19 Vgl. Walter BRUNNER, Dürnstein-Wildbad Einöd. Burg und Gemeinde – Thermal-Heilbad (Graz 1982), 93–108; Georg GÖTH, Das Herzogthum Steiermark; geographisch-statistisch-topographisch dargestellt und mit geschichtlichen Erläuterungen versehen. III: Judenburger Kreis (Graz 1843), 578; StLA, Werle Anton, Nachlass, Sch. 1, H. 8: Bad Einöde; Einöd Wildbad, K. 1, H. 1: Wasseranalyse der Mineralquelle des Einöder Bades, 1837.
20 Mathias MACHER, Die lauteren Warmbäder (Akratothermen) des Herzogthumes Steiermark Neuhaus, Topolschiz, Römer- und Franz-Josefbad, Einöd-, Grubegg- und Tobelbad nebst einer Beschreibung der Kaltwasser-Heilanstalt zu St. Radegund am Schöckel bei Graz (Graz 1867), 13–21, 59–61; Olga JANŠA-ZORN, Der Tourismus in den slowenischen Alpen vom Ende des 18. Jahrhunderts bis zum Ersten Weltkrieg, in: Tourismus und kultureller Wandel (= Geschichte der Alpen 2004/9, Zürich 2004), 131–148, hier 137.

hölzernen Badehäuschen überbaut, Quartier und Verpflegung musste man hingegen in der Nachbarschaft suchen.

Als einziges Schwefelbad der Steiermark ist noch die kleine Kuranstalt Wörschach im Bezirk Liezen im Ennstal zu nennen. Nachdem die heilsamen Wässer schon lange in der bäuerlichen Bevölkerung bekannt gewesen waren, ließ Josef Rossmann als Herrschaftsinhaber von Wolkenstein die Quellen fassen und 1837 ein Badehaus mit Wohn- und Gesellschaftsräumen errichten, mehr als 30 Gäste pro Jahr waren aber selten.[21] Eine Sonderstellung nahm schließlich die erste und damals einzige Kaltwasseranstalt der Steiermark in St. Radegund bei Graz ein. Die Gründung ging auf den Wundarzt August Demelius zurück, der 1841 die behördliche Genehmigung zur Führung seines Betriebes nach dem Muster des Vincenz Prießnitz in Gräfenberg/Lázně Jeseník erhielt.[22] Bis zur Mitte des 19. Jahrhunderts hielt sich der Zulauf jedoch in Grenzen.

Allgemeine Charakteristika und Besonderheiten

Selbst wenn im Bestreben, die Entwicklungen des 19. Jahrhunderts besonders herauszustreichen, manche Übertreibungen zeitgenössischer Topographen und Schriftsteller nicht auszuschließen sind, ist in den steirischen Heilbädern um 1800 noch von ausgesprochen primitiven Verhältnissen auszugehen. Sogar der spätere Nobelkurort Rohitsch-Sauerbrunn war davon nicht ausgenommen. Die dortige Quelle machte 1801 einen völlig verwahrlosten Eindruck, und neben einigen Bauernhäusern gab es für Heilungssuchende lediglich provisorische Notquartiere vor Ort: „Zelte, ja selbst ein hölzernes Lusthaus und die Kegelbahn wurden häufig als Schlafstelle benützt. So glich die Kuranstalt mehr einem Lager."[23]

Tatsächlich liest sich die nachfolgende Entwicklung der steirischen Kurbäder bis zur Mitte des 19. Jahrhunderts wie eine Erfolgsgeschichte. Praktisch überall fanden im jeweiligen Verhältnis beträchtliche Investitionen statt, die das Erscheinungsbild der Heilanstalten nachhaltig veränderten. Sümpfe wurden trocken gelegt, Wasserleitungen und Kanäle gegraben, Wege geebnet, Wohnhäuser gebaut und neue Kureinrichtungen geschaffen. Der Gründung und dem Ausbau der Anstalten konnten allerdings ganz unterschiedliche Voraussetzungen zugrunde

---

21 StLA, Werle Anton, Nachlass, Sch. 2, H. 19: Bad Wörschach im Ennstal; Puff Rudolf Gustav, Nachlass, K. 8, H. 274: Heilquellen; Puff, Wegweiser 1854, wie Anm. 9, 153–161; Mathias Macher, Medizinisch-statistische Topografie des Herzogtumes Steiermark (Graz 1860), 224–225; Rudolf Schiestl, Wörschach im Wandel der Zeit (Wörschach 1997), 81–91; Elke Hammer-Luza, Die Kuranstalt Wörschach zur Zeit des Biedermeier, in: Da schau her 33/4 (2012), 13–17.
22 Vgl. Christine Veidl, Die Kaltwasserkuranstalten in der Steiermark im 19. und 20. Jahrhundert, unveröffentlichte phil. Diplomarbeit (Universität Graz 1994), 101–103; Wolfgang Krauss, Die Hydrotherapie – Über das Wasser in der Medizin, in: Herbert Lachmayer / Sylvia Mattl-Wurm / Christian Gargerle, Hg., Das Bad. Eine Geschichte der Badekultur im 19. und 20. Jahrhundert (Salzburg–Wien 1991), 181–189; Martina Vicenzi, St. Radegund bei Graz (St. Radegund o. J.), 25–26; Mathias Macher, Die Kaltwasser-Heilanstalt zu St. Radegund am Schöckel bei Graz. (Das steierische Gräfenberg.) Ein Führer für Kurgäste und Gebirgsreisende (Wien 1868); Mathias Macher, Der Führer auf das Schöckel-Gebirge für Gebirgsfreunde, nebst kurzer Darstellung der Kaltwasser-Heilanstalt zu Radegund am Schöckel für Kurgäste (Graz ²1877), 37–39; StLA, Göth Georg, Nachlass, K. 26, H. 489: Kainberg, Bezirk.
23 StLA, Werle Anton, Nachlass, Sch. 1, H. 4: Steirische Bäder und Gesundbrunnen; Sch. 2, H. 14: Rohitsch-Sauerbrunn.

liegen, die Einfluss auf die Entfaltungsmöglichkeiten der Anlagen nahmen. Die meisten steirischen Thermalquellen und Gesundbrunnen standen in Privatbesitz, darunter auch die traditionsreichen Warmbäder Römerbad Tüffer und Bad Neuhaus, was den Nachteil einer vergleichsweise begrenzten finanziellen Basis mit sich brachte. Diese Kapitalkraft war bei den beiden Anstalten im Eigentum der Stände, nämlich Tobelbad und Rohitsch-Sauerbrunn, zwar gegeben, sie hatten im Gegenzug allerdings mit oft schwerfälligen Verwaltungsstrukturen zu kämpfen. Eine dritte Variante wurde nur in Gleichenberg verwirklicht, nämlich die Gründung einer Aktiengesellschaft.[24] Das sollte sich als äußerst gewinnträchtig erweisen und den Siegeszug des oststeirischen Bades beschleunigen. Ein Eigentümerwechsel konnte daher wesentlichen Einfluss auf das Wachstum eines Heilbades nehmen. Auch infrastrukturelle Maßnahmen brachten einen wichtigen Sprung nach vorne. Grundvoraussetzung für einen regelmäßigen Kurbetrieb waren gute ausgebaute Bezirks- und Landesstraßen, die eine schnelle und bequeme Erreichbarkeit garantierten. In den 1840er Jahren wurde darüber hinaus entscheidend, wie gut die Anbindung eines Heilbades an das Eisenbahnnetz war.[25]

Ein Kurort in größerem Stil bildete mit seinen Gebäuden und Anlagen idealerweise ein geschlossenes Ganzes, das mit den umliegenden, natürlich gewachsenen Strukturen wenig gemein hatte.[26] Da die Mineralquellen häufig in feuchten, morastigen Gebieten zutage traten, lagen sie in der Regel fernab von Ansiedlungen. Typisches Beispiel dafür ist die Kuranstalt Gleichenberg, die in einem nahezu unbewohnten Tal aus dem Boden „gestampft" wurde.[27] Auch in ihrer Architektur präsentierten sich die Anlagen als urbane Fremdkörper in einer ländlichen Umgebung, wobei sich dieser Kontrast durch die Beschränkung auf eine saisonale Nutzung noch verstärkte.[28] Die Kontaktnahme zwischen der ländlichen Bevölkerung und den Kurgästen blieb beschränkt und wurde vom Kurbad aus gesteuert. Benachbarte Bauern- und Gastwirtschaften suchte man als Ausflugsziele gerne auf, goutierte im Gegenzug aber nicht, wenn die „hergelaufenen Bauern" in der Kuranstalt – außer zu arbeiten oder diskret das Armenbad zu benützen – in Erscheinung traten.[29]

Mit unterschiedlicher Gewichtung boten alle steirischen Kuranstalten ihr Heilwasser sowohl zur äußeren als auch zur inneren Anwendung an, was gewisse Einrichtungen notwendig machte. Eine räumliche Aufteilung und Spezialisierung der einzelnen Bereiche in Baden, Trinken, Wohnen, Essen und Unterhaltung fand allerdings erst allmählich und nicht durchgängig statt. Selbst in größeren Kurbädern waren Gebäude mit gemischter Nutzung noch um die Mitte des 19. Jahrhunderts üblich (Abb. 3). Das 1845 errichtete große Badehaus in Rohitsch-Sauerbrunn enthielt nach wie vor Gästezimmer, das Traiteurhaus im Sauerbrunnen diente nicht

---

24 In Bad Neuhaus kam die geplante Gründung der Aktiengesellschaft 1853 nicht zustande; 1858 wurde die Kuranstalt schließlich an die steirischen Stände verkauft. Vgl. StLA, Unger Theodor, Nachlass, K. 8, H. 203: Bad Neuhaus.
25 Vgl. z. B. StLA, Römerbad bei Tüffer, Ort, K. 1, H. 1: Beschreibung des Ortes und Kurbades, um 1850.
26 Vgl. Wolfgang Kos, Zwischen Amüsement und Therapie. Der Kurort als soziales Ensemble, in: Herbert Lachmayer / Sylvia Mattl-Wurm / Christian Gargerle, Hg., Das Bad. Eine Geschichte der Badekultur im 19. und 20. Jahrhundert (Salzburg–Wien 1991), 220–236, hier 227.
27 Vgl. Leopold LANGER, Hg., Die Heilquellen des Thales Gleichenberg in der Steiermark (Gratz 1836); Anatol P. FUKSAS, Bad Gleichenberg. Geschichte eines steirischen Heilbades (Bad Gleichenberg–Graz 1979), 57.
28 Vgl. Jacques GUBLER / Suzanne HORN-PUHLMANN, Eine Saison in zwei Kurorten, in: Herbert Lachmayer / Sylvia Mattl-Wurm / Christian Gargerle, Hg., Das Bad. Eine Geschichte der Badekultur im 19. und 20. Jahrhundert (Salzburg–Wien 1991), 209–219.
29 StLA, Werle Anton, Nachlass, Sch. 2, H. 14: Rohitsch-Sauerbrunn.

Abb. 3: Hauptgebäude im Römerbad Tüffer, Stahlstich, C. Reichert, um 1860 (StLA, OBS-Römerbad-Tüffer-Einzelnes-II-012)

nur der Verpflegung, sondern auch der Unterbringung, und sogar im ersten Stock des Füllhauses wurden Räume vermietet.[30] In kleineren Kurorten war dieses Zusammentreffen der einzelnen Funktionen ohnehin selbstverständlich, da oft nur ein Gebäude zur Verfügung stand.

Im Zentrum eines Heilbades stand das Badehaus. In älterer Zeit erhob es sich direkt über der Quelle und war aus Brettern gezimmert, eine Form, welche die einfachen Bauernbäder noch in der ersten Hälfte des 19. Jahrhunderts beibehalten hatten. Später ging man dazu über, das Thermalwasser an der Quelle aufzufangen und mittels eines Röhrensystems in die Bassins zu leiten. Dies waren meist Geh- oder Gesellschaftsbäder, in denen sich Männer und Frauen frei bewegen konnten; oft standen daneben auch Wannenbäder zur separaten Benützung zur Verfügung. Eine moderne Einrichtung, die nicht überall zu finden war, bildeten die Duschbäder, genau wie man versuchte, die Attraktivität des Badewassers durch verschiedene Beimischungen, wie Kräuter, Kleie, Malz oder Molke, zu erhöhen.

Bei einer Trinkanstalt wurde die Quelle architektonisch in Szene gesetzt, um die Ehrwürdigkeit des Ursprungs schon nach außen sichtbar zu machen. Der Sauerbrunnen von Rohitsch präsentierte sich als majestätischer Tempel (Abb. 4) mit einem Brunnenkranz aus schwarzem Marmor und einer Rotunde, bestehend aus zwölf Säulen und vier Pfeilern.[31] Mit dieser Brunnenhalle in Verbindung stand eine Wandelbahn, die ein Flanieren, geschützt vor Kälte und

---

30 StLA, Werle Anton, Nachlass, Sch. 2, H. 16: Rohitsch-Sauerbrunn.
31 Ernst Hilar FRÖHLICH, Die Sauerbrunnen bei Rohitsch in Steiermark. Mit besonderer Rücksicht auf die dortige ständische Heilanstalt nebst Anleitung zum Kurgebrauche (Wien 1838), 34.

Abb. 4: Brunnen-Tempel in Sauerbrunn bei Rohitsch in Steiermark, Lithografie mit Tondruck, J. Passini, um 1860 (StLA, OBS-Rohitsch-Sauerbrunn-Einzelnes-I-004)

übler Witterung, möglich machen sollte. Das Mineralwasser konnte bei Bedarf ebenso im Kurhaus zu sich genommen werden. Hier befand sich in jedem Fall der gesellschaftliche Mittelpunkt der Anstalt, wobei die größtmögliche Ausdehnung und prächtige Ausgestaltung der darin befindlichen Säle Prestigesache war. Eine Frage des Geldes bildete auch die planmäßige Anlage von parkähnlichen Grünflächen und Spazierwegen, wobei man sich von der Ästhetik her an den Mustern des englischen Landschaftsgartens orientierte.

Wie bereits angesprochen, gestaltete sich der Zulauf zu den einzelnen steirischen Kurorten sehr unterschiedlich. Die Bandbreite reichte von 20 bis 30 länger anwesenden Gästen pro Jahr bis hin zu tausend und mehr, wobei sich die Auslastung im Laufe der ersten Hälfte des 19. Jahrhunderts bisweilen mehr als verdoppelte. Je nach Anzahl der Kurgäste variierte ihre regionale und soziale Zusammensetzung. Bei einer geringen Frequenz waren fast nur Personen aus der näheren Umgebung zu finden, während etwa in Gleichenberg und vor allem in Rohitsch-Sauerbrunn Erholungssuchende aus allen Teilen der Monarchie vertreten waren. In den untersteirischen Bädern fanden sich neben den Besucherinnen und Besuchern aus der Steiermark viele Gäste aus den südlichen Landesteilen Kärnten, Krain, Kroatien, Slawonien und dem Küstenland ein, wobei dieses Neben- und Miteinander der unterschiedlichen Nationen stets als eigentümlicher Reiz hervorgehoben und gepflegt wurde.[32]

---

32 So gab es in Rohitsch-Sauerbrunn ein eigenes „Triestiner Haus" und ein „Kroatendörfchen". StLA, Werle Anton, Nachlass, Sch. 2, H. 16: Rohitsch-Sauerbrunn. Vgl. FRÖHLICH, Sauerbrunnen, wie Anm. 31, 42; Johann Gabriel SEIDL, Wanderungen durch Tyrol und Steiermark. Bd. II: Steiermark (Leipzig [1840–1841]), 52–53.

In direktem Zusammenhang mit der regionalen Herkunft der Kurgäste stand deren soziale Stellung.[33] Die sogenannten „Bauernbäder" wie Grubegg oder Topolschitz ausgenommen, blieb das Publikum meist auf den niederen Adel, vor allem aber das gehobene Bürgertum beschränkt. In Neuhaus betrug der Anteil der adeligen Gäste Mitte des 19. Jahrhunderts knapp ein Viertel,[34] was als typisch für die Warmbäder gelten kann. Selbst in Rohitsch-Sauerbrunn durfte man gekrönte Häupter nur ausnahmsweise begrüßen und musste in der Regel mit der zweiten Reihe vorlieb nehmen, etwa mit dem Kaisersohn Erzherzog Johann oder mit dem abgedankten König von Holland, Louis Bonaparte.

Der Umgang der verschiedenen sozialen Schichten miteinander gestaltete sich im Kurbad höchst ambivalent. Werbeschriften für einzelne Badeorte hoben zwar gerne den ungezwungenen Gesellschaftston hervor, der unter den Kurgästen ohne Unterschied des Standes herrschen würde.[35] Doch diese Kontaktnahme funktionierte nach klaren Regeln und war zeitlich begrenzt,[36] Hierarchien blieben in jedem Kurort allgegenwärtig. Das begann bereits bei der Auswahl des passenden Termins für die Reise ins Bad. Der Hochsommer war am beliebtesten und am teuersten, in dieser Zeit traf man in den Orten zugleich die beste und vornehmste Gesellschaft. Auch hinsichtlich der Unterbringung und Verköstigung der Gäste gab es deutliche Abstufungen,[37] sodass man weitgehend unter sich bleiben konnte.

Vom Morgenbad bis zur Nachtruhe

Obwohl die Tageseinteilung in einem Kurort in der ersten Hälfte des 19. Jahrhunderts eine bemerkenswerte Wandlung durchlief und zudem je nach vorherrschendem Angebot – Bade- oder Trinkanstalt – variieren konnte, war in jedem Fall Gleichförmigkeit das bestimmende Kriterium. Zum Fixpunkt des Tages gehörte die eigentliche Nutzung des Kurangebotes. Noch bis um 1820 folgte man in den Warmbädern den alten Ordnungen aus dem 18. Jahrhundert, bei denen man täglich auf eine Badezeit von bis zu sechs Stunden kam.[38] In Römerbad Tüffer und in Neuhaus war es üblich, den Gebrauch des Bades mit einer Stunde am Vormittag und einer Stunde am Nachmittag zu beginnen und jeden Tag um eine ganze Stunde zu steigern, sodass man nach fünf Tagen das „hohe Bad" mit drei Stunden Badezeit am Vormittag und drei Stunden am Nachmittag erreicht hatte. Dieses Ausmaß sollte 14 Tage fortgesetzt werden, bis die Badezeit im gleichen Rhythmus wieder verringert wurde.[39] Als wichtigstes Zeichen dafür, dass

---

33 Vgl. Juliane Mikoletzky, Zur Sozialgeschichte des österreichischen Kurorts im 19. Jahrhundert. Kurlisten und Kurtaxordnungen als sozialhistorische Quelle, in: Mitteilungen des Instituts für Österreichische Geschichtsforschung 99 (1991), 393–433.
34 Vgl. Kurliste von 1849, abgedruckt in: Kottowitz, Bericht, wie Anm. 14, o. S., sowie Puff, Wegweiser 1854, wie Anm. 9, 187–188.
35 „Rang und Vorzüge werden hier ganz vergessen". Mathias Macher, Physikalisch-medizinische Beschreibung der Sauerbrunnen bey Rohitsch in Steyermark, mit Anleitung zum Gebrauche derselben an der Heilanstalt für Cur-Gäste (Wien–Gratz 1823), 102.
36 Vgl. Kos, Amüsement, wie Anm. 26, 223–224.
37 Vgl. z. B. StLA, Werle Anton, Nachlass, Sch. 2, H. 15: Rohitsch-Sauerbrunn, Preistarife, 1835.
38 Vgl. Křížek, Kulturgeschichte, wie Anm. 1, 79.
39 StLA, Römerbad bei Tüffer, Ort, K. 1, H. 2: Badeordnung, 18. Jahrhundert; N. N., Das Bad in Neuhaus, eine auf eine 36jährige Erfahrung gegründete Belehrung zum Vortheil der Gesundheit zu gebrauchen (Laibach 1814). Ähnlich die Badeordnung von Wildbach Einöd 1776. Vgl. Brunner, Dürnstein-Wildbad Einöd, wie Anm. 19, 104–105.

das Bad seine Wirkung entfaltete, galt der „Badeausschlag", dessen Erscheinen man freudig begrüßte und auf den – wie man 1823 launig bemerkte – geradezu „Parforce-Jagd" gemacht wurde.[40]

Um während des Badens nicht stundenlang im Thermalwasser stehen oder gehen zu müssen, gab es Sitzgelegenheiten in Form von Steinbänken, in Römerbad Tüffer verfügte man sogar über schwimmende Stützen für die im Wasser Herumwandelnden. Auf gesetztes, würdevolles Benehmen in den gemischten Badebecken wurde großer Wert gelegt, wollte man doch jeden Anschein von Unmoral oder Frivolität unter den Geschlechtern von vornherein unterbinden. 1814 erging etwa für Bad Neuhaus die strenge Ermahnung: „Das unschikliche Schwimmen und Bespritzen der Badenden, wodurch deren Köpfe genäßt werden, wird in diesem Bad durchaus nicht geduldet."[41] Sehr wohl gestattet und erwünscht war jedoch eine gepflegte Unterhaltung. Um die Bassins herum verliefen Galerien, auf denen sich Besucherinnen und Besucher aufhalten und mit den Badenden ungezwungen plaudern konnten (Abb. 5). Wie man stundenlange Wannenbäder ohne jede Gesellschaft leichter erträglich machte, wusste man wiederum in Wildbad Einöd. Hier verfügte jede Badewanne über einen Bretteraufsatz, sodass die Kurgäste jederzeit im Wasser essen und trinken konnten.[42]

Abb. 5: Innere Ansicht des Kaltbades im Bade Dobel in Steiermark, Joh. Passini, um 1860 (StLA, OBS-Tobelbad-Einzelnes-II-013)

---

40 N. N., Heilsame Wirkung des ständischen Tobelbades im Jahre 1822, in: Der Aufmerksame (15. April 1823).
41 N. N., Bad in Neuhaus, wie Anm. 39, 9.
42 Vgl. BRUNNER, Dürnstein-Wildbad Einöd, wie Anm. 19, 107.

Dass dieser lange Aufenthalt im Thermalwasser der Gesundheit freilich mehr schadete als ihr nützte, wurde von den Badeärzten Anfang des 19. Jahrhunderts zunehmend erkannt und kritisiert.[43] Geltende Lehre war nun, sich in erster Linie nach der Individualität und körperlichen Konstitution der Patientinnen und Patienten zu richten, wobei als maximale Badezeit vier Stunden – mit dem Schwergewicht auf dem Vormittag – keinesfalls überschritten werden sollten. Meist hielt man sogar zwei bis drei Stunden täglich für ausreichend.[44] Damit die Zeit nicht übersehen wurde, war über dem Bassin eine eigene Badeuhr angebracht. Eine „Kurze Anleitung zum zweckmäßigen Gebrauche der Mineralbäder zu Neuhaus" aus dem Jahr 1833 von Johann Peintinger (1768–1846), Arzt aus Leoben und Vertrautem von Erzherzog Johann von Österreich, enthielt eine detaillierte Aufstellung, wie sich der Mediziner die wirkungsvollste Benützung der Heilquelle vorstellte.[45] Nach einigen Tagen der stufenweisen Eingewöhnung sollte man mit dem „hohen Bad" um 5 Uhr früh beginnen und dieses eineinhalb Stunden lang fortsetzen; den Termin des Nachmittagsbades, für das eine Dreiviertelstunde veranschlagt wurde, setzte er eine Viertelstunde nach 16 Uhr an. Nach dem Gebrauch des Bades sollten ebenfalls gewisse Maßregeln eingehalten werden. Es wurde empfohlen, sich zu Bett zu begeben, warm zu halten und auszuruhen, keinesfalls aber zu schlafen. Dass diese Vorschriften im Großen und Ganzen befolgt wurden, belegen unter anderem die Aufzeichnungen von Peintingers Patientin Anna Plochl (1804–1885), nachmaliger Gräfin von Meran und Ehefrau von Erzherzog Johann, in denen es regelmäßig heißt: „Um 6 Uhr giengen wir in das Bad, um ½ 8 Uhr heraus, dann in das Bett, wo wir bis ½ 10 Uhr blieben." Nur mit dem Schlafverbot nahm sie es nicht so genau: „Kann aber nicht helfen, denn jetzt habe ich Zeit dazu."[46]

Tatsächlich war die körperliche Beanspruchung durch eine Kur, vor allem durch das Thermalbad, nicht zu unterschätzen. Regelmäßig litten Badegäste unter Abgespanntheit und Erschöpfungszuständen, die es ihnen unmöglich machten, ausgedehnte Aktivitäten zu setzen. Pater Ulrich Speckmoser (1781–1845), Präfekt am Gymnasium in Marburg/Maribor, unternahm im Juni 1844 eine mehrwöchige Kur in Römerbad Tüffer und hatte anfangs große Pläne: „Ich nahm mir vor, alle umliegenden Gebirge zu besteigen, um zu botanisieren, allein ich muß es aufgeben, denn kann kaum einige 100 Schritte gehen, so muß ich wieder rasten."[47] Mit diesem Problem fand sich der Geistliche nicht alleine. Gerade zu Beginn einer Badekur hatten empfindlichere Personen mit Kreislaufbeschwerden und Ohnmachtsanfällen zu kämpfen, was die kränkliche Anna Plochl 1825 leidvoll erfahren musste. Schon beim ersten Aufenthalt im Thermalbecken wurde sie von Schwindel befallen, am zweiten Tag musste sie sogar von zwei Frauen aus dem Wasser geführt werden: „Sie trugen mich dann hinauf in das Anzieh-Kammerl, labten mich oder was sie thaten, denn ich wußte von gar nichts, ich war ganz unbewußt."[48] Derartige Ereignisse trübten natürlich die Stimmung, und depressive Anwandlungen konnten die Folge sein.

---

43 Joseph SCHALLGRUBER, Aufsätze und Beobachtungen etc. sammt Darstellung der Bäder zu Neuhaus und Tüffer (Graz 1816), 34–35; OSANN, Darstellung, wie Anm. 3, 199–200.
44 Vgl. MACHER, Römerbad, wie Anm. 11, 47–48.
45 StLA, Werle Anton, Nachlass, Sch. 1, H. 13: Bad Neuhaus.
46 StLA, Meran, Familie. K. 111, H. 2: Tagebuch und Briefwechsel Erzherzog Johanns mit Anna Plochl, 10. August 1825, 11. August 1825.
47 StLA, Puff Rudolf Gustav, Nachlass, K. 3, H. 130: Ulrich Speckmoser an Gustav Rudolf Puff, Tüffer, 13. Juni 1844.
48 StLA, Meran, Familie. K. 111, H. 2: Tagebuch und Briefwechsel Erzherzog Johanns mit Anna Plochl, 7. August 1825.

Nicht so strengen Anordnungen war der Trinkgebrauch unterworfen, wie überhaupt die Atmosphäre in den Sauerbrunnen als viel entspannter und fröhlicher als in den Thermalbädern beschrieben wird. Als beste Trinkzeit galt der Morgen, bei entsprechender Wärme schon ab 5 oder 6 Uhr früh: „Mit der aufgehenden Sonne möge daher jeder Kurgast sein Bett verlassen und wenn die feuchten Nebel allmählich verschwinden, wohl angekleidet zum Brunnen eilen."[49] Bei Schlechtwetter nahm man keinen Anstand, die Trinkkur im Kursalon oder auf dem eigenen Zimmer, sogar im Bett, durchführen zu lassen. Zur leichteren Verdaulichkeit und zur Verbesserung des Geschmackes konnte das Heilwasser erwärmt oder mit Molke, Kräuteressenzen, Zitronenlimonade oder sogar Wein vermischt werden. Hinsichtlich der für eine Heilwirkung notwendigen Menge an Mineralwasser hatte man die Ansprüche im Laufe der Jahrzehnte drastisch reduziert. Anfang des 19. Jahrhunderts nahmen die Kurgäste in ihrem Übereifer noch bedenkenlos mehrere Liter an Sauerwasser zu sich. In der Folge gingen die Ärzte davon aus, dass maximal eineinhalb Liter pro Tag für eine gesundheitsfördernde Kur ausreichend wären. Wie man in der Steiermark betonte, entsprach dieser Gebrauch „jenem der berühmtesten ähnlichen Heilquellen Deutschlands".[50] Wichtiger hielt man nun langsames Trinken, unterbrochen von ständigen Pausen, in denen die Kurgäste auf den Promenaden oder auf der Wandelbahn hin- und herspazierten und leichte Bewegung machten.[51] Erst nach einem gewissen zeitlichen Abstand zum Trinken oder Baden sollte an das Essen gedacht werden.

Die Verköstigung bildete einen wichtigen Punkt innerhalb einer Badereise. Grundsätzlich standen den Gästen mehrere Möglichkeiten offen. Die meisten Kuranstalten unterhielten eigenen Traiteure, die in einem zentralen Speisebetrieb Essen und Getränke anboten. In Rohitsch-Sauerbrunn gab es sogar zwei ständische Traiteure, von denen einer seine Tafel im Konversationssaal, der zweite im Gastzimmer des Traiteurhauses unterhielt. Auf Wunsch wurden die Speisen gegen Aufpreis auch auf das Zimmer serviert. Darüber hinaus konnte man das Angebot von lokalen Gasthäusern annehmen oder überhaupt eine Wohnung mit einer Küche mieten und sich dort seine Mahlzeiten selbst zubereiten lassen.

In Bezug auf die Ernährung drangen alle Baderatgeber übereinstimmend auf Mäßigung. Das begann bereits beim Frühstück. Vor starkem Kaffee, Schwarztee und fettem Rahm wurde gewarnt, empfohlen wurden hingegen Suppen und Fleischbrühen mit Brot oder leichte Milchschokolade und Kakao. Alkoholische Getränke am Morgen sollten absolut tabu sein. Wann allerdings die günstigste Zeit zur Einnahme des Frühstücks sei, darüber herrschte weniger Einigkeit und hing auch davon ab, ob man nur eine Trinkquelle aufsuchte oder genauso Bäder gebrauchte.[52]

---

49 MACHER, Beschreibung, wie Anm. 35, 99.
50 FRÖHLICH, Sauerbrunnen, wie Anm. 31, 43–46.
51 StLA, Werle Anton, Nachlass, Sch. 2, H. 16: Rohitsch-Sauerbrunn; Sch. 1, H. 10: Gleichenberg; Gustav von KOTTOWITZ, Der Curort Gleichenberg mit seinen Heilquellen im Herzogthume Steiermark (Wien 1847), 113–116; PUFF, Erinnerung, wie Anm. 6, 22–24.
52 Vgl. z. B. MACHER, Römerbad, wie Anm. 11, 52–53; MACHER, Beschreibung, wie Anm. 35, 101; PUFF, Erinnerung, wie Anm. 6, 100–101; KOTTOWITZ, Curort, wie Anm. 51, 128–130.

Je nach Kurbetrieb und sozialer Abstufung der Tafel setzte man sich zwischen 12 und 13 Uhr zum Mittagstisch. Anfang des 19. Jahrhunderts war es noch üblich, dass den Gästen der Beginn der Speisenausgabe durch ein Klingelzeichen angekündigt wurde. Die gängige Form des Mittagsmahles bestand in der „table d'hôte", bei der sich die Gäste an einem Tisch – in der Reihenfolge ihrer Ankunft am Kurort – zusammenfanden und eine bestimmte Auswahl an Gerichten vorgesetzt bekamen. Das setzte freilich eine gewisse Anzahl an Badegästen voraus.[53] Alternativ dazu bestand die Möglichkeit, die Speisen nach der Karte auszuwählen. Als zweckmäßige Kost erachtete man einfach zubereitete, nahrhafte und leicht verdauliche Speisen, etwa mürbes Rind- oder Kalbfleisch, Geflügel, Flussfische, Spinat oder gekochten Salat. Nicht zuträglich hielt man abgehangenes Wildbret, gepökeltes oder geräuchertes Schweinefleisch, fette Mehlspeisen oder saures Gemüse und Obst, wobei die Meinungen der Badeärzte über das Ausmaß der Schädlichkeit einzelner Nahrungsmittel beträchtlich auseinander gehen konnten. Dazu trank man im günstigsten Fall Quellwasser, häufiger aber wohl steirischen Wein und frisch gebrautes Bier, wie es etwa in Tüffer zu haben war. Überhaupt gestaltete sich das Angebot an üppigen Speisen und geistigen Getränken in einzelnen Kurorten verführerisch reichhaltig, sodass diätetische Grundsätze nicht leicht einzuhalten waren. So konnte man in Bad Neuhaus 1819 ganz selbstverständlich unter allerlei süßen und schweren Flaschenweinen wie Málaga, Frontignac, Madeira oder Cipro wählen, auch Punsch war glasweise zu bekommen.[54] Verlangte einem vermögenden Kurgast darüber hinaus nach einer besonderen Spezialität, so stellte es keine Schwierigkeit dar, sich das Fehlende an den Badeort schicken zu lassen.[55]

Für die Jause am Nachmittag nützten die Kurgäste vielfach die Gasthäuser in der Umgebung oder delektierten sich in einem „Milchmariandel" (Abb. 6) oder in einer „Molkensiederei" an Kaffee, Süßspeisen und Obers. Größere Kurorte wie Rohitsch-Sauerbrunn und Gleichenberg verfügten natürlich über eigene Kaffeehäuser. Die Abendmahlzeit wurde üblicherweise gegen 20 Uhr eingenommen, sie sollte nach Möglichkeit nur eine Kleinigkeit umfassen. „Bei den meisten wird eine einfache Suppenspeise hinreichend sein", meinte man etwa optimistisch in Rohitsch-Sauerbrunn.[56] An der abendlichen Tafel ging es viel ruhiger als zu Mittag zu, manche Gäste speisten überhaupt auf ihren Zimmern oder auswärts.

---

53 StLA, Werle Anton, Nachlass, Sch. 2, H. 19: Bad Wörschach im Ennstal.
54 StLA, Dienersperg, Familie, K. 2, H. 56: Bad Neuhaus und Gottesdienst daselbst, 1618–1845.
55 Anna Plochl ließ sich Málaga-Wein nach Neuhaus schicken, jammerte aber sehr über das hohe Porto, das die Sendung ausmachte. StLA, Meran, Familie. K. 111, H. 2: Tagebuch und Briefwechsel Erzherzog Johanns mit Anna Plochl, 6. August bis 27. August 1825.
56 MACHER, Beschreibung, wie Anm. 35, 110.

Abb. 6: Milchmariandel, Lithographie mit Kreide in Tondruck, C. Goebel, um 1860 (StLA, OBS-Neuhaus-Einzelnes-II-006)

Um den optimalen Heilerfolg zu erzielen, sollte die Nachtruhe ausreichend sein. Man riet dazu, sich zumindest um 22 Uhr zu Bett zu begeben und zu schlafen. Vor dem „Genuss sinnlicher Liebe" wurde eindringlich gewarnt und die nachteiligen Folgen „des verzehrenden Feuers", das der Kräftigung des Körpers zuwider stünde, ausgemalt.[57] Erzherzog Johann zog sich in Rohitsch-Sauerbrunn regelmäßig schon um 21 Uhr zurück. Trotzdem war es für ihn nicht einfach, so früh Ruhe zu finden, nach wie vor hörte man auf der Straße Geschwätz und Geschrei, Hunde bellten und Frösche quakten, „so daß, wenn man die Augen schließet, man sich in eine volkreiche Gegend versetzt glaubet; in Graz war es weit ruhiger".[58] So hat es den Anschein, dass die anderen Badegäste den gebotenen Zerstreuungen mehr zusprachen als der ernsthafte Habsburger.

---

57 StLA, Werle Anton, Nachlass, Sch. 1, H. 10: Gleichenberg.
58 Tagebuch Erzherzog Johann 22. Juni 1810, in: Anton SCHLOSSAR, Hg., Erzherzog Johanns Tagebuchaufzeichnungen von seinem Aufenthalte im Kurorte Rohitsch-Sauerbrunn und über seine Reisen in Untersteiermark aus den Jahren 1810, 1811 und 1812 (Graz 1912), 12–13.

Langeweile als tägliche Herausforderung

Indem die für den eigentlichen Trink- und vor allem Badegebrauch veranschlagte Zeitspanne im Laufe der Jahre stetig abnahm, stand den Gästen eines Kurortes längerfristig immer mehr Freizeit zur Verfügung, die entsprechend gefüllt werden wollte. Ein Teil dieser Aktivitäten stand durchaus im Sinne eines gedeihlichen Heilerfolges, bei anderen Vergnügungen wurde jedoch seitens der Badeärzte zu Zurückhaltung und Enthaltsamkeit aufgerufen. Es war für die Organisation einer Kuranstalt nicht einfach, die richtige Balance zwischen dem medizinischen Anspruch und einem breiten Unterhaltungsangebot zu finden. Man wollte die Erfolgsquote eines Kurbades nicht gefährden, gleichzeitig die Bedürfnisse der zahlenden Gäste aber nicht missachten.[59]

Einig war man sich in jedem Fall, dass die beste und gesündeste Art, seine Mußestunden hinzubringen, im Aufenthalt in der freien Natur bestand. Für viele Gäste in den großen Kurorten beschränkte sich diese Bewegung an der frischen Luft allerdings auf die Promenade, wo man sich unter die Gesellschaft mischen, neue Bekanntschaften schließen und nicht zuletzt die Garderobe ausführen konnte.[60] Hier erging vor allem die Mahnung an die weiblichen Kurgäste, nicht „wegen andauernder Toilette oder umgekehrt aus Unlust, sich derselben zu widmen" in den dumpfen Zimmern zu verbleiben.[61] Namentlich in den kleinen Kurbädern wurde man nicht müde, die Vorzüge der umliegenden Landschaft zu preisen, hatte man doch oft – außer der Schönheit tannengrüner Wälder oder lieblicher Weinhügeln – nicht viel mehr zu bieten. „Die nächste Umgebung des Badeortes ist äußerst amüsant und zu Spaziergängen und Erheiterungen findet sich vielfältig Gelegenheit",[62] heißt es etwa recht unverbindlich zum Schwefelbach Wörschach mit seinen damals recht bescheidenen Anlagen. In der Bäderliteratur finden sich regelmäßig seitenlange Beschreibungen von lohnenden Fußwegen in der unmittelbaren Nachbarschaft und Ausflügen zu pittoresken Zielen im Hinterland (Abb. 7). In Gleichenberg führte ein Weg zum sogenannten Prater, einem schattigen Platz auf der Höhe, wo man allerlei Gerätschaften wie Ringelspiele und Schaukeln aufgestellt hatte. War ein Badegast nicht in der Lage, solche Touren aus eigener Kraft zu unternehmen, konnte man im Kurort – ganz nach dem Muster von Ischl – einen Tragsessel mieten. Für längere Ausflüge verfügte die Kurverwaltung außerdem über zwölf Esel, die man als Reittiere verwenden oder vor kleine Wagen spannen konnte.[63] Kurgäste von Rang waren in der Regel ohnehin mit einer Equipage ausgestattet und führten mitunter sogar eigene Reitpferde mit. Bei entsprechender Beweglichkeit und Unternehmungsgeist nützte man vor allem die Nachmittage zu kleinen Exkursionen; ganz- oder gar mehrtägige Vergnügungsfahrten wurden aus therapeutischen Erwägungen hingegen nicht so gerne gesehen. Paradoxerweise konnte die Beschäftigung im Freien bei entsprechender Motivation sogar in Arbeit ausarten. Erzherzog Johann überzeugte 1812 eine Gruppe von Kurgästen, mit ihm gemeinsam eigenhändig einen Spazierweg in einem Eichenhain in Rohitsch-Sauerbrunn anzulegen. Tagelang zogen die hohen Herrschaften mit Schaufeln und Spaten in den

---

59 Vgl. Kos, Amüsement, wie Anm. 26, 220.
60 Vgl. Christina Florack-Kröll, „Heilsam Wasser, Erd' und Luft". Zu Goethes Badereisen, in: Hermann Bausinger / Klaus Beyrer / Gottfried Korff, Hg., Reisekultur. Von der Pilgerfahrt zum modernen Tourismus (München 1991), 202–206, hier 205.
61 Kottowitz, Bericht, wie Anm. 14, 49.
62 Göth, Herzogthum, wie Anm. 19, 54.
63 Kottowitz, Curort, wie Anm. 51, 92–94.

Abb. 7: Am Bründl, Lithografie mit Kreide in Tondruck, um 1860 (StLA, OBS-Römerbad-Tüffer-Einzelnes-II-008)

Wald hinaus, um sich körperlich zu betätigen und zugleich ein sinnvolles, gemeinschaftsstiftendes Werk zu vollbringen.[64] Wie weit diese Arbeitsfreude allerdings auf allgemeine Überzeugung und nicht etwa auf den sanften Druck des umtriebigen Habsburgers zurückzuführen ist, muss dahingestellt bleiben.

Zu den weiteren Fixpunkten für die Kurgäste, vor allem an Sonn- und Feiertagen, aber auch unter der Woche, gehörte der Kirchgang. In Tobelbad wurde in der örtlichen Pfarrkirche täglich um 11 Uhr die Messe gelesen,[65] in Neuhaus hing die Häufigkeit des Gottesdienstes davon ab, ob gerade ein Geistlicher als Kurgast anwesend war.[66] Um gebrechlichen, gehbehinderten Personen die uneingeschränkte Möglichkeit zur Andacht zu geben, richteten die meisten Kurorte eigene, kleine Anstaltskapellen ein.

Die meisten Zerstreuungen der Badegäste waren aber höchst profaner Natur. In erster Linie vertrieb man sich die Zeit mit unverbindlichen Plaudereien und geselligem Zusammensein, wobei Fröhlichkeit und Harmonie angesagt waren. Widerraten wurde hingegen allen geschäftlichen Tätigkeiten, politischen Diskussionen, ja sogar geistigen Anstrengungen im Allgemeinen. Dieser Grundsatz war auch bei der Wahl des Lesestoffs zu beherzigen, er sollte amüsant,

---

64 Tagebuch Erzherzog Johann 6. Juli bis 22. Juli 1812, in: Schlossar, Erzherzog, wie Anm. 58, 93–103.
65 A. J. Polsterer, Grätz und seine Umgebungen, Historisch-topographisch-statistisch dargestellt (Gräz 1827), 413.
66 StLA, Dienersperg, Familie, K. 2, H. 56: Bad Neuhaus und Gottesdienst daselbst, 1618–1845.

aber nicht zu aufregend sein. In den größeren Kurorten hatte man eigene Bibliotheken eingerichtet, in denen die gängigsten Zeitungen und Journale auflagen. Zur Lektüre zog man sich bei kühlerem Wetter in den Kursaal zurück, in dem „aus Artigkeit gegen die Damen" nicht geraucht werden durfte.[67]

Frauen beschäftigten sich häufig mit Handarbeiten wie Sticken oder Stricken. Auch kleine Basteleien waren angesagt. Wie Mathias Macher zu berichten wusste, kam in der Nähe des Römerbades Tüffer schwarzgrauer, weicher Tonschiefer vor, „aus welchem die Kurgäste zur angenehmen Unterhaltung während des Badens allerhand niedliche Kleinigkeiten" zu verfertigen pflegten.[68] Eine nicht unwichtige Rolle spielte das Einkaufen. Die Damen und Herren hatten während der Kur Zeit genug, die von lokalen Krämern und Kaufleuten verführerisch ausgelegten Waren in Ruhe zu beschauen und auszuwählen. Nicht von ungefähr wurden in den Wandelbahnen zunehmend eigene Nischen für „Verkaufsbuden" eingerichtet, um sich dem Kurgast bei seiner ureigensten Beschäftigung anzunähern.

Eine willkommene Abwechslung im Badealltag boten Besuche von Freunden und Bekannten. Pater Ulrich Speckmoser, der 1844 in Römerbad Tüffer zu Kur weilte, wartete jedes Wochenende sehnsüchtig auf das Erscheinen eines bekannten Gesichtes, um etwas über den Gang des Lebens außerhalb der Enge der Kuranstalt zu erfahren.[69] Dieser Zustrom an Gästen, die nur für ein oder zwei Tage den Heilort aufsuchten, konnte mitunter beträchtlich sein. In Bad Neuhaus überstieg ihre Zahl 1839 jene der Dauergäste sogar um das doppelte,[70] auch in Tobelbad fanden sich regelmäßige viele Besucherinnen und Besucher aus der nahen Landeshauptstadt ein. Um den geregelten Kurbetrieb nicht zu stören und die Hauptbassins nicht zu überlasten, sah man sich zunehmend gezwungen, für diese „fliegenden Gäste" eigene Fremdenbäder einzurichten.[71]

Zur Unterhaltung im Kurbad gehörte die Musik. Gewöhnlich stand dafür im Kursaal (Abb. 8) ein Klavier zur Verfügung, an dem sich die Gäste üben und Stücke zum Besten geben konnten. Größere Kurorte hatten darüber hinaus für einzelne Tage oder gar für die Dauer der ganzen Saison professionelle Musiker engagiert. In Rohitsch-Sauerbrunn spielte in den 1830er Jahren schon um 7 Uhr früh eine „Musikbande" am Brunnentempel mit Harmoniemusik auf, während der Mittags- und Abendtafeln wurde die musikalische Untermalung fortgesetzt.[72] In Neuhaus hatte man in den 1840er Jahren eine „Karlsbader Musikgesellschaft" unter Vertrag, für deren Darbietungen eine eigene Musiktaxe eingeführt wurde, und auch in Gleichenberg wurde der ganze Ort von einem erhöht angelegten Pavillon aus mit Blechmusik beschallt.[73]

Wo für Musik gesorgt war, wurde auch Tanz und Ballunterhaltung verlangt, selbst wenn die Badeärzte dem streng widerrieten. In Tobelbad spielte man zwei Mal pro Woche zum Tanz auf, in Römerbad Tüffer veranstaltete man fast jeden Sonntag einen Ball, der gewöhnlich durch zahlreichen Besuch von Einheimischen belebt wurde.[74] In Rohitsch-Sauerbrunn galt die

---

67 Kottowitz, Bericht, wie Anm. 14, 47.
68 Macher, Römerbad, wie Anm. 11, 9.
69 StLA, Puff Rudolf Gustav, Nachlass, K. 3, H. 130: Ulrich Speckmoser an Gustav Rudolf Puff, Tüffer, 13. 6. 1844.
70 StLA, Werle Anton, Nachlass, Sch. 1, H. 13: Bad Neuhaus.
71 StLA, Werle Anton, Nachlass, Sch. 2, H. 18: Römerbad nächst Tüffer.
72 StLA, Werle Anton, Nachlass, Sch. 2, H. 16: Rohitsch-Sauerbrunn.
73 Kottowitz, Bericht, wie Anm. 14, 47; Anatol P. Fuksas, Bad Gleichenberg. 150 Jahre das Heilbad im Grünen (Graz 1987), 29–34.
74 Polsterer, Grätz, wie Anm. 65, 412; Macher, Römerbad, wie Anm. 12, 28–29.

Regel, dass solche Bälle nur bis Mitternacht andauern durften, um die Nachtruhe der anderen Gäste und damit den ganzen Kurbetrieb nicht zu stören.[75] Aus den Aufzeichnungen von Erzherzog Johann wissen wir allerdings, dass bei guter Stimmung auch bis vier Uhr früh weiter gefeiert wurde.[76] Den Höhepunkt der Saison bildete hier der Ball am Annatag am 26. Juli, der in den 1840er Jahren von 500 Gästen aus Nah und Fern besucht wurde.[77] Neben abendlichen Festen durfte sich das Publikum außerdem über gelegentliche Theateraufführungen freuen. In Rohitsch-Sauerbrunn hielt sich die Kurzeit über gewöhnlich eine Gruppe von Schauspielern auf,[78] und selbst ein unbedeutender Kurort wie das Schwefelbad Wörschach verfügte angeblich über ein kleines Haustheater.[79]

Nicht wegzudenken aus dem Gesellschaftsleben waren schließlich Spiele aller Art. In jedem Kurort gab es die obligatorische Kegelbahn, jedes größere Kurhaus verfügte über ein Billardzimmer mit entsprechender Einrichtung und über eigene Spielzimmer mit Spieltischen. Will man den Worten der Badeärzte glauben, brachten die Gäste hier stundenlang bei Whist, Tarock und anderen Kartenspielen zu; Hazardspiele mit hohem Einsatz waren selbstverständlich verboten. Im Salon standen auch verschiedene Brettspiele wie Schach zur Verfügung, und man fand sich zu Gesellschaftsspielen zusammen, um den Abend zu verkürzen.

Wie sich der Kuralltag aus der Perspektive der Gäste darstellte und wie sie ihre Zeit im Bad wahrnahmen, darüber gibt es freilich nur selten Quellen. Aus Rohitsch-Sauerbrunn stehen uns jedenfalls die Tagebücher von Erzherzog Johann zur Verfügung, der seinen Tagesablauf Ende Juni/Anfang Juli 1810 wie folgt beschreibt:

> „Früh trinkt oder badet man, dann gehet es um 9 bis 10 Uhr zum Frühstück, dann trinken einige neuerdings oder man spricht und suchet die Zeit bis Mittag zu töten. Die Langeweile mag manchen wohl besuchen, da müssen dann Romane oder irgendeine ähnliche geistreiche Seelennahrung aushelfen oder irgendein Spaziergang oder die Tabakpfeife, Karten, Kegelstatt, welche letztere, obgleich schlecht, eine große Rolle spielt. Wird es Zeit zum Essen, so erscheint ein Knabe mit einer Klingel und läutet, da eilet alles zu dem Traiteur. […] So dauert es bis 2 – 3 Uhr, dann fangen die obbeschriebenen Unterhaltungen an und dauern bis zur Spazierzeit. […] Abends wird wieder gegessen und zu Bette gegangen. Andere Unterhaltungen gibt es nicht."[80]

Freilich stand Rohitsch-Sauerbrunn damals erst am Anfang seiner Entwicklung, in späteren Jahren mochte das Urteil vermutlich anders ausgefallen sein.

Über die Verhältnisse von Bad Neuhaus um 1825/26 erfahren wir einiges aus den Tagebüchern von Anna Plochl, die ein von offiziellen Badeführern abweichendes Bild zeichnet. Die junge Frau empfand ihren Kuralltag als monoton, freudlos und überaus bedrückend: „Es ist zum Sterben langweilig, wie in einem Kloster. Das große Haus, fast keine Gäste, und die (da)

---

75 StLA, Werle Anton, Nachlass, Sch. 2, H. 16: Rohitsch-Sauerbrunn.
76 Tagebuch Erzherzog Johann 24./25. Juni 1810, in: Schlossar, Erzherzog, wie Anm. 58, 21–22.
77 Puff, Erinnerung, wie Anm. 6, 15–16.
78 Macher, Beschreibung, wie Anm. 35, 109.
79 StLA, Werle Anton, Nachlass, Sch. 1, H. 4: Steirische Bäder und Gesundbrunnen.
80 Tagebuch Erzherzog Johann 22. Juni 1810, in: Schlossar, Erzherzog, wie Anm. 58, 11–12.

Abb. 8: Cursaal, Lithografie mit Kreide in Tondruck, J. Reiterer, um 1860 (StLA, OBS-Rohitsch-Sauerbrunn-Einzelnes-II-i-001)

sind, leben ganz abgesondert. Macht aber nichts, wenn ich nur gesund werde und die Zeit geschwinder vergieng, aber leider dauert jeder Tag hier nochmal so lang wie im Oberlande an der Seite seiner Bekannten."[81]

Hygiene und der Komfort ließen ebenfalls noch zu wünschen übrig: „In unserem Zimmer hat es Fliegen, dass wir fast nicht essen und schlafen können, dann was gar lieb ist, einen Grillen, der schreit die ganze Nacht." So wurden aus der Not heraus und zum Zeitvertreib stundenlang Fliegen erschlagen und Grillen gejagt.[82]

---

81 StLA, Meran, Familie. K. 111, H. 2: Tagebuch und Briefwechsel Erzherzog Johanns mit Anna Plochl, 7. August 1825.
82 StLA, Meran, Familie K. 111, H. 2: Tagebuch und Briefwechsel Erzherzog Johanns mit Anna Plochl 1825, 6., 7. und 10. August 1825. Ein ähnlich trostloses Bild malte übrigens der Wiener Joseph Kyselak 1825 vom Kurort Tobelbad: „Dieses aus neun Häusern bestehende Dörfchen, dem eine Badquelle Ursprung und Namen erwarb, so unansehnlich und verborgen es in einem Waldkessel liegt, soll doch eine besondere Einwirkung auf Kranke besitzen; ich konnte aber nicht erfahren, ob diese in wunderbarer Hebung des Krankheitsstoffes oder baldigem Tode bestehe? erstere möge wenigstens dem Gebrechlichen so lange Trost seyn, bis Schwermuth als natürliche Folge dieses quälenden Wohnortes, letzteren herbeizieht." Joseph Kyselak, Skizzen einer Fußreise durch Oesterreich, Steiermark, Kärnthen, Salzburg, Berchtesgaden, Tirol und Baiern nach Wien, nebst einer romantisch pittoresken Darstellung mehrerer Ritterburgen und ihrer Volkssagen, Gebirgsgegenden und Eisglätscher auf dieser Wanderung, unternommen im Jahre 1825, I (Wien 1829), 52.

Zu guter Letzt erlaubt noch die Korrespondenz von Pater Ulrich Speckmoser einen kurzen Blick auf die Verhältnisse in Römerbad Tüffer 1844. Selbst 20 Jahre später waren auch hier Langeweile und Fadesse vorherrschend. Neben dem Bad versuchte der Geistliche, mit Spaziergängen und Lektüre den Tag zu füllen, da er mit der Kurgesellschaft – „lauter meistens alte Frauen" – wenig Interessantes zu reden wusste und auch sonst keine Abwechslung fand. Nicht nur einmal seufzte der Geistliche, dem man nun wahrlich keine Vergnügungssucht unterstellen konnte: „Ich sehne mich schon sehr nach Marburg zurück, denn hier wird mir wirklich schon die Zeit lang."[83]

Im Laufe des 19. Jahrhunderts wurden die Erwartungen an ein Kurbad immer höher und umfassender, wobei sich die Wertigkeiten verschoben. Der Nimbus eines wahrhaften Heil- und Pflegeortes für Kranke reichte nicht mehr aus, um das Publikum dauerhaft zufriedenzustellen, konfrontiert mit der körperlichen Hinfälligkeit verlangte es darüber hinaus nach Fröhlichkeit und Amüsement. Es steht zu hoffen, dass die steirischen Kurgäste in späteren Jahren tatsächlich jenes Umfeld vorfanden, von dem ihnen die Badeführer schon längst vorgeschwärmt hatten: „In der Badeanstalt das regste Leben: Tanz, Spiel, Gesang, angenehme Zerstreuungen, welche neben dem hier eingebürgten traulichen Gesellschaftstone die gewöhnliche Leere und Langeweile des Badelebens nicht aufkommen lassen."[84]

Zusammenfassung

Das Aufblühen der Bäderkultur in der ersten Hälfte des 19. Jahrhunderts hinterließ in der Steiermark zwar deutliche Spuren, gemessen an den großen Nobelbädern der Habsburger Monarchie spielten die Heilquellen des Herzogtums aber keine Rolle. Nur der damals berühmteste Kurort, Rohitsch-Sauerbrunn, konnte ein überregionales Publikum ansprechen, während das junge Bad Gleichenberg erst an seinem – allerdings vielversprechenden – Beginn stand. Traditionsreich, aber kleinräumig waren die Anlagen der beiden Warmbäder Bad Neuhaus und Römerbad Tüffer, auch Tobelbad, dem überdies der Geruch eines Armenbades anhaftete, blieb in seiner Ausdehnung beschränkt. Äußerst geringe Bedeutung kam Wildbad Einöd, Grubegg und Topolschitz zu, ebenso dem Schwefelbad Wörschach und der Kaltwasseranstalt Radegund.

Anfang des 19. Jahrhunderts war es um die steirische Bäderlandschaft noch ausgesprochen dürftig bestellt. Durch veränderte Rahmenbedingungen gelang es jedoch, neue Kurorte zu begründen und bestehende Heilbäder auszubauen, wobei diese Entwicklung vor allem ab den 1840er Jahren verstärkt festzustellen ist. Diese Kuranstalten waren nach außen abgeschlossene, modellhafte Anlagen; eine räumliche Aufteilung und Spezialisierung der einzelnen Bereiche fand erst allmählich statt. Die eigentlichen „Bauernbäder" ausgenommen, blieb das Publikum in den Badeorten auf den niederen Adel und das mittlere bis gehobene Bürgertum beschränkt.

Hinsichtlich der Tageseinteilung vollzog sich in der ersten Hälfte des 19. Jahrhunderts ein bemerkenswerter Wandel: Die vorgesehene Zeit für den Bade- und Trinkgebrauch nahm deut-

---

83 StLA, Puff Rudolf Gustav, Nachlass, K. 3, H. 130: Ulrich Speckmoser an Gustav Rudolf Puff, Tüffer, 13. Juni 1844.
84 KOTTOWITZ, Bericht, wie Anm. 14, 59. Zur Entwicklung des Freizeitangebotes vgl. Herta JEHSENKO, „Die Reise ins Bad". Kur – Sommeraufenthalt – Ausflug der Grazer Bürger in der zweiten Hälfte des 19. Jahrhunderts, unveröffentlichte phil. Diplomarbeit (Universität Graz 1993), 160–204.

lich ab, sodass den Kurgästen immer mehr Freiraum zur Verfügung stand. Das Unterhaltungsangebot gerade in kleinen Heilbädern war allerdings nicht sehr ausgeprägt. Man promenierte und unternahm Spaziergänge, traf sich zum geselligen Zusammensein im Kursalon, lauschte der Musik oder frönte dem Spiel. Trotz aller gegenteiliger Beteuerungen der Badeführer blieben Gleichförmigkeit und Monotonie die bestimmenden Elemente des Alltags.

Informationen zur Autorin

Mag. Dr. Elke Hammer-Luza, MAS, Archivarin am Steiermärkischen Landesarchiv, Karmeliterplatz 3, A-8010 Graz, E-Mail: elke.hammer-luza@stmk.gv.at

Projektvorstellungen

Gustav Schäfer

Finanzströme spiegeln die Gesellschaft wider – finanzielle und personelle Ressourcen der Psychiatrie in Wien zwischen 1946 und 1970

English Title

Financial Flows Reflect Society – Financial and Human Resources of Psychiatry in Vienna 1946–1970

Summary

On the basis of the Viennese government's annual closing of accounts (1946–1970), the hypothesis shall be investigated whether the hospital authorities provided the psychiatric institutions with less funds than other medical disciplines.

Keywords

Psychiatric hospitals, financial deprivation, Vienna, closing of accounts, 1946 to 1970

Einleitung

Nach den Gräueln des NS-Regimes und des Zweiten Weltkrieges stand Österreichs Gesundheitsversorgung, aber besonders die Verbesserung des schwerst beschädigten Rufes der Psychiatrie und die Versorgung psychisch Kranker vor großen Herausforderungen. Die eklatanten Mängel im stationären Bereich sollten beseitigt und der ambulante Sektor ausgebaut werden. Dabei stellt sich die Frage, wie sich eine moderne Psychiatrie mit den vorhandenen Ressourcen weiter entwickeln konnte, denn Strukturen können nur aufgebaut und verbessert werden, wenn die entsprechenden Rahmenbedingungen zur Verfügung gestellt werden. In der vorliegenden Studie soll versucht werden, die Einstellung der Gesellschaft zwischen 1946 und 1970 gegenüber der Psychiatrie und den betroffenen Kranken an Hand der für sie aufgewendeten Mittel darzustellen.

Bei den oben angesprochenen Ressourcen sollen zwei Schwerpunkte in die nähere Betrachtung mit einbezogen werden: die finanziellen und die personellen Ressourcen. Der Schwerpunkt „finanzielle Ressourcen" sollte folgende Fragen beantworten: Wie war die Budgetentwicklung in der Psychiatrie im Vergleich zu anderen medizinischen Fächern? Hat es Veränderungen mit dem Krankenhaus-Status der Psychiatrie gegeben? Die Hypothese soll überprüft werden, ob in diesen zweieinhalb Jahrzehnten die Krankenhausträger die psychiatrischen Einrichtungen gleich oder schlechter als die anderen medizinischen Disziplinen behandelt haben. Der Teil „personelle Ressourcen" wird sich dem Thema der Personalausstattung und im Besonderen dem Verhältnis zwischen erbrachten Pflegetagen und Personal widmen.

Der ursprüngliche Anspruch der Studie war es, einen Überblick aus allen Bundesländern zum vorgegebenen Thema zu geben. Da es aber bereits im Vorfeld bei Anfragen in einigen Bundesländern Schwierigkeiten bei der Recherche und Beschaffung von Unterlagen gegeben hat, war eine österreichweite Überschau nicht möglich. Die Arbeit bezieht sich daher nur auf die Wiener Psychiatrischen Anstalten Steinhof und Ybbs. Als Quellen wurden aus dem Stadt- und Landesarchiv Wien die Rechnungsabschlüsse der Stadt Wien der Jahre 1946 bis 1970 herangezogen.

Historischer Überblick

In dem folgenden kurzen historischen Überblick sollen Ereignisse, Tatsachen und „Meilensteine" erwähnt werden, die Einfluss auf die Gestaltung der Budgets der Krankenanstalten und Psychiatrischen Anstalten gehabt haben könnten: Die psychiatrische Versorgung der Wiener Bevölkerung erfolgte bis zum Jahr 1970 in zwei psychiatrischen Großanstalten. Es waren dies die „Heil- und Pflegeanstalt Am Steinhof" und die über 100 Kilometer von Wien entfernt im Westen gelegene „Heil- und Pflegeanstalt Ybbs an der Donau". In der Psychiatrischen Anstalt Ybbs an der Donau waren von Mai 1945 bis März 1947 russische Besatzungstruppen einquartiert. Ab dem März 1947 wurde die Anstalt renoviert und ab 1948 wieder in Betrieb genommen.[1] Die Behebung von Kriegsschäden wurde in den Rechnungsabschlüssen bis zum Jahr 1955 ausgewiesen.

Das 250. Bundesgesetz vom 19. November 1947 über die Verringerung des Geldumlaufs und der Geldeinlagen bei Kreditunternehmungen (Währungsschutzgesetz 1947) und die aus diesem Gesetz resultierende Währungsreform im Dezember 1947 brachten gravierende Einschnitte in den öffentlichen und privaten Haushalten. In einer zweiwöchigen Umtauschfrist wurde der Schilling auf ein Drittel seines Wertes abgewertet und von den Sparguthaben ein Teil durch den Staat abgeschöpft. Diese Mittel sollten den Wiederaufbau nach dem Zweiten Weltkrieg ermöglichen und um Mittel aus dem Marshall-Plan zu erhalten, wurde die Währungsreform als Bedingung gefordert. Die Auswirkungen waren ein realer Preisanstieg für Waren auf das Dreifache über Nacht.[2]

---

1 Geschichte Therapiezentrum Ybbs an der Donau, online unter: http://www.wienkav.at/kav/tzy/ZeigeText.asp?ID=685 (letzter Zugriff: 14. 6. 2014).
2 Hans SEIDEL, Wirtschaftsreform und Besatzung in Österreich 1945–1947, in: Wirtschaft und Gesellschaft 25/3 (1999), 285–312.

Der Zeitraum um das Jahr 1960 kann als Beginn der vermehrten Verwendung von modernen Psychopharmaka in den Wiener psychiatrischen Anstalten angenommen werden, da um 1960 an der Medizinischen Fakultät in Wien Vorlesungen über Psychopharmaka abgehalten wurden.[3]

In den Rechnungsabschlüssen der Stadt scheint die Bezeichnung „Psychiatrisches Krankenhaus" erst ab dem Jahr 1968 auf. Die Trennung der Fächer Psychiatrie und Neurologie erfolgte bei den Universitätskliniken in Wien erst ab dem Jahr 1971 nach dem Ableben von Hans Hoff (1897–1969). Für die vorliegende Arbeit ist diese Trennung bedeutungslos, da die Kliniken im Rechnungsabschluss des Allgemeinen Krankenhauses behandelt werden. Bei den nicht-universitären anderen Anstalten haben die „Nervenheilanstalten" Rosenhügel und Maria-Theresien-Schlössl bereits in den 1960er Jahren die Bezeichnung „Neurologische Krankenhäuser" und somit den Krankenhaus-Status erhalten. Da die Neurologischen Krankenhäuser bei den Rechnungsabschlüssen in den Zahlen der Rubrik „Andere Krankenhäuser" enthalten waren, konnten deren Ergebnisse nicht getrennt heraus gerechnet und mit den Psychiatrischen Anstalten verglichen werden.

Die Rechnungsabschlüsse von 1946 bis 1970

Die Überlegungen gingen dahin, welche Daten aus diesem umfangreichen Zahlenmaterial herausgearbeitet werden sollen und in welche Relationen sie zu setzen sind, um zu schlüssigen Aussagen zu kommen. Für ein Krankenhaus sind betriebswirtschaftlich zwei Produktionsfaktoren von Bedeutung: Das ist auf der einen Seite der Input wie bspw. Arbeit, Sachgüter, Betriebsmittel, der Betrieb Krankenhaus und vor allem die Patientinnen und Patienten, auf der anderen Seite steht der Output, der in einen Primären und einen Sekundären gegliedert wird. Der primäre Output ist die Veränderung des Gesundheitszustandes der Patientinnen und Patienten, der sekundäre Output umfasst die Produktionsleistungen des Krankenhauses, wie beispielsweise die erbrachten Pflegetage, die Therapie-, Pflege- und Hotelleistungen. Da der Aufbau der Studie die Bewertung der primären Outputs nicht erlaubt, wurden als Betrachtungsgröße die Pflegetage herangezogen, die wiederum mit den Finanzmitteln und dem zur Verfügung stehenden Personal in Relation gebracht wurden.

---

3 Ich danke Prof. Eberhard Gabriel für den Hinweis, den er mir am 6. Juni 2014 in einem Gespräch gegeben hat. Anschließend erläuterte Herr Prof. Gabriel des Weiteren per Mail: „Arnold hat nach seiner Habilitation im Studienjahr 1955/ 56 zu lesen begonnen, zunächst allerdings nur über seine beiden anderen Themen (die er bis zuletzt beibehalten hat): Allgemeine Psychopathologie bzw. Anthropologische Tiefenpsychologie (Thema der Probevorlesung im Habilitationsverfahren), über Pharmakopsychiatrie erst ab dem WS 1961/ 62. Auch das mag ein Hinweis sein, dass die Psychopharmaka-Ära um 1960 breitenwirksam geworden ist." Siehe dazu auch folgende Beiträge in diesem Band: Hartmann HINTERHUBER, Zum Wiederaufbau eines akademischen Lehrkörpers in der Psychiatrie in Innsbruck nach 1945. Die Lehrstühle und Klinikleitungen, die Habilitationen und die Lehrveranstaltungen an der Psychiatrisch-Neurologischen Klinik Innsbruck; Eberhard GABRIEL, Zum Wiederaufbau des akademischen Lehrkörpers in der Psychiatrie in Wien nach 1945; Carlos WATZKA, Die „Fälle" Wolfgang Holzer und Hans Bertha sowie andere „Personalia". Kontinuitäten und Diskontinuitäten in der Grazer Psychiatrie 1945–1970; Alfred SPRINGER, Psychopharmakologische Forschung und Behandlung an der Wiener Psychiatrischen Universitätsklinik und die Frühphase des Collegium Internationale Neuro-Psychopharmacologicum (CINP).

Die Rechnungsabschlüsse der Stadt Wien gliedern sich in Gruppen (z. B. Gruppe 5 Gesundheit), innerhalb der Gruppe nach Magistratsabteilung und hier wiederum nach Einnahmen und Ausgaben. Die Krankenhäuser, Psychiatrischen Anstalten und Pflegeeinrichtungen unterstanden bis 1993 der Magistratsabteilung 17-Anstaltenamt. Daher gab es auch auf der Ebene unter dem Anstaltenamt die oben erwähnte Untergliederung in Rubriken mit jeweils Einnahmen- und Ausgabenseite und die Unterteilung nach Personal- und Sachaufwand. Aus den Rechnungsabschlüssen wurden von allen Krankenhäusern und den beiden Psychiatrischen Anstalten Steinhof und Ybbs getrennt die Gesamtausgaben, die Personalstände und die Pflegetage herausgearbeitet. In einem weiteren Schritt wurden die Pflegetage mit den Ausgaben und die Pflegetage mit den Personalständen in Relation gebracht. Die Zusammenfassungen der erhobenen Daten finden sich in den nachfolgenden Tabellen und Grafiken.[4] Im Budget sind ausgewiesen: der Personalaufwand (Hauptbezüge, Nebenbezüge, Ruhe- und Versorgungsgenüsse und Sozialversicherungsbeiträge), der Sachaufwand und die Investitionskosten. Im Personalstand subsummiert sind alle Personalgruppen im Krankenhaus (also ärztliches Personal, Pflegepersonal, technisches Personal, Betriebspersonal, Verwaltungs- und Kanzleipersonal).

Tabelle 1: Ausgaben pro Pflegetag in Schilling

Jahr	Psychiatrische Anstalten bzw. Krankenhäuser	Andere Krankenhäuser	Verhältnis der Ausgaben pro Pflegetag in %
1946	8,80	11,60	75,86
1947	14,65	21,20	69,10
1948	20,50	31,60	64,87
1949	27,45	42,00	65,36
1950	34,40	57,70	59,62
1951	37,60	73,40	51,23
1952	39,50	87,30	45,25
1953	39,50	90,90	43,45
1954	44,90	103,80	43,26
1955	48,30	112,50	42,93
1956	52,80	124,10	42,55
1957	59,00	141,80	41,61
1958	61,00	150,30	40,59
1959	63,60	160,10	39,73
1960	66,70	173,00	38,55
1961	87,20	200,00	43,60

---

4 Wiener Stadt- und Landesarchiv, MA 8, Rechnungsabschlüsse der Bundeshauptstadt Wien für die Jahre 1946 bis 1970.

Jahr	Psychiatrische Anstalten bzw. Krankenhäuser	Andere Krankenhäuser	Verhältnis der Ausgaben pro Pflegetag in %
1962	89,60	217,00	41,29
1963	97,00	249,00	38,96
1964	104,60	271,60	38,51
1965	114,00	297,20	38,36
1966	126,60	335,40	37,75
1967	139,80	394,40	35,45
1968	151,30	423,60	35,72
1969	165,00	472,00	34,96
1970	187,80	530,50	35,40

Grafik 1: Ausgaben pro Pflegetag in Schilling

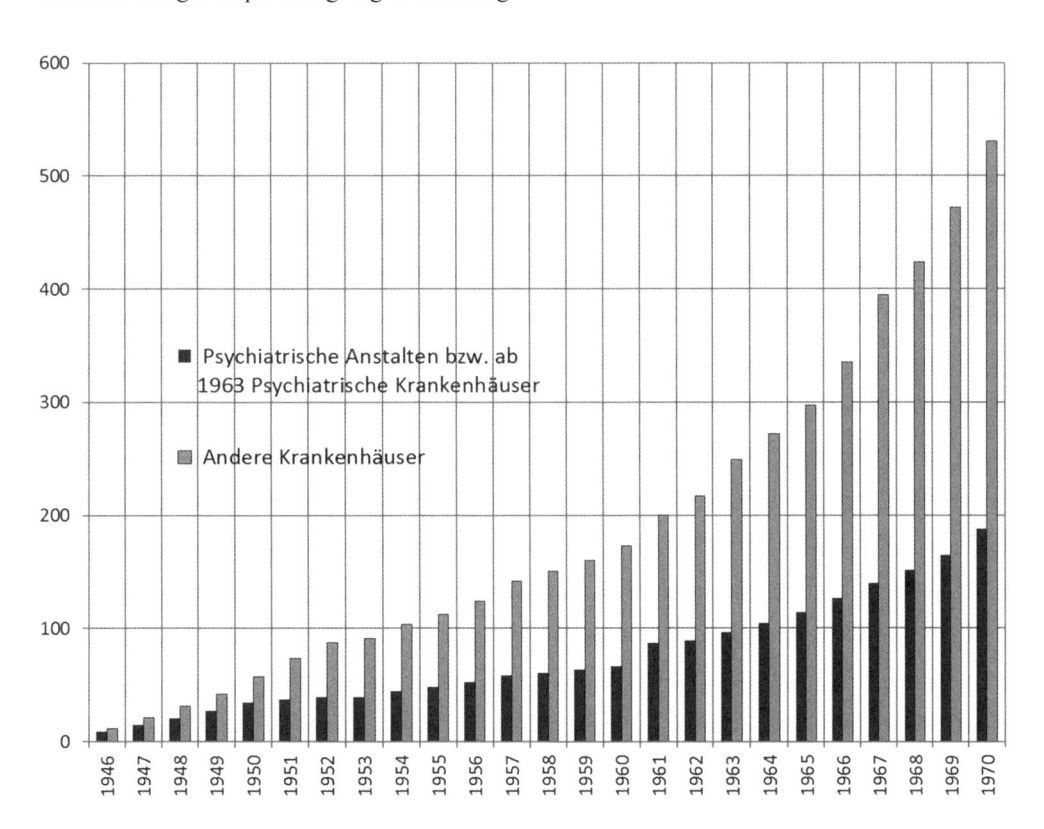

Tabelle 2: Pflegetage pro Personal

Jahr	Psychiatrische Anstalten bzw. Krankenhäuser	Andere Krankenhäuser	Differenz	in %
1953	1.135	481	654	136
1954	1.126	484	642	133
1955	1.188	472	716	152
1956	1.150	467	683	146
1957	1.149	447	702	157
1958	1.138	442	696	157
1959	1.095	423	672	159
1960	1.086	437	649	149
1961	905	425	480	113
1962	923	413	510	123
1963	938	403	535	133
1964	933	399	534	134
1965	900	381	519	136
1966	871	369	502	136
1967	843	337	506	150
1968	858	342	516	151
1969	847	336	511	152
1970	838	326	512	157

An dieser Stelle muss nun erwähnt werden, dass sich bei den erhobenen Daten gewisse Unschärfen gezeigt haben. Das Allgemeine Krankenhaus mit den besonders teuren Universitätskliniken fand sich bis zum Jahr 1960 in der Rubrik Krankenhäuser und hatte erst ab diesem Jahr eine eigene Rubrik. Ebenfalls eine Abweichung gibt es bei den Personalständen: Im Allgemeinen Krankenhaus waren und sind die Ärzte mit wenigen Ausnahmen Bundesbedienstete. Da die Psychiatrischen Anstalten Steinhof und Ybbs laut dem Rechnungsabschluss erst 1968 den Krankenhaus-Status erhielten, hatten sie bis dahin gemäß ASVG nur den halben Tagessatz von Spitälern. Die Personalstände sind erst in den Rechnungsabschlüssen ab 1953 ersichtlich. Daher sind sie in der Tabelle und Grafik Pflegetage pro Personal auch erst ab 1953 erfasst.

Ergebnisse

Um Aussagen treffen zu können, wie die finanzielle und personelle Ausstattung der Psychiatrischen Anstalten im Gegensatz zu den Krankenhäusern war, wurden die Ergebnisse aus den Berechnungen jeweils zu den Ereignissen im Kapitel „Historischer Überblick" verglichen. Es wurde überprüft, ob die Ereignisse einen Einfluss auf die finanzielle und personelle Ausstattung hatten.

Grafik 2: Pflegetage pro Personal

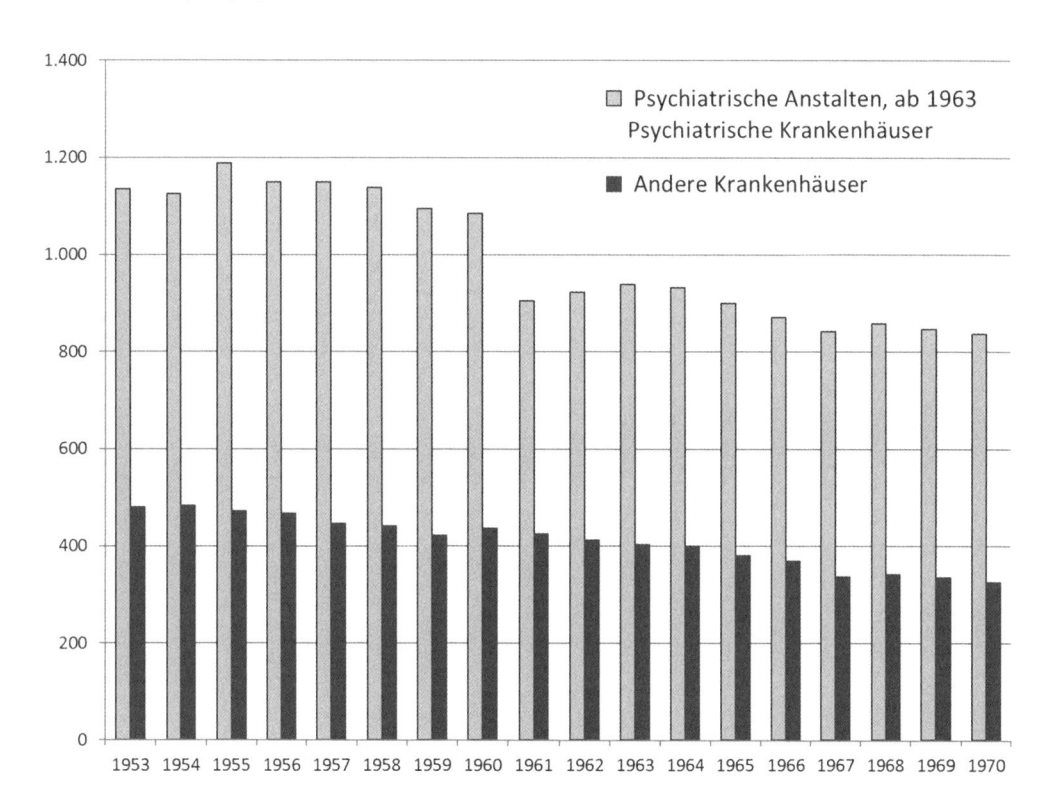

Bar chart showing Pflegetage pro Personal from 1953 to 1970, comparing Psychiatrische Anstalten, ab 1963 Psychiatrische Krankenhäuser (light bars) with Andere Krankenhäuser (dark bars).

Dabei wurde festgestellt, dass weder die Währungsreform 1947, noch der Einsatz moderner Psychopharmaka um 1960 eine Steigerung der finanziellen Ressourcen in den Psychiatrischen Anstalten brachte. Ähnlich verhielt es sich nach 1968 mit der Erreichung des Krankenhaus-Status der Psychiatrischen Anstalten, der ebenfalls keine merkbare Änderung in der Ausstattung mit Ressourcen brachte. Die Trennung der klinischen Fächer in Psychiatrie und Neurologie im Zusammenhang mit der Nachfolge von Hoff, die 1971 vollzogen wurde, hatte auch im Vorfeld verrechnungstechnisch keinen Einfluss auf die städtischen Krankenhäuser.

Aus den Werten und deren Vergleichen aus der Tabelle 1 und der Grafik 1 kann man unschwer erkennen, dass die psychiatrischen Anstalten gegenüber den Krankenhäusern mit finanziellen Ressourcen immer schlechter gestellt waren als die Krankenhäuser. Die Schere klaffte im Laufe der Jahre immer mehr auseinander. Lag die Differenz im Jahr 1946 bei etwa 25,5 %, war sie 1970 bei 135,5 %. Besonders gravierend stellt sich auch die Differenz bei der Personalausstattung dar und belegt die Tatsache, dass in den psychiatrischen Anstalten im Vergleich zu den Krankenhäusern weniger Mitarbeiterinnen und Mitarbeiter mehr Pflegetage erbracht haben als in den anderen Krankenhäusern: 1953 lag die Differenz bei 654 Pflegetagen oder 136 %, im Jahr 1970 war die Differenz 512 Tage oder 157 %. An Hand der Tabelle 2 und der Grafik 2 wird anschaulich erkennbar, dass sich im gleichen Zeitraum die Krankenhäuser auf dem Personalsektor besser entwickelt haben als die Psychiatrischen Anstalten.

Resümee

Die Ergebnisse aus den Berechnungen und Vergleichen des Zahlenmaterials aus den Rechnungsabschlüssen der Jahre 1946 bis 1970 belegen eindeutig und untermauern die Hypothese, dass der Krankenhausträger die psychiatrischen Einrichtungen schlechter als die anderen medizinischen Disziplinen ausgestattet und behandelt hat. Auch noch 25 Jahre nach dem Zweiten Weltkrieg wurden die psychisch Kranken gegenüber den körperlich Kranken in den Spitälern des gleichen Krankenhausträgers erheblich benachteiligt, gleichermaßen wie auch die Mitarbeiterinnen und Mitarbeiter.

Die Finanzströme spiegeln somit wider und belegen, dass der Krankenhausträger die Wertvorstellungen, Gewichtungen und Prioritäten, die ihm von der konkreten Gesellschaft vorgelebt wurden, übernommen hat. Die Tabuisierung der psychischen Erkrankungen und die Einstellung gegenüber den Kranken, sie wegzusperren und zu verwahren machten eine humane Unterbringung und Therapie nahezu unmöglich. Die sich dringend ergebenden Forderungen waren eine Verringerung der Bettenzahlen in den stationären Einrichtungen, Etablierung gemeindenaher psychiatrischer Einrichtungen und Dienste sowie die Anwendung zeitgemäßer Behandlungsmethoden. Die Konsequenz der angeführten Forderungen war eine Wende in der psychiatrischen Betreuung und führte zu den Reformbemühungen der 1970er Jahre.

Information zum Autor

Prof. Mag. Gustav Schäfer, Dipl.-Krankenhausbetriebswirt, Gesundheits- und Krankenhausökonom, Kunsthistoriker, Dissertant am Institut für Kunstgeschichte, Bauforschung und Denkmalpflege der Fakultät für Architektur und Raumplanung an der Technischen Universität Wien. Seit 2007 selbständiger Unternehmensberater. Er war 26 Jahre bis 2007 Verwaltungsdirektor des Geriatriezentrums Liesing und des Sozialmedizinischen Zentrums Baumgartner Höhe mit Pflegezentrum – Otto Wagner-Spital, Chromygasse 24, A-1230 Wien, E-Mail: g.schaefer@gmx.at

Carlos Watzka

Infektionskrankheiten und Öffentliches Gesundheitswesen in Südosteuropa – ein FWF-finanziertes medizinhistorisches Forschungsprojekt an der Universität Graz, 2013–2016[1]

English Title

Infectious Diseases and Public Health in Southeastern Europe – A FWF-financed Research Project in the Area of Medical History at the University of Graz, 2013–2016

Summary

The project presentation gives a short overview of the aims, topics and hitherto results of the mentioned research project.

Keywords

Infectious diseases, epidemics, health prevention, South East Europe, 19th century medical history

Vorbemerkung

Das Forschungsprojekt „Infectious Diseases and Public Health in Southeastern Europe" wurde von Christian Promitzer, Südosteuropa-Historiker mit medizinhistorischem Forschungsschwerpunkt, konzipiert und im Jahr 2013 erfolgreich zur Förderung beim FWF eingereicht; es hat eine Laufzeit von drei Jahren mit einem Fördervolumen für Anstellungsverhältnisse im Umfang von ca. 1,5 Vollzeit-Äquivalenten sowie Kosten für Werkverträge, Personal- und Reisekosten. Neben Christian Promitzer als Projektleiter waren bzw. sind an dem Forschungsvorhaben Brigitte Fuchs (2013–2014), Daniela Sechel (2013–2016) und Carlos Watzka (2014–2016) beteiligt. Das Projekt ist an der Abteilung für Südosteuropäische Geschichte des Instituts für Geschichte an der Karl-Franzens-Universität Graz angesiedelt und trägt so zum Forschungsschwerpunkt „Südosteuropa" der genannten Universität bei.

---

[1] FWF-Projekt P 25929, bewilligt im Mai 2013. Projektsumme: € 386.889.

Gegenstand, Ziele und Methoden des Forschungsprojekts

Forschungsgegenstand des Projekts sind epidemisch auftretende Infektionskrankheiten sowie deren präventive und kurative Bekämpfung, insbesondere im Rahmen öffentlicher (staatlicher, regionaler, kommunaler usw.) Gesundheitspolitiken, im südosteuropäischen Raum von der ersten Hälfte des 19. bis ins frühe 20. Jahrhundert. Zeitlich markieren die im Rahmen des russisch-osmanischen Kriegs von 1828–1829 auftretende pestartige Seuche und das erstmalige pandemische Auftreten der „cholera asiatica" in Europa 1830–1831 den Beginn, hingegen der Balkankrieg von 1912–1913 und das damit einhergehende Auftreten der sechsten Cholerapandemie das Ende der Untersuchungsperiode.

In räumlicher Hinsicht wurde ein Südosteuropa-Begriff zugrunde gelegt, der neben den Staaten bzw. Regionen des „Balkans" – Griechenland, Albanien, Mazedonien, Bulgarien, Serbien, Montenegro, Bosnien – auch Rumänien sowie die an diese Gebiete angrenzenden Teile des Habsburger- und des Osmanischen Reiches umfasst und so diese beiden wesentlichen politischen „Player" in die Analyse miteinbezieht.

Thematisch liegt der Fokus auf einigen schweren, im Untersuchungszeitraum mit hohen Letalitätsrisiken behafteten Erkrankungen, die im Untersuchungsbereich tatsächlich wiederholt epidemisch aufgetreten sind: Cholera, Typhus, Pocken und Malaria; des Weiteren werden die Pest – als „idealtypische" Seuche und beständiger Gegenstand umfassender präventiver Vorkehrungen europäischer Gesundheitsbehörden bis ins 20. Jahrhundert hinein – und die Syphilis – als „Lustseuche" par excellence mit den damit gegebenen, spezifischen sozialen und medizinischen Implikationen – in die Untersuchungen einbezogen, schließlich noch – schon um der nötigen Differenzierungen willen – weitere Formen infektiöser Erkrankungen, die mit den bereits genannten ätiologisch und/oder symptomatologisch in Zusammenhang stehen, darunter „endemische", für bestimmte südosteuropäische Regionen spezifische Krankheitsformen wie „Škrljevo", „Frenjak" oder „Frenga".

Diesen Gegenständen widmet sich das Projekt insbesondere unter zwei forschungsleitenden Perspektiven:
1) Die geoepidemiologische Perspektive. Basierend auf dem Ansatz von Peter Baldwin[2] wird davon ausgegangen, dass die „geoepidemiologische" Distanz zwischen einer Ursprungsregion, in welcher eine bestimmte Erkrankung regelmäßig bzw. dauernd auftritt, und der jeweiligen Untersuchungsregion von zentraler Bedeutung für die Formen des medizinischen, politischen und gesellschaftlich-kulturellen Umgangs mit der betreffenden kollektiven Gesundheitsbedrohung sind – je entfernter, desto größer sind die Handlungsspielräume und die Erfolgsaussichten prophylaktischer Maßnahmen. Allerdings ist hierbei nicht bloß die abstrakte räumliche Distanz von Bedeutung, vielmehr stellen das Ausmaß des wechselseitigen Personen- und Warenverkehrs, die bei gegebenem technischem Niveau resultierende Reisedauer und etwaige die Infektiosität begrenzende klimatische Differenzen zentrale Bestimmungsfaktoren dar.
2) Konnex von Epidemiologie und Politik. Es wird davon ausgegangen, dass das medizinische Wissen über Entstehung, Verbreitung, Verhütung und Behandlung von epidemischen Erkrankungen und die damit verbundenen Praktiken in engem Zusammenhang mit politischen Diskursen und Praktiken stehen, wobei beide Felder sich wechselseitig beeinflussen.

---

2   Vgl. bes.: Peter BALDWIN, Contagion and the State in Europe, 1830–1930 (Cambridge 1999).

Konkret für den Umgang mit „seuchenhaften" Erkrankungen im Südosteuropa des 19. und frühen 20. Jahrhundert bedeutet diese Orientierung unter anderem, dass nach den spezifischen Auswirkungen der „Rückständigkeit" gesundheitlicher Verhältnisse im Vergleich besonders zu Mittel- und Westeuropa auf das Verhalten der relevanten Akteure – Gesundheitspolitiker, Behörden, Mediziner, aber auch der „gewöhnlichen Bevölkerung" – gefragt werden muss, weil es sich hierbei um ein für die zeitgenössischen Diskurse, vor allem auf Expertenebenen, prägendes Element handelte.

Zugleich ist das betreffende Narrativ der durch solche „Rückständigkeit" bedingten „hygienischen Missstände" kritisch zu reflektieren und sind derlei zeitgenössische Darstellungen, wo möglich, hinsichtlich ihrer faktischen Adäquanz ebenso wie hinsichtlich ideologischer Entstehungskomponenten zu überprüfen:

Wie – auch aus neueren Forschungen zu „Volksmedizin" u. ä. hierzulande – bekannt ist, erweisen sich viele „widerständige" Verhaltensweisen, etwa offene Ablehnung oder heimliche Umgehung von Quarantäne- oder Desinfektionsmaßnahmen, welche den beamteten und ärztlichen Propagandisten „moderner" Seuchenprophylaxe angesichts der drohenden (individuellen und kollektiven) Gesundheitsgefahren schlicht „irrational" oder „fatalistisch" erschienen, bei näherer, kultur- und sozialhistorisch informierter Analyse als zwar teils gesundheitlich tatsächlich höchst risikoreich, jedoch von spezifischen (ökonomischen, politischen usw.) Eigeninteressen geprägt, welche die entsprechenden Strategien nahe legten, sodass sie durchaus nicht einfach als bloßes Resultat einer dumpfen „Ablehnung aller Neuerungen" gesehen werden können.

Zu beachten ist insbesondere auch, dass von sozialen Eliten (meist in urbanen Zentren) konzipierte gesundheitspolitische Maßnahmen gewöhnlich als behördliche Verordnungen zur Realisierung gelangten, und damit in beträchtlichen (Obrigkeits-kritischen) Teilen der Mittel- und Unterschichten (insbesondere im ländlichen Raum) von vornherein als Elemente eines umfassenden, staatlich regulierten Sozialdisziplinierungsprozesses begriffen und so mit Argwohn aufgenommen wurden.

Den soeben umrissenen Fragestellungen wird im Forschungsprojekt sowohl mit klassisch-historiographischen, als auch unter Verwendung neuerer kultur- und sozialwissenschaftlicher Methoden (u. a. wissenssoziologische Reflexion, Diskursanalyse, quantitative und graphische Verfahren) nachgegangen. Die „materielle" Basis bildet hierbei, neben der Aufarbeitung der bisherigen Forschungsliteratur, eine umfassende Bearbeitung zugänglicher publizierter und archivalischer Quellen: Für ersteren Bereich ist vor allem die Rekonstruktion der zeitgenössischen Expertendiskurse sowie der raumzeitlichen Muster der bedeutendsten Epidemien im Untersuchungsbereich anhand der systematischen Auswertung einschlägiger, Zeitschriften- und Handbuchliteratur zu nennen;[3] noch weit umfangreichere und detailliertere Informationen liefert aber die Analyse unveröffentlichter, und zum großen Teil von der medizinhistorischen Forschung bislang nicht bearbeiteter Quellen aus öffentlichen Archiven.

---

3   Mit österreichischer Provenienz: Das österreichische Sanitätswesen, Medizinische Jahrbücher des k.k. österreichischen Staates, Wiener Medizinische Wochenschrift, Wiener Klinische Wochenschrift, Der Militärarzt, Journal des Österreichischen Lloyd; aus dem Osmanischen Reich: Gazette médicale d'Orient; aus Großbritannien: Lancet; aus den USA: Bulletin of Public Health; weiters insbesondere medizinische Journale aus den südosteuropäischen Staaten selbst, soweit im Untersuchungszeitraum existierend.

Im Rahmen des gestellten Arbeitsprogramms des Forschungsprojekts sind bislang Bestände der nachfolgend genannten Institutionen bearbeitet worden: Österreichisches Staatsarchiv (Wien),[4] Archiv der Universität Wien, Geheimes Preussisches Staatsarchiv und Bundesarchiv Berlin, des Weiteren südosteuropäische Staats- und Regionalarchive, insbesondere in Kroatien (Zadar), Montenegro (Cetinje), Serbien (Belgrad) und Rumänien (Bukarest, Galați, Brăila, Iași, Sibiu). Recherchen in mehreren weiteren Archiven in- und außerhalb Südosteuropas sind für den Rest der Projektlaufzeit geplant.

Bisherige und zu erwartende Forschungsresultate

Mit der eben vorgestellten Ausrichtung der Untersuchung auf weite Teile Südosteuropas sollen nicht zuletzt Limitationen des bisherigen medizinhistorischen Forschens zu südosteuropäischen Regionen überwunden werden, die sich aus einer häufig allzu starken Fokussierung auf „Nationalgeschichten" und „nationale" medizinische Leistungen ergeben.[5] Gerade der Untersuchungsgegenstand der Epidemien ist dazu geeignet, inter- und transnationale Verflechtungszusammenhänge in ihrer sowohl politischen wie gesundheitlichen Bedeutung aufzuzeigen.

Das betrifft zum einen den epidemiologischen Wissenstransfer. Das Muster von – geplanten und/oder realisierten – Übernahmen von „westeuropäischen" Konzepten und Praktiken der Seuchenprävention und -behandlung durch – „einheimische" oder selbst „exportierte" – Experten vor Ort, wie es etwa – um hier nur zwei rezente, österreichische Forschungsbeispiele anzuführen – von Marcel Chahrour für Teile des Osmanisches Reiches und Ägypten[6] und von Afsaneh Gaechter für Persien[7] untersucht wurde, lässt sich analog auch für große Teile Südosteuropas feststellen, wofür die geplanten Publikationen aus diesem Forschungsvorhaben erstmals eine eingehendere und zugleich übergreifende – jedoch länderweise unterschiedlich gewichtende – historische Darstellung liefern werden.

Hochbedeutsam sind darüber hinaus aber auch innerstaatliche Prozesse der Durchsetzung „moderner Medizin", insbesondere im Hinblick auf die Thematik von Zentrum-Peripherie-Differenzen und den damit verbundenen politischen und soziokulturellen Konfliktlinien. Bemerkenswert erscheint in diesem Zusammenhang etwa das systematische und anhaltende Interesse der zentralstaatlichen (cisleithanischen) Behörden in Österreich im späten 19. Jahrhundert an der Erforschung und Verbesserung der sanitären Lage in Dalmatien, die insbesondere durch das regelmäßige und großflächige Auftreten von Malaria ein im Großteil der übrigen Habsburgermonarchie nicht bekanntes, negatives Charakteristikum aufwies.[8]

---

4 Folgende Abteilungen enthalten relevante Bestände: Haus-, Hof- und Staatsarchiv, Allgemeines Verwaltungsarchiv, Finanz- und Hofkammerarchiv, Kriegsarchiv.
5 Eine positive Ausnahme bildet die jüngst erschienene Monografie: Indira Duraković, Serbien und das Modernisierungsproblem. Die Entwicklung der Gesundheitspolitik und sozialen Kontrolle bis zum Ersten Weltkrieg (Frankfurt am Main u. a. 2014).
6 Vgl. Marcel Chahrour, A Civilizing Mission? Austrian Medicine and the Reform of Medical Structures in the Ottoman Empire, 1838–1850, in: Studies in History and Philosophy of Biological and Biomedical Sciences 38/4 (2007), 687–705; Marcel Chahrour, Ärzte im Orient, in: Österreich. Geschichte, Literatur, Geographie 58/4 (2014), 408–422.
7 Vgl. Afsaneh Gaechter, Briefe aus Persien. Jakob E. Polaks medizinische Berichte (Wien 2013).
8 Nach Akten im ÖStA, bes. aus der Rubrik: Epidemien, Inland des AVA.

Zum anderen sind, wie schon erläutert, eben die großen Epidemien selbst ein transnationales Phänomen par excellence. Auch wenn Gegenmaßnahmen vielfach in staatlicher Politik und staatlichem Behördenhandeln eine zentrale Aktionsebene fanden (für welche internationale Abkommen lediglich einen akkordierten Handlungsrahmen lieferten), so hatten letztere – zumal in Europa, einschließlich Südosteuropas, wo Pest- und Choleraerreger kein „Ursprungsgebiet" haben – dabei doch die mannigfachen internationalen Verflechtungen als einen wesentlichen (Gefährdungs-)Faktor zu beachten; zugleich waren die im 19. Jahrhundert höchst umfangreichen Ströme von Waren und Menschen (Migranten, Reisenden) mit ihren gerade im Zeitalter des „Freihandels" und des „Kolonialismus" als Voraussetzungen in erster Linie für wirtschaftliches Wachstum, aber auch als Beitrag zu politischer Stabilisierung hoch geschätzt, sodass selbst bei eindeutig und akut gegebener Seuchengefahr Isolationsmaßnahmen wie Quarantänen häufig auf Widerstand – quer durch alle sozialen Schichten – stießen.

Entsprechende Prozesse lassen sich anhand des von uns gesammelten historischen Materials für nahezu jede auftretende Epidemie in mehr oder weniger großem Ausmaß nachweisen, und das wechselseitige Verhältnis der den jeweiligen Interessensgruppen zur Verfügung stehenden Machtmittel bestimmte, zusammen mit der vorhandenen Informationslage, in einer konkreten Situation zweifelsohne weitgehend das Ausmaß der Durchsetzbarkeit der jeweiligen Taktiken und Ziele. Hierin liegt auch eine Bedingung für den auf Basis des Quellenmaterials für alle untersuchten Staaten zu konstatierenden Befund, wonach sich die seuchenprophylaktische Aufmerksamkeit der sanitären Behörden vor allem in der zweiten Hälfte des 19. Jahrhunderts, als das Interesse der ökonomischen Eliten an „freiem Verkehr" dominant geworden war, gewöhnlich auf einige zentrale „Interventionspunkte" und „-schienen" konzentrierte, allen voran: Seehäfen/Seeverkehr, große Grenzstationen für den Fernverkehr per Straße sowie Eisenbahnstationen.[9]

Der „alltägliche" lokale und regionale Verkehr – als Binnenverkehr ebenso wie als „kleiner" Grenzverkehr über Staatsgrenzen hinweg rückte dagegen nur mehr in Ausnahmefällen in den seuchenpolitischen Fokus: So in Zeiten höchster (wahrgenommener) Bedrohung, wenn „ultimative" Schreckensphänomene wie die Pest den zuständigen Behörden, aber auch breiten Gesellschaftsschichten sogar den Gedanken an eine „hermetische" Abriegelung" des gesamten Staatsgebildes zu rechtfertigen schienen, wie sie noch in der ersten Jahrhunderthälfte, zumindest dem Anspruch nach, in der Habsburgermonarchie durch den bekannten „Pestkordon" entlang der „Militärgrenze" zum Osmanischen Reich permanent realisiert hätte werden sollen.[10] Allerdings war auch schon im frühen 19. Jahrhundert dieser sanitäre Cordon im Hinblick auf Ausdehnung und Dauerhaftigkeit eine Ausnahmeerscheinung gewesen – wenn auch eine für die Geschichte des südost- und zentraleuropäischen Raumes sehr wichtige –, die in anderen Staaten keine Entsprechung hatte.

So war außerhalb meist nur kurz anhaltender Phasen von „Notstandsmaßnahmen" die Überwachung sowohl der Staatsgrenzen, wie des Binnenverkehrs, jenseits der oben erwähnten „Hauptknotenpunkte" des Verkehrs, in aller Regel lückenhaft, obwohl selbstverständlich be-

---

9 Das engmaschige Netz von Isolationsstationen und Desinfektionsapparaten, welches in Österreich-Ungarn auf staatliche Anordnung hin im späten 19. Jahrhundert zur Seuchenprävention mit dem Eisenbahnsystem verbunden wurde, zählt zu den bislang in der medizinhistorischen Forschung wenig beachteten Aspekten derselben, lässt sich anhand genauer jährlicher Berichte an das Ministerium des Inneren aber archivalisch gut rekonstruieren.
10 Vgl. Jakob AMSTADT, Die k.k. Militärgrenze, 1522 bis 1881 (Würzburg 1969).

kannt war, dass hierdurch die Gefahr der Einschleppung bzw. Verbreitung epidemischer Erkrankungen drohte – und diese regelmäßig auch real wurde. Eine dauerhafte, lückenlose und effektive – das heißt vor allem: durch ausreichend lange Quarantänemaßnahmen auch das Problem der symptomfreien Inkubationszeiten bei der Gesundheitsbeurteilung berücksichtigende – Überwachung hätte jedoch die Kapazitäten staatlich-behördlichen Handelns zweifellos weit überfordert (selbst ohne Berücksichtigung zu erwartender, umfangreicher Widerstands- und Umgehungshandlungen), was teils auch offen einbekannt wurde.

Daher war es eine durchaus rationale Strategie der zuständigen Beamten und medizinischen Experten, die Überwachungs-Maßnahmen betreffend Seuchenprävention auf bestimmte „Hotspots" zu konzentrieren, um zumindest eine Risikoabsenkung zu erreichen. Dass im Untersuchungszeitraum dennoch manche drohenden Epidemien in Südost- und/oder Mitteleuropa ganz verhindert oder wenigstens regional beschränkt werden konnten, bedurfte ergänzend dazu aber der Etablierung eines ebenso verlässlichen wie schnellen, internationalen Berichtssystems über Ausbrüche von schweren epidemischen Erkrankungen in den davon als geographische „Erregerreservoirs" regelmäßig betroffenen Weltregionen.

Dies geschah im Verlauf der zweiten Hälfte des 19. Jahrhunderts insbesondere mittels diplomatischer und ärztlicher Stationen – freilich als „Begleiterscheinung" des global agierenden europäischen Imperialismus und Kolonialismus – und unter Nutzung der neuen, telegraphischen Techniken der Informationsübermittlung. Im Anlassfall – und die Auswertung der vorhandenen Quellen zeigt das Jahr für Jahr mehrfache Auftreten ebensolcher – konnten dann zumindest die potentiellen „Haupteinfallstore" für den jeweiligen Krankheitserreger rasch geschlossen werden, indem man Personen und Waren mit „Provenienz" – so auch der zeitgenössische Terminus technicus – aus einem vermeintlichen oder tatsächlichen „Seuchenherd" bei Ankunft unter rigorose Isolation stellte, besser aber noch die Einreise überhaupt verweigerte, oder – im Idealfall – bereits am Herkunftsort den geplanten Transport unterband.

Entsprechend dem Gesagten zeigt sich für die Habsburgermonarchie wie auch für die unabhängig gewordenen Staaten Südosteuropas vor allem in der zweiten Hälfte des 19. Jahrhunderts deutlich, dass in der Prävention epidemischer Erkrankungen der Kontrolle und gegebenenfalls Sperre von Seehäfen für Schiffe – aus Indien, aus dem arabischen Raum usw. – weit größere Bedeutung zukam, als der (im Projekt im Detail untersuchten) Überwachung der – sehr ausgedehnten – Landgrenze zum Osmanischen Reich respektive seinen Nachfolgestaaten. Hierbei spielten auch rechtliche Restriktionen eine zentrale Rolle, welche sich die europäischen Großmächte in wechselseitigen Abkommen – primär zum Schutz der allen gemeinsamen Handelsinteressen – auferlegt hatten. Internationale Sanitätskonferenzen (bzw. Konferenzen mit wichtigen Beschlüssen *auch* zu Themen der Seuchenbekämpfung) fanden 1851 in Paris, 1866 in Konstantinopel, 1874 in Wien, 1885 in Rom, 1892 in Venedig, 1893 in Dresden, 1897 in Venedig und 1903 in Paris statt. Die Ausübung strikter Quarantänemaßnahmen wurde dabei zunehmend auf den Seeverkehr eingeschränkt, und auch hierbei letztlich auf klare Fälle drohender „Einschleppung" von Pest-, Cholera- oder Gelbfieber begrenzt.[11]

---

11 Vgl. etwa Hans SCHLOSSBERGER / I. ECKART, Allgemeine Epidemiologie, in: Gustav von Bergmann u. a., Hg., Handbuch der inneren Medizin, Bd. I/1 (Berlin 1952), 87 f.

Die jungen südosteuropäischen Nationalstaaten benützten im späten 19. Jahrhundert jedoch eine vergleichsweise rigorose sanitätspolizeiliche Überwachung auch im Landverkehr als ein Mittel, um die neu erlangte staatliche Macht zur Schau zu stellen. Dies zeigt sich nicht zuletzt am Beispiel von Bulgarien, das gegenüber dem Osmanischen Reich zeitweilig recht massive Verkehrsbeschränkungen verhängte. Diese gezielte Abgrenzung als Manifestation von Eigenstaatlichkeit ist besonders beachtenswert, da das Fürstentum Bulgarien nominell bis 1908 vom Sultan abhängig blieb.[12]

Für die Habsburgermonarchie bedeutete die Entstehung eines neuen „cordon sanitaire" gegenüber der Türkei am südöstlichen Balkan wiederum, dass sich der handelspolitisch gewünschte, dauerhafte Fortfall der alten Quarantänen an den Grenzen zu Serbien und Rumänien deutlich gefahrloser bewerkstelligen ließ.

Für die bedeutenderen Seuchenereignisse im Untersuchungsbereich werden in diesem Forschungsprojekt, soweit möglich, auch die detaillierten zeitlichen und geographischen Verbreitungsprozesse der Erkrankungen selbst, sowie die Opferbilanzen erhoben. Es ist an dieser Stelle aber noch nicht möglich, eine systematische Zusammenfassung der betreffenden Analysen zu bieten. Vielmehr ist geplant, die zentralen Forschungsergebnisse nach Ende der Projektlaufzeit, voraussichtlich 2017, in einer von den Mitwirkenden gemeinsam verfassten Monografie zu publizieren.

Informationen zum Autor

Priv.-Doz. Mag. Dr. Carlos Watzka, Soziologe und Historiker, Institut für Soziologie der Universität Graz, Universitätsstrasse 15/G4, A-8010 Graz, E-Mail: carlos.watzka@uni-graz.at

---

12 Vgl. Christian PROMITZER, Grenzen der Bewegungsfreiheit. Die Diskussionen um Quarantänen am Beispiel des Osmanischen Reiches und Bulgariens vom Beginn des 19. Jahrhunderts bis zu den Balkankriegen (1912/13), in: Gerald Lamprecht / Ursula Mindler / Heidrun Zettelbauer, Hg., Zonen der Begegnung. Aspekte kultureller und räumlicher Grenzen in der Moderne (Bielefeld 2012), 33–49.

Rezensionen

Jens Gründler, Stuttgart (Rez.)

Monika ANKELE / Eva BRINKSCHULTE, Hg., Arbeitsrhythmus und Anstaltsalltag. Arbeit in der Psychiatrie vom frühen 19. Jahrhundert bis in die NS-Zeit
(Stuttgart 2015, Franz Steiner Verlag),
237 S., 6 Fotos, 3 Abb., 4 Tabellen; EUR 48,00.
ISBN 978-3-515-10917-8.

Das Thema „Arbeit" beschäftigt die Psychiatrie seit ihrer Existenz als medizinische Wissenschaft. Spätestens seit dem frühen 19. Jahrhundert mussten Patientinnen und Patienten mit unterschiedlichen ärztlichen Begründungen in Anstalten arbeiten, weil Müßiggang als krankmachend angesehen wurde. Wenigstens, wenn sie nicht den „höheren" Klassen zugehörig waren. In dem von Monika Ankele und Eva Brinkschulte vorgelegten Sammelband, der auf eine interdisziplinäre Tagung in Hamburg zurückgeht, ist die grundlegende Ambivalenz zwischen Arbeit als Therapie und Arbeit als ökonomischem Anstaltsprinzip das strukturierende Leitthema. Zwei Beiträge stehen dem Band als inhaltliche Ausführungen zum Thema Arbeit im Zusammenhang mit psychiatrischen Anstalten voran. Heinz-Peter Schmiedebach und Eva Brinkschulte, beide leiten medizinhistorische Institute, stellen in aller Kürze den Wandel des Konzepts und der Bedeutung von Arbeit in Anstalten vor. Der Medizinhistoriker Kai Sammet analysiert, ausgehend von Überlegungen, die Anstalt als eine Organisation im soziologischen Sinne zu verstehen, den Zusammenhang von Arbeit und Anstalt. Darüber hinaus führt er die Konzepte der „aktiveren Krankenbehandlung" (Simon) und der „offenen Fürsorge" ein.

In den Texten, die den Zeitraum zwischen 1800 und 1930 behandeln, wird zum einen die therapeutische Bedeutung der Arbeit im institutionellen Rahmen betont. Die Beschäftigung der Kranken in den anstaltseigenen Werkstätten und landwirtschaftlichen Betrieben wurde als heilsam angesehen, wie Anna Urbach und Thomas Müller hervorheben. Darüber hinaus galt die Fähigkeit zur sinnvollen Arbeit und Eingliederung in Arbeitsverhältnisse den Medizinern als wichtiges Indiz für „Heilerfolge". Zum anderen machen die Beitragenden deutlich, dass von den Anstaltsleitungen auch der wirtschaftliche Nutzen der Arbeit von Patientinnen und Patienten immer wieder als Argumentationshilfe gegenüber Kostenträgern und Versicherungen hervorgehoben wurde. In ihrem Artikel über die „Erziehungsanstalt" der Wittenauer Heilstätten verdeutlicht Petra Fuchs, dass die Arbeitsfähigkeit oder „Nutzbarmachung" schon bei Kindern mit „geistiger Behinderung" erklärtes Therapieziel gewesen ist. Arbeit spielte demnach um 1900 in jeder Phase psychiatrischer Behandlung eine zentrale Rolle. In vielen Beiträgen sind außerdem die ethischen Implikationen der Arbeitstherapie Thema. Besonders in der Weimarer Republik scheint die Debatte über Sinn und Nutzen dieser Heilmethode virulent gewesen zu sein. Mathias Wirth diskutiert die Therapieform anhand der monotonen Betätigungen von Patientinnen und Patienten in Anstalten, in denen der Gegensatz von Sinn- und Identitätsbildung versus potentieller Entfremdung durch Arbeit manifest wird. Monika Ankele macht in ihrem Beitrag deutlich, dass die psychiatrie-internen Diskussionen über die Arbeitstherapie ihren Weg in sozial- und gesellschaftspolitische Debatten am Ende der Weimarer Republik fanden, in denen verschiedene Akteurinnen und Akteure das Konzept für ihre je eigenen Zwecken nutzten.

Zwei Beiträge befassen sich mit der Psychiatrie in der Zeit des Nationalsozialismus. Maike Rotzoll untersucht den Bedeutungswandel der Arbeitstherapie im NS, die durch die Fokussierung auf die produktive, nützliche Seite der Arbeit ihren ursprünglichen Charakter als reine Heilmethode verlor. Die Radikalisierung dieser Fokussierung führte dazu, dass die „Arbeits-(un-)fähigkeit" letztendlich als Selektionskriterium für die NS-Krankenmorde genutzt werden konnte. Stefanie Coché analysiert dagegen die Perspektive der Nutzer von Psychiatrien während des Weltkrieges. Sie kann zeigen, wie die (Un-)Fähigkeit zu Arbeiten von Angehörigen genutzt wurde, um sowohl Einweisungen in als auch Entlassungen aus Psychiatrien zu erreichen. Überzeugend legt Coché den Handlungsspielraum der einzelnen Akteurinnen und Akteure, besonders der Familien, dar. Am Beispiel alter Menschen kann sie darüber hinaus aufweisen, wie psychiatrische Anstalten wieder zu „catch-all" Einrichtungen für alle diejenigen mutierten, die sich abweichend verhielten oder sich selbst oder andere gefährdeten.

Als einziges Manko dieses durchweg gelungenen Sammelbandes ist die strikte Fokussierung auf den deutschen Raum zu nennen. Arbeit und deren therapeutische Nutzung in psychiatrischen Anstalten war ein internationales Phänomen, das in verschiedenen Konzepten und Ansätzen, teils durchaus länderspezifisch, sichtbar wurde. Ein Blick in die internationalen Diskussionen über und in die Praktiken der Arbeitstherapie hätte durchaus zur Schärfung des Blicks auf die besonderen Zustände im deutschen Raum beigetragen. Diese Anmerkung soll aber eher Aufforderung nach einer Erweiterung der Analyse der Arbeitstherapie und der Bedeutung der Arbeit innerhalb der psychiatrischen Praxis und Theorie sein als eine Kritik.

Marina Hilber, Hall in Tirol (Rez.)

**Daniel HORNUFF, Schwangerschaft.
Eine Kulturgeschichte**
(Paderborn 2014, Wilhelm Fink Verlag),
303 S., 61 s/w und 25 farb. Abb.; EUR 34,90.
ISBN 978-3-7705-5700-4.

Wer hier eine umfassende und stringente Kulturgeschichte erwartet, wird zunächst enttäuscht sein, widmet sich der Kunstwissenschaftler Daniel Hornuff in der auf seiner Habilitation basierenden Publikation lediglich dem stark konturierten Segment einer Mediengeschichte der Schwangerschaft. Doch die vom Autor anhand von verschiedenen historischen und aktuellen Beispielen deutlich herausgearbeiteten Konstruktionen und Inszenierungen im medialen Kontext der Schwangerschaft mögen die Leserschaft milde stimmen. In seiner als Kontextgeschichte konzipierten Studie gelingt es Hornuff, Kontinuitäten in der medialen Präsentation des Ungeborenen sowie des schwangeren Körpers im anatomischen wie populären Diskurs aufzudecken.

Zeitlich spannt Hornuffs Studie einen weiten Bogen von spätantiken Vorstellungen bis ins Zeitalter des sogenannten Pränatalismus im 21. Jahrhundert. Einer Einführung folgen neun inhaltliche Kapitel, die schließlich im zehnten Kapitel von einer Zusammenfassung abgerundet werden. Die teils weitschweifenden Argumentationen und Exkurse innerhalb der einzelnen Kapitel gliedert Hornuff durch Zwischenüberschriften und lässt die beabsichtigten Sinnabschnitte somit für die Leserinnen und Leser deutlicher hervortreten. Methodisch wurde der Zugang über die Kontextgeschichte gewählt. Hornuff präsentiert seine Thesen an verschiedenen gut gewählten Beispielen und vergleicht diverse Phänomene über die Zeiten hinweg. Die Studie sieht sich in der Tradition medizinkritischer Geschichtsschreibung nach Barbara Duden, versucht aber, eine Mittlerposition zwischen dem klinisch-pathologisierenden Blick auf Schwangerschaft und feministischen Extrempositionen, die jegliche Inszenierung als Degradierung verurteilen, einzunehmen. Insofern wird bereits in der Einführung klargestellt, dass die moderne Pränataldiagnostik eine „Brutstätte eines schier unerschütterlichen Bildglaubens" (17) sei.

Kapitel 1 widmet sich der Sichtbarmachung im doppelten Sinne. Zum einen führt Hornuff den Leserinnen und Lesern das zentrale Forschungsobjekt seiner Studie – das Ungeborene als medial kreiertes Wesen – vor Augen. Zum anderen gibt der Autor Einblicke in seine methodische Vorgehensweise, spricht über kulturelle Codierungen und den lohnenden Umweg über die Kontextgeschichte. Kapitel 2 veranschaulicht Hornuffs komparativen Ansatz, indem die Ende des 18. Jahrhunderts auf der Basis von totgeborenen „Modellen" angefertigten anatomischen Darstellungen Soemmerings mit den 1965 publizierten Fotografien eines intrauterin lebenden Embryos, aufgenommen vom schwedischen Fotografen Lennart Nilsson, verglichen werden. Hornuff interessieren dabei vor allem die Ästhetisierungsprozesse und szenischen Harmonieprinzipien, die bei der Produktion embryonaler Abbildungen auftreten. Kapitel 3 spannt den Bogen des Kontextes weiter und widmet sich der „Containergeschichte". Die Darstellung des Uterus als Raum embryonaler Entwicklung wird hier von Soranos von Ephesos bis zu den frühneuzeitlichen Hebammen- und Trostbüchern eines Eucharius Rösslin oder Jakob Ruf nachgezeichnet. Die augenscheinliche Darstellungs-Kontinuität der Gebärmutter in Form eines Schröpfgefäßes oder eines Ballons, in dessen Schutz der Embryo scheinbar autark, abgekoppelt vom mütterlichen Körper, zu existieren scheint, wird durch die reiche Bebilderung noch zusätzlich unterstrichen. Die Rezeptionsgeschichte von Fötaldarstellungen wird im nachfolgenden Kapitel thematisiert. Am Beispiel der Karriere von Leonardo da Vincis „hockendem Knaben" (1514) werden auch hier wiederum Kontinuitäten aufgezeigt, aber auch Konstruktionen embryonaler Darstellungen entlarvt. So drapierte etwa da Vinci seinen „Knaben" im Uterus einer Kuh. Mit dem Hinweis auf die Tradition diverser anatomischer Manipulationen schließt Hornuff erfolgreich an die zuvor zitierten Beispiele des „idealgeschönten" Embryos Soemmerings an. Interessant erscheint auch sein Exkurs zu da Vincis Ein-Seelen-Philosophie, die im 20. Jahrhundert eine populäre Wiedergeburt im anthroposophischen Ganzheitsprinzip Rudolf Steiners fand. Kapitel 5 beschäftigt sich mit der bildlichen Darstellung des Lebensbeginns bzw. seiner Nicht-Darstellbarkeit im 18. Jahrhundert. Zentral sind dabei die konkurrierenden Lehren der Präformation und der Epigenese, die ihre Standpunkte durch einschlägige symbolische Darstellungen zu untermauern suchten. Hornuff revidiert hierbei die etablierte Annahme von Kant als erstem Kritiker der Präformationslehre und schreibt diese Vorreiterrolle vielmehr René Descartes zu. Portraitkultur nennt sich das sechste Kapitel, in welchem der Leser und die Leserin in das 21. Jahrhundert katapultiert werden. Anhand von kommerziellen Ultraschallstudios und ihrem Angebot des fetus-to-go werden moderne Bildgebungsverfahren analysiert. Hornuff weist dabei u. a. auf den Trend zur Entkoppelung der Ultraschalltechnik von einem medizinischen Kontroll- und Überwachungsapparat zu einem Gimmick der Ereigniskultur hin. Das auf DVD gebannte pränatale Screening wird – in 3D oder 4D Format – zum medialen Ereignis stilisiert, das nicht nur mit Familie und Freunden geteilt, sondern über eigens eingerichtete Foren der sozialen Medien dem Web zur Verfügung gestellt wird. Das Streben nach der Abbildungsfähigkeit des Ungeborenen verfolgt Hornuff in Kapitel 7 weiter und präsentiert durch 3D-Druckverfahren kommerzialisierte Embryonalplastiken. Diese würden heutzutage nicht nur von werdenden Eltern geschätzt, sondern auch von bestimmten Interessensgruppen wie etwa Abtreibungsgegnern instrumentalisiert. Der Embryo als Testimonial wurde aber auch von der Werbeindustrie entdeckt, wie Hornuff gekonnt am Beispiel der Autoindustrie und ihrer Kampagnen für Familienkarossen aufzeigt. Kapitel 8 geht dem Muster aktueller Inszenierungen zu Werbezwecken auf den Grund und findet eine Entsprechung in der christlichen Ikonografie. Thematisiert werden aber auch feministische Positionen à la Simone de Bouvoir oder Shulamit Firestone, die mit ihrer Kulturkritik eine Pathologisierung der Schwangerschaft sowie die Degradierung der Frau als Gebärmaschine und somit den Ausschluss weiblicher Befindlichkeit im Kontext der Schwangerschaft anprangern. Kapitel 9 blättert abschließend in den bunten Seiten der Boulevardmedien und untersucht die Ästhetik der Schwangerschaft im öffentlichen Raum. Datiert Hornuff den Beginn des *pregnant turn* zunächst auf den August 1991, jenem Monat, in welchem die vielfach als skandalös empfundene Aktfotografie der hochschwangeren Demi Moore auf dem Cover der Vanity Fair prangte, revidiert er im Laufe seiner Analysen diese Annahme. Der Autor konkretisiert, dass die Entdeckung der Schwangerschaft als wirtschaftliches Marktsegment durch die Kosmetikindustrie die Darstellung nackter schwangerer Körper salonfähig und den von Annie Leibovitz inszenierten Tabubruch erst druckfähig gemacht hätte.

Der Band ist dank Hornuffs essayistischem Erzählmodus gut lesbar und trotz seiner teils weitschweifigen Exkurse auch für interessierte Laien verständlich. Zudem besticht die Publikation durch ihre durchgängig reiche Bebilderung. Allerdings erscheinen die gezeigten Beispiele in Relation zur Argumentation im Text oft nur als Beiwerk und hätten eine zentrale Stellung in der Studie verdient. Nichtsdestotrotz bietet die Studie interessante Einsichten in ein von Historikerinnen und Historikern bisher wenig bearbeitetes Feld.

Niklaus Ingold, Zürich (Rez.)

**Ulrike HEIDER, Vögeln ist schön.
Die Sexrevolte von 1968 und was von ihr bleibt**
(Berlin 2014, Rotbuch-Verlag), 256 S., EUR 14,95.
ISBN 978-3-86789-196-7.

„Vögeln ist schön" hielt 1968 ein Grafitto an einer Schulhauswand der Sexualmoral der Elterngeneration entgegen. „Vögeln ist schön", schmettert Ulrike Heider heute Vorstellungen einer schmutzigen, schmerzhaften, anstrengenden Sexualität entgegen, die durch Bücher wie „Shades of Grey" und „Feuchtgebiete" publikumswirksam verbreitet werden. Die freie Schriftstellerin und Journalistin begegnet dieser Entwicklung mit einer kritischen Sichtung von Theorieklassikern, Romanen und Filmen, an denen sie das Sprechen über Sexualität in den vergangenen fünfzig Jahren festmacht. Mit eigenen Erlebnissen und Erfahrungen als 68er-Aktivistin ordnet sie diese Quellen in den historischen Kontext ein. Das Buch zieht kritisch Bilanz über die „Sexrevolte" der 68er-Bewegung und sucht nach einer emanzipierten, hedonistischen Sexualität.

Der erste von drei Teilen erklärt die Glorifizierung der Sexualität durch die Studentenbewegung. Er setzt mit der Sexualaufklärung der 1960er Jahre ein, die Sexualität mit „Verzicht, Angst, Scham, Geheimnis und einer nur unter solchen Voraussetzungen versprochenen Romantik" (22) verband. In den Schriften des Soziologen Herbert Marcuse fanden junge Menschen das Gegenstück zu diesem negativen Bild körperlicher Liebe: „das Versprechen von Lust ohne Angst, ohne Schuldgefühl, puritanische Moral und dem Zwang zur Familiengründung" (33). Marcuse verknüpfte mit diesem Hedonismus eine Kritik an der Kanalisierung der Lust in kapitalistischen Gesellschaften. Genau den umgekehrten Weg ging der Ratgeberautor Oswalt Kolle, „Aufklärer der Nation" (39), der zwar sexuell unerfahrenen Menschen hilfreiches Wissen vermittelte, gleichzeitig aber Sexualität von der Gesellschaft abkapselte. Er vermengte eine an den Forschungsarbeiten von Alfred Kinsey und William Masters orientierte praktische Sexualaufklärung mit der Vorstellung, dass die Sexualität die Schmiede des ehelichen Glücks sei. Die Botschaft, die das Sexuelle mit großer Sprengkraft versah, fanden revoltierende junge Menschen deshalb weder bei Kolle noch beim skeptischen Marcuse, sondern beim linken Psychoanalytiker Wilhelm Reich. Von ihm übernahmen die Aktivistinnen und Aktivisten die alte aufklärerische Vorstellung einer „ursprüngliche[n] Güte von Mensch und Sexualität" (60). In der davon ausgehenden Überhöhung der Sexualität sieht Heider den großen Fehler der Studentenbewegung (109).

Der zweite Teil geht der Frage nach, wie diese Glorifizierung der Sexualität als etwas urtümlich Gutem in den 1970er und 1980er Jahren durch die Vorstellung einer natürlich gewaltvollen, schmutzigen Sexualität abgelöst wurde. Das Kapitel beginnt mit der Schwulenbewegung und ihrer Vernetzung mit linken Gruppierungen. In Bezug auf das übergeordnete Thema des zweiten Teils misst Heider Homosexuellen als Akteuren Bedeutung zu, die als Erste Sadomasochismus enttabuisierten. Der Schwerpunkt ihrer Ausführungen liegt aber auf der Neuen Frauenbewegung und der von Feministinnen propagierten Vorstellung einer geschlechtsspezifischen Sexualität. In der Freud-Kritik der Literaturwissenschaftlerin und Bildhauerin Kate Millett macht Heider den Bruch mit der Vorstellung einer natürlich guten Sexualität aus und zeigt, wie mit der Unterscheidung einer weiblichen und einer männlichen Sexualität die Zuschreibung negativer Eigenschaften an die männliche Form einherging. In der Neuen Frauenbewegung wurde die Auseinandersetzung mit Sexualität nun zu einer Suche nach der weiblichen Identität, wie Heider anhand von Selbstuntersuchungen in Spekulumgruppen argumentiert. Die Speerspitze der Bewegung habe sich der „Verherrlichung fiktiver Weiblichkeit" (151) verschrieben. In Männergruppen fand derweil die Rehabilitierung der einst als Symptom unterdrückter Sexualität kritisierten Pornografie statt. Von Frauen wurde nun „Geilheit" (154) gefordert. Ohnehin wurden jetzt nicht mehr Marcuse und Reich gelesen, sondern die Schriften Michel Foucaults. In seinen Texten sieht Heider den theoretischen Auslöser für die Verachtung der Vernunft, die sie als wichtigste Tendenz der beginnenden 1980er Jahre ausmacht. Mit Foucault sei seit 1968 zum ersten Mal wieder ein Theoretiker populär geworden, der auf die libertine „Ideologie von der Abnutzung der Lust bei Aufhebung ihres Verbots" (163) zurückgriffen habe. In der linken Szene machte sich mit Foucaults „Sexualität und Wahrheit" die Auffassung breit, das Reden über Sexualität habe dieser geschadet. Damit einher gingen Klagen über Langeweile im Sexleben, weil es zwischen Mann und Frau zu harmonisch zu und her gehe. Die Vorstellung eines unvermeidlichen Kampfs der Geschlechter gewann an Anziehungskraft. Derweil kehrte mit der Popularität des „blasphemisch-religiöse[n] Philosoph[en]" (182) Georges Bateille die „Brandmarkung der Sexualität zu etwas Schmutzigem und Hässlichem" (182) zurück. Jetzt faszinierte die von der Neuen Frauenbewegung als männlich charakterisierte Sexualität: der „Penis als Waffe" und der „Akt als Vergewaltigung" (185).

Im dritten Teil führt Heider Argumente für die These auf, dass in den 1980er Jahren im Sprechen über Sexualität ein durch und durch politischer Paradigmenwechsel stattgefunden habe: Das Ziel einer friedlichen Welt sei durch die „unhinterfragte Bejahung der vorgefundenen Gesellschaft, ihrer Gewaltförmigkeit und ihrer Kriege" (204) abgelöst worden. Als eine Zeugin für diese Aufgabe der Sozialen Revolution nennt Heider die Politologin Cora Stephan, die in den 1980er Jahren vom Geschlechterkampf gesprochen hatte und in den 1990er Jahren zu den Kriegstreiberinnen gegen Saddam Hussein gehörte. Sie rehabilitierte zwischenmenschliche Gewalt mit Steinzeitphantasien. Als Kontrastprogramm dazu führt Heider Judith Butlers Kritik am Geschlechterdualismus und an der Vorstellung einer vordiskursiven Sexualität an. Es folgt eine Analyse von Diskursen über Transsexualismus. Dabei macht Heider in der Ideologie vom falschen Körper, in der der Körper der starre Indikator des männlichen oder weiblichen Geschlechts bleibt, eine konservative Tendenz aus: ein „Rückfall in Biologismus, Essentialismus und Geschlechterrollendualismus" (249). Daraus zieht Heider die Gegenwartsdiagnose, dass sich zeitgenössische Sexualitätsdiskurse um „Identitätsprobleme, Lustlosigkeit und Banalisierung oder um Missbrauch und Gewalt" (251) drehen würden. Über Lust und Lustgewinn aber werde einzig noch im Zusammenhang mit Sadomasochismus gesprochen. Sex werde dabei zu „Leistungssex" zwischen Ungleichen, weil männliche und weibliche Sexualität als zwei völlig verschiedene Dinge gehandhabt würden. Die Verknüpfung sexueller Befreiung mit sozialer Revolution weiche dabei prokapitalistischer Propaganda. Zeuge dafür ist „Shades of Grey", der „größt[e] erotisch[e] Bestseller aller Zeiten" (265). Als Ende des dritten Teils setzt Heider neueste Missbrauchsdebatten, die das alte Klischee vom „homosexuellen Knabenschänder" reproduzieren würden.

Heider hat „Vögeln ist schön" von einem klaren Standpunkt aus geschrieben: Sie fordert die Befreiung von konservativen Vorstellungen, die eine immer imaginierte Natur als Begründung für sexuelle Normen, Geschlechterrollendualismus und soziale Ordnungen aufführen. Ein solches emanzipatorisches Potenzial macht sie heute einzig in den gender studies aus, deren Vertreterinnen und Vertreter sich allerdings im universitären Elfenbeinturm verkrochen hätten, anstatt sich zum Beispiel in die Debatte über „Herdprämien" für Hausfrauen einzuschalten oder gegen Abtreibungsgegner anzutreten (232). Das Buch lebt genauso von derart pointierten Kommentaren wie vom Wechsel zwischen unterschiedlichen Textgattungen und autobiografischen Schilderungen. Ulrike Heider ist eine anregende Untersuchung gelungen, die zu einer genauen Auseinandersetzung mit der Studentenbewegung, mit den sie umrankenden Mythen und den von ihr angestoßenen Entwicklungen auffordert.

Christian Promitzer, Graz (Rez.)

Marius Turda, Eugenics and Nation in Early 20th Century Hungary
(= Science, Technology and Medicine in Modern History, Basingstoke 2014, Palgrave MacMillan), X+343 S.; £ 70, EUR 84,99.
ISBN 978-1-137-29352-7.

Innerhalb der letzten zehn Jahre ist die Geschichte von Eugenik und Rassenhygiene in der medizinhistorischen Forschung zu einem wahrnehmbaren Themenfeld geworden, in dem nicht nur das deutsche Beispiel und die westeuropäischen Varianten, sondern auch immer mehr Fallbeispiele aus den Ländern Zentral-, Ost- und Südosteuropas präsentiert werden. Hierbei fällt auf, dass Biopolitik als Technologie der Macht im Sinne von Michel Foucault nicht nur ein Begleitphänomen der hoch industrialisierten und von Urbanisierung geprägten Länder „Kerneuropas" ist, sondern auch im Zusammenhang mit der Modernisierung überwiegend agrarisch geprägter Gesellschaften auftritt; dies haben Maria Bucur für Rumänien und Sevasti Trubeta für Griechenland vorgeführt. Nunmehr hat auch der britische Historiker Marius Turda, der sich schon bisher in der historischen Forschung zu Eugenik und Rassenanthropologie einen Namen gemacht hat, eine Monografie zu den Anfängen der Eugenik in Ungarn in den ersten beiden Jahrzehnten des 20. Jahrhunderts vorgelegt.

Im Großen und Ganzen handelt es sich bei diesem Buch um eine packende Erzählung, die den anfänglich vorhandenen Optimismus nachempfinden lässt, den die ersten ungarischen Repräsentanten eugenischer Visionen und Projektionen (Géza Hofmann, József Madzar, Pál Teleki u. a.) angesichts der Möglichkeiten einer biologischen Erneuerung der ungarischen Nation entwickelt haben. Dieser Optimismus wird jedoch mit dem Beginn des Ersten Weltkriegs von einem alarmierten Grundton abgelöst, der angesichts der erwarteten „dysgenischen" Konsequenzen der Kampfhandlungen, die die ungarische Gesellschaft ihrer biologisch wertvollsten Glieder beraube, angestimmt wird. Es ist gerade diese Phase, in der eugenisches Denken den größten Einfluss auf den Staatsapparat und die ungarische Gesellschaft hat. Die Erzählung endet schließlich mit der Aufteilung eines Großteils des ungarischen Königreichs im Friedensvertrag von Trianon, wobei die von ungarischen Eugenikern erhobenen Warnungen vor den negativen biologischen Wirkungen für die ungarische Mittelschicht kaum gehört verhallen. Das Erstaunliche an dieser Erzählung ist nicht nur ihr Ablauf, sondern vor allem die Tatsache, dass es sie überhaupt gibt: Tatsächlich gelingt Turda mit seiner Konzentration auf das schon früh in ungarischen intellektuellen Kreisen vorhandene eugenische Denken ein völlig neuer Blick auf die Moderne – zumindest im Hinblick auf den ungarischen Teil der Habsburger Monarchie, indem er Entwicklungen in jenem Feld, wo sich biologische und soziologische Ansätze überlappen, beschreibt und auch ihren Stellenwert in den intellektuellen Debatten der ungarischen Gesellschaft einschätzt.

Turda arbeitet heraus, dass die Entwicklung einer eigenständigen ungarischen Eugenik – wie auch anderswo im europäischen Osten – auf eine intensive Auseinandersetzung mit der Darwin'schen Evolutionstheorie und der Genetik, auf die Übernahme der unter westlichen Intellektuellen damals verbreiteten Furcht vor Degeneration als Folge der Urbanisierung und der „Nervosität" des modernen Lebens, sowie auf die Rezeption und Adaption damals bereits bestehender westlicher eugenischer Konzepte zurückzuführen ist. Dabei ist der zeitliche Abstand zur britischen und anglo-amerikanischen Eugenik sowie zur deutschen Rassenhygiene, die als Hauptquellen für die ungarische Eugenik anzusehen sind, weitaus geringer, als man es vermuten würde. Durch den komparatistischen Blick, der die Entwicklungen auf dem Gebiet der Eugenik in den jeweiligen Ländern berücksichtigt, ist es Turda auch möglich, die Eigenständigkeit der ungarischen Eugenik (die etwa stärker auf die Abwanderung eugenisch als wertvoll erachteter Individuen von Ungarn nach Übersee fokussiert) herauszuarbeiten.

Turda hat für dieses Buch nicht nur die damalige periodische und monographische eugenische Literatur peinlich genau durchforstet, sondern ist auch in verschiedenen Archiven in Ungarn, Österreich, Deutschland, den Niederlanden, Englands und den USA den Briefwechseln einzelner Protagonisten nachgegangen, um deren persönliche Netzwerke zu erschließen und den Entstehungszusammenhang ihrer Konzepte nachzuvollziehen. Der vom Autor gewählte chronologische Zugang bietet den Vorteil einer durchgehenden und spannenden Erzählung, hat aber den Nachteil, dass die systematische Darstellung verschiedener eugenischer Konzepte in den Hintergrund rückt. Ein möglicher Kritikpunkt ist auch der Eindruck, dass – trotz des ansonsten durchgehend angewandten komparatistischen Ansatzes – die eugenischen Debatten im österreichischen Reichsteil der Donaumonarchie unerwähnt bleiben, was stellenweise den Eindruck erweckt, als seien die in Ungarn stattfindenden intellektuellen Debatten in einem unabhängigen Staat vor sich gegangen. Auch schließt die Erzählung relativ abrupt mit dem Ende der Räterepublik Bela Kuns und dem Friedensvertrag von Trianon. Dies kann jedoch auch als ein Kunstgriff des Autors verstanden werden, der zum Abschluss – lakonisch bzw. gleichsam als für eine von der interessierten Leserschaft mit Neugier erwartete Fortsetzung dieses empfehlenswerten Bandes – vermerkt, dass die eugenische Vision im Ungarn der Zwischenkriegszeit und während des Zweiten Weltkriegs in noch viel stärkerem Ausmaß zum Tragen gekommen wäre.

Verein für Sozialgeschichte der Medizin – Basisinformationen

Vereinsadresse
Verein für Sozialgeschichte der Medizin
Georgistraße 37
1210 Wien
Österreich
ZVR-Nr.: 745805986
www.sozialgeschichte-medizin.org
E-Mail: verein@sozialgeschichte-medizin.org

Vereinskonto
Verein für Sozialgeschichte der Medizin
IBAN: AT05 6000 0005 1008 9693
BIC: OPSKATWW

Vorstand
Präsidentin: MMMag. Dr. Elisabeth Lobenwein (Salzburg)
Stv. Präsident: PD Dr. Carlos Watzka (Graz)
Stv. Präsidentin: Prof. Dr. Elisabeth Dietrich-Daum (Innsbruck)
Sekretär: Ass. Prof. Dr. Alfred Stefan Weiß (Salzburg)
Stv. Sekretärin: Mag. Dr. Maria Heidegger (Innsbruck)
Stv. Sekretärin: Mag. Dr. Gabriele Dorffner (Wien)
Finanzreferent: Mag. Dr. Andreas Golob (Graz)
Stv. Finanzreferent: Mag. Marcel Chahrour (Wien)

Wissenschaftlicher Beirat
Assoz. Prof. PD DDr. Sonia Horn, Ehrenpräsidentin (Wien)
Prof. Dr. Gerhard Baader (Berlin)
Prof. Dr. Gunda Barth-Scalmani (Innsbruck)
Dr. Elke Hammer-Luza, MAS (Graz)
Prof. Dr. Robert Jütte (Stuttgart)
Prof. Dr. Christine Marosi (Wien)
Prof. DDr. Werner Mohl (Wien)
Prof. Dr. Irmtraut Sahmland (Marburg)
Prof. Dr. Christina Vanja (Kassel)
Dr. Sabine Veits-Falk (Salzburg)
Prof. Dr. Claudia Wiesemann (Göttingen)

Vereinsziele
Förderung der Forschung und Vermittlung von Wissen auf dem Gebiet der Sozial- und Kulturgeschichte der Medizin, der Geschichte von Gesundheit und Krankheit und angrenzenden Thematiken, insbesondere durch:
– Veranstaltung von Tagungen, Ausstellungen, Seminaren und Vorträgen
– Herausgabe von wissenschaftlichen Veröffentlichungen und Unterstützung von Publikationsprojekten
– Durchführung von sowie Förderung und Beratung bei einschlägigen Forschungsprojekten
– Zusammenarbeit mit Einrichtungen mit ähnlichen Zielen im In- und Ausland
– Etablierung intensiver und produktiver Kooperationen medizinhistorisch Forschender
– Unterstützung von jungen, einschlägig tätigen WissenschafterInnen
– Mediale Vermittlung von Informationen zur Sozial- und Kulturgeschichte der Medizin

Mitgliedschaft
Wer sind die Mitglieder des Vereins?
Zu den Mitgliedern des Vereins zählen nicht nur HistorikerInnen und MedizinerInnen sondern ein breites Spektrum aller an der Sozialgeschichte der Medizin interessierter Menschen sowie Institutionen.

Wer kann Vereinsmitglied werden?
Vereinsmitglied kann jeder werden, der sich mit den Zielen des Vereines identifiziert und den jährlichen Mitgliedsbeitrag entrichtet.

Wie hoch ist der Mitgliedsbeitrag?
Die Mitgliedschaft kostet 30 € pro Jahr. Studierende und alle Personen mit einem monatlichem Nettoeinkommen von unter 1.000 € können um einen reduzierten Mitgliedsbeitrag (20 €) ansuchen.

Welche Vorteile hat eine Mitgliedschaft?
– Gratisbezug der jährlich erscheinenden Fachzeitschrift „Virus. Beiträge zur Sozialgeschichte der Medizin"
– Ermäßigter Bezug von Publikationen des Vereins
– Regelmäßige Information über Publikationen, Veranstaltungen und Aktivitäten des Vereins via Newsletter
– Möglichkeit der aktiven Mitgestaltung der Aktivitäten des Vereins

Haben Sie Interesse, Mitglied des Vereins zu werden?
Kontaktieren Sie uns einfach per E-Mail: verein@sozialgeschichte-medizin.org

AUS UNSEREM VERLAGSPROGRAMM

Armin Wagner, Holger Steinberg

Neurologie an der Universität Leipzig

Beiträge zur Entwicklung des klinischen Fachgebietes von 1880 bis 1985

2015, 566 Seiten, Hardcover, 49,00 Euro
ISBN 978-3-86583-942-8

Bestellungen in jeder Buchhandlung oder beim Verlag direkt über
info@univerlag-leipzig.de

AUS UNSEREM VERLAGSPROGRAMM

Christian Schwokowski

Überliefertes, Erlebtes und Erkenntnisse

Reflexionen zur Chirurgie an der Universität Leipzig

2015, 364 Seiten, Hardcover, 33,00 Euro
ISBN 978-3-86583-943-5

Bestellungen in jeder Buchhandlung oder beim Verlag direkt über
info@univerlag-leipzig.de

AUS UNSEREM VERLAGSPROGRAMM

Boris Böhm (Hrsg.)

„Wird heute nach einer Landes-Heil- und Pflegeanstalt in Sachsen überführt."

Die Ermordung ostpreußischer Patienten in der nationalsozialistischen Tötungsanstalt Pirna-Sonnenstein im Jahre 1941

2015, 172 Seiten, Broschur, 22,00 Euro
ISBN 978-3-86583-976-3

Bestellungen in jeder Buchhandlung oder beim Verlag direkt über
info@univerlag-leipzig.de

AUS UNSEREM VERLAGSPROGRAMM

Rolf Haupt, Karsten Güldner, Wolfgang Hartig (Hg.)

800 Jahre St. Georg in Leipzig

Vom Hospital des Chorherrenstifts St. Thomas zum medizinisch-sozialen Zentrum

2011, 576 Seiten und 1 CD-Rom, Hardcover, 14,90 Euro
ISBN 978-3-86583-563-5

Bestellungen in jeder Buchhandlung oder beim Verlag direkt über
info@univerlag-leipzig.de